2026 NEW 개정판

2024~2020 부산 기출 5년 연속 최다 복원

부산광역시교육청
교육공무직원
소양평가 전 직종 대비

기출문제 + 실전모의고사

취업채널 저

북스케치

차례

Appendix 기출문제

2024. 11. 02. 부산교육청 기출문제 · 002
2024. 07. 27. 부산교육청 기출문제 · 011
2023. 11. 11. 부산교육청 기출문제 · 018
2022. 11. 20. 부산교육청 기출문제 · 032
2022. 01. 08. 부산교육청 기출문제 · 050
2021. 01. 09. 부산교육청 기출문제 · 068
2020. 07. 04. 부산교육청 기출문제 · 082

Part 1 직무능력검사

Chapter 01 언어논리력

▶ 기본 이론 학습
01 어휘 관계 · 002
02 유의어 / 반의어 / 다의어 · 004
03 혼동하기 쉬운 어휘 · 015
04 한자성어 / 외래어 · 024
05 한글 맞춤법 / 표준어 규정 · 030

▶ 실전 연습 문제
01 기본 어휘력(단어의 의미) · 038
02 어휘 유추력(단어의 관계) · 056
03 어법, 맞춤법, 한자성어 · 066

Chapter 02 이해력

▶ 기본 이론 학습
01 글의 서술 방식 · 078
02 독해 기본 원리 · 078
03 유형 1 - 중심 내용 파악하기 · 082
04 유형 2 - 문장 순서 배열하기 · 083
05 유형 3 - 빈칸 채워 넣기 · 084
06 유형 4 - 내용 일치·불일치 · 086
07 유형 5 - 추론하여 파악하기 · 088

▶ 실전 연습 문제
01 글의 이해 · 091
02 글의 추론 · 113

Chapter 03 수리력

▶ 기본 이론 학습
01 기초연산 · 136
02 약수·배수 · 137
03 비와 비율 · 138
04 단위 환산 · 139
05 거리·속력·시간 · 139
06 농도 · 140
07 일의 양 · 140
08 금액 · 141
09 간격 · 141
10 나이 · 142
11 시계 · 142
12 경우의 수 · 142
13 확률과 통계 · 146
14 방정식 · 147
15 부등식 · 149
16 자료해석 · 150

▶ 실전 연습 문제
01 기초연산 · 153
02 응용계산 · 159
03 자료해석 · 174

차례

Chapter 04 문제해결력

▶ 기본 이론 학습
- 01 수·문자 추리 · · · · · · · · · · · 194
- 02 논증 · · · · · · · · · · · · · · · · · · · 196
- 03 명제 추리 · · · · · · · · · · · · · · 197
- 04 참·거짓 추론 · · · · · · · · · · · 199
- 05 순서·위치·방향 추론 · · · · · 201

▶ 실전 연습 문제
- 01 수·문자 추리 · · · · · · · · · · · 203
- 02 명제·삼단논법 · · · · · · · · · · 215
- 03 조건 추리 · · · · · · · · · · · · · · 234

Chapter 05 공간지각력

▶ 기본 이론 학습
- 01 도형 개수 · · · · · · · · · · · · · · 252
- 02 도형 회전 · · · · · · · · · · · · · · 254
- 03 거울에 비친 모양이나 도장을 찍었을 때 모양 · · · · · 256
- 04 다면체 · · · · · · · · · · · · · · · · · 257
- 05 전개도 · · · · · · · · · · · · · · · · · 259
- 06 회전체와 절단면 · · · · · · · · · 262

▶ 실전 연습 문제
- 01 지각속도 · · · · · · · · · · · · · · · 266
- 02 도형추리 · · · · · · · · · · · · · · · 277
- 03 그림유추 / 종이접기 · · · · · · 296
- 04 블록 · · · · · · · · · · · · · · · · · · · 310
- 05 전개도 · · · · · · · · · · · · · · · · · 323

Part 2 실전모의고사

직무능력검사 실전모의고사
· 340

실전모의고사 정답 및 해설
· 364

Part 3 인성검사

Chapter 01 인성검사 안내
· 372

Chapter 02 인성검사 실전 연습
· 374

Part 4 면접

Step 01 면접 준비의 A~Z!
· 382

Step 02 상황별·주제별 답변 Skill
· 384

Step 03 교육청·직종별 면접 기출
· 388

부산광역시교육청 교육공무직원 채용 안내

01 채용 절차

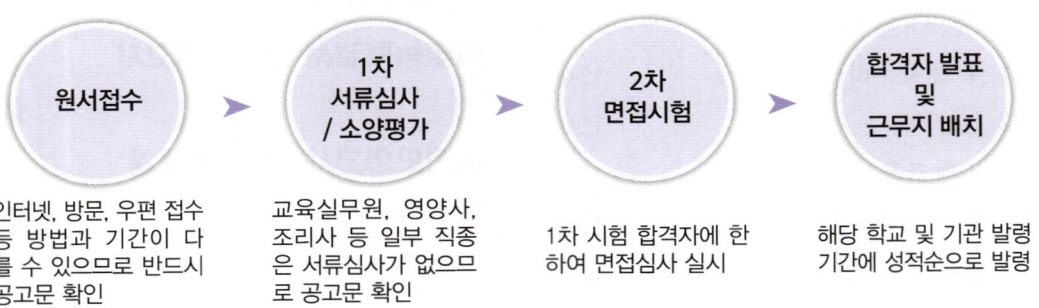

- **원서접수**: 인터넷, 방문, 우편 접수 등 방법과 기간이 다를 수 있으므로 반드시 공고문 확인
- **1차 서류심사 / 소양평가**: 교육실무원, 영양사, 조리사 등 일부 직종은 서류심사가 없으므로 공고문 확인
- **2차 면접시험**: 1차 시험 합격자에 한하여 면접심사 실시
- **합격자 발표 및 근무지 배치**: 해당 학교 및 기관 발령 기간에 성적순으로 발령

02 신분 및 처우

항목	내용
신분 / 정년	무기계약직 / 만 60세
수습기간	3개월 (수습기간 중 업무능력 부족 또는 직무수행 태도 불량 등으로 계속근로가 부적격하다고 인정될 때는 계약을 해지할 수 있음)
보수	매년 부산광역시교육청 교육공무직원 처우개선 계획에 등 관련 규정을 따름
근무장소	부산광역시교육청 소속 공립 각급학교(기관)

03 응시자격

(1) 응시연령

전 직종 만 18세 이상

(2) 거주지 제한

- 시험 공고일 전일(前日)부터 최종 면접시험일까지 계속하여 본인의 주민등록상 주소지 또는 국내 거소신고(재외국민에 한함)가 부산광역시로 되어 있는 사람
- 대한민국 국적 소지자(외국인 및 복수국적자 제외)

(3) 경력·성별

- 면접시험일 기준으로 정년(만 60세) 이상에 해당하는 사람은 응시할 수 없음
- 면접시험일 기준으로 「부산광역시교육감 소속 교육공무직원 취업규칙」 제6조(결격사유)에 해당되는 사람은 응시할 수 없음

04 부산교육청 교육공무직원 채용 직종 (2025년 안내문 반영)

직종	업무 내용
늘봄교무행정실무원	- 늘봄학교 운영 관련 업무 전반(방과후학교, 늘봄학교 운영 관련 업무) - 학교 교무행정 및 교육활동 지원 - 기타 사용부서장의 업무분장에 따른 업무
교육복지사	- 교육복지 우선 지원사업 운영, 교육복지 안전망 구축·운영 - 교육 취약학생 교육기회 제공 및 교육격차 해소를 위한 업무
교육실무원	- 교무행정 및 교육활동 지원, 교원의 업무를 직·간접적으로 지원
기관운영실무원	- 어린이창의교육관, 부산교육역사체험관(가칭) 기관 업무 지원 - 각 기관에 맞는 관리 및 보조, 안전사고 예방 및 환경 관리
돌봄전담사	- 학생 관리 및 돌봄교실 관리(NEIS 활용, 출결 관리, 일지 작성 등) - 학생 귀가 지도, 생활지도, 간식(급식)지도 - 월간 운영계획 작성, 돌봄교실 이용 관련 학부모 상담 등
사감	- 기숙사생 생활지도 및 안전관리, 기숙사 운영에 필요한 기숙사 관리 업무 - 기숙사 외부인 출입 통제 및 야간 순찰 등
전문상담사	- 임상심리사 : 심리평가, 해석상담 및 평가보고서 작성, 아동 및 학부모 컨설팅 등 - 사회복지사 : 지역사회 자원연계 및 관리, 복지 사례 상담 및 관리 등 - 117센터 : 학교폭력 사안 접수 및 상담, 사안에 대한 조사, 학교폭력 사안 통보 등 - 전문상담사 : 상담수행 및 사례 관리, Wee클래스 지원 및 프로그램 개발, 운영 등
영양사	- 식단 작성, 검식 및 배식 관리, 식재료의 검수 및 관리 - 조리종사자에 대한 지도 및 감독(작업관리, 위생, 안전관리 등)
조리사	- 식단에 다른 조리(식재료 전처리, 조리 및 배식 등), 구매식품 검수 지원 - 급식설비 및 기구의 위생, 안전 실무, 급식실 청소 및 소독 관리
조리실무사	- 급식품의 위생적인 취급, 조리, 배식 업무 - 급식시설 설비 및 기구의 세척, 소독 관리 - 급식실의 청소·소독, 위생·안전 관리
특수교육실무원	- 용변 및 식사지도, 보조기 착용, 착·탈의, 건강보호 특수교육대상 학생 지원 - 이동 및 학생생활 보조, 학습자료 제작 지원 등 교수 학습활동 지원 - 특수학교 통학차량 탑승지원 및 학교생활 전반
평생교육사	- 평생학습 프로그램 기획 및 설계, 학습 수요자의 특성과 요구를 고려하여 프로그램을 선정 및 조직 - 학습자 자문 및 상담, 기관의 평생학습사업을 컨설팅, 교수학습
유아교육사	- 유아체험교육 프로그램 운영 지원 - 유치원 평가 지원(평가 D/B 시스템 관리)
취업지원관	- 직업계고 취업 지원, 취업처 발굴 및 관리

※ 근로시간은 주40시간(상시 근무), 주40시간(방학중 비근무)이 많으나, 직종에 따라 상이함
※ 세부 업무 내용은 학교 및 기관 여건에 따라 달라질 수 있음

05 시험 방법 (2025년 안내 기준)

직종	2025년도 1차 시험 서류심사	2025년도 1차 시험 소양평가	2025년도 2차 시험 면접심사
늘봄교무행정실무원, 특수교육실무원, 교육복지사, 돌봄전담사, 기관운영실무원(한빛학교 제외 기관), 전문상담사(임상심리사, 사회복지사, 117센터), 사감	20	80	100
조리실무원	100	–	100
교육실무원, 영양사, 조리사, 기관운영실무원(한빛학교)	–	100	100
유아교육사	20	80	100
취업지원관	20	80	100
평생교육사	20	80	100

06 2024년도 최근 출제 경향 분석

시험 구성	- 인성검사 : 200문항, 40분 구성 - 직무능력검사 : 45문항, 50분 구성 - 출제 영역 : 언어논리력, 이해력, 수리력, 문제해결력, 공간지각력 등
직무능력검사 최근 출제 경향	예전에는 '조리원' 직종이 직무능력검사를 보았기 때문에 식품 영양 등 과학 상식이 들어간 '관찰탐구력' 문제가 일부 출제되었으나, 2022년부터는 '관찰탐구력' 유형 문제가 출제되지 않았다. 또한 직전 시험인 24년 11월 시험에서는 업무와 관련한 NCS 직업기초능력평가 유형의 문제가 일부 출제되었으며, 기존에 꾸준히 나오던 여러 유형의 문제가 두루 출제되었다. 본 교재는 최근 부산교육청 출제 경향을 반영하여 24년 기출 유형 중심으로 구성하였다. - 언어논리력 : 맞춤법, 한자성어 등 어휘력을 묻는 문제가 항상 출제되고 있다. - 이해력 : 최근에는 긴 지문의 문제가 다수 출제되어 지문을 이해하는 독해력이 요구된다. - 수리력 : 농도 문제는 출제 비중이 낮으며, 속력, 확률, 평균 등 기본적인 응용 수리 문제는 꾸준히 나오고 있다. 자료해석은 최근 시험에서는 비중이 낮아졌으나, 기본적으로 그래프나 도표 등 자료를 이해하는 문제는 항상 출제가능성이 있으므로 문제 연습을 통해 실력을 쌓아두는 것이 필요하다. - 문제해결력 : 명제, 참 거짓 판별, 여러 조건을 통해 추론하는 조건 추리 문제가 시험마다 두루 출제되고 있다. - 공간지각력 : 전개도, 블록, 종이접기 유형 문제가 자주 출제되고 있다.

07 필수자격 필요 직종(2025년 기준)

연번	직종	연번	직종
1	교육복지사	5	조리사
2	돌봄전담사	6	평생교육사
3	전문상담사	7	유아교육사
4	영양사	8	취업지원관
9	기관운영실무원(수영장안전요원, 부산환경체험교육관, 학생교육문화회관, 학생예술문화회관)		

※ 직종별 필수자격증은 해당 공고문을 반드시 확인해야 한다.

08 합격자 결정

1차 시험

- 1차 시험 점수와 가산점수를 합산하여 점수가 높은 순서대로 1차 합격자를 결정한다.
    ※ 소양평가 각 과목별 만점의 40% 이상 득점자에 한함
- 채용예정 인원의 1.2배수를 합격자로 결정(소수점 이하 인원 절상)한다.
- **동점자 처리 기준** : 1순위 취업지원대상자, 2순위 소양평가 점수가 높은 자
    ※ 2순위까지 동점자 발생 시 모두 1차 시험 합격으로 처리
- 1차 시험 합격자에 한하여 2차 면접심사를 실시한다.

최종 합격자

- 가산점수 포함 1차 시험점수와 2차 시험(면접심사) 점수를 합산하여 점수가 높은 순서대로 결정한다.
    ※ 면접심사 만점의 40% 이상 득점자에 한함
- 동점자 처리 기준

1순위	2순위	3순위	4순위	5순위
취업지원대상자	면접심사 점수 높은 자	소양평가 점수 높은 자	경력 점수 높은 자	고연령자

※ 채용과 관련한 상세 정보는 해당 공고문을 통해 반드시 확인하도록 하고, 시험 관련 질문은 공고문에 안내된 직종별 연락처로 문의하도록 한다.

북스케치
www.booksk.co.kr

Appendix 기출문제

- ▶ 2024. 11. 02. 부산교육청 **기출문제**
- ▶ 2024. 07. 27. 부산교육청 **기출문제**
- ▶ 2023. 11. 11. 부산교육청 **기출문제**
- ▶ 2022. 11. 20. 부산교육청 **기출문제**
- ▶ 2022. 01. 08. 부산교육청 **기출문제**
- ▶ 2021. 01. 09. 부산교육청 **기출문제**
- ▶ 2020. 07. 04. 부산교육청 **기출문제**

2024. 11. 02. 부산광역시교육청 기출문제

※ 본 기출문제는 실제 시험 응시자로부터 수집한 후기를 바탕으로 복원되었습니다.

01 > 한자성어

다음 한자성어 중 나타내는 의미가 다른 것은?

① 관포지교　　② 막역지우　　③ 견원지간　　④ 문경지교

해설

견원지간(犬猿之間)은 개와 원숭이의 사이라는 뜻으로 서로 사이가 나쁜 사람의 관계를 이르는 말이다.
나머지는 돈독한 우정을 나타내는 한자성어이다.

Plus 해설

① 관포지교(管鮑之交) : 춘추시대 관중과 포숙아의 우정을 비유한 말로, 서로의 장단점을 이해하고 돕는 돈독한 관계
② 막역지우(莫逆之友) : 서로 거스름이 없는 친구라는 뜻으로 허물이 없이 아주 친한 친구를 이르는 말
④ 문경지교(刎頸之交) : 목을 베어도 여한이 없을 만큼 절친한 친구 관계를 의미하며, 생사를 함께할 수 있는 우정을 나타냄.

정답 ③

02 > 맞춤법 표기

다음 중 밑줄 친 맞춤법이 틀린 것을 모두 고르면?

> ㉠ 봄이 오려는지 목련 **꽃봉우리**가 벙글었다.
> ㉡ 눈이 내려 **산봉오리**에 하얀 눈꽃이 피었다.
> ㉢ 퉁퉁 부은 발을 신발에 **우겨넣었다**.
> ㉣ 저 동물은 암놈보다 **수놈**이 더 온순하다.
> ㉤ 사람들도 많은데 **체신없이** 굴지 말아라.

① ㉠, ㉢, ㉤　　　　　　　　　　② ㉡, ㉣
③ ㉠, ㉢, ㉣　　　　　　　　　　④ ㉠, ㉡, ㉢, ㉤

해설

㉠, ㉡ 꽃봉우리 → 꽃봉오리, 산봉오리 → 산봉우리 : 산의 꼭대기는 '봉우리'이고, 식물의 피어날 듯한 꽃을 나타내는 말은 '봉오리'이다.
㉢ 우겨넣었다 → 욱여넣었다 : '욱여넣다'는 '욱이다(안쪽으로 조금 우그러지게 하다)+넣다'가 결합한 합성어로 표준어이며 '주위에서 중심으로 함부로 밀어 넣다'라는 뜻이다. '우겨넣다'는 비표준어로 잘못된 표현이다.
㉣ 수컷을 뜻하는 접두사는 모두 '수'로 통일하므로 '수놈'이 맞는 표현이다. (수꿩, 수소, 수캐, 수탉)
㉤ 체신없이 → 채신없이 : '채신'은 세상을 살아가는 데 가져야 할 몸가짐이나 행동을 뜻하는 '처신'을 낮잡아 이르는 말로, '말이나 행동이 경솔하여 위엄이나 신망이 없음'을 나타낼 때는 '채신없다'로 쓴다.
따라서 ㉣을 제외한 나머지는 모두 맞춤법에 맞지 않다.

정답 ④

---

03 ▶ 사고력 | NCS 유형 기출

다음은 신입사원 워크숍에서 나눈 사원들의 대화이다. 사원들의 대화에 나타난 사고의 방법으로 적절한 것은?

> A 사원 : 자, 1시간 뒤에 저희 팀이 발표를 해야 해요. 좋은 아이디어 있을까요?
> B 사원 : 비용을 최소화한다는 결론은 피하는 게 좋겠어요. 대학교 때 비슷한 주제를 발표를 한 적이 있는데, 교수님께서 비용을 줄인다는 건 결국 생산단가를 줄이거나 기타 발생하는 비용을 줄인다는 건데, 그렇다면 품질이 떨어질 수 있지 않느냐고 지적하시더라고요.
> C 사원 : 그렇지만 같은 제안이라도 듣는 사람이 다른데 어떻게 받아들여질지 분명하지가 않잖아요?
> B 사원 : 그럴 수도 있겠군요.
> A 사원 : 그렇죠. 아까 ○○이사님이 말씀하신 발생배경을 따져보았을 때 비용을 줄인다는 제안도 나쁘지 않아 보여요.
> B 사원 : 사실 비용최소화가 가장 합리적인 방법인 것 같긴 해요. 그럼 설득력을 높일 수 있게 구체적으로 방법을 제시하는 건 어떨까요?

① 논리적 사고력   ② 직관적 사고력   ③ 창의적 사고력   ④ 비판적 사고력

해설

NCS > 문제해결능력 > 사고력

① 논리적 사고력 : 사고의 전개에 있어서 전후의 관계가 일치하고 있는가를 살피고, 아이디어를 평가하는 사고력이다. 생각하는 습관, 상대 논리의 구조화, 구체적인 생각, 타인에 대한 이해, 설득 등이 포함된다.
② 직관적 사고력 : 기본적으로 논리나 분석 없이도 현재의 현실을 이해할 수 있게 도와주는 사고력이다.
③ 창의적 사고력 : 당면한 문제를 해결하기 위해 이미 알고 있는 경험지식을 해체하여 새로운 아이디어를 다시 도출하는 사고력을 말한다.
④ 비판적 사고력 : 어떤 주제나 주장 등을 적극적으로 분석하는 능동적인 사고를 말한다.
따라서 위 사원들의 대화로 볼 때 상대 논리를 구조화하고 구체적인 생각을 공유하며 타인에 대한 이해와 설득 등의 요소를 파악할 수 있으므로 논리적 사고력이 적절하다.

정답 ①

04 ▶ 사고력 　NCS 유형 기출

직장에서 접하게 되는 여러 문제들 중에서 '발생형 문제'에 속하는 것을 모두 고르면?

> ㉠ 매출목표 미달　　　　　㉡ 신규사업 진출
> ㉢ 시장 개방　　　　　　　㉣ 작업자의 품질 개선 활동
> ㉤ 업무 생산성 제고 활동　㉥ 공장 생산 라인 지연

① ㉡, ㉤　　② ㉡, ㉣　　③ ㉢, ㉣　　④ ㉠, ㉥

해설
NCS > 문제해결능력 > 문제해결력

발생형 문제 : 눈에 보이는 문제로, 현재 직면하여 해결하기 위해 고민해야 하는 문제이다.
탐색형 문제 : 눈에 보이지 않는 문제로, 현재 상황을 개선하거나 효율을 높이기 위한 문제이다.
설정형 문제 : 미래 상황에 대응하는 경영전략 문제로, 앞으로 어떻게 할 것인지에 대한 문제이다.
㉠, ㉥은 발생형 문제, ㉣, ㉤은 탐색형 문제, ㉡, ㉢은 설정형 문제에 해당한다.

정답 ④

05 ▶ 시제 파악

다음 중 사건 시가 발화 시보다 앞서 있는 시제를 고르면?

① 세호가 밥을 다 먹어 버렸다.
② 계속 비가 와서 날이 흐리다.
③ 두 사람은 같은 동네에 살아서 친하다.
④ 늦가을이라 바람이 꽤 쌀쌀하다.

해설

사건 시가 발화 시보다 앞서는 시제는 과거시제이다. 과거시제는 선어말 어미 '-았/었-, -더-', 관형사형 어미 '-(으)ㄴ, -던-' 등의 어미로 시제를 나타낸다.
①의 '먹어 버렸다'에서는 과거 시제 선어말 어미 '-었-'이 결합한 형태이므로 과거 시제를 나타낸다.
나머지는 모두 현재 시제이다.

정답 ①

06. 글의 제목

다음 글의 제목으로 가장 적절한 것은?

조선 시대 민화 속의 조연에 불과했던 돼지는 개화기 이후에 대중 미술의 인기 스타로 떠올랐다. 돼지가 대중 미술의 인기 스타로 등장한 것은 우리 사회가 자본주의 사회로 진입한 것에 힘입은 바가 크다. 일반적으로 우리나라에서 돼지가 상징하는 것은 행운, 돈, 부귀, 재력 등이다. 개화기 이후 사람들이 경제적 풍요를 추구함에 따라 돼지 그림을 걸어 놓는 경우가 점차 늘어났다. 돼지 그림은 어디에 걸리느냐에 따라 그 상징적 의미가 달라진다. 거실에 걸려 있는 돼지 그림은 집안이 화목하고 건강하며 자식들이 잘 자라기를 바라는 소망의 상징이다. 은행에 걸려 있는 돼지 그림은 고객의 예탁금을 살찐 돼지처럼 불려 주겠다는 의미이다. 식당에 걸려 있는 돼지 그림은 토속적이고 향토적인 맛의 '원조(元祖)'라는 것을 느끼게 한다. 이발소에 걸려 있는 돼지 그림은 다닥다닥 달라붙은 새끼들에게 젖을 먹이는 어미 돼지를 그린 것이 많은데 이는 다산의 이미지와 연결되어, 언젠가는 풍성한 부를 획득할 것을 기대하는 소시민의 꿈이 반영된 것이다. 이러한 돼지의 상징성에 대한 우리나라 사람들의 신앙은 계속 이어져, 21세기 현대를 살아가는 사람들도 간밤에 돼지꿈을 꾸면 횡재를 바라고 복권을 산다. 또 복돼지라고 하며 조그만 테라코타나 사기 인형도 구입한다.

호랑이는 개화기 이후에도 그 지위를 잃지 않았다. '까치와 호랑이' 같은 민화에서 호랑이는 산신령의 뜻을 까치로부터 전해 듣는 영물(靈物)로 표현되는데, 여기서의 호랑이는 힘과 해학, 보은(報恩), 무신(武臣) 등 여러 가지 상징적 의미를 가지고 있다. 하지만 개화기 이후의 호랑이 그림은 주로 수호와 권력의 상징을 나타냈다.

민화가 사라지고 그 자리를 대체한 대중 미술의 하나가 이발소 그림이다. 돼지와 호랑이가 이발소 그림의 주인공이 된 것은 그 시대를 살아가는 대다수 사람들의 이상이 돈과 권력에 있다는 것을 잘 나타낸다. 이는 결국 대중의 가치관이 기존의 민화에서 보여 줬던 충, 효, 예, 의에서 개인주의와 물질 만능주의로 바뀌었다는 증거인 셈이다.

① 조선 시대 민화의 가치관
② 민화의 동물의 다양한 상징성
③ 이발소 그림에 담긴 동물의 상징성
④ 소시민의 애환이 담긴 이발소 그림

해설

제시문은 우리 사회가 자본주의 사회로 진입하면서 행운, 돈, 부귀, 수호, 권력을 상징하는 돼지와 호랑이가 이발소 그림 같은 대중 미술의 인기 스타로 굳건히 자리 잡은 이유를 논리적으로 밝히고 있다. 따라서 제목으로 적절한 것은 ③이다.

Plus 해설
① 제시문의 중심 화제는 이발소 그림이지 조선 시대 민화가 아니다.
② 동물의 다양한 상징성은 이발소 그림의 상징성을 거론하기 위해 제시한 일반론에 해당하므로, 제시된 글 전체의 제목으로 어울리지 않는다.
④ 이발소 그림에는 소시민의 소망이라고 할 수 있 수 있는 돈과 권력의 상징성을 지니고 있다. '애환'이 담겨있는 것이 아니다.

정답 ③

07 최소공배수 활용

신입 연수를 마치고 돌아온 신입 사원 A와 B는 다음 주 정식 출근 전 토요일에 함께 미용실에 다녀왔다. 이후 A는 20일마다 B는 15일마다 미용실에 다닌다고 할 때, 두 사람이 다시 같은 날 미용실에 가게 되는 요일은?

① 일요일　　　② 월요일
③ 화요일　　　④ 수요일

해설

20(일)과 15(일)의 최소 공배수는 60이다. 이를 일주일인 7(일)로 나누면 몫은 8 나머지는 4가 된다. 따라서 토요일로부터 4일 뒤인 수요일에 신입 사원 A와 B는 다시 같은 날 미용실에 가게 된다.

정답 ④

08 직원 수 구하기

○○기업의 생산직 팀원은 50명이고 연구직 팀원은 30명이다. 남직원의 60%가 생산직이고 연구직 팀원의 40%가 여직원일 때, 생산직 여직원과 연구직 남직원의 합은 몇 명인가? (단, ○○기업 내 부서는 생산직과 연구직만 있다.)

① 35명　　　② 39명
③ 41명　　　④ 45명

해설

연구직 팀원 30명 중 40%가 여자이므로 연구직 남직원의 수는 다음과 같다.
$30 \times 0.6 = 18$(명)
생산직 남직원의 수를 x라고 할 때, 생산직과 연구직의 남직원 비중은 다음과 같다.
$60 : 40 = x : 18$　　　$x = 27$
생산직 남직원은 27명이므로 생산직 여직원의 수는 $50 - 27 = 23$(명)이다.
따라서 생산직 여직원과 연구직 남직원의 합은 $23 + 18 = 41$(명)이다.

정답 ③

09 ▶ 속력과 거리

길이가 120m인 기차가 일정한 속력으로 철교를 완전히 건너는 데 걸리는 시간은 30초이고, 그 철교의 4배의 길이인 터널을 완전히 통과하는 데 걸리는 시간은 80초이다. 이때 철교의 길이는?

① 130m　　　② 150m　　　③ 170m　　　④ 190m

해설

철교의 길이를 xm라 하면 터널의 길이는 $4x$m이고, 기차의 속력은 일정하므로 다음과 같은 식이 성립한다.

$$\frac{x+120}{30} = \frac{4x+120}{80} \quad 12x+360 = 8x+960 \quad 4x = 600 \quad \therefore x = 150$$

따라서 철교의 길이는 150m이다.

정답 ②

10 ▶ 순서 배치

다음을 보고 박과장이 월차를 사용하기 가장 적절한 날을 고르면?

> ㉮ 모든 직원은 월요일부터 금요일까지 월차를 사용할 수 있다.
> ㉯ 박 과장은 이번 주에 반드시 월차를 사용하려고 한다.
> ㉰ 박 과장은 팀장님 또는 부장님과 같은 날, 또는 전체 휴일에 월차를 사용할 수 없다.
> ㉱ 부장님이 수요일에 월차를 사용한다고 하였다.
> ㉲ 팀장님이 박 과장을 배려하여 우선적으로 월차를 사용할 수 있는 요일을 지정하였고 월차를 사용할 수 있는 요일은 월요일, 목요일, 금요일이다.
> ㉳ 이번 주 10일은 평일이나 회사 창립일이므로 전체 휴일이다. 박 과장은 회사 창립일에 월차를 붙여서 사용하려고 한다.

① 월요일　　　② 화요일　　　③ 수요일　　　④ 목요일

해설

㉱에서 부장님이 수요일에 월차를 사용한다고 하였기 때문에 수요일에는 박 과장이 월차를 사용할 수 없다.
㉲에서 팀장님의 배려로 박 과장은 월차를 우선적으로 사용할 수 있고, 월차를 사용할 수 있는 요일이 월, 목, 금인 것에서 화요일이 회사 창립일인 전체 휴일임을 알 수 있다.
㉳에서 전체 휴일인 회사 창립일에 월차를 붙여서 사용하려고 한다고 했으므로 상황 ㉳에서 전체 휴일이 화요일이므로 월차를 사용하기에 가장 적절한 요일은 월요일이다.

정답 ①

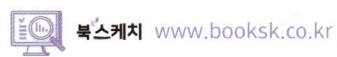

11 > 직업윤리 NCS 유형 기출

다음 상황에서 김 대리에게 결여된 직업윤리 덕목에 대한 설명으로 적절하지 않은 것은?

> 김 대리는 지방 출장을 가는 날이다. 어제 과음을 한 탓에 늦잠을 자서 약속시간 지키기가 빠듯하다. 평소에도 급하게 운전을 하는 김대리는 이번에도 어쩔 수 없이 과속을 하게 되었고, 결국은 경찰의 단속에 걸려 차를 세웠다.
> 경찰 : "급한 일이 있으신 모양이죠? 신호를 위반하셨습니다."
> 김 대리 : "어머님이 위독하다는 연락을 받고 경황이 없어서 그랬습니다."
> 경찰 : "상황은 이해하겠지만 그래도 법규를 어겼습니다. 벌점 15점에 벌금 6만 원입니다."
> 김 대리 : "하루하루 벌어먹고 사는데 이번에 벌점을 받으면 면허가 정지됩니다. 한번만 봐 주십시오. 대신 점심값 정도를 드리겠습니다."
> 경찰 : "요즘도 그런 생각을 하십니까? 방금 하신 말씀 뇌물공여죄에 해당된다는 걸 모르십니까?"
> 김 대리는 지난 번 벌점 때문에 면허정지가 된다. 운전을 할 수 없으면 영업 때문에 지방을 자주 다니는 업무에 큰 타격을 받는다.

① 이 덕목은 민주 시민으로서 지켜야 하는 기본 의무이며 생활 자세이다.
② 이 덕목은 시민으로서의 자신의 권리를 보장받는 역할을 한다.
③ 이 덕목은 다른 사람의 권리를 보호하며 사회 질서를 유지한다.
④ 이 덕목은 직업에 대한 사회적 역할과 책무를 충실히 수행하려는 태도이다.

해설

NCS > 직업윤리 > 공동체윤리

김 대리에게 결여된 것은 직업윤리 가운데 공동체 윤리 중 준법정신이다. 준법이라 하는 것은 민주 시민으로서 지켜야 하는 기본 의무이며 생활 자세다. 민주 사회의 법과 규칙을 준수하는 것은 시민으로서의 권리를 보장받고, 다른 사람의 권리를 보호해 주며 사회 질서를 유지하는 역할을 한다.
④에서 말한 '직업에 대한 사회적 역할과 책무를 충실히 수행하려는 태도'는 '책임의식'이다.

정답 ④

NCS 유형이란?

NCS는 국가직무능력표준(National Competency Standards)의 약자로 산업현장의 직무를 수행하기 위해 필요한 능력(지식, 기술, 태도)을 국가적 차원에서 표준화한 것으로 코레일, 국민건강보험공단, 한국전력공사 등 수많은 공공기관에서는 NCS를 적용한 시험으로 신입사원을 채용하고 있습니다.
NCS 직업기초능력은 의사소통능력, 수리능력, 문제해결능력을 포함하여 총 10개가 있는데, 교육공무직 시험에서도 NCS 유형의 문제가 일부 출제되고 있습니다.
(의사소통능력, 문제해결능력, 자기개발능력, 대인관계능력, 직업윤리)
본 책의 기출문제 해설을 통해 NCS 유형의 문제와 지식을 함께 학습해두시기 바랍니다.

NCS 기본 이론을 더 공부하고 싶다면?
www.ncs.go.kr > NCS 통합 > 직업기초능력 카테고리에서 각 영역을 클릭
→ 〈학습자용 가이드북〉 파일에서 하위능력 〈내용〉 부분만 공부하셔도 도움이 됩니다.
→ 〈학습내용 확인하기〉 파일에서는 〈내용〉을 정리한 기본문제로 학습 점검을 합니다.

12 ▸ 전개도

다음 전개도를 접었을 때 나올 수 있는 입체 도형을 고르면?

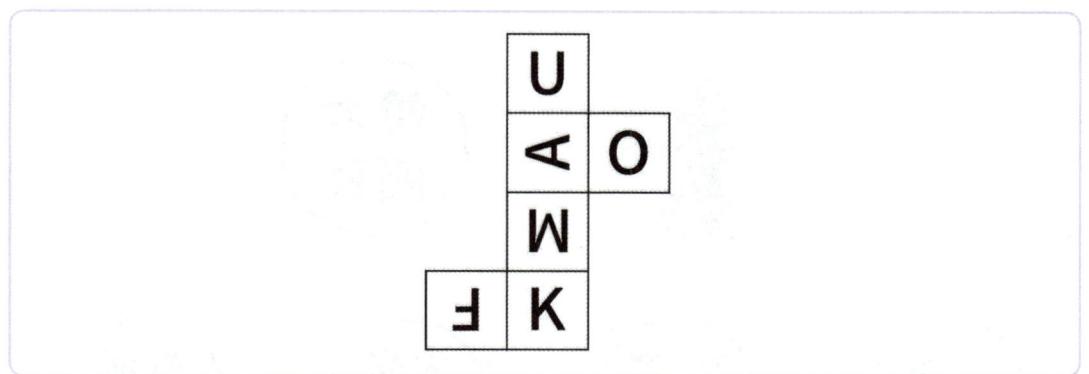

① 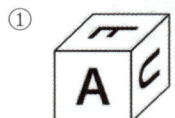 ②  ③  ④

해설

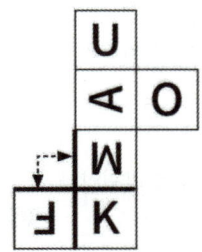

정답 ③

13 ▶ 도장 모양

다음과 같은 도장을 빈 종이에 찍었을 때 나올 수 없는 모양은?

해설

도장을 찍으면 도장 내 이미지는 좌우대칭으로 나타난다. 따라서 도장을 정 방향으로 바로 찍으면 ③번과 같은 모양이 된다.
① : 제시된 이미지를 좌우대칭한 후 오른쪽으로 90° 회전시킨 모양이다.
② : 제시된 이미지를 좌우대칭한 후 왼쪽으로 90° 회전시킨 모양이다.
④ : 제시된 이미지를 좌우대칭한 후 180° 회전시킨 모양이나 아래 民과 國의 위치가 서로 바뀌었다.

정답 ④

2024. 07. 27. 부산광역시교육청 늘봄교무행정실무원 기출문제

※ 본 기출문제는 실제 시험 응시자로부터 수집한 후기를 바탕으로 복원되었습니다.

01 ▶ 맞춤법

다음 제시된 맞춤법이 옳게 된 것을 모두 고르면?

㉠ 엄마는 미소를 띈 얼굴로 아이를 바라보았다.
㉡ 그 집은 빨간 지붕이 눈에 띄는 집이다.
㉢ 부엌에선 한약을 다리는 냄새로 가득했다.
㉣ 아버지는 가슴을 졸이며 소식을 기다렸다.

① ㉠, ㉢   ② ㉡, ㉣   ③ ㉠, ㉡   ④ ㉢, ㉣

해설

㉠ '감정이나 기운 따위를 나타내다'의 의미는 '띠다'로 쓴다. (미소를 띠다)
㉢ '약재 따위에 물을 부어 우러나도록 끓이다'의 의미는 '달이다'로 쓴다. (한약을 달이다)
㉡ '띄다'는 '눈에 두드러지다'의 의미로 쓰이는 '뜨이다'의 준말이다.
㉣ '졸이다'는 '속을 태우다시피 초조해하다'의 의미로 쓰인다.
따라서 옳게 된 것을 모두 고르면 ㉡, ㉣이다.

정답 ②

02 ▶ 경어법

다음 중 높임말의 사용이 적절하지 않은 것은?

① 아버지, 제가 드릴 말씀이 있습니다.
② 교수님은 어린 따님이 둘 있으시다.
③ 우리 아이는 꼭 제게 한 가지씩 여쭈어 봐요.
④ 선생님께서 책을 읽고 계신다.

해설

'여쭈어 봐요'는 자기를 스스로 높이는 말이 되므로, '한 가지씩 물어 봐요'로 수정한다.

정답 ③

03 ▶ 어법

다음 중 어법에 맞게 쓰이지 않은 문장은?

① 비가 많이 와서 학교에 가는 데 오래 걸렸다.
② 내일은 한국 대 독일의 축구 경기가 있다.
③ 선생님, 경아가 아파서 오늘 늦는데요.
④ 어제 보니까 그 사람 생각보다 키가 크데요.

해설

① '~하는 일, 장소, ~의 경우' 등의 의미를 나타낼 때의 '데'는 의존명사로 띄어 쓴다. (○)
② '한국 대 독일', '진보 대 보수'처럼 '대비나 대립'의 의미를 나타낼 때는 의존명사 '대'를 쓴다. (○)
③ 직접 경험한 사실이 아닌 남의 말을 간접적으로 전달할 때는 '~다고 해요'를 줄인 '~대요'를 쓴다. (×)
④ 직접 경험한 사실을 보고하듯 말할 때에는 '~데'를 쓴다. (○)
따라서 어법에 맞게 쓰이지 않은 것은 ③이다.

정답 ③

04 ▶ 오류 파악

다음 대화에서 B의 발언에 해당하는 논리적 오류는 무엇인가?

> A : 환경오염을 줄이기 위해 자동차 운행을 줄여야 합니다.
> B : 아예 걸어 다니라고 하지 그래요?

① 합성, 분할의 오류　　② 무지의 오류
③ 허수아비 공격의 오류　　④ 흑백사고의 오류

해설

상대의 주장을 왜곡하거나 과장하여 공격하거나, 전혀 관련 없는 별개의 논리를 만들어 공격하는 경우는 '허수아비 공격의 오류'에 해당한다.
① 합성, 분할의 오류 : 부분 또는 전체가 참이므로 전체 또는 부분도 참이라고 주장하는 오류이다.
　(예 : 얼굴이 예쁘니까 코도 예쁘겠지?)
② 무지의 오류 : 어떤 사실을 증명할 수 없거나 알 수 없다는 것을 근거로 거짓이라고 주장하는 오류이다.
　(예 : 귀신이 있긴 있다. 귀신이 없다는 것을 아무도 증명하지 못했으니까.)
④ 흑백사고의 오류 : 이것 아니면 저것, 흑 아니면 백이라고 주장하는 오류이다.
　(신을 믿지 않는다니 당신은 무신론자이군요.)

정답 ③

05 　한자성어

다음 이야기와 관련이 있는 한자성어와 비슷한 뜻이 아닌 것은?

> 춘추전국시대 제(齊)나라의 선왕(宣王)은 순우곤에게 각 지방에 흩어져 있는 인재를 찾아 등용하도록 하였다. 며칠 뒤에 순우곤이 일곱 명의 인재를 데리고 왕 앞에 나타나자 선왕이 이렇게 말하였다. "귀한 인재를 한번에 일곱 명씩이나 데려 오다니, 너무 많지 않은가?" 그러자 순우곤은 자신만만한 표정으로, "같은 종의 새가 무리지어 살듯, 인재도 끼리끼리 모입니다. 그러므로 신이 인재를 모으는 것은 강에서 물을 구하는 것과 같습니다." 라고 하였다.

① 초록동색　　　② 물이유취　　　③ 권토중래　　　④ 근묵자흑

해설

제시된 이야기는 같은 무리끼리 서로 사귐을 뜻하는 '유유상종(類類相從)'에 관한 고사이다. 이와 비슷한 의미를 지닌 한자성어는 '초록동색, 물이유취, 근묵자흑' 등이 있으며 '권토중래'는 의미가 다르다.
① 초록동색(草綠同色) : '풀빛과 녹색(綠色)은 같은 빛깔'이란 뜻으로, 같은 처지의 사람과 어울리거나 기우는 것을 의미한다.
② 물이유취(物以類取) : '물건(物件)은 종류(種類)대로 모인다.'라는 뜻으로, 끼리끼리 모인다는 의미이다.
③ 권토중래(捲土重來) : '흙먼지를 날리며 다시 돌아오다'라는 뜻으로, 어떤 일에 실패한 후 힘을 가다듬어 다시 일어서는 것을 비유하는 말이다.
④ 근묵자흑(近墨者黑) : 먹을 가까이하는 사람은 검어진다는 뜻으로, 나쁜 사람과 가까이 지내면 나쁜 버릇에 물들기 쉬움을 비유적으로 이르는 말이며, 끼리끼리 어울린다는 유유상종과 비슷한 의미로도 쓰인다.

정답 ③

06 　팀워크 능력　　NCS 유형 기출

다음 중 팀워크와 관련한 설명으로 적절하지 않은 것은?

① 팀워크는 팀원들이 공동의 목적을 달성하기 위해 상호 관계성을 가지고 협력하여 일을 해나가는 것이다.
② 응집력은 사람들로 하여금 집단에 머물도록 느끼게 하고, 그 집단의 멤버로 계속 남아있기를 원하게 만드는 힘을 의미한다.
③ 멤버십이란 조직의 구성원으로서 자격과 지위를 갖는 것으로 훌륭한 멤버십은 리더십의 역할을 충실하게 잘 수행하는 것이다.
④ 팀워크는 팀원 개인의 우수성에 의존하기보다 팀원 간의 신뢰와 협동을 바탕으로 시너지 효과를 통한 조직의 목표 달성을 추구한다.

해설

NCS > 대인관계능력 > 팀워크능력

팀워크란 팀원들이 공동의 목적을 달성하기 위하여 상호 관계성을 가지고 협력하여 일을 수행해나가는 것을 의미한다. 또 응집력은 사람들로 하여금 집단에 머물도록 느끼게끔 만들고 그 집단의 멤버로서 계속 남아있게 만드는 힘으로서 팀워크와 구별되는 개념이다. 팀워크는 팀원 개인의 우수성에 의존하기보다 팀원 간의 신뢰와 협동을 바탕으로 시너지 효과를 통한 조직의 목표 달성을 추구한다.
③의 멤버십이란 조직의 구성원으로서 자격과 지위를 갖는 것으로 훌륭한 멤버십은 팔로워십의 역할을 충실하게 잘 수행하는 것으로서, 결국 멤버십과 팔로워십은 같은 개념이다. 리더십은 멤버십 또는 팔로워십과 상호 보완적인 관계에 있는 다른 개념이다.

정답 ③

07 자아존중감 `NCS 유형 기출`

다음 글에서 설명하는 자아존중감의 개념으로 적절하지 않은 것은?

> 자아존중감이란 개인의 가치에 대한 주관적인 평가와 판단을 통해 자기결정에 도달하는 과정이며, 스스로에 대한 긍정적 또는 부정적 평가를 통해 가치를 결정짓는 것이다. 이러한 가치 판단은 자신의 정체성 형성에 영향을 주는 중요한 요소이다. 자아존중감은 주변의 의미 있는 타인에게 영향을 받으며, 환경에 적응할 수 있도록 도움을 줘 긍정적인 자아형성에 매우 중요하다.

① 스스로 가치 있다고 생각하고 긍정적으로 판단하는 정도와, 타인에 의한 자신의 평가로 자신을 평가하는 것
② 자신의 과제와 목표를 잘 완수할 수 있다고 자기 자신을 믿는 것
③ 자신의 행동 및 업무 수행을 통제하고 관리하며, 합리적이고 균형적으로 조정하는 것
④ 주변 환경에서 일어나는 상황을 잘 통제할 수 있다고 자기 자신을 믿는 것

해설

NCS > 자기개발능력 > 자아인식능력

자아존중감은 다른 사람들이 자신을 가치 있게 여기며 좋아한다고 생각하는 정도인 가치 차원, 과제를 완수하고 목표를 달성할 수 있다는 신념의 능력 차원, 자신이 세상에서 경험하는 일들과 거기에 영향을 미칠 수 있다고 느끼는 정도의 통제감 차원으로 구분할 수 있다.
즉 자아존중감은 '자신의 흥미, 적성, 특성 등을 이해하고 자기 정체감을 확고히 하는 능력'인 '자아인식능력'과 연결되는 개념이다.
③은 자기관리능력에 대한 정의로, 자기관리는 자신을 이해하고, 목표를 성취하기 위해 자신의 행동 및 업무수행을 관리하고 조정하는 것이며, 자기관리능력은 이러한 자기관리를 잘 할 수 있는 능력을 의미한다.

정답 ③

08 ▶ 직업윤리 | NCS 유형 기출

다음 일화와 연결되는 직업윤리의 덕목은 무엇인가?

> 대구지역에 집중적으로 코로나19 확진자가 발생하여 모두가 두려움에 떨던 때, 이에 전면으로 맞서 싸운 의료진들이 있다. 당시 지역거점병원 중환자실에서 근무한 간호사 K씨는 방호복을 입고 있으니 온몸에 땀범벅이 되어도 닦을 수 없고, 산소 공급이 안 되어 어지럽기도 했으며, 음압기 소리 때문에 의사소통이 힘들어 사비로 무전기를 사기도 했다.
> 이렇게 어려운 상황임에도 불구하고 현장을 지킬 수 있었던 이유를 "제가 그만두면 동료들이 더 힘들어지잖아요. 간호사의 작은 실수로도 환자가 위급해질 수 있기 때문에 환자가 힘들지 않게 책임감을 갖고 일할 수밖에 없는 것 같아요."라고 말했다.

① 책임의식 ② 직분의식
③ 봉사의식 ④ 천직의식

해설

NCS > 직업윤리 > 직업윤리 덕목

현대 사회의 직업인에게 봉사란, 일 경험을 통해 다른 사람과 공동체에 대하여 봉사하는 정신을 갖추고 실천하는 태도를 의미한다.

Plus 해설

직업윤리의 덕목
- 소명의식 : 자신의 일은 하늘에 의해 맡겨진 것이라 생각하는 태도
- 천직의식 : 자신의 일은 능력과 적성이 꼭 맞다 여기고 열성을 가지고 성실히 임하는 태도
- 직분의식 : 자신의 일이 사회나 기업을 위해 중요한 역할을 하고 있다고 믿는 태도
- 책임의식 : 직업에 대한 사회적 역할과 책무를 충실히 수행하고 책임을 다하는 태도
- 봉사의식 : 직업을 통해 다른 사람과 공동체에 대해 봉사하는 정신을 갖추고 실천하는 태도
- 전문가의식 : 자신이 맡은 일의 분야에 대한 지식과 교육을 밑바탕으로 일을 성실히 수행하는 태도

정답 ③

09 ▶ 글의 이해

다음 글의 내용과 일치하지 않는 것은?

시청에서 수년째 건축 허가 업무를 맡고 있는 A씨는 같은 부서 과장으로 근무하다가 한 달 전 퇴직한 B씨가 건축 허가를 신청한 건을 통상 절차대로 처리했다. 건축 허가를 재심사하는 과정에서 A씨는 B씨와의 관계를 신고하지 않은 사실이 드러나 징계와 과태료 2,000만 원을 부과받았다.

도청 건축과에 근무하는 C씨는 친동생 부부가 기관에서 수행하는 도시개발사업 지구의 부동산을 매수한 사실을 알았지만 이를 신고하지 않았다. C씨가 신고 의무를 이행하지 않았음을 알게 된 기관은 그에게 징계와 과태료 2,000만 원 부과 처분을 내렸다.

공무원 A씨와 C씨의 가상 사례처럼, 앞으로 공직자가 사적 이해관계가 있는 직무를 회피하지 않거나 직무 관련 정보로 사적 이익을 취할 경우 과태료와 징계, 부당이익 환수 처분을 받게 된다. 국민권익위원회는 이 같은 내용의 '공직자 이해충돌방지법'이 이달 19일부터 시행된다고 밝혔다.

이해충돌방지법은 공직자가 직무 수행 과정에서 사익을 추구하지 못하도록 하는 제도적 장치다. 9년간 국회에서 표류하다가 지난해 5월 제정·공포됐다. 공직사회는 그간 공무원행동강령에 이해충돌 규정을 도입·운영해왔지만, 제재 수단이 징계로 한정됐고 공공부문 전체에 적용하기 어려워 실효성이 떨어진다는 지적이 꾸준히 제기돼 왔다.

이해충돌방지법엔 △부동산 보유·매수 신고, 민간부문 업무활동 공개 등 신고·제출 의무 5가지와 △공공기관의 고위공직자 가족 채용 금지, 직무상 미공개 정보 이용 금지 등 제한·금지 행위 5가지 등 총 10가지 행위 기준이 담겼다. 위법 행위엔 징계는 물론 형벌, 과태료, 부당이익 환수 등 제재가 따른다. 1만5,000여 개 공공기관에서 근무하는 200만 명이 법 적용 대상이다.

법이 시행되면 부동산 개발 업무를 수행하는 공공기관의 공직자 본인 또는 가족은 기관 업무와 관련한 부동산을 보유·매수한 경우 소속기관장에게 신고해야 한다. 공직자의 사적 이해관계자는 공직자 본인과 가족, 본인 또는 가족이 임원·대표자로 재직한 법인, 고문·자문을 제공한 법인 등으로 규정했다. 가족의 범위는 배우자, 직계혈족, 형제자매, 생계를 같이하는 직계혈족의 배우자, 배우자의 직계혈족 및 형제자매다. 또 같은 부서에서 공직자를 지휘·감독했던 퇴직자, 현재 공직자를 지휘·감독하는 상급자, 청탁금지법상 금품 수수 허용 범위를 초과하는 금전 거래가 있었던 사람도 사적 이해관계자에 해당한다.

권익위는 법 시행으로 직무상 비밀을 이용한 부동산 투기 행위 등이 예방·관리될 것으로 기대하고 있다. 전현희 위원장은 "이해충돌방지법은 공직자가 이해충돌 상황에서 심적 갈등 없이 정당하게 직무를 수행하고 국민이 공정한 직무수행 결과를 보장받도록 하는 법"이라며 "국가청렴도(CPI) 세계 20위권으로 도약할 수 있도록 이해충돌방지법의 안정적 정착을 위해 적극 노력하겠다"고 강조했다.

출처 : 한국일보

① 이해충돌방지법은 국회에서 9년간 표류하다 지난해 5월 제정되었고, 이달 19일부터 공포 및 시행된다.
② 이해충돌방지법 제정 전에는 공무원행동강령으로 이해충돌 규정을 운영해왔으나 징계 제재만 있었다.
③ 부동산 관련 공공기관에 재직 중인 임원의 배우자가 관련 부동산을 매수하면 소속기관장에게 신고해야 한다.
④ 공직자를 같은 부서에서 지휘하던 퇴직자, 가족이 임원으로 재직한 법인은 공직자의 사적 이해관계자에 해당한다.

해설

이달 19일부터 시행되는 이해충돌방지법은 9년간 국회에서 표류하다가 지난해 5월 제정·공포됐다.

정답 ①

10 도형추리

다음 제시된 정사각형에서 찾을 수 있는 직각 삼각형의 개수는 총 몇 개인가?

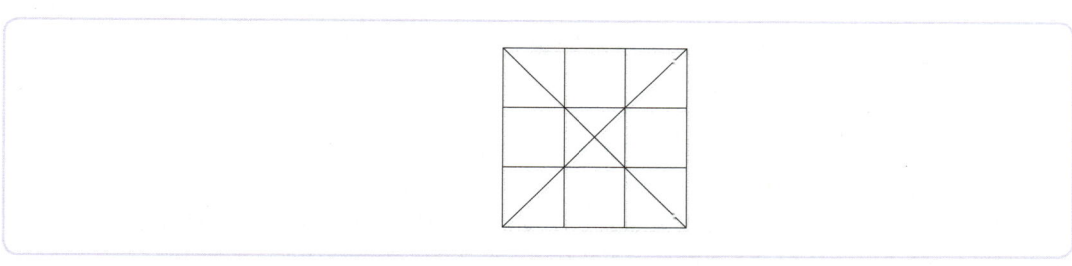

① 24개   ② 32개   ③ 34개   ④ 38개

해설

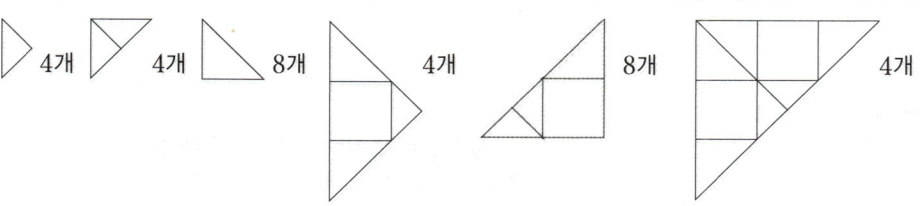

→ 직각 삼각형의 수는 총 32개

정답 ②

2023. 11. 11. 부산광역시교육청 기출문제

※ 본 기출문제는 실제 시험 응시자로부터 수집한 후기를 바탕으로 복원되었습니다.

01 ▶ 어휘력

다음 중 단어의 본 표기와 표준발음법상 표기가 옳게 된 것은 무엇인가?

① 설거지[설거지]   ② 널직한[널지칸]   ③ 고냉지[고랭지]   ④ 삯일[사길]

해설

널찍한[널찌칸], 고랭지[고랭지], 삯일[상닐]

정답 ①

02 ▶ 리더십 유형 NCS 유형 기출

다음 대화를 통해 알 수 있는 팀장의 리더십 유형으로 옳은 것은?

> A 사원 : "우리 팀장님은 항상 함께 하는 것을 중요하게 생각하시는 거 같아요. 팀원들에게 회사 업무 정보나 목표를 공유하는 게 당연하다는 듯이 행동하시잖아요."
> B 사원 : "맞아. 그래서 토론하는 걸 즐겨 하시잖아. 회의를 통해 새로운 의견을 듣곤 하시지."
> A 사원 : "그에 반해 모든 결정은 본인이 결정하신다는 점에서는 약간 아쉽기는 해요."

① 민주주의에 근접한 유형   ② 파트너십 유형
③ 변혁적 유형   ④ 독재자 유형

해설

NCS > 대인관계능력 > 리더십능력

대화 내용을 통해 알 수 있는 팀장의 리더십 유형은 민주주의에 근접한 유형이다. 민주주의에 근접한 리더십 유형은 대부분 팀원과의 토론을 장려하고 모든 팀원들을 소홀함 없이 동등하게 대한다. 반면 최종 결정에 관해서는 거부권을 갖고, 리더가 모든 최종 결정을 한다는 측면을 고려해야 한다.
파트너십 유형의 경우 리더를 구성원 그 이상으로 보지 않고 다른 팀원과 동등한 이로 둔다. 팀의 의사결정을 전적으로 팀 전체가 갖고 그 책임 역시 함께 한다는 점에서 민주주의 근접한 유형과 차별화된다.

정답 ①

03 글의 이해

다음 글을 문맥에 맞게 순서대로 나열한 것은?

(가) 키프로스 농림부는 FIP 감염 사례가 107건 보고됐다고 공식적으로 밝혔지만, 동물보호단체들은 실제로는 훨씬 많다고 주장했다. '동물을 위한 키프로스 목소리' 단체에서 활동하는 디노스 아요마미티스는 "올 1월부터 현재까지 고양이 30만 마리가 죽었다"고 말했다. FIP 바이러스에 걸린 고양이들은 대부분 반려묘가 아닌 길고양이인 탓에 정확한 실태를 파악하기 어려운 실정이라고 한다. 길고양이들에게 먹이를 줘왔던 남쪽 키프로스의 한 마을 주민들도 "자주 보이던 아이들이 안 보이거나, 사체로 발견될 때도 있다"고 상황을 전했다.

(나) 한편 키프로스는 최초로 고양이를 가축으로 기르기 시작한 곳으로 알려져 '고양이 섬'으로 불리기도 한다. 약 1700년 전 로마제국 헬레나 황후가 독사를 퇴치하려고 고양이를 처음 들여왔으며, 지금은 섬 곳곳에 수많은 고양이가 살아가고 있다. 이 섬에 사는 고양이 개체 수는 전체 인구 100만 명보다 많을 것으로 추정되고 있다.

(다) 지중해 동부 섬나라 키프로스에 일명 '고양이 코로나바이러스'가 빠르게 확산하고 있다. 사람보다 고양이가 많은 이 섬에서 전염병에 감염되거나 죽는 개체가 수십만 마리에 이르고 있는 것으로 전해졌다. AFP 통신에 따르면 키프로스에 지난 수개월간 고양이전염성복막염(FIP)이 창궐해 이미 섬 전역으로 퍼져나간 상태이다. 코로나바이러스의 변종인 이 바이러스에 고양이가 감염되면 발열·복부팽만·쇠약 등 증상이 나타난다. 다만 이 바이러스는 인간에게 옮지는 않는다.

(라) FIP는 항바이러스제로 치료가 가능하다. 하지만 고양이 한 마리당 치료비용이 3000~7000유로(약 426만~995만원)에 달해 제대로 처치가 이뤄지지 않고 있다. 올해 초 3600유로(512만원)를 들여 길고양이 두 마리를 치료해 준 동물단체 회원 바실리키 마니는 "모은 돈을 다 써버렸다"며 "병이 계속 확산하면 이곳이 '죽은 고양이 섬'으로 변해버릴지 모른다"고 안타까움을 드러냈다.

① (다) - (라) - (가) - (나)
② (가) - (나) - (라) - (다)
③ (다) - (가) - (라) - (나)
④ (다) - (가) - (나) - (라)

해설

(다)에서 키프로스에 확산하고 있는 '고양이 코로나바이러스'를 소개한 뒤, (가)에서 키프로스 농림부가 밝힌 감염 현황을 설명하는 것이 자연스럽다. (라)에서는 치료 방법이 가능하지만 높은 비용으로 원활한 처치가 되고 있지 못함을 설명하고, '한편'으로 내용을 전환하여 키프로스에 고양이가 많아지게 된 유래를 설명한 (나)가 마지막에 오는 것이 적절하다. 따라서 옳은 순서는 (다) - (가) - (라) - (나)이다.

정답 ③

04~06 > 글의 추론

다음 글을 읽고 이어지는 질문에 답하시오.

　한국의 경제 지형이 탈중국을 화두로 빠르게 변화하는 중이다. '포스트 차이나' 시대의 경제 새판 짜기가 시작된 것이다. 변화를 몰고 온 결정적인 요인은 글로벌 공급망 개편이다. 다행히 기대를 더 키우는 긍정적인 변화들이 이어지고 있다. 자유 우방국뿐만 아니다. 베트남과 중동 역시 탈중국의 공백을 메울 대안으로 부상했다. 베트남의 경우 교역 규모가 이미 일본을 추월해 한국의 3대 교역국으로 도약했다. 대베트남 수출은 글로벌 수출 부진 속에서 올 상반기 22% 줄었지만, 수출 비중은 8.1%로 지난해(8.9%)에 이어 여전히 3위이고, 대베트남 무역흑자는 117억 달러로 미국에 이어 2위다. 한국은 베트남에 가장 많이 투자하는 나라이기도 하다. 상생의 경제 관계다. 양국이 얼마 전 정상회담을 통해 교역규모를 2030년까지 지금의 두 배인 1500억 달러로 확대하기로 합의한 것은 서로가 필요한 경협 파트너임을 입증한다. 중동도 2차 붐을 예고하고 있다. 사우디아라비아는 빈 살만 왕세자가 첨단도시 네옴시티 등 40조 원 규모의 투자 보따리를 푼 데 이어, 현대건설이 6조5000억 원 상당의 프로젝트를 수주하는 등 성과가 나오고 있다. 한국이 원전을 처음 수출한 아랍에미리트(UAE), 바레인, 이라크 등의 메가 프로젝트도 대기 중이다.
　2003년 노벨경제학상 수상자인 로버트 엥글 미국 뉴욕대 교수는 최근 글로벌 공급망 재편이 한국에 (㉠)의 기회가 될 수 있다고 강조했다. 대중 수출이 줄어들 수 있지만, 미·중 간 공급망 해체로 중국을 대체하는 혜택을 볼 수 있다는 것이다. 서방 국가에 대한 수출 비중이 높아져 중국 의존도를 낮출 수 있다는 지적도 했다.
　우리 경제는 실제 이런 방향으로 가고 있다. 새로운 효자 산업과 파트너가 부상하는 것도 긍정적이다. 막혔던 한·일 관계가 풀리며 수출규제가 완전히 해소돼 소재·부품·장비 등에서까지 양국 기업 간 투자 등 협력 확대를 위한 길을 튼 것도 중대한 진전이다. 얼마 전 재무장관 회담에서 통화 스와프 협정 재개와 함께 제3국 인프라 프로젝트·공급망 구축 등에서 공조키로 합의한 것은 의미가 크다. 물론 반도체·배터리 등에선 경쟁하지만, 제3국 공동 진출 등 협력을 통해 새로운 영역을 개척할 수 있다.
　탈중국은 중국과의 관계를 끊는 '디커플링'이 아니라, 위험을 줄이는 '디리스킹'이어야 한다. 30년 넘은 양국 경제 관계를 일시에 단절하는 것은 불가능할뿐더러 충격도 크다. (㉡) 피할 수 없는 시대적 변화다. 탈중국의 연착륙이 우리의 과제인 것이다. 유례없는 도전이다. 이를 극복하려면 새로운 파트너십과 함께 우리 내부의 체질 개선이 뒷받침돼야 한다. 노동·교육·연금 개혁을 반드시 관철해야 하는 이유다. 막혔던 것은 뚫고, 새로운 시장·성장 동력도 커지고 있다. 돌파구가 보인다. 아직 낙관할 수 없지만, 이제는 걱정보다 기대가 크다. 총력을 쏟아 새로운 기회를 살려야 한다.

　　　　　　　　　　　　　　　　　출처 : 문화일보, 2023. 7. 5. 기사

04 > 위 글의 내용으로 옳지 않은 것은?

① 탈중국화가 가속화하며 중동과 베트남은 중국을 대체할 카드 역할을 하고 있다.
② 글로벌 공급망 개편으로 중국과 서방 국가에 대한 수출 비중이 낮아지고 있다.
③ 탈중국화로 인한 부작용과 위험을 줄이려면 우리 내부의 개혁이 필요하다.
④ 탈중국화는 막혔던 한일 관계의 완화와 수출 규제 해소 등에 영향을 주었다.

해설

로버트 엥글 미국 뉴욕대 교수는 글로벌 공급망 개편으로 대중 수출이 줄어들 수 있지만, 서방 국가에 대한 수출 비중이 높아져 중국 의존도를 낮출 수 있다고 하였다. 따라서 글로벌 공급망 개편으로 중국과 서방 국가에 대한 수출 비중이 낮아지고 있다는 설명은 옳지 않다.

정답 ②

05. 다음 중 ㉠에 들어갈 한자성어로 알맞은 것은?

① 고진감래(苦盡甘來) ② 양두구육(羊頭狗肉)
③ 전화위복(轉禍爲福) ④ 감탄고토(甘呑苦吐)

해설

글의 내용을 보면 글로벌 공급망 개편으로 긍정적인 변화가 이어지고 있다고 하였고, 탈중국화로 대중 수출이 줄어들 수 있지만 한국에 기회가 될 수 있다고 하였으므로 '화가 바뀌어 오히려 복이 된다'는 뜻인 '전화위복'이 적절하다.

Plus 해설

① 고진감래(苦盡甘來) : 쓴 것이 다하면 단 것이 온다는 뜻으로, 고생 끝에 즐거움이 옴을 의미함.
② 양두구육(羊頭狗肉) : 양 머리에 개고기라는 뜻으로 실제로는 그렇지 않으나 겉으로 그럴싸하게 허세를 부리는 것을 의미함.
④ 감탄고토(甘呑苦吐) : 달면 삼키고 쓰면 뱉는다는 뜻으로, 자기 비위에 맞으면 좋아하고 맞지 않으면 싫어하는 것을 의미함.

정답 ③

06. 다음 중 ㉡에 들어갈 접속어로 알맞은 것은?

① 따라서 ② 그런데
③ 그럼에도 ④ 그렇지만

해설

탈중국으로 30년 넘은 양국 경제 관계를 일시에 단절하는 것은 불가능할뿐더러 충격도 크지만 피할 수도 없는 시대적 변화라고 하였다. 따라서 앞의 내용을 인정하면서 앞의 내용과 뒤의 내용이 대립될 때 쓰는 접속어인 '그렇지만'을 쓰는 것이 적절하다.

정답 ④

07~08 > 글의 추론

다음 글을 읽고 이어지는 질문에 답하시오.

　최근 혈액형보다 자신이 어떠한 성향의 사람인지 설명하는 데 필수가 되어 버린 'MBTI(Myers-Briggs-Type Indicator, 마이어스-브릭스 유형 지표)'는 1944년 개발된 자기보고형 성격유형검사이다. MBTI는 의외로 높은 정확도를 자랑하며 적성발견, 진로탐색, 직업선택 및 연애상담에까지 활용되고 있으며, 많은 이들이 맹신하는 대중적 성격 지표로 자리 잡았다.
　MBTI는 두 개의 태도 지표와 두 개의 기능 지표에 대한 개인의 선호경향에 따라 성격유형을 4개의 문자로 구성하여 알려준다. 태도 지표에는 '외향(Extroversion)—내향(Introversion)'과 '판단(Judging)—인식(Perceiving)'이 있으며, 기능 지표에는 '감각(Sensing)—직관(iNtuition)'과 '사고(Thinking)—감정(Feeling)'이 있다. 따라서 MBTI 검사 결과로 설명 수 있는 성격유형은 총 ___개이다.
　각각의 지표는 주의집중하고 초점을 맞추는 방향이 무엇인지에 따라 '외향(Extroversion)' 또는 '내향(Introversion)', 사람이나 사물을 인식하는 방식에 따라 '감각(Sensing)' 또는 '직관(iNtuition)', 판단을 하는 데 있어 선호하는 근거에 따라 '사고(Thinking)'또는 '감정(Feeling)', 선호하는 삶의 패턴, 즉 생활양식에 따라 '판단(Judging)' 또는 '인식(Perceiving)'으로 구분된다.
　외향성이 강한 사람은 자신의 생각이나 감정을 다른 사람에게 발산하는 경향이 있으며, 사교적·활동적이고 폭넓은 대인관계를 가진다. 내향성이 강한 사람은 자기 내부에 주의집중하며 조용하고 신중한 편이다. 폭넓은 대인관계보다는 깊이 있는 대인관계를 선호한다. 감각형은 오감 및 경험에 의존하는 현실적인 타입으로, 실제의 경험을 중시하는 편이다. 직관형은 직관 및 영감에 의존하는 이상주의적 타입으로, 추상적·미래지향적인 편이다.
　사고형은 논리적·분석적이며 객관적으로 사실을 판단한다. 원리·원칙을 중시하며 감정형보다 현실적인 편이다. 감정형은 상황적·포괄적이고 의미·영향·도덕성을 중시하여 주변 상황을 고려해 판단한다. 공감하기를 좋아하며 사고형보다 이상주의적이다. 판단형은 분명한 목적과 방향을 선호하고, 계획적·체계적인 성향이 강한 반면, 인식형은 유동적인 목적과 방향을 선호하고, 자율성·융통성이 있어 상황에 따라 유연하게 대처하는 편이다.
　그러나 어떠한 사람이 외향형이라고 해서 그 사람에게 내향적인 성격 요소가 없는 것은 아니며 내향형이라고 해서 외향적인 요소가 전혀 없는 것은 아니다. 누구나 여덟 가지 특성을 조금씩은 다 가지고 있지만, 각 지표 중 어느 요소의 특징이 더 두드러지는가에 따라 검사 결과가 4개의 문자로 나타나는 것이다. 따라서 MBTI를 통해 사람의 성격유형이 ___가지만 있다고 하기에는 한계가 있다.

07 ▶ 위 글의 빈칸에 공통으로 들어갈 숫자로 적절한 것은?

① 4   ② 8   ③ 12   ④ 16

해설

두 개의 태도 지표(외향-내향, 판단-인식)와 두 개의 기능 지표(감각-직관, 사고-감정)는 각각 4가지로 구성되어 있으므로, 4×4= 16개이다.

정답 ④

08 ▶ 다음 글을 읽고 이해한 내용으로 옳지 않은 것은?

① ENFP 유형의 사람에게도 내향적인 측면이 있을 수 있다.
② ESTP 유형의 사람은 선호하는 삶의 패턴과 생활양식이 추상적·이상적이기보다 현실적인 편이다.
③ ISTJ 유형의 사람은 원리·원칙을 중시하여 주변 상황을 고려하기보다 객관적으로 판단한다.
④ INFJ 유형의 사람은 다른 사람보다 자기 자신에 집중하며, 계획적이고 체계적인 성향이 강하다.

해설

선호하는 삶의 패턴, 즉 생활양식에 따라 '판단(Judging)' 또는 '인식(Perceiving)'으로 구분된다. 판단형은 분명한 목적과 방향을 선호하고, 계획적·체계적인 성향이 강한 반면, 인식형은 유동적인 목적과 방향을 선호하고, 자율성·융통성이 있어 상황에 따라 유연하게 대처하는 편이다.

정답 ②

09 거리·속력·시간

A는 15km의 거리를 가는 데 45분이 걸렸고, B는 $x$km를 가는 데 42분이 걸렸다. A와 B가 같은 속력으로 달렸을 때, B가 달린 거리를 구하면?

① 11km　　　② 12km　　　③ 13km　　　④ 14km

해설

A와 B가 같은 속도로 달렸으므로
$\dfrac{15}{45} = \dfrac{x}{42}$　　　$45x = 630$　　　$x = 14$
따라서 B가 달린 거리는 14km이다.

정답 ④

10 자료해석

다음은 교육기관별 교원 1인당 학생 수를 나타낸 자료이다. 이에 대한 설명으로 옳지 않은 것은?

(단위 : 명)

구분	2016년	2017년	2018년	2019년	2020년
유치원	13.3	12.9	12.3	11.9	11.4
초등학교	14.6	14.5	14.5	14.6	14.2
중학교	13.3	12.7	12.1	11.7	11.8
고등학교	12.9	12.4	11.5	10.6	10.1

① 조사 기간 동안 유치원과 고등학교의 교원 1인당 학생 수는 감소하는 추세이다.
② 2020년 중학교의 교원 1인당 학생 수는 2016년에 비해 약 11% 감소하였다.
③ 2019년 고등학교의 교원 1인당 학생 수는 전년 대비 약 13% 감소하였다.
④ 2016년과 2020년의 교원 1인당 학생 수의 차이가 가장 큰 교육기관은 고등학교이다.

해설

2019년 고등학교의 교원 1인당 학생 수는 2018년에 비해 $\dfrac{10.6 - 11.5}{11.5} \times 100 ≒ -7.8\%$로 약 8% 감소하였다.

① 조사 기간 동안 유치원과 고등학교의 교원 1인당 학생 수는 꾸준히 감소하고 있다.
② $\dfrac{11.8 - 13.3}{13.3} \times 100 ≒ -11.3\%$이므로 약 11% 감소하였다.
④ 2016년과 2020년의 교원 1인당 학생 수의 차이는 유치원 13.3−11.4=1.9명, 초등학교 14.6−14.2=0.4명, 중학교 13.3−11.8=1.5명, 고등학교 12.9−10.1=2.8명이다. 따라서 차이가 가장 큰 교육기관은 고등학교이다.

정답 ③

11 ▶ 자료해석

다음은 시험 응시자 수 및 합격자 수에 관한 자료이다. 자료에 대한 설명으로 틀린 것은?

(단위 : 명)

구분		2018년	2019년	2020년
응시자	합계	4,916	10,048	5,303
	남자	1,779	3,728	2,046
	여자	3,137	6,320	3,257
합격자	합계	4,453	8,805	4,263
	남자	1,605	3,245	1,631
	여자	2,848	5,560	2,632

① 2019년 전체 응시자 수는 전년 대비 100% 이상 증가하였다.
② 2020년 남자의 합격률은 80% 미만이다.
③ 2019년 전체 합격자 수는 전년 대비 90% 미만으로 증가하였다.
④ 2018년 여자의 합격률은 90% 이상이다.

해설

2019년 전체 합격자 수는 전년 대비 $\frac{8,805 - 4,453}{4,453} \times 100 ≒ 97.7\%$ 증가하였다.

Plus 해설

① 2019년 전체 응시자 수는 전년 대비 $\frac{10,048 - 4,916}{4,916} \times 100 ≒ 104.3\%$ 증가하였다.

② 2020년 남자의 합격률은 $\frac{1,631}{2,046} \times 100 ≒ 79.7\%$ 이다.

④ 2018년 여자의 합격률은 $\frac{2,848}{3,137} \times 100 ≒ 90.7\%$ 이다.

[정답] ③

12 ▶ 확률 계산

어느 회사 제품의 불량률이 90%라고 한다. 이 회사에서 만든 제품 중 임의로 2개를 선택할 경우, 적어도 하나가 불량품일 확률은?

① $\frac{91}{100}$
② $\frac{93}{100}$
③ $\frac{97}{100}$
④ $\frac{99}{100}$

해설

(적어도 하나가 불량품일 확률) = (1 − 모두 불량품이 아닐 확률)

임의로 2개를 선택했을 때, 모두 불량품이 아닐 확률은 $\frac{10}{100} \times \frac{10}{100} = \frac{1}{100}$ 이므로, 적어도 하나가 불량품일 확률은 $1 - \frac{1}{100} = \frac{99}{100}$ 이다.

정답 ④

13 > 응용 계산

작년에 16만 원에 팔던 자전거는 올해 5% 가격 인상을 하였고, 4만 원에 팔던 헬멧은 올해 10% 가격 인상을 하였다. 자전거 1개와 헬멧 1개를 한 세트로 묶어 판매할 경우, 올해의 한 세트 가격은 작년 가격보다 몇 % 인상되는가?

① 4%   ② 5%   ③ 6%   ④ 7%

해설

- 올해 자전거 인상 가격 : $160,000 \times \frac{5}{100} = 8,000$ 원
- 올해 헬멧 인상 가격 : $40,000 \times \frac{10}{100} = 4,000$ 원

한 세트로 판매 시 올해 한 세트 가격은 작년 한 세트 가격보다 12,000원 인상된다.
작년 가격을 기준으로 올해의 한 세트 판매 시의 가격 인상률을 x라고 할 때,
$200,000 \times x = 12,000$ $x = 0.06$
따라서 한 세트로 판매 시 올해 한 세트의 가격은 작년 한 세트 가격보다 6% 인상된다.

정답 ③

14 > 명제 추리

다음 명제가 모두 참이라고 할 때, 항상 옳은 문장은?

- 애플망고를 먹은 사람은 바나나도 먹었다.
- 딸기를 먹은 사람은 바나나를 먹지 않았다.
- 포도를 먹지 않은 사람은 애플망고를 먹었다.

① 딸기를 먹은 사람은 애플망고를 먹지 않았다.
② 포도를 먹은 사람은 바나나를 먹지 않았다.
③ 바나나를 먹은 사람은 포도도 먹었다.
④ 애플망고를 먹은 사람은 딸기도 먹었다.

해설

주어진 명제와 대우를 정리하면 다음과 같다.
- 애플망고 → 바나나
  ~바나나 → ~애플망고
- 딸기 → ~바나나
  바나나 → ~딸기
- ~포도 → 애플망고
  ~애플망고 → 포도

∴ 딸기 → ~바나나 → ~애플망고 → 포도
  ~포도 → 애플망고 → 바나나 → ~딸기

따라서 항상 참인 것은 ①이다.

정답 ①

15 ▶ 삼단논법

전제가 다음과 같을 때, 반드시 참인 결론을 고르면?

[전제 1] 사과를 좋아하는 사람은 포도를 좋아한다.
[전제 2] 수박을 좋아하는 사람 중에는 사과를 좋아하는 사람도 있다.
[결론] 그러므로 _____

① 사과, 포도, 수박을 모두 좋아하는 사람이 있다.
② 사과를 좋아하는 사람은 모두 수박을 좋아한다.
③ 포도를 좋아하는 모든 사람은 사과를 좋아한다.
④ 수박을 좋아하는 모든 사람은 사과와 포도도 좋아한다.

해설

제시된 두 전제를 벤다이어그램으로 나타내면 다음과 같다.
사과를 좋아함 = P, 포도를 좋아함 = Q, 수박을 좋아함 = R

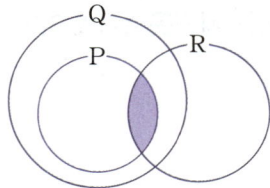

따라서 반드시 참인 결론은 '사과, 포도, 수박을 모두 좋아하는 사람이 있다.'이다.

정답 ①

16 ▶ 조건추리

새로 완공된 5층짜리 원룸 건물에 A~F 6명이 입주를 앞두고 있다. 다음 제시된 조건을 보고 건물의 4층에 입주할 수 있는 사람을 고르면? (단, 홀수 층에는 한 사람만 입주할 수 있고, 짝수 층에는 최대 두 사람이 입주할 수 있다.)

- A는 홀수 층에 입주해야 한다.
- B는 C보다 아래층에 입주해야 한다.
- D는 B보다 위층에 입주해야 한다.
- E는 3층에 입주한다.
- A는 B보다 아래층에 입주해야 한다.
- A와 D는 서로 최대한 멀리 떨어져 있는 층에 입주해야 한다.

① A, C ② B, F ③ C, F ④ B, D

해설

5층	D	
4층	C	(F)
3층	E	
2층	B	(F)
1층	A	

정해지지 않은 사람은 F뿐이며, F는 두 사람이 입주할 수 있는 짝수 층에 입주할 것이다. 따라서 4층에 입주할 수 있는 사람은 C와 F이다.

정답 ③

17 ▶ 조건추리

○○ 회사의 직원들이 업무평가점수에 대해서 다음과 같은 대화를 나누었다. 이 중에서 세 명은 참을 말하고 한 사람만이 거짓을 말한다고 할 때, 다음 중 거짓말을 하는 사람은 누구인가?

김 대리 : 저는 점수가 제일 낮습니다.
안 대리 : 저는 이 팀장님보다 점수가 낮습니다.
이 팀장 : 저는 김 대리와 안 대리보다 점수가 낮습니다.
유 과장 : 제가 여러분들보다 점수가 높습니다.

① 김 대리 ② 안 대리 ③ 이 팀장 ④ 유 과장

해설

한 명만 거짓말을 하고 있으므로 네 개의 진술 가운데 대립되는 진술을 하는 사람을 찾아낸다. 김 대리의 말이 참이면 이 팀장의 말은 거짓이므로 둘 중 한 명이 거짓말을 한다는 것을 알 수 있다.
1) 김 대리의 말이 참이고, 이 팀장의 말이 거짓일 경우
   → 유 과장 > 이 팀장 > 안 대리 > 김 대리가 되므로 모순되는 점이 없다.
2) 김 대리의 말이 거짓이고, 이 팀장의 말이 참일 경우
   → 김 대리, 안 대리의 진술이 거짓이 되므로 한 명이 거짓말을 한다는 조건에 위배된다.
따라서 거짓말을 하는 사람은 이 팀장이다.

정답 ③

18 ▶ 펀칭

다음 그림과 같이 화살표 방향으로 종이를 접고, 구멍을 뚫은 후 펼쳤을 때의 모양은?

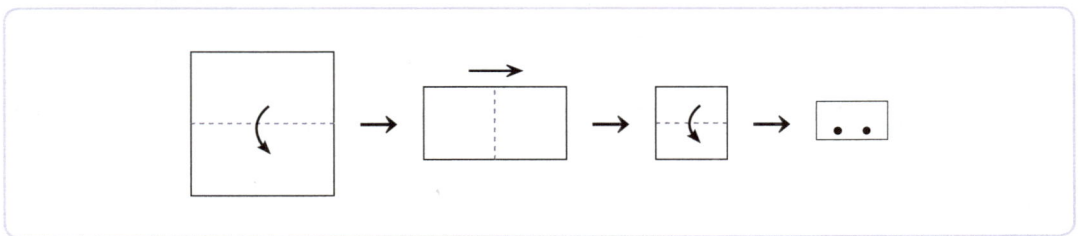

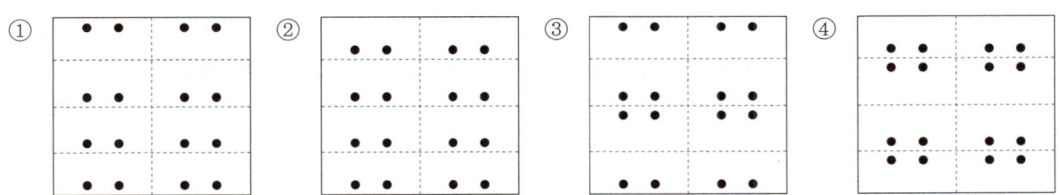

해설

펀칭 문제는 마지막 접힌 모양에서 역으로 펼치면서 뚫린 구멍의 위치를 파악하며 푼다.

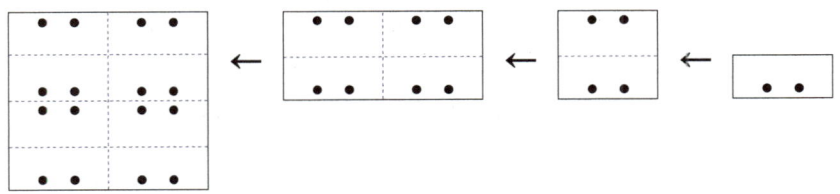

정답 ③

19 ▶ 전개도

다음 전개도를 접었을 때 나올 수 있는 입체 도형을 고르면?

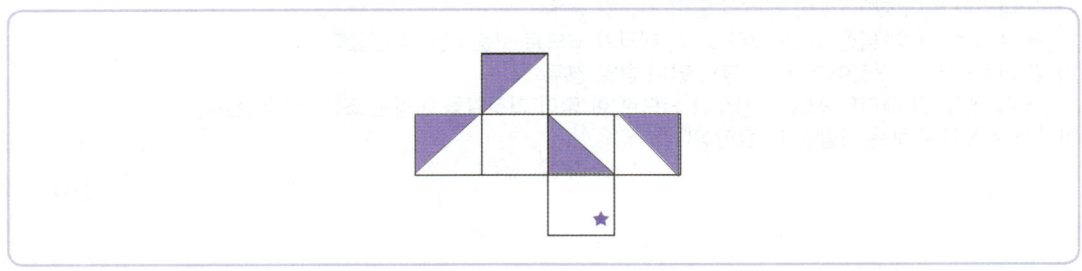

① 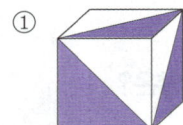   ② 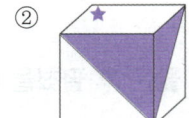   ③ 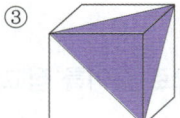   ④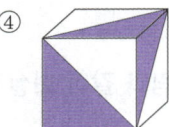

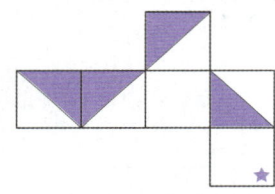

오른쪽 한 면을 왼쪽으로 옮기면 세 면이 만나는 부분을 파악할 수 있다. 따라서 정답은 ③이다.

정답 ③

20 입체도형, 블록

다음 입체도형을 시계방향으로 90도 회전한 모양은?

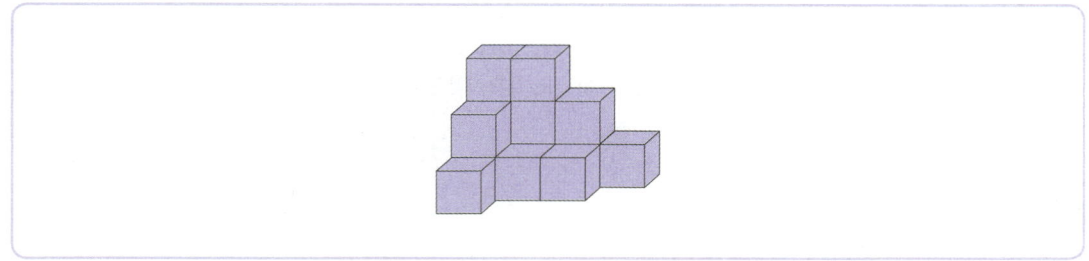

① 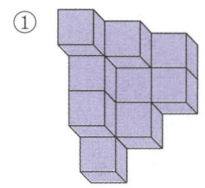   ② 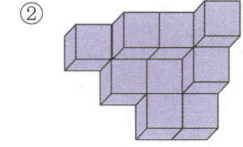   ③ 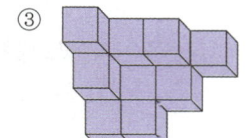   ④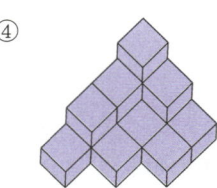

해설

② 시계방향으로 180도 회전한 모양이다.
③ 상하대칭한 모양이다.
④ 시계방향으로 135도 회전한 모양이다.

정답 ①

2022. 11. 20. 부산광역시교육청 기출문제

※ 본 기출문제는 실제 시험 응시자로부터 수집한 후기를 바탕으로 복원되었습니다.

01 ▶ 기본 어휘력

다음의 뜻을 가진 단어를 고르면?

> 몸은 작아도 당차고 야무지다.

① 암팡지다   ② 옴팡지다   ③ 앙팡지다   ④ 옹팡지다

해설

① 암팡지다 : 몸은 작아도 당차고 야무지다.
② 옴팡지다 : 보기에 가운데가 좀 오목하게 쏙 들어가 있다.
③ · ④ 표준어가 아니다.

정답 ①

02 ▶ 기본 어휘력

다음 밑줄 친 단어와 바꿔쓸 수 없는 것을 고르면?

> 그는 **날렵하게** 몸을 움직여 피했다.

① 날쌔게   ② 재빠르게   ③ 다부지게   ④ 날래게

해설

'날렵하다'는 '재빠르고 날래다'라는 뜻의 형용사로, '날쌔다', '재빠르다', '날래다'와 유사한 의미를 가진다.
③ '다부지다'는 '벅찬 일을 견디어 낼 만큼 굳세고 야무지다'라는 뜻이다.

정답 ③

03 기본 어휘력

다음 중 서로 유의어 관계가 아닌 것을 고르면?

① 한정하다 – 제한하다
② 어질다 – 어리숙하다
③ 치장하다 – 단장하다
④ 선양하다 – 떨치다

해설

'어질다'는 '마음이 너그럽고 착하며 슬기롭고 덕이 높다'라는 뜻이고, '어리숙하다'는 '겉모습이나 언행이 치밀하지 못하여 순진하고 어리석은 데가 있다'라는 뜻이다.
① 한정하다 : 수량이나 범위 따위를 제한하여 정하다.
　제한하다 : 일정한 한도를 정하거나 그 한도를 넘지 못하게 막다.
③ 치장하다 : 잘 매만져 곱게 꾸미다.
　단장하다 : 얼굴, 머리, 옷차림 따위를 곱게 꾸미다.
④ 선양하다 : 명성이나 권위 따위를 널리 떨치게 하다.
　떨치다 : 위세나 명성 따위가 널리 알려지다.

정답 ②

04 기본 어휘력

다음 중 ㉠~㉢에 들어갈 어휘가 올바르게 짝지어진 것을 고르면?

- 그녀는 편지를 집으로 (㉠).
- 나는 졸업한 지 오래되어서 학교에서 배운 것을 다 (㉡).
- 그는 지금 초등학교에서 어린아이들을 (㉢) 있다.

	㉠	㉡	㉢
①	부쳤다	잊어버렸다	가르치고
②	부쳤다	잃어버렸다	가리키고
③	붙였다	잊어버렸다	가리키고
④	붙였다	잃어버렸다	가르치고

해설

- 부치다 : 편지나 물건 따위를 일정한 수단이나 방법을 써서 상대에게로 보내다.
　붙이다 : 맞닿아 떨어지지 않게 하다.
- 잊어버리다 : 한번 알았던 것을 모두 기억하지 못하거나 전혀 기억하여 내지 못하다.
　잃어버리다 : 가졌던 물건이 자신도 모르게 없어져 그것을 아주 갖지 아니하게 되다.
- 가르치다 : 지식이나 기능, 이치 따위를 깨닫게 하거나 익히게 하다.
　가리키다 : 손가락 따위로 어떤 방향이나 대상을 집어서 보이거나 말하거나 알리다.

정답 ①

 북스케치 www.booksk.co.kr

05 ▶ 어법

다음 밑줄 친 부분을 잘못 수정한 것은?

① 수지는 시간이 나면 **음악과 책을 듣는다.** → 음악을 듣고, 책을 읽는다.
② 이번 일은 결코 **성공해야 한다.** → 실패해서는 안 된다.
③ 이런 일이 진짜로 발생하다니 **믿겨지지** 않는다. → 믿기지
④ 다들 시험 치느라 여간 **힘든 게 아니다.** → 여간 힘들다.

해설

④ '여간'은 주로 부정의 의미를 나타내는 말과 함께 쓰이므로, 수정 전인 '여간 힘든 게 아니다.'로 쓰여야 올바르다.

Plus 해설
① 목적어와 서술어의 호응이 제대로 되지 않았으므로, '음악을 듣고, 책을 읽는다.'로 고쳐주어야 한다.
② '결코'는 '아니다', '없다', '못하다' 따위의 부정어와 함께 쓰인다.
③ 이중 피동 표현이므로 '믿기지'로 고쳐야 한다.

정답 ④

06 ▶ 한자성어

다음 사자성어의 의미가 올바르게 연결된 것을 고르면?

① 식자우환 : 좀처럼 만나기 어려운 기회
② 오비이락 : 겉으로는 같이 행동하면서도 속으로는 딴생각을 함
③ 천재일우 : 너무 많이 알아 쓸데없는 걱정도 그만큼 많음
④ 역지사지 : 처지를 바꾸어서 생각하여 봄

해설

① 식자우환(識字憂患) : 너무 많이 알아 쓸데없는 걱정도 그만큼 많음
② 오비이락(烏飛梨落) : 우연히 동시에 일어난 일로 궁지에 몰림
   동상이몽(同床異夢) : 같은 자리에 자면서 다른 꿈을 꾼다는 뜻으로, 겉으로는 같이 행동하면서도 속으로는 각각 딴생각을 하고 있음을 이르는 말
③ 천재일우(千載一遇) : 좀처럼 만나기 어려운 기회

정답 ④

34 Appendix 기출문제

07 글의 이해

다음 글의 내용과 일치하는 것을 고르면?

　통계청이 지난해 발표한 '2021년 장래인구추계를 반영한 세계와 한국의 인구 현황 및 전망'에 따르면 우리나라 인구는 지난해 5,200만 명에서 2070년 3,800만 명으로 감소할 것으로 전망된다. 특히 우리나라의 생산연령인구의 구성비는 1970년 54.4%에서 2012년 73.4%로 정점을 찍은 이후 감소해 2040년 56.8%, 2070년 46.1%까지 감소할 것으로 예상된다. 또한 우리나라의 고령인구 구성비는 지난해 17.5%에서 2070년에 46.4%까지 높아질 것으로 전망된다.
　이처럼 생산인구의 급격한 감소를 막기 위해서는 2030년까지 414만 6,000명, 2060년까지 1,517만 4,000명의 대체이민자가 필요하다. 또한 소비인구 감소를 막기 위해서는 2030년까지 448만 9,000명, 2060년까지 1,762만 명의 대체이민이 필요한 실정이다.
　그간 농어촌의 외국인 관련 정책은 저임금의 노동력을 공급하는 데 초점이 맞춰지면서 이민정책과는 사실상 분리된 상황이었다. 농어업 관련 외국인 취업비자는 고용허가제(E-9)가 가장 많고 어업분야는 외국인선원제도(E-10), 계절근로자제도(E-8), 숙련기능점수제(E-7-4) 등이 있다. E-9 비자는 3년을 체류할 수 있으며 고용계약의 갱신을 통해 최장 4년 10개월까지 근무할 수 있다. 물론 출국 이후에 재입국을 할 수는 있지만 이는 현실적으로 쉽지 않다는 것이 농어업 현장의 전언이다.
　현재 농어업 분야의 외국인 근로자 제도가 갖는 문제점은 다른 비자들과의 연계성이 떨어져 이탈을 관리하는 것이 어렵다는 점이다. E-9 비자의 경우 외국인을 업종별로 배분할 때 한국어 성적으로 배정하고 있다. 농업이나 어업분야는 제조업 등에 비해 상대적으로 쉽기 때문에 농어업으로 입국한 후 사업장을 변경하거나 불법체류자가 되는 경우도 많이 발생한다. 아울러 농어업 현장에서는 숙련도를 요하는 작업들이 많은데 한 사업장에서 1회 입국 시 최장 4년 10개월만 근무할 수 있는 비자의 형태로는 숙련된 노동력을 공급하는 데도 한계가 있는 실정이다.
　최근에는 노동력 공급관점의 정책에도 변화가 필요하다는 지적이 제기되고 있다. 국내 저출생이 심화되고 지방의 소멸위기가 심각해지면서 외국인 근로자를 일시적으로 체류하는 인력자원으로 볼 것이 아니라 이민을 통해 안정적으로 한국사회에 정착할 수 있도록 해야 한다는 것이다. 이 배경에는 농어촌 지역경제에서 외국인이 차지하는 비중이 적지 않다는 점과 숙련된 노동력을 안정적으로 확보해야 한다는 복합적인 측면이 있다. 고령화된 농어촌에서는 농어업의 기반을 안정적으로 다지기 위해서라도 지역정책 또는 사회정책의 관점에서 이민정책에 대한 논의가 필요하다는 주장이 제기되고 있다.
　이민정책연구원 연구위원은 "코로나19의 대유행으로 외국인들의 출입국이 제한되면서 다른 나라에서도 노동력 공급 관점의 외국인 정책에 변화가 나타나고 있다."며 "우리나라에서도 외국인 근로자 관련 제도를 통해 단순히 노동력을 공급한다는 시각에서 벗어나 사회정책의 관점에서 다양한 이민자들이 한국사회를 이루는 한 구성원이 될 수 있도록 해야 한다."고 말했다. 이어 그는 "다만 이 과정에서는 개방된 시스템하에서 우리 사회에 기여하는 이민자들이 우리나라에 정착하는 것이 당연한 현상이라는 점을 알리고 이것을 국민들이 받아들일 시간이 주어져야 한다."고 덧붙였다.

　　　　　　　　　　　　　　　　　　　　　　　　　　　　출처 : 농수축산신문 기사

① 생산인구의 감소를 막기 위해서는 2060년까지 448만 9,000명의 대체이민자가 필요하다.
② 우리나라의 생산연령인구의 구성비는 2012년에 정점을 찍은 이후 감소하는 추세이다.
③ 소비인구 감소를 막기 위해서는 2030년까지 414만 6,000명의 대체이민이 필요하다.
④ 외국인 취업비자 중 E-9 비자는 고용계약의 갱신을 통해 최장 3년까지 근무할 수 있다.

해설

② 우리나라의 생산연령인구의 구성비는 2012년 73.4%로 정점을 찍은 이후 감소하고 있다.

Plus 해설
① 생산인구의 감소를 막기 위해서는 2030년까지 414만 6,000명, 2060년까지 1,517만 4,000명의 대체이민자가 필요하다.
③ 소비인구 감소를 막기 위해서는 2030년까지 448만 9,000명, 2060년까지 1,762만 명의 대체이민이 필요하다.
④ 외국인 취업비자 중 E-9 비자는 3년을 체류할 수 있으며 고용계약의 갱신을 통해 최장 4년 10개월까지 근무할 수 있다.

정답 ②

08 글의 이해

다음은 독서 능력 향상에 관한 글이다. (가)~(라) 문단의 중심 내용으로 적절하지 않은 것은?

(가) 책을 많이 읽는다고만 해서 좋은 것은 아니다. 책의 내용을 이해하고 실제로 적용해서 문제를 풀어나갈 능력이 있는지를 확인하는 것이 더 중요하다. 그리고 자신이 읽은 책을 현실 생활에서 실천할 수 있는 의지력도 길러줘야 한다. 따라서 자녀들이 책을 많이 읽는다고 그냥 안심하면 안 된다. 많은 아이들이 자신이 읽은 책 내용에 대해 물어보면 "모른다"고 대답하는데 근본적인 원인은 그 내용을 제대로 파악하지 못했기 때문이다. 아무리 짧은 문장의 책이라도 부모가 항상 내용을 물어보도록 한다. 그 안에서 주인공이나 주제에 대해 자녀가 얼마나 이해하고 파악했는지를 살펴본다. 만약 제대로 모른다면 다시 한번 읽어 보도록 유도해야 한다.

(나) 어린이들이 책의 세계에 빠져들게 하기 위해서는 집에서부터 독서하기 좋은 환경을 만들 필요가 있다. 집안에 신문, 잡지, 다양한 장르의 도서 등이 갖춰져 있고 엄마, 아빠, 형제자매 등 가족이 습관적으로 책을 읽으면 최고의 교육 환경이라고 할 수 있다. 부모는 하루 종일 TV만 보면서 아이들에게는 책을 읽을 것을 강요하면 아무 소용이 없다. 자녀는 부모가 독서하는 모습을 보면서 이를 자연스레 모방하게 된다.

(다) 책 한 권을 읽었다고 해도 이를 자신의 것으로 만들지 못한다면 큰 의미가 없다. 이런 점에서 가급적 독서 후에는 독후감을 쓰도록 하는 습관을 유도하는 것도 좋다. 줄거리 읽기 중심이 아닌, 심층 독서, 감상 독서, 비판 독서를 시도하게 해야 한다. 이런 훈련은 혼자 하기보다는 부모나 교사, 또래 친구들과 함께하는 게 좋다. 한 권의 책을 읽고 토론을 통하여 생각을 키워가는 독서훈련을 하는 것이다. 독후감은 독해능력을 테스트할 수 있는 방법이다. 독후감은 책 종류만큼 형태가 다양한데 왜, 언제, 누가, 무엇을 등을 원하는 형태의 개방형 질문 방식의 독후감이 인기를 끌고 있다.

(라) 독서의 경우도 '편식'은 좋지 않다. 즉 다양한 장르의 책을 읽도록 하는 것이 중요하다는 말이다. 전문가들은 "문학, 과학, 예술 등 다양한 장르를 섭렵해 사고의 세계를 넓히는 것이 좋은 독서 습관"이라고 강조한다. 편식할 때 골고루 영양분을 섭취할 수 없듯 한 장르의 책만 파고들면 지식 습득의 폭이 좁아지는 것은 물론 제한된 안목을 가질 수 있기 때문이다. 그렇다면 만화책은 어떨까. 전문가들은 만화책 역시 시야를 넓히는 독서의 한 장르가 될 수 있다고 말한다. 만화책 보기를 무조건 금지하는 것보다 책의 내용과 캐릭터들이 사용하는 단어 수준을 확인하는 편이 낫다. 물론 폭력적인 내용과 저속한 단어가 난무하는 만화책이라면 좋은 독서 습관을 방해할 수 있다.

출처 : 한국일보, 2022. 10. 24. 기사.

① (가) : 내용을 이해하는지 점검하기 ② (나) : 책 읽기 좋은 환경으로 만들기
③ (다) : 독후감 쓰는 습관 기르기 ④ (라) : 연령에 맞는 책 읽기

해설

(라)는 다양한 장르의 책을 읽도록 하는 것이 좋다는 내용이므로, 중심 내용은 '골고루 독서하기'가 되어야 한다.

정답 ④

09 글의 이해

다음은 전기를 아끼는 방법에 대한 내용이다. 다음을 읽고, 전기를 아끼는 방법이 아닌 것을 고르면?

> 가정에서 전기세의 가장 많은 부분을 차지하고 있는 것이 냉장고이다. 냉장고는 계절에 맞게 적정 온도를 설정해주는 것이 좋다. 비교적 선선한 봄과 가을에는 3~4도가 적당하고, 날씨가 더운 여름에는 5~6도, 겨울에는 1~2도로 맞추는 것이 좋다. 문을 여닫는 횟수를 줄이고, 뜨거운 음식은 식힌 후에 넣는 것이 좋으며, 냉장고 안은 공기 순환이 잘되도록 60% 정도만 채우는 것이 좋다.
> 냉장고 다음으로 전력 소비가 큰 것이 조명이다. 조명을 밝게 하기 위해서 반사갓을 다는 것이 좋고, 한 달에 한 번 조명을 닦아주는 것이 좋다. 백열등의 경우 전력 소모가 많은데, 이를 삼파장 전구, 절전형 전구로 교체하는 것이 좋다. LED 전구는 수명이 3만 시간으로 길고, 전력 소비 또한 백열전구의 1/5 정도 수준으로, 가격은 비싸지만, 장기적인 면에서는 더 효율이 좋다.
> TV와 컴퓨터의 경우, 화면 밝기를 낮추고 자주 닦아주면 그만큼 절약할 수 있다. 컴퓨터를 30분 이상 켜놓는 경우에는 컴퓨터를 절전모드로 해놓거나 꺼두는 것이 좋다. 리모컨을 사용하는 제품으로는 TV, 오디오, 에어컨 등이 있는데, 이 제품들은 리모컨에 반응하기 때문에 다른 제품들보다 대기 전력 소모가 크다. 이러한 제품을 사용하지 않을 때는 신경을 써서 꺼야 한다.
> 세탁기는 설치 시에 수평을 잘 맞추어 설치해야 한다. 수평을 잘 맞추지 않으면 소음 및 성능을 내지 못해 전기 소모가 높아지게 된다. 세탁물은 최소 2/3 이상 모아서 찬물로 세탁하는 것이 바람직하다. 세탁 기능 중에 뜨거운 물로 세탁하는 모드가 있는데, 심하게 찌든 때나 일부러 삶아야 하는 경우 외에는 찬물로 세탁해도 깨끗하게 세탁이 된다.

① 냉장고 안을 꽉 채우지 않고, 60% 정도만 채운다.
② 백열등을 삼파장 전구로 교체한다.
③ TV 화면의 밝기를 높게 하고, 자주 닦아준다.
④ 세탁기로 세탁을 할 때는 찬물로 세탁한다.

해설

전기를 아끼기 위해서는 TV 화면 밝기를 낮추고 자주 닦아주는 것이 좋다.

정답 ③

10 ▶ 글의 이해

주어진 문단(Ⓐ)이 들어갈 곳으로 가장 알맞은 것은?

(가) 개미나 꿀벌은 대표적인 사회적 동물이다. 이들뿐만 아니라 새나 물고기 같은 동물들도 집단으로 행동하는 경우가 많다. '하나보다는 여럿이 낫다'는 것인데 뇌신경과학 분야에서는 이 같은 동물들의 집단지능의 원리는 수수께끼로 남아 있었다. 국내 연구진이 동물들의 집단지능 원리를 밝혀내는 데 도움을 줄 수 있는 기술을 개발했다.

(나) 한국과학기술연구원(KIST) 뇌과학연구소, 한국전자통신연구원(ETRI) 지능형센서연구실 공동연구팀은 눈을 관찰함으로써 무리 생활을 하는 동물들의 뇌를 이해하고 분석할 수 있는 기술을 개발했다고 밝혔다. 이번 연구결과는 기초과학 및 공학 분야 국제학술지 '사이언스 어드밴시즈'에 실렸다.

(다) 연구팀은 뇌신호를 실시간으로 감지해 빛의 반짝임으로 표시되는 프로세서와 LED가 결합된 실시간 뇌파측정분석시스템인 'CBRAIN(씨브레인)'을 개발했다. 씨브레인은 뇌 신호를 실시간으로 감지해 LED 불빛으로 표시되도록 해 뇌의 어떤 부위가 활성화돼 감정과 생각을 드러내는지 육안으로 관찰할 수 있도록 한 것이다.

(라) 연구팀은 씨브레인을 이용해 생쥐들이 자신의 몸집보다 큰 거미 모양 로봇을 만났을 때 집단행동을 연구했다. 연구팀은 공포감정을 조절하는 뇌의 기저측편도체의 자극에 따라 LED 빛이 깜박이도록 한 뒤 생쥐 한 마리가 거미 로봇을 만났을 때와 다른 동료들과 함께 거미 로봇을 만났을 때 변화를 관찰하고 인공지능 딥러닝 기술로 분석했다.

(마) KIST 책임연구원은 "씨브레인은 뇌 신호를 빛의 반짝임으로 나타내기 때문에 뇌 연구를 하는 뇌과학자뿐만 아니라 생태학, 통계학, 인공지능 등 다양한 분야 연구자들이 활용할 수 있을 것"이라며 "추가 연구를 통해 인간의 사회적 뇌 연구에도 적용해 사회성과 관련된 적응장애나 뇌 질환 치료에도 도움을 줄 수 있을 것으로 기대한다."라고 말했다.

출처 : 서울신문, 2021. 01. 14. 기사

Ⓐ 그 결과 거미 로봇이 우리 안에 들어가면 쥐들에게 부착된 씨브레인 시스템의 LED가 동시다발적으로 켜졌는데 8마리 쥐들이 무리 지어 있을 때는 한 마리만 있을 때보다 경계신호 발생빈도가 줄어든 것이 확인됐다. 또 무리 지어 있을 경우 최외곽에 있는 생쥐들에게는 강한 경계신호가 나타났고 안쪽에 있는 생쥐들은 경계신호가 다소 약한 것이 확인됐다. 동료들과 함께 있으면 경계신호가 줄면서 긴장이 완화되는 사회적 완충효과가 나타난다는 사실이 확인된 것으로 연구팀은 집단 전체의 효율적 방어를 위한 역할 분담 효과가 나타났기 때문이라고 해석했다.

① (가) 문단 뒤
② (나) 문단 뒤
③ (다) 문단 뒤
④ (라) 문단 뒤

주어진 문단(Ⓐ)의 시작이 '그 결과~'이므로, 앞 문단에는 연구의 내용이 나와야 한다. (라) 문단에 생쥐들의 집단행동을 연구했다는 내용이 나오므로, 주어진 문단(Ⓐ)은 (라) 문단 뒤에 들어가는 것이 가장 적절하다.

정답 ④

11. 단위 환산

다음 ㉠ ~ ㉣에 들어갈 내용으로 가장 적절한 것은?

- 1kg = (㉠)g
- 1L = (㉡)cc
- 1Gb = (㉢)Mb
- 10m² = (㉣)평

	㉠	㉡	㉢	㉣
①	1,000	512	100	3.025
②	1,000	1,024	1,000	3.025
③	100	512	1,000	4.3
④	100	1,024	100	4.3

해설

1kg = 1,000g   1Gb = 1,024Mb   1L = 1,000cc   1m² = 0.3025평
따라서 10m² = 3.025평이다.

정답 ②

12. 거리 · 속력 · 시간

지수가 자전거를 타고 집과 도서관을 왕복하는데 갈 때는 시속 12km로 갔고, 올 때는 같은 길을 시속 18km로 왔다. 왕복하는 데 걸린 시간이 1시간이라면 집과 도서관 사이의 거리는 얼마인가?

① 5.3km ② 6km ③ 7.2km ④ 8.5km

해설

집과 도서관 사이의 거리를 x라고 하면, '$\frac{거리}{속력}$=시간'이므로 다음과 같은 식을 세울 수 있다.

$\frac{x}{12} + \frac{x}{18} = 1$

$3x + 2x = 36$

$5x = 36$

$x = 7.2$

따라서 집과 도서관 사이의 거리는 7.2km이다.

정답 ③

13 ▶ 평균

다음은 민지와 하윤이의 양궁 점수표이다. 둘의 평균 점수가 같을 때, 빈칸에 들어갈 점수로 가장 적절한 것은?

민지	10점	5점	2점	8점	7점	4점	3점	6점	5점	8점
하윤	8점	9점	6점	3점	8점	7점	6점	4점	5점	( )점

① 2점   ② 3점   ③ 4점   ④ 5점

해설

민지의 평균 점수는 $\dfrac{10+5+2+8+7+4+3+6+5+8}{10} = 5.8$ 이므로, 하윤이의 평균 점수도 5.8점이 되어야 한다.

$\dfrac{8+9+6+3+8+7+6+4+5+x}{10} = 5.8$

$8+9+6+3+8+7+6+4+5+x = 58$

$56 + x = 58$

$x = 2$

따라서 빈칸에 들어갈 점수는 2점이다.

정답 ①

14 ▶ 학생 수 계산

A 중학교의 전체 학생 수는 560명이고, 그중 60%가 방과후 컴퓨터 수업을 듣는다. 방과후 컴퓨터 수업을 듣는 학생 중 남학생이 230명이라고 할 때, 방과후 컴퓨터 수업을 듣는 여학생의 수를 구하면?

① 104명   ② 106명   ③ 108명   ④ 110명

해설

A 중학교 학생 중 방과후 컴퓨터 수업을 듣는 학생의 수는 $560 \times \dfrac{60}{100} = 336$ 명이다. 그중 남학생이 230명이므로, 여학생의 수는 $336 - 230 = 106$명이다.

정답 ②

15 ▶ 원가·정가

원가가 1,000원인 어떤 상품에 이익을 붙여서 정가를 정했다가, 너무 높게 정한 것 같아서 정가의 20%를 할인하여 100개를 판매하였더니 16,000원의 이익이 생겼다. 이 상품의 처음 정가는?

① 1,150원 ② 1,200원 ③ 1,450원 ④ 1,500원

해설

원가 : 1,000원
정가 : $1,000+x$ 원
20% 할인가 : $(1,000+x) \times 0.8$ 원
100개 판매한 후 생긴 이익 : $100 \times \{(1,000+x) \times 0.8 - 1,000\} = 16,000$ 원
$100 \times (0.8x - 200) = 16,000$
$80x - 20,000 = 16,000$
$80x = 36,000$
$x = 450$
따라서 상품의 처음 정가는 $1,000 + 450 = 1,450$ 원이다.

정답 ③

16 ▶ 페이지 계산

한 챕터당 12페이지씩 구성된 책이 있다. 화요일에 1챕터를 다 읽고 12~13페이지 사이에 책갈피를 꽂아 놓았다. 주말에는 책을 읽지 않고, 하루에 한 챕터씩 책을 읽는다고 할 때, 6챕터를 읽게 되는 요일과 6챕터까지 읽고 난 후 책갈피를 꽂게 되는 페이지를 고르면?

① 화요일, 60~61페이지 ② 화요일, 72~73페이지
③ 수요일, 60~61페이지 ④ 수요일, 72~73페이지

해설

1챕터 : 화요일, 12~13페이지
2챕터 : 수요일, 24~25페이지
3챕터 : 목요일, 36~37페이지
4챕터 : 금요일, 48~49페이지
5챕터 : 월요일, 60~61페이지
6챕터 : 화요일, 72~73페이지

정답 ②

[17~18] 한 개에 12,000원인 태극기를 구매한 후, 도로의 양쪽에 처음부터 끝까지 일정한 간격으로 태극기를 꽂으려 할 때, 다음의 이어지는 물음에 답하시오. (단, 태극기의 두께는 생각하지 않는다.)

17 간격

길이가 234m인 도로의 양쪽에 도로의 맨 앞에서부터 13m 간격으로 태극기를 꽂으려 할 때, 태극기 구매에 필요한 금액은 얼마인가?

① 360,000원   ② 384,000원   ③ 432,000원   ④ 456,000원

해설

234m인 도로에 13m 간격으로 도로의 맨 앞부터 태극기를 꽂는다고 했으므로, 한쪽 도로에 필요한 태극기의 개수는 $(234 \div 13) + 1 = 19$개이다. 도로의 양쪽에 꽂는다고 했으므로 필요한 태극기의 개수는 총 $19 \times 2 = 38$개이고, 금액은 $12,000 \times 38 = 456,000$원이다.

정답 ④

18 간격

길이가 560m인 도로의 양쪽에 도로의 맨 앞에서부터 일정한 간격으로 태극기를 꽂았다. 태극기 구매에 사용한 금액이 192,000원일 때, 태극기를 꽂은 간격은 몇 m인가?

① 60m   ② 80m   ③ 100m   ④ 120m

해설

태극기 구매에 사용한 금액이 192,000원이므로, 태극기의 개수는 $192,000 \div 12,000 = 16$개이다. 도로의 양쪽에 꽂는다고 했으므로 한쪽에 꽂는 태극기의 개수는 8개이다. 도로의 맨 앞에서부터 일정한 간격으로 태극기를 꽂는다고 했으므로, 태극기를 꽂은 간격은 $560 \div (8-1) = 80$m이다.

정답 ②

19 ▶ 참·거짓 추론

가람, 나윤, 다영 세 사람 중 한 사람은 의사이고, 한 사람은 회사원이고, 한 사람은 변호사이다. 의사는 언제나 참을, 회사원은 언제나 거짓을, 변호사는 참을 말하기도 하고 거짓을 말하기도 한다. 세 사람의 진술이 다음과 같을 때, 가람, 나윤, 다영의 직업은 각각 무엇인가?

> 가람 : 나는 변호사야.
> 나윤 : 가람이의 말은 진실이야.
> 다영 : 나는 변호사가 아니야.

	가람	나윤	다영
①	의사	변호사	회사원
②	의사	회사원	변호사
③	회사원	변호사	의사
④	회사원	의사	변호사

해설

의사는 언제나 참을 말하므로 가람이가 될 수 없고, 회사원은 언제나 거짓을 말하므로 다영이가 될 수 없다. 따라서 의사는 나윤 또는 다영이고, 회사원은 가람 또는 나윤이다.

ⅰ) **의사는 나윤, 회사원은 가람일 경우**
  항상 참을 말해야 하는 의사가, 자신이 변호사라고 거짓을 말하는 회사원의 말이 진실이라고 하므로 모순이다.

ⅱ) **의사는 다영, 회사원은 가람일 경우**
  변호사는 나윤이가 되는데, 이때 변호사는 거짓을 말하고, 의사인 다영이는 자신이 변호사가 아니라고 참을 말하는 것이므로 모순이 없다.

따라서 정답은 ③이다.

정답 ③

20 ▶ 명제 추리

다음 명제가 모두 참이라고 할 때, 항상 옳은 문장은?

- 고기를 좋아하는 사람은 밥을 좋아한다.
- 냉면을 좋아하는 사람은 짬뽕을 좋아한다.
- 밥을 좋아하지 않는 사람은 짬뽕을 좋아하지 않는다.

① 짬뽕을 좋아하지 않는 사람은 고기를 좋아한다.
② 냉면을 좋아하지 않는 사람은 짬뽕을 좋아하지 않는다.
③ 밥을 좋아하는 사람은 짬뽕을 좋아한다.
④ 냉면을 좋아하는 사람은 밥을 좋아한다.

해설

주어진 명제와 그 대우를 정리하면 다음과 같다.
- 고기 → 밥, ~밥 → ~고기
- 냉면 → 짬뽕, ~짬뽕 → ~냉면
- ~밥 → ~짬뽕, 짬뽕 → 밥
∴ ~밥 → ~짬뽕 → ~냉면
   냉면 → 짬뽕 → 밥
따라서 항상 옳은 문장은 ④이다.

정답 ④

21 ▶ 명제추리

다음 전제가 모두 참일 때, 거짓인 문장을 고르면?

- 농구를 좋아하는 사람은 배구를 좋아하지 않는다.
- 야구를 좋아하는 사람은 농구도 좋아한다.
- 축구를 좋아하는 사람은 배구를 좋아하지 않는다.

① 배구를 좋아하는 사람은 야구를 좋아하지 않는다.
② 축구를 좋아하지 않는 사람은 배구를 좋아한다.
③ 야구를 좋아하는 사람은 배구를 좋아하지 않는다.
④ 농구를 좋아하지 않는 사람은 야구도 좋아하지 않는다.

해설

주어진 명제와 그 대우를 정리하면 다음과 같다.
- 농구 → ~배구, 배구 → ~농구
- 야구 → 농구, ~농구 → ~야구
- 축구 → ~배구, 배구 → ~축구
∴ 야구 → 농구 → ~배구
　배구 → ~농구 → ~야구

따라서 거짓인 문장은 ②이다.

정답 ②

22 조건추리

A, B, C, D, E, F 여섯 명 중 세 명은 인사부, 세 명은 영업부에 소속되어 있고, 각 부서에 속한 세 명은 각각 과장, 차장, 부장의 직급을 갖고 있다. 다음의 조건을 모두 고려하였을 때, C는 어느 부서의 어느 직급을 갖고 있는가?

- E, F는 인사부에 소속되어 있다.
- B, E는 차장이 아니다.
- A와 E는 같은 직급이다.
- B와 D는 같은 직급이다.

① 영업부, 차장　　　　　② 영업부, 부장
③ 인사부, 과장　　　　　④ 인사부, 차장

해설

A와 E, B와 D가 서로 같은 직급인데, B와 E는 차장이 아니라고 했으므로, A, E, B, D는 과장 또는 부장이고, C, F는 차장임을 알 수 있다. F가 인사부에 소속되어 있으므로, C는 영업부임을 알 수 있다.
따라서 C는 영업부의 차장이다.

정답 ①

23 ▶ 종이접기

다음과 같이 화살표 방향으로 종이를 접은 다음, 다시 펼쳤을 때 나오는 모양으로 가장 적절한 것은?

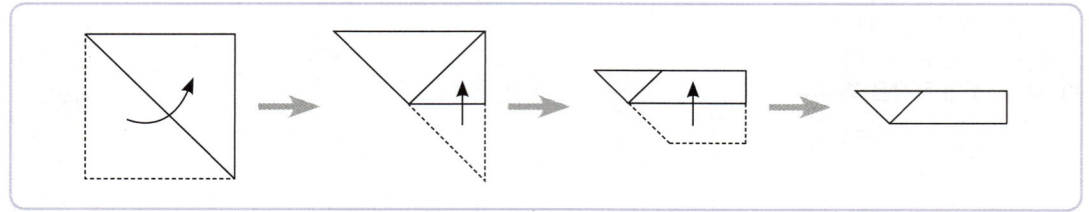

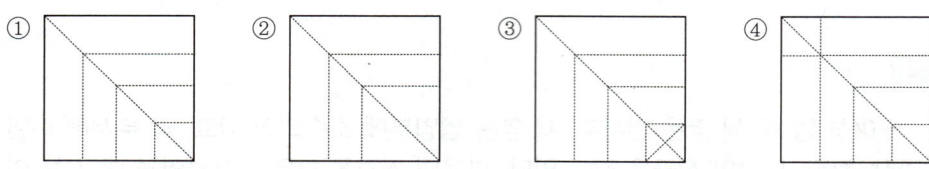

 해설

종이를 접은 역순으로 다시 펼치면 다음과 같다.

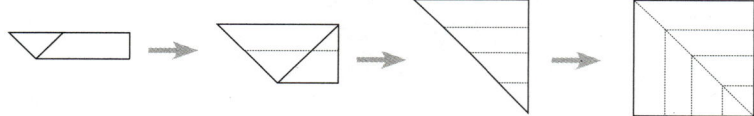

따라서 정답은 ①이다.

정답 ①

24 ▶ 전개도

주어진 3개의 전개도를 접어 도형을 만든 후, 붙였을 때 나올 수 없는 모양은?

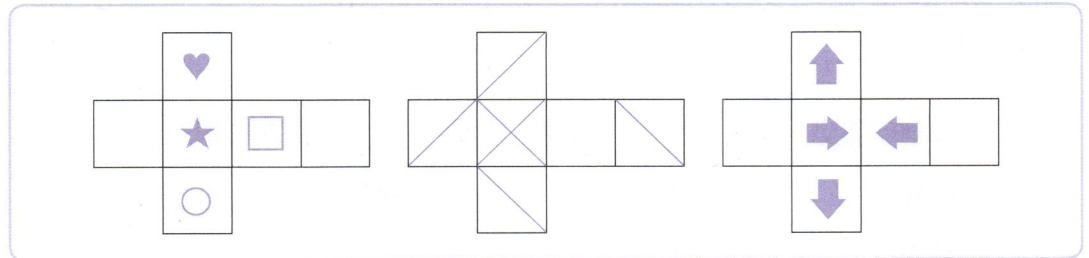

① 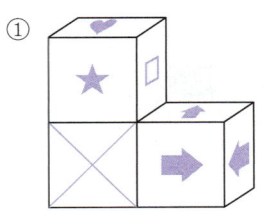   ②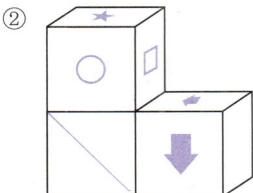

③ 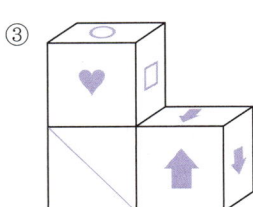   ④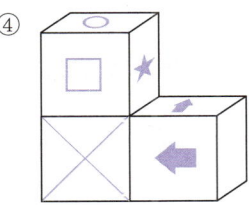

해설

하트가 앞면에 나올 경우, 윗면에는 아무런 그림이 없어야 한다. 따라서 정답은 ③이다.

정답 ③

25 경로찾기

민영이는 학교를 마친 후, 도서관에 갔다가 공원에서 친구와 놀고 난 후, 집으로 돌아왔다. 최소 거리로 이동했다고 할 때, 총 몇 개의 횡단보도를 건너게 되는가? (단, 어두운 색으로 된 부분이 횡단보도이다.)

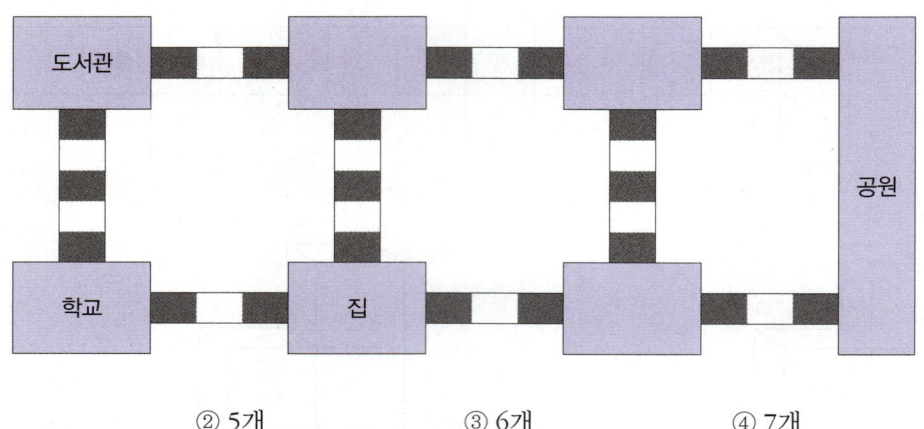

① 4개　　　② 5개　　　③ 6개　　　④ 7개

해설

학교 → 도서관 → 공원 → 집을 이동할 때 건너는 횡단보도는 6개이다.

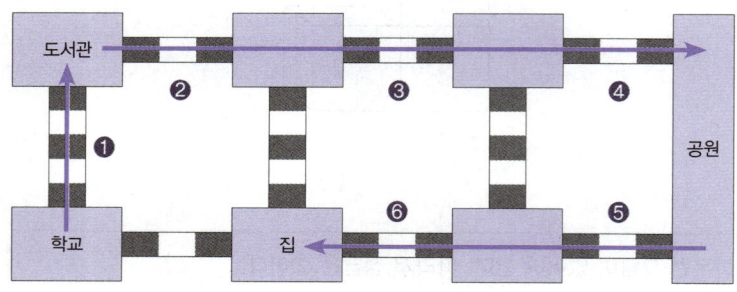

정답 ③

26 ▶ 미로 찾기

미로의 중앙(●)에서 출발하여 네 개의 출구(ㄱ, ㄴ, ㄷ, ㄹ)로 나가려고 한다. 10번 이상 꺾어서 나가야 하는 출구를 고르면?

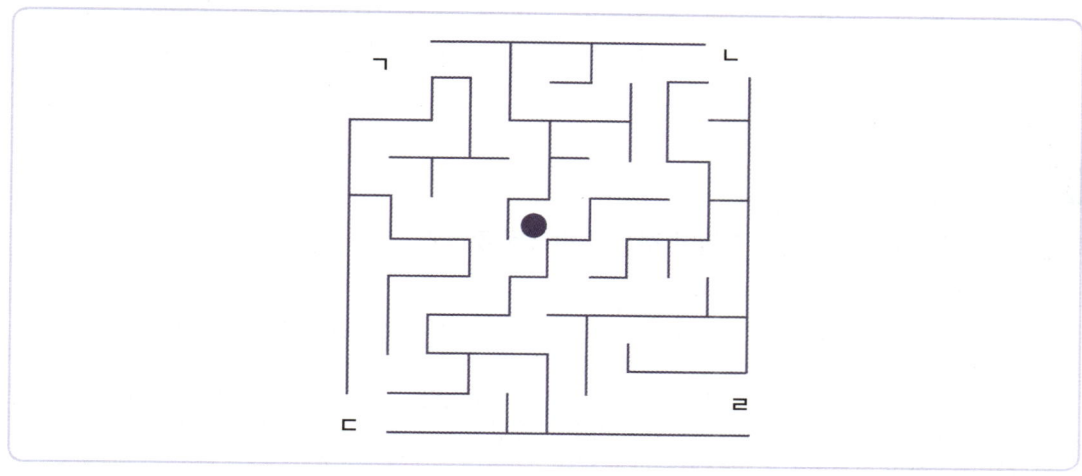

① ㄱ   ② ㄴ   ③ ㄷ   ④ ㄹ

해설

ㄱ은 7번, ㄴ은 4번, ㄷ은 6번, ㄹ은 12번을 꺾으므로 정답은 ④이다.

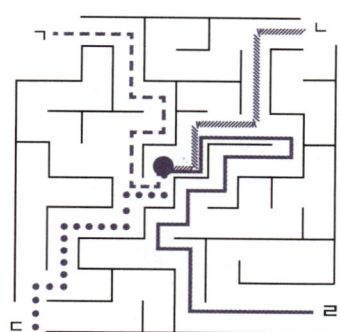

정답 ④

2022. 01. 08. 부산광역시교육청 기출문제

※ 본 기출문제는 실제 시험 응시자로부터 수집한 후기를 바탕으로 복원되었습니다.

01 ▶ 기본 어휘력

다음 ㉠~㉢에 들어갈 어휘로 적절한 것끼리 연결된 것은?

> ㅁㅁ기업이 수립한 내년도 사업안이 내부 구성원들의 반발에 부딪혔다. 이에 ㅁㅁ기업은 실무진을 고려한 구체적인 방안을 확대하는 등 부족한 부분을 즉각 (㉠)하겠다고 의견을 표명했다.
> 그러나 이러한 반발은 쉽게 사그라들지 않을 것으로 보인다. 구성원들은 사업안 (㉡) 시 충분한 논의과정을 거치지 않았으며, 적법한 의견수렴 과정의 부재 등 절차상의 여러 가지 문제점이 있었다고 주장하며 철저한 (㉢)를 요구하고 있다.

	㉠	㉡	㉢
①	보완	진행	재고
②	보완	계획	재고
③	복원	계획	제고
④	복원	진행	제고

해설

제시문의 문맥상 ㉠~㉢에 들어갈 어휘는 다음과 같다.
㉠ 보완(補完) : 모자라거나 부족한 것을 보충하여 완전하게 함.
㉡ 계획(計劃/計畫) : 앞으로 할 일의 절차 · 방법 · 규모 따위를 미리 헤아려 작정함 또는 그 내용.
㉢ 재고(再考)[1] : 어떤 일이나 문제 따위에 대하여 다시 생각함.
　재고(再顧)[2] : 다시 되돌아봄.

💡 Plus 해설

복원(復元/復原) : 원래대로 회복함.
진행(進行) : 앞으로 향하여 나아감 또는 일 따위를 처리하여 나감.
제고(提高) : 수준이나 정도 따위를 끌어올림.

정답 ②

02 어법·맞춤법

다음 밑줄 친 부분의 맞춤법이 옳지 않은 것은?

① 사람들의 요구를 **일일이** 다 들어주기는 힘들다.
② 진심이 아니었으니 너무 **섭섭히** 여기지 마세요.
③ 내일 아침까지 정리정돈을 **깨끗이** 해놓으세요.
④ 다른 사람이 듣지 못하게 **나지막히** 중얼거렸다.

해설

「한글 맞춤법」 제51항 부사의 끝음절이 분명히 [이]로만 나는 것은 '-이'로 적고, [히]로만 나거나 [이]나 [히]로 나는 것은 '-히'로 적는다.
따라서 ④ '나지막이'로 표기하는 것이 옳다.

정답 ④

03 외래어

다음 제시된 단어의 외래어 표기법으로 옳은 것끼리 연결된 것은?

> ㉠ frypan   ㉡ tape   ㉢ workshop

	㉠	㉡	㉢
①	프라이팬	테이프	워크숍
②	프라이팬	테잎	워크숍
③	후라이팬	테잎	워크샵
④	후라이팬	테이프	워크샵

해설

㉠ 'frypan'의 한글 표기는 '프라이팬'이다.
㉡ 'tape'의 한글 표기는 '테이프'이다.
㉢ 'workshop'의 한글 표기는 '워크숍'이다.

정답 ①

04~05 > 글의 이해

다음 제시된 글을 읽고, 이어지는 질문에 답하시오.

> 세계보건기구(WHO)는 코로나바이러스감염증-19(코로나19)를 '팬데믹(Pandemic)'으로 선언했다. 지난 2019년 12월 중국 후베이성 우한시에서 최초로 발견되어 보고된 지 3개월여 만이다. 전 세계 누적 감염자 수가 12만 명을 넘어서고 120여 개국으로 확산이 진행되며 코로나19 확산세가 줄어들지 않자 공식적인 결정을 내린 것이다.

(가) 엔데믹과 유사한 용어로는 '에피데믹(Epidemic)'이 있다. 에피데믹은 특정 국가나 대륙에 한하여 발생하는 감염병으로, 사스나 에볼라 바이러스 같은 바이러스를 예로 들 수 있다. 팬데믹의 전 단계 정도에 해당하며, 주기적으로 발생하는 □□□□와(과) 다르게 일회성 감염으로 그치는 유행병을 뜻한다.

(나) 전염병 경보 6단계 중 1단계는 동물에 한정된 감염을, 2단계는 동물 간 전염을 넘어 소수의 사람에게 전염된 상태이다. 3단계는 사람들 사이에서 전염이 증가된 상황이며, 4단계는 사람들 간 전염이 급속히 확산되어 세계적 유행병이 될 수 있는 초기 상태를 나타낸다. 5단계는 감염이 널리 확산되어 최소 2개국에서 병이 유행하는 상태이다.

(다) 팬데믹이란 WHO가 선포하는 감염병 최고 경고 등급으로, 세계적으로 감염병이 대유행하는 상태를 일컫는다. 감염병은 위험 수준에 따라 1~6단계의 경보단계로 나뉘는데, 이 중 가장 높은 6단계가 바로 팬데믹이다. 6단계는 감염병이 2개 대륙 이상으로 퍼져서 추가 감염이 발생한 상태로, 국제적 공조가 필요한 질병을 의미한다.

(라) 코로나19 백신 접종률이 올라가고, 치료제 개발이 이루어지면서 이제는 코로나19가 팬데믹이 아닌 '엔데믹(Endemic)'에 가까워지고 있다. 엔데믹이란 종식되지 않고 주기적으로 발생하거나 풍토병으로 굳어진 감염병으로, 백신이나 치료약 등이 개발되어 질병에 대한 다양한 대책이 마련되어 있으며, 발병 예상이 가능한 상태를 의미한다.

04. 제시된 지문에 이어질 (가)~(라) 문단을 순서대로 배열한 것은?

① (나)-(다)-(라)-(가)
② (다)-(라)-(가)-(나)
③ (다)-(나)-(라)-(가)
④ (라)-(다)-(나)-(가)

해설

제시된 지문에 주어진 용어 '팬데믹(Pandemic)'을 설명하는 (다) 문단이 맨 처음 위치해야 한다.
팬데믹은 감염병 6단계에 해당하며, 6단계는 무엇을 의미하는지 설명하는 (다) 문단에 이어서 1~5단계에 대하여 설명하는 (나) 문단이 와야 한다.
시간이 흐르며 코로나19가 팬데믹이 아닌 '엔데믹'으로 되어 가고 있다고 설명하는 (라) 문단에 이어서 엔데믹과 유사한 용어인 '에피데믹'에 대하여 설명하는 (가) 문단이 마지막에 위치해야 한다.

정답 ③

05. 다음 중 (가) 문단의 빈칸에 들어갈 말로 적절한 것은?

① 감염병
② 엔데믹
③ 팬데믹
④ 에피데믹

해설

(가) 문단은 '에피데믹'에 대한 설명이다.
빈칸 앞뒤 문맥을 살펴보면, '에피데믹'은 팬데믹의 전 단계 정도에 해당하므로 팬데믹과 다르고, 주기적으로 발생하는 빈칸과도 다르다는 것을 파악할 수 있다.
(라) 문단에서 '엔데믹이란 종식되지 않고 주기적으로 발생하거나 …'라고 했으므로, 빈칸에 들어갈 말은 ② '엔데믹'이다.

정답 ②

06 글의 이해

다음 대화를 읽고 〈신입사원 교육자료〉에 포함할 내용으로 적절하지 않은 것을 모두 고르면?

김 대리 : 팀장님, 이번에 입사 예정인 신입사원들을 대상으로 '직장 내 예절'에 대하여 교육을 진행하기 위한 자료를 작성했습니다. 검토 부탁드립니다.
이 팀장 : 네, 확인해볼게요.

〈신입사원 교육자료〉
㉠ 나이가 어린 사람을 연장자에게 소개해야 하며, 내가 속한 회사의 관계자를 다른 회사의 관계자에게 소개해야 한다.
㉡ 타 부서 또는 외부 협력업체에 전화를 할 때에는 통상적인 업무가 이루어지고 있는 근무시간을 피해서 걸어야 한다.
㉢ 상급자에 대한 호칭은 '성(姓) + 직급 + -님'으로 해야 하지만, 문서상 직급을 명시할 때는 '-님'을 생략해야 한다.
㉣ 업무상 처음 만나는 사람과 주고받은 명함은 받은 즉시 명함지갑에 넣고, 악수를 할 때는 가볍게 손끝만 잡아야 한다.
㉤ 업무상 이메일을 보낼 때는 수신인의 정확한 이해를 돕기 위해 가능한 한 한 번에 다양한 첨부파일을 넣어야 한다.

① ㉠, ㉢, ㉣   ② ㉡, ㉢, ㉣   ③ ㉡, ㉣, ㉤   ④ ㉢, ㉣, ㉤

해설

㉡ 전화는 통상적인 업무가 이루어지고 있는 근무시간에 걸어야 한다.
㉣ 상대방의 명함을 받으면 명함지갑에 넣기 전에 명함에 관하여 한두 마디 대화를 건네는 것이 예의이다. 또한 악수할 때 손끝만 잡는 행위는 예의에 어긋난다.
㉤ 첨부파일은 반드시 필요한 것 외에는 넣지 않는 것이 권장되며, 이미지 파일이 5장을 넘어갈 경우 압축하여 전송하는 것이 바람직하다.

정답 ③

07 속담

다음 밑줄 친 (가)의 의미를 나타내는 속담을 고르면?

> 사회경제적 지위(SES, Socioeconomic Status)란 개인의 직업, 수입, 재산, 거주지역, 교육수준 등에 의해 결정되어지는 집단 내 상대적인 위치이다. (가) **부모의 사회경제적 지위는 자녀의 발달과 성취수준에 영향을 미치는 것으로 알려져 있다.** 이는 자녀에 대한 태도와 가치에 반영되어 가족구성원 간의 상호작용 양식과 자녀에게 제공하는 경험의 질과 양에 영향을 끼치기 때문이다.

① 부모가 반팔자
② 부름이 크면 대답도 크다
③ 자식은 애물이라
④ 부모가 자식을 겉 낳았지 속 낳았나

해설

'부모가 반팔자'는 어떤 부모에게서 태어나는지가 사람의 운명을 결정하는 중요한 요소임을 비유적으로 이르는 말이다. 따라서 밑줄 친 (가)의 의미를 나타내는 속담은 ① '부모가 반팔자'이다.

Plus 해설
② '부름이 크면 대답도 크다' : 큰 소리로 부르면 당연히 대답도 큰 소리로 하게 된다는 뜻으로, 서로 상응함을 비유적으로 이르는 말이다.
③ '자식은 애물이라' : 자신이 소중하게 여기는 물건이 혹시 잘못되지 않을까 걱정하는 것처럼, 자식은 언제나 부모에게 걱정만 끼침을 비유적으로 이르는 말이다.
④ '부모가 자식을 겉 낳았지 속 낳았나' : 부모는 자식의 육체를 낳았을 뿐이므로, 자기 자식이라도 그 속에 품은 생각은 알 수 없음을 비유적으로 이르는 말이다.

정답 ①

08~09 > 글의 추론

다음 글을 읽고 이어지는 질문에 답하시오.

> 이튿날 아침이다. 문기는 밥을 두어 술 뜨다 가는 그만둔다. 뭐 그 돈을 갚기 위한 그것이 아니다. 도시 입맛이 나지 않았다. 학교엘 갔다. 첫 시간은 수신* 시간, 그리고 공교로이 제목이 '정직'이다. 선생님은 뒷짐을 지고 교단 위를 왔다 갔다 하며 거짓이라는 것이 얼마나 악한 것이고 정직이 얼마나 귀하고 중한 것인가를 누누이 말씀한다. 그리고 안경 쓴 선생님의 그 눈이 번쩍하고 문기 얼굴에 머물렀다 가고 가고 한다. (가) <u>그럴 때마다 문기는 가슴이 뜨끔뜨끔해진다.</u> 문기는 자기 한 사람에게만 들리기 위한 정직이요, 수신 시간인 듯싶다. 그만치 선생님은 제 속을 다 들여다보고 하는 말인 듯싶었다.
> 운동장에서도 문기는 풀이 없다. 사람 없는 교실 뒤 버드나무 옆 그런 데만 찾아다니며 고개를 숙이고 깊은 생각에 잠기거나 팔짱을 찌르고 왔다 갔다 하기도 한다. 그러다 누가 등을 치면 소스라쳐 깜짝깜짝 놀란다.
> 언제나 다름없이 하늘은 맑고 푸르건만 문기는 어쩐지 그 하늘조차 쳐다보기가 두려워졌다. 자기는 감히 떳떳한 얼굴로 그 하늘을 쳐다볼 만한 사람이 못 된다 싶었다.
> 언제나 다름없이 아이들은 넓은 운동장에서 마음대로 뛰고 마음대로 지껄이고 마음대로 즐기건만 문기 한 사람만은 어둠과 같이 컴컴하고 무거운 마음에 잠겨 고개를 들지 못한다. 무엇보다도 문기는 전일처럼 맑은 하늘 아래서 아무 거리낌 없이 즐길 수 있는 마음이 갖고 싶다.
> 오후 해 저물녘이다. 문기는 책보를 흔들흔들 고개를 숙이고 담임선생님 집 앞을 왔다가는 무춤하고 섰다가 그대로 지나가고 그대로 지나가고 한다. 세 번째는 드디어 그 집 문 안을 들어서서 선생님을 찾았다. 선생님은 문기를 안방으로 맞아들였다. 학교에서 볼 때 엄하고 막막하던 선생님은 의외로 부드러이 웃는 낯으로 문기를 대한다. 문기는 선생님 앞에 엎드려 모든 것을 자백할 결심이었다. 그런데 선생님의 부드러운 태도에 도리어 문기는 말문이 열리지 않았다. 다음은 건넌방에서 어린애가 울어 못 했다. 다음은 사모님이 들락날락하고 그리고 다음엔 손님이 왔다. 기어이 문기는 입을 열지 못한 채 물러 나오고 말았다.
>
> 현덕 – 「하늘은 맑건만」 中
>
> * 수신(修身) : 일제강점기 때 교과목으로, 현재 도덕 과목에 해당한다.

08 ▶ 위 지문에서 나타난 갈등의 양상으로 옳은 것은?

① 운명과의 갈등
② 인물 간 외적 갈등
③ 주인공의 내적 갈등
④ 사회적 관습과의 갈등

해설

'내적 갈등'은 한 인물의 마음속에서 둘 이상의 상반된 심리가 대립하여 일어나는 갈등이다.
위 지문에서 죄책감을 느끼는 주인공 문기가 정직하게 자신의 잘못을 고백하러 선생님 댁에 찾아 갔지만, 사실대로 말하는 것이 두려워 망설이다 결국 하지 못하고 돌아 나오는 모습이 나타나 있다.

Plus 해설

1문단 '문기는 밥을 두어 술 뜨다 가는 그만둔다.', '도시 입맛이 나지 않았다.'
2문단 '운동장에서도 문기는 풀이 없다.'
3문단 '자기는 감히 떳떳한 얼굴로 그 하늘을 쳐다볼 만한 사람이 못 된다 싶었다.' 등에서 죄책감을 느끼고 있는 문기의 심리를 추론할 수 있다.

정답 ③

09 다음 밑줄 친 (가)의 의미를 나타내는 속담을 고르면?

① 노루 피하니 범이 온다
② 그물이 천 코면 걸릴 날 있다
③ 호랑이도 제 말하면 온다
④ 도둑이 제 발 저리다

해설

수업 주제가 '정직'이고, 수업을 하는 선생님께서 자신을 쳐다볼 때마다 문기는 가슴이 뜨끔뜨끔해진다고 했다. 이는 마치 선생님께서 자신의 잘못을 알고 있는 것처럼 느껴지기 때문이다.
'도둑이 제 발 저리다'는 지은 죄가 있어서 자연스럽게 마음이 조마조마해 지는 것을 비유적으로 이르는 말이다. 따라서 밑줄 친 (가)의 의미를 나타내는 속담은 ④ '도둑이 제 발 저리다'이다.

Plus 해설

① '노루 피하니 범이 온다' : 일이 점점 더 어렵고 힘들게 되었음을 비유적으로 이르는 말이다.
② '그물이 천 코면 걸릴 날 있다' : 부지런히 일하면 좋은 결과를 얻을 수 있음 또는 일을 여러 가지로 벌여 놓으면 어디선가 얻는 것이 있음을 비유적으로 이르는 말이다.
③ '호랑이도 제 말하면 온다' : 다른 사람에 관한 이야기를 하는데 공교롭게 그 사람이 나타나는 경우로, 어느 곳에서나 그 자리에 없다고 남을 흉보아서는 안 된다는 의미이다.

정답 ④

10 > 글의 이해

다음 지문의 주제로 적절한 것은?

> 자연계는 언뜻 보면, 늙고 병약한 개체들은 어쩔 수 없이 늘 포식자의 밥이 되고 마는 비정한 세계처럼만 보인다. 하지만 인간에게 버금가는 지능을 가진 고래들의 사회는 다르다. 거동이 불편한 동료를 결코 나 몰라라 하지 않는다. 다친 동료를 여러 고래들이 둘러싸고 거의 들어 나르듯 하는 모습이 고래학자들의 눈에 여러 번 관찰되었다. 그물에 걸린 동료를 구출하기 위해 그물을 물어뜯는가 하면 다친 동료와 고래잡이배 사이에 과감히 뛰어들어 사냥을 방해하기도 한다.
>   고래는 비록 물속에 살지만 엄연히 허파로 숨을 쉬는 젖먹이동물이다. 그래서 부상을 당해 움직일 수 없게 되면 무엇보다도 물 위로 올라와 숨을 쉴 수 없게 되므로 쉽사리 목숨을 잃는다. 그런 친구를 혼자 등에 업고 그가 충분히 기력을 되찾을 때까지 떠받치고 있는 고래의 모습을 보면 저절로 머리가 숙여진다. 고래들은 또 많은 경우 직접적으로 육체적인 도움을 주지 않더라도 무언가로 괴로워하는 친구 곁에 그냥 오랫동안 있어주기도 한다.
>
> 최재천 – 「생명이 있는 것은 다 아름답다」中, 효형출판

① 자연계의 섭리 ② 포유류의 생태계
③ 고래와 인간의 차이 ④ 고래의 동료애

해설

제시된 지문은 두 번째 문장 '하지만 인간에게 버금가는 지능을 가진 고래들의 사회는 다르다.'를 시작으로 하여, 어려움에 처한 동료들을 나 몰라라 하지 않는 ④ '고래의 동료애'에 대하여 설명하고 있다.

정답 ④

11 > 기초연산

다음 중 단위 변환이 잘못된 것은?

① 10mm=1cm ② 200cm=2m
③ 3m=3,000km ④ $4m^2$=40,000cm^2

해설

1km=1,000m이므로 3,000km=3,000,000m이다.

 **Plus 해설**

1cm=10mm   1m=100cm $1m^2$=10,000cm^2 $1m^3$=1,000,000cm^3

정답 ③

12 응용계산

A 주머니에는 흰 공 3개, 검은 공 3개가 들어 있고, B 주머니에는 흰 공 5개, 검은 공 4개가 들어 있다. A 주머니에서 공 한 개를 B 주머니로 옮겨 넣은 다음, B 주머니에서 한 개의 공을 뽑았을 때 흰 공이 나올 확률은?

① $\frac{7}{10}$ ② $\frac{11}{20}$ ③ $\frac{3}{40}$ ④ $\frac{11}{40}$

해설

A 주머니에서 흰 공 한 개를 B 주머니로 옮겨 넣은 다음, B 주머니에서 흰 공을 뽑을 확률은 다음과 같다.
$\frac{3}{6} \times \frac{6}{10} = \frac{1}{2} \times \frac{3}{5} = \frac{3}{10}$

A 주머니에서 검은 공 한 개를 B 주머니로 옮겨 넣은 다음, B 주머니에서 흰 공을 뽑을 확률은 다음과 같다.
$\frac{3}{6} \times \frac{5}{10} = \frac{1}{2} \times \frac{1}{2} = \frac{1}{4}$

따라서 A 주머니에서 공 한 개를 B 주머니로 옮겨 넣은 다음, B 주머니에서 흰 공이 나올 확률은
$\frac{3}{10} + \frac{1}{4} = \frac{11}{20}$ 이다.

정답 ②

13 응용계산

A에서 B로 가는 길 3가지와 B에서 C로 가는 길 5가지가 있다. A에서 B를 거쳐서 C로 갔다가 다시 B로 돌아오는 방법은 모두 몇 가지인가? (단, 이미 택했던 길로 되돌아갈 수 없다.)

① 12가지   ② 27가지   ③ 48가지   ④ 60가지

해설

3(A→B)×5(B→C)×4(C→B)=60
따라서 A에서 B를 거쳐서 C로 갔다가 다시 B로 돌아오는 방법은 모두 60가지이다.

정답 ④

14 > 응용계산

○○학교는 한 묶음에 53개 들어있는 볼펜을 14묶음 구매하여 교직원들에게 나누어 주기로 결정하였다. 볼펜을 11개씩 나누어 주면 49개가 남는다고 할 때, 10개씩 나누어 주면 몇 개가 남는가?

① 48개 ② 63개 ③ 87개 ④ 112개

해설

한 묶음에 53개 들어있는 볼펜 14묶음의 개수는 53×14=742개이다.
742개의 볼펜을 11개씩 나누어 주었을 때 49개가 남았으므로, 교직원의 수는 (742−49)÷11=63명이다.
따라서 다음과 같은 두 개의 식으로 남은 볼펜 수를 구할 수 있다.
i) 742개의 볼펜을 63명의 교직원에게 10개씩 나누어 주면 742−(63×10)=112개
ii) 11개보다 1개 적게 63명의 교직원에게 나누어 주므로, 교직원 수와 볼펜을 11개씩 나누어 주었을 때 남은 49개를 더하면 63+49=112개

정답 ④

15 > 응용계산

□□교육청 교육공무직원 직무능력검사를 앞둔 김○○ 씨는 시험 당일 시험 장소인 □□교육청에 늦지 않게 도착하기 위해서 집에서 몇 시에 출발해야 하는지 미리 알아보기로 하였다. 김○○ 씨의 집에서 □□교육청까지 가기 위해서는 A역에서 탑승하여 B역에 내린 뒤 도보로 이동해야 한다. 각 구간의 이동시간이 10분으로 동일하다고 할 때, A역에서 늦어도 몇 시 열차를 탑승해야 하는가? (단, 시험 시작시간은 10시 30분이며, 시험 시작 30분 전에 입실이 종료된다.)

A역 열차 시간표

B역행 열차 출발시간			
① 9 : 34	② 9 : 38	③ 9 : 42	④ 9 : 50

해설

시험 시작시간은 10시 30분이며, 시험 시작 30분 전에 입실이 종료되므로, 김○○ 씨는 늦어도 10시까지 □□교육청에 도착해야 한다.
B역에 내린 뒤 □□교육청까지 도보로 10분 이동해야 하므로, B역에 9시 50분까지 도착해야 한다.
A역에서 B역까지 이동하는 데 10분의 시간이 소요되므로, 9시 40분 이전에 출발하는 열차에 탑승해야 한다.
따라서 A역에서 늦어도 9시 38분에 출발하는 열차에 탑승해야 한다.

정답 ②

16 ▶ 응용계산

A 가족은 여름휴가를 맞아 해외여행을 가기로 하였다. 집에서 공항까지는 45분이 소요되고, 공항에 도착해서 티켓을 발권하는 데 1인당 5분의 시간이 소요된다. 출입국 터미널을 통과하는 데 1인당 5분이 걸리며, 비행기 탑승을 위한 게이트까지 이동하는 데 5분의 시간이 소요된다. 비행기 탑승 수속은 이륙 1시간 전에 시작되어 30분 전에 마감한다. A 가족이 10시 정각에 이륙하는 비행기를 탑승하려고 할 때 집에서 늦어도 몇 시에 출발해야 하는가? (단, A 가족 구성원은 총 5명이다.)

① 7시 20분 ② 7시 50분 ③ 8시 20분 ④ 8시 30분

해설

집에서 공항까지 이동 시간＋5명의 티켓 발권 시간＋5명의 출입국 터미널 통과 시간＋게이트 이동 시간
＝45＋25＋25＋5＝100분
10시 정각에 이륙하는 비행기의 탑승 수속 시간은 9시~9시 30분이므로, 늦어도 9시 30분까지 비행기 탑승을 위한 게이트에 도착해야 한다. 이를 식으로 나타내면 다음과 같다.
9:30－1:40＝7:50
따라서 A 가족은 집에서 늦어도 7시 50분에 출발해야 한다.
이때, 1시간은 60분이라는 것을 염두에 두어야 한다.

정답 ②

17 ▶ 응용계산

처음에 A, B, C, D는 똑같은 개수의 구슬을 가지고 있었다. 그런데 A가 자신이 가지고 있던 구슬을 3등분하여 B와 C한테 똑같은 개수의 구슬을 나누어 주고, D는 B에게 2개의 구슬을 나누어 준 뒤 남은 구슬의 절반을 A에게 나누어 주었다. D에게 남은 구슬이 5개라고 할 때, B가 현재 가지고 있는 구슬 수는 몇 개인가?

① 12개 ② 14개 ③ 16개 ④ 18개

해설

D에게 남은 구슬이 5개이므로, 절반을 A에게 나누어 주기 전 개수는 10개이다.
D가 B에게 2개의 구슬을 나누어 주기 전 처음에 갖고 있던 구슬의 개수는 12개이다.
처음에 A, B, C, D는 똑같은 개수의 구슬을 가지고 있었다고 했으므로, B가 처음에 가지고 있던 구슬의 개수 또한 12개임을 알 수 있다.
처음 구슬 12개에 A에게 받은 (12÷3＝)4개를 더하고, D에게 받은 2개를 더하면, B가 현재 가지고 있는 구슬 수는 12＋4＋2＝18개이다.

정답 ④

18~19 > 자료해석

다음 제시된 자료에 근거하여 이어지는 질문에 답하시오.

〈스마트폰 과의존* 실태 조사〉

(단위 : %)

구분			2017 과의존 위험군 고위험군	2017 과의존 위험군 잠재적위험군	2017 과의존 위험군 소계	2017 일반사용자군 소계	2018 과의존 위험군 고위험군	2018 과의존 위험군 잠재적위험군	2018 과의존 위험군 소계	2018 일반사용자군 소계	2019 과의존 위험군 고위험군	2019 과의존 위험군 잠재적위험군	2019 과의존 위험군 소계	2019 일반사용자군 소계
연령대별	유아동 (만 3~9세)		1.2	17.9	19.1	80.9	2.0	18.7	20.7	79.3	2.3	20.6	22.9	77.1
연령대별	청소년 (만 10~19세)		3.6	26.7	30.3	69.7	3.6	25.7	29.3	70.7	3.8	26.4	30.2	69.8
연령대별	성인	20대	2.8	14.6	17.4	82.6	2.7	15.4	18.1	81.9	2.8	16.0	18.8	81.2
연령대별	성인	30대	3.6	20.0	23.6	76.4	3.4	20.6	24.0	76.0	3.6	21.6	25.2	74.8
연령대별	성인	40대	2.8	14.4	17.2	82.8	2.7	15.4	18.2	81.8	3.0	15.9	18.9	81.1
연령대별	성인	50대	2.5	12.9	15.4	84.6	2.4	13.8	16.2	83.8	2.5	14.3	16.8	83.2
연령대별	60대 (만 60~69세)		2.1	10.8	12.9	87.1	2.4	11.8	14.2	85.8	2.5	12.4	14.9	85.1
성별	남성		2.3	15.7	18.0	82.0	2.2	16.1	18.3	81.7	2.7	17.5	20.2	79.8
성별	여성		3.1	16.2	19.3	80.7	3.3	16.8	20.0	80.0	3.0	16.6	19.6	80.4
학령별	유치원생		1.4	16.5	17.9	82.1	2.1	17.0	19.1	80.9	1.7	19.7	21.4	78.6
학령별	초등학생		2.0	20.0	22.0	78.0	2.0	20.8	22.8	77.2	2.8	21.6	24.4	75.6
학령별	중학생		3.9	30.4	34.3	65.7	4.0	30.1	34.0	66.0	4.6	30.1	34.7	65.3
학령별	고등학생		3.4	25.3	28.7	71.3	3.3	25.0	28.3	71.7	4.2	25.2	29.4	70.5
학령별	대학생		2.9	20.9	23.8	76.2	4.2	21.7	25.9	74.1	3.3	21.7	25.0	75.0

* 스마트폰 과의존 : 과도한 스마트폰 이용으로 스마트폰에 대한 현저성이 증가하고, 이용 조절력이 감소하여 문제적 결과를 경험하는 상태

18. 다음 중 스마트폰 과의존 위험도가 가장 높은 연령대는?

① 10대　　　　② 20대
③ 30대　　　　④ 40대

해설

2017~2019년 과의존 위험군 소계를 살펴보면, 청소년(만 10~19세)이 연도별 30.3%, 29.3%, 30.2%로, 10대~40대 중 스마트폰 과의존 위험도가 가장 높은 연령대라는 것을 알 수 있다.

정답 ①

19. 다음 중 위 자료를 이해한 것으로 옳지 않은 것은?

① 2019년 조사 결과에 따르면 10대 청소년 10명 중 3명은 스마트폰 과의존 위험군이다.
② 조사 기간 동안 여성이 남성보다 스마트폰 과의존에 더 취약한 것으로 드러났다.
③ 스마트폰 과의존 위험군 중 잠재적 위험군에 속하는 비율이 고위험군에 속하는 비율보다 항상 높다.
④ 조사 기간 동안 '중학생-고등학생-대학생-초등학생-유치원생'순으로 스마트폰 과의존 비중이 높은 것으로 나타났다.

해설

2017~2018년에는 여성이 남성보다 스마트폰 과의존 비율이 높지만, 2019년에는 남성(20.2%)이 여성(19.6%)보다 더 높은 것을 확인할 수 있다.

Plus 해설
① 2019년 청소년(만 10~19세) 과의존 위험군 소계는 30.2%로 10명 중 3명은 스마트폰 과의존 위험군이라는 것을 알 수 있다.
③ 조사 기간(2017~2019년) 내내 잠재적 위험군의 비율이 고위험군의 비율보다 높다는 것을 알 수 있다.
④ 학령별 과의존 위험군 소계를 살펴보면, 조사 기간(2017~2019년) 내내 '중학생-고등학생-대학생-초등학생-유치원생'순으로 비중이 높다는 것을 알 수 있다.

정답 ②

20 > 응용계산

세 명의 동료 A, B, C는 3차까지 회식을 가졌다. 1차에서 A가 49,000원을 지불하고, 2차에서 B가 32,000원을 지불했다. 3차에서 C가 27,000원을 지불했다고 할 때, 회식비를 동등하게 나누어 내기 위해서 C가 A에게 주어야 할 금액은 얼마인가?

① 6,000원 ② 9,000원 ③ 11,000원 ④ 13,000원

해설

3차까지 회식비는 총 49,000＋32,000＋27,000＝108,000원이다.
이를 3명이 동등하게 나누어 내면 108,000÷3＝36,000원이다.
B와 C는 36,000원보다 적은 금액을 지출하였으므로, A에게 차액을 주어야 한다.
A가 B와 C로부터 받아야 할 금액은 49,000－36,000＝13,000원이다.
이때, C가 A에게 주어야 할 금액은 36,000－27,000＝9,000원이다.

정답 ②

21 > 명제추리

다음 전제가 모두 참일 때, 밑줄 친 부분에 들어갈 결론으로 옳은 것은?

> [전제 1] 농구를 잘하는 사람은 운동신경이 좋다.
> [전제 2] 키 큰 사람 중에는 농구를 잘하는 사람이 있다.
> [결론] 그러므로 _____

① 농구를 잘하는 사람은 모두 키가 크다.
② 운동신경이 좋은 사람은 다른 운동도 잘한다.
③ 운동신경이 좋지 않은 사람은 모두 키가 작다.
④ 키 큰 사람 중에는 운동신경이 좋은 사람이 있다.

해설

제시된 두 전제를 벤다이어그램으로 나타내면 다음과 같다.
농구를 잘하는 사람＝P, 운동신경＝Q, 키 큰 사람＝R

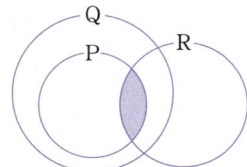

따라서 선택지 중 옳은 결론은 ④이다.

정답 ④

22 조건추리

다음 제시된 조건을 모두 고려할 때, A~F 6명의 등수와 합격자는?

㉠ 가장 높은 등급을 받은 한 명만 합격한다.
㉡ A, B, C, D, E, F 6명의 등급은 모두 다르다.
㉢ C는 D보다 한 등급 더 높다.
㉣ F는 E보다 등급이 낮다.
㉤ D는 B보다 등급이 높다.
㉥ B는 F보다 두 등급 낮다.

① A-C-D-B-E-F, 합격자 : A
② B-D-C-E-F-A, 합격자 : B
③ C-D-E-F-A-B, 합격자 : C
④ C-D-F-E-B-A, 합격자 : C

해설

주어진 조건을 모두 고려하였을 때, 다음과 같은 가정이 성립된다.
㉢ C-D ㉣ E>F ㉤ D>B ㉥ F-___-B
성립된 가정을 선택지에 대입하며 오답을 소거한다.
① 조건 ㉥에 어긋난다.
② 조건 ㉢, ㉤, ㉥에 어긋난다.
④ 조건 ㉣에 어긋난다.

정답 ③

23 조건추리

○○기업 사원 A~L 12명은 야유회 장소로 출발하기 위해 4대의 차량에 나누어 탑승하기로 했다. 다음 제시된 조건을 모두 고려할 때, C와 함께 차량에 탑승한 사람은 누구인가?

- 4대의 차량에 2, 3, 3, 4명씩 탑승한다.
- 탑승인원이 가장 적은 차량이 제일 먼저 출발한다.
- 운전자는 A, B, C, D이다.
- E와 F가 탄 차량이 출발한 다음 K와 L이 탄 차량이 출발하였다.
- D의 차량이 출발한 다음 C의 차량이 출발하였다.
- B가 운전하는 차량이 가장 먼저 출발하였다.
- A와 H가 탄 차량이 가장 늦게 출발하였다.

① G
② I
③ J
④ L

해설

A, B, C, D는 각각 4대의 차량의 운전자이고, B의 차량이 가장 먼저 출발한 다음 D-C-A순으로 출발했다는 것을 알 수 있다.
주어진 조건을 모두 고려하였을 때, 다음과 같은 두 개의 가정이 성립된다.

| B, ○ | D, E, F | C, K, L | A, H, ○, ○ |

| B, ○ | D, ○, ○ | C, E, F | A, H, K, L |

따라서 C와 함께 차량에 탑승한 사람은 E, F 또는 K, L이 된다.

정답 ④

24 > 전개도

다음 전개도를 접은 후 점선으로 표시한 부분을 맞닿게 붙였을 때 나올 수 없는 모양은?

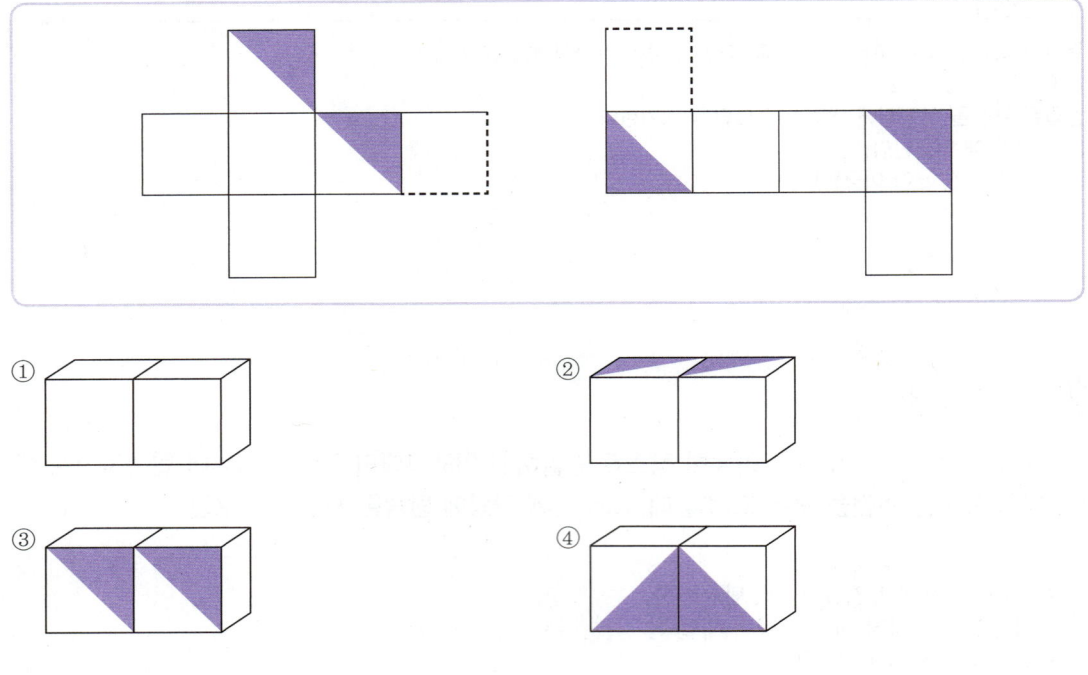

해설

제시된 전개도의 점선 부분을 붙였을 때 나올 수 있는 모양은 ① · ② · ④이며 그 외 모양은 다음과 같다.

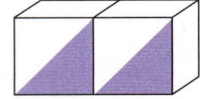 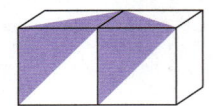

정답 ③

25 ▶ 도형추리

다음 중 한붓그리기를 할 수 없는 도형을 고르면?

①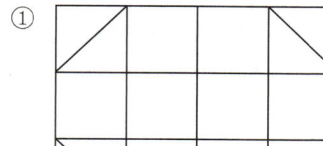

②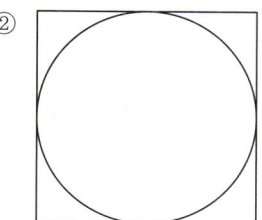

③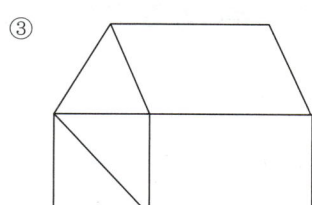

④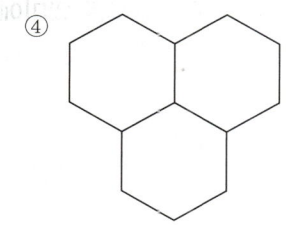

해설

한붓그리기의 가능 여부를 판단할 수 있는 기준은 2가지이다.
선이 지나가는 홀수점이 2개이거나, 전부 짝수점인 경우 한붓그리기가 가능하다.
①·③은 홀수점이 2개이므로 한붓그리기가 가능하고, ②는 모두 짝수점이므로 한붓그리기가 가능하다. 그러나 ④는 홀수점이 4개이므로 한붓그리기로 그릴 수 없다.

①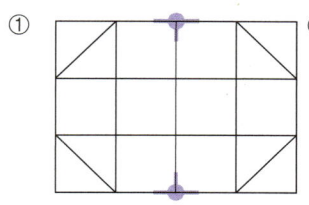
홀수점 2개 → 가능

②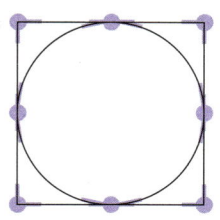
모두 짝수점 → 가능

③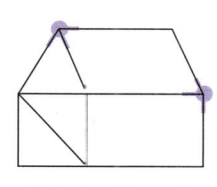
홀수점 2개 → 가능

④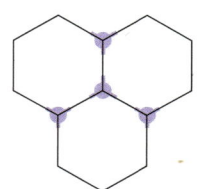
홀수점 4개 → 불가능

정답 ④

2021. 01. 09. 부산광역시교육청 기출문제

※ 본 기출문제는 실제 시험 응시자로부터 수집한 후기를 바탕으로 복원되었습니다.

01 ▶ 어휘 유추력

다음은 2음절 단어 끝말잇기이다. 제시된 의미에 따라 적절한 단어를 유추하여 끝말잇기를 할 때, 빈칸에 들어갈 단어의 의미로 알맞은 것을 고르면?

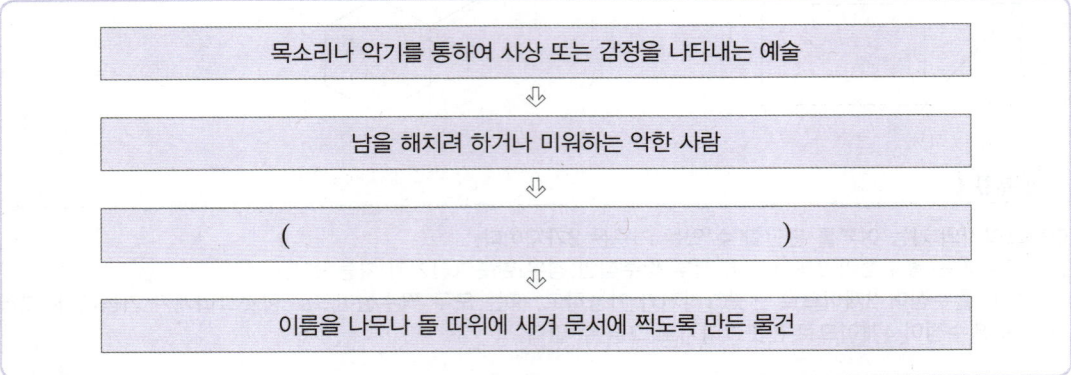

① 물건 따위를 잘 거두어 보호하거나 보관함
② 어떤 일이나 책임을 꾀를 써서 벗어남
③ 물건을 맡아서 간직하고 관리함
④ 사물이나 권리 따위를 넘겨줌

해설

제시된 의미에 따라 단어를 유추하면 '음악 → 악인 → (　　) → 도장'으로 이어짐을 알 수 있다. 따라서 괄호 안에 들어갈 말은 '인도'이고, 인도(引渡)의 의미를 설명한 것은 ④이다.
①은 간수, ②는 모면, ③은 보관에 대한 의미이다.

정답 ④

02 어법·맞춤법

다음 중 밑줄 친 부분의 띄어쓰기가 옳지 않은 것은?

① 각자 **먹을 만큼만** 음식을 덜어 먹읍시다.
② 그녀는 **사업차** 홍콩에 들른 뒤 귀국했다.
③ 회사 **규정상** 내용을 공개할 수 없습니다.
④ 보편적인 **인식 하**에 받아들여진 것이다.

해설

접사 '―하'는 명사 뒤에 붙어 (1) '그것과 관련된 조건이나 환경'의 뜻을 더하거나, (2) '아래 또는 아래쪽이나 밑'의 뜻을 더한다. 따라서 앞말과 붙여 쓴다.

Plus 해설

① 의존명사 '만큼' : (1) 앞의 내용에 상당한 수량이나 정도, (2) 뒤에 나오는 내용의 원인이나 근거가 됨을 나타낼 때는 앞말과 띄어 쓴다.

> (1) 노력한 만큼 결실을 맺다.(수량, 정도)
> (2) 너는 학생인 만큼 공부에 전념하도록 해.(원인, 근거)

조사 '―만큼' : 앞말과 비슷한 정도나 한도임을 나타내는 격 조사로, 체언 뒤에 붙여 쓴다.

> 나도 너만큼은 할 수 있어.(한도)   바다는 하늘만큼 넓다.(비슷한 정도)

② 의존명사 '차' : (1) 번, 차례, (2) 어떠한 일을 하던 기회나 순간, (3) 수학 방정식 따위의 차수, (4) 주기나 경과의 시기 등을 뜻할 때는 앞말과 띄어 쓴다.

> (1) 제일 차 세계 대전, 그는 학교를 수십 차 방문했다.
> (2) 마침 가려던 차에 잘 되었다. / (4) 입사 8년 차

접사 '―차' : '목적'의 뜻을 더하는 접미사로, 일부 명사 뒤에 붙여 쓴다.

> 업무차 은행에 들렀다.   행사차 미팅을 가졌다.

③ 접사 '―상' : (1) '그것과 관계된 입장' 또는 '그것에 따름'의 뜻을 더하거나, (2) '추상적인 공간에서의 한 위치'의 뜻을 더하거나, (3) '물체의 위나 위쪽'의 뜻을 더하는 접미사로, 일부 명사 뒤에 붙여 쓴다.

정답 ④

03 글의 이해

다음 언어의 특성에 대한 글을 읽고, 제시문에 나타난 언어의 특성으로 옳은 것을 고르면?

언어는 인간이 상호의사를 전달하는 기호체계로 자의성, 사회성, 역사성, 창조성, 규칙성, 분절성, 추상성 등의 7가지 특성이 있다.
언어의 자의성은 언어의 형식과 내용 사이에는 필연적인 관계가 없다는 것을 뜻한다. 즉, 언어의 음성과 의미는 우연히 연결되었음을 나타낸다. 예를 들어 무엇인가를 아끼고 소중히 여기는 마음은 한국어로 '사랑'이지만, 영어로는 '러브(love)'이다. 언어의 사회성은 언어는 동일한 언어를 사용하고 있는 사람들끼리 암묵적으로 정한 사회적 약속이라는 것을 의미한다. 따라서 언어의 형식과 내용은 개인이 함부로 바꿀 수 없다. 예를 들어 종이를 여러 장 묶어 맨 서적은 '책'이라고 하며, '책상'이나 '연필' 등으로 표현할 수 없다. 언어의 역사성에 따르면 언어는 사회적으로 규정된 약속이지만 시간의 흐름에 따라 탄생, 변화, 소멸의 과정을 거친다. 예를 들어 중세 국어에서 '어리다'는 '어리석다'를 의미했지만, 현대 국어에서는 '나이가 적다'는 의미이다. 언어의 창조성은 인간이 이미 알고 있는 유한한 언어 지식을 통해 무한한 표현을 만들 수 있다는 것을 가리킨다. 심지어 '민주주의'와 같은 실체가 없는 대상을 표현하거나, '유니콘'과 같은 상상의 산물을 만들어 내기도 한다.

1998년 11월 5일은 국제천문연맹(International Astronomical Union, IAU)이 한국인이 최초로 발견한 소행성 '통일'을 공식 인정한 날이다. 그 당시까지 8,000개가 넘는 소행성이 발견되었지만, 한국인이 발견한 소행성은 '통일'이 최초였다. 이후 한국인이 발견한 대부분의 소행성 이름에는 최무선, 이천, 장영실, 이순지, 허준, 홍대용, 김정호 등 우리 역사에 위대한 업적을 남긴 과학자의 이름이 붙었다. 특이한 점은 관륵, 세종, 광주 등 일본인이 발견했음에도 불구하고 한국 고유의 특징을 담은 이름이 붙은 경우도 있다는 것이다.

① 자의성   ② 사회성   ③ 역사성   ④ 창조성

소행성이라는 하나의 내용이 '통일', '최무선, 이천, …' 혹은 '관륵, 세종, 광주' 등 다양한 형식으로 나타난다는 것은 언어의 자의성을 증명하는 예가 된다.

정답 ①

04 자료해석

다음은 2019년과 2020년의 가구당 소비지출에 관한 그래프이다. 옳은 설명을 고르면?

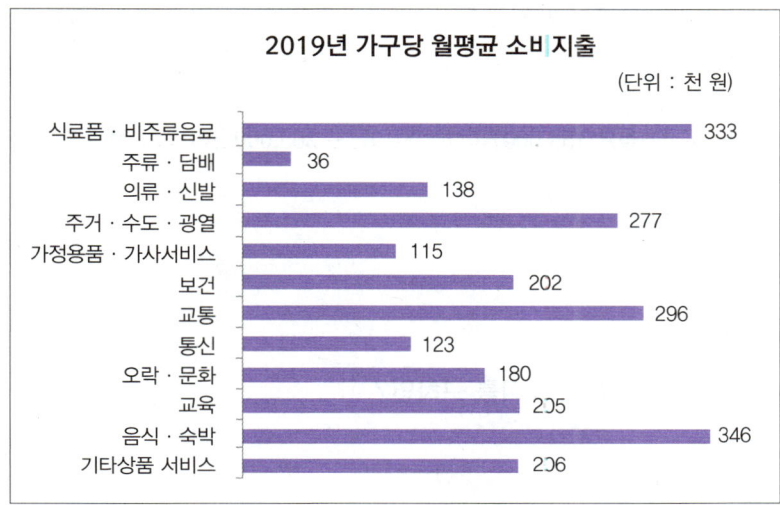

⟨자료 1⟩ 2019년 가구당 월평균 소비지출 (단위 : 천 원)

⟨자료 2⟩ 2020년 가구당 월평균 소비지출 (단위 : 천 원)

(출처 : 통계청, 2020년 가계동향조사 결과)

① 2019년 가구당 월평균 소비지출이 가장 큰 항목은 2020년의 항목과 동일하다.
② 2020년의 '보건' 분야의 월평균 소비지출은 전년에 비해 8% 증가하였다.
③ 2020년 가구당 월평균 소비지출 중 '교육' 항목은 전년 대비 56,000원 감소하였다.
④ 2019년의 '의류·신발' 항목과 '오락·문화' 항목을 더한 수치는 같은 해의 '음식·숙박' 수치보다 작다.

해설

2019년의 '의류·신발' 항목과 '오락·문화' 항목을 더한 수치는 138,000+180,000=318,000원으로, 같은 해의 '음식·숙박' 수치(346,000원)보다 작다.

Plus 해설

① 2019년 가구당 월평균 소비지출이 가장 큰 항목은 '음식·숙박'이고, 2020년은 '식료품·비주류음료'이다.

② 2020년의 '보건' 항목 월평균 소비지출의 전년 대비 증가율은 $\dfrac{221-202}{202} \times 100 ≒ 9.405 \cdots$ 이므로 약 9.5% 증가하였다.

③ 2020년 '교육' 항목 소비지출은 159,000원이고, 2019년은 205,000원이므로, 전년 대비 46,000원 감소하였다.

정답 ④

05 응용계산

다음 조건을 보고, 아버지의 현재 나이를 구하면?

- 아버지의 나이는 어머니의 나이보다 4살 많다.
- 현재 아들의 나이일 때 아버지는 결혼을 했다.
- 아들은 부모님이 결혼한 해에 태어났다.
- 현재 딸은 26살이고, 어머니는 현재 딸의 나이보다 1살 어린 나이에 결혼을 했다.

① 56세   ② 57세   ③ 58세   ④ 59세

해설

현재 딸의 나이가 26살이므로 어머니는 25살에 결혼을 했다. 또한, 어머니와 아버지의 나이는 4살 차이가 나므로, 아버지가 결혼한 나이는 29살이고, 아들의 현재 나이는 29살이다. 아들은 부모님이 결혼한 해에 태어났으므로, 아버지가 29살일 때 아들이 1살이었음을 알 수 있다. 따라서 아버지와 아들은 28살 차이가 나므로, 현재 아버지의 나이는 29+28=57세이다.

정답 ②

06 응용계산

남자 3명, 여자 3명이 일렬로 설 때, 같은 성별끼리 서로 이웃하지 않고 일렬로 서는 경우는 몇 가지인가?

① 72가지   ② 96가지   ③ 128가지   ④ 144가지

해설

같은 성별끼리 서로 이웃하지 않고 일렬로 서는 방법은 서로 번갈아 서는 것이다.
(남자 여자 남자 여자 남자 여자) 또는 (여자 남자 여자 남자 여자 남자)
남자 3명 나열 : 3×2×1=6가지   여자 3명 나열 : 3×2×1=6가지
6×6×2=72가지

정답 ①

 경우의 수

어떤 사건 A가 일어나는 경우의 수를 m, 어떤 사건 B가 일어나는 경우의 수를 n이라고 하면,
- 두 사건 A, B가 동시에 일어나지 않을 때, 사건 A 또는 B가 일어나는 경우의 수 : $m + n$
- 두 사건 A, B가 동시에 일어나는 경우의 수 : $m \times n$
- n명을 한 줄로 세울 때 경우의 수 : $n! = n \times (n-1) \times (n-2) \times \cdots \times 3 \times 2 \times 1$

07 응용계산

남자 6명, 여자 3명이 일렬로 줄을 설 때, 여자가 서로 이웃하지 않고 줄을 서는 경우는 몇 가지인가?

① 150,300가지   ② 150,500가지   ③ 151,200가지   ④ 151,600가지

해설

여자 3명이 서로 이웃하지 않으려면 여자 사이에 남자가 한 명 이상 있어야 한다.
○남○남○남○남○남○남○ ⇒ 여자는 ○ 7자리 중 3자리를 선택하여 설 수 있다.
- 남자 6명이 일렬로 줄을 서는 경우의 수 : $6! = 6 \times 5 \times 4 \times 3 \times 2 \times 1 = 720$가지
- 7자리 중 여자 3명을 나열하는 경우의 수 : $_7P_3 = 7 \times 6 \times 5 = 210$가지

따라서 두 가지 경우를 곱하면 720×210=151,200가지이다.

Plus 해설

이웃하지 않게 나열하기

① 이웃해도 상관없는 것을 먼저 나열한다.

$n! = n \times (n-1) \times (n-2) \times \cdots \times 3 \times 2 \times 1$

$n!$ (팩토리얼) : 1부터 n까지의 모든 자연수를 곱한 값을 말한다.

② 방금 나열한 것 사이사이에 이웃하지 않아야 하는 것을 배열한다.

$_nP_r = n(n-1)(n-2)\cdots(n-(r-1)) \dfrac{n!}{(n-r)!}$ (단, $0 \leq r \leq n$)

순열 : 서로 다른 n개에서 r개를 택하여 일렬로 배열하는 경우의 수

정답 ③

08 > 응용계산

다음 중 집에서 도서관을 지나 학원까지 가는 최단 경로의 수는?

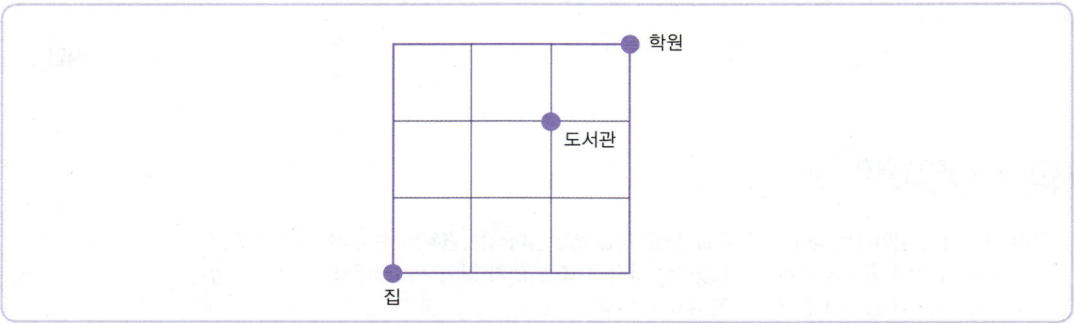

① 6가지　　② 8가지　　③ 10가지　　④ 12가지

해설

집에서 도서관을 지나 학원으로 가는 최단 경로를 구하기 위해서는, 두 개의 사각형 내에서 움직일 수 있는 최단 경로를 구해야 한다.

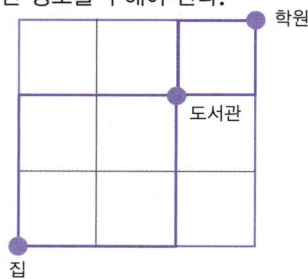

'집 → 도서관' 경로는 가로 2칸, 세로 2칸으로만 이동하는 경우의 수를 산출하고, '도서관 → 학원' 경로는 가로 1칸, 세로 1칸으로만 이동하는 경우의 수를 산출해 두 개를 곱하면 된다.

사각형으로 이루어진 경로의 최단 경로 구하는 방법 : $\dfrac{(가로의 개수 + 세로의 개수)!}{(가로의 개수)! \times (세로의 개수)!}$

- '집 → 도서관'의 최단 경로 경우의 수 : $\dfrac{(2+2)!}{2! \times 2!} = \dfrac{4 \times 3 \times 2 \times 1}{(2 \times 1) \times (2 \times 1)} = \dfrac{24}{4} = 6$ 가지

- '도서관 → 학원'의 최단 경로 경우의 수 : $\dfrac{(1+1)!}{1! \times 1!} = \dfrac{2 \times 1}{1 \times 1} = \dfrac{2}{1} = 2$ 가지

따라서 '집 → 도서관 → 학원'의 최단 경로의 경우의 수는 $6 \times 2 = 12$가지이다.

정답 ④

09 원탁 자리 배치

A~F 6명이 다음 조건과 같이 원형 테이블에 앉아있다고 할 때 C와 마주 보고 있는 사람은 누구인가?

- 모든 사람이 원형 테이블에 균일한 간격으로 앉아있다.
- A와 F는 서로 마주 보고 앉아있다.
- C의 양옆에는 D와 F가 앉아있다.
- F의 왼쪽에는 B가 앉아있다.

① A ② B ③ D ④ E

해설

주어진 조건 중에서 고정으로 확실하게 알 수 있는 정보부터 확인해가며 푼다.
A와 F가 서로 마주 보고 있고, F의 왼쪽에는 B가 있으므로 A, F, B의 자리를 먼저 고정한다.

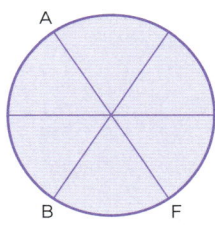

C의 양옆에는 D와 F가 오므로 C는 F의 오른쪽에 와야 한다. 이를 그림으로 나타내면 아래와 같고, C와 마주 보고 앉는 사람은 남은 E가 됨을 알 수 있다. 따라서 정답은 ④이다.

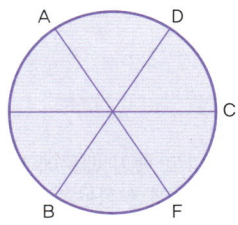

정답 ④

COOLTIP 자리 배치, 순서 문제

제시된 조건 중에서 명확하게 정해진 위치나 사람을 먼저 그림이나 표로 나타내면서 풀도록 한다.
고정된 사람이나 위치를 기준으로 하여, 나머지 조건을 하나씩 적용해가며 경우의 수를 줄이면서 푸는 것이 요령이다.

10 ▶ 자리배치

다음의 사무실 배치도와 조건을 보고 부장, 과장, 팀장이 앉아 있는 자리를 옳게 추론하면?

사무실 책상 배치도

현관	㉠	㉡	㉢	㉣
	㉤	㉥	㉦	㉧

창문 (상단)

* 책상은 서로 마주 보게 배치되어 있다.

| 조건 |

1. 사무실의 직원은 부장, 과장, 팀장, 대리, 사원 2명으로 총 6명이다.
2. 부장의 앞과 옆에 있는 책상에는 아무도 앉지 않는다.
3. 사원들끼리는 서로 마주 보고 앉지 않는다.
4. 과장은 부장과 가장 가까이에 있다.
5. 팀장과 과장은 창가 자리가 아니다.
6. 대리와 사원 한 명은 같이 이웃하여 앉아있다.
7. 대리는 현관에서 가장 가까이 앉아있고, 부장은 현관에서 가장 멀리 앉아있다.

	부장	과장	팀장
①	㉣	㉢	㉡
②	㉣	㉦	㉥
③	㉧	㉢	㉡
④	㉧	㉦	㉥

해설

7번 조건에서 부장은 현관과 가장 멀리 앉는다고 했기 때문에 부장은 ㉣ 또는 ㉧에 앉는다.
2번, 4번 조건에서 부장의 앞과 옆의 책상은 공석이고 과장이 부장과 가장 가까이에 앉는다고 했기 때문에 부장과 과장은 대각선으로 앉아 있는데, 5번 조건에서 과장이 창가 자리가 아니라고 했기 때문에 부장은 ㉣, 과장은 ㉦에 앉는다.
7번 조건에서 대리는 현관과 가장 가까이 앉는다고 했기 때문에 대리는 ㉠ 또는 ㉤에 앉고, 대리와 사원 한 명이 이웃하고 있으며(6번 조건), 사원끼리는 서로 마주보고 있지 않다고(3번 조건) 했기 때문에 ㉠ 대리, ㉡ 사원, ㉤ 사원, ㉥ 팀장 또는 ㉠ 사원, ㉡ 팀장, ㉤ 대리, ㉥ 사원으로 앉아 있게 된다. 그런데 5번 조건에서 팀장은 창가 자리가 아니라고 했기 때문에 '㉠ 대리, ㉡ 사원, ㉤ 사원, ㉥ 팀장'이 옳다.
따라서 자리 배치를 그림으로 나타내면 다음과 같다.

㉠ 대리	㉡ 사원	㉢	㉣ 부장
㉤ 사원	㉥ 팀장	㉦ 과장	㉧

정답 ②

11 ▶ 조건추리

○○카페에서 판매하는 커피, 아이스크림, 오렌지 주스, 토마토주스를 모형으로 만들어서 진열장에 진열하려고 한다. 다음과 같이 진열장이 총 4개의 칸으로 나눠져 있을 때 각 칸에 들어갈 음식 모형으로 옳은 것은?

(1)	(2)	(3)	(4)

1. (1)과 (2)에는 커피와 아이스크림을 진열할 수 있다.
2. (3)에는 오렌지 주스를 진열할 수 있다.
3. (4)에는 아이스크림과 오렌지 주스를 진열할 수 있다.
4. 토마토 주스는 모든 칸에 진열할 수 있다.
5. 아이스크림과 오렌지 주스는 서로 이웃하게 진열되어야 한다.
6. 커피와 오렌지 주스는 서로 이웃하지 않게 진열되어야 한다.
7. 토마토 주스는 아이스크림보다 앞 순서에 진열되어야 한다.
   * (1)~(4)의 번호 순서를 말한다.
8. 하나의 칸에 하나의 모형만 진열할 수 있다.

	(1)	(2)	(3)	(4)
①	토마토 주스	커피	아이스크림	오렌지 주스
②	커피	토마토 주스	오렌지 주스	아이스크림
③	토마토 주스	커피	오렌지 주스	아이스크림
④	커피	아이스크림	오렌지 주스	토마토 주스

해설

먼저 1~4번 조건을 표로 나타내면 다음과 같다.

구분	(1)	(2)	(3)	(4)
커피	○	○		
아이스크림	○	○		○
오렌지 주스			○	○
토마토 주스	○	○	○	○

5번 조건에 의하면 아이스크림과 오렌지 주스는 서로 이웃해야 하기 대문에 (4)에는 오렌지 주스를 진열할 수 없다. 때문에 5번 조건을 만족시키는 경우는 (2)아이스크림－(3)오렌지 주스, (3)오렌지 주스－(4)아이스크림 두 가지이며 (3)에는 무조건 오렌지 주스를 진열해야 한다.

6번 조건에서는 커피와 오렌지 주스는 서로 이웃하지 않는다고 했으므로 (2)에는 커피를 진열할 수 없고 커피를 진열할 수 있는 곳은 (1)뿐이다.

7번 조건에서 토마토 주스가 아이스크림보다 앞 순서에 진열되어야 한다고 했기 때문에 (2)에 토마토 주스, (4)에 아이스크림을 진열해야 한다. 따라서 정답은 ②이다.

(1)	(2)	(3)	(4)
커피 아이스크림 토마토 주스	커피 아이스크림 토마토 주스	오렌지 주스 토마토 주스	아이스크림 오렌지 주스 토마토 주스

정답 ②

12 > 회전체 모양 유추

다음 제시된 도형을 화살표 방향으로 회전시켜 만든 입체도형은?

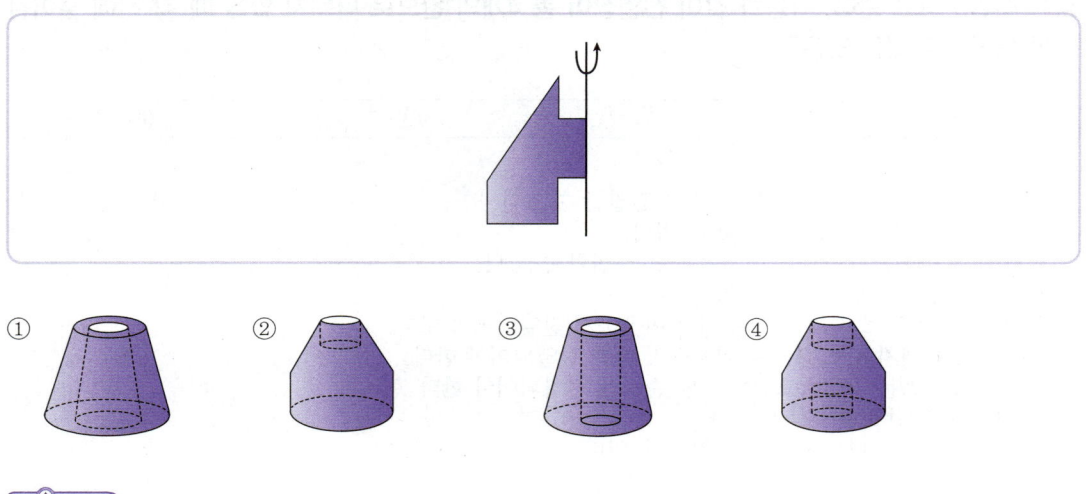

해설

제시된 그림과 같이 위아래로 공간이 뚫린 도형을 축을 기준으로 화살표 방향대로 회전하면 ④와 같은 입체도형이 된다.

정답 ④

13 > 도형추리

다음 일정한 규칙에 따라 배열된 그림을 보고, 빈칸에 들어갈 그림을 고르면?

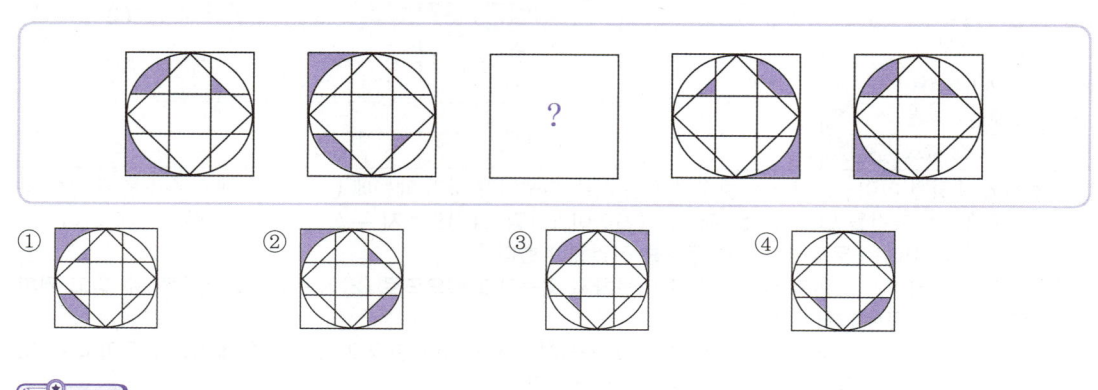

해설

사각형 내 색칠된 부분은 우측으로 이동하면서 시계 방향으로 90° 회전하고 있다. 한편, 원형 내 색칠된 부분은 상하 반전 — 좌우 반전을 거듭하고 있다. 따라서 세 번째 빈칸에 들어갈 그림은 ④이다.

정답 ④

14 종이접기 유추

다음과 같이 화살표 방향으로 종이를 접은 다음 다시 펼쳤을 때의 접힌 모양으로 알맞은 것을 고르면?

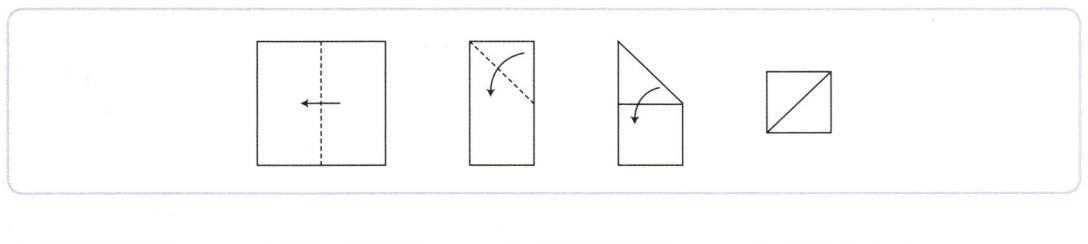

① 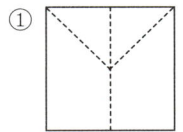 ② 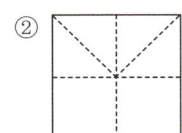 ③ 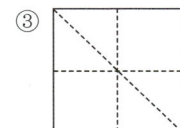 ④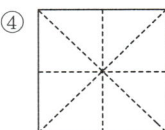

해설

종이를 접은 역순으로 다시 펼치면 다음과 같다.

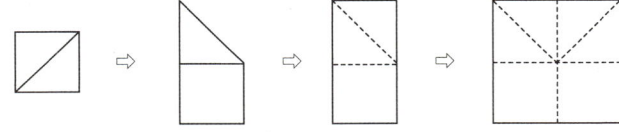

정답 ②

15 도형추리

다음 제시된 두 개의 같은 이등변삼각형을 붙여서 만들 수 있는 평행사변형은 총 몇 개인가?
(단, 삼각형을 뒤집을 수는 없다.)

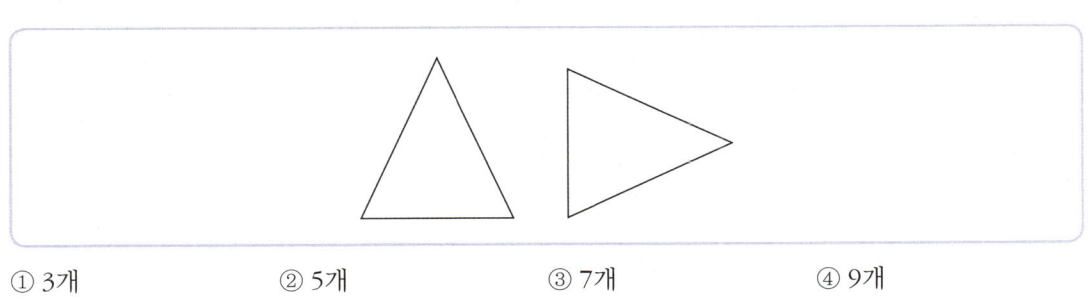

① 3개 ② 5개 ③ 7개 ④ 9개

해설

같은 두 변을 붙이되 평행해야 하므로 각 변에 모양을 표시하면서 유추해보도록 한다.

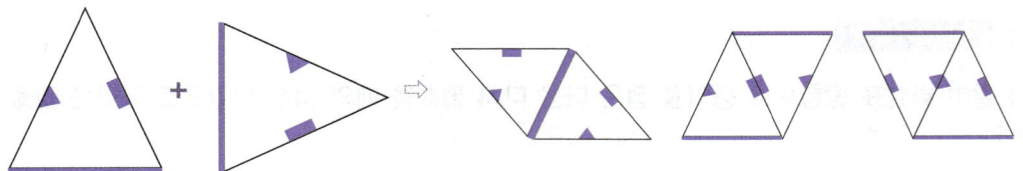

따라서 두 개의 이등변삼각형으로 만들 수 있는 평행사변형은 총 3개이다.

정답 ①

16 > 관찰탐구력

다음 내용의 괄호 안에 들어갈 말로 알맞은 것은?

> 음악당 뒤쪽에 커튼이 설치되어 있는 이유는 소리의 (   ) 현상으로 인한 공연장 내부의 메아리 현상을 제거하기 위해서이다.

① 반사 ② 굴절 ③ 회절 ④ 흡수

해설

메아리는 소리의 반사를 잘 보여주는 예이다. 메아리는 벽의 재질과 소리가 나는 곳에서부터 벽까지의 거리에 영향을 받는다. 강당이나 공연장에서 메아리처럼 반사되어 울리는 소리를 없애려면 뒤쪽에 커튼을 설치하면 된다. 커튼이 대부분의 소리를 흡수하고 아주 조금만 반사하기 때문이다. 이처럼 반사되는 벽면의 재질을 바꾸거나 커튼을 설치하면 메아리 현상을 줄이거나 없앨 수 있다.

Plus 해설

② **소리의 굴절** : 소리가 한 매질(소리를 전달하는 물질)에서 다른 매질로 나아갈 때 진행 방향이 꺾이는 현상이다. 소리는 파동이나 속도가 빠른 쪽에서 느린 쪽으로 굴절하는데, 낮에는 지표면의 온도가 높아 위쪽으로 갈수록 속력이 느려지기 때문에 소리가 위쪽으로 굴절하며, 밤에는 지표면의 온도가 낮아 소리 역시 온도가 낮은 아래쪽으로 굴절하므로 밤에는 멀리 떨어진 곳의 소리가 더 크게 들린다.
③ **소리의 회절** : 소리가 진행하다 장애물을 만나면 그 끝에서 장애물 뒤쪽으로 진행하는 현상을 말한다. 담 너머에서 나는 소리를 들을 수 있는 것, 장애물 뒤편에서도 소리가 나는 현상이 예이다.
④ **소리의 흡수** : 소리가 벽이나 매질 등에 의해 흡수되는 현상으로, 표면이 울퉁불퉁하고 푹신한 수건에는 소리가 흡수되어 잘 들리지 않는 것을 예로 들 수 있다.

정답 ①

17 식품과 영양

다음 자료를 보고 통상적인 소고기 대분할 부위별 요리법 가장 옳지 않은 것은?

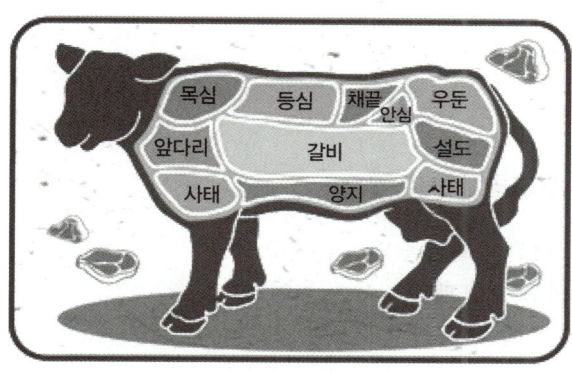

소고기 부위

대분부위	안심	등심	채끝	목심	앞다리	우둔	설도	양지	사태	갈비
소분부위	안심살	윗등심살 꽃등심살 아래등심살 살치살	채끝살	목심살	꾸리살 부채살 앞다리살 갈비덧살 부채덮개살	우둔살 홍두깨살	보섭살 설깃살 설깃머리살 도가니살 삼각살	양지머리 차돌박이 업진살 업진안살 치마양지 치마살 앞치마살	앞사태 뒷사태 뭉치사태 아롱사태 상박살	본갈비 꽃갈비 참갈비 갈비살 마구리 토시살 안창살 제비추리

(출처 : 국립축산과학원)

① 안심 – 구이, 스테이크
② 등심 – 구기, 스테이크, 전골
③ 우둔 – 산적, 장조림, 육포
④ 갈비 – 육회, 육포

해설

통상적인 소고기 부위별 요리법은 다음과 같다. (국립축산과학원 자료 기준)

안심	구이, 스테이크	우둔	산적, 장조림, 육포
등심	구이, 스테이크, 전골	설도	산적, 장조림, 육포
채끝	구이, 불고기, 전골	양지	전골
목심	불고기, 전골	사태	국, 탕
앞다리	육회, 불고기	갈비	구이, 찜, 탕

정답 ④

2021. 01. 09. 부산광역시교육청 기출문제

 www.booksk.co.kr

2020. 07. 04. 부산광역시교육청 기출문제

※ 본 기출문제는 실제 시험 응시자로부터 수집한 후기를 바탕으로 복원되었습니다.

01 ▶ 어휘·맞춤법

다음 중 밑줄 친 어휘가 올바르게 쓰인 것은?

① 이번 추석에는 고향에 계신 부모님을 **뵈러** 가려고 해.
② 큰아버지께서 정정하신 모습을 **봬니** 마음이 놓이네요.
③ 나이가 드니 가까운 것이 잘 안 **봬서** 돋보기가 필요해.
④ 오래간만에 **뵙겠습니다**. 그동안 무탈하게 지내셨나요?

해설

'봬서'는 '보이어서'의 활용형이다. '보이어서'의 준말 '뵈어서'의 '뵈-'와 모음으로 시작하는 어미 '-어서'가 결합해 '봬서'로 줄어든 형태이다.

Plus 해설

① '뵈러'가 올바르다. '뵈러'는 어간 '뵈-'에 자음으로 시작하는 어미 '-러'가 결합한 말이므로 '뵈'로 적는다.
② '뵈니'가 올바르다. '뵈니'는 어간 '뵈-'에 자음으로 시작하는 어미 '-니'가 결합한 말이므로 '뵈'로 적는다.
④ '뵙겠습니다'가 올바르다. '뵙겠습니다'는 '뵙다'를 활용한 표현이다. 또한 '뵈다'를 활용한 표현은 '뵈겠습니다'이며 '뵙겠습니다'와 같은 형태는 쓰이지 않는다.

정답 ③

COOL TIP 기본 어휘력 학습 전략

- 일상적인 어휘 구사능력과 선택지에 제시된 단어로 문장화할 수 있으면 누구나 충분히 풀이가 가능하다. → 말을 만들어내고, 문장을 만들어볼 수 있는지가 중요!
- 학습하면서 습득한 어휘는 용례로 기억하자. → 선택지에 제시된 어휘의 사전적 의미를 명확히 모르더라도, 용례의 문장을 통해 기억해두면 의미의 연결을 파악하는 데 도움이 된다.
- 모르는 어휘가 나오면 국립국어원, 포털 사이트 국어사전을 통해 의미를 검색하고, 용례 문장은 반드시 기억해두도록 한다.

02 글의 이해

다음 제시된 글에서 말하고자 하는 것은?

> 마하트마 간디(Mahatma Gandhi)는 인도의 정치가이자 독립운동가로서 세계적으로 존경받는 인물이다. '비폭력은 인류가 활용할 수 있는 가장 강력한 힘이다.'라는 슬로건 하에 영국의 식민 지배에 잇따른 폭력과 학살에 단식과 행진, 기도로만 대항했기 때문이다. 그러나 간디에 대한 현대 연구는 기존과 다른 방향으로 진행되고 있다. 숭고한 영혼 마하트마 간디의 가려진 이면에는 그가 사람들 앞에서 목놓아 주창하던 신념과 다른 얼굴이 있었다. 그는 함께 감옥에 수감된 부인이 폐렴에 걸렸음에도 현대 의학을 거부한다는 명분으로 페니실린 주사조차 놓지 못하게 하여 사망에 이르게 했다. 그러나 부인의 사망 직후 자신이 말라리아에 걸리자 서둘러 주사를 맞았다. 후에 맹장염에 걸렸을 때는 수술도 받았다. 또한 무저항과 비폭력의 대명사인 간디의 방식에 사람들이 점차 회의감을 느끼게 되고 청년 독립운동가 바가트 싱(Bhagat Singh)의 인기가 그를 위협해오자 바가트 싱과 같은 여러 혁명가들의 처형을 영국에 요청했다. 그는 알려진 것과 다르게 영국에 꽤 우호적이었다.

① 다양성 ② 양면성
③ 유연성 ④ 융통성

해설

마하트마 간디의 생전 언행불일치에 관련된 두 가지 예를 나열하면서 그의 양면성과 이중성에 초점을 맞춰 글을 전개하고 있다.
'양면성(兩面性)'은 한 사물이나 대상에 속해 있으나 서로 대립하는 두 성질을 의미한다.

Plus 해설

① 다양성(多樣性) : 형태나 양식 등의 특성이 여러 가지로 많은 것을 의미한다.
③ 유연성(有緣性) : 서로 관련이 있는 성질을 의미한다.
④ 융통성(融通性) : 상황이나 형편에 따라 일을 적절하게 처리하는 재주를 의미한다.

정답 ②

03 글의 이해

다음은 부산교육청의 코로나19 감염예방 관리 안내 지침 중 '코로나19 대응 기본방향'의 일부이다. 제시된 개정 전·후의 지침을 적절하게 이해하지 않은 학생은?

〈제2판 코로나19 대응 기본방향〉

1. 관리체계 및 유관기관 협조체계 구성
   - 학교 구성원의 적절한 역할분담을 담은 대응계획을 수립·시행하여 학교 내 직원관리, 환경관리, 상황발생 즉시 대응 등 수행
   - 학교 내 '코로나19 담당자'를 복수로 지정하고, 학교장은 담당자와 함께 감염예방 활동 총괄
     ※ 임신부, 당뇨병, 만성호흡기질환, 고령자(만 65세) 등은 담당자에서 제외
   - 학생 및 교직원 등 대상 코로나19 질병정보 및 감염예방수칙 등 행동요령 교육
     • 코로나19 예방을 위해 학교에서 준비하고 있는 사항과 가정에서 준수해야 할 사항을 등교수업 시작 전 학부모에게 안내
   - 학교장(원장 포함. 이하 같음)은 학교 내 의심증상자 발생 상황을 관리
     • 관할 교육(지원)청 및 유관기관 연락처를 미리 파악하여 비상연락체계를 유지하고 상황 발생 시 즉시 대응
     • 등교수업 시작 전 가까운 선별진료소(1~2곳) 및 진료의뢰 방법을 미리 파악하여 유증상 학생 발견 시 지체 없이 선별진료소를 방문하도록 조치

2. 감염예방을 위한 관리 철저
   - 학생 및 교직원, 기타 방문객 대상 위생수칙 교육·홍보
     • 학생 및 교직원 대상으로 코로나19 예방 수칙, 손 씻기, 기침 예절 등 감염병 예방 교육을 매일 실시
     • 손 씻기, 기침 예절 등 코로나19 예방을 위한 각종 홍보물을 학교 내 주요 장소에 부착

〈제2-1판 코로나19 대응 기본방향〉

1. 관리체계 및 유관기관 협조체계 구성
   - 학교 구성원의 적절한 역할분담을 담은 대응계획(학생 심리지원 포함)을 수립·시행하여 학교 내 직원관리, 환경관리, 상황발생 즉시 대응 등 수행
   - 학교 내 '코로나19 담당자'를 복수로 지정하고, 학교장은 담당자와 함께 감염예방 활동 총괄
     ※ 임신부, 기저질환 보유자, 고령자(만 65세) 등 고위험군은 담당자에서 제외
     ※ 기저질환 : 만성폐질환, 당뇨, 만성 신질환, 만성 간질환, 만성심혈관질환, 혈액암, 항암치료 암환자, 면역억제제 복용 중인 환자 등
   - 학생 및 교직원 등 대상 코로나19 질병정보 및 감염예방수칙 등 행동요령 교육
     • 코로나19 예방을 위해 학교에서 준비하고 있는 사항과 가정에서 준수해야 할 사항을 등교수업 시작 전 학부모에게 안내
   - 학교장(원장 포함. 이하 같음)은 학교 내 코로나19 의심증상자 발생 상황을 관리
     • 관할 교육(지원)청 및 유관기관 연락처를 미리 파악하여 비상연락체계를 유지하고 상황 발생 시 즉시 대응
     • 지역 내 확진자 발생, 학생 또는 교직원 확진자 발생 등 긴급 상황 발생에 따른 등교 수업일 조정은 단위학교(교육지원청) 단독으로 판단하지 않고, 교육부-교육청-학교 및 방역당국과 협의하여 결정

> ※ 개별학교 등교 수업일 조정 → 시도교육청이 지역 보건당국(시군구 보건소, 지자체 관련 부서)과 협의 결정 → 교육부 보고
> ※ 지역(시군구) 차원의 등교 수업일 조정 → 교육부・교육청・보건당국 협의 후 결정
> - 등교수업 시작 전 가까운 선별진료소(1~2곳) 및 진료의뢰 방법을 미리 파악하여 코로나19 임상증상 학생 발견 시 지체 없이 선별진료소를 방문하도록 조치
> - 등교수업 시작 전 가까운 선별진료소(1~2곳) 및 진료의뢰 방법을 미리 파악하여 코로나19 임상증상 학생 발견 시 지체 없이 선별진료소를 방문하도록 조치
>   ※ 역학조사 결과를 바탕으로 학교・교육청・지역보건당국 협의 후 시작(재개)일 결정
>   ※ 학교에서 코로나19 임상증상 학생을 발견한 경우 보호자에게 우선 연락하고, 보호자와 연락이 안 되거나 보호자가 희망하는 경우 119 신고 후 구급대 지원을 받아 선별진료소로 이동
>
> **2. 감염예방을 위한 관리 철저**
> - 학생 및 교직원, 기타 방문객 대상 위생수칙 교육・홍보
>   - 학생 및 교직원 대상으로 코로나19 예방 수칙, 손 씻기, 기침 예절 등 감염병 예방 교육을 매일 실시
>   - 손 씻기, 기침 예절 등 코로나19 예방을 위한 각종 홍보물을 학교 내 주요 장소에 부착
>   - 하교 후 노래방, PC방, 학원 등 다중이용시설 방문(이용) 및 소모임 금지 또는 자제 등에 대한 학생 교육 및 생활지도 철저

① 가영 : '의심증상자'는 '코로나19 의심증상자'로 '유증상 학생'은 '코로나19 임상증상 학생'으로 용어가 명확하게 변경됐구나.
② 나연 : 안전한 교내 감염예방활동을 위해 코로나19에 더욱 취약할 수 있는 기저질환에 대해 구체적으로 명시한 것 같아.
③ 다희 : 지역 혹은 교내 확진자 발생 시 등교 수업일 조정과 관련된 협의 기관을 명시해 두어서 신속한 대처가 가능하겠어.
④ 라미 : 온라인 수업 등으로 발생할 수 있는 학생들의 학습권 피해를 보호하기 위해 학원 및 소규모 스터디가 권장되는군.

해설

<제2-1판>에는 '2. 감염예방을 위한 관리 철저' 내 '다중이용시설 방문(이용) 및 소모임 금지 또는 자제' 등 학생 생활지도 관련 내용이 추가되었다.

Plus 해설

① <제2-1판>의 '- 학교장 … 코로나19 의심증상자 발생 상황을 관리' 내 '・등교수업 … 코로나19 임상증상 학생 발견 시 지체 없이 선별진료소를 방문하도록 조치'에서 변경된 용어가 언급된다.
② '1. 관리체계 및 유관기관 협조체계 구성'의 두 번째 세부사항 '- 학교 내 '코로나19 담당자' … 감염예방 활동 총괄' 내에서 확인할 수 있다.
③ '1. 관리체계 및 유관기관 협조체계 구성'의 네 번째 세부사항 '- 학교장 … 코로나19 의심증상자 발생 상황을 관리' 내에서 확인할 수 있다.

정답 ④

04 ＞ 자료해석

다음 제시된 자료에 대한 설명으로 올바르지 않은 것은?

연도별 학생 수 변화 추이

(단위 : 명)

구분	2015	2016	2017	2018	2019
초등학교	2,714,610	2,672,843	2,674,227	2,711,385	2,747,219
중학교	1,585,951	1,457,490	1,381,334	1,334,288	1,294,559
고등학교	1,788,266	1,752,457	1,669,669	1,538,576	1,411,027

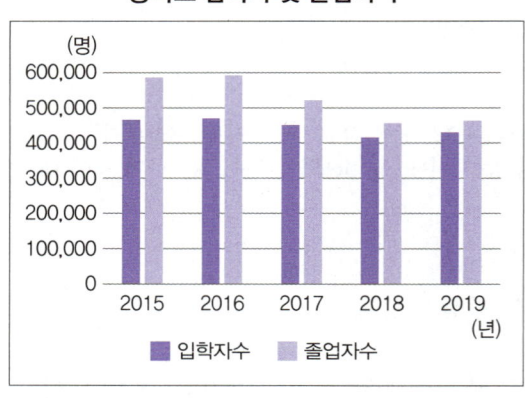

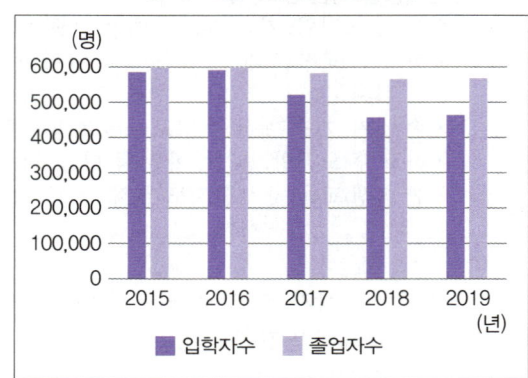

① 초등학교 학생 수가 중학교 학생 수의 두 배를 넘어서는 해가 있다.
② 고등학교 학생 수는 해마다 줄고 있지만 중학교 학생 수보다 항상 많다.
③ 중학교 입학자와 졸업자의 수는 2016년 이래로 꾸준히 감소했다.
④ 2015년 이래로 매년 고등학교를 졸업한 학생은 입학한 학생보다 많다.

해설

중학교 입학자 및 졸업자 수는 2016년부터 2018년까지 감소했으나 2019년에 소폭 상승했다.

Plus 해설

① 제시된 자료 내 2018년 초등학교 학생 수는 중학교 학생 수 1,334,288명의 두 배인 2,668,576명을 초과하는 2,711,385명이다. 또한 2019년 초등학교 학생 수는 중학교 학생 수 1,294,559명의 두 배인 2,589,118명을 초과하는 2,747,219명이다.

정답 ③

05 조건추리

사각형 테이블의 한 변당 A, B, C, D 네 사원이 앉아 있고 옆자리는 비어 있다. 빈자리에 인사과장, 영업과장, 디자인과장, 마케팅과장이 다음 제시된 조건에 따라 앉을 때 C 사원과 함께 앉는 과장은 누구인가? (단, 테이블 한 변당 사원 한 명과 과장 한 명만 함께 앉는다.)

- A 사원과 함께 앉은 인사과장은 D 사원 바로 맞은편에 앉아있다.
- D 사원 오른쪽에 앉은 과장은 디자인과장 바로 맞은편에 앉아있다.
- 마케팅과장은 B 사원과 D 사원 사이에 앉아있다.

① 인사과장
② 영업과장
③ 마케팅과장
④ 디자인과장

해설

첫 번째 조건과 두 번째 조건을 다음과 같은 표로 나타낼 수 있다. 만약 A 사원과 함께 앉은 인사과장이 A 사원의 오른쪽에 앉았다고 가정할 경우, D 사원 오른쪽에 앉은 과장은 A 사원 맞은편에 앉아있는 것이 되므로 제시된 조건을 충족하지 못한다. 따라서 인사과장은 A 사원의 왼쪽에 앉아있음을 알 수 있다.

	A	인사과장	
디자인과장			과장
		D	

세 번째 조건에 따르면 B 사원과 마케팅과장은 다음과 같이 함께 앉아있음을 알 수 있다. 만약 마케팅과장이 D 사원의 왼쪽 빈자리에 앉는다면, 마케팅과장은 D 사원과 디자인과장 사이에 앉게 되는 것이므로 제시된 조건을 충족하지 못한다.

	A	인사과장	
디자인과장			B
			마케팅과장
		D	

따라서 제시된 세 가지 조건을 모두 만족하는 테이블 배치도는 다음과 같다.

	A	인사과장	
C			B
디자인과장			마케팅과장
	영업과장	D	

정답 ④

06 ▶ 응용계산

현재 아버지와 아들의 나이의 합은 60세이고, 15년 뒤 아버지의 나이가 아들의 나이의 두 배가 된다. 현재 아버지의 나이는?

① 15세 ② 30세 ③ 45세 ④ 60세

해설

아들의 나이를 x(세), 아버지의 나이를 y(세)라 하면, $x+y=60$, $2(x+15)=y+15$가 성립한다.
두 번째 식을 정리하면 $2x-y=-15$가 되고 두 식을 연립하여 풀면
$2x-y=-15$ …… ㉠
$x+y=60$ …… ㉡
$3x=45$, $x=15$(세), $y=45$(세)임을 알 수 있다.
따라서 현재 아버지의 나이는 45세이다.

정답 ③

07 ▶ 응용계산

A 팀장, B 대리, C 사원이 함께하면 5일 만에 완료할 수 있는 업무가 있다. 이 업무를 A 팀장이 혼자 진행할 경우 10일, B 대리가 혼자 진행할 경우 14일이 소요된다고 할 때 C 사원이 혼자 진행해서 완료하기까지 소요되는 기간은 얼마인가?

① 25일 ② 30일 ③ 35일 ④ 40일

해설

'작업량 = 시간당 작업량 × 시간'이다. 전체 일의 양을 1이라고 할 때
A 팀장 혼자 업무를 진행할 때 소요 기간은 10일이므로, A 팀장이 하루 동안 할 수 있는 일의 양은 $\frac{1}{10}$이다.

B 대리 혼자 업무를 진행할 때 소요 기간은 14일이므로, B 대리가 하루 동안 할 수 있는 일의 양은 $\frac{1}{14}$이다.

C 사원이 하루 동안 할 수 있는 일의 양을 $\frac{1}{x}$이라고 하면
A 팀장, B 대리, C 사원이 함께 진행할 때 소요되는 기간은 총 5일이므로 다음과 같은 식이 성립된다.
$\left(\frac{1}{10}+\frac{1}{14}+\frac{1}{x}\right)\times 5 = 1$
이 식의 분모를 없애기 위해 최소 공배수 70과 x를 곱하면 다음과 같다. $70x\times\left(\frac{5}{10}+\frac{5}{14}+\frac{5}{x}\right)=1\times 70x$
$35x+25x+350=70x$　$350=70x-60x$　$10x=350$　$\therefore x=35$(일)
따라서 C 사원 혼자 진행하면 총 35일이 소요된다.

정답 ③

08 도형추리

빗금을 그은 사다리꼴을 시계 방향으로 돌려서 나올 수 있는 모양 중 나머지와 다른 것은?

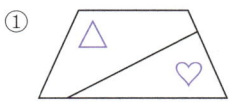
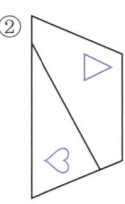
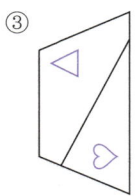
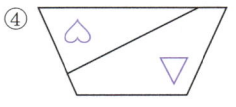

해설

보기 ②와 ④는 각각 보기 ①의 시계 방향 90° 회전 후, 180° 회전 후의 모양인 반면 보기 ③을 시계 방향으로 90° 회전시킨 모양은 다음과 같다.

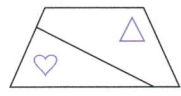

정답 ③

09 도형추리

꼭짓점마다 다른 방향의 숫자가 적힌 정사각형을 사선으로 접었을 때 완전히 겹쳐지는 숫자의 합은?

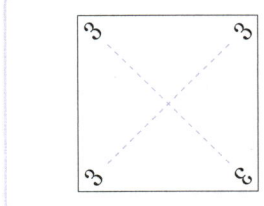
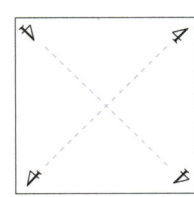
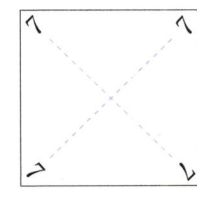
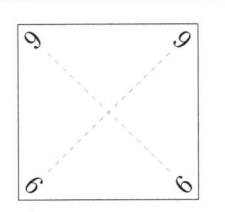

① 8   ② 14   ③ 28   ④ 46

해설

정사각형을 사선으로 접었을 때 완전히 겹쳐지는 숫자는 두 번째 정사각형의 4이다. 다른 숫자(3, 7, 9)는 완전히 포개지지 않는다. 다음의 점선 방향으로 접었을 때 서로 다른 방향의 숫자 4는 완전히 포개지게 된다.

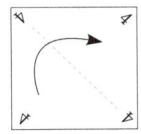

정답 ①

2020. 07. 04. 부산광역시교육청 기출문제

10 > 전개도

다음 제시된 전개도를 접었을 때 만들 수 없는 입체도형은?

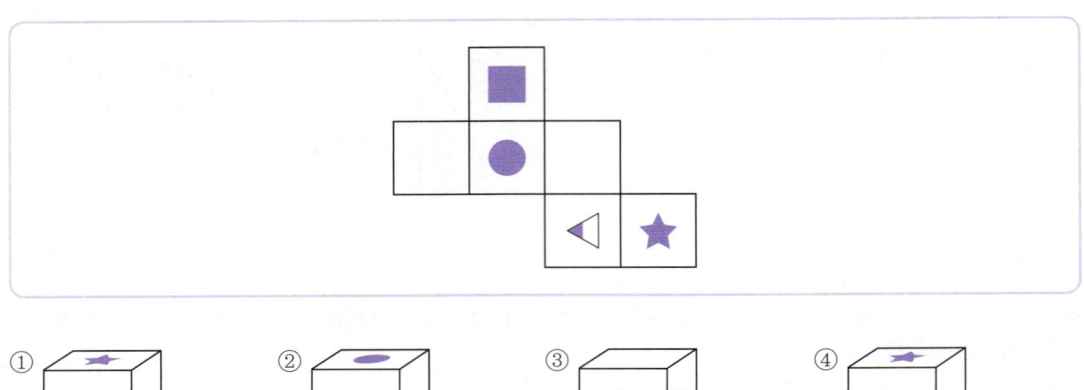

해설

위 전개도로 정육면체를 만들었을 때 ●옆면은 다음과 같이 ◁모양이 되어야 한다.

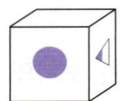

정답 ③

Part 1
직무능력검사

Chapter 01 　언어논리력
Chapter 02 　이해력
Chapter 03 　수리력
Chapter 04 　문제해결력
Chapter 05 　공간지각력

Chapter 01 언어논리력 기본 이론 학습

① 어휘 관계

1) 단어 간 의미관계

유의관계	의미가 거의 같거나 비슷한 단어 간의 관계 예 어머니-엄마-모친, 이름-성명-존함-함자		
반의관계	의미가 서로 반대되거나 대립하는 단어 간의 관계	모순관계	두 개념 사이에 중간 개념이 존재하지 않는 배타적 대립관계 예 남자-여자, 살다-죽다, 있다-없다
		반대관계	두 개념 사이에 중간 개념이 존재하는 대립관계 예 검다-희다, 길다-짧다, 크다-작다
상하관계	한 단어의 의미가 다른 단어의 의미를 포함하는 관계 예 동물-포유류-돼지, 아시아-대한민국-서울, 악기-건반악기-피아노		
전체-부분관계	한 단어가 다른 단어의 부분이 되는 관계 예 나무-가지-나뭇잎, 몸-팔-손-손톱, 자동차-바퀴-휠		
원료-제품관계	한 단어가 다른 단어의 재료 및 원료가 되는 관계 예 우유-치즈, 가죽-구두, 누룩-막걸리, 메주-된장, 고무-타이어		
주체-행위관계	한 단어의 의미가 다른 단어의 역할이 되는 관계 예 변호사-변론, 의사-진료, 학자-연구, 선수-경기		
중심의미- 주변의미관계	한 단어는 중심의미, 다른 단어는 주변의미에 해당하는 관계 예 실마리-열쇠, 매개체-징검다리		
서술관계	주어-서술어 관계 : 주어와 서술어로 결합해 사용되는 단어의 관계 예 머리-자라다 목적어-서술어 관계 : 목적어와 서술어로 결합해 사용되는 단어의 관계 예 인재-육성, 문명-수용하다, 직업-구하다		

2) 어휘 간 호응관계

	부정 가치어	긍정 가치어
1	몹시	매우
2	절대(로), 결코	반드시
3	일절	일체
4	탓	덕(택), 덕분
5	장본인	주인공, 주역
6	빌미	계기
7	공교롭게도	마침

* '너무'의 경우 과거에는 부정 가치어로 취급되었으나, 사전의 개정으로 긍정적인 말도 함께 어울려 쓸 수 있게 되었다. 예 너무 좋다. / 너무 반갑다.

1	몹시	더할 수 없이 심하게 예 몹시 추운 날씨 / 몹시 힘든 일 / 기분이 몹시 상하다.
	매우	보통 정도보다 훨씬 더 예 그는 매우 착하다. / 그녀는 출장을 매우 자주 다닌다.
2	절대(絶對)로	어떠한 경우에도 반드시 예 세상에 절대 공짜라는 것은 없다. / 절대로 나쁜 일을 해서는 안 된다.
	반드시	틀림없이 꼭, 기필코 예 반드시 시간에 맞추어 오너라. / 인간은 반드시 죽는다.
3	일절(一切)	'아주, 전혀, 절대로'의 뜻으로, 흔히 행위를 그치게 하거나 어떤 일을 하지 않을 때 쓴다. 예 일절 간섭하지 마시오. / 그는 고향을 떠난 후로 연락을 일절 끊었다.
	일체(一切)	'전부, 완전히'의 뜻으로, 모든 것을 의미한다. 예 그는 재산 일체를 학교에 기부하였다. / 걱정 근심일랑 일체 털어 버리자.
4	탓	주로 부정적인 현상이 생겨난 까닭이나 원인. 혹은 구실이나 핑계로 삼아 원망하거나 나무라는 일 예 남의 탓으로 돌리다. / 그는 급한 성격 탓에 나와 충돌이 잦다.
	덕택	베풀어 준 은혜나 도움 예 그는 아내의 정성 어린 간호 덕택에 병세가 호전되었다.
5	장본인 (張本人)	어떤 일을 꾀하여 일으킨 바로 그 사람 예 이렇게 되기까지 그 사달을 일으킨 장본인은 그였다.
	주인공 (主人公)	어떤 일에서 중심이 되거나 주도적인 역할을 하는 사람 예 그는 이번 시합에서 우리 팀을 이끈, 돌풍의 주인공이었다.
6	빌미	재앙이나 탈 따위가 생기는 원인 예 빌미를 잡히다. / 독재자는 이 사건을 탄압의 빌미로 삼았다.
	계기	어떤 일이 일어나거나 변화하도록 만드는 결정적인 원인이나 기회 예 사건의 계기 / 올림픽을 계기로 하여 사회 체육에 대한 관심이 높아졌다.
7	공교롭게도	생각지 않았거나 뜻하지 않았던 사실이나 사건과 우연히 마주치게 된 것 예 공교롭게도 아들과 아버지의 생일이 같다.
	마침	어떤 경우나 기회에 알맞게. 또는 공교롭게 예 오늘 내가 찾아가려던 참이었는데 마침 잘 왔다.

예제 1

제시된 문장에서 문맥상 가장 적절한 어휘를 고르면?

1) 그는 공소사실과의 관련성을 [일절 / 일체] 부인했다.

2) 열심히 공부한 [탓 / 덕]에 성적이 점차 나아지고 있다.

3) 도살을 앞둔 유기견을 구조한 것을 [빌미 / 계기]로 운영을 시작한 유기견보호소 ○○은 시설이 무허가 건축물로 드러나면서 행정 당국의 원상복구 명령을 받았다. 이에 한 사회적기업은 철거 위기에 놓인 ○○을 후원하겠다며 크라우드 펀딩을 대신 진행했다. 그러나 ○○은 펀딩 자금을 횡령당하는 등 후원을 [빌미 / 계기]로 사기를 당했다며 해당 사회적기업을 고소했다.

정답 1) 일절 / 2) 덕 / 3) 계기, 빌미

❷ 유의어 / 반의어 / 다의어

1) 유의어 : 소리는 서로 다르지만 의미가 비슷한 말

강등(降等) – 좌천(左遷)	등급이나 계급 따위가 낮아짐
개선(改善) – 개량(改良)	잘못된 것이나 부족한 것, 나쁜 것 따위를 고쳐 더 좋게 만듦
개척(開拓) – 개간(開墾)	거친 땅을 일구어 논밭이나 쓸모 있는 땅으로 만듦
격려(激勵) – 고무(鼓舞)	용기나 의욕이 솟아나도록 북돋워 줌
결심(決心) – 결의(決意)	마음을 굳게 정함
결점(缺點) – 하자(瑕疵)	못되거나 부족하여 완전하지 못한 점
결정(決定) – 단안(斷案)	행동이나 태도를 분명하게 정함. 또는 그렇게 정해진 내용
난항(難航) – 역경(逆境)	여러 가지 장애 때문에 일이 순조롭게 진행되지 않음
납득(納得) – 수긍(首肯)	다른 사람의 말이나 행동, 형편 따위를 잘 알아서 긍정하고 이해함
만회(挽回) – 회복(回復)	바로잡아 원래의 상태로 돌이키거나 원래의 상태를 되찾음
명백(明白) – 명료(明瞭)	의심할 바 없이 아주 뚜렷함
몰두(沒頭) – 탐닉(耽溺)	어떤 일에 온 정신을 다 기울여 열중함
묵과(默過) – 묵인(默認)	잘못을 알고도 모르는 체하고 그대로 넘김
발명(發明) – 창안(創案)	아직까지 없던 기술이나 물건을 새로 생각하여 만들어 냄
발의(發議) – 제안(提案)	안이나 의견을 내놓음. 또는 그 의안
변별(辨別) – 판단(判斷)	사물의 옳고 그름이나 좋고 나쁨을 가림
복용(服用) – 투약(投藥)	약을 먹음
본질(本質) – 실태(實態)	본디부터 가지고 있는 사물 자체의 성질이나 모습

부족(不足)-결핍(缺乏)	필요한 양이나 기준에 미치지 못해 충분하지 아니함
불멸(不滅)-불후(不朽)	없어지거나 사라지지 아니함
서거(逝去)-작고(作故)	사람의 죽음을 높여 이르는 말
선정(選定)-선발(選拔)	여럿 가운데서 어떤 것을 뽑아 정함
세련(洗練)-숙련(熟練)	서투르거나 어색한 데가 없이 능숙하게 익힘
소모(消耗)-소비(消費)	재화, 시간 등을 들이거나 써서 없앰
소지(所持)-소유(所有)	가지고 있음. 또는 그 물건
수색(搜索)-검색(檢索)	구석구석 뒤지어 찾음
숙명(宿命)-운명(運命)	날 때부터 이미 정해져 있는 목숨이나 처지
실제(實際)-현실(現實)	현재 실제로 존재하는 사실이나 상태
실현(實現)-성취(成就)	꿈, 기대 따위를 실제로 이룸
암시(暗示)-시사(示唆)	넌지시 깨우쳐 줌
역사(歷史)-연혁(沿革)	사회·문화적 변천과 흥망의 과정. 또는 그 기록
열중(熱中)-골몰(汨沒)	한 가지 일에 정신을 쏟음
외관(外觀)-외양(外樣)	겉으로 드러난 모양
위임(委任)-위탁(委託)	어떤 일을 책임 지워 맡김. 또는 그 책임
유명(有名)-저명(著名)	이름이 널리 알려져 있음
육성(育成)-교육(敎育)	지식과 기술 따위를 가르치며 인격을 길러 줌
의도(意圖)-취지(趣旨)	무엇을 하고자 하는 생각이나 계획. 또는 무엇을 하려고 꾀함
의존(依存)-의지(依支)	다른 것에 마음을 기대어 도움을 받음. 또는 그렇게 하는 대상
이전(移轉)-양도(讓渡)	재산이나 권리 따위를 남에게 넘겨줌. 혹은 넘겨받음
저가(低價)-염가(廉價)	시세보다 싼 값. 또는 저렴한 값
전념(專念)-전심(傳心)	오직 한 가지 일에만 마음을 씀
전승(傳承)-계승(繼承)	조상의 전통이나 문화유산, 업적 따위를 물려받아 이어 나감
정독(精讀)-미독(味讀)	자세히 살피어 읽음
제공(提供)-공급(供給)	무엇을 내주거나 갖다 바침
제압(制壓)-압도(壓倒)	위력이나 위엄으로 세력이나 기세 따위를 억눌러서 통제함
중상(中傷)-비방(誹謗)	근거 없는 말로 남을 헐뜯어 명예나 지위를 손상시킴
증명(證明)-입증(立證)	어떤 사항이나 판단에 대하여 진실인지 아닌지 증거를 들어 밝힘
지시(指示)-명령(命令)	일러서 시킴. 또는 그 내용
착안(着眼)-착상(着想)	어떤 문제를 해결하기 위한 실마리를 잡음
채용(採用)-기용(起用)	사람을 골라서 씀
책망(責望)-질책(叱責)	잘못을 꾸짖거나 나무라며 못마땅하게 여김
청탁(請託)-부탁(付託)	어떤 일을 해 달라고 맡기거나 청하거나 같김
촉망(囑望)-기대(期待)	어떤 일이 이루어지기를 바라고 기다림
추정(推定)-추측(推測)	미루어 생각하여 판정함

친밀(親密) – 친선(親善)	지내는 사이가 매우 친하고 가까움
포부(抱負) – 희망(希望)	어떤 일을 이루거나 하기를 바람
풍조(風潮) – 시류(時流)	시대에 따라 변하는 세태
풍파(風波) – 파란(波瀾)	순조롭지 않게 일어나는 여러 가지 어려움이나 시련
한계(限界) – 범위(範圍)	사물이나 능력, 책임 따위가 실제 작용할 수 있는 범위
해탈(解脫) – 열반(涅槃)	불교에서 모든 번뇌의 얽매임에서 벗어나고, 진리를 깨달아 불생불멸의 법을 체득한 경지를 이르는 말
핵심(核心) – 요점(要點)	가장 중요하고 중심이 되는 사실이나 관점
허공(虛空) – 천공(天空)	텅 빈 공중
혼잡(混雜) – 번잡(煩雜)	여럿이 한데 뒤섞이어 어수선함
활용(活用) – 변통(變通)	이리저리 잘 응용함
회전(回轉) – 선회(旋回)	한 점이나 축 또는 어떤 물체를 중심으로 하여 그 둘레를 빙빙 돎

2) 반의어 : 의미가 서로 반대되는 말

가결(可決) – 부결(否決)	가결	회의에서 제출된 의안을 합당하다고 결정함
	부결	의논한 안건을 받아들이지 아니하기로 결정함
가중(加重) – 경감(輕減)	가중	더 무겁게 함. 또는 더 무거워짐
	경감	덜어내어 가볍게 함
간섭(干涉) – 방임(放任)	간섭	직접 관계가 없는 남의 일에 부당하게 참견함
	방임	돌보거나 간섭하지 않고 제멋대로 내버려 둠
감소(減少) – 증가(增加)	감소	줄어서 적어짐. 또는 덜어서 적게 함
	증가	더하여 많아짐
감퇴(減退) – 증진(增進)	감퇴	줄어서 쇠퇴함
	증진	더하여 나아감. 또는 나아가게 함
객관(客觀) – 주관(主觀)	객관	인간의 생각 밖에 존재하며, 그 생각에 의존하지 않은 외부의 세계
	주관	자기대로의 생각, 개인적인 견해나 관점
격감(激減) – 급증(急增)	격감	수량이 갑자기 줆
	급증	갑작스럽게 늘어남
곤란(困難) – 용이(容易)	곤란	어떤 일을 하는 입장·상황·조건 등이 좋지 않아 어렵거나 까다로운 상태
	용이	어렵지 아니하고 아주 쉬움
기정(旣定) – 미정(未定)	기정	이미 결정되어 있음
	미정	아직 정하지 못함
낙관(樂觀) – 비관(悲觀)	낙관	인생을 즐겁게 여기거나 세상을 밝고 좋게 생각함. 또는 일이 잘될 것으로 봄
	비관	인생을 슬프게 보거나 세상을 어둡고 쓸쓸하게 생각함. 또는 일이 잘 안 될 것으로 봄

낙제(落第)―급제(及第)	낙제	시험에 떨어지는 것. 낙방(落榜)
	급제	시험이나 검사에 합격함
내용(內容)―형식(形式)	내용	사물의 속내나 실속
	형식	겉으로 드러나는 격식. 또는 내용을 담고 있는 틀
눌변(訥辯)―달변(達辯)	눌변	더듬거리는 서툰 말솜씨
	달변	능숙하여 막힘이 없는 말
능숙(能熟)―미숙(未熟)	능숙	능하고 익숙함
	미숙	일 따위에 익숙하지 못하여 서투름
막연(漠然)―명확(明確)	막연	뚜렷하지 못하고 어렴풋함
	명확	명백하고 확실함
물질(物質)―정신(精神)	물질	물건의 본바탕. 또는 재산이나 재물
	정신	마음이나 생각. 또는 영혼
배출(排出)―흡수(吸收)	배출	안에서 밖으로 밀어 내보냄
	흡수	빨아서 거두어들임
불법(不法)―합법(合法)	불법	법이나 도리 따위에 어긋남. 또는 법을 어김
	합법	법령 또는 법식에 맞음
쇄국(鎖國)―개국(開國)	쇄국	다른 나라와의 통상과 교역을 금지함
	개국	나라의 문호를 열어 다른 나라와 교류함
순행(循行)―역행(逆行)	순행	순로를 좇아 돌아봄. 또는 명령을 좇아 행함
	역행	거꾸로 나아감. 또는 순서를 바꾸어 행함
습득(拾得)―분실(紛失)	습득	물건을 주워서 얻음
	분실	자기도 모르는 사이에 물건을 잃어버림
승리(勝利)―패배(敗北)	승리	겨루어 이김
	패배	싸움에 져서 도망함
실제(實際)―가공(架空)	실제	사실의 경우나 형편
	가공	터무니없음. 또는 근거 없음
암시(暗示)―명시(明示)	암시	넌지시 깨우쳐 줌
	명시	분명히 드러내 보이거나 가리킴
연결(連結)―단절(斷絶)	연결	사물과 사물, 현상과 현상이 서로 이어지거나 관계를 맺음
	단절	유대나 연관 관계를 끊음
염세(厭世)―낙천(樂天)	염세	세상을 괴롭고 귀찮은 것으로 여겨 비관함
	낙천	세상과 인생을 즐겁고 좋은 것으로 여김
원인(原因)―결과(結果)	원인	어떤 일의 근본이 되는 까닭
	결과	어떤 원인으로 인하여 이루어진 결말
유보(留保)―결정(決定)	유보	어떤 일을 당장 처리하지 아니하고 나중으로 미루어 둠
	결정	행동이나 태도를 분명하게 정함. 또는 그렇게 정해진 내용

인위(人爲)-자연(自然)	인위	사람의 힘이나 능력으로 이루어지는 일
	자연	저절로 그렇게 되는 모양이나 사람의 힘을 더하지 않는 천연 그대로의 상태
임대(賃貸)-임차(賃借)	임대	돈을 받고 자기의 물건을 남에게 빌려줌
	임차	돈을 내고 남의 물건을 빌려 씀
자의(恣意)-타의(他意)	자의	제멋대로 하는 생각이나 방자한 마음씨
	타의	다른 생각이나 마음. 또는 다른 사람의 생각이나 의견
자유(自由)-속박(束縛)	자유	무엇에 얽매이지 아니하고 자기 마음대로 할 수 있는 상태
	속박	강압적으로 얽어매거나 제한함
적대(敵對)-우호(友好)	적대	마주 대하여 버팀. 또는 적으로 여김
	우호	벗으로 사귐 또는 국가나 개인 사이가 서로 좋음
중시(重視)-경시(輕視)	중시	가볍게 여길 수 없을 만큼 매우 크고 중요하게 여김
	경시	대수롭지 않게 보거나 업신여김
집중(集中)-분산(分散)	집중	어떤 일·현상·대상 등 한 곳이나 한정된 짧은 시간에 몰리거나 쏠리게 함
	분산	따로따로 흩어짐. 또는 따로따로 흩어지게 함
찰나(刹那)-영원(永遠)	찰나	매우 짧은 시간
	영원	어떤 상태가 끝없이 이어짐
퇴화(退化)-진화(進化)	퇴화	진보 이전의 상태로 되돌아감. 퇴행(退行)
	진화	진보(進步)하여 차차 더 나은 것이 됨
특수(特殊)-보편(普遍)	특수	특별히 다름
	보편	모든 것에 공통되거나 들어맞음
표면(表面)-이면(裏面)	표면	겉으로 나타나거나 눈에 띄는 부분
	이면	겉으로 나타나거나 눈에 보이지 않는 부분
허가(許可)-불가(不可)	허가	법률이 정한 범위에서 허락하는 일
	불가	어떤 일을 해서는 안되는 상태에 있는 것
호재(好材)-악재(惡材)	호재	증권 거래에서 시세 상승의 요인이 되는 재료
	악재	증권 거래에서 시세 하락의 원인이 되는 조건
후대(厚待)-냉대(冷待)	후대	아주 잘 대접함. 또는 그런 대접
	냉대	정성을 들이지 않고 아무렇게나 하는 대접

3) 다의어 : 두 가지 이상의 뜻을 가진 단어

걸다	1. 벽이나 못 따위에 어떤 물체를 떨어지지 않도록 매달아 올려놓다. 　예 금메달을 목에 <u>걸다</u>. 2. 자물쇠, 문고리를 채우거나 빗장을 지르다. 　예 대문에 빗장을 <u>걸다</u>. 3. 솥이나 냄비 따위를 이용할 수 있도록 준비하여 놓다. 　예 아궁이에 냄비를 <u>걸다</u>. 4. 기계 따위가 작동하도록 준비하여 놓다. 혹은 작동되도록 하다. 　예 전축에 음반을 <u>걸다</u>. / 차에 시동을 <u>걸다</u>. 5. 어느 단체에 속한다고 이름을 내세우다. 　예 문단에 이름을 <u>걸어</u> 놓은 작가는 많지만 작품 활동을 하는 작가는 그렇게 많지 않다.
굳다	1. 무른 물질이 단단하게 되다. 　예 떡이 <u>굳어서</u> 먹기 힘들어졌다. 2. 근육이나 뼈마디가 뻣뻣하게 되다. 　예 퇴근할 때는 항상 어깨 근육이 <u>굳어</u> 있다. 3. 표정이나 태도 따위가 부드럽지 못하고 딱딱하여지다. 　예 긴장이 돼서 면접관에게 <u>굳은</u> 표정으로 인사했다. 4. 몸에 배어 버릇이 되다. 　예 <u>굳어</u> 버린 세 살 버릇을 고치기는 힘들다. 5. 돈이나 쌀 따위가 헤프게 없어지지 아니하고 자기의 것으로 계속 남게 되다. 　예 교복을 물려 입어서 교복 살 돈이 <u>굳었다</u>.
그리다	1. 연필, 붓 따위로 어떤 사물의 모양을 그와 닮게 선이나 색으로 나타내다. 　예 방학 숙제로 그림을 <u>그렸다</u>. 2. 생각, 현상 따위를 말이나 글, 음악 등으로 나타내다. 　예 이 영화는 직장인의 애환을 <u>그리고</u> 있다. 3. 어떤 모양을 일정하게 나타내거나 어떤 표정을 짓다. 　예 별똥별이 포물선을 <u>그리며</u> 떨어졌다. 4. 상상하거나 회상하다. 　예 그녀는 할아버지와의 추억을 <u>그리며</u> 잠이 들었다.
나누다	1. 여러 가지가 섞인 것을 구분하여 분류하다. 　예 선생님은 학생들을 청군과 백군으로 <u>나누어</u> 편을 갈랐다. 2. 몫을 분배하다. 　예 이익금을 모두에게 공정하게 <u>나누어야</u> 불만이 생기지 않는다. 3. 음식 따위를 함께 먹거나 갈라 먹다. 　예 나는 그녀와 술을 한잔 <u>나누면서</u> 여러 가지 이야기를 했다. 4. 말이나 이야기, 인사 따위를 주고받다. 　예 두 사람이 서로 인사를 <u>나누다</u>. 5. 즐거움이나 고통, 고생 따위를 함께하다. 　예 고통은 주위 사람과 <u>나누면</u> 작아지고, 즐거움은 <u>나누면</u> 커진다고 한다. 6. 같은 핏줄을 타고나다. 　예 나는 그와 피를 <u>나눈</u> 형제이다.

날리다	1. 공중에 띄워서 어떤 위치에서 다른 위치로 움직이게 하다. 　예 아이들은 종이비행기를 하늘로 날리며 놀았다. 2. 어떤 물체가 바람에 나부끼어 움직이게 하다. 　예 그녀는 외투 자락을 날리면서 재빠르게 달려왔다. 3. 명성을 떨치다. 　예 그녀는 1960년대에 명성을 날리던 영화배우였다. 4. 가지고 있던 재산이나 자료 따위를 잘못하여 모두 잃거나 없애다. 　예 노름으로 사업 밑천을 날리다. 5. 아이를 잃다. 　예 이름 모를 병으로 아이를 날리고 슬픈 얼굴로 돌아온 사람들도 있었다. 6. 정성을 들이지 아니하고 일을 대강대강 아무렇게나 하다. 　예 만일 이 일을 날려 한다면 월급을 받지 못할 것이다. 7. 웃음을 띠다. 　예 그녀는 눈에 웃음을 방긋이 날렸다.
당기다	1. 좋아하는 마음이 일어나 저절로 끌리다. 　예 마음이 당겨 그를 따라갔다. 2. 입맛이 돋우어지다. 　예 가을은 입맛이 당기는 계절이다. 3. 물건 따위를 힘을 주어 자기 쪽이나 일정한 방향으로 가까이 오게 하다. 　예 문을 너무 세게 당겨 다칠 뻔했다. 4. 정한 시간이나 기일을 앞으로 옮기거나 줄이다. 　예 장마 때문에 공사 기간을 당겨 일찍 공사를 끝내기로 결정했다.
듣다	1. 사람이나 동물이 소리를 감각 기관을 통해 알아차리다. 　예 당신의 목소리를 듣고 싶습니다. 2. 다른 사람의 말이나 소리에 스스로 귀 기울이다. 　예 정치인은 국민의 소리를 들을 줄 알아야 한다. 3. 다른 사람의 말을 받아들여 그렇게 하다. 　예 학교에 가면 선생님 말씀을 잘 들어라. 4. 기계, 장치 따위가 정상적으로 움직이다. 　예 운전 중에 브레이크가 말을 듣지 않아 사고가 날 뻔했다. 5. 어떤 것을 무엇으로 이해하거나 받아들이다. 　예 그는 고지식해서 농담까지도 진담으로 듣는다. 6. 주로 약 따위가 효험을 나타내다. 　예 두통에 잘 듣는 약
띠다	1. 물건을 몸에 지니다. 　예 추천서를 띠고 회사를 찾아가도록 해라. 2. 용무나 직책, 사명 따위를 지니다. 　예 중요한 임무를 띠고 있는 그의 행보에 눈길이 간다. 3. 빛깔이나 색채 따위를 가지다. 　예 사과가 홍조를 띠면서 굵어질 채비를 하고 있다. 4. 감정이나 기운 따위를 나타내다. 　예 그의 얼굴은 미소를 띠고 있었다. 5. 어떤 성질을 가지다. 　예 그 모임은 정치적 성격을 띠고 있다.

맵다	1. 고추나 겨자와 같이 맛이 알알하다. 　예 라면이 <u>맵</u>다. 2. 성미가 사납고 독하다. 　예 어머니는 <u>매운</u> 시집살이를 하셨다. 3. 날씨가 매우 춥다. 　예 겨울바람이 <u>맵고</u> 싸늘하게 불어왔다. 4. 연기 따위가 눈이나 코를 아리게 하다. 　예 연기 때문에 눈이 <u>매웠</u>다. 5. 결기가 있고 야무지다. 　예 그녀는 하는 일마다 <u>맵게</u> 잘 처리한다.
밀다	1. 일정한 방향으로 움직이도록 반대쪽에서 힘을 가하다. 　예 수레를 뒤에서 <u>밀</u>다. 2. 나무 따위의 거친 표면을 반반하고 매끄럽게 깎다. 　예 대패로 통나무를 <u>밀</u>다. 3. 허물어 옮기거나 깎아 없애다. 　예 불도저로 야산을 <u>밀</u>다. 4. 뒤에서 보살피고 도와주다. 　예 아무래도 누군가 그를 <u>밀고</u> 있다. 5. 바닥이 반반해지도록 연장을 누르면서 문지르다. 　예 구겨진 바지를 다리미로 한 번 <u>밀어라</u>. 6. 눌러서 얇게 펴다. 　예 밀가루 반죽을 밀개로 <u>밀었</u>다.
바르다	1. 풀칠한 종이나 헝겊 따위를 다른 물건의 표면에 고루 붙이다. 　예 이참에 벽지를 새로 <u>바르자</u>. 2. 차지게 이긴 흙 따위를 다른 물체의 표면에 고르게 덧붙이다. 　예 벽에 흙을 <u>발랐</u>다. 3. 물이나 풀, 약, 화장품 따위를 물체의 표면에 문질러 묻히다. 　예 약을 <u>바르지</u> 않으면 상처가 덧날 수도 있다.
쌓다	1. 물건을 차곡차곡 포개어 얹어서 구조물을 이루다. 　예 장작을 <u>쌓아</u> 불을 붙였다. 2. 밑바탕을 닦아서 든든하게 마련하다. 　예 책을 쓰기 위해서는 학문의 기초부터 <u>쌓아야</u> 한다. 3. 경험, 기술, 업적, 지식 따위를 거듭 익혀 많이 이루다. 　예 그는 경험을 <u>쌓기</u> 위해 떠났다. 4. 재산, 명예 또는 불명예, 신뢰 또는 불신 따위를 많이 얻거나 가지다. 　예 약속을 어기지 않아야 신뢰를 <u>쌓을</u> 수 있다.
쏘다	1. 활이나 총, 대포 따위를 일정한 목표를 향해 발사하다. 　예 과녁을 향해 화살을 정확하게 <u>쏘</u>다. 2. 말이나 시선으로 상대편을 매섭게 공격하다. 　예 예의없는 그에게 따끔한 말을 한마디 <u>쏘아</u> 주었다. 3. 벌레가 침과 같은 것으로 살을 찌르다. 　예 벌이 손등을 <u>쏘아</u> 통통 부었다. 4. 매운맛이나 강한 냄새가 사람의 입 안이나 코를 강하게 자극하다. 　예 톡 <u>쏘는</u> 양파 냄새에 눈이 시큰거린다.

쓰다	1. 어떤 일을 하는 데에 재료나 도구, 수단을 이용하다. 　예 빨래하는 데 세제를 많이 <u>쓴다</u>고 빨래가 깨끗하게 되는 것은 아니다. 2. 어떤 일에 마음이나 관심을 기울이다. 　예 정말 괜찮으니까 그 일에 신경 <u>쓰지</u> 마. 3. 어떤 일을 하는 데 시간이나 돈을 들이다. 　예 아르바이트에 시간을 많이 <u>써서</u> 공부할 시간이 없다. 4. 힘이나 노력 따위를 들이다. 　예 아이에게 애를 <u>쓴</u> 보람도 없이 아이는 결국 나쁜 길로 들어서고 말았다. 5. 붓, 펜과 같은 도구로 종이 따위에 획을 그어서 일정한 글자가 이루어지게 하다. 　예 오늘 배운 데까지 공책에 두 번 <u>써</u> 오는 게 숙제다. 6. 모자 따위를 머리에 얹어 덮다. 　예 머리에 가발을 <u>쓰다</u>.
열다	1. 닫히거나 잠긴 것을 트거나 벗기다. 　예 문을 <u>열다</u>. 2. 모임이나 회의 따위를 시작하다. 　예 국회를 <u>열다</u>. 3. 사업이나 경영 따위의 운영을 시작하다. 　예 형은 집에서 가까운 네거리에 가게를 <u>열었다</u>. 4. 새로운 기틀을 마련하다. 　예 이 땅에 새 시대를 <u>열다</u>. 5. 어떤 관계를 맺다. 　예 두 나라가 경제적인 협력을 위하여 국교를 <u>열었다</u>. 6. 자기의 마음을 다른 사람에게 터놓거나 다른 사람의 마음을 받아들이다. 　예 그는 결국에는 굳게 닫혔던 마음을 <u>열었다</u>. 7. ('입'을 목적어로 하여) 다른 사람에게 어떤 일에 대하여 터놓거나 이야기를 시작하다. 　예 용의자는 마침내 형사에게 입을 <u>열었다</u>.
울다	1. 기쁨, 슬픔 따위의 감정을 억누르지 못하거나 아픔을 참지 못하여 눈물을 흘리다. 또는 그렇게 눈물을 흘리면서 소리를 내다. 　예 그는 서러운 마음이 들어 슬피 <u>울었다</u>. 2. 짐승, 벌레, 바람 따위가 소리를 내다. 　예 첫닭이 <u>울었다</u>. 3. 물체가 바람 따위에 흔들리거나 움직여 소리가 나다. 　예 전깃줄이 바람에 <u>운다</u>. 4. 종이나 천둥, 벨 따위가 소리를 내다. 　예 천둥이 <u>우는</u> 소리에 잠에서 깼다.
지내다	1. 사람이 어떤 장소에서 생활을 하면서 시간이 지나가는 상태가 되게 하다. 　예 그동안 어떻게 <u>지내셨습니까</u>? 2. 서로 사귀어 오다. 　예 우리 부부는 행복하게 <u>지낸답니다</u>. 3. 과거에 어떤 직책을 맡아 일하다. 　예 그는 장관을 <u>지낸</u> 사람이다. 4. 혼인이나 제사 따위의 관혼상제 같은 어떤 의식을 치르다. 　예 제사를 <u>지내다</u>. 5. 계절, 절기, 방학, 휴가 따위의 일정한 시간을 보내다. 　예 아이들은 시골집에서 여름 방학을 <u>지냈다</u>.

취하다	1. 자기 것으로 만들어 가지다. 　예 그는 휴가를 떠나 휴식을 <u>취했</u>다. 2. 어떤 일에 대한 방책으로 어떤 행동을 하거나 일정한 태도를 가지다. 　예 선생님은 나에 대하여 쭉 관망하는 태도를 <u>취해</u> 왔다. 3. 어떤 특정한 자세를 취하다 　예 나는 사진을 찍기 위해 여러 가지 자세를 <u>취하</u>고 있었다.
파다	1. 구멍이나 구덩이를 만들다. 　예 땅을 <u>파다</u>. 2. 그림이나 글씨를 새기다. 　예 그는 도장을 <u>파는</u> 것이 직업이다. 3. 천이나 종이 따위의 한 부분을 도려내다. 　예 목둘레선을 깊이 <u>파서</u> 목 부분이 허전하다. 4. 어떤 것을 알아내거나 밝히기 위하여 몹시 노력하다. 　예 사건의 진상을 <u>파다</u>. 5. 전력을 기울이다. 　예 그는 지금까지 자기 전공 분야만을 <u>파서</u> 다른 분야에 대해선 거의 아는 것이 없다. 6. 문서나 서류 따위에서 어떤 부분을 삭제하다. 　예 호적을 <u>파다</u>.
하다	1. 사람이나 동물, 물체 따위가 행동이나 작용을 이루다. 　예 사람은 생각을 <u>하</u>고 말을 <u>하</u>고 사랑을 <u>하</u>는 존재다. 2. 장신구나 옷 따위를 갖추거나 차려입다. 　예 목걸이를 <u>하다</u>. / 가면을 <u>하다</u>. 3. 어떠한 결과를 이루어 내다. 　예 반에서 일등을 <u>하다</u>. / 장원 급제를 <u>하다</u>. 4. 값이 어느 정도에 이르다. 　예 이 가방은 얼마나 <u>해요</u>? 5. 어떤 일을 그렇게 정하다. 　예 우리는 그곳에서 다시 만나기로 <u>하고</u> 헤어졌다. 6. 생각하거나 추측하다. 　예 알아서 하겠거니 <u>했</u>다가 낭패를 보는 경우가 있다. 7. 음식물 따위를 먹거나 마시거나 담배 따위를 피우다. 　예 커피 한잔 <u>하실래요</u>? / 그는 술을 좀 <u>한다</u>.

예제 2

다음 중 연결된 어휘의 관계가 다른 하나를 고르면?

① 숙명(宿命) ― 운명(運命)　　② 제압(制壓) ― 압도(壓倒)

③ 격려(激勵) ― 고무(鼓舞)　　④ 중시(重視) ― 경시(輕視)

해설

①~③은 유의어 관계인 반면, ④ '중시(重視) ― 경시(輕視)'는 반의어 관계이다.

정답 ④

예제 3

다음 밑줄 친 어휘 중 제시문에서 설명하지 않은 것은?

쓰다³ 「동사」

1. 【…에 …을】
   「1」 어떤 일을 하는 데에 재료나 도구, 수단을 이용하다.
   「2」【…을 …으로】 사람에게 어떤 일을 하게 하다.

2. 【…에/에게 …을】
   「1」 (흔히, '한턱', '턱' 따위와 함께 쓰여) 다른 사람에게 베풀거나 내다.
   「2」 어떤 일에 마음이나 관심을 기울이다.
   「3」 합당치 못한 일을 강하게 요구하다.
   「4」【…을 …으로】 어떤 일을 하는 데 시간이나 돈을 들이다.
   「5」【-려고/-기 위하여】 힘이나 노력 따위를 들이다.

3. 【…을】
   「1」 몸의 일부분을 제대로 놀리거나 움직이다.
   「2」【…을 …으로】 어떤 건물이나 장소를 일정 기간 사용하거나 임시로 다른 일을 하는 곳으로 이용하다.
   「3」【…에/에게 …을】【…을 …으로】 어떤 말이나 언어를 사용하다.

4. ('-아서 / -면 쓰-' 구성으로 쓰여) (주로 반어적인 표현에 쓰여)
   「1」 도리에 맞는 바른 상태가 되다.

① 마음의 병에는 쓸 약도 없다.
② 나 정말 괜찮으니까 그 일에 신경 쓰지 마.
③ 광부들이 온몸에 석탄가루를 까맣게 쓰고 일을 한다.
④ 우리 집 창고를 공장으로 쓰겠다고 해서 세를 주었다.

해설

③ '…… 쓰고 ……'는 '먼지나 가루 따위를 몸이나 물체 따위에 덮은 상태가 되다'라는 의미이다. 따라서 제시문에서 설명하고 있는 '쓰다'의 다의어에 해당하지 않는다.
① 1. 「1」 어떤 일을 하는 데에 재료나 도구, 수단을 이용하다.
② 2. 「2」 어떤 일에 마음이나 관심을 기울이다.
④ 3. 「2」 어떤 건물이나 장소를 일정 기간 사용하거나 임시로 다른 일을 하는 곳으로 이용하다.

정답 ③

③ 혼동하기 쉬운 어휘

1) 기본 어휘

1	가늠/ 가름/ 갈음	가늠	사물을 어림잡아 헤아림 예 가늠이 안 되는 높이

		가름	1. 쪼개거나 나누어 따로따로 되게 함
			   예 편을 가름
			2. 승부나 등수 따위를 정함
			   예 승패의 가름은 가위바위보로 하자.

		갈음	다른 것으로 바꾸어 대신함 예 제 소개는 춤으로 갈음하겠습니다.
2	갱신/ 경신	갱신(更新)	이미 있던 것을 고쳐 새롭게 함(계약, 기간, 서류·문서, 증명서, 컴퓨터 등 관련) 예 여권 갱신을 받다.
		경신(更新)	이미 있던 것을 고쳐 새롭게 함(기록, 실적, 수치 등 관련) 예 세계 기록을 경신하다.
3	껍질/ 껍데기	껍질	물체의 겉을 싸고 있는 단단하지 않은 물질 예 양파의 껍질을 벗기다.

		껍데기	1. 달걀이나 조개 따위의 겉을 싸고 있는 단단한 물질
			   예 바위에 굴 껍데기가 달라붙어 있다.
			2. 알맹이를 빼내고 겉에 남은 물건
			   예 베개 껍데기를 벗겼다.

4	결재/ 결제	결재(決裁)	결정할 권한이 있는 상관이 부하가 제출한 안건을 검토하여 허가하거나 승인함 예 결재 서류
		결제(決濟)	증권 또는 대금을 주고받아 매매 당사자 사이의 거래 관계를 끝맺는 일 예 결제 자금
5	고안/ 착안	고안(考案)	연구하여 새로운 안을 생각해 냄 예 신제품 고안
		착안(着眼)	어떤 일을 주의하여 봄. 또는 어떤 문제를 해결하기 위한 실마리를 잡음 예 착안 사항
6	곤욕/ 곤혹	곤욕(困辱)	심한 모욕 또는 참기 힘든 일 예 구설수로 곤욕을 치르다.
		곤혹(困惑)	곤란한 일을 당하여 어찌할 바를 모름 예 갑작스런 질문에 곤혹을 느끼다.
7	금일/ 익일	금일(今日)	오늘 예 금일 중으로 방문해야 한다.
		익일(翌日)	어느 날 뒤에 오는 날 예 익일 오전에 만나자.
8	너비/ 넓이	너비	평면이나 넓은 물체의 가로로 건너지른 거리(폭) 예 도로의 너비를 재다.
		넓이	일정한 평면에 걸쳐 있는 공간이나 범위의 크기(면적) 예 땅의 넓이가 넓다.

9	독선/ 독단	독선(獨善)	자기 혼자만이 옳다고 믿고 행동하는 일 예 독선에 빠지다.
		독단(獨斷)	남과 상의하지 않고 혼자서 판단하거나 결정함 예 독단으로 일을 처리하다.
10	동의/ 동조	동의(同意)	다른 사람의 행위를 승인하거나 시인함 예 동의를 구하다.
		동조(同調)	남의 주장에 자기의 의견을 일치시키거나 보조를 맞춤 예 그녀는 그의 말에 동조하는 듯했다.
11	막역/ 막연	막역(莫逆)	'허물이 없이 아주 친하다'의 어근 예 막역한 친구
		막연(漠然)	'갈피를 잡을 수 없게 아득하다' 또는 '뚜렷하지 못하고 어렴풋하다'의 어근 예 막연한 기대
12	반드시/ 반듯이	반드시	틀림없이 꼭 예 약속은 반드시 지켜라.
		반듯이	기울거나 굽지 않고 바르게 예 고개를 반듯이 들어라.
13	반증/ 방증	반증(反證)	어떤 사실이나 주장이 옳지 않음을 그에 반대되는 근거를 들어 증명함 예 그의 주장에 반증을 대기가 어렵다
		방증(傍證)	직접적인 증거가 되지는 않지만, 간접적으로 증명에 도움을 줌 예 방증 자료
14	불가피/ 불가결	불가피 (不可避)	피할 수 없음 예 정치의 개혁이 불가피하다.
		불가결 (不可缺)	없어서는 안 됨 예 그 조건은 필수 불가결이다.
15	상승/ 향상	상승 (上昇/上升)	낮은 데서 위로 올라감 예 신분 상승
		향상(向上)	실력, 수준, 기술 따위가 나아짐. 또는 나아지게 함 예 생활 수준 향상
16	수리/ 수선	수리(修理)	도구, 공구, 기구 등으로 고치는 것 예 자전거를 수리하다.
		수선(修繕)	실과 바늘 따위로 고치는 것 예 옷을 수선하다.
17	실용성/ 실효성	실용성 (實用性)	실제적인 쓸모가 있는 성질이나 특성 예 예쁘지만 실용성이 떨어진다.
		실효성 (實效性)	실제로 효과를 나타내는 성질 예 실효성 있는 대책
18	실재/ 실제	실재(實在)	실제로 존재함 예 실재의 인물
		실제(實際)	사실의 경우나 형편 예 실제 상황

19	안갚음/ 앙갚음	안갚음	자식이 커서 부모를 봉양하는 일 예 이제는 <u>안갚음</u>을 할 나이가 되었다.
		앙갚음	남이 저에게 해를 준 대로 저도 그에게 해를 줌 예 내가 당한 수모를 <u>앙갚음</u>할 날이 와야 하는데.
20	운영/ 운용	운영(運營)	(경영) 1. 조직이나 기구, 사업체 따위를 운용하고 경영함 　예 조직 <u>운영</u>에 대한 책임을 지다. 2. 어떤 대상을 관리하고 운용하여 나감 　예 대학의 학사 <u>운영</u>
		운용(運用)	(사용) 무엇을 움직이게 하거나 부리어 씀 예 법의 <u>운용</u>을 멋대로 하다.
21	임대/ 임차	임대(賃貸)	돈을 받고 자기의 물건을 남에게 빌려줌 예 <u>임대</u> 아파트
		임차(賃借)	돈을 내고 남의 물건을 빌려 씀 예 사무실을 <u>임차</u>하였다.
22	증가/ 증감	증가(增加)	양이나 수치가 늚 예 운전자가 <u>증가</u>했다.
		증감(增減)	많아지거나 적어짐 예 세액의 <u>증감</u>
23	증강/ 증진	증강(增強)	수나 양을 늘리어 더 강하게 함 예 국력의 <u>증강</u>에 힘쓰다.
		증진(增進)	기운이나 세력 따위가 점점 더 늘어 가고 나아감 예 식욕 <u>증진</u>
24	지그시/ 지긋이	지그시	슬며시 힘을 주는 모양 예 <u>지그시</u> 밟다.
		지긋이	나이가 비교적 많아 듬직하게 예 그는 나이가 <u>지긋이</u> 들어 보인다.
25	지양/ 지향	지양(止揚)	더 높은 단계로 오르기 위하여 어떠한 것을 하지 아니함 예 갈등을 <u>지양</u>하다.
		지향(志向)	어떤 목표로 뜻이 쏠리어 향함. 또는 그 방향이나 그쪽으로 쏠리는 의지 예 평화를 <u>지향</u>하다.
26	-째/ 채/ 체	-째	'그대로' 또는 '전부'의 뜻을 더하는 접미사 예 껍질<u>째</u> 먹어라.
		채	'이미 있는 상태 그대로 있다'는 뜻을 나타내는 말 예 앉은 <u>채</u>로 잠들다.
		체	그럴듯하게 꾸미는 거짓 태도나 모양 예 그는 모르는 <u>체</u>를 했다.
27	출연/ 출현	출연(出演)	연기, 공연, 연설 따위를 하기 위하여 무대나 연단에 나감 예 신인 배우를 <u>출연</u>시키다.
		출현(出現)	나타나거나 또는 나타나서 보임 예 문명의 <u>출현</u>

28	한참/ 한창	한참	시간이 상당히 지나는 동안 예 한참 동안 기다리다.
		한창	어떤 일이 가장 활기 있고 왕성하게 일어나는 때. 또는 어떤 상태가 가장 무르익은 때 예 축제가 한창인 대학가
29	혼돈/ 혼동	혼돈(混沌)	마구 뒤섞여 있어 갈피를 잡을 수 없음. 또는 그런 상태 예 외래문화의 무분별한 수입은 가치관의 혼돈을 초래했다.
		혼동(混同)	구별하지 못하고 뒤섞어서 생각함 예 그는 현실과 꿈 사이에서 혼동을 일으켰다.
30	홀몸/ 홑몸	홀몸	배우자나 형제가 없는 사람 예 그는 홀몸이 되었다.
		홑몸	아이를 배지 아니한 몸 예 홑몸이 아니다.

2) 심화 어휘

1	가르치다/ 가리키다	가르치다	지식이나 기능, 이치 따위를 깨닫게 하거나 익히게 하다. 예 저는 지금 학교에서 학생들을 가르치고 있습니다.
		가리키다	손가락 따위로 어떤 방향이나 대상을 집어서 보이거나 말하거나 알리다. 예 시곗바늘이 오후 네 시를 가리키고 있었다.

2	거치다/
	걷히다
		거치다	1. 무엇에 걸리거나 막히다.
			   예 칡덩굴이 발에 거치다.
			2. 오가는 도중에 어디를 지나거나 들르다.
			   예 대구를 거쳐 부산으로 가다.
			3. 어떤 과정이나 단계를 겪거나 밟다.
			   예 학생들은 초등학교부터 중학교, 고등학교를 거쳐 대학에 입학하게 된다.

		걷히다	1. 구름이나 안개 따위가 흩어져 없어지다. / 비가 그치고 맑게 개다.
			   예 안개가 걷히다. / 장마가 걷힌 뒤 갑자기 쌀쌀해졌다.
			2. 늘어진 것이 말아 올려지다. / 널거나 깐 것이 다른 곳으로 치워지다.
			   예 그물이 걷히다. / 이불이 걷히다.
			3. 여러 사람에게서 돈이나 물건 따위가 거두어지다.
			   예 세금이 잘 걷힌다.

3	걷잡다/
	겉잡다
		걷잡다	1. 한 방향으로 치우쳐 흘러가는 형세 따위를 붙들어 잡다.
			   예 불길이 걷잡을 수 없이 번져 나갔다.
			2. 마음을 진정하거나 억제하다.
			   예 걷잡을 수 없이 흐르는 눈물

		겉잡다	겉으로 보고 대강 짐작하여 헤아림 예 겉잡아서 한 달은 걸릴 일
4	그러므로/ 그럼으로(써)	그러므로	(이유, 원인) '그렇기 때문에, ~한 까닭에'의 의미를 갖는 접속 부사 예 그는 부지런하다. 그러므로 잘 산다.
		그럼으로(써)	(수단) '~을 가지고, ~을 통해서, ~을 이용하여' 등의 의미를 가짐 예 그는 열심히 일한다. 그럼으로써 삶에 보람을 느낀다.

5	느리다/ 늘이다/ 늘리다	느리다	속도가 빠르지 못하다. 예 진도가 느리다.
		늘이다	1. 본디보다 더 길어지게 하다. 예 고무줄을 늘이다. 2. 아래로 길게 처지게 하다. 예 거미줄같이 늘여진 밧줄 3. 넓게 벌여 놓다. 예 경계망을 늘였다.
		늘리다	'물체의 넓이, 부피 따위를 본디보다 커지게 하다'는 뜻으로, '늘다'의 사동사 예 그 배역을 맡기 위해 체중을 30kg이나 늘렸다.
6	다리다/ 달이다	다리다	다리미나 인두로 문지르다. 예 다리지 않은 와이셔츠라 온통 구김살이 가 있다.
		달이다	1. 액체 따위를 끓여서 진하게 만들다. 　예 간장을 달이다. 2. 약제 따위에 물을 부어 우러나도록 끓이다. 　예 보약을 달이다.
7	들르다/ 들리다	들르다	지나는 길에 잠깐 들어가 머무름 예 친구 집에 들르다.
		들리다	'사람이나 동물이 소리를 감각 기관을 통해 알아차리다'의 피동사 예 노래 소리가 들린다.
8	맞추다/ 맞히다	맞추다	1. 둘 이상의 일정한 대상들을 나란히 놓고 비교하여 살피다. 　예 시험이 끝나면 학생들은 서로 답을 맞추어 보았다. 2. 서로 떨어져 있는 부분을 제자리에 맞게 대어 붙이다. 　예 깨진 조각을 본체와 맞추어 붙이다. 3. 어떤 기준이나 정도에 어긋나지 아니하게 하다. 　예 시간에 맞추어 전화를 하다.
		맞히다	'문제에 대한 답을 틀리지 않게 하다'는 뜻으로, '맞다'의 사동사 예 정답을 맞히다.
9	바치다/ 받치다/ 받히다/ 밭치다	바치다	1. 신이나 웃어른에게 정중하게 드리거나 아낌없이 내놓다. 　예 신에게 제물을 바쳤다. 2. 반드시 내거나 물어야 할 돈을 가져다주다. 　예 관청에 세금을 바치다.
		받치다	1. 물건의 밑이나 옆 따위에 다른 물체를 대다. 　예 쟁반에 커피를 받치고 조심조심 걷다. 2. 화 따위의 심리적 작용이 강하게 일어나다. 　예 그녀는 감정이 받쳐서 끝내는 울음을 터뜨렸다. 3. 먹은 것이 잘 소화되지 않고 위로 치밀다. 　예 아침에 먹은 것이 자꾸 받쳐서 점심을 굶었다. 4. 단단한 곳에 닿아 몸의 일부분이 아프게 느껴지다. 　예 맨바닥에서 잠을 자서 등이 받친다.
		받히다	'머리나 뿔 따위에 세차게 부딪히다'는 뜻으로, '받다'의 피동사 예 신호를 무시하고 달려오는 승용차에 받혀 크게 다쳤다.
		밭치다	구멍이 뚫린 물건 위에 국수나 야채 따위를 올려 물기를 빼다. 예 잘 삶은 국수를 찬물에 헹군 후 체에 밭쳐 놓았다.

10	벌리다/ 벌이다	벌리다	둘 사이를 넓히거나 멀게 함 예 줄 간격을 <u>벌리다</u>.
		벌이다	일을 계획하여 시작하거나 펼쳐 놓음 예 잔치를 <u>벌이다</u>.

11	부치다/
	붙이다
		부치다	1. 모자라거나 미치지 못하다.
			   예 그 일은 힘에 <u>부친다</u>.
			2. 편지나 물건 따위를 상대에게로 보내다.
			   예 아들에게 학비와 용돈을 <u>부치다</u>.
			3. 어떤 문제를 다른 곳이나 다른 기회로 넘기어 맡기다.
			   예 안건을 회의에 <u>부치다</u>.
			4. 어떤 일을 거론하거나 문제 삼지 않는 상태에 있게 하다.
			   예 회의 내용을 극비에 <u>부치다</u>.
			5. 원고를 인쇄에 넘기다.
			   예 접수된 원고를 편집하여 인쇄에 <u>부쳤다</u>.
			6. 먹고 자는 일을 제집이 아닌 다른 곳에서 하다.
			   예 삼촌 집에 숙식을 <u>부치다</u>.
			7. 논밭을 이용하여 농사를 짓다.
			   예 남의 논을 <u>부친다</u>.
			8. 번철이나 프라이팬 따위에 기름을 바르고 빈대떡, 저냐, 전병(煎餅) 따위의 음식을 익혀서 만들다.
			   예 빈대떡을 <u>부친다</u>.
			9. 부채 따위를 흔들어서 바람을 일으키다.
			   예 부채를 <u>부치다</u>.

		붙이다	1. 맞닿아 떨어지지 않게 하다.
			   예 봉투에 우표를 <u>붙이다</u>.
			2. 불을 일으켜 타게 하다.
			   예 연탄에 불을 <u>붙이다</u>.
			3. 조건, 이유, 구실 따위를 딸리게 하다.
			   예 계약에 조건을 <u>붙이다</u>.
			4. 식물이 뿌리를 내리게 하다.
			   예 땅에 뿌리를 <u>붙이다</u>.
			5. 내기를 하는 데 돈을 태워 놓다.
			   예 내기에 1000원을 <u>붙이다</u>.
			6. 물체와 물체 또는 사람을 서로 바짝 가깝게 하다.
			   예 땅에 발을 <u>붙이고</u> 서 있었다.
			7. 어떤 감정이나 감각을 생기게 하다.
			   예 공부에 흥미를 <u>붙이다</u>.
			8. 목숨이나 생명 따위를 끊어지지 않게 하다.
			   예 하루하루 목숨을 <u>붙이고</u> 산다는 것
			9. 겨루는 일 따위를 서로 어울려 시작하게 하다.
			   예 주인과 손님을 흥정을 <u>붙이다</u>.

12	붇다/
	붓다
		붇다	1. 물에 젖어서 부피가 커지다.
			   예 오래되어 <u>불은</u> 국수는 맛이 없다.
			2. 분량이나 수효가 많아지다.
			   예 체중이 <u>붇다</u>.

12	붙다/ 붓다	붓다	1. 살가죽이나 어떤 기관이 부풀어 오르다. 　예 울어서 눈이 붓다. 2. 성이 나서 뽀로통해지다. 　예 화가 나서 잔뜩 부어 있었다. 3. 액체나 가루 따위를 다른 곳에 담다. 　예 어머니는 냄비에 물을 붓고 끓였다.
13	불구하다/ 불고하다	불구(不拘) 하다	'~에도, ~음에도 불구하고' 구성으로 쓰여, 얽매여 거리끼지 아니하다. 　예 몸살에도 불구하고 출근하다.
		불고(不顧) 하다	돌아보지 않다. / 돌보지 않다. 　예 체면을 불고하다. / 처자식을 불고하다.
14	비추다/ 비치다	비추다	1. (타동사) 빛을 내는 대상이 다른 대상에 빛을 보내어 밝게 하다. 　예 손전등을 방 안에 비추다. 2. (타동사) 빛을 반사하는 물체에 어떤 물체의 모습이 나타나게 하다. 　예 거울에 얼굴을 비추다. 3. '~에 비추어' 형태로 쓰여, 어떤 것과 관련하여 견주어 보다. 　예 내 경험에 비추어 볼 때 이 사업은 성공하기가 어렵다.
		비치다	1. 빛이 나서 환하게 되다. 　예 어둠 속에 달빛이 비치다. 2. 무엇으로 보이거나 인식되다. 　예 내 눈에는 그의 행동이 상사에 대한 아부로 비쳤다. 3. 의향을 떠보려고 슬쩍 말을 꺼내거나 의사를 넌지시 깨우쳐 주다. 　예 그는 이번 선거에 출마할 의향을 어느 정도 비쳤다.
15	삭이다/ 삭히다	삭이다	1. 긴장이나 화를 풀어 마음을 가라앉히다. 　예 분을 삭이다. 2. 먹은 음식물을 소화시키다. 　예 돌도 삭일 나이에 그렇게 소화를 못 시켜서 어떻게 하냐.
		삭히다	김치나 젓갈 따위의 음식물을 발효시켜 맛이 들게 하다. 　예 멸치젓을 삭히다.
16	안치다/ 앉히다	안치다	1. 밥, 떡, 찌개 따위를 만들기 위하여 그 재료를 솥이나 냄비 따위에 넣고 불 위에 올리다. 　예 솥에 쌀을 안치러 부엌으로 갔다. 2. 어려운 일이 앞에 밀리다. 　예 당장 눈앞에 안친 일이 많아 어찌할 바를 모르겠다. 3. 앞으로 와 닥치다. 　예 언덕에 오르니 전경이 눈에 안쳐 왔다.
		앉히다	1. '앉다'의 사동사 　예 그는 딸을 앞에 앉혀 놓고 잘못을 타일렀다. 2. 어떤 직위나 자리를 차지하게 하다. 　예 사장이 자기 아들을 부장 자리게 앉혔다. 3. 무엇을 올려놓거나 설치하다. 　예 사장은 새로운 기계를 공장에 앉혔다. 4. 문서에 어떤 줄거리를 따로 적어 놓다. 　예 그는 책을 읽다가 중요한 것을 여백에 앉히는 습관이 있다. 5. 어떤 일에 적극적으로 나서지 않게 하고 수수방관하게 하다. 　예 다 큰 아들을 가만히 앉혀 놓고 늙은 부모가 생계를 맡고 있다.

17	여위다/ 여의다	여위다	몸의 살이 빠져 파리하게 되다. 예 얼굴은 홀쭉하게 여위고 두 눈은 퀭하였다.
		여의다	1. 부모나 사랑하는 사람이 죽어서 이별하다. 　　예 그는 일찍이 부모를 여의고 고아로 자랐다. 2. 딸을 시집보내다. 　　예 중매쟁이를 통해 막내딸을 여의다.
18	이따가/ 있다가	이따	(부사) 조금 지난 뒤에 예 이따가 단둘이 있을 때 얘기하자.
		있다	(동사) 어느 곳에서 떠나거나 벗어나지 아니하고 머물다. 예 그는 내일 집에 있는다고 했다.
19	저리다/ 절이다	저리다	1. 가슴이나 마음 따위가 못 견딜 정도로 아프다. 　　예 그리움으로 가슴이 저리다. 2. 뼈마디나 몸의 일부가 오래 눌려서 피가 잘 통하지 못하다. 　　예 다친 다리가 저리다.
		절이다	'생선이나 야채 따위를 소금에 간이 들거나 숨이 죽도록 소금기가 배어들게 하다'는 뜻으로, '절다'의 사동사 예 갈치를 사다가 소금에 절였다.
20	조리다/ 졸이다	조리다	1. 양념을 한 고기나 생선, 채소 따위를 국물에 넣고 바짝 끓여서 양념이 배어들게 하다. 　　예 멸치와 고추를 간장에 조렸다. 2. 식물의 열매나 뿌리, 줄기 따위를 꿀이나 설탕물 따위에 넣고 계속 끓여서 단맛이 배어들게 하다. 　　예 토마토를 설탕에 조려 냉장고에 넣어 두었다.
		졸이다	1. '찌개, 국, 한약 따위의 물을 증발시켜 분량을 적어지게 하다'는 뜻으로, '졸다'의 사동사 　　예 찌개를 졸이다. 2. 속을 태우다시피 초조해하다. 　　예 가슴을 졸이다.
21	좇다/ 쫓다	좇다	목표·이상·행복 따위를 추구함 예 이상을 좇는 젊은이
		쫓다	어떤 대상을 잡거나 만나기 위하여 뒤를 급히 따름 예 그의 뒤를 쫓아 건물로 들어갔다.
22	주리다/ 줄이다	주리다	먹을 만큼 먹지 못하여 배곯다. 예 여러 날을 주렸다.
		줄이다	'수·분량, 규모·크기, 시간·기간 등을 본디보다 작게 하다'는 뜻으로, '줄다'의 사동사 예 비용을 줄이다.
23	―(으)러/ ―(으)려	―(으)러	목적 예 친구를 만나러 간다.
		―(으)려	의도 예 친구를 만나려(고) 한다.
24	―(으)로서/ ―(으)로써	―(으)로서	1. 자격·지위·신분 　　예 자식으로서 마땅히 할 일 2. 어떤 동작이 일어나거나 시작되는 곳 　　예 이 문제는 너로서 시작되었다.

24	-(으)로서/ -(으)로써	-(으)로써	1. 재료·원료, 도구·수단 예 말로써 천 냥 빚을 갚는다고 한다. 2. 시간을 셈하거나 어떤 일의 기준이 되는 시간임을 나타냄 예 시험을 치는 것이 이로써 세 번째입니다.
25	-(으)므로/ (-ㅁ, -음) 으로(써)	-(으)므로	까닭이나 근거를 나타내는 어미 예 비가 오므로 외출하지 않았다.
		(-ㅁ, -음) 으로(써)	어떤 일의 이유를 나타내는 조사 예 인솔자의 안내를 따르지 않음으로써 발생하는 문제는 책임지지 않습니다.

예제 4

다음 밑줄 친 어휘의 쓰임이 적절하지 않은 것을 고르면?

① 김장용 배추를 사다 소금물에 **절여** 두었다.
② 딸기를 설탕물에 넣고 **졸여**서 잼을 만들었다.
③ 할머니의 제사상에 올릴 떡을 시루에 **안쳤**다.
④ 민속주는 곡식을 **삭혀**서 만드는 경우가 많다.

해설

'조리다'에는 '식물의 열매나 뿌리, 줄기 따위를 꿀이나 설탕물 따위에 넣고 계속 끓여서 단맛이 배어들게 하다.'라는 의미가 있다. 따라서 '딸기를 설탕물에 넣고 조려서 잼을 만들었다.'가 올바르다.

정답 ②

예제 5

다음 중 밑줄 친 어휘의 쓰임이 올바른 것을 고르면?

① 과일은 껍질**채** 먹는 게 몸에 더 좋습니다.
② 분위기가 **한참** 무르익는 동안 하늘엔 별이 총총히 떠올랐다.
③ 미정과 민정은 이름도 비슷하고 외모도 비슷해서 사람들이 많이 **혼돈**하곤 한다.
④ 그녀는 취직 후 처음으로 부모님께 용돈을 **부쳐** 드렸다.

해설

'부치다'에는 '편지나 물건 따위를 상대에게 보내다'는 뜻이 있으므로 옳게 쓰인 것은 ④이다.
① 그대로 또는 전부를 뜻하는 접미사 '째'를 써서 '껍질째'가 되어야 한다.
② 어떤 상태가 가장 무르익은 때는 '한창'이다.
③ 구별하지 못하고 뒤섞어서 생각함을 뜻하는 '혼동'을 써야 한다.

정답 ④

④ 한자성어 / 외래어

1) 주요 한자성어

각골난망(刻骨難忘)	남에게 입은 은혜가 뼈에 새길 만큼 커서 잊히지 아니함
각주구검(刻舟求劍)	융통성 없이 현실에 맞지 않는 낡은 생각을 고집하는 어리석음
감탄고토(甘呑苦吐)	달면 삼키고 쓰면 뱉는다는 뜻. 자신의 비위에 따라서 사리의 옳고 그름을 판단함
견강부회(牽强附會)	이치에 맞지 않는 말을 억지로 끌어 붙여 자기에게 유리하게 함
견문발검(見蚊拔劍)	모기를 보고 칼을 뺀다는 뜻. 사소한 일에 크게 성내어 덤빔
결초보은(結草報恩)	죽은 뒤에라도 은혜를 잊지 않고 갚음
고식지계(姑息之計)	우선 당장 편한 것만을 택하는 꾀나 방법
고장난명(孤掌難鳴)	외손뼉만으로는 소리가 울리지 않는다는 뜻. 혼자의 힘만으로 어떤 일을 이루기 어려움
곡학아세(曲學阿世)	바른 길에서 벗어난 학문으로 세상 사람에게 아첨함
괄목상대(刮目相對)	눈을 비비고 상대편을 본다는 뜻. 남의 학식이나 재주가 놀랄 만큼 부쩍 늚
구밀복검(口蜜腹劍)	입에는 꿀이 있고 배 속에는 칼이 있다는 뜻. 말로는 친한 듯하나 속으로는 해칠 생각이 있음
교각살우(矯角殺牛)	소의 뿔을 바로잡으려다가 소를 죽인다는 뜻. 잘못된 점을 고치려다가 그 방법이나 정도가 지나쳐 오히려 일을 그르침
낭중지추(囊中之錐)	주머니 속의 송곳이라는 뜻. 재능이 뛰어난 사람은 숨어 있어도 저절로 사람들에게 알려짐
만시지탄(晩時之歎)	시기에 늦어 기회를 놓쳤음을 안타까워하는 탄식
면종복배(面從腹背)	겉으로는 복종하는 체하면서 내심으로는 배반함
사면초가(四面楚歌)	사방에서 초나라 노랫소리가 들린다는 뜻. 적에게 완전히 포위당하여 고립되어 있음
상전벽해(桑田碧海)	뽕밭이 푸른 바다로 바뀔 정도로 세상이 변함
순망치한(脣亡齒寒)	입술이 없으면 이가 시리다는 뜻. 서로 이해관계가 밀접한 사이에 어느 한쪽이 망하면 다른 한쪽도 그 영향을 받아 온전하기 어려움
식자우환(識字憂患)	학식이 있는 것이 오히려 근심을 사게 됨
양두구육(羊頭狗肉)	양의 머리를 걸어 놓고 개고기를 판다는 뜻. 겉보기만 그럴듯하게 보이고 속은 변변하지 아니함
어부지리(漁父之利)	조개와 도요새가 서로 다투며 버티는 틈에 그 싸움과는 전혀 관계가 없는 어부가 둘을 다 잡아서 이득을 보았다는 뜻. 엉뚱한 제3자가 이익을 가로챔
자가당착(自家撞着)	같은 사람의 말이나 행동이 앞뒤가 서로 맞지 아니하고 모순됨
타산지석(他山之石)	다른 산의 나쁜 돌도 산의 옥돌을 가는 데 쓸 수 있다는 뜻. 본이 되지 않는 남의 말과 행동도 인격을 수양하는 데 도움이 될 수 있음
하석상대(下石上臺)	아랫돌 빼서 윗돌 괴고 윗돌 빼서 아랫돌 괸다는 뜻. 임시변통으로 이리저리 둘러맞춤
환부작신(換腐作新)	썩은 것을 싱싱한 것으로 바꿈

2) 의미별 한자성어

(1) 자기의 속마음까지 알아주는 진정한 친구나 그 사귐	
① 간담상조(肝膽相照)	간과 쓸개를 비추어 보일 정도의 사이라는 데서 나온 말
② 관포지교(管鮑之交)	옛 중국의 관중과 포숙 사이처럼 돈독한 관계를 이르는 말
③ 문경지교(刎頸之交)	'목을 벨 수 있는 벗'이라는 뜻으로, 생사를 같이 할 수 있는 매우 소중한 친구
④ 수어지교(水魚之交)	물과 물고기 사이와 같이 떼려야 뗄 수 없는 친구 사이
⑤ 지기지우(知己之友)	자기를 가장 잘 알아주는 친한 친구
(2) 무척 위태로운 일의 형세	
① 누란지세(累卵之勢)	알을 쌓아 놓은 듯이 위급한 상황
② 명재경각(命在頃刻)	금방 숨이 끊어질 듯이 위태로움
③ 백척간두(百尺竿頭)	백 척 높이의 장대 끝에 있듯이 위태로워 보임
④ 위기일발(危機一髮)	위기가 바로 머리맡에 있는 듯한 형세
⑤ 일촉즉발(一觸卽發)	한 번 스치기만 해도 폭발할 것 같은 위태위태한 형세
⑥ 풍전등화(風前燈火)	바람 앞의 등불과 같이 위태함
(3) 시절이 무척 태평함	
① 강구연월(康衢煙月)	'강구의 거리에서 연기가 나고 달빛이 비친다'는 뜻으로, 태평한 세상의 평화로운 풍경
② 고복격양(鼓腹擊壤)	'배를 두드리며 흙덩이를 친다'는 뜻으로, 의식이 풍족한 상황
③ 비옥가봉(比屋可封)	충신, 효자, 열녀가 많은 까닭에 벼슬에 봉할 만한 집들이 줄지어 있을 정도로 세상이 평안함
④ 태평성대(太平聖代)	어질고 착한 임금이 다스리는 태평한 세상
⑤ 함포고복(含哺鼓腹)	음식을 먹으며 배를 두드릴 정도로 태평해 즐거운 모양
(4) 평범한 사람들	
① 갑남을녀(甲男乙女)	갑이라는 남자와 을이라는 여자와 같이 평범함
② 장삼이사(張三李四)	장 서방네 셋째 아들과 이 서방네 넷째 아들이란 뜻으로 특별히 신분을 일컬을 정도가 못 되는 사람
③ 초동급부(樵童汲婦)	나무하는 아이와 물 긷는 아낙네처럼 평범함
④ 필부필부(匹夫匹婦)	짝을 이룬 지아비와 지어미는 세상 천지에 흔하다는 데서 나온 말
(5) 부모님께 효도를 다함	
① 반포보은(反哺報恩)	자식이 부모가 길러준 은혜에 보답하는 것
② 반포지효(反哺之孝)	'까마귀 새끼가 자란 뒤에 늙은 어미에게 먹이를 물어다 주는 효성'이라는 뜻으로, 자식이 자라서 부모를 봉양함
③ 백유지효(伯俞之孝)	'백유(伯俞)의 효도'라는 뜻으로, 어버이에 대한 지극한 효심을 일컫는 말
④ 오조사정(烏鳥私情)	'까마귀가 새끼 적에 어미가 길러 준 은혜를 갚는 사사로운 애정'이라는 뜻으로, 자식이 부모에게 효성을 다하려는 마음
⑤ 풍수지탄(風樹之歎(嘆))	'나무가 고요하고자 하나 바람이 그치지 않는다'는 뜻으로, 부모에게 효도를 하려고 할 때에는 이미 돌아가셨음
⑥ 혼정신성(昏定晨省)	저녁에는 부모님의 잠자리를 정해 드리고 아침에는 부모님께서 안녕히 주무셨는지를 살필 정도로 효성이 지극함

(6) 학문에 전념함	
① 수불석권(手不釋卷)	'손에서 책을 놓지 않는다'는 뜻으로, 늘 책을 가까이 함
② 일취월장(日就月將)	'날마다 달마다 성장하고 발전한다'는 뜻으로, 학업이 갈수록 진보함
③ 자강불식(自强(彊)不息)	스스로 힘을 쓰고 몸과 마음을 가다듬어 쉬지 아니함
④ 주경야독(晝耕夜讀)	'낮에는 농사짓고 밤에는 공부한다'는 뜻으로, 바쁜 틈을 타서 어렵게 공부함
⑤ 절차탁마(切磋琢磨)	'옥돌을 자르고 줄로 쓸고 끌로 쪼고 갈아 빛을 내다'는 뜻으로, 학문이나 인격을 갈고 닦음
⑥ 형설지공(螢雪之功)	'반딧불과 눈빛으로 이룬 공'이라는 뜻으로, 가난을 이겨내며 고생 속에서 공부하여 이룬 공을 일컫는 말
(7) 우선 그 순간만 모면하겠다는 얄팍한 계책	
① 미봉책(彌縫策)	임시변통으로 이리저리 꾸며 맞추기 위한 계책
② 고식지계(姑息之計)	자기의 계집과 자식만을 생각하듯이 당장 눈앞의 안일함만 취하는 계책
③ 동족방뇨(凍足放尿)	언 발에 오줌을 누어 봐야 따뜻함은 그 순간일 뿐이라는 데서 나온 말
④ 임기응변(臨機應變)	그때그때의 형편에 따라 변통성 있게 그 자리에서 처결함
⑤ 하석상대(下石上臺)	대충 눈가림으로 아랫돌을 위의 대에 받쳐 놓음
(8) 나라가 망함을 탄식함	
① 망국지탄(亡國之歎(嘆))	나라가 망함에 대한 탄식
② 망국지한(亡國之恨)	나라가 망함에 대한 탄식
③ 맥수서유(麥秀黍油)	'보리의 이삭과 기장의 윤기'라는 뜻으로, 고국의 멸망을 탄식함
④ 맥수지탄(麥秀之歎(嘆))	'보리만 무성하게 자란 것을 탄식함'이라는 뜻으로, 고국의 멸망을 탄식함
(9) 개인적인 후회나 한탄	
① 만시지탄(晩時之歎(嘆))	'때늦은 한탄'이라는 뜻으로, 시기가 늦어 기회를 놓친 것이 원통해서 탄식함
② 망양지탄(望洋之歎(嘆))	'넓은 바다를 보고 탄식한다'는 뜻으로, 1. 남의 원대함에 감탄하고, 나의 미흡함을 부끄러워함 2. 제힘이 미치지 못할 때 하는 탄식
③ 비육지탄(髀肉之嘆)	'넓적다리에 살이 붙음을 탄식한다'는 뜻으로, 1. 자기의 뜻을 펴지 못하고 허송세월하는 것을 한탄하다 성공할 기회를 잃고 공연히 허송세월만 보냄을 탄식 2. 영웅이 때를 만나지 못하여 싸움에 나가지 못하고 넓적다리에 헛된 살만 쪄 가는 것을 한탄한다는 말에서 나옴
④ 연목구어(緣木求魚)	'나무에 인연하여 물고기를 구한다'는 뜻으로, 1. 목적이나 수단이 일치하지 않아 성공이 불가능함 2. 허술한 계책으로 큰일을 도모함
(10) 교훈적 의미	
① 근묵자흑(近墨者黑)	'먹을 가까이하면 검어진다'는 뜻으로, 나쁜 사람을 가까이하면 그 버릇에 물들기 쉬움
② 사필귀정(事必歸正)	처음에는 그릇되더라도 모든 일은 결국 반드시 정리로 돌아감
③ 읍참마속(泣斬馬謖)	'눈물을 머금고 마속의 목을 벤다'는 뜻으로, 사랑하는 신하를 법대로 처단하여 질서를 바로잡음

④ 인과응보(因果應報)	'원인과 결과는 서로 물고 물린다'는 뜻으로, 1. 과거 또는 전생의 선악의 인연에 따라서 뒷날 길흉 화복의 갚음을 받게 됨을 이르는 말 2. 좋은 일에는 좋은 결과가, 나쁜 일에는 나쁜 결과가 따름
⑤ 타산지석(他山之石)	다른 산의 돌이라는 뜻으로, 다른 산에서 나는 거칠고 나쁜 돌이라도 숫돌로 쓰면 자기의 옥을 갈 수가 있으므로, 다른 사람의 하찮은 언행이라도 자기의 지덕을 닦는 데 도움이 됨을 비유해 이르는 말

3) 주요 외래어 표기

X	O	X	O
그라데이션	그러데이션	고로케, 크로케트	크로켓
나레이션	내레이션	넌센스	난센스
다이나믹	다이내믹	도너츠	도넛
런닝셔츠	러닝셔츠	레몬에이드	레모네이드
레인보우	레인보	레크레이션	레크리에이션
렌트카	렌터카	레포트	리포트
로보트	로봇	랍스타, 롭스터	로브스터, 랍스터
로케트	로켓	리더쉽	리더십
리모콘	리모컨	링겔, 링게르, 닝겔	링거
매니아	마니아	메세지	메시지
매커니즘, 메카니즘	메커니즘	멤버쉽	멤버십
미스테리	미스터리	밀크쉐이크	밀크셰이크
바디랭기지	보디랭귀지	바베큐	바비큐
발렌타인데이	밸런타인데이	밧데리	배터리
뱃지, 뺏지	배지	발란스, 배런스	밸런스
부저	버저	불독	불도그
비지니스	비즈니스	삐에로	피에로
산타크로스	산타클로스	상들리에	샹들리에
샌달	샌들	샾	숍
소세지	소시지	쇼다	소파
수퍼마켓	슈퍼마켓	쉬림프	슈림프
스넥	스낵	스노우보드	스노보드
스케쥴	스케줄	스탭	스태프
스텐리스, 스텐레스	스테인리스	스테미나, 스태미너	스태미나
스포이드, 스푸이트	스포이트	스폰지	스펀지
싱가폴	싱가포르	아울렛	아웃렛

X	O	X	O
악세사리	액세서리	알콜	알코올
아답터, 어답터	어댑터	알러지, 알레지	알레르기
앵콜, 앵코르, 앙콜	앙코르	액센트, 엑센트	악센트
어플리케이션	애플리케이션	엠블란스, 엠뷸런스	앰뷸런스
엔돌핀	엔도르핀	옥스포드	옥스퍼드
워크샾	워크숍	윈도우	윈도
잠퍼	점퍼, 잠바	쥬니어	주니어
쥬라기	쥐라기	쥬스	주스
째즈	재즈	초콜렛	초콜릿
카운셀러	카운슬러	카톨릭	가톨릭
카페트	카펫	캬라멜	캐러멜
커텐	커튼	컨닝	커닝
캐롤	캐럴	칼라	컬러
컨텐츠	콘텐츠	컴플렉스	콤플렉스
커피샵	커피숍	컨닝	커닝
콘테이너	컨테이너	콘트롤	컨트롤
콜렉션	컬렉션	컨테스트	콘테스트
케익	케이크	케챱	케첩
콩쿨, 콩쿠르스	콩쿠르	쿠테타	쿠데타
크리스찬	크리스천	크리스탈	크리스털
클라이막스	클라이맥스	크락션, 클락션	클랙슨
타겟	타깃	타올	타월
텔레비젼	텔레비전	팡파레, 빵빠르	팡파르
팜플렛	팸플릿	프리젠테이션	프레젠테이션
페스티발	페스티벌	프로포즈	프러포즈
플래쉬	플래시	플룻	플루트

예제 6

다음 제시된 속담과 관련 있는 한자성어를 고르면?

> 10년이면 강산(江山)도 변한다.

① 절차탁마(切磋琢磨) ② 형설지공(螢雪之功)
③ 풍수지탄(風樹之嘆) ④ 상전벽해(桑田碧海)

해설

상전벽해(桑田碧海)는 '뽕나무밭이 푸른 바다가 되었다'는 뜻으로, 세상이 몰라 볼 정도로 바뀐 것 또는 세상의 모든 일이 엄청나게 변해버린 것을 의미한다.

정답 ④

예제 7

다음 외래어 표기 중 옳지 않은 것은?

① lobster — 랍스터 ② propose — 프로포즈
③ caramel — 캐러멜 ④ shrimp — 슈림프

해설

'propose'의 외래어 표기는 '프러포즈'이다.

정답 ②

⑤ 한글 맞춤법 / 표준어 규정

1) 한글 맞춤법 제5장 띄어쓰기

• 제1절 조사

제41항	조사는 그 앞말에 붙여 쓴다. 예 꽃이, 꽃으로만, 꽃이나마, 꽃이다, 꽃입니다, 꽃마저, 꽃밖에, 꽃에서부터, 꽃처럼 또한, 조사가 둘 이상 연속되거나 어미 뒤에 붙을 때에도 앞말에 붙여 쓴다. 예 학교에서처럼, 사과하기는커녕

• 제2절 의존 명사, 단위를 나타내는 명사 및 열거하는 말 등

제42항	의존 명사는 띄어 쓴다. 예 아는 것이 힘이다, 할 수 있다, 먹을 만큼 먹어라, 뜻한 바를 알겠다
제43항	단위를 나타내는 명사는 띄어 쓴다. 예 한 개, 차 한 대, 금 서 돈, 소 한 마리, 옷 한 벌, 열 살 다만, 순서를 나타내는 경우나 숫자와 어울리어 쓰이는 경우에는 붙여 쓸 수 있다. 예 두시 삼십분 오초, 제일과, 삼학년, 육층, 1446년 10월 9일, 2대대
제44항	수를 적을 적에는 '만(萬)' 단위로 띄어 쓴다. 예 십이억 삼천사백오십육만 칠천팔백구십팔, 12억 3456만 7898
제45항	두 말을 이어 주거나 열거할 적에 쓰이는 말들은 띄어 쓴다. 예 국장 겸 과장, 열 내지 스물, 청군 대 백군, 사과, 배, 귤 등등
제46항	단음절로 된 단어가 연이어 나타날 적에는 붙여 쓸 수 있다. 예 그때 그곳, 좀더 큰것, 이말 저말, 한잎 두잎

• 자주 틀리는 띄어쓰기

1	뿐	조사	체언 뒤에 붙어서 한정의 뜻을 나타내는 경우 예 남자뿐이다, 셋뿐이다
		의존 명사	용언의 관형사형 뒤에 나타날 경우 예 웃을 뿐이다, 만졌을 뿐이다
2	만	조사	체언에 붙어서 한정 또는 비교의 뜻을 나타내는 경우 예 하나만 알고 둘은 모른다, 이것은 그것만 못하다
		의존 명사	시간의 경과나 횟수를 나타내는 경우 예 떠난 지 사흘 만에 돌아왔다, 세 번 만에 시험에 합격했다
3	만큼	조사	체언 뒤에 붙어 '앞말과 비슷한 정도로'라는 뜻을 나타내는 경우 예 중학생이 고등학생만큼 잘 안다, 키가 전봇대만큼 크다
		의존 명사	용언의 관형사형 뒤에 나타날 경우 예 볼 만큼 보았다, 애쓴 만큼 얻는다

4	대로	조사	체언 뒤에 붙어 '그와 같이'라는 뜻을 나타내는 경우 예 법대로, 약속대로
		의존 명사	용언의 관형사형 뒤에 나타날 경우 예 아는 대로 말한다, 약속한 대로 하세요
5	바	어미	어떤 사실을 말하기 위하여 그 사실이 있게 된 것과 관련된 상황을 제시할 경우 주로 '-ㄴ바' 구성으로 쓰임 예 서류를 검토한바 몇 가지 미비한 사항이 발견되었다
		의존 명사	일의 기회나 그리된 형편의 뜻을 나타내는 경우 주로 '-은, -는, -을 바에(는)' 구성으로 쓰임 예 어차피 매를 맞을 바에는 먼저 맞겠다
6	듯	어미	용언의 어간 뒤에 쓰일 때 예 구름에 달이 흘러가듯
		의존 명사	용언의 관형사형 뒤에 쓰일 경우 예 그가 먹은 듯
7	지	어미	어미 '(으)ㄴ지, ㄹ지'의 일부 예 집이 큰지 작은지 모르겠다, 어떻게 할지 모르겠다
		의존 명사	시간의 경과를 나타내는 경우 예 그가 떠난 지 보름이 지났다, 그를 만난 지 한 달이 지났다
8	차(次)	접미사	명사 뒤에 붙어 '목적'의 뜻을 더하는 경우 예 인사차 들렀다, 사업차 외국에 나갔다
		의존 명사	1. 용언의 관형사형 뒤에 나타날 경우 　예 고향에 갔던 차에 선을 보았다, 마침 가려던 차였다 2. '번', '차례'의 뜻. 혹은 주기나 경과의 해당 시기를 나타내는 경우 　예 제일 차 세계 대전
9	들	접미사	복수를 나타내는 경우 예 남자들, 학생들
		의존 명사	두 개 이상의 사물을 열거하는 구조에서 '그런 따위'라는 뜻을 나타내는 경우 (이때의 '들'은 의존 명사 '등(等)'으로 바꾸어 쓸 수 있다.) 예 쌀, 보리, 콩, 조, 기장 들을 오곡(五穀)이라 한다
10	판	합성어	예 노름판, 씨름판, 웃음판
		의존 명사	수 관형사 뒤에서 승부를 겨루는 일을 세는 단위를 나타낼 경우 예 바둑 두 판, 장기를 세 판이나 두었다

• 제3절 보조 용언

제47항	보조 용언은 띄어 씀을 원칙으로 하되, 경우에 따라 붙여 씀도 허용한다(ㄱ을 원칙으로 하고, ㄴ을 허용함).		
	ㄱ	ㄴ
	불이 꺼져 간다.	불이 꺼져간다.
	어머니를 도와 드린다.	어머니를 도와드린다.
	그릇을 깨뜨려 버렸다.	그릇을 깨뜨려버렸다.
	비가 올 듯하다.	비가 올듯하다.
	그 일은 할 만하다.	그 일은 할만하다.
	잘 아는 척한다.	잘 아는척한다.
	다만, 앞말에 조사가 붙거나 앞말이 합성 동사인 경우, 그리고 중간에 조사가 들어갈 적에는 그 뒤에 오는 보조 용언은 띄어 쓴다. 예 잘도 놀아만 나는구나!, 책을 읽어도 보고, 그가 올 듯도 하다		

• 제4절 고유 명사 및 전문 용어

제48항	성과 이름, 성과 호 등은 붙여 쓰고, 이에 덧붙는 호칭어, 관직명 등은 띄어 쓴다. 예 윤동주, 채영신 씨, 최치원 선생, 충무공 이순신 장군 다만, 성과 이름, 성과 호를 분명히 구분할 필요가 있을 경우에는 띄어 쓸 수 있다. 예 남궁억/남궁 억, 독고준/독고 준		
제49항	성명 이외의 고유 명사는 단어별로 띄어 씀을 원칙으로 하되, 단위별로 띄어 쓸 수 있다(ㄱ을 원칙으로 하고, ㄴ을 허용함).		
	ㄱ	ㄴ
	대한 중학교	대한중학교
	한국 대학교 사범 대학	한국대학교 사범대학
제50항	전문 용어는 단어별로 띄어 씀을 원칙으로 하되, 붙여 쓸 수 있다(ㄱ을 원칙으로 하고, ㄴ을 허용함).		
	ㄱ	ㄴ
	만성 골수성 백혈병	만성골수성백혈병
	중거리 탄도 유도탄	중거리탄도유도탄

2) 표준어 규정 제2장 발음 변화에 따른 표준어 규정

• 제5절 복수 표준어

	다음 단어는 ㄱ을 원칙으로 하고, ㄴ도 허용한다.		
	ㄱ	ㄴ	비고
	네	예	
	쇠-	소-	-가죽, -고기, -기름, -머리, -뼈
제18항	괴다	고이다	물이 ~, 밑을 ~
	꾀다	꼬이다	어린애를 ~, 벌레가 ~
	쐬다	쏘이다	바람을 ~
	죄다	조이다	나사를 ~
	쬐다	쪼이다	볕을 ~
	단, '괴이다, 꾀이다, 쐬이다, 죄이다, 쬐이다'와 같은 말은 자주 쓰이기는 하나, 국어의 일반적인 음운 현상으로 설명하기 어려우므로 표준어로 인정하지 않는다.		
	어감의 차이를 나타내는 단어 또는 발음이 비슷한 단어들이 다 같이 널리 쓰이는 경우에는, 그 모두를 표준어로 삼는다(ㄱ, ㄴ을 모두 표준어로 삼음).		
	ㄱ	ㄴ	비고
	거슴츠레-하다	게슴츠레-하다	
	고까	꼬까	~신, ~옷
제19항	고린-내	코린-내	
	교기(驕氣)	갸기	교만한 태도
	구린-내	쿠린-내	
	꺼림-하다	께름-하다	
	나부랭이	너부렁이	'너부렝이'는 비표준어

3) 표준어 규정 제3장 어휘 선택의 변화에 따른 표준어 규정

• 제5절 복수 표준어

	한 가지 의미를 나타내는 형태 몇 가지가 널리 쓰이며 표준어 규정에 맞으면, 그 모두를 표준어로 삼는다.	
	복수 표준어	비고
	가는-허리/잔-허리	
제26항	가락-엿/가래-엿	
	갱-엿/검은-엿	
	가뭄/가물	가뭄철/가물철, 왕가뭄/왕가물
	가없다/가엾다	가엾어/가여워, 가엾은/가여운

제26항	감감-무소식/감감-소식	
	개수-통/설거지-통 개숫-물/설거지-물	설거지하다 '설겆다'는 비표준어
	-거리다/-대다	가물-, 출렁-
	게을러-빠지다/게을러-터지다	
	고깃-간/푸줏-간	'고깃-관, 푸줏-관'은 비표준어
	관계-없다/상관-없다	
	극성-떨다/극성-부리다	
	기세-부리다/기세-피우다	
	기승-떨다/기승-부리다	
	귀퉁-머리/귀퉁-배기	'귀퉁이'의 비어
	깃-저고리/배내-옷/배냇-저고리	
	꼬까/때때/고까	~신, ~옷
	넝쿨/덩굴	'덩쿨'은 비표준어
	녘/쪽	동~, 서~
	눈-대중/눈-어림/눈-짐작	
	느리-광이/느림-보/늘-보	
	늦-모/마냥-모	종래 '만이앙(晚移秧)모'에서 온 말 '만양모'는 비표준어
	다달-이/매-달	
	-다마다/-고말고	
	댓-돌/툇-돌	
	되우/된통/되게	
	들락-날락/들랑-날랑 들락-거리다/들랑-거리다	
	딴-전/딴-청	
	땅-콩/호-콩	
	땔-감/땔-거리	
	-뜨리다/-트리다	깨-, 떨어-, 쏟-
	마-파람/앞-바람	
	-만큼/-만치	
	말-동무/말-벗	
	먹-새/먹음-새	'먹음-먹이'는 비표준어
	면-치레/외면-치레	
	멀찌감치/멀찌가니/멀찍-이	
	모쪼록/아무쪼록	

제26항	물-봉숭아/물-봉선화	
	민둥-산/벌거숭이-산	
	밑-층/아래-층	
	바깥-벽/밭-벽	바깥사돈/밭사돈, 바깥주인/밭주인
	바른/오른[右]	~손, ~쪽, ~편
	발-모가지/발-목쟁이	'발목'의 비속어
	벌레/버러지	'벌거지, 벌러지'는 비표준어
	변덕-스럽다/변덕-맞다	
	보-조개/볼-우물	
	보통-내기/여간-내기/예사-내기	'행-내기'는 비표준어
	부침개-질/부침-질/지짐-질	'부치개-질'은 비표준어
	뾰두라지/뾰루지	
	삽살-개/삽사리	
	생-뿔/새앙-뿔/생강-뿔	'쇠뿔'의 형용
	서럽다/섧다	서럽게 운다/섧게 운다 '설다'는 비표준어
	-(으)세요/-(으)셔요	
	-스레하다/-스름하다	거무-, 발그-
	시늉-말/흉내-말	
	심술-꾸러기/심술-쟁이	
	씁쓰레-하다/씁쓰름-하다	
	아무튼/어떻든/어쨌든/하여튼/여하튼	
	알은-척/알은-체	
	애꾸눈-이/외눈-박이	'외대-박이, 외눈-퉁이'는 비표준어
	어이-없다/어처구니-없다	
	어저께/어제	
	언덕-바지/언덕-배기	
	여왕-벌/장수-벌	
	여쭈다/여쭙다	여쭈어(여쭤)/여쭈워
	여태/입때	'여직'은 비표준어
	여태-껏/이제-껏/입때-껏	'여직-껏'은 비표준어
	역성-들다/역성-하다	'편역-들다'는 비표준어
	연-달다/잇-달다	
	옥수수/강냉이	~떡, ~묵, ~밥, ~튀김
	외겹-실/외올-실/홑-실	'홑겹-실, 올-실'은 비표준어
	외손-잡이/한손-잡이	
	우레/천둥	'우뢰(雨雷)'는 비표준어

제26항	-이에요/-이어요	
	일찌감치/일찌거니	
	장가-가다/장가-들다	'서방-가다'는 비표준어
	제-가끔/제-각기	
	좀-처럼/좀-체	'좀-체로, 좀-해선, 좀-해'는 비표준어
	중신/중매	
	척/체	모르는~, 잘난~
	천연덕-스럽다/천연-스럽다	
	철-따구니/철-딱서니/철-딱지	'철-때기'는 비표준어
	추어-올리다/추어-주다	
	추켜-올리다	

4) 새롭게 인정된 주요 표준어

기존 표준어	추가된 표준어	기존 표준어	추가된 표준어
간질이다	간지럽히다	거치적거리다	걸리적거리다
-고 싶다	-고프다	괴발개발	개발새발
굽실	굽신	~기에	~길래
까다롭다	까탈스럽다	꺼림칙하다	꺼림직하다
께름칙하다	께름직하다	꾀다	꼬시다
끼적거리다	끄적거리다	날개	나래
남우세스럽다	남사스럽다	냄새	내음
두루뭉술하다	두리뭉실하다	딴죽	딴지
뜰	뜨락	마을	마실
만날	맨날	묏자리	묫자리
복사뼈	복숭아뼈	삐치다	삐지다
새치름하다	새초롬하다	섬뜩	섬찟
손자	손주	실몽당이	실뭉치
쌉싸래하다	쌉싸름하다	아옹다옹	아웅다웅
어수룩하다	어리숙하다	예쁘다	이쁘다
오순도순	오손도손	잎사귀	잎새
자장면	짜장면	주책없다	주책이다
찌뿌듯하다	찌뿌둥하다	차지다	찰지다
추어올리다/추켜올리다	치켜올리다	치켜세우다	추켜세우다
푸르다	푸르르다	태견	택견
허섭스레기	허접쓰레기	허접스럽다	허접하다

예제 8) 다음 중 띄어쓰기가 옳은 것을 고르면?

1) 갈림길이 나오는 구간은 [여기서부터입니다 / 여기서부터 입니다 / 여기서 부터입니다 / 여기서 부터 입니다].
2) 그는 나와 [동창인바 / 동창인 바] 그를 잘 알고 있다.
3) 결혼 [10년차 / 10년 차]에 내 집을 장만했다.

해설

1) '부터'와 '입니다'는 모두 조사로, 앞말에 붙여 쓴다.
2) 어떤 사실과 관련된 상황을 말하고 있는 '-ㄴ바'는 어미이므로, 앞갈에 붙여 쓴다.
3) '번', '차례' 혹은 주기나 경과 등 시기를 나타내는 경우 의존 명사로, 앞말과 띄어 쓴다.

정답 1) 여기서부터입니다 / 2) 동창인바 / 3) 10년 차

예제 9) 다음 중 표준어끼리 연결되지 않은 것을 고르면?

① 맨날 — 만날
② 국거리 — 국감
③ 복숭아뼈 — 복사뼈
④ 딴지 — 딴죽

해설

'땔감/땔거리'는 불을 때는 데 필요한 재료를 말하는데, 이와 비슷한 예로 '바느질감/바느질거리', '반찬감/반찬거리', '양념감/양념거리', '일감/일거리'가 있다. 그러나 모든 '거리'와 '감'이 대치될 수 있는 것은 아니다. '국거리'는 '국감'이라고 하지 않고 '장난감'은 '장난거리'라고 하지 않는다.

정답 ②

예제 10) 다음 중 맞춤법이 옳은 것을 고르면?

1) 흡연구역에서 담배를 [피다 / 피우다].
2) 책을 읽느라고 밤을 [새다 / 새우다].
3) 객차 뒤에 화물칸을 [잇달다 / 연달다].

해설

1) '피다'는 자동사인 반면, '피우다'는 타동사이다.
2) '새다'는 자동사인 반면, '새우다'는 타동사이다.
3) '움직이는 물체가 다른 물체의 뒤를 이어 따르다' 혹은 '어떤 사건이나 행동 따위가 이어 발생하다'의 의미를 나타내는 '연달다', '잇달다', '잇따르다'는 모두 복수 표준어이다. 이때 이 말들은 자동사로 쓰인다. 그러나 '사물을 다른 사물에 이어서 달다'의 뜻을 나타낼 때에는 '잇달다'만 표준어이다. 이때 '잇달다'는 타동사로 쓰인다.

정답 1) 피우다 / 2) 새우다 / 3) 잇달다

Chapter 01 언어논리력 실전 연습 문제

출제 포인트!

언어논리력의 출제 유형은 기본 어휘력, 어휘 유추력, 맞춤법·어법·한자성어 등으로 구분된다.
유의어·반의어 고르기, 밑줄 친 말과 같은 의미로 쓰인 단어 찾기, 한글 맞춤법 및 어법, 한자성어 등 어휘에서 파생되는 다양한 유형의 문제가 두루 출제되고 있다.
A : B 형태로 제시된 단어의 관계와 같은 것을 고르는 어휘 유추 유형은 교육공무직 시험에서 기본적으로 출제되는 유형이므로, 문제를 통해 다양한 어휘 관계를 익혀두도록 한다.
특히, 최근에는 다의어에서 유사한 의미로 사용된 것을 고르는 문제가 많이 출제되고 있으므로 교재에 수록된 이론 부분과 함께 충분한 대비를 해두는 것이 필요하다.

01 기본 어휘력(단어의 의미)

[01~10] 다음 제시된 단어와 의미가 같거나 유사한 것을 고르시오.

01 ▶ 감탄

① 탄성 ② 낙담 ③ 감개
④ 탄복 ⑤ 희열

해설

'감탄(感歎)'은 '마음속 깊이 느끼어 탄복함'이란 뜻의 명사이다. '탄복(歎服)'은 '매우 감탄하여 마음으로 따름'이란 뜻의 명사로 '감탄'과 유의어 관계이다.

💡 **Plus 해설**
① 탄성(歎聲) : 탄식하는 소리, 감탄하는 소리(소리이므로 '감탄'과 유의어는 아니다.)
② 낙담(落膽) : 바라던 일이 뜻대로 되지 않아 마음이 몹시 상함.
③ 감개(感慨) : 어떤 느낌이 마음 깊은 곳에서 배어 나옴.
⑤ 희열(喜悅) : 기쁨과 즐거움. 또는 기뻐하고 즐거워함.

02 ▶ 짐작

① 확실 ② 어림 ③ 계산
④ 대강 ⑤ 애매

해설

'짐작(斟酌)'은 '사정이나 형편 등을 어림잡아 헤아림'이란 뜻으로, '대강 짐작으로 헤아림'이란 뜻의 '어림'과 유의어 관계이다.

Plus 해설

④ 대강(大綱) : 자세하지 않게 기본적인 부분만 들어 보이는 정도로.
⑤ 애매(曖昧) : 희미하여 분명하지 아니함.

03 ▶ 구속

① 방임 ② 박탈 ③ 방치
④ 방면 ⑤ 억류

해설

'구속(拘束)'은 '행동이나 의사의 자유를 제한하거나 속박함'이란 뜻으로, '억지로 머무르게 함'이란 뜻의 '억류(抑留)'와 유의어 관계이다.

Plus 해설

① 방임(放任) : 돌보거나 간섭하지 않고 내버려 둠.
② 박탈(剝奪) : 남의 재물이나 권리 등을 빼앗음.
③ 방치(放置) : 내버려 둠.
④ 방면(放免) : 붙잡아 가두어 두었던 사람을 놓아줌.

01 ④ 02 ② 03 ⑤

04 ▶ 주선

① 개방　　　② 협상　　　③ 중개
④ 제시　　　⑤ 연결

해설

'주선(周旋)'은 '일이 잘되도록 여러 방법으로 힘씀'을 뜻하며 '제삼자로서 두 당사자 사이에 서서 일을 주선함'이란 뜻의 '중개(仲介)'와 유의어 관계이다.

05 ▶ 고무

① 고취　　　② 고성　　　③ 칭송
④ 담화　　　⑤ 갈채

해설

'고무(鼓舞)'와 '고취(鼓吹)'는 '힘을 내도록 격려하며 용기를 북돋움'을 뜻하는 유의어 관계이다.

Plus 해설
③ 칭송(稱頌) : 칭찬하여 일컬음.
④ 담화(談話) : 서로 이야기를 주고받음. 공적인 자리에 있는 사람이 어떤 문제에 대한 견해를 밝히는 말
⑤ 갈채(喝采) : 외침이나 박수 등으로 환영의 뜻을 나타냄.

06 ▶ 갈무리

① 보관　　　② 햇무리　　　③ 갈망
④ 마무리　　⑤ 짜임새

해설

'갈무리'는 '물건 등을 잘 정리하거나 간수함, 일을 처리하여 마무리함'이란 뜻으로 '저장, 정돈, 마무리' 등의 단어와 유의어 관계이다.

07

고갱이

① 강냉이 ② 중심부 ③ 곡식
④ 낟알   ⑤ 열매

해설

'고갱이'는 '풀이나 나무의 줄기 한가운데에 있는 연한 심, 사물의 중심이 되는 부분을 비유적으로 이르는 말'을 뜻하며 '알, 속, 중심부, 핵심' 등의 단어와 유의어 관계이다.

08

달뜨다

① 침착하다 ② 기쁘다   ③ 환하다
④ 샘솟다   ⑤ 덤벙거리다

해설

'달뜨다'는 '마음이 가라앉지 않고 조금 흥분되다'를 뜻하며 '덤벙거리다, 들뜨다' 등의 단어와 유의어 관계이다.

09

범주

① 도주 ② 이념 ③ 범용
④ 구분 ⑤ 이탈

해설

'범주(範疇)'는 '동일한 성질을 가진 부류나 범위'를 뜻하며 '일정한 기준에 따라 전체를 몇 개로 갈라 나눔'이란 뜻의 '구분(區分)'과 유의어 관계이다.

04 ③ 05 ① 06 ④ 07 ② 08 ⑤ 09 ④

Plus 해설
③ 범용(汎用) : 여러 분야나 용도로 널리 쓰는 것
⑤ 이탈(離脫) : 어떤 범위나 대열 등에서 떨어져 나감.

10 ▶ 해임

① 사임 ② 사직 ③ 면직
④ 임명 ⑤ 해명

해설
'해임(解任)'은 '어떤 지위나 맡은 임무를 그만두게 함'을 뜻하며 '일정한 직위나 직무에서 물러나게 함'을 뜻하는 '면직(免職)'과 유의어 관계이다.

Plus 해설
① 사임(辭任) : 맡아보던 일자리를 스스로 그만두고 물러남.
② 사직(辭職) : 맡은 직무를 내놓고 물러남.
④ 임명(任命) : 일정한 지위나 임무를 남에게 맡김.
⑤ 해명(解明) : 까닭이나 내용을 풀어서 밝힘.

[11~20] 다음 제시된 단어와 의미가 반대되거나 상대되는 것을 고르시오.

11 ▶ 잘다

① 길다 ② 작다 ③ 굵다
④ 쩨쩨하다 ⑤ 옹졸하다

해설
'잘다'는 '과일이나 글씨 따위의 크기가 작다', '길이가 있는 물건의 몸피가 가늘고 작다', '세밀하고 자세하다', '일이 작고 소소하다', '생각이나 성질이 좀스럽다' 등의 의미를 가진 형용사이며 '굵다, 너그럽다' 등의 단어와 반의어 관계이다.

Plus 해설
④ 쩨쩨하다 : 너무 하찮아서 시시하고 신통치 않다. 사람이 잘고 인색하다.
⑤ 옹졸하다 : 성품이 너그럽지 못하고 생각이 좁다.

12. 엔간하다

① 가깝다　　② 유난스럽다　　③ 무난하다
④ 평범하다　⑤ 어지간하다

해설

'엔간하다'는 '대중으로 보아 정도가 표준에 꽤 가깝다'를 뜻하며 '언행이나 상태가 보통과 달리 특별한 데가 있다'를 뜻하는 '유난스럽다'와 반의어 관계이다. ① 가깝다, ④ 평범하다, ⑤ 어지간하다는 모두 '엔간하다'와 유의어 관계이다.

13. 정착

① 유목　　② 안착　　③ 변동
④ 유람　　⑤ 유랑

해설

'정착(定着)'은 '일정한 곳에 자리를 잡아 붙박이로 있거나 머물러 삶'을 뜻하며 '일정한 거처가 없이 떠돌아다님'을 뜻하는 '유랑(流浪)'과 반의어 관계이다.

Plus 해설

① 유목(遊牧) : 일정한 거처를 정하지 않고 옮겨 다니면서 목축을 하여 삶.
② 안착(安着) : 어떤 곳에 무사하게 잘 도착함.
③ 변동(變動) : 바뀌어 달라짐.
④ 유람(遊覽) : 돌아다니며 구경함.

14. 기민하다

① 예민하다　　② 날래다　　③ 느리다
④ 덧없다　　　⑤ 재빠르다

10 ③　11 ③　12 ②　13 ⑤

> **해설**

'기민하다'는 '눈치가 빠르고 동작이 날쌔다'를 뜻하는 말로 '느리다, 둔하다' 등의 단어와 반의어 관계이며, '날래다, 재빠르다, 민첩하다, 약삭빠르다' 등의 단어와는 유의어 관계이다.

15 ▶ 생경하다

① 단조롭다　② 생소하다　③ 평이하다
④ 익숙하다　⑤ 단출하다

> **해설**

'생경하다'는 '익숙하지 않아 어색하다', '글의 표현이 세련되지 못하고 어설프다', '세상 물정에 어둡고 완고하다' 등의 의미를 가진 형용사로 '익숙하다, 낯익다, 친숙하다' 등의 단어와 반의어 관계이며, '생소하다'와는 유의어 관계이다.

16 ▶ 실팍하다

① 다부지다　② 박약하다　③ 밉살스럽다
④ 고약하다　⑤ 부실하다

> **해설**

'실팍하다'는 '사람이나 물건 등이 보기에 매우 실하다'라는 뜻으로 '몸, 마음, 행동 등이 튼튼하지 못하고 약하다'라는 뜻의 '부실하다'와 반의어 관계이다.

💡 **Plus 해설**

① 다부지다 : 벅찬 일을 견뎌낼 만큼 굳세고 야무지다. 생김새가 옹골차다.
② 박약하다 : 의지나 체력 등이 굳세지 못하고 약하다. 불충분하거나 모자란 데가 있다.
③ 밉살스럽다 : 말이나 행동이 남에게 미움을 받을 만한 데가 있다.
④ 고약하다 : 맛, 냄새 등이 비위에 거슬리게 나쁘다. 얼굴 생김새가 흉하거나 험상궂다.

17. 내리사랑

① 외사랑 ② 치사랑 ③ 건넌사랑
④ 윗사랑 ⑤ 갑작사랑

해설

'내리사랑'은 '손윗사람이 손아랫사람을 사랑함'을 뜻하는 말로 자식에 대한 부모의 사랑을 나타내며, '치사랑'은 '손아랫사람이 손윗사람을 사랑함'을 뜻하는 말로 부모에 대한 자식의 사랑을 나타낸다.

Plus 해설

① 외사랑 : 자신을 사랑하지 않는 사람을 혼자 사랑하는 일
③ 건넌사랑 : 사랑(집의 안채와 떨어져 있는 손님을 접대하는 곳)으로 쓰는 건넌방
④ 윗사랑 : 위채에 있는 사랑(손님을 접대하는 곳)
⑤ 갑작사랑 : 갑작스럽게 느끼는 사랑

18. 겸양하다

① 위축되다 ② 겸손하다 ③ 오만하다
④ 미천하다 ⑤ 귀중하다

해설

'겸양하다'는 '겸손한 태도로 남에게 양보하거나 사양하다'라는 뜻으로 '태도나 행동이 건방지거나 거만하다'란 뜻의 '오만하다'와 반의어 관계이다.

Plus 해설

① 위축되다 : 마르거나 시들어서 우그러지고 쭈그러들게 되다. 어떤 힘에 눌리어 기를 펴지 못하게 되다.
④ 미천하다 : 신분이나 지위 등이 하찮고 천하다.

14 ③ 15 ④ 16 ⑤ 17 ② 18 ③

19. 경망

① 신중 ② 기망 ③ 중대
④ 방정 ⑤ 경박

해설
'경망(輕妄)'은 '행동이나 말이 가볍고 조심성이 없음'을 뜻하는 말로 '매우 조심스러움'을 뜻하는 '신중(愼重)'과 반의어 관계이며, '방정, 경박' 등의 단어와는 유의어 관계이다.

Plus 해설
② 기망(欺罔) : 남을 속여 넘김.

20. 토로하다

① 술회하다 ② 피력하다 ③ 비난하다
④ 은폐하다 ⑤ 누설하다

해설
'토로하다'는 '마음에 있는 것을 죄다 드러내어서 말하다'라는 뜻으로 '덮어 감추거나 가리어 숨기다'라는 뜻의 '은폐하다'와 반의어 관계이며, '술회하다, 피력하다' 등의 단어와 유의어 관계이다.

Plus 해설
① 술회하다 : 마음속에 품고 있는 여러 가지 생각을 말하다.
② 피력하다 : 생각하는 것을 털어놓고 말하다.
⑤ 누설하다 : 비밀이 새어 나가다. 새어 나가게 하다.

[21~22] 다음 중 서로 유의어 관계가 아닌 것을 고르시오.

21 ① 하여간 ② 가부간 ③ 어지간
④ 여하간 ⑤ 아무튼

해설

'어지간'은 '수준이 보통에 가깝거나 그보다 약간 더하다, 정도나 형편이 기준에 크게 벗어나지 아니한 상태에 있다'라는 뜻인 '어지간하다'의 어근이며, ①·②·④·⑤는 서로 유의어 관계이다.

Plus 해설
① 하여간(何如間) · ④ 여하간(如何間) : 어찌하든지 간에
② 가부간(可否間) : 옳거나 그르거나, 찬성하거나 반대하거나 어쨌든
⑤ 아무튼 : 의견이나 형편, 상태 등이 어떻게 되어 있든

22 ① 추렴 ② 수렴 ③ 갹출
④ 염출 ⑤ 토렴

해설

'토렴'은 '밥이나 국수에 뜨거운 국물을 부었다 따랐다 하여 덥게 함'을 뜻하는 말이며, ①~④는 서로 유의어 관계이다.

Plus 해설
① 추렴 : 모임이나 놀이 또는 잔치 따위의 비용으로 여럿이 각각 얼마씩의 돈을 내어 거둠.
② 수렴 : 돈이나 물건 따위를 거두어들임. 의견이나 사상 등이 여럿으로 나뉘어 있는 것을 하나로 모아 정리함.
③ 갹출 : 같은 목적을 위하여 여러 사람이 돈을 나누어 냄.
④ 염출 : 필요한 비용 따위를 어렵게 걷거나 모음.

19 ① 20 ④ 21 ③ 22 ⑤

[23~24] 다음 밑줄 친 단어와 의미가 유사한 것을 고르시오.

23

> 그녀는 마음이 <u>어질다</u>.

① 너그럽다　　② 고약하다　　③ 괴팍하다
④ 다정하다　　⑤ 어리숙하다

해설

'어질다'는 '마음이 너그럽고 착하며 슬기롭고 덕행이 높다'라는 뜻의 형용사이다. '어질다'와 유사한 의미를 가진 단어는 '너그럽다'이다.

Plus 해설
② 고약하다 : 성미 또는 언행이 사납다.
③ 괴팍하다 : 붙임성 없이 까다롭고 별나다.
④ 다정하다 : 정이 많다. 또는 정분이 두텁다.
⑤ 어리숙하다 : 겉모습이나 언행이 순진하고 어리석은 데가 있다.

24

> 그는 잘못 쓰인 문장을 <u>고쳤다</u>.

① 개신하다　　② 수습하다　　③ 정정하다
④ 개조하다　　⑤ 치유하다

해설

밑줄 친 단어는 '잘못되거나 틀린 것을 바로잡다'라는 의미로 '글자나 글 따위의 잘못을 고쳐서 바로잡는다'의 의미를 가진 '정정하다'와 유사하다.

Plus 해설
① 개신하다 : 제도나 관습 따위를 새롭게 고치다.
② 수습하다 : 흩어진 재산이나 물건을 거두어 정돈하다. 어수선한 사태를 거두어 바로잡다.
④ 개조하다 : 고쳐 만들거나 바꾸다.
⑤ 치유하다 : 치료하여 병을 낫게 하다.

[25~30] 다음 밑줄 친 단어와 같거나 유사한 의미로 사용된 것을 고르시오.

25

그는 얼른 자세를 **고쳐** 앉았다.

① 고장난 카메라를 **고쳐** 왔다.
② 병을 잘 **고친다고** 소문이 난 병원은 늘 붐빈다.
③ 그는 틀린 답을 **고쳐** 오답노트를 만들었다.
④ 그녀는 화장을 얼른 **고친** 후 자리에 앉았다.
⑤ 로또에 당첨된다고 신세가 **고쳐지는** 건 아니다.

해설

밑줄 친 '고치다'는 '모양이나 내용 따위를 바꾸다'라는 의미로 쓰였다. 다라서 유사한 의미로 쓰인 것은 ④이다.

Plus 해설
① 고장이 나거나 못 쓰게 된 물건을 손질하여 제대로 되게 하다.
② 병 따위를 낫게 하다.
③ 잘못되거나 틀린 것을 바로잡다.
⑤ 처지를 바꾸다.

26

새벽에 천둥 번개가 심하게 쳐서 겁을 **먹었다**.

① 새로운 자격증 시험을 위해 마음을 독하게 **먹었다**.
② 시험 결과가 좋지 않아 충격을 **먹었다**.
③ 장마철에는 물**먹은** 솜처럼 몸이 무겁다.
④ 주문을 잘못 받아 하루 종일 욕을 **먹었다**.
⑤ 처음 출전인데도 무려 1등을 **먹었다**.

해설

밑줄 친 '먹었다'는 '겁, 충격 따위를 느끼게 된다'는 의미로 쓰였다. 따라서 같은 의미로 사용된 것은 ②이다.

Plus 해설
① 어떤 마음이나 감정을 품다.
③ 물이나 습기 따위를 빨아들이다.
④ 욕, 핀잔 따위를 듣거나 당하다.
⑤ 어떤 등급을 차지하거나 점수를 따다.

23 ①   24 ③   25 ④   26 ②

 다의어

제시된 말과 유사한 의미로 쓰인 것을 고르는 문제가 최근 어휘 문제에서 빈번하게 출제되고 있다. 이러한 문제는 제시문의 밑줄 친 말을 다른 말로 바꾸어 보고, 대체한 말을 각 선택지에 적용했을 때 의미가 자연스러우면 정답일 확률이 높다.
예를 들어 25번 "자세를 고쳐 앉았다."에서 '고치다' 대신 '바꾸다'나 '바로잡다'로, 26번 "겁을 먹었다."에서 '먹다' 대신 '느끼게 되다'로 대체해보면 정답 역시 의미가 자연스럽게 연결됨을 알 수 있다.

27 그는 들고 있던 우산을 <u>넘겼다</u>.

① 그는 사전을 한 장씩 **넘기면서** 단어를 찾고 있었다.
② 그는 나무를 찍어 앞으로 **넘겼다**.
③ 그는 범인을 경찰에게 **넘겼다**.
④ 목이 부어 밥을 목구멍으로 **넘기지** 못한다.
⑤ 그는 아이의 부탁을 가볍게 **넘겼다**.

해설

주어진 문장에서의 '넘겼다'는 '물건, 권리, 책임, 일 따위를 맡기다'라는 의미로 쓰였다. 따라서 유사한 의미로 쓰인 것은 ③이다.

Plus 해설
① 종이, 책장 따위를 젖히다.
② 서 있는 것을 넘어지게 하다.
④ 음식물, 침 따위를 목구멍으로 넘어가게 하다.
⑤ 지나쳐 보내다.

28 ▶

최근 천연 섬유에 대한 관심이 **뜨겁다**.

① 여름 한낮의 태양은 정말 **뜨거웠다**.
② 그녀는 얼굴이 **뜨거워** 고개를 들 수 없었다.
③ 이 난로는 매우 **뜨거우니** 조심해서 다루어야 한다.
④ 그들의 신앙은 너무나 **뜨거웠고** 간절했다.
⑤ 열이 올라 불덩이처럼 **뜨거워진** 몸으로 출근할 수밖에 없었다.

해설
주어진 문장에서의 '뜨겁다'는 비유적으로 사용되어 '감정이나 열기가 격렬하다'라는 의미로 쓰였다. 따라서 유사한 의미로 쓰인 것은 ④이다.

Plus 해설
① · ③ 손이나 몸에 상당한 자극을 느낄 정도로 온도가 높다.
② 무안하거나 부끄러워 얼굴이 화끈거리다.
⑤ 사람의 몸이 정상보다 열이 높다.

29 ▶

점심을 짜게 먹어서 그랬는지 물을 많이 **켰다**.

① 넓은 숲에서는 나무를 **켜는** 톱 소리로 요란했다.
② 그는 막걸리 한 사발을 단숨에 쭉 **켜고** 땀을 닦았다.
③ 그녀는 일어나 기지개를 한번 **켜고** 나서 창문을 열었다.
④ 어두운 방에 등잔불을 **켜니** 주위가 환해졌다.
⑤ 집에 들어와 TV를 **켜고** 드라마를 보면서 저녁을 먹었다.

해설
제시된 문장의 '켜다'는 '갈증이 나서 물을 자꾸 마시다'라는 의미로, ②의 '물이나 술 따위를 단숨에 들이마시다.'를 의미하는 '켜다'와 비슷한 의미이다.

Plus 해설
① 나무를 세로로 톱질하여 쪼개다.
③ 팔다리나 네 다리를 쭉 뻗으며 몸을 펴다.
④ 등잔이나 양초 따위에 불을 붙이거나 성냥이나 라이터 따위에 불을 일으키다.
⑤ 전기나 동력이 통하게 하여 전기 제품 따위를 작동하게 하다.

27 ③ 28 ④ 29 ②

30.

> 출품된 원고는 심사 기준에 **맞추어** 검토되었다.

① 그는 그녀의 기분을 **맞추기** 위해 주말마다 영화를 보러 갔다.
② 이 많은 부품 중에서 어떤 것들을 **맞추어야** 하는지 막막하기만 했다.
③ 우리는 합숙을 하면서 서로 마음을 **맞추었다**.
④ 시험이 끝나면 아이들은 서로 답을 **맞추어** 보느라고 정신이 없었다.
⑤ 대학교를 선택할 때에는 점수보다 자신의 적성에 **맞추어** 결정하도록 해라.

해설
주어진 문장에서의 '맞추다'는 '어떤 기준이나 정도에 어긋나지 않게 하다'의 의미로 쓰였다. 따라서 유사한 의미로 쓰인 것은 ⑤이다.

Plus 해설
① 다른 사람의 의도나 의향 따위에 맞게 행동하다.
② 서로 떨어진 부분을 자리에 맞게 대어 붙이다.
③ 서로 어긋남이 없이 조화를 이루다.
④ 둘 이상의 일정한 대상들을 나란히 놓고 비교하여 살피다.

31. 다음 중 밑줄 친 단어의 의미와 동일하게 쓰인 것은?

> 흔히들 경제는 심리라고 합니다. 1997년 외환 위기에 의해 IMF 구제 금융을 받기 전까지 한국 경제는 활기찼습니다. 누가, 어느 그룹이 신사업 분야, 신시장에 먼저 진출하여 선점하느냐, 어느 기업이 매출과 점유율 면에서 앞서고 있느냐 등 양적 경쟁이 치열했습니다. 따라서 투자 면에서도 과열된 분위기를 **띠고** 있었고, 자연히 투자 실패로 인한 경영 부실도 많았습니다.

① 이야기를 잘해 두었으니 정성스럽게 작성한 추천서를 **띠고** 회사를 찾아가도록 해라.
② 일을 하다 보니까 더 배우고 싶은 것들이 생기고 이 분야에 대해서 전문성을 **띠고** 싶다.
③ 어떤 정부 수행원보다 중요한 임무를 **띠고** 있는 송 장관의 이번 방북 행보에 눈길이 간다.
④ 들판 여기저기 보이는 과수원에는 사과가 슬쩍 홍조를 **띠면서** 굵어질 채비를 하고 있다.
⑤ 서류 가방을 직접 챙겨 든 총수들은 시종일관 미소를 **띤** 채 북한 경제인들과 인사를 나누었다.

해설
'분위기를 띠고 있었고'에서 '띠다'는 '감정이나 기운 따위를 나타내다'라는 의미이다. 선택지에서 동일한 의미로 쓰인 것은 ⑤ '미소를 띤 채'의 '띠다'이다.

💡 Plus 해설

① '추천서를 띠고'의 '띠다'는 '물건을 몸에 지니다'라는 의미이다.
② '전문성을 띠고'의 '띠다'는 '어떤 성질을 가지다'라는 의미이다.
③ '임무를 띠고'의 '띠다'는 '용무나 직책, 사명 따위를 지니다'라는 의미이다.
④ '홍조를 띠면서'의 '띠다'는 '빛깔이나 색채 따위를 가지다'라는 의미이다.

32 ▶ 다음 글을 읽고 본문의 밑줄 친 부분의 의미와 가장 가까운 것을 고르면?

> 어둠에서 빛으로. 이는 계몽을 가리키는 표현 중 하나이다. 계몽은 흔히 빛을 통한 비유로 이해된다. 빛을 통한 비유는 낯선 것이 아니었다. 중세 시대에 신의 상징 혹은 진리의 상징으로 여겨지던 빛은 르네상스를 거쳐 근대에 이르러 이성의 빛으로 전환되었다. 근대 계몽의 빛으로서 이성은 도덕, 종교, 예술 그리고 일상사의 영역에서 미망과 혼란에 사로잡힌 상상력, 광적인 열광, 공상에의 몰입, 스스로 생각할 힘을 잃어버린 정신없는 상태 등에서 기인하는 혼돈과 어둠을 밝게 비추었다. 계몽의 빛은 미성년을 성숙한 청년으로 인도하는 빛이었다. 그러기에 계몽주의 철학자 칸트는 계몽을 미성숙 상태에서 **벗어나는** 것이라고 하였다. 이성의 빛을 향한 동정은 이제 "과감히 알려고 하라!", 곧 자신의 지성을 주저 없이 사용할 것을 주문하는 데까지 이르렀다.
> 근대의 계몽은 당시 비약적인 발전을 이룬 자연 과학의 성과와 맞물리면서 이성의 각성을 통해 세계를 직시하고자 하였다. 이성은 세계와 현실을 비추는 강력한 추동력으로 간주되었다.

① 손흥민 선수는 지난 준결승전의 부진에서 **벗어나** 결승전에서 3골을 몰아쳤다.
② 이 동굴을 **벗어나면** 푸른 바다가 보일 것이다.
③ 그는 바쁜 일상에서 **벗어나** 세계 여행을 떠났다.
④ 조직에서는 상사의 눈을 **벗어나는** 행동을 해서는 안 된다.
⑤ 김철호 씨는 회사 미팅에서 자주 주제에서 **벗어나는** 이야기를 한다.

📖 해설

'미성숙 상태에서 벗어나는 것'에서 '벗어나다'는 '어려운 일이나 처지에서 헤어나다'의 의미이다. '손흥민 선수는 지난 준결승전의 부진에서 벗어나'에서의 '벗어나'도 '어려운 일이나 처지에서 헤어나다'의 의미를 가진다.

💡 Plus 해설

② '공간적 범위나 경계 밖으로 빠져나오다'라는 의미이다.
③ '맡은 일에서 놓여나다'라는 의미이다.
④ '남의 눈에 들지 못하다'라는 의미이다.
⑤ '이야기의 흐름에서 빗나가다'라는 의미이다.

30 ⑤ 31 ⑤ 32 ①

33. 밑줄 친 ㉠~㉤ 중 맥락상 쓰임이 적절하지 않은 것은?

> 정부 예산 투입을 통해 덕진공원을 휴양형 휴식공간으로 만들겠다는 전주시의 계획이 더욱 ㉠**구체화**될 수 있을 것으로 보인다. 후백제 시대에 ㉡**편성**된 것으로 알려진 덕진연못은 역사·문화적 가치가 우수한 대표 관광지로 손꼽혀왔다. 그러나 주변 지역의 도시화에 따른 개발과 유입 수량 부족으로 수질이 악화돼 대책이 필요한 상황이었지만 ㉢**준설** 등을 위해서는 막대한 예산이 소요돼 연못을 정비하는 데 어려움을 겪었다. 언제나 필요한 것은 예산이다. 처음 환경부에 국비 지원을 건의할 때만 해도 가능하리라 생각한 이는 없었다. 전국 첫 사례가 그렇듯이 그동안 어떤 자치단체도 중점관리저수지로 ㉣**지정**돼 정부로부터 예산을 ㉤**타다** 쓴 사례가 없었기 때문이다.

① ㉠   ② ㉡   ③ ㉢   ④ ㉣   ⑤ ㉤

해설

'편성'은 '엮어 모아서 책, 신문, 영화 따위를 만듦'이란 의미이므로 ㉡에 쓰이는 것은 적절하지 않다. 그러므로 '무엇을 만들어서 이룸'의 뜻을 지닌 '조성'으로 수정하는 것이 옳다.

Plus 해설
③ '준설'은 '물의 깊이를 깊게 하여 배가 잘 드나들 수 있도록 하천이나 항만 등의 바닥에 쌓인 모래나 암석을 파내는 일'을 의미하며 맥락상 쓰임이 적절하다.
④ '지정'은 '가리키어 확실하게 정함'이라는 뜻으로 적절하게 사용되었다.
⑤ '타다'는 여러 가지 뜻이 있지만 여기서는 '몫으로 주는 돈이나 물건 따위를 받다'라는 의미로 사용되었으며 맥락상 쓰임이 적절하다.

34. 다음 빈칸에 들어갈 말로 적절한 것끼리 순서대로 짝지어진 것은?

> 도시 내 미세먼지를 비롯한 환경 문제와 대응과제를 모색하는 정책세미나가 국회의원회관 제1세미나실에서 열릴 예정이다. 이번 세미나의 주요 (㉠)은(는) 미세먼지 저감 대책에 관한 것이며, 미세먼지 발생 현황과 농도 저감을 위한 기술동향도 함께 살펴보는 자리가 될 것으로 기대된다. 이번 세미나에서는 △△연구원 박사와 ㅁㅁ대학교 교수 두 명의 발표자가 공동(㉡)을(를) 맡았고, 환경 관련 전문가 5명이 함께 토론자로 참석한다.

	㉠	㉡		㉠	㉡
①	의제	발제	②	발제	논제
③	입론	발제	④	발제	의제
⑤	의제	논제			

해설

㉠에는 '회의에서 의논할 문제'라는 뜻의 '의제'가, ㉡에는 '토론회나 연구회 따위에서 어떤 주제를 맡아 조사하고 발표함'이라는 뜻의 '발제'가 들어가야 한다.

Plus 해설
- 논제 : 논설이나 논문, 토론 따위의 주제나 제목
- 입론 : 의논하는 취지나 순서 따위의 체계를 세움. 또는 그 의논

35. 다음 ㉠~㉢에 들어갈 단어를 바르게 연결한 것은?

- 희소금속은 매장량이 적지만 산업적 수요가 큰 금속원소로, 극소수 국가에 (㉠)한 금속을 말한다.
- 어느 폐자원재활용업체의 대표는 2100년이 되면 지하자원이 거의 사라질 것이므로 나머지 부분을 도시 곳곳에 (㉡)한 지상자원(스마트폰 같은 '도시광산')이 채울 것이라고 예견했다.
- 많은 전문가들이 투자에는 투기적 성격이 (㉢)되어 있고, 투기 역시 투자적 기능을 가지고 있어서 상호 교집합적 성격의 투자와 투기를 구별하는 것은 별 의미가 없다고 말한다.

	㉠	㉡	㉢
①	혼재(混在)	편재(偏在)	산재(散在)
②	편재(偏在)	산재(散在)	혼재(混在)
③	혼재(混在)	산재(散在)	편재(偏在)
④	편재(偏在)	혼재(混在)	잔재(殘在)
⑤	잔재(殘在)	산재(散在)	혼재(混在)

해설

㉠에는 '한 곳에 치우쳐 있다'라는 뜻의 '편재'가 들어가야 하고 ㉡에는 '여기저기 흩어져 있다'라는 뜻의 '산재'가 들어가야 한다. ㉢에는 '뒤섞여 있다'라는 뜻의 '혼재'가 들어가야 한다.

Plus 해설
잔재(殘在) : 남아 있음

33 ② 34 ① 35 ②

02 어휘 유추력(단어의 관계)

[01~15] 제시된 단어와 같은 관계가 되도록 빈칸에 들어갈 알맞은 단어를 고르시오.

01 ▶ 여름 : 대서 = 가을 : ( )

① 처서   ② 동지   ③ 우수   ④ 입하   ⑤ 곡우

해설

사계절 중 하나와 그 계절에 해당하는 절기를 연결한 것이다. 처서(處暑)는 입추와 백로 사이에 들며 양력 8월 23일경을 가리키므로 가을과 관련이 있다.

Plus 해설

② 동지(冬至)는 양력 12월 21일경이므로 겨울, ③ 우수(雨水)는 양력 2월 18일경이므로 봄, ④ 입하(立夏)는 양력 5월 5일경이므로 여름, ⑤ 곡우(穀雨)는 양력 4월 20일경이므로 봄과 관련이 있다.

02 ▶ 현악기 : ( ) = ( ) : 심벌즈

① 바이올린, 관악기   ② 해금, 타악기   ③ 금관악기, 가야금
④ 줄, 금속   ⑤ 단소, 드럼

해설

주어진 단어는 포함 관계를 나타낸다. 해금은 현악기에 포함되고, 심벌즈는 타악기에 포함된다.

03 ▶ 고희(古稀) : ( ) = ( ) : 71세

① 60세, 환갑(還甲)   ② 61세, 종심(從心)   ③ 70세, 망구(望九)
④ 70세, 망팔(望八)   ⑤ 70세, 이순(耳順)

해설

고희(古稀)는 뜻대로 행해도 어긋나지 않는다는 의미로 70세를 뜻하며, 망팔(望八)은 여든을 바라보는 나이로 71세를 뜻한다.

Plus 해설
- 이순(耳順) : 60세를 뜻하는 말로, 공자가 예순 살부터 생각하는 것이 원만하여 어떤 일을 들으면 곧 이해가 된다고 한 데서 유래하였다.
- 환갑(還甲) : 육십갑자의 갑(甲)으로 되돌아온다는 의미로 61세를 뜻한다.
- 종심(從心) : 마음대로 한다는 의미로 70세를 뜻한다.
- 망구(望九) : 사람의 나이가 아흔을 바라본다는 의미로 81세를 뜻한다.

04 ▶   길이 : 피트 = 부피 : (　　)

① 갤런　　② 파스칼　　③ 마일
④ 바이트　　⑤ 와트

해설

피트(ft)는 길이의 단위이고, 갤런(gal)은 부피의 단위이다.

Plus 해설
② 파스칼(Pa)은 압력의 단위이다.
③ 마일(mile)은 길이의 단위이다.
④ 바이트(B)는 데이터양을 나타내는 단위이다.
⑤ 와트(W)는 일률을 나타내는 전력 단위이다.

05 ▶   (　　) : 소나무 = 낙엽수 : (　　)

① 산, 등산　　② 여름, 가을　　③ 상록수, 은행나무
④ 활엽수, 침엽수　　⑤ 겨울, 자작나무

해설

주어진 단어는 포함 관계를 나타낸다. 상록수는 계절에 관계없이 잎의 색이 항상 푸른 나무를 뜻하므로 소나무가 포함된다. 반면에 낙엽수는 잎의 수명이 1년이 채 안 되어 잎을 가지지 않는 계절이 있는 수목을 가리키므로 은행나무가 포함된다.

01 ①　02 ②　03 ④　04 ①　05 ③

Plus 해설
④ 활엽수는 잎의 모양이 평평하고 넓은 나무를 가리키고 느티나무·단풍나무·참나무 등이 포함된다. 침엽수는 잎이 대개 바늘같이 뾰족한 나무로 소나무·잣나무·향나무 등이 포함된다.

06▶ 복합어 : 책가방 = 단일어 : (　　)

① 맨발　　② 가방　　③ 풋사과
④ 늦잠　　⑤ 첫사랑

해설
복합어는 하나의 실질 형태소에 접사가 붙거나 두 개 이상의 실질 형태소가 결합하여 만들어진 단어이며, 파생어와 합성어로 나뉜다. 반면에 단일어는 형태소 분석이 더이상 안 되는 단어로서 낱말을 쪼개었을 때 각각 아무 뜻을 가지지 못하여 더이상 나눌 수 없는 낱말이다.

07▶ 한자어 : (　　) = 고유어 : 시나브로

① 과자　　② 가뭄　　③ 찌개
④ 이내　　⑤ 달포

해설
한자어란 한자에 기초하여 만들어진 말이고, 고유어란 해당 언어에 본디부터 있던 말이나 그것에 기초하여 새로 만들어진 말을 뜻한다. 따라서 과자는 '菓(과자 과, 실과 과)'와 '子(아들 자)'가 합쳐진 한자어이고, 나머지는 모두 고유어에 속한다.

Plus 해설
④ 이내 : 해 질 무렵 멀리 보이는 푸르스름하고 흐릿한 기운
⑤ 달포 : 한 달이 조금 넘는 기간

08

해수어 : ( ) = ( ) : 미꾸라지

① 고등어, 담수어 ② 붕어, 민물고기 ③ 연어, 특산어
④ 물고기, 수중 생물 ⑤ 상어, 진흙

해설

해수어는 바다에 사는 물고기를, 담수어는 민물에 사는 물고기를 뜻한다. 고등어는 해수어, 미꾸라지는 담수어이다.

Plus 해설

② 붕어는 담수어이다.
③ 연어는 바닷물고기이지만 가을에 강 상류에 올라와 모랫바닥에 알을 낳고 죽으므로 해수와 담수 사이를 왕래하는 물고기이다.

09

미(美) : 아프로디테 = 지혜 : ( )

① 포세이돈 ② 아테나 ③ 아폴론
④ 데메테르 ⑤ 아르테미스

해설

아프로디테는 그리스 신화에 나오는 미와 사랑의 여신이다. 아테나는 그리스 신화에 나오는 지혜의 여신이다.

Plus 해설

① 포세이돈은 그리스 신화에 나오는 바다의 신이다.
③ 아폴론은 그리스 신화에 나오는 의술·예언·가축·궁술의 신이다.
④ 데메테르는 그리스 신화에 나오는 땅의 여신이자 농경과 곡물, 수확의 여신이다.
⑤ 아르테미스는 그리스 신화에 나오는 사냥의 여신이자 야생의 동물을 수호하는 여신이다.

10

공중전화 : 핸드폰 = ( ) : 자동차

① 마차 ② 버스 ③ 지하철
④ 신호등 ⑤ 비행기

06 ② 07 ① 08 ① 09 ②

해설

제시된 단어는 과거에서 현재로 오면서 대체되는 물건의 관계로 괄호 안에는 자동차를 대체하는 마차가 들어가야 한다.

11 ▶

인도 : 뉴델리 = 포르투갈 : ( )

① 바르샤바 ② 마드리드 ③ 코펜하겐
④ 리스본 ⑤ 스톡홀름

해설

인도의 수도는 뉴델리로 제시된 단어가 나라와 수도의 관계임을 알 수 있다. 따라서 괄호 안에는 포르투갈의 수도인 리스본이 들어가야 한다.

💡 Plus 해설

① 폴란드의 수도, ② 에스파냐의 수도, ③ 덴마크의 수도, ⑤ 스웨덴의 수도이다.

12 ▶

길이 : cm = 온도 : ( )

① °F ② kn ③ oz
④ ha ⑤ lb

해설

cm는 길이를 나타내는 단위이므로 괄호 안에는 온도를 나타내는 단위인 °F(화씨온도)가 들어가야 한다.

💡 Plus 해설

② 속도를 나타내는 단위 : kn(노트), 1kn = 1.852km/h
③ 부피를 나타내는 단위 : oz(온스), 1oz ≒ 28.3g
④ 넓이를 나타내는 단위 : ha(헥타르), 1ha = 10,000m²
⑤ 무게를 나타내는 단위 : lb(파운드), 1lb ≒ 0.45kg

13

충청북도 : 제천 = 경상남도 : (   )

① 천안　　② 함안　　③ 목포
④ 과천　　⑤ 상주

해설

제천은 충청북도에 속하므로 포함 관계이다. 따라서 빈칸에는 경상남도에 속하는 함안이 들어가야 한다.

Plus 해설

① 천안은 충청남도, ③ 목포는 전라남도, ④ 과천은 경기도, ⑤ 상주는 경상북도에 속한다.

14

계절 : (   ) = 태양계 : (   )

① 사계절, 행성　　② 겨울, 혜성　　③ 온도, 지구
④ 여름, 우주　　⑤ 절기, 왜소행성

해설

제시된 단어는 부분 관계로 겨울은 계절의 한 부분이고, 혜성은 태양계의 한 부분이다.

15

(   ) : 빗자루 = 가구 : (   )

① 걸레, 나무　　② 청소부, 침대　　③ 청소도구, 옷장
④ 청소기, 식탁　　⑤ 쓰레받기, 의자

해설

제시된 단어는 포함 관계로 빗자루는 청소도구에 포함되고, 옷장은 가구에 포함된다.

10 ①　11 ④　12 ①　13 ②　14 ②　15 ③

[16~28] 다음 중 단어의 관계가 나머지와 다른 하나를 고르시오.

16. ① 변상 : 보상 ② 수영 : 헤엄 ③ 판매 : 구입
       ④ 결재 : 재결 ⑤ 소산 : 결과

해설
①·②·④·⑤는 모두 유의 관계이지만, ③은 반의 관계이다.

Plus 해설
- 결재(決裁) : 결정할 권한을 가진 상관이 부하가 제출한 안건을 검토하여 허가하거나 승인함.
- 재결(裁決) : 옳고 그름을 가려 결정함.
- 소산(所産) : 어떤 행위나 상황 등에 따른 결과로 나타나는 현상

17. ① 영국 : 빅 벤 ② 프랑스 : 에펠탑 ③ 이집트 : 피라미드
       ④ 멕시코 : 멕시코시티 ⑤ 이탈리아 : 트레비분수

해설
①·②·③·⑤는 나라와 그 나라의 랜드마크가 연결되었지만, ④는 나라와 그 나라의 수도가 연결되었다.

18. ① 파랑 : 청록 ② 연두 : 보라 ③ 노랑 : 남색
       ④ 주황 : 파랑 ⑤ 자주 : 녹색

해설
①은 유사색이고, 나머지는 모두 보색 관계이다. 유사색이란 색상환 배열에서 서로 이웃하고 그 색의 바탕에 공통된 성질을 가지고 있는 색들을 가리킨다. 반면에 보색이란 색상이 다른 두 색의 물감을 적당한 비율로 혼합하여 무채색이 되는 경우로 색상환에서 서로 대응하는 위치의 색을 가리킨다.

19. ① 생산 : 소비 ② 출생 : 사망 ③ 반납 : 환급
       ④ 상상 : 경험 ⑤ 매입 : 매각

해설

①·②·④·⑤는 모두 반의 관계이지만, ③은 유의 관계이다. 반납은 도로 돌려줌을 뜻하고, 환급 또한 같은 의미로 쓰인다. 따라서 반납과 환급은 유의 관계이다.

20 ① 보리 : 맥주   ② 밀 : 빵   ③ 파라핀 : 양초
　　 ④ 사진 : 액자   ⑤ 막걸리 : 쌀

해설

①·②·③·⑤는 모두 원료와 제품의 관계이지만, ④는 포함 관계이다.

21 ① 변호사 : 변론   ② 의사 : 진찰   ③ 교수 : 강의
　　 ④ 가수 : 노래   ⑤ 카메라 : 촬영

해설

①·②·③·④는 모두 행위 관계가 성립하지만, ⑤는 용도 관계이다.

22 ① 정월대보름 : 쥐불놀이   ② 단오 : 그네뛰기   ③ 한가위 : 강강술래
　　 ④ 동지 : 지신밟기   ⑤ 설날 : 널뛰기

해설

각 명절의 이름과 그 명절에 하는 전통놀이가 연결된 것이다. 지신밟기는 정월대보름에 하는 놀이이다.

23 ① 제인 오스틴 : 오만과 편견   ② 헤르만 헤세 : 데미안
　　 ③ 표도르 도스토옙스키 : 죄와 벌   ④ 빅토르 위고 : 보바리 부인
　　 ⑤ 알베르 카뮈 : 이방인

16 ③　17 ④　18 ①　19 ③　20 ④　21 ⑤　22 ④

해설

①·②·③·⑤는 작가와 그 작가의 대표 작품이 연결된 것이다. '보바리 부인'의 작가는 '구스타브 플로베르'이고, '빅토르 위고'의 대표 작품은 '레 미제라블'이다.

24 ① 문방사우 : 붓 ② 화강암 : 현무암 ③ 사군자 : 국화
④ 사물놀이 : 징 ⑤ 타악기 : 팀파니

해설

①·③·④·⑤는 모두 포함 관계가 성립하지만, ②는 동위 관계이다. 여기서 동위 관계란 두 단어가 동일한 상위 개념에 포함되는 단어의 관계를 뜻한다.

25 ① 대중교통 : 지하철 ② 언어 : 영어 ③ 몸 : 머리
④ 예술 : 음악 ⑤ 식물 : 소나무

해설

①·②·④·⑤는 모두 상하 관계가 성립하지만, ③은 전체와 부분 관계이다.

26 ① 결정 : 보류 ② 입증 : 증명 ③ 개화 : 낙화
④ 혼돈 : 질서 ⑤ 임의 : 강제

해설

①·③·④·⑤는 반의 관계이지만, ②는 유의 관계이다. 입증은 어떤 증거를 내세워 증명하는 것이고, 증명은 어떤 사항이나 판단에 대하여 그것이 진실인지 아닌지 증거를 들어 밝히는 것이다.

27 ① 행성 : 별 ② 소설 : 사건 ③ 악기 : 피아노
④ 채소 : 시금치 ⑤ 의복 : 드레스

해설

사건은 소설의 구성요소 중 하나이며, 나머지는 모두 상하 관계가 성립한다.

28 ① 쌀 : 떡 ② 나무 : 종이 ③ 우유 : 치즈
④ 자동차 : 엔진 ⑤ 고무 : 타이어

해설

엔진은 자동차를 이루는 구성요소 중 하나이며, 나머지는 모두 원료 관계가 성립한다.

[29~30] 다음 제시된 단어 중 연관되는 3개의 단어와 공통으로 연상되는 단어를 고르시오.

29 물, 전등, 스킨, 키보드, 로션, 접시, 택배, 보청기, 크림

① 컴퓨터 ② 옷 ③ 화장품
④ 연필 ⑤ 여행

해설

'스킨, 로션, 크림'을 통해 '화장품'을 연상할 수 있다.

30 텔레비전, 그릇, 교복, 달력, 공부, 저울, 시험, 신발, 옥수수

① 학생 ② 필기구 ③ 체중계
④ 아파트 ⑤ 비행기

해설

'교복, 공부, 시험'을 통해 '학생'을 연상할 수 있다.

23 ④ 24 ② 25 ③ 26 ② 27 ② 28 ④ 29 ③ 30 ①

03 어법, 맞춤법, 한자성어

01 ▶ 다음 중 의미의 전달이 정확하지 않은 문장은?

① 초대한 손님들이 전부는 오지 않았다.
② 세 사람이 각각 송어 두 마리를 낚았다.
③ 아직 아이가 신발을 신는 중입니다.
④ 그녀가 화사한 꽃 한 다발을 가지고 왔습니다.
⑤ 누가 그 책을 좋아합니까?

해설

그 책을 좋아하는 사람이 누구인지를 묻는 질문일 수도 있고, 그 책을 좋아하는 사람은 아무도 없다는 것을 강조하는 표현일 수도 있다.

02 ▶ 다음 중 경어법의 표현이 바르지 않은 문장은?

① 아버지께서는 이제 연세가 높아 점점 귀가 먹으신다.
② 어머니 표정을 보니 무슨 깊은 고민이 계신 것 같다.
③ 할머니, 아빠가 저녁 8시에 공항에 도착한대요.
④ 지원아, 선생님께서 쉬는 시간에 교무실로 오라셔.
⑤ 할아버지 말씀만 하지 마시고 제 말씀도 들어보셔요.

해설

높여야 할 대상의 신체 부분이나 소유물 등과 관련한 말에는 '-(으)시-'를 결합시켜 높이는 간접높임법을 사용해야 한다. 따라서 ②에서는 높이는 대상이 '고민'이 아닌 '어머니'이므로, '고민이 계신 것 같다'를 '고민이 있으신 것 같다'로 고쳐야 한다.

Plus 해설
① 간접 높임법이 바르게 사용되었다.
③·④ 압존법은 문장 행위의 주체가 듣는 사람보다 낮은 위치에 있을 경우 '-(으)시-'를 쓸 수 없음을 말한다.
⑤ '말씀'은 높임말과 낮춤말 모두 쓸 수 있으므로 바르게 사용되었다.

[03~04] 다음 중 관용어가 사용되지 않은 문장을 고르시오.

03 ① 와, 저 녀석 간이 부은 모양인데?
② 조건을 이렇게나 따지니, 저렇게 눈이 높아서야.
③ 우리 엄마는 손이 커서 음식 하나를 만들면 며칠씩이나 먹어야 해.
④ 우리 아들은 발이 매우 커서 어지간한 신발들은 맞지 않는다.
⑤ 우리 학교 아이들이 경기에서 우승하는 것은 식은 죽 먹기다.

해설

④에서의 '발이 크다'는 단어의 기본적 의미로 사용되었다. 관용어(慣用語)는 둘 이상의 단어가 결합하여 특별한 의미로 사용되는 관습적인 말이므로 ④는 관용어가 사용되었다고 볼 수 없다.

Plus 해설
① 간이 붓다 : 지나치게 대담해지다.
② 눈이 높다 : 정도 이상의 좋은 것만 찾는 버릇이 있다.
③ 손이 크다 : 씀씀이가 후하고 크다.
⑤ 식은 죽 먹기 : 매우 쉬운 일이다.

04 ① 그 손님은 툭하면 꼬투리를 잡고 까다롭게 굴어서 직원들이 다 학을 뗐어.
② 회의가 예상보다 길어졌는데 이제 그만 아퀴를 짓도록 합시다.
③ 언니가 미안하다고 사과했지만 오래도록 잊히지 않고 옹이가 졌다.
④ 어쩜 그렇게 표정 하나 안 바뀌고 입에 발린 말을 잘하니?
⑤ 아이가 하도 시끄럽게 굴어서 엄마는 아예 손으로 아이의 입을 막았다.

해설

⑤에서의 '입을 막다'는 관용어가 아닌 단어의 기본적 의미로 사용되었다. 관용어로 쓰이는 '입을 막다'는 '자기에게 불리한 말을 하지 못하게 하다'의 의미로 쓰인다.

Plus 해설
① 꼬투리를 잡다 : 트집을 잡다. 빌미를 잡다.
 학을 떼다 : 괴로운 상황을 벗어나느라 진땀을 빼거나 거의 질려 버리다.
 (학[瘧] : 말라리아. 말라리아 병원충을 가진 학질모기에게 물려서 감염되는 법정 전염병으로, 갑자기 고열 증상이 나타나고 구토 및 발작을 일으킨다.)
② 아퀴를 짓다 : 일이나 말을 마무리짓다.
③ 옹이가 지다 : 마음에 언짢은 감정이 있다.
④ 입에 발리다 : 남의 비위를 맞추기 위해 아부하다.

05 다음 중 밑줄 친 부분의 맞춤법이 잘못된 것은?

① 나는 또 **객쩍은** 생각을 했다.
② 대표치는 **대푯값**과 같은 말이다.
③ 회사에 소문이 **불거져** 나왔다.
④ 주차장의 규모를 **늘려** 달라는 건의가 들어왔다.
⑤ 그들은 간단한 **인삿말**을 주고받았다.

해설

한글 맞춤법 사이시옷 규정에 따르면 순우리말과 한자어로 된 합성어로서 앞말이 모음으로 끝난 경우, 뒷말의 첫소리가 된소리로 나거나 뒷말의 첫소리 'ㄴ, ㅁ' 앞에서 'ㄴ' 소리가 덧나거나 뒷말의 첫소리 모음 앞에서 'ㄴㄴ' 소리가 덧나는 것에 한하여 사이시옷을 사용한다. '인사말'의 표준 발음은 'ㄴ' 소리가 덧나지 않으므로 '인사말'로 써야 한다.

Plus 해설
① 객쩍다 : 행동이나 말, 생각이 쓸데없고 싱겁다.
② 대푯값 : 자료의 특징이나 경향을 가리키는 수의 값
③ 불거지다 : 어떤 사물이나 현상이 두드러지게 커지거나 갑자기 생겨나다.
④ 늘리다 : 물체의 넓이, 부피 따위를 본디보다 커지게 하다.

06 다음 중 밑줄 친 부분의 띄어쓰기가 잘못된 것은?

저는 올해 ① **서른두 살**이며, 부산에서 직장 생활을 하다가 ② **5년차**일 때 일을 그만 두고 서울에서 제빵 공부를 ③ **시작한 지** 2년이 되었습니다. 서울과 ④ **부산 간**을 오가는 것이 힘들 때도 있지만 열심히 배워서 꼭 ⑤ **뜻한 바**를 이루고 싶습니다.

해설

②에서 '차'는 일정한 기간을 나타내는 명사구 뒤에 쓰여 주기나 경과의 해당 시기를 나타내는 말로 의존명사이다. 따라서 '5년 차'와 같이 띄어 써야 한다.

07 ▶ 다음 중 밑줄 친 부분의 띄어쓰기가 옳지 않은 것은?

① 아무리 그렇게 말해도 **좋은 걸** 어떡해?
② **제 3장**의 내용을 요약해 주시기 바랍니다.
③ 공사를 **진행한 지** 꽤 오래되었다.
④ 결혼 **10년 차**에 내 집을 장만했다.
⑤ 처벌하려면 **법대로** 하세요.

해설
'제(第)'는 '그 숫자에 해당되는 차례'의 뜻을 나타내는 접두사이므로 붙여서 '제3장'으로 써야 한다.

Plus 해설
①·③·④ 의존명사 '것', '지', '차'는 앞에 있는 관형사와 띄어 쓴다.
⑤ '법대로'에서 '대로'는 의존명사가 아닌 보조사로 쓰였으므로 붙여 쓰는 것이 맞다.

08 ▶ 다음 중 올바른 맞춤법이 쓰인 문장은?

① 접은 셔츠를 서랍에 오래 두었더니 구김이 가서 달여야겠다.
② 이번에는 쉬운 문제를 낼 테니 틀리지 말고 꼭 마쳐야 해.
③ 그 방법보다는 이렇게 하는 게 더 낳을 것 같아요.
④ 연락이 계속 닿지 않아 그녀는 저녁 내 마음을 졸였다.
⑤ 그 외투에는 갈색 구두가 문안하게 어울리겠다.

해설
'졸이다'는 '속을 태우다시피 초조해하다'라는 의미로 ④에서의 '졸였다'는 올바른 표현이다.

Plus 해설
① '달이다'는 '약이나 액체 등을 끓여서 진하게 만들다'를 의미하며, '옷이나 천 등의 주름이나 구김을 펴기 위해 다리미 등으로 문지르다'의 의미를 나타낼 때에는 '다리다'를 쓴다.
② '마치다'는 '어떤 일이나 절차 등이 끝나다'를 의미하며, '문제에 대한 답이 틀리지 아니하다'의 의미를 나타낼 때에는 '맞히다'를 쓴다.
③ '낳다'는 '배 속의 아이, 새끼, 알을 몸 밖으로 내놓다', '어떤 결과를 이루거나 가져오다' 등을 의미하며, '보다 더 좋거나 앞서 있다'의 의미를 나타낼 때에는 '낫다'를 쓴다.
⑤ '이렇다 할 단점이나 흠잡을 만한 것이 없다'의 의미를 나타낼 때에는 '무난하다'를 쓴다.

05 ⑤ 06 ② 07 ② 08 ④

09 ▶ 다음 중 띄어쓰기가 바르게 된 것은?

① 이제 내게 남은 것은 이것 뿐입니다.
② 너무 반가운통에 맨발로 나가 맞이했다.
③ 그는 자기 이름 조차 쓸 줄 모르는 까막눈이다.
④ 우리 앞으로 자주 만납시다그려.
⑤ 그 이벤트는 4시 부터 시작될 예정이에요.

해설

'그려'는 청자에게 문장의 내용을 강조할 때 쓰는 보조사로 앞말과 붙여 쓰는 것이 원칙이다. 보조사는 체언, 부사, 활용 어미 등에 붙어서 어떤 특별한 의미를 더해 주는 조사를 말한다.

Plus 해설

① · ③ · ⑤ '뿐'은 '그것만이고 더는 없음'을, '조차'는 '이미 어떤 것이 포함되고 그 위에 더함'의 뜻을, '부터'는 '어떤 일의 시작'을 나타내는 보조사이므로, 앞말과 붙여서 '이것뿐', '이름조차', '4시부터'로 써야 한다.
② '통'은 '어떤 일이 벌어진 환경이나 판국'을 나타내는 의존명사로 앞말과 띄어서 '반가운 통에'로 써야 한다.

10 ▶ 다음 중 복수 표준어로 사용되지 않는 것은?

① 딴죽 - 딴지
② 마을 - 마실
③ 쌉싸래하다 - 쌉싸름하다
④ 생뚱맞다 - 쌩뚱맞다
⑤ 거치적거리다 - 걸리적거리다

해설

'생뚱맞다'는 '행동이나 말이 상황에 맞지 않고 엉뚱하다'는 뜻으로, '쌩뚱맞다'는 비표준어이다.

11 ▶ 다음 중 표준어로 인정된 말이 아닌 것은?

① 희안하다
② 짜장면
③ 삐지다
④ 남사스럽다
⑤ 께름직하다

해설

짜장면은 자장면과, 삐지다는 삐치다와, 남사스럽다는 남우세스럽다와, 께름직하다는 께름칙하다와 함께 쓸 수 있는 새롭게 인정된 복수표준어이다. 그러나 '희안하다'는 '희한하다'의 비표준어이다.

12 ▶ 다음 중 외래어 표기가 바르게 된 것은?

① 조립식 장난감으로 로봇을 그럴듯하게 만들었어요.
② 영화 마지막에 나오는 배우의 나레이션이 정말 감동적이었다.
③ 전화를 받을 수 없으니 메세지를 남겨 주세요.
④ 그는 이마의 흉터가 컴플렉스여서 앞머리로 가리고 다닌다.
⑤ 여느 때보다 사장님의 현명한 리더쉽이 필요한 시기야.

해설

'로보트'가 아닌 '로봇'이 맞는 외래어 표기이므로 바르게 쓰였다.

Plus 해설
② 나레이션(×) → 내레이션(○)
③ 메세지(×) → 메시지(○)
④ 컴플렉스(×) → 콤플렉스(○)
⑤ 리더쉽(×) → 리더십(○)

13 ▶ 다음 중 문장의 표현이 바르게 된 것은?

① 그의 뒤를 바짝 좇아 건물로 들어갔다.
② 쌓인 낙엽들을 지긋이 밟으니 사그락 소리가 났다.
③ 사과는 껍질채 먹어야 건강에 더 좋아.
④ 이렇게 성대한 잔치를 벌릴 줄이야.
⑤ 알면서도 모르는 체를 하면 어떻게 해?

해설

'체'는 '그럴듯하게 꾸미는 거짓 태도나 모양'을 뜻하므로 ⑤는 맞게 표기되었다.

Plus 해설
① '좇아'는 '이상을 좇는 청년'처럼 '목표, 행복 등을 추구함'을 나타낼 때 쓰는 말이며, '어떤 대상을 잡거나 만나기 위해 뒤를 급히 따름'을 나타낼 때에는 '쫓아'를 쓴다.
② '지긋이'는 '나이가 비교적 많아 듬직하게'를 나타낼 때 쓰는 말이며, '슬며시 힘을 주는 모양'을 나타낼 때에는 '지그시'를 쓴다.
③ '채'는 '앉은 채 잠들었다'처럼 '이미 있는 상태 그대로'를 나타낼 때 쓰는 말이며, '그대로' 또는 '전부'의 뜻을 나타낼 때에는 '째'를 쓴다.
④ '벌리다'는 '둘 사이를 넓히거나 멀게 함'을 나타낼 때 쓰는 말이며, '일을 계획하여 시작하거나 펼쳐 놓음'의 뜻을 나타낼 때에는 '벌이다'를 쓴다.

09 ④ 10 ⑤ 11 ① 12 ① 13 ⑤

14. 다음 중 글의 내용과 어울리지 않는 문장을 고르면?

> 면역력을 높이는 방법 중 가장 효과적인 것은 체온을 올리는 것이다. (가) **체온이 상승하면 기혈의 순환이 원활해져 건강한 혈관과 혈액을 유지시킬 수 있다.** 또한 따뜻한 체온은 세포 활동을 촉진시키기 때문에 신진대사가 활발해지는 효과도 있다. (나) **면역체계가 약화되면 다양한 신호가 감지된다.** 이런 효과들은 결국 면역력으로 이어져 세균이나 바이러스 등 외부의 침입으로부터 우리 몸을 건강하게 지켜준다. 몸을 따뜻하게 하는 방법은 규칙적으로 운동을 하는 것이다. (다) **약간 땀이 날 정도로 유산소 운동을 하는 것이 가장 도움이 된다.** 따뜻한 성질을 가진 마늘, 대추, 계피 등을 먹어주는 것도 좋다. (라) **반신욕이나 족욕도 체온을 올리며 몸의 순환을 도와준다.**

① (가) ② (나) ③ (다) ④ (라) ⑤ 없음

해설
(나)의 뒷문장에 '이런 효과들'은 (나)의 앞문장 '신진대사가 활발해지는 효과'와 관련된 것이다. 따라서 (나)는 글의 내용에 어울리지 않는 문장이다.

15. 다음 중 밑줄 친 부분을 어법에 맞도록 수정한 방안으로 적절하지 않은 것은?

> ㉠ 6월 말부터 농수산물에서 **시작한** 물가 상승은 연말에도 계속됐다.
> ㉡ 며칠간 밤을 새우며 팀원들과 공모전을 준비하는 것은 여간 힘든 일이 **많았다**.
> ㉢ 사업 비용이 초기에 많이 투입되어야 하는 안건은 사장의 **제가**를 받기 어렵다.
> ㉣ 그녀의 눈동자는 밝은 달이 빛을 뿌리고 있는 밤하늘을 그대로 **투영하고** 있었다.
> ㉤ 아이가 제 물건을 잃어버리고 들어온 날이면, 어머니는 애가 **칠칠맞다고** 타박을 주었다.

① ㉠ 시작된   ② ㉡ 아니었다   ③ ㉢ 재가
④ ㉣ 투영시키고   ⑤ ㉤ 칠칠맞지 못하다고

해설
㉣은 어법에 맞는 문장이므로 수정할 필요가 없다.

💡 Plus 해설
② '여간'은 주로 부정어와 함께 쓰인다. '여간이 아니다'는 '보통이 아니고 대단하다'라는 의미이다.
③ '제가'는 '집안을 잘 다스려 바로잡음'이라는 의미이다. 따라서 '안건을 결재하여 허가함'이라는 뜻을 가진 '재가'로 고쳐야 한다.
⑤ '칠칠맞다'는 '칠칠맞지 못하다', '칠칠맞지 않다'와 같이 '못하다', '않다'와 함께 쓰인다.

16 ▶ 밑줄 친 ㉠~㉤을 수정한 것으로 바르지 않은 것은?

> 벤담은 국민들이 행복하게 사는 것에 관심이 많았다. 그래서 인생의 목적이 쾌락에 있다고 생각했다. 그에게 행복은 쾌락이고 불행은 고통이었기 때문이다.
> ㉠ <u>**그리고 그는 행복이 한 사람 차원에서 그치면 안 된다고 생각했다**</u>. 여러 사람이 행복을 누리는 '공중적 쾌락주의'로 발전해야 한다고 주장한 것이다. 그는 많은 사람들이 행복을 느끼면 그게 바로 옳은 것이라고 생각하였다. 이런 이유로 벤담은 가장 많은 사람에게 최대의 행복을 주는 '최대 다수의 최대 행복'을 외쳤다. 이런 그의 철학을 '공리주의'라고 한다.
> 그 시대에는 많은 철학자가 무엇이 옳고 그른지, 또 무엇이 선이고 악인지를 명쾌하게 풀기 위해 ㉡ <u>**오랜동안 골머리를 앓았다**</u>. 하지만 벤담은 대담하게 그런 논의는 불필요하다고 생각했다. "진리와 도덕을 멀리서 찾지 말라!"고 하면서 말이다. 그는 도덕에 무슨 원인이 있어야 하냐고 반박하며, 그냥 결과가 좋고 많은 사람이 행복하면 도덕적인 것이라고 했다. '최대 다수의 최대 행복!'이란 그의 생각이 ㉢ <u>**오롯이 담겨 있는 말이 아닐 수 없다**</u>.
> 벤담은 올바른 행동이란 쾌락의 양을 늘리고 고통의 양을 줄이는 것이라고 하며, 쾌락의 양을 객관적으로 계산할 수 있는 쾌락 계산법을 내놓았다. 그는 쾌락을 평가하는 기준으로 '강도, 확실성, 근접성, 다산성, 지속성, 순수성, 범위'라는 7가지를 꼽았다.
> 강도는 어떤 행동으로 인한 쾌락의 정도가 ㉣ <u>**얼마나 큰 지를**</u>, 확실성은 그 행동이 얼마나 확실하게 쾌락을 주는지를 평가하는 것이다. 근접성은 쾌락을 얼마나 빨리 얻을 수 있는지를, 다산성은 쾌락이 단지 ㉤ <u>**일회적인것인지**</u>, 다른 쾌락들을 동반하는지를 측정하는 것이다. 지속성은 쾌락이 얼마나 지속될 수 있는지를, 순수성은 쾌락 속에 혹시 고통의 요소가 섞여 있지는 않은지를, 범위는 쾌락이 얼마나 많은 사람에게 미치는지를 묻는 것이다. 벤담은 이 7가지 기준마다 쾌락을 '+'로, 고통을 '―'로 정해 쾌락을 계산하였다.

① ㉠ : 문맥상 앞의 내용과 전환되는 부분이므로 '그리고'를 '그런데'로 수정한다.
② ㉡ : 맞춤법에 맞도록 '오랜동안'을 '오랫동안'으로 수정한다.
③ ㉢ : 문맥에 따라 '오롯이'를 '온전히'로 수정한다.
④ ㉣ : '-지'가 연결어미이기 때문에 붙여 쓴다.
⑤ ㉤ : '것'은 의존명사이므로 앞 어절과 띄어 쓴다.

해설
㉢에 사용된 '오롯이'는 '모자람이 없이 온전하게'라는 뜻으로 문맥에 맞는 적절한 단어이다. 따라서 유의어인 '온전히'로 수정할 필요가 없다.

17. 다음 ㉠~㉤의 밑줄 친 부분을 맞춤법에 맞게 고친 사람을 |보기|에서 고르면 모두 몇 명인가?

㉠ 오늘은 아침부터 **웬지** 김 과장님의 표정이 좋지 않았다.
㉡ 이미 미팅은 끝이 났고, 그 프로젝트는 폐기하기로 **돼어** 있다는 것을 알았다.
㉢ 내가 우리 회사 대표로 뽑히**던지** 말**던지** 전혀 관심이 없다.
㉣ 사장님의 모습이 회사 내에서 **간간이** 사라지는 경우가 많이 생겼다.
㉤ 그 아파트는 전세 3억 원에 **임차**되었다.

| 보기 |

미연 : ㉠의 '웬-'은 '어떠한'을 의미하는 관형사이므로, '왜 그런지'의 뜻을 나타내는 부사인 '왠지'로 수정해야 한다.
성수 : ㉡의 '돼어'는 어간 '되-'에 연결 어미 '-어'가 붙어서 이루어진 말이므로 '되어'로 수정해야 한다.
상민 : ㉢의 '-던지'는 물건이나 일의 내용을 가리지 아니한다는 뜻을 나타내는 '-든지'로 수정해야 한다.
지수 : ㉣의 '간간이'는 '드문드문, 듬성듬성, 이따금씩'을 나타내는 부사어인 '간간히'로 고쳐 써야 한다.
영지 : ㉤의 '임차'는 돈을 받고 물건을 빌려주는 일을 뜻하는 '임대'로 수정해야 한다.

① 1명 ② 2명 ③ 3명 ④ 4명 ⑤ 5명

해설

㉠ '웬-'은 '어떠한'을 의미하는 관형사이므로 명사와 함께 쓰여야 한다. '왠지'는 '왜 그런지'의 뜻을 나타내는 부사이므로 ㉠의 '웬지'는 '왠지'로 고쳐 써야 한다.
㉡ '되어'는 어간 '되-'에 연결 어미 '-어'가 붙어 이루어진 말이다. 따라서 '되어'로 수정해야 한다.
㉢ '-던지'는 지난일을 나타내는 선어말 어미 '-더'에 어미 '-ㄴ지'가 결합한 형태이고, '-든지'는 물건이나 일의 내용을 가리지 아니하는 뜻을 나타내는 조사이다. 따라서 문맥상 '-든지'로 고쳐 써야 한다.
㉤ '임차'는 '돈을 주고 물건을 빌리는 일'이고 '임대'는 '돈을 받고 물건을 빌려 주는 일'이다. 따라서 문맥상 '임대'로 고쳐 써야 한다.

💡 Plus 해설

㉣ '간간이'는 '드문드문, 듬성듬성, 이따금씩'을 의미하는 부사어이므로 옳게 쓰였다. 따라서 '간간히'로 고쳐 쓰는 것은 적절하지 않다.

18. 다음 괄호 안에 들어갈 한자성어로 알맞지 않은 것은?

> 그는 좌우명인 (　　　　)에 따라, 꾸준히 준비하여 좋은 성과를 내었다.

① 우공이산(愚公移山)　　② 주경야독(晝耕夜讀)
③ 절차탁마(切磋琢磨)　　④ 결자해지(結者解之)
⑤ 자강불식(自强不息)

해설
포기하지 않고 꾸준히 하여 이룬다는 표현을 나타내는 고사성어로 '결자해지'는 알맞지 않다. '결자해지'는 '자기가 저지른 일은 자기가 해결하여야 함'을 이르는 말이다.

Plus 해설
① 우공이산(愚公移山) : 어떤 일이든 끊임없이 노력하면 반드시 이루어짐을 이르는 말이다.
② 주경야독(晝耕夜讀) : 어려운 여건 속에서도 꿋꿋이 공부함을 이르는 말이다.
③ 절차탁마(切磋琢磨) : 학문이나 자신의 이상을 갈고 닦아 목표에 이름을 뜻한다.
⑤ 자강불식(自强不息) : 스스로 힘써 행하여 쉬지 않음을 뜻한다.

19. 다음 중 의미가 다른 한자성어는?

① 미봉책(彌縫策)　　② 고식지계(姑息之計)
③ 임기응변(臨機應變)　　④ 하석상대(下石上臺)
⑤ 한강투석(漢江投石)

해설
①·②·③·④는 '그 순간만 모면하겠다는 얄팍한 계책'을 가리키는 한자성어이며, '한강투석(漢江投石)'은 '아무리 한강에 돌을 던져 보아야 한강을 메울 수 없다'는 뜻으로 아무리 애써도 그 뜻을 이루기 어려움을 나타낼 때 쓰는 한자성어이다.

Plus 해설
① 미봉책(彌縫策) : 임시변통으로 이리저리 꾸며 맞추기 위한 계책
② 고식지계(姑息之計) : 당장 눈앞의 안일함만 취하는 계책
③ 임기응변(臨機應變) : 그때그때의 형편에 따라 변통성 있게 처리함.
④ 하석상대(下石上臺) : 대충 눈가림으로 아랫돌을 위의 대에 받쳐 놓음.

17 ④　18 ④　19 ⑤

20 ▶ 다음 제시된 각 속담과 연결되는 한자성어가 아닌 것은?

㉠ 10년이면 강산도 변한다.
㉡ 변덕이 죽 끓듯 한다.
㉢ 물에 빠진 놈 건져 놓으니 봇짐 내놓으라 한다.
㉣ 백지장도 맞들면 낫다.
㉤ 낫 놓고 기역자도 모른다.

① 상전벽해(桑田碧海) ② 조령모개(朝令暮改)
③ 주객전도(主客顚倒) ④ 고장난명(孤掌難鳴)
⑤ 일자무식(一字無識)

해설

㉠은 상전벽해, ㉡은 조령모개, ㉢은 주객전도, ㉤은 일자무식과 연결되며 ㉣과 연결되는 한자성어는 '십시일반(十匙一飯)'이다.
고장난명(孤掌難鳴)은 '손바닥 하나만으로는 소리가 나지 않는다'는 뜻으로, 혼자의 힘으로 어떤 일을 이루기 어려움을 의미한다.

Plus 해설

① 상전벽해(桑田碧海) : 뽕밭이 푸른 바다로 바뀔 정도로 세상이 변함.
② 조령모개(朝令暮改) : 아침에 내린 명령을 저녁에 또 바꿀 정도로 이랬다저랬다 함.
③ 주객전도(主客顚倒) : 주인과 손님이 뒤바뀐 형세
⑤ 일자무식(一字無識) : 글자 한 자도 모를 정도로 무식함.

21 ▶ 다음 문장의 빈칸에 들어갈 한자어로 적절한 것은?

　　정부는 이번 개각에서 ○○○ 교수를 법무부장관에 기용하기 위해 사전 검증작업에 들어간 것으로 확인되었다. ○○○ 교수가 법무부장관 (　　)에 오르내리는 배경에는 현 정부가 검찰 개혁을 궁극적으로 완수할 적임자로 적합하다고 판단한 신뢰가 작용했기 때문으로 보인다.

① 등용문(登龍門) ② 하마평(下馬評)
③ 미증유(未曾有) ④ 풍문(風聞)
⑤ 미봉책(彌縫策)

해설

하마평(下馬評)은 관직의 인사이동이나 관직에 임명될 후보자에 관하여 세간에 떠도는 풍설을 가리키는 말이다.

Plus 해설
① 등용문(登龍門) : 용문(龍門)에 오른다는 뜻으로, 어려운 관문을 통과하여 크게 출세함을 의미한다.
③ 미증유(未曾有) : 지금까지 한 번도 있어 본 적이 없음을 의미한다.
④ 풍문(風聞) : 바람처럼 떠도는 소문을 말한다.
⑤ 미봉책(彌縫策) : 눈가림만 하는 일시적인 계책을 의미한다.

22. 다음 기사문의 내용을 토대로 빈칸에 들어갈 알맞은 한자성어를 고르면?

> 이번 일본의 수출 보복에 대해 국무총리는 현명한 선택이 아니라고 비판하며 외교적인 노력이 여러 방면에서 진행되고 있다고 밝혔다. 국구총리는 "자유무역의 최대 수혜자가 일본인데, 바로 그 일본이 자유무역을 제약하는 조치를 취했다."며 일본이 의장국으로 G20 선언문을 채택한 다음날 그에 반하는 조치를 발표한 것은 크나큰 (   )이라고 비판했다.

① 위기일발(危機一髮) ② 자가당착(自家撞着)
③ 정저지와(井底之蛙) ④ 견위치명(見危致命)
⑤ 맥수지탄(麥秀之嘆)

해설

자유무역의 최대 수혜자인 일본이 자유무역을 제약하는 조치를 취한 것은 앞뒤가 맞지 않는 모순이므로, 이를 비판하는 데 어울리는 한자성어로는 '자기가 한 말이나 행동의 앞뒤가 모순됨'을 뜻하는 '자가당착(自家撞着)'이 적절하다.

Plus 해설
① 위기일발(危機一髮) : 위기가 바로 머리맡에 있는 듯한 형세를 가리킨다.
③ 정저지와(井底之蛙) : 우물 안의 개구리처럼 식견이 좁아 세상의 넓은 형편을 모르는 경우를 가리킨다.
④ 견위치명(見危致命) : 나라의 위태로움을 보고 목숨을 버림을 의미한다.
⑤ 맥수지탄(麥秀之嘆) : 고국의 멸망을 한탄함을 이르는 말이다.

Chapter 02 이해력 기본 이론 학습

① 글의 서술 방식

1) 글의 서술 방식 : 글을 전개하는 과정에서 필자가 자신의 생각을 효과적으로 표현하고 전개하기 위해 사용하는 서술상의 특징을 말한다.

2) 서술 방식

(1) 정의	대상이나 용어의 범위, 개념을 규정지음으로써 그 본질적 특성을 명확하게 이해시켜 서술하는 방법
(2) 예시	일반적인 원리나 추상적인 진술 내용에 대해 구체적인 사례를 들어 생생하게 서술하는 방법
(3) 인과	어떤 결과를 가져오게 한 원인을 분석하거나 어떤 원인에 의해 결과적으로 일어난 일을 분석하여 서술하는 방법
(4) 분류	어떤 대상들이나 생각들을 공통적인 특성에 근거하여 나누거나 묶어 서술하는 방법
(5) 분석	복잡한 것을 단순한 요소나 부분들로 나누어 더욱 세밀하게 구체화시켜 서술하는 방법
(6) 묘사	감각적 인상에 의존하여 대상을 세부적으로 나누어 그림을 그리듯이 서술하는 방법
(7) 비교·대조	대상 간의 유사점이나 차이점에 근거하여 대상의 특성을 서술하는 방법
(8) 유추	어렵고 복잡한 대상이나 현상을 이와 유사성이 있는 다른 범주의 쉽고 단순한 것에 빗대어 서술하는 방법

② 독해 기본 원리

1) 독해 핵심 원리

(1) 문단 요약하기

① 한 문단엔 하나의 생각(중심 문장)이 들어있다. 그 중심 문장의 위치를 빠르게 찾아 간략히 메모하는 연습을 한다.

② 문단 요약은 요지(핵심어에 대한 추상적 진술)를 기록하는 것이다.

③ 처음에는 독해를 하면서 문단 요약을 하는 것에 시간이 오래 걸리는 것 같으나, 점차 이로 인해 독해 시간이 단축되고 정확도가 높아진다.

(2) 문단 간 관계 파악하기

① 앞선 문단 요약이 정확해질수록 문단 간 관계를 파악하는 것도 용이해진다.

② 각 문단이 시작하는 부분에 있는 접속어나 지시어에 유의한다.

③ 접속어나 지시어가 없으면 생략된 것이므로, 그 생략된 접속어나 지시어를 추리해서 채워 넣으면 문단 간 관계를 더욱 분명하게 파악할 수 있다.

> 예 '그러나' → 앞 문단에 대한 대립 / 반론과 주장 / 긍정과 부정
> '그러므로' → 앞 문단에 대한 전제와 결론(주장) / 예시와 결론 / 열거와 종합

(3) 중심 문장(주제 혹은 요지)의 위치 파악하기

① 중심 문장은 대개 처음에 오거나(두괄식) 마지막에 오는(미괄식) 경우가 많다.

② 정의, 예시, 인과, 비교·대조, 유추 등 다양한 표현 방식(설명 방법, 전개 방법)이 사용되는 문장들은 모두 뒷받침 내용이며, 그 앞에 중심 내용이 있다.

③ 다양한 표현 방식을 통해 중심 내용과 뒷받침 내용의 관계를 파악하면, 그 중심 내용을 보다 쉽고 분명하게 파악할 수 있다.

2) 효율적인 독해 방법

(1) 기호 표시로 시각화하기

> 예 ○ : 중심 화제(핵심어) 및 주요 대상 표시
> △ : 주요 접속사 표시 → '그러나', '그런데' (전환과 역접)
>   '그러므로' (결론)
> ＿ : 핵심 정보나 중심 문장에 밑줄 긋기
> ① : 나열된 정보나 특징들에 번호 표시

(2) 접속어의 뒤 주목하기

다음과 같은 접속어가 나오면 그 앞이 뒷받침 내용이고, 그 뒤가 중심 내용이므로 접속어의 뒷부분을 밑줄 쳐 시각화한다.

> 예 '그러나', '그런데', '따라서', '결국', '그러므로', '그래서', '이것은', '이처럼', '요컨대' …

(3) 접속어의 앞 주목하기

다음과 같은 접속어가 나오면 그 앞이 중심 내용이므로 앞부분을 밑줄 쳐 시각화한다.

> 예 '왜냐하면', '다시 말하면', '가령', '예를 들면' …

(4) 예시 · 부연 · 유추(비유)의 앞 주목하기

무엇에 대한 예시 · 부연 · 유추(비유)에서 그 '무엇'이 핵심 정보이다. 예시 · 부연 · 유추(비유)는 중요한 정보인 '무엇'을 설명하고 이해시키기 위해 동원한 설명 방법이다.

(5) 가장 많이 반복된 어휘가 핵심어이고, 그 핵심어에 대한 추상적 진술(서술어)이 요지(중심 문장)이다.

3) 일반적인 독해 원리

(1) 더 길게 말하는 것이 필자가 강조하는 것이다.

필자는 본인의 입장이나 의견이 담긴 화제에 대해 더 길게 언급하며 강조한다. 예를 들어, 어떤 대상에 대한 장 · 단점, 긍정적 · 부정적 측면을 함께 설명할 때 단점이나 부정적 측면에 대한 설명이 길다면, 필자는 화제에 대해 비판적인 의견과 태도를 갖고 있는 것이다.

(2) 다양한 종류의 화제가 나올 때는 마지막 것이 핵심 화제이다.

특히 마지막 화제가 앞서 나온 화제에 대한 상위어(추상어)일 때에는 반드시 마지막 상위어가 핵심 화제이다. 예를 들어, 첫째 '마고자', 둘째 '짚신', 셋째 '송편'을 화제로 올리고 마지막에 '마고자', '짚신', '송편'을 포괄해 설명할 수 있는 상위어 '전통'이라는 화제가 나오면, 앞의 세 화제는 마지막 '전통'이라는 화제를 끌어내기 위한 전제나 예시인 것이다.

(3) 물음표(?)가 있는 경우에는 그에 대한 답변(주로 해결 방안)이 있다.

필자가 '?' 형식으로 문제 제기를 할 경우 반드시 그에 대한 답변을 내리는 부분이 나온다. 바로 그 부분이 글 전체의 주제(핵심 정보)가 된다. 대개 답변은 마지막 문단의 첫 문장에 있는 경우가 많지만, '?'가 나온 다음 문단에서 바로 답하면서 두괄식으로 논의를 심화시키는 경우도 있다. 그러므로 서론에서 '?'로 문제 제기를 한 글을 독해할 때엔 반드시 그에 대한 대답을 먼저 찾아야 글 전체가 한눈에 보인다.

의문문이든 설의적인 문장이든 '?'가 있는 모든 문장은 핵심 내용이거나 핵심 내용을 안내하는(바로 뒤에 핵심 내용이 이어지는) 문장이므로 주목해야 한다. 묻고 답하는 것이나 설의적인 물음도 강조의 한 방법이기 때문에 중요하지 않으면 '?'를 사용하지 않는다.

(4) 서술어를 꼼꼼하게 읽어야 한다.

핵심어에 대한 서술어에는 대상에 대한 속성이나, 대상과 상황에 대한 작가의 관점·정서·태도 등이 담겨 있으므로 중심 내용이 된다. 따라서 독해에서 서술어는 접속사와 더불어 가장 중요한 성분이다. 문장 구조가 복잡할수록 '주어, 목적어, 보어, 서술어'를 골라 읽으면 보다 쉽게 문장의 전체 내용을 파악할 수 있다.

(5) 접속어 역할을 하는 어미에 주목해야 한다.

긴 문장 가운데에 있는 어미는 접속어와 같은 역할을 하므로 다음과 같은 어휘가 나오면 그 뒤의 중심 내용을 밑줄 쳐 시각화하는 것이 좋다.

> 예 '~하지만', '~보다도', '~되면', '~아니고', '~이므로', '~때문에', '~하므로', '~처럼', '~와 같이', '~와 달리', '그 결과', '그럼으로써' …

(6) 부연의 접속어('다시 말하면')가 나오면 더 쉬운 쪽을 통해 이해할 수 있다.

부연은 앞의 내용을 다시 설명하는 내용이므로 부연 앞의 중심 문장을 통해 내용이 파악되었다면 다시 읽을 필요가 없다. 그러나 부연 앞의 중심 문장을 이해하지 못했다면, 부연의 접속어 이하 문장을 통해 다시 한번 중심 문장을 이해할 수 있다.

(7) 헷갈리는 오답에 주의해야 한다.

출제자는 의도적으로 헷갈리는 선택지를 두 개 이상 둔다. 그러므로 단순히 답을 찾는 자세에서 더 나아가 정답과 오답의 근거를 지문에서 발견하는 연습을 해야 한다.

일반적으로 오답은 전체보다는 부분적인 내용(일부분의 사실)을, 상식적으로는 이치에 맞지만 지문의 관점과는 거리가 있는 내용을 진술한다.

③ 유형 1 - 중심 내용 파악하기

1) 문제 유형 : 필자의 주장이나 중심 생각을 파악하는 유형으로, 글의 주제나 목적, 전반적인 흐름에 대해 묻는 문제이다.

2) 해결 방식

① 글에서 언급한 소재나 화제 중 글의 핵심 내용과 관련된 중심 화제를 파악한다.

② 중심 화제는 글에서 반복되는 어휘일 가능성이 높으며, 이러한 핵심어는 필자의 관심을 반영하므로 글의 주제와 밀접한 관련을 갖고 있다.

③ 핵심어에 대한 필자의 태도, 설명 등이 드러나는 부분이 중심 문장일 가능성이 높으므로, 핵심어를 찾으면 중심 문장을 찾기 쉽다.

④ 중심 문장은 세부적이고 상세한 구체적 진술이 아닌 일반적 진술이 대부분이므로, 핵심어를 포함하면서 일반적 진술로 이루어진 문장을 찾는다.

⑤ 문단이나 지문에서 중심 문장 간의 관계를 살펴보고, 필자의 주장·의도·관점·설명 등이 두드러지게 나타나는 문장을 찾은 후 글 전체의 주제나 중심 내용을 도출한다.

예제 1 이 글의 주제로 가장 적절한 것을 고르면?

> 헌팅턴 무도병은 선천적인 유전성 질환이며, 뇌신경계를 침범하여 점점 퇴행에 이르게 한다. 주요 근육의 조절능력이 상실되며, 정신건강에도 영향을 미친다. 진행성 질환으로서 시간이 경과할수록 증상은 점점 악화된다. 1872년 미국 의사 조지 헌팅턴(George Huntington)이 처음 이 질병을 '헌팅턴 무도병'이라고 명명했는데, 이는 이 질환에 걸린 사람들이 춤추는 것과 같이 흔들거리는 동작을 취하기 때문이었다. 헌팅턴 무도병의 3대 증상은 무도증, 정신증상 및 치매이다. 병의 초기 단계에서는 무도증이 비교적 신체 일부에 국한되어 나타나지만, 질환이 진행됨에 따라 무도증이 전신으로 퍼진다. 진단이 이루어진 후 사망에 이르기까지 15~20년 정도가 소요되며, 오랜 기간에 걸쳐 병이 진행되면 결국 과다 근육긴장증과 심한 경직 상태에 이르게 된다.

① 헌팅턴 무도병의 어원
② 헌팅턴 무도병의 원인
③ 헌팅턴 무도병의 증상
④ 헌팅턴 무도병의 유전성

해설

이 글은 선천적 유전성 질환인 헌팅턴 무도병의 증상에 관하여 기술하고 있다. 헌팅턴 무도병은 진행성 질환으로 시간이 경과함에 따라 신체 일부에서 전신으로 퍼지며 악화된다. 3대 증상은 무도증, 정신증상 및 치매이다.

정답 ③

④ 유형 2 - 문장 순서 배열하기

1) 문제 유형 : 글의 분석 능력과 종합 능력을 파악하는 유형으로, 문장들 간의 논리적 관계를 이해하고 있는지 묻는 문제이다.

2) 해결 방식

① 주어진 글을 읽고 무엇에 관한 글인지, 전개 방식이 어떠한지 파악한다.

② 글의 요지를 파악하고, 순서를 찾는 데 도움이 될 만한 단서들을 찾는다.

③ 문장 간 유기적인 관계를 보여주는 접속어와 지시어에 유의한다. 때로 난도를 높이기 위해 문장 사이를 연결하는 접속어를 생략하기도 한다는 점에 주의한다.

④ 내용의 흐름이 자연스러워지도록 문장을 배열한다.

⑤ 배열한 문장 순서에 따라 글을 다시 읽어보고 논리적 순서에 맞는지 검토한다.

예제 2 주어진 문장에 이어질 내용을 순서에 맞게 나열한 것은?

> 중국의 담벼락은 집보다 높다.

> (가) 그러나 일본의 초가집에는 숫제 담이란 것이 없고, 설령 담이 있다 하더라도 내부가 환히 보이는 아주 낮은 담이다.
> (나) 한편, 우리나라의 담은 중국의 담보다 낮지만, 일본의 담보다 높다.
> (다) 아무리 발돋움을 하여도 그 내부를 들여다볼 수 없다.
> (라) 그것은 개방되어 있는 것과 다름이 없다. 우리나라의 돌담은 바로 폐쇄와 개방의 중간에 위치해 있다.

① (나) - (가) - (다) - (라)
② (나) - (라) - (다) - (가)
③ (다) - (가) - (나) - (라)
④ (다) - (가) - (라) - (나)

해설

(다) 중국의 담 높이에 대해 설명하는 제시문에 대한 부연 설명
(가) 접속 부사 '그러나'를 사용해 일본의 담 높이에 대한 설명으로 화제전환
(라) 일본의 담 높이에 대한 설명으로, (가)에 대한 부연 설명
(나) 우리나라의 담 높이에 대한 설명으로, 우리나라·중국·일본이 모두 언급되어 있기 때문에 3개국의 담에 대한 설명이 나온 뒤 마지막에 위치해야 하는 문장

정답 ④

❺ 유형 3 – 빈칸 채워 넣기

1) 문제 유형 : 글의 통일성과 일관성을 구성할 수 있는지 파악하는 유형으로, 제시된 글을 바르게 이해하고 논리적 추론을 통해 주어진 단어나 문장을 적절하게 배치할 수 있는지 묻는 문제이다.

2) 해결 방식

(1) 어휘를 넣는 문제

어휘는 사전적·지시적 의미 외에 전의적, 문맥적, 비유적·함축적 의미 등을 가지며, 글 속에서 다양한 의미를 갖게 된다. 글에 사용된 어휘의 의미를 파악하기 위해서는 사전적 의미를 바탕으로 생각하되 글 속에서의 실제적 의미가 무엇인지 살펴보아야 하며, 사전적 의미를 정확하게 모를 경우에도 그 앞뒤 문맥과 정황, 분위기 속에서 유추해 의미를 이끌어내야 한다.

사전적 의미(중심적 의미)	기본적이고 핵심적인 의미
전의적 의미	본래의 지시적 의미와 다른 뜻으로 쓰이는 것
문맥적 의미(주변적 의미)	문맥이나 상황 속에서 중심적 의미의 범위가 확장되어 다른 뜻으로 쓰이는 것
비유적 의미	주어진 단어(보조관념)가 그와 유추 관계에 있는 다른 대상(원관념)을 나타내는 것

(2) 접속어·연결어를 넣는 문제

빈칸 앞뒤 문장의 내용을 읽으면서 그 내용의 상반, 인과, 강조, 예시, 설명, 비교, 요약 등 관계를 확인한 후 적절한 접속어나 연결어를 넣는다.

예컨대	앞 문장에 덧붙여 설명할 때
그러면	• 앞의 내용이 뒤의 내용의 조건이 될 때 • 앞의 내용을 받아들이거나 그것을 전제로 새로운 주장을 할 때
그런데	• 화제를 앞의 내용과 관련시키면서 다른 방향으로 이끌어나갈 때 • 앞의 내용과 상반된 내용을 이끌 때
그러나	앞 문장과 뒤 문장이 상반되는 관계일 때
그리고 · 또(는/한)	앞 문장과 뒤 문장이 병렬 관계이거나 점층적 구조일 때
그러므로 · 따라서	앞의 내용이 뒤의 내용의 이유나 원인, 근거가 될 때

(3) 문장을 넣는 문제

글의 주제, 중심 내용 등을 통해 글의 구조와 전체 흐름을 파악한 뒤 연결어, 지시어, 대명사 등을 이용해 앞뒤 문장과의 관계를 확인하여 논리적인 공백을 찾는다.

예제 3) 다음 글의 흐름에 따라 빈칸에 들어갈 내용으로 적절한 것을 고르면?

사회가 급변하면 사람들은 이전의 생활을 그대로 수긍하지 못한다. 새로운 생활에 맞는 새로운 언어 또한 필요로 하게 된다. 그 언어가 자연스럽게 육성되기를 기다릴 수도 있지만 사람들은 대개 외국으로부터 필요한 개념의 언어를 빌려오고는 한다. 돈이나 기술을 빌리는 것에 비하면 언어는 대가 없이 빌려 쓸 수 있으므로 제한 없이 외래어를 차용한다. 이처럼 외래어의 증가는 ☐☐☐☐ 와(과) 함께 진행된다. 광복 이후 우리 사회에서 외래어가 넘쳐나는 것은 그간 우리나라의 고도성장과 결코 무관하지 않다.

① 국제화
② 사회의 팽창
③ 언어의 다양성
④ 언어의 보편성

해설

광복 이후 우리 사회에서 외래어가 증가한 이유는 우리나라가 고도성장하면서 사회가 팽창했기 때문이다.

정답 ②

예제 4) 다음 글의 (㉠)과 (㉡)에 들어갈 접속어로 가장 적절한 것은?

히포크라테스가 분류한 네 가지 기질이나 성격 유형에 대한 고대의 개념으로 성격에 대한 논의를 시작하는 것이 일반적인 방식이지만, 나는 여기에서 1884년 『포트나이트리 리뷰』에 실렸던 프랜시스 골턴 경의 논문 성격의 측정으로 이야기를 시작하겠다.
찰스 다윈의 사촌이었던 골턴은 초기 진화론자로서 진화가 인간에게도 영향을 끼쳤다고 주장한 사람이다. (㉠) 그의 관념은 빅토리아 시대적 편견을 가지고 있었고, (㉡) 그의 주장이 오늘날에는 설득력이 떨어진다. 그럼에도 불구하고 결국에는 자연 선택 이론이 인간을 설명하는 지배적인 학설이 될 것이라는 그의 직관은 옳았다.

	㉠	㉡		㉠	㉡
①	그래서	그리하여	②	그리고	그래서
③	그러나	따라서	④	그런데	그리고

해설

위 글은 초기 진화론자인 골턴의 이론을 소개하면서, 그가 시대적 편견을 가지고 있었기 때문에 오늘날 그의 주장은 설득력이 떨어지지만, 그럼에도 결국 그의 직관과 학설이 옳다는 내용을 서술하고 있다. 따라서 ㉠은 앞 문장과 상반되는 관계를 나타내는 접속어가, ㉡은 앞의 내용이 뒤의 내용의 근거가 됨을 나타내는 접속어를 쓰는 것이 적절하다.

정답 ③

⑥ 유형 4 – 내용 일치·불일치

1) 문제 유형 : 글의 전반적인 흐름과 맥락에 따른 내용 이해도를 평가하는 유형으로, 문단별 세부적인 내용을 정확하게 파악했는지 묻는 문제이다.

2) 해결 방식

(1) 설명문의 경우
① 독자가 모르는 대상이나 사실에 대해 쉽게 이해할 수 있도록 알려주는 글이므로, 설명의 대상이 무엇인지, 즉 화제를 파악하는 것이 우선이다.
② 글에서 제시된 주요 용어, 이론, 개념 등에 주의하고 그에 대한 설명을 살펴보면 핵심 정보를 파악하는 데 도움이 된다.
③ 글의 전개 방법(정의, 예시, 인과, 비교·대조, 유추 등)에 대한 이해를 바탕으로 세부 정보와 그 관계를 파악한다.

(2) 논설문의 경우
① 필자가 의견을 제시하여 독자들을 설득하는 것을 목적으로 하는 글이므로, 필자가 문제 삼고 있는 것이 무엇인지 그에 대한 태도나 제시한 해결책은 어떠한지를 파악한다.
② 필자가 의견을 객관화하기 위해 제시한 근거(논거)의 타당성과 논지 전개의 적절성, 주장의 수용 가능성 등에 대해 올바르게 판단한다.
③ 주장을 뒷받침하기 위한 근거(논거)들이 타당성을 가지고 서로 유기적인 관계를 맺고 있는지 여부를 판단한다. 이때 접속어 등 연결어에 주목하고, 특히 글의 핵심이 집약되어 있는 부분을 잘 살펴본다.

예제 5 다음 글을 이해한 내용으로 옳지 않은 것은?

> 즐거움을 얻기 위해 책을 읽을 때 우리는 메모를 하지 않고 넋을 잃은 상태로 몰입하는 것이 가장 바람직하다. 정보를 얻거나 시험을 치르기 위해 독서를 할 경우에는 메모를 하는 편이 낫다. 깨달음을 위해 독서할 경우에는 책의 종류에 따라 메모를 해도 좋고 안 해도 좋다. 이처럼 세 경우의 독서는 극적으로 다른 경험이 될 수 있다. 독서의 목적에 따라 우리는 때로 책에 푹 빠져들고 싶을 때도 있고, 우리 의도와 상관없이 책에 사로잡힐 때도 있으며, 분석을 위해 냉정한 상태를 유지하려고 노력할 때도 있다.

① 독서의 목적에 따라 책을 읽는 방식이 달라질 수 있다.
② 다양한 방식의 독서는 서로 다른 극적인 경험을 안겨준다.
③ 정보를 얻기 위해 책을 읽을 때에는 메모를 하는 편이 낫다.
④ 즐거움을 위해 독서를 할 때에도 냉정을 유지하려고 노력해야 한다.

해설

이 글에 따르면 '즐거움'을 위해 독서를 할 때에는 넋을 잃은 상태로 몰입하는 것이 가장 바람직하다. 냉정을 유지하도록 노력해야 할 때는 분석을 위해 독서를 할 때이다.

정답 ④

예제 6 다음 글을 통해 알 수 있는 글쓴이의 주장으로 가장 적절한 것은?

우리에게 친숙한 동물들의 사소한 행동을 살펴보면 그들이 자신의 환경을 개조한다는 것을 알 수 있다. 가장 단순한 생명체는 먹이가 그들에게 헤엄쳐 오게 만들고, 고등동물은 먹이를 구하기 위해 땅을 파거나 포획 대상을 추적하기도 한다. 이처럼 동물들은 자신의 목적을 위해 행동함으로써 환경을 변형시킨다. 이러한 생존 방식을 흔히 환경에 적응하는 것으로 설명한다. 그러나 이러한 설명은 생명체들이 그들의 환경 개변(改變)에 능동적으로 행동한다는 중요한 사실을 놓치고 있다.
가장 고등한 동물인 인간도 다른 생명체와 마찬가지로 생존이나 적응을 넘어서 환경에 대해 적극성을 보인다. 이는 인간의 세 가지 충동 – 사는 것, 잘 사는 것, 더 잘 사는 것 – 으로 인하여 가능하다. 잘 살기 위한 노력은 순응적이기 보다는 능동적인 모습으로 나타나게 된다. 인간도 생명체이다. 더 잘 살기 위해서는 환경에 순응할 수만은 없다.

① 인간은 환경에 적응해 왔다.
② 삶의 기술은 생존을 위한 것이다.
③ 생명체는 환경을 능동적으로 변형한다.
④ 인간은 잘 사는 것을 삶의 목표로 한다.

해설

첫 번째 문단에서 동물이 자신의 목적을 위해 환경을 변형시킨다는 내용과 두 번째 문단에서 인간도 생존과 적응을 넘어 환경에 대해 적극성을 보인다는 내용을 종합할 때 '생명체는 환경을 능동적으로 변형한다'는 내용이 궁극적인 주장임을 알 수 있다.

정답 ③

❼ 유형 5 – 추론하여 파악하기

1) 문제 유형 : 논리적으로 글을 파악하고 분석할 수 있는지 평가하는 유형으로, 지문에서 직접적으로 언급되지 않은 사항을 앞뒤 문맥과 문장을 통해 유추할 수 있는지 묻는 문제이다.

2) 해결 방식

(1) 새로운 내용의 추론은 주어진 정보에 대한 이해를 바탕으로 논리적인 인과관계를 따져서 얻어내거나 새로운 내용을 재구성하고 추리하여 얻어낸다. 이때, 글에 주어진 내용뿐만 아니라 글을 읽는 사람이 가지고 있는 배경지식의 도움을 받을 수도 있다.

(2) 제시된 글에서 사용된 추론 방식을 파악하기 위해서는 전제와 논지, 논지와 논거를 구분해야 한다. 그리고 핵심이 되는 전제, 논지, 논거를 추려내어 그것들을 재구조화해야 한다.

(3) 논증적인 글은 논지와 그에 따른 논거로 구성된다. 논거는 크게 사실논거와 소견논거로 나눌 수 있다.

① **사실논거** : 객관적인 지식이나 정보, 통계적 수치나 사실, 사료(史料), 실제로 있었던 사건 등을 내용으로 하는 논거

② **소견논거** : 일반적으로 인정되는 상식이나 특정 분야의 권위자의 의견 등을 내용으로 하는 논거

예제 7 다음 글을 통해 추론할 수 있는 내용으로 적절하지 않은 것은?

언어 지도는 일정 지역의 언어적인 차이를 한눈에 알아보도록 지도 형식을 빌려 표시한 것으로, 시간의 흐름에 따라 변화하는 언어를 공간적으로 투영한 것이다. 이것은 동일한 의미를 지닌 단어가 지역에 따라 형태가 어떻게 달리 나타나는가, 동일한 형태의 한 단어가 지역에 따라 의미가 어떻게 분화되는가 등을 시각적으로 일목요연하게 보여준다.

언어 지도는 현재 언어 상태의 생생한 모습을 보여주고, 국어의 역사적인 변화에 관한 정보를 드러내주며, 해당 지역의 역사나 문화를 반영하여 민속학적, 문학사적 연구에 도움을 준다. 또 지도에 담긴 방언형을 통해 이전 시기의 언어를 재구성하거나, 문학 작품에 나타난 방언 어휘를 이해하는 데에도 도움을 준다.

언어 지도는 자료를 기입해 넣는 방식에 따라 몇 가지로 나누는데, 그중 한 분류법이 진열 지도와 해석 지도로 나누는 방식이다. 전자가 원자료를 해당 지점에 직접 기록하는 기초 지도라면, 후자는 원자료를 언어학적 관점에 따라 분석, 가공하여 지역적인 분포 상태를 제시하고 설명하는 지도를 말한다.

진열 지도는 각 지점에 해당하는 방언형을 지도에 직접 표시하거나 적절한 부호로 표시하는데, 언어학적으로 비슷한 어형은 비슷한 모양의 부호를 사용한다. 가령 '누룽지'의 방언형으로 '누렁기, 누룽지, 소데끼, 소디끼' 등이 있다면, '누렁기, 누룽지'와 '소데끼, 소디끼'를 각각 비슷한 부호로 사용하는 것이다. 한편, 해석 지도는 방언형이 많지 않을 때 주로 이용하며, 연속된 지점에 동일한 방언형이 계속 나타나면 등어선(等語線)을 그어 표시한다.

① 언어 지도를 이용하면 언어의 통시적 연구에서 미흡한 부분을 보완할 수 있다.
② 언어 지도를 보면 김소월 시에 있는 토속적 어휘를 이해하는 데 도움이 된다.
③ 해석 지도로 나누는 방식은 원자료를 가공하여 지역적인 분포상태를 설명할 수 있다.
④ 여러 방언형 중 하나를 표준어로 정할 때, 방언형의 분포를 보여주는 지도를 활용할 수 있다.

해설

지문 내에서 언어 지도를 표준어를 정하는 데 이용할 수 있다는 근거를 찾을 수 없다.
① 1문단 첫째 줄에 따르면 '언어 지도는 … 시간의 흐름에 따라 변화하는 언어를 공간적으로 투영한 것이다.'라고 했으므로, 언어 지도를 활용하면 통시적으로 변화하는 언어 현상을 공간적으로 확인할 수 있다는 것을 알 수 있다.
② 2문단 마지막 줄에 따르면 ' … 문학 작품에 나타난 방언 어휘를 이해하는 데에도 도움을 준다.'고 했으므로, 언어 지도는 김소월 시에 있는 방언을 이해하는 데 도움이 될 것이라는 것을 알 수 있다.
③ 3문단을 통해 알 수 있는 내용이다.

정답 ④

예제 8 (가)를 바탕으로 (나)에 담긴 글쓴이의 생각을 적절히 추론한 것은?

(가) 철학사에서 합리론의 전통은 감각에 대해 매우 비판적이었다. 예컨대 플라톤은 감각이 보여 주는 세계를 끊임없이 변화하는, 전적으로 불안정한 세계로 간주하고 이에 근거하여 지식을 얻는 것은 불가능하다고 생각했다. 반대로 경험론자들은 우리의 모든 관념과 판단은 감각 경험에서 출발한다고 주장하면서 어떤 지식도 절대적으로 확실할 수는 없다고 결론짓는다.

(나) 모든 사람은 착시 현상 등을 경험해 본 적이 있기에 감각이 우리를 속일 수 있다는 것을 분명히 알고 있고 감각에 대한 어느 정도의 경계심을 지니고 있다. 하지만 그렇다고 해서 일상생활에서 자신의 감각을 신뢰하고 이에 따라 행동하는 것은 잘못이 아니다. 모든 감각적 정보를 검증 절차를 거친 후 받아들이다가는 정상적 생활을 영위하는 것 자체가 불가능해질 것이기 때문이다. 반대로, 실용적 기술 개발이나 평범한 일상적 행동과는 달리 과학적 연구는 상당한 정도의 정확성을 요구하므로 경험적 자료에 대해 어느 정도의 경계심을 유지하는 것도 당연하다.

① 실용적 기술을 개발하는 것은 일차적으로 경험론적 사고에 토대를 둔다.
② 세계는 끊임없이 변화하므로 일상생활에서는 합리론적 사고를 우선하여야 한다.
③ 과학 연구는 합리론을 버리고 철저히 경험론을 바탕으로 이루어져야 한다.
④ 감각에 대한 신뢰는 어느 분야에나 전적으로 차별 없이 요구된다.

해설

(가)에서는 전통적 합리론이 감각을 비판적으로 받아들인 반면, 경험론은 인간의 관념과 판단이 감각 경험의 영향을 받기 때문에 어떤 지식도 절대적일 수 없다고 하였다.
(나)의 마지막 문장 "실용적 기술 개발이나 평범한 일상적 행동과는 달리 과학적 연구는 상당한 정도의 정확성을 요구하므로 경험적 자료에 대해 어느 정도의 경계심을 유지하는 것도 당연하다."를 보면, 과학적 연구는 합리론을 바탕으로, 실용적 기술개발이나 일상생활은 경험론을 바탕으로 두는 것이 타당하다는 글쓴이의 생각을 추론할 수 있다. 따라서 (가)를 바탕으로 (나)에 담긴 글쓴이의 주장으로 적절한 것은 ①이다.

정답 ①

Chapter 02 이해력 실전 연습 문제

출제 포인트!

이해력은 주로 독해능력을 측정하는 문제로 구성된다. 주어진 글의 내용을 얼마나 정확하게 파악하고, 중요한 내용을 선별할 수 있는지를 묻는 문제들이 출제되고 있다. 또한, 순서가 섞인 문장 또는 문단을 글의 맥락에 맞게 배열하는 문제도 자주 출제되는 유형이므로, 글의 흐름을 논리적으로 파악할 수 있는 충분한 연습이 필요하다.
주제 및 중심내용 찾기, 지문을 통해 옳고 그름 판단하기, 지문을 바탕으르 유추할 수 있는 내용 찾기, 논리적으로 배열하기 등 다양한 유형 연습을 통해 대응력을 향상시키도록 한다.

01 글의 이해

01 ▶ 다음 글의 제목으로 가장 적절한 것을 고르면?

> 우리나라는 어린이 국가예방접종 지원사업으로 영유아·소아의 예방접종률이 90%를 넘을 정도로 예방접종이 잘 실시되고 있다. 반면 성인의 경우 예방접종을 여러 가지 이유로 빠뜨리는 경우가 많다. 하지만 성인 중에서도 각종 만성질환을 가지고 있거나 전염병에 항체가 없는 경우라면 바이러스에 취약할 수 있다.
> 우리나라 성인에게 권장되는 예방접종에는 우선 독감(인플루엔자)백신이 있다. 독감은 매년 유행하는 바이러스가 달라 매년 백신접종이 필요하다. 폐렴과 뇌수막염을 일으키는 폐렴구균도 예방접종을 통해 어느 정도 예방이 가능하다. 최근 50대 이상뿐만 아니라 젊은 층에서도 발병률이 높아지고 있는 대상포진도 백신접종을 권장하는 질환 중 하나이다. 질병관리본부 관계자는 "그동안 예방접종 사업은 영유아·소아에 집중되었지만 성인의 예방접종 역시 중요하다."며 "특히 만 65세 이상의 경우 인플루엔자와 폐렴구균 백신 비용을 지원하고 있는 만큼 적극적으로 예방접종에 참여해주길 바란다."고 말했다.

① 예방접종의 효과
② 성인 예방접종의 필요성
③ 성인에게 권장하는 예방접종의 종류
④ 젊은 층에서 증가하고 있는 전염질환 종류
⑤ 영유아·소아에 집중되어 있는 예방접종의 문제점

> **해설**

이 글은 영유아와 소아의 예방접종률이 90%를 넘는 것에 비해 성인의 예방접종률이 낮다고 언급하며, 성인에게 예방접종의 필요성을 설명하고 권하고 있다. 따라서 글의 제목으로 가장 적절한 것은 '② 성인 예방접종의 필요성'이다.

02 ▶ 다음 글의 제목으로 가장 적절한 것을 고르면?

'공공(公共)'은 공평하고 치우치지 않으며, 드러내어 놓고 여럿이 널리 한 가지로 베푼다는 의미로 해석이 가능하다. 이런 공공의 뜻과 성질을 의미하는 '성(性)'을 결합한 복합어인 '공공성(公共性)'은 '사적인 것(private)'과 구분되는 '공동체(common), 공동(public), 공개(open)'된 성질로 정의할 수 있으며 이 세 가지 요소가 유동적으로 결합되어 상황에 따라 변화하는 특성을 가지고 있다.

'공공재(Public Goods)'는 어느 한 사람이 어떤 재화나 서비스를 사용하더라도 다른 사람이 그것을 똑같이 사용할 수 있고, 심지어 비용을 지불하지 않은 사람도 함께 사용할 수 있는 것을 의미한다. 국가도로망은 도시건설에 있어 국민들의 이동권 보장을 위해 기본적으로 요구되며 사유재로 시작한 철도와는 달리 처음부터 공공재로 시작하였다.

국가도로망인 고속도로는 엄연한 공공재이며 공공성이 충분히 확보되어야 하는 대국민 교통서비스이다. 따라서 고속도로의 공공성은 도로건설이나 운영을 통해 국민 모두에게 이익이 발생하는 공익성과, 이러한 이익이 지역뿐만 아니라 도로운영 여건에 상관없이 골고루 돌아가는 형평성, 그리고 이러한 과정이 도로의 공공성을 확보하고 있는가에 대한 국민의 검증 절차를 거치는 국민과의 소통, 정책참여 등을 확보해야 한다.

① 공공재의 의의
② 공공성의 특성
③ 고속도로의 검증 절차
④ 대국민 교통서비스의 확대
⑤ 고속도로 공공성의 의미

> **해설**

윗글은 공공성과 공공재에 대한 개념과 특성을 설명하고, 국가도로망인 고속도로가 가지는 공공성의 의미에 대해 설명하고 있다.

03 ▶ 다음 글의 내용과 일치하지 않는 것을 고르면?

> 고객 미수령금이란 부실화된 금융기관의 예금자 등이 찾아가지 않은 예금보험금, 파산배당금, 개산지급금 정산금을 의미한다.
> 이를 세부적으로 살펴보면 예금보험금은 부보금융회사의 영업 인·허가의 취소 등 보험사고로 인하여 고객의 예금을 지급할 수 없을 때 공사가 해당 금융회사를 대신하여 지급하는 금액을 뜻한다. 파산배당금은 금융기관이 파산하는 경우 남는 자산을 현금화해 채권 순위 및 채권액에 따라 채권자들에게 배분하는 금액이다. 공사가 미리 지급한 금액(개산지급금)보다 파산배당금이 많을 경우 그 초과금액을 예금자에게 추가로 지급하는데, 이를 개산지급금 정산금이라 한다. 여기서 개산지급금은 부실 저축은행의 5,000만 원 초과 예금자가 파산배당금을 장기 분할 수령함에 따르는 불편함을 해소하기 위해 공사가 파산배당 예상액을 먼저 지급해 주는 금액이다.

① 부실화된 금융기관의 예금자 등이 찾아가지 않은 예금보험금은 고객 미수령금에 해당한다.
② 파산배당금은 고객 미수령금에 해당한다.
③ 예금보험금은 공사가 해당 금융회사를 대신해 지급한다.
④ 개산지급금은 공사가 파산배당 예상액을 선지급해 주는 금액이다.
⑤ 파산배당금은 금융기관 파산 시, 자산을 현금화하여 채권자들에게 동일하게 배분하는 금액이다.

해설

파산배당금은 금융기관이 파산하는 경우, 남는 자산을 현금화해 채권 순위와 채권액에 따라 채권자들에게 배분하는 금액이다. 따라서 파산배당금이 채권자들에게 동일하게 배분하는 금액이라는 ⑤의 설명은 옳지 않다.

01 ② 02 ⑤ 03 ⑤

04. 다음 글의 제목으로 가장 적절한 것을 고르면?

우리나라는 질병으로 인하여 발생할 수 있는 경제적 위험에 대비하기 위해 사회보험방식의 건강보험제도를 운영하고 있다. 1977년 제도 도입 이후 국민의 건강 수준과 의료 접근성이 획기적으로 향상되었으며, 건강보험 급여 혜택을 통해 질병 예방과 치료는 물론 국민건강 증진에 기여해 왔다.

그러나 그간 건강보험 혜택을 확대하기 위해 지속적으로 노력해 왔음에도 불구하고 건강보험 보장률은 지난 10년간 60% 초반에 정체되어 있는 등 국민이 체감하는 효과가 미흡하였다. 또한 우리나라 건강보험 보장률은 주요 OECD 국가들 평균에 비하여 다소 낮아 선진국에 비해 국민들이 직접 부담하는 의료비가 높은 수준이어서 의료비 지출은 가계 경제의 부담으로 작용하고 있다.

더불어 건강보험이 적용되지 않는 비급여 항목의 비중이 높아, 국민들이 직접 부담하는 의료비 비율은 36.8%로 OECD 평균인 19.6% 대비 1.9배이며, 40.8%인 멕시코에 이어 두 번째로 높은 수준이다. 이는 결국 중증질환으로 인한 고액 의료비 발생 위험에 대비하는 책임이 많은 부분 개인에게 맡겨져 있다는 것을 의미한다. 실제 재난적 의료비가 발생하는 비율은 4.49%에 이르며 최근에는 발생 비율이 증가하고 있다. 특히 저소득층은 재난적 의료비 발생 등 위험에 더욱 크게 노출되어 있으나, 소득 대비 건강보험 의료비 상한금액 비율은 고소득층보다 더 높아 이들에 대한 보호 장치 마련이 시급한 상황이다.

① 건강보험 보장성 강화의 개념
② 건강보험 보장성 강화 정책의 의의와 필요성
③ 국민 의료보장 실현을 위한 정책
④ 우리나라 건강보험 정책의 문제점
⑤ 우리나라 건강보험 보장률

해설

우리나라에 건강보험제도가 도입된 이유와 도입 이후의 문제점을 나열하면서, 이를 보완할 수 있는 건강보험 보장성 강화 정책의 의의와 필요성에 대해서 이야기하고 있다.

05. 다음 글을 읽고 유추할 수 있는 내용이 아닌 것은?

정부와 한국은행, 민간 연구기관, 글로벌 신용평가사가 발표한 올해 한국의 경제 성장률 전망치가 제각각이지만 그 수치는 점점 줄어 지난해보다 더 나빠질 것으로 예측하고 있다. 연초 경제 전문가들은 미·중 무역전쟁, 중국 성장 둔화 여파로 시장에는 '회색 코뿔소'의 그림자가 짙게 드리울 것으로 전망했었다. 실제로 한국 경제는 주력 산업의 수출이 악화되고, 고용·투자·소비도 부진한 모습을 보이고 있다.

회색 코뿔소는 갑작스럽게 발생하는 것이 아니라 지속적으로 위기 경고음이 울리는데도 현실화하기 전까지 간과하다가 더 큰 위험에 빠지는 것을 말한다. 미셸 부커 세계정책연구소장이 2013년 스위스 다보스포럼에서 처음 제기한 용어로, 코뿔소는 덩치가 커 움직임을 포착할 수 있지만 정작 마주치면 두려움 때문에 적절한 대처를 하지 못하거나 회피하게 되는 상황을 비유한 것이다.

회색 코뿔소와 비슷한 용어로는 그레이 스완·블랙 스완·화이트 스완이 있다. 그레이 스완이란 예측할 수 없었던 상황에서 발생해 시장에 커다란 충격을 주는 '블랙 스완'에서 파생된 말로 시장에는 이미 알려져 있고 예측 가능한 악재이지만, 마땅한 해결책이 없어 위험이 상존하는 상태를 일컫는다. 그레이 스완은 경제에 지속적으로 악영향을 줌으로써 주요 경제지표의 움직임을 제한하는 요인으로 작용한다. 경제에 미치는 파급 면에서는 그레이 스완이 블랙 스완보다는 덜하다. 화이트 스완은 과거 경험에 따라 예상할 수 있는 악재임에도 불구하고 대책을 마련하지 않고 있다가 위기를 막지 못하는 상황에 빠지는 것이다. 회색 코뿔소·그레이 스완과 비슷한 개념이지만 위험 예측 가능성이 좀 더 높다는 점에서 차이가 있다.

① 회색 코뿔소는 지속적으로 위기임을 알려주는 신호이다.
② 그레이 스완은 블랙 스완보다 경제에 미치는 파급력이 덜하다.
③ 블랙 스완에서 파생된 말이 그레이 스완이다.
④ 블랙 스완은 예측이 가능하지만 대책을 마련하지 않아 발생한다.
⑤ 화이트 스완은 과거의 경험에 따라 악재를 예상할 수 있다.

해설

3문단 두 번째 줄을 보면 블랙 스완은 예측할 수 없었던 상황에서 발생해 시장에 커다란 충격을 준다고 했으므로 ④의 내용은 적절하지 않다.

04 ② 05 ④

06. 다음 글이 전달하고자 하는 핵심 내용을 가장 바르게 파악한 것은?

> 우리 사회는 과연 어느 정도의 민주주의를 하고 있는가. 집권당과 야당을 포함한 정치 지도자들은 어떤 수준의 정치를 하고 있다고 느끼고 있을까. 국민들은 집권당과 정치 지도자들에 대해서 어떻게 생각하고 있는가. 오늘날의 상황은 이러한 물음을 반복하지 않을 수 없게 만들었다.
> 어떤 정치학자는 정치란 아무렇게나 움직이는 것이 아니라 체계적으로 움직이는 행태 체계라고 주장한다. 정치는 투입과 산출이 유기적으로 연계되어 균형적으로 작용하게 되는 경우 정상적으로 운영된다. 특히 민주 정치 제도의 경우는 다른 정치 제도들에 비해서 그 투입과 산출 과정이 원활하게 작동되어 간다. 이러한 명제가 민주 정치 제도의 특징적 기능을 가장 잘 설명해 주고 있다.
> 이러한 기본적 명제에 비추어서 우리 사회의 저변과 정치 현실에서 일어났던 일련의 사건들과 그 흐름을 분석해 본다면 앞에서 제기했던 물음에 대한 해답이 당연히 나오게 되리라고 본다. 먼저 집권당을 비롯한 정치 지도자들은 우리 사회에서 정치가 만족할 만한 수준에서 운영되고 있다고 생각하지 않을 것이다. 균형 감각을 가진 사람이라면 정치 지도자들이 민주 정치를 더 확실하게 제도화시키기 위한 노력을 해야 한다고 느끼고 있다. 우리 정치에 국민의 요구들이 어느 정도 투입되고 있고, 또 산출될 것인지 누구도 확실하게 말할 수 없는 상황이 아닌가라고 생각할 수밖에 없다.
> 행정적 차원이든 또는 정치적 차원이든 간에 어떤 과오나 실책은 즉시 밝혀지고 책임 소재가 추궁되고 또한 그에 대한 가시적 조치가 취해져야 한다. 책임 행정 없이 책임 정치가 있을 수 없고, 책임 정치 없이 민주 정치가 실현될 수 없다. 그러므로 우리는 최근 한두 달간에 일어났던 대형사고, 범죄사고, 부정사고 그리고 다른 예기치 않았던 종류의 사태가 앞으로도 일어날 수 있다는 사실에 대한 인식을 가져야 한다.

① 정치란 국민을 정치가의 의도대로 다스리는 것이다.
② 정치란 국민들의 요구가 투입되고 산출되는 과정이다.
③ 정치란 집권당과 야당 지도자들 간의 투쟁 과정이다.
④ 정치란 국민들이 잘 살 수 있도록 제도화하는 것이다.
⑤ 정치란 과오에 대한 책임 소재를 분명히 밝히는 것이다.

해설

윗글에서 정치란 국민들의 요구가 실현될 수 있게 하는 것이라고 보았기 때문에 '정치는 국민들의 요구가 투입되고 산출되는 과정'이라고 정의하는 것이 가장 적절하다.
글의 첫 부분에서는 오늘날 우리 사회의 상황에 대한 문제를 제기하고, 민주 정치 제도가 다른 정치 제도에 비해 투입과 산출 과정이 원활하게 작동되고 있음을 보여 준다. 따라서 현 상황에서 정치 지도자들이 해야 할 임무와 균형 감각의 필요성을 강조하고 정치 지도자들의 과오나 실책에 대한 명확한 가시적 조치가 필요함을 역설하고 있다.

07 ▶ 다음 글의 내용과 일치하지 않는 것은?

　우리는 하루에 차를 얼마나 타는가? 우리나라 자동차 수는 약 2,000만 대로, 국민 2.3명당 자동차 1대를 보유하고 있다. 그러나 하루 평균 차량 이용 시간은 불과 1시간밖에 안 된다고 한다. 나머지 시간은 주차장에 방치되어 있는 것이다. 카셰어링 서비스 대표업체인 한 업체는 이러한 점에 착안하여 차량공유서비스를 도입하였고, 공유를 통해 무인 차량 대여서비스를 제공하는 이 회사는 지난해 말 기준으로 회원수가 600만 명에 육박하는 등 급속한 성장세를 보였다. 이는 기존의 소유중심에서 공유중심으로 경제모델의 패러다임이 전환되고 있음을 보여주는 대표적 사례이다.
　공유경제는 자원낭비와 환경오염을 줄이고자 하는 지속가능한 성장 패러다임의 등장과 함께 유휴자원을 활용하여 부가가치를 창출하는 새로운 방식의 경제형태로 많은 관심을 받기 시작했다. 2000년대 중반 하버드대학의 로렌스 레식 교수는 소유중심의 기존 자본주의 경제와 구분하여, 이미 생산된 재화를 공유하며 가치를 극대화하는 새로운 소비 형태로 공유경제를 개념화하였다.
　공유경제는 사실 인류가 공동생활을 시작하면서 발달되어온 생활방식의 한 형태로, 전통적으로는 두레나 품앗이가 있었다. 그리고 오늘날에는 ICT 기술을 접목한 온라인 플랫폼 서비스가 도입되면서 거침없는 성장세를 보이고 있다. 이러한 유휴자원 공유를 통한 경제활동은 제공자에게는 새로운 수익 창출을, 이용자에게는 비용부담을 줄여 주는 Win-Win효과로 많은 관심을 받고 있다.
　공유경제는 공간, 물건, 지식을 공유하는 세 가지 형태로 나눌 수 있다. '공간'을 공유하는 형태로 셰어하우스, 공유주방, 공유사무실, 공유미용실 등이 운영되고 있고, '물건'을 공유하는 형태로는 공유자동차, 공유자전거, 공유킥보드 등이 있으며, 강의 및 문화강좌, 체험교실 등을 통해 재능 및 지적재산을 공유하는 '지식' 공유 사례 등이 있다. 이처럼 사회 전반에 걸쳐 불고 있는 공유의 바람은 공공부문에까지 영역을 넓히고 있다. 작년 추석 연휴기간 동안 전국 공공기관 주차장 1만6천여 곳을 무료로 개방하였던 사례와 같이 공공기관, 지자체에서 보유하고 있는 공유자원을 유휴시간에 개방하여 주민이 이를 활용할 수 있도록 하는 것이다.

출처 : 전라일보, '같이의 가치, 공유경제'

① 차량공유서비스는 기존의 소유중심에서 공유중심으로 경제모델의 패러다임이 전환되고 있음을 보여주는 대표적인 사례이다.
② 공유경제는 인류가 공동 생활을 시작하면서 발달되어온 생활방식 중 한 형태이다.
③ 공유경제는 자원 낭비와 환경오염을 줄이고자 하는 지속가능한 성장 패러다임의 등장과 함께 많은 관심을 받기 시작했다.
④ 셰어하우스, 공유주방, 체험교실 등은 공유경제에서 '공간'을 공유하는 형태이다.
⑤ 하버드대 로렌스 레식 교수는 공유경제를 소유중심의 기존 자본주의 경제와 구분하여 새로운 소비 형태로 개념화하였다.

4문단을 통해 체험교실은 '지식' 공유의 사례임을 알 수 있다.

06 ②　07 ④

08. 다음 글의 내용과 일치하지 않는 것을 고르면?

　한 사회의 발전 과정에서는 할 일이 많다. 그리고 많은 일을 해내야 한다. 그래서 이 과정에서는 자연스럽게 일을 훌륭하게 많이 해내는 능력이 요구된다. 이에 따라 실력이 있는 사람을 찾고, 그런 사람이 사회적으로 더 진출하고 출세하고 득세하게 되는 능력주의 풍토가 형성되게 마련이다.
　능력주의는 실은 전통사회에서의 귀속주의에 비하면 아주 근대화된 사회 풍토의 모습이다. 즉, 한 개인의 사회적 진출·지위·보수가 그 개인의 능력이나 업적보다는 그가 속해 있는 생득적(生得的)인 계급·가문·지연에 따라 결정되는 귀속주의보다는 근대화된 모습이라는 것이다. 아직도 여러 기관에서 때로는 능력 자체를 평가하기보다는 학벌을 따져서 직원을 채용하는 예가 있는데, 이것도 능력주의의 방향으로 졸업해야 할 일종의 귀속주의의 응어리라고 할 수 있다.
　또 한편 우리는 '실력껏, 능력껏, 마음대로, 생각대로'라는 능력주의의 가치가 정치적 민주주의의 자유의 개념과 경제적 자본주의에서의 자유 경쟁의 원리와도 원칙적으로 불가분의 관계가 있다는 점에도 생각이 미쳐야 한다. 즉, 능력주의가 바탕을 두고 있는 자유 없이는 정치적 민주주의도 그 빛을 잃고, 자유 경쟁 없이는 경제적 자본주의도 그 힘을 잃는다. 따라서 전통적 귀속주의의 청산을 위해서만이 아니라 우리가 선택한 민주적, 자본주의적 정치, 경제 체제를 발전시키기 위해서라도 능력주의는 적절하게 옹호될 수밖에 없다.
　그러나 귀속주의적 지향에서 탈피한 능력주의, 자본주의 경제의 원동력인 능력주의도 그것이 너무 팽배해 감에 따라서는 또 다른 지향과 맞부딪히게 되어 자신의 재조정을 요구받게 된다. 평등주의와의 문제가 그것이다. 점점 벌어지는 있는 자와 없는 자의 격차, 권력층과 서민층의 격차, 서울과 지방의 격차 등이다. 이런 각종 커지는 격차는 마침내 이 사회의 여러 가지 위화감을 조성하게 되어 정치적 안정에도 그리고 경제적 발전에도 점점 역기능적으로 되어 가고 있는 것을 우리는 여러 상황에서 목격하고 있다.
　능력주의는 전통적 귀속주의도 청산하면서 발전 초기에는 아주 기능적이고 필요한 지향이었다. 그러나 점점 짙어 가는 능력주의가 여러 가지 역기능을 수반하기에 이르러서는 어떤 형태로든 재조정 또는 재지향이 불가피하다. 능력주의를 통해 정치, 경제면에서 효율성을 잃지 않으면서도 평등주의를 통해 정치, 경제면에서의 공평성을 조화시켜 나가는 일이야말로 지금 우리에게 주어진 시급한 과제인 것이다.

① 능력주의만 고집하는 사회는 계층 간의 갈등에 빠질 수가 있다.
② 사회 발전의 과정에서 능력주의 풍토가 만들어진다.
③ 자본주의 체제의 유지를 위해서는 능력주의가 필요하다.
④ 자본주의 사회에서는 공평성보다는 효율성을 중시해야 한다.
⑤ 근대화된 사회에서는 개인의 능력에 의해 지위가 결정된다.

능력주의를 통해 정치·경제면에서 효율성을 잃지 않으면서도 평등주의를 통해 정치·경제면에서 공평성을 조화시켜 나가는 것이 시급한 과제라고 하였으므로, 자본주의 사회에서 공평성보다 효율성을 중시해야 한다는 내용은 적절하지 않다.

Plus 해설

① 능력주의만 고집하는 사회는 있는 자와 없는 자의 격차, 권력층과 서민층의 격차, 서울과 지방의 격차 등 사회의 여러 가지 위화감을 조성하게 되어 계층 간의 갈등에 빠질 수가 있다.
② 사회 발전의 과정에서는 일을 훌륭하게 많이 해내는 능력, 실력이 있는 사람을 찾고 그런 사람이 사회적으로 더 진출하고 출세하고 득세하게 되는 능력주의 풍토가 형성된다.
③ 능력주의가 바탕을 두고 있는 자유 경쟁 없이는 경제적 자본주의도 그 힘을 잃고, 민주적·자본주의적 정치, 경제 체제를 발전시키기 위해서라도 능력주의는 필요하다.
⑤ 귀속주의보다 근대화된 사회에서는 한 개인의 사회적 진출, 지위, 보수가 그 개인의 능력이나 업적에 의해 결정된다.

09 다음 글의 내용을 통해 알 수 있는 것은?

> 구글의 디지털도서관은 출판된 모든 책을 디지털화하여 온라인을 통해 제공하는 프로젝트이다. 이는 전 세계 모든 정보를 취합하여 정리한다는 목표에 따라 진행되며, 이미 1,500만 권의 도서를 스캔하였다. 덕분에 셰익스피어 저작집 등 저작권 보호 기간이 지난 책들이 무료로 서비스되고 있다.
> 이에 대해 미국 출판업계가 소송을 제기하였고, 2008년에 구글이 1억 2,500만 달러를 출판업계에 지급하는 것으로 양자 간 합의안이 도출되었다. 그러나 연방법원은 이 합의안을 거부하였다. 디지털도서관은 많은 사람들에게 혜택을 줄 수 있지만, 이는 구글의 시장독점을 초래할 우려가 있으며, 저작권 침해의 소지도 있기에 저작권자도 소송에 참여하라고 주문하였다.
> 구글의 지식 통합 작업은 많은 이점을 가져오겠지만, 모든 지식을 한곳에 집중시키는 것이 옳은 방향인가에 대해서는 숙고가 필요하다. 문명사회를 지탱하고 있는 사회계약이란 시민과 국가 간의 책임과 권리에 관한 암묵적 동의이며, 집단과 구성원 간, 또는 개인 간의 계약을 의미한다. 이러한 계약을 위해서는 쌍방이 서로에 대해 비슷한 정도의 지식을 가지고 있어야 한다는 전제조건이 충족되어야 한다. 그런데 지식 통합 작업을 통한 지식의 독점은 한쪽 편이 상대방보다 훨씬 많은 지식을 가지는 지식의 비대칭성을 강화한다. 따라서 사회계약의 토대 자체가 무너질 수 있다. 또한 지식 통합 작업은 지식을 수집하여 독자들에게 제공하고자 하는 것이지만, 더 나아가면 지식의 수집뿐만 아니라 선별하고 배치하는 편집 권한까지 포함하게 된다. 이에 따라 사람들이 알아도 될 것과 그렇지 않은 것을 결정하는 막강한 권력을 구글이 갖게 되는 상황이 초래될 수 있다.

① 구글의 저작권자의 갈등은 소송을 통해 해결되었다.
② 구글의 지식 통합 작업은 사회계약의 전제조건을 더 공고하게 할 것이다.
③ 구글의 지식 통합 작업은 독자들과 구글 사이에 평등한 권력 관계를 확대할 것이다.
④ 구글의 디지털도서관은 지금까지 스캔한 1,500만 권의 책을 무료로 서비스하고 있다.
⑤ 구글의 지식 통합 작업은 지식의 수집에서 편집권을 포함하는 것까지 확대될 수 있다.

08 ④

해설

3문단의 '또한 지식 통합 작업은 지식을 수집하여 독자들에게 제공하고자 하는 것이지만, 더 나아가면 지식의 수집뿐만 아니라 선별하고 배치하는 편집 권한까지 포함하게 된다.'를 통해 알 수 있다.

Plus 해설

① 2문단에 미국 출판업계와 구글 간의 합의안이 도출되었으나, 연방법원이 이 합의안을 거부하였다고 나와 있으므로 소송을 통해 갈등이 해결되지 않았음을 알 수 있다.
② 3문단에 지식 통합 작업으로 지식의 비대칭성이 강화되고, 사회계약의 토대 자체가 무너질 수 있다고 나와 있다.
③ 3문단에 구글의 지식 통합 작업으로 사람들이 알아도 될 것과 그렇지 않은 것을 결정하는 막강한 권력을 구글이 갖게 되는 상황이 초래될 수 있다고 나와 있다.
④ 1문단에 저작권 보호 기간이 지난 책들이 무료로 서비스되고 있다고 나와 있다.

10 ▶ 다음 글의 내용과 일치하지 않는 것은?

고사성어 '형설지공(螢雪之功)'은 가난 때문에 불을 밝힐 기름이 없는 진(晉)나라 사람 차윤(車胤)이 반딧불이를 잡아 그 빛으로 책을 비춰 읽었다는 데서 유래되었다. 이는 당장의 여건이 좋지 않아도 의지가 굳은 사람에게는 방법이 있다는 뜻이다. 보통 사람들에게 이 고사성어는 환경을 탓하지 말라는 교훈적인 얘기일 뿐이다. 하지만 현대의 과학자들은 이 얘기에서 언뜻 허무맹랑해 보이는 '반딧불이를 모아 그 빛을 이용했다'는 내용에 흥미를 가진다. 반딧불이는 오랫동안 여름날 아이들의 놀이 도구요, 낭만의 대상이며 시각적인 아름다움과 함께 교훈을 주는 존재였다. 수많은 시와 소설, 노래가 반딧불을 통해 자연의 아름다움과 서정을 노래했다.

개똥벌레라고도 불리는 반딧불이는 자기 몸에서 스스로 빛을 내는 곤충이다. 일본에서는 '호따루'로 불리며, 영어로는 '파이어플라이(Firefly)' 즉, 빛을 내는 파리라는 뜻을 가지고 있다. 북극과 남극을 제외한 전 세계에 1,900여 종의 반딧불이가 서식하고 있는데, 이 중 동남아에서 약 920여 종, 아메리카에서 약 430여 종이 확인되었으며, 우리나라에서는 '늦반딧불이', '애반딧불이', '운문산반딧불이', '파파리반딧불이' 등 6종류가 서식하는 것으로 확인되었다.

반딧불이의 꽁무니에서 나오는 반딧불은 사랑을 위한 신호라는 설이 일반적이다. 반딧불이의 성비는 보통 수컷과 암컷 50 : 1로 암컷 쟁탈전이 치열한데 암컷이 빛을 내 위치를 알리면 수컷은 날아가 빛을 밝히며 구애하는 것이다. 반딧불이의 구애는 성충이 된 후 2~3일 후부터 시작된다. 빛은 배에 있는 발광세포의 '루시페린(Luciferin)'이 산화하는 과정에서 나온다. 반딧불은 대개 500~600μm(마이크로미터)의 황색 또는 황록색의 파장을 갖지만 빛의 세기와 간격은 종에 따라 다르고 온도의 영향을 받는다. 반딧불의 밝기는 보통 한 마리가 3lx(럭스)로 이론상 80마리를 모으면 쪽당 20자가 인쇄된 천자문을 읽을 수 있고, 200마리를 모으면 신문을 읽을 수 있는 밝기가 된다. 하지만 반딧불은 동시에 반짝이지 않기 때문에 여러 마리를 잡아도 고사성어에 나오는 이야기처럼 책을 읽기에는 어려움이 있다. 반딧불의 특징 중 하나는 빛을 내지만 뜨겁지는 않다는 데 있다. 보통 전구는 전기의 10%만을 빛으로 바꾸고 나머지는 열로 발산한다. 이에 비해 반딧불의 효율은 98%에 이른다. 게다가 이 차가운 고효율의 화학전구는 바람이 불거나 물에 닿아도 꺼지지 않는다. 이상적인 빛이다.

이러한 반딧불의 성격은 현대 과학, 특히 유전자 연구에 기여한 바가 크다. 반딧불이의 발광 유전자는 루시퍼라제라는 유전자인데 이 루시퍼라제 유전자를 누에 등 다른 곤충의 세포주에 이식하면, 유전자를 이식받은 곤충 세포주가 반딧불이처럼 빛을 내는 것을 확인할 수 있다. 또한 발광 유전자를 바이러스에 집어넣어 각종 유해 세균을 검출하는 데에도 쓰인다. 몇 주일 동안 박테리아를 배양하는 대신 발광 유전자가 삽입된 바이러스를 감염시키면 해당 바이러스에 대한 감염 여부를 몇 시간 만에 빛의 밝기로 알 수 있는 것이다. 특히 우리나라 자생종인 '늦반딧불이'는 외국의 종보다 상대적으로 빛이 세고 큰 발광 기관을 가지고 있어 활용도가 더욱 높다.

① 반딧불이의 발광 유전자를 다른 곤충의 세포에 이식하면 반딧불이처럼 발광 현상을 경험할 수 있다.
② 반딧불이의 발광세포인 루시페린이 산화하는 과정에서 빛이 나오게 되는데, 이 빛의 세기와 간격은 종에 따라 상이하다.
③ 현재까지 밝혀진 바에 의하면 반딧불이는 아메리카에 서식하고 있는 종이 동남아에 서식하고 있는 종의 2배가 넘는다.
④ 반딧불이를 200마리 정도 모으면 이론상 600lx(럭스) 정도까지 밝아져서 신문을 읽을 수 있다.
⑤ 보통 전구와 비교하면 반딧불이는 90% 이상 고효율의 빛을 발산한다.

해설

2문단의 세 번째 문장 '북극과 남극을 제외한~'을 보면, 동남아에서 약 920여 종, 아메리카에서 약 430여 종이 확인되었다고 했으므로 동남아에서 확인된 종이 아메리카에서 확인된 종의 2배가 넘는다. 따라서 ③은 잘못된 내용이다.

Plus 해설
① 4문단의 두 번째 문장을 통해 알 수 있는 내용이다.
② 3문단의 네 번째, 다섯 번째 문장을 통해 알 수 있는 내용이다.
④ 3문단의 여섯 번째 문장을 통해 알 수 있는 내용이다.
⑤ 3문단의 아홉 번째, 열 번째 문장을 보면, 보통 전구는 전기의 10%만을 빛으로 바꾸고 나머지는 열로 발산하지만 반딧불이는 98%의 효율을 갖고 있다고 했으므로, 반딧불이가 보통 전구보다 90% 이상의 고효율을 갖고 있음을 알 수 있다.

09 ⑤　10 ③

11. 다음 글을 읽고 유추할 수 있는 내용이 아닌 것은?

> 농업의 가치를 논하면서 빠지지 않는 것이 식량 안보이다. 가장 중요한 농업의 가치는 국민 먹거리를 안정적이고 건강하게 공급한다는 취지에 있을지도 모른다. 하지만 경지면적은 지속적으로 감소하고 있고, 식량 자급률도 여전히 개선되지 않고 있다. 이런 가운데 안전하고 건강한 농산물에 대한 국민적 요구는 증가하고 있는 상황이다. 식량 자급률을 높이는 것도 어려운데, '안전하고 건강한 농산물 생산'이라는 두 마리 토끼를 동시에 잡아야 하는 상황이다.
>
> 논과 밭을 합쳐 지난 2008년 175만 9,000ha이던 국내 경지면적은 지난해 162만 1,000ha로 8%가량 감소했다. 면적으로 따지면 13만 8,000ha로 여의도 면적(8.4km^2)의 약 164배가량의 경지가 지난 10년 사이 사라진 것이다.
>
> 국민 1인당 경지면적으로 환산해도 열악하기는 마찬가지다. 지난 8월 기준 국내 인구는 5,181만 2,153명으로 지난해 경지면적을 기준으로 1인당 돌아가는 땅은 94평가량이다. 이는 1인당 100평이 안 되는 면적임을 뜻하고, 자급률 차원에서도 식량 안보는 취약하다는 것이다.
>
> 실제 농식품부가 집계하고 있는 식량 자급률에 따르면 지난 2016년 잠정치에서 쌀·보리쌀·밀·옥수수·콩·서류 및 기타 등의 식량 자급률은 50.9%로 절반을 겨우 넘기고 있다. 이는 사료용 곡물 자급률을 제외한 것으로 사료용 곡물 자급률까지 포함할 경우 자급률은 20%대로 떨어진다.
>
> 지난달 말 한국생명공학연구원은 '4차 산업 혁명 시대, 식량 안보 R&D 추진전략'을 주제로 콘퍼런스를 개최하고, 한국의 곡물 자급률이 국가 식량 안보를 위협하는 수준이라는 지적을 내놓기도 했다. 연구원은 이 콘퍼런스에서 '현재 한국의 곡물 자급률은 사료용 곡물을 포함해 24%로 국가 식량 안보를 위협하는 수준'이라고 지적했다.
>
> 또 세계적 관점에서 'UN 식량농업기구(FAO)는 2050년 세계 인구는 97억 명이 될 것으로 추정하고 있는데, 지금 추세대로 식량을 소비하면 2050년에는 지금의 1.7배가량의 식량이 필요할 것으로 전망하고 있으며, 또 현재 75억 인구 가운데 약 10억 명이 만성적인 식량부족과 영양결핍으로 고통받고 있다'고 밝혔다. 머지않아 전 세계가 심각한 식량 문제에 봉착할 것이라는 지적인 셈이다.

① 경지면적이 계속해서 감소하고 있다.
② 10년 사이에 13만 8,000ha의 경지면적이 사라졌다.
③ 국민 1인당 경지면적은 100평이 되지 않는다.
④ 2016년도의 식량 자급률은 사료용 곡물 자급률까지 포함하여 절반을 겨우 넘긴다.
⑤ 우리나라는 현재 곡물 자급률이 국가의 식량 안보를 위협하는 수준에 봉착했다.

해설

4문단을 보면, 2016년 잠정치에서 쌀·보리쌀·밀·옥수수·콩·서류 및 기타 등의 식량 자급률은 50.9%로 사료용 곡물 자급률을 제외한 것이고, 사료용 곡물 자급률까지 포함할 경우 자급률은 20%대로 떨어짐을 알 수 있다.

Plus 해설

① 1문단 세 번째 문장을 보면, 경지면적이 지속적으로 감소하고 있음을 알 수 있다.

② 2문단 두 번째 문장을 보면, 지난 10년 사이 여의도 면적의 약 164배가량에 해당하는 13만 8,000ha의 경지가 사라졌음을 알 수 있다.
③ 3문단 두 번째 문장과 세 번째 문장을 보면, 국민 1인당 경지면적은 94평가량으로 100평이 되지 않음을 알 수 있다.
⑤ 5문단의 내용을 통해 알 수 있다.

12 ▶ 다음 (가)~(마) 문단의 중심 내용으로 가장 적절하지 않은 것은?

(가) 정부는 기후변화 대응을 위하여 제1차 기후변화대응 기본 계획을 수립하였다. 기존의 감축정책 실현에 중점을 둔 계획이 아닌 감축, 기후변화 적응, 국제협력 등을 총망라한 종합계획이며, 2030년 온실가스 국가감축목표 달성 및 기후변화적응대책 추진 등을 통해 저탄소 이행을 준비하는 계획이다.

(나) 정부는 제1차 기후변화대응 기본 계획의 추진 방향으로 전 국민의 참여를 유도하며, 에너지 신산업 육성 및 확산으로 신시장 선점을 위해 ① 경제적 온실가스 감축수단 활용, ② 신산업 육성으로 경제성장 지원, ③ 기후변화에 안전한 사회건설, ④ 범사회적 실천 기반 구축 등 세부 추진 방향 및 주요 과제 7가지를 수립했다. 정부는 신 기후체제를 앞두고 국제사회에서 기후변화대응에 선도적 역할을 해온 점 등을 감안하여 2030년 국가 온실가스 감축목표를 배출전망치 대비 37% 감축하기로 결정하였다.

(다) 이에 따라 정부는 2030 국가 온실가스 감축 기본 로드맵을 발표하고, 2030년 감축량 31,500만 톤 중 국내에서는 발전, 산업, 건물 등 8개 부문에서 21,900만 톤을 감축하고 발전부문은 국내에서 가장 많은 6,450만 톤, 산업부문은 5,640만 톤을 감축토록 했다.

(라) 다만 집단에너지업종은 발전 업종에서 분리하였다. 높은 에너지 효율에도 불구하고 발전 업종과 동일하게 높은 감축률을 적용받던 집단에너지 업계의 애로를 해소하고, 산업부문은 국가경제에 미치는 영향을 감안해 감축량을 12% 이내로 고려했다. 이에 따라 건물부문 3,580만 톤, 에너지신산업부문 2,820만 톤, 수송부문 2,590만 톤, 공공/기타부문 360만 톤, 폐기물부문 360만 톤, 농축산부문 100만 톤을 각각 감축할 계획이다. 국외에서는 파리협정에서 제시한 국제시장 메커니즘을 통해 9,600만 톤을 감축할 방침이다.

(마) 국외감축은 감축 관련 국제사회 합의와 글로벌 배출권 거래시장 확대, 재원조달 방안 마련 등 전제조건 충족이 필요한 사항으로 제반 조건 진행 현황 및 감축수단별 세부 사업 발굴 결과 등을 반영해 2020년까지 온실가스 국외감축 세부 추진 계획을 마련할 예정이다. 정부는 기본 로드맵을 토대로 국제 동향 및 국내 여건 등을 반영해 매년 지속적으로 수정·보완한 '이행 로드맵'을 NDC 제출 전까지 마련해 나갈 예정이다.

① (가) : 정부의 기후변화대응 기본 계획 수립
② (나) : 기후변화대응 추진 방향 및 주요 과제
③ (다) : 국가 온실가스 감축 목표량
④ (라) : 집단에너지업종 온실가스 감축 방법
⑤ (마) : 국외감축 추진 계획 및 이행 로드맵 마련 계획

11 ④

해설

(라)에서는 (다)에서 설명한 각 부문의 감축 목표 중 예외 사항과 구체적인 사항을 설명하고 있다. 감축 방법에 대한 내용은 나타나 있지 않으므로 답은 ④이다.

13. 다음 글의 (가)~(마)를 요약한 내용으로 적절하지 않은 것은?

(가) '스튜어드십'이란 영국 중세시대에 정원의 자산을 관리하던 집사를 가리킨다. 소액 투자자들로부터 자금을 집적하여 만들어진 대규모 자금을 자본시장에서 운용하는 법인 형태의 투자 주체를 기관 투자자라고 하는데, 스튜어드십 코드는 이들에게 마치 '집사'와도 같은 의무를 부여하는 지침을 의미한다. 따라서 스튜어드십 코드가 적용될 경우, 기관 투자자들은 투자가 이루어진 기업의 의사결정에 적극적으로 참여하는 의무를 부여받게 된다.

(나) 2010년 영국에서 처음 제정된 스튜어드십 코드는 한국에서 아직 생소한 개념이다. 이 용어는 국내법에서 한 번도 사용된 바 없으며 스튜어드십 코드의 형식인 '연성규범'과 '원칙 준수 및 예외 설명', '원칙과 지침' 등 그 형식도 우리나라에 익숙한 법률의 형태가 아니다. 따라서 스튜어드십 코드는 도입 당시에 한국에서 모든 부분이 생소한 규범이었다.

(다) 스튜어드십 코드와 비슷한 한국 법률상의 책임으로는 '수탁자 책임'이 있다. 기존의 수탁자 책임이 고객과 수익자의 이익을 고려하는 것에 그쳤다면 스튜어드십 코드는 고객, 수익자뿐만 아니라 회사의 중장기적 가치 향상에 기여하여 최종적으로 자본시장과 경제의 내실 있는 발전을 도모하는 것이다. 따라서 기존의 수탁자 책임보다 그 내용이 추가되고, 구체화된 것이라고 할 수 있다. 그리고 스튜어드십 코드는 수탁자 책임이 규율할 수 없는 투자연쇄 속에서 자산소유자, 자산운용자, 의결권자문기관 등에게 포괄적으로 적용할 수 있는 특징이 있다.

(라) 한국에서는 생소한 규범이지만 스튜어드십 코드는 이미 10개국 이상이 도입한 국제적인 규범이 되었다. 비록 스튜어드십 코드는 여러 지역에서 도입되었지만 같은 스튜어드십 코드라도 그 도입 배경, 도입 내용이 지역마다 다르다. 스튜어드십 코드의 대략적인 내용은 비슷하지만 그 국가에 맞게 수정해서 수용했다는 것이 특징이다. 영국의 경우 2008년 금융위기 당시 기관 투자자가 주주의 권리를 행사하지 않고 침묵해 왔다는 것에 반성하는 차원에서 제정하였으며, 일본의 경우 디플레이션과 경기 침체에서 벗어나기 위하여 제정되었다. 한국의 경우 기업 지배구조 위험의 극복을 위해서 스튜어드십 코드를 도입하였다.

(마) 한국의 스튜어드십 코드는 아직 걸음마 단계에 있다. 따라서 스튜어드십 코드가 한국에 맞지 않는 것이라고 말하기에는 너무 이른 시기이고, 관련된 개선 방안을 고민해 보아야 한다고 생각한다. 특히 한국의 스튜어드십 코드는 국민연금의 참여 전과 후로 나뉠 것이다. 왜냐하면 국민연금은 자산 운용 규모가 막대하기 때문에 외부 자산운용자에게 운용을 위탁하는 경우가 많아서 국민연금이 스튜어드십 책임을 이행하게 되면 국민연금의 자산을 운용하는 자산운용자도 국민연금의 지시에 따라 결국 스튜어드십 책임을 이행하기 때문이다. 우리나라 스튜어드십 코드의 문제점을 잘 파악해서 개선해나가고 참여자들이 책임을 잘 이행할 수 있도록 자문 등의 지원을 해나간다면 최종적으로 기업지배구조 개선이라는 목표를 달성해서 한국 자본시장의 활성화를 견인하는 역할을 해나갈 것으로 기대된다.

① (가) : '스튜어드십 코드'의 어원과 정의
② (나) : '스튜어드십 코드'가 한국에서 생소한 개념으로 인식되는 이유
③ (다) : '스튜어드십 코드'와 '수탁자 책임' 개념의 공통점과 차이점
④ (라) : 국가별 '스튜어드십 코드'의 도입 배경과 목적
⑤ (마) : 국민연금의 '스튜어드십 코드' 도입을 위한 제도 개선 방안 소개

해설

국민연금의 스튜어드십 코드 참여에 대한 설명과 스튜어드십 코드에 대한 기대의 내용이 나와 있을 뿐 국민연금의 스튜어드십 코드 도입을 위한 제도 개선 방안에 대한 소개 내용은 나와 있지 않다.

14. 다음 글을 통해 추론할 수 있는 내용이 아닌 것은?

모든 이미지는 기호이다. 무언가가 다른 무언가를 의미적으로 가리키게 되면 기호가 된다. 이런 의미에서 모든 그림은 기호이다. 그것이 무언가를 상징하든 아니든 화면 속 이미지는 반드시 다른 무언가를 '지시'하기 때문이다. 그런데 그림이 지나치게 추상적이면 기호로서의 기능이 굉장히 약해진다. 그림 속 이미지가 특정 의미나 대상과 정확히 매칭이 되면 명료해지는 것은 사실이지만, 한정적인 문맥에서 해석되어질 수밖에 없다는 한계를 지닌다. 마찬가지로 그려진 대상이 표현적으로나 의미적으로 열려 있게 되면 해석의 확장 가능성은 확보가 되지만, 반작용으로 해석의 모호함이 수반되기 마련이다.

피카소와 브라크는 그림 속 대상을 면으로 분할하고 시점을 파괴함으로써 전혀 새로운 방식의 추상적인 이미지를 얻었다. 그런데 다중적인 시점이 공간의 새로운 질서를 만들어 버리고나니 그림 속 이미지의 기호적 기능이 현저히 떨어져 버렸다. 그래서 고안해 낸 것이 글자를 집어넣어 그려진 대상을 명시하거나 혹은 실제 사물의 이미지를 화면에 오려 붙이는 방법이다. 이렇게 생겨난 기법이 바로 '풀칠한다는 의미'를 가진 '콜라주(collage)'이다.

공간과 형태를 반자연주의적 방식으로 '재단'하여 추상에 이르렀던 것을 '분석적 단계'라고 한다. 분석적 단계를 거쳐 이미지가 추상화되자 브라크와 피카소가 선택한 방식은 화면에다 다시금 대상을 재현하고 있는 이미지를 오려 붙이는 방식이다. 입체주의의 이 단계를 '종합적 단계'라고 한다. 재현에서 추상으로, 추상에서 다시 재현으로 돌아오는 것이다.

피카소와 브라크는 모두 콜라주 기법을 사용했지만, 방법적으로는 차이를 보인다. 나무 문양의 종이를 오려 만돌린과 기타를 표현하는 방식을 보면 두 사람의 차이가 현저히 드러난다. 브라크는 몸통이 나무로 이루어진 만돌린을 나타내기 위해 나무 문양의 벽지를 오려 붙이면서, 재현된 대상의 재료적 특징을 강조한다. 반면 피카소의 기타에서 나무 문양의 벽지는 악기의 몸통이기도 하면서 배경으로 나타나기도 한다. 두 악기의 형태적 특징을 나타내기 위해 구멍을 낸 방식도 다르다. 브라크의 구멍은 그냥 구멍일 뿐이지만, 피카소의 구멍은 배경보다 한 층 위에 붙여져 있으면서 깊이감을 나타낸다. 피카소의 콜라주에는 공간의 자연적 질서가 뒤섞여 있다.

12 ④ 13 ⑤

① 추상적 그림은 필연적으로 지시성이 떨어질 수밖에 없다.
② 피카소와 브라크는 모두 새로운 질서의 공간을 창조한 화가들이다.
③ 피카소와 브라크는 추상성을 극복하기 위해서 콜라주 기법을 고안했다.
④ 재현에서 추상으로 재현하는 단계를 분석적 단계, 추상에서 재현으로 돌아오는 단계를 종합적 단계로 설명하고 있다.
⑤ 피카소와 브라크의 콜라주 기법은 방법적 측면에서는 차이가 없지만, 공간을 창조하는 방식은 같다고 할 수 있다.

해설

4문단에서 '피카소와 브라크는 모두 콜라주 기법을 사용했지만, 방법적으로는 차이를 보인다.'라고 하였으므로 ⑤는 추론할 수 없는 내용이다.

Plus 해설

① 1문단에서 모든 이미지는 기호이므로 지시성을 갖는다고 하였는데, 그림이 지나치게 추상적이면 기호로서의 기능이 약해진다고 하였으므로 추론할 수 있는 내용이다.
② 2문단에서 피카소와 브라크가 다중적 시점으로 새로운 공간을 창조했다고 했으므로 추론할 수 있는 내용이다.
③ 2문단에서 피카소와 브라크는 그림 속 이미지의 기호적 기능을 보완하기 위해서 콜라주 기법을 생각해 냈다고 하였으므로 추론할 수 있는 내용이다.
④ 3문단의 내용을 통해서 분석적 단계와 종합적 단계의 개념을 알 수 있으므로 추론할 수 있는 내용이다.

15. 다음 글에 대한 내용으로 적절하지 않은 것은?

주변과의 갈등이나 폭력 같은 스트레스를 받을 때 툭툭 털어내기도 하지만, 때로는 심각한 우울증에 빠지기도 한다. 스트레스로 인한 우울증은 이처럼 개인차가 있는 것이다. 국내 연구팀이 우울증의 개인차를 부르는 유전자를 찾아냈다. 우울증 이해에 다가가면서 증상을 완화하는 새로운 치료제를 개발할 길을 열 것으로 보인다. 최근 한국뇌연구원 뇌질환연구부 책임연구원과 선임연구원, 미국 마운트시나이대 공동 연구팀은 쥐 모델 연구를 통해 사회적인 스트레스를 받는 상황에서 우울증을 일으키는 유전자를 발견했다고 밝혔다.
  우울증은 유전에 의한 문제보다는 후천적 요인에 의해 많이 발생한다. 개인 간의 갈등이나 폭력 같은 사회적 스트레스 현상이 주된 원인이다. 하지만 같은 스트레스를 받아도 누군가는 우울증에 빠지는 데 반해 누군가는 쉽게 떨쳐내기도 하는 이유는 밝혀지지 않았다. 연구팀은 과거 연구를 통해 뇌 속 뉴런의 성장에 관여하는 뇌성장유래인자(BDNF)가 우울 행동을 유발하는 것은 확인했으나 자세한 원리는 파악하지 못했었다.
  연구팀은 쥐에게 스트레스를 준 후 스트레스를 잘 견디지 못하는 쥐를 조사했다. 쥐에게 10일 동안 자신보다 공격적인 쥐에게 공격당해 패배한 이후 하루 격리당하는 식의 장기 사회패배 스트레스(CSDS)를 줬다. 이는 군대나 학교처럼 폐쇄적이고 수직적인 관계에 장기간 노출됐을 때 나타나는 스트레스로 우울증의 원인 중 하나다. 연구팀은 CSDS로 인해 다른 쥐들과의 상호작용 빈도가 정상 때의 3분의 1 수준으로 떨어지는 우울 증상이 나타난 쥐들을 스트레스 취약군으로 분류했다.

연구팀은 취약군 쥐의 유전자를 조사한 결과 'Gadd45b' 유전자가 우울증의 개인차를 부르는 요소임을 발견했다. 스트레스 취약군 쥐들은 이 유전자의 발현 빈도가 일반 쥐보다 약 30% 높은 것으로 나타났다. 또 이 유전자가 평소에는 억제된 유전자에서 활성을 억제하는 메틸(CH)기를 떼어내 스트레스에 따른 우울 행동을 증가시키는 것으로 나타났다. 연구진은 Gadd45b 발현을 억제했더니 우울 행동이 줄어드는 것도 발견했다. 연구팀은 스트레스 취약군 쥐들에게 바이러스를 통한 유전자 조절 기법을 활용해 유전자의 발현을 줄였다. 유전자 조절을 받은 쥐들은 다른 쥐들과 상호작용을 하는 빈도가 치료 전에 비해 2배가량 증가했다. 유전자 발현을 억제해 쥐들의 우울 증상을 어느 정도 해소한 것이다.

책임연구원은 "후속 연구를 통해 특정 개인이 사회적 스트레스와 우울증에 취약한 이유와 이 성향이 자식에게 유전되는지를 밝힐 것"이라며 '우울증 진단과 치료제를 개발하는 연구에 보탬이 되길 바란다."고 말했다.

① 한국뇌연구원 뇌질환연구부, 미국 마운트시나이대 공동 연구팀은 쥐 모델 연구를 통해 사회적인 스트레스를 받는 상황에서 우울증을 일으키는 유전자를 발견했다.
② 연구팀이 스트레스 취약군에 속하는 사람의 유전자를 조사한 결과 'Gadd45b' 유전자가 우울증의 개인차를 부르는 요소임을 발견했다.
③ 연구팀은 과거 연구를 통해 뇌 속 뉴런의 성장에 관여하는 뇌성장유래인자(BDNF)가 우울 행동을 유발하는 것은 확인했으나 자세한 원리는 파악하지 못했었다.
④ 유전자 조절을 받은 쥐들은 다른 쥐들과 상호작용을 하는 빈도가 치료 전에 비해 2배가량 증가했다.
⑤ 군대나 학교처럼 폐쇄적이고 수직적인 관계에 장기간 노출됐을 때 나타나는 스트레스를 '장기 사회패배 스트레스'라고 한다.

해설

4문단 첫 번째 줄에 따르면, 연구팀은 사람이 아닌 쥐의 유전자를 조사한 결과 'Gadd45b' 유전자가 우울증의 개인차를 부르는 요소임을 발견했다.

Plus 해설
① 1문단 네 번째 줄에서 알 수 있는 내용이다.
③ 2문단 네 번째 줄에서 알 수 있는 내용이다.
④ 4문단 끝에서 두 번째 줄에서 알 수 있는 내용이다.
⑤ 3문단 세 번째 줄에서 알 수 있는 내용이다.

14 ⑤ 15 ②

[16~17] 다음 글을 읽고 각 물음에 답하시오.

> 미국 버지니아 대학 의과대학, 예일 대학, 캘리포니아 대학의 연구진은 토양과 퇴적물에 존재하는 박테리아가 전기를 어떻게 전도하는지에 대한 새로운 연구결과를 발표하였다. 이 박테리아는 자연에서 결코 찾아볼 수 없는 생물학적 구조를 가지고 있는데, 이 구조는 전자 장치를 최적화하고 매우 작은 배터리와 와이어 없는 심장 박동기를 제조하는 데 적용될 수 있다.
> 과학자들은 지오박터 설퍼레두신스(Geobacter sulfurreducens)가 선모(pili)라고 불리는 머리카락 같은 부속물을 통해서 전기를 전달한다고 알고 있었다. 그러나 이번 연구진은 선모가 아니라 완벽하게 정렬된 단백질 섬유를 통해서 전기를 전달한다는 것을 밝혀냈다. 이러한 단백질은 금속을 함유하는 분자 코어로 둘러싸여 있고 단백질 나노와이어는 사람의 머리카락 폭보다 10만 배 더 작다.
> 지오박터(Geobacter) 박테리아는 미네랄 회전율을 높이고 방사성 폐기물을 청소하는 것 등과 같이 토양에서 중요한 역할을 한다. 산소가 없는 환경에서 생존하고 과잉 전자를 제거하기 위해 나노와이어로 형성된다. 저온 전자 현미경의 해상도가 높아진 약 5년 전부터 나노와이어를 본격적으로 조사할 수 있게 되었고, 원자 수준에서 이러한 단백질 필라멘트 나노와이어의 구조를 실제로 이해할 수 있게 하였다.
> 이 연구는 매우 작은 크기의 생체 구조를 이해하게 함으로써 자연계 전체에 대한 새로운 통찰력과 유용한 아이디어를 얻을 수 있게 한다. 한 가지 예로 거미줄을 들 수 있다. 거미줄은 이번에 조사된 나노와이어와 같이 단백질로 만들어졌지만 강철보다 강하다. 이런 생체 물질과 유사한 물질을 만들 수 있다면 새로운 분야의 발전에 크게 기여할 수 있을 것이다.
> 이번 연구는 생물 에너지를 이용하는 것부터 오염 제거, 생물학적 센서 제조까지 다양한 분야에서 매우 유용하게 적용될 수 있을 것이다. 또한 박테리아로 전자 장치의 소형화를 이끌어낼 수 있을 것이다.

16 ▶ 윗글의 주제로 가장 적절한 것을 고르면?

① 단백질 필라멘트 나노와이어 구조의 연구
② 작은 크기의 생체 구조에 대한 이해
③ 새로운 생체 물질과 발전 분야
④ 단백질 나노와이어의 적용
⑤ 전기 전도성을 가진 박테리아의 새로운 발견

해설

이 글은 기존에 존재하던 박테리아의 새로운 전기 전도 방법의 발견에 대한 글이다. 기존의 연구 결과와 다르게 새롭게 발견된 연구 결과에 대한 내용이므로 ⑤가 글의 주제로 가장 적절하다.

17. 윗글을 읽고 유추할 수 있는 내용이 아닌 것은?

① 지오박터 박테리아는 과잉 전자 제거를 위해 나노와이어로 형성된다.
② 과학자들은 지오박터 설퍼레두신스가 선모라 불리는 부속물을 통해 전기를 전달한다고 알고 있었다.
③ 저온 전자 현미경 해상도가 높아진 때부터 나노와이어의 구조를 실제로 이해할 수 있게 되었다.
④ 작은 크기의 생체 구조를 이해하게 되어 자연계 전체에 대한 새로운 통찰력을 얻을 수 있게 되었다.
⑤ 이번 연구를 통해 토양과 퇴적물에 존재하는 박테리아가 선모를 통해 단백질 섬유로 전기를 전달한다는 사실을 밝혀냈다.

해설

과학자들은 기존 연구를 통해 지오박터 설퍼레두신스가 선모라 불리는 부속물을 통해 전기를 전달한다고 알고 있었으나, 새로운 연구를 통해 완벽하게 정렬된 단백질 섬유를 통하여 전기를 전달한다는 것을 밝혀냈다.

[18~19] 다음 글을 읽고 이어지는 물음에 답하시오.

일반적으로 블록체인 컴퓨터의 대표적인 기능은 4가지로 요약할 수 있다. 암호화폐 발행, 스마트계약, 디지털 자산, 탈중앙화된 P2P 기반 자동화조직(DAO ; Decentralized Autonomous Organization)이다. 그리고 이러한 4가지 기능을 가지고 만들어지는 생태계를 암호경제라고 한다.
암호화폐 발행 기능은 암호경제의 지불 수단으로서의 역할을 담당하고, 블록체인 컴퓨터의 활용법을 알면 누구든지 쉽게 다양한 특성 및 기능을 가진 암호화폐를 만들 수 있다. 스마트계약은 블록체인 컴퓨터에서 실행되는 소프트웨어로 정의한다. 스마트계약의 주요 목적은 스마트 자산, 즉 디지털 자산을 통제하기 위함이다. 스마트계약의 주요 기능으로는 디지털 자산의 거래를 하는 것이다. 이런 의미에서 스마트계약이라고 명명한 것이다.
그렇다면 디지털 자산이란 무엇인가? 디지털 자산이란 한마디로 가치가 있는 데이터를 말하는데, 여기서 짚고 넘어가야 할 중요한 사실이 하나 있다. 일반적으로 데이터를 제4차 산업혁명의 원유라고 한다. 즉, 데이터는 제4차 산업혁명의 핵심 요소라는 것이다. 향후에는 데이터를 단순한 데이터로 보는 것이 아니라 데이터가 가지고 있는 가치를 더 중요하게 생각하는 관점으로 변화할 것이다. 우리가 다루고자 하는 데이터들은 가치가 있는 데이터를 의미하고, 가치가 있는 데이터를 디지털 자산이라고 하는 것이다. 이러한 의미가 이해되면 가치 있는 데이터를 거래하는 시장이 생길 것이다. 이때 데이터를 거래할 시 사용되는 기능을 스마트계약이라 한다. 이런 측면에서 블록체인 컴퓨터가 창출하는 암호경제는 디지털 자산을 거래하는 디지털 자산 거래시장을 의미한다. 암호화폐 발행 기능이 필요한 이유는 디지털 자산 거래 시 필요한 지불수단이기 때문이다. 즉, 암호화폐 없이는 디지털 자산 거래 시장을 활성화하는 데 있어 많은 제약이 따를 수밖에 없다. 이러한 의미에서 암호화폐와 블록체인은 분리할 수 없는 것이다. 마지막으로 탈중앙화된 P2P 기반 자동화 조직의 의미는 암호경제에 참여하는 플레이어들조차도 P2P 조직으로 만들자는 것이다.

가장 중요한 것은 디지털 자산이 되는 데이터의 범위 및 종류를 한정하지 않았다는 것이다. 이는 현재 우리가 대상으로 삼는 모든 데이터를 의미한다. 금융관련 데이터인 경우에는 금융생태계를 블록체인 기반의 암호경제로, 자본관련 데이터인 경우 블록체인 기반 암호경제로 모두 블록체인 생태계로 혁신할 수 있다는 것이다.

실질적으로 우리는 데이터를 기반으로 모든 일을 하고 있고, 이는 현재의 모든 생태계를 블록체인 기반의 암호경제로 혁신할 수 있다는 것을 의미한다. 이러한 생태계 혁신 흐름을 블록체인 패러다임(Blockchain paradigm)이라고 한다. 즉, 현재 전 세계는 블록체인 패러다임을 추진하고 있다는 것이다. 이러한 기반 위에 현재의 모든 생태계는 암호화폐가 지불수단으로 사용되는 암호경제로 혁신되고 있으며, 암호화폐의 중요성을 강조하기 위해 토큰생태계라고 부르기도 한다.

18 ▶ 윗글의 주제로 가장 적절한 것을 고르면?

① 암호경제의 창출
② 암호화폐의 중요성
③ 블록체인 컴퓨터의 주요 기능
④ 암호경제와 블록체인 패러다임
⑤ 디지털 자산 거래시장의 도래

해설

블록체인 컴퓨터의 대표적인 기능 4가지에 대한 설명과 이것을 통해 만들어지는 암호경제에 대한 설명이 이어지는 글이다. 또한 이러한 흐름을 블록체인 패러다임으로 명명하고 있음을 언급하고 있다. 따라서 이 글의 주제로 가장 적절한 것은 '④ 암호경제와 블록체인 패러다임'이다.

19 ▶ 윗글의 내용과 일치하지 않는 것은?

① 블록체인 컴퓨터의 기능으로 만들어지는 생태계를 암호경제라고 한다.
② 블록체인 컴퓨터가 창출하는 암호경제는 디지털 자산을 거래하는 디지털 자산 거래시장을 의미한다.
③ 디지털 자산이 되는 데이터들은 가치가 있는 것들로 디지털 자산 거래 시 범위와 종류에는 제약이 따를 수 있다.
④ 데이터를 기반으로 하고 있는 모든 일들은 현재의 모든 생태계를 블록체인 기반의 암호경제로 혁신할 수 있다는 것을 의미한다.
⑤ 스마트계약의 주요 기능은 디지털 자산의 거래를 하는 것이다.

해설

4문단 첫 번째 줄을 보면, 디지털 자산이 되는 데이터의 범위 및 종류를 한정하지 않는다고 하였으므로 ③의 내용은 적절하지 않다.

[20~21] 다음 글을 읽고 질문에 답하시오.

여느 나라와 마찬가지로 호주에서도 차는 소유자의 라이프스타일, 취향, 지위를 보여주는 상징적인 도구가 되어 왔다. 하지만 최근 호주에서 차는 개인의 전유물에서 시민들이 공유하는 교통수단으로 인식이 변화하고 있다. 호주 카셰어링 시장이 가히 폭발적이라 현지 미디어에서는 이를 '위험한 속도'에 비유하고 있다. 한 산업보고서에 따르면, 2013년 4,560만 호주달러에 불과하던 카셰어링 시장 규모는 지난 5년간 연평균 22.4%씩 성장해 2018년에는 1억 2,070만 호주달러에 이를 것으로 보인다. 5년 후인 2023년에는 지금보다 2배 이상 성장해 2억 6,490만 호주달러 규모로 증가할 것으로 전망되고 있다. 그렇다면 호주 시장에서 카셰어링 서비스가 가파르게 성장한 배경은 무엇일까?

그 첫 번째 이유는 도심으로의 인구 유입을 들 수 있다. 이민자들의 국가인 호주는 해외에서 유입되는 인구의 지속적인 증가와 도심으로의 인구 유입 현상을 동시에 겪고 있다. 호주 정부에서는 교통 인프라 구축 차원에서 시민들이 편리하게 카셰어링 서비스를 이용할 수 있도록 적극적으로 지원한다. 카셰어링 차량 1대는 도로상의 개인소유 차량 10대를 줄이는 효과가 있어 교통 정체와 주차 문제를 해결하는 데 도움을 줄 것으로 예상된다.

또한 호주의 높은 물가는 카셰어링 서비스의 이용도를 높이는 주요한 원인이 된다. 호주의 물가는 세계 최고 수준이다. 따라서 생활비가 많이 들어 차량을 소유하는 것에 대한 부담이 큰 편이다. 특히 도시에 거주하는 이들에게는 카셰어링 서비스를 이용하는 편이 훨씬 저렴하다. 여기에 더해 주차 공간을 찾는 데 소요되는 시간을 줄일 수 있다는 장점도 있다.

호주의 인터넷 환경 발달 역시 카셰어링 서비스의 확산에 큰 영향을 끼쳤다. 호주는 불과 몇 년 전까지만 해도 세계 최하위 수준의 인터넷 속도를 보여주는 등 인터넷 환경이 매우 열악했다. 그러나 최근 호주 정부의 광통신망 구축사업으로 카셰어링 플랫폼과 같은 온·오프라인을 융합한 서비스 시장이 빠르게 성장하고 있다. 호주에서 카셰어링 서비스를 이용한 다수의 사람들은 휴대전화를 통한 온라인 플랫폼 이용에 익숙하다. 또한 소유보다는 공유를 선호하는 세대로 환경문제에도 관심이 높아 온실가스 배출 제로 차량을 이용할 수 있다면 기꺼이 돈을 더 지급할 의사가 있는 것으로 나타났다.

호주를 비롯한 전 세계는 소유에서 공유의 시대로 나아가고 있다. 호주의 카셰어링 서비스 시장은 지속 성장하고 있지만, 미국·유럽의 대도시에 비하면 아직 갈 길이 멀다. 현지의 카셰어링 서비스는 여전히 부족하기 때문에 호주는 잠재력이 높은 시장이다. 특히 차별화된 온라인 서비스 플랫폼을 보유한 국내 기업들에게는 지금이 호주 시장 진출을 시도해볼 만한 적기라고 할 수 있다.

20 윗글의 제목으로 가장 적절한 것은?

① 호주 카셰어링 서비스와 미래 산업의 향방
② 인터넷 기술의 발전과 카셰어링 서비스의 관계
③ 이민자들의 나라 호주, 카셰어링 시장 진출의 방안
④ 호주의 카셰어링 시장을 통해 본 공유경제의 가능성
⑤ 진화하는 호주의 카셰어링 시장, 그 성장 배경과 전망

> **해설**

이 글은 호주의 카셰어링 시장이 가파르게 성장한 배경과 전망에 대한 글이다. 글에서 호주의 카셰어링 시장이 성장한 배경은 도심으로의 인구 유입, 높은 물가, 인터넷 환경의 발달 등에 의한 것이라고 나와 있다. 또한 호주의 카셰어링 시장은 계속해서 성장하고 있지만, 미국이나 유럽의 대도시에 비하면 갈 길이 멀어 잠재력이 높은 시장이라고 나와 있다. 따라서 이 글의 제목으로는 '진화하는 호주의 카셰어링 시장, 그 성장 배경과 전망' 이 가장 적절하다.

21 윗글의 논지 전개 방식으로 적절한 것은?

① 예를 사용하여 어려운 개념을 쉽게 설명하고 있다.
② 공간의 이동에 따른 대상의 변화과정을 서술하고 있다.
③ 구체적인 근거를 제시하여 현상의 원인을 분석하고 있다.
④ 일반적인 견해를 비판하면서 현실에 대한 문제를 제기하고 있다.
⑤ 사건의 결말을 밝히고 그 진행 과정을 역순행적으로 서술하고 있다.

> **해설**

첫 번째 문단 마지막 문장 '그렇다면 호주 시장에서 카셰어링 서비스가 가파르게 성장한 배경은 무엇일까?'를 통해 다음 문단부터 카셰어링 서비스가 가파르게 성장한 현상에 대한 원인을 분석할 것임을 알 수 있다. 다음 문단들을 살펴보면 도심으로의 인구 유입, 높은 물가, 인터넷 환경의 발달, 환경문제 등의 근거를 제시하고 있으므로 ③이 정답이다.

02 글의 추론

01 다음은 '고속도로의 공공성 강화 방안'에 대한 글 중 일부분이다. 논리적 순서대로 알맞게 배열한 것을 고르면?

> (가) 개인이나 기업에서 독단적으로 제공할 수 있는 재화가 아니며, 수익을 기대하기도 어렵다.
> (나) 또한, 국민의 삶의 질을 향상시키는 데 큰 역할을 해왔으며, 국토 공간 발전에 있어 도로의 기능은 지금도 중시되고 있다. 앞으로도 중추적인 역할을 수행할 것으로 판단된다.
> (다) 먼저, 국가의 예산이 절대적으로 거대한 규모로 투입된다는 것이다. SOC 사업은 말 그대로 사회간접자본이며, 이로 인해 막대한 국가의 예산이 투입된다.
> (라) 도로의 특징을 살펴보면 다른 재화나 서비스와 다른 몇 가지 특징이 있다.
> (마) 하지만 도로가 가지고 있는 특성은 우리 사회에 꼭 필요한 요소이다. 도로의 공급으로 인해 물류 및 산업이 발전하고 국가 경제 발전에 큰 이바지를 한 역사는 이미 많은 전문가로부터 증명되었다.

① (다) – (나) – (가) – (라) – (마)
② (다) – (라) – (마) – (가) – (나)
③ (라) – (가) – (나) – (다) – (마)
④ (라) – (다) – (나) – (마) – (가)
⑤ (라) – (다) – (가) – (마) – (나)

해설

이 글은 '고속도로의 공공성 강화 방안' 중 도로 부문 공공성의 평가 기준에 대한 내용으로 먼저 '(라) 공공성을 지닌 도로의 특징'으로 시작하여 '(다), (가) 도로의 특징에 대한 부연 설명'으로 이어지고, (마)와 (나)의 순서로 '도로가 공적으로 필요한 이유'에 대해 설명하고 있다.
따라서 논리적 순서대로 알맞게 배열한 것은 '⑤ (라) – (다) – (가) – (마) – (나)'이다.

02 다음 문단을 글의 흐름에 맞게 순서대로 배열한 것은?

(가) 비슷한 지수로는 '스타벅스지수'를 들 수 있다. 스타벅스지수는 스타벅스 카페라테(톨 사이즈·355mL)의 가격을 이용해 실제 환율과 적정 환율과의 관계를 알아보기 위해 고안해 낸 구매력 평가 환율 지수다. 이른바 '라테지수'로도 불린다.

(나) 빅맥이 특정국에서 미국보다 싸다면 그 나라의 통화는 저평가된 것이고 균형 시장을 위해 앞으로 오르게 된다는 식이다. 올해 1월을 기준으로 한국의 빅맥 가격은 4.11달러, 미국은 5.28달러다. 빅맥 가격이 가장 비싼 곳은 스위스로 6.76달러에 달한다.

(다) 빅맥지수는 각국의 맥도날드에서 팔리는 빅맥 햄버거 가격을 분기별로 비교해 한 국가의 통화가치와 물가수준을 가늠하는 척도로 사용되어 왔다. '환율은 두 나라에서 동일한 상품과 서비스의 가격이 비슷해질 때까지 움직인다'는 이론(구매력 평가설)을 근거로 적정 환율을 산출하는 데 활용된다.

(라) 한편 햄버거 판매의 위축과 함께 국가별로 가격 할인 상품이 등장하면서 빅맥이 더 이상 국가별 물가수준 등을 가늠하는 기준 상품으로 적당하지 않다는 지적도 나오고 있다.

(마) 빅맥지수는 1986년 영국 경제 주간지 이코노미스트가 개발한 지수로 매년 1월과 7월 두 차례에 걸쳐 발표된다.

① (마) - (다) - (나) - (라) - (가)
② (다) - (마) - (나) - (가) - (라)
③ (마) - (나) - (다) - (가) - (라)
④ (다) - (나) - (마) - (라) - (가)
⑤ (마) - (가) - (나) - (다) - (라)

이 글은 빅맥지수에 대한 내용이다. 가장 먼저 (마) 빅맥지수에 대한 개념과 발표 일정에 관한 내용이 나오고, (다) 빅맥지수의 활용법에 대한 내용이 이어진다. 그리고 (나) 빅맥지수를 활용한 평가 방법에 대한 내용이 나오고, (라) 빅맥지수 사용에 대한 부당성의 제기에 대한 내용이 나온다. 마지막으로 (가) 빅맥지수와 비슷하게 사용되는 경제 용어에 대한 설명이 이어지며 글을 끝맺는다. 따라서 주어진 문단을 글의 흐름에 맞게 바르게 배열한 것은 '① (마) - (다) - (나) - (라) - (가)'이다.

03 ▶ 다음 글의 내용 흐름상 가장 적절한 문단 배열의 순서는?

(가) 회전문의 축은 중심에 있다. 축을 중심으로 통상 네 짝의 문이 계속 돌게 되어 있다. 마치 계속 열려 있는 듯한 착각을 일으키지만, 사실은 네 짝의 문이 계속 안 또는 밖을 차단하도록 만든 것이다. 실질적으로는 열려 있는 순간 없이 계속 닫혀 있는 셈이다.

(나) 문은 열림과 닫힘을 위해 존재한다. 이 본연의 기능을 하지 못한다는 점에서 계속 닫혀 있는 문이 무의미하듯이, 계속 열려 있는 문 또한 그 존재 가치와 의미가 없다. 그런데 현대 사회의 문은 대부분의 경우 닫힌 구조로 사람들을 맞고 있다. 따라서 사람들을 환대하는 것이 아니라 박대하고 있다고 볼 수 있다. 그 대표적인 예가 회전문이다. 가만히 회전문의 구조와 그 기능을 머릿속에 그려보라. 그것이 어떤 식으로 열리고 닫히는지 알고는 놀랄 것이다.

(다) 회전문은 인간이 만들고 실용화한 문 가운데 가장 문명적이고 가장 발전된 형태로 보일지 모르지만, 사실상 열림을 가장한 닫힘의 연속이기 때문에 오히려 가장 야만적이며 가장 미개한 형태의 문이다.

(라) 또한 회전문을 이용하는 사람들은 회전문의 구조와 운동 메커니즘에 맞추어야 실수 없이 문을 통과해 안으로 들어가거나 밖으로 나올 수 있다. 어린아이, 허약한 사람, 또는 민첩하지 못한 노인은 쉽게 그것에 맞출 수 없다. 더구나 휠체어를 탄 사람이라면 더 말할 나위도 없다. 이들에게 회전문은 문이 아니다. 실질적으로 닫혀 있는 기능만 하는 문은 문이 아니기 때문이다.

① (가) – (나) – (라) – (다)
② (가) – (라) – (나) – (다)
③ (나) – (가) – (라) – (다)
④ (나) – (다) – (라) – (가)
⑤ (다) – (가) – (라) – (나)

해설

(가)는 회전문의 구조를, (나)는 문의 의미를, (다)는 회전문에 대한 글쓴이의 견해를 나타내므로 가장 포괄적이고 일반적인 내용인 (나)가 가장 첫 문단으로 와야 한다. 또한 (나)의 마지막 문장에서 회전문이 어떤 식으로 열리고 닫히는지 알면 놀랄 것이라고 했으므로, 첫 문장에서 회전문의 축을 중심으로 작동 원리에 관해 설명하는 (가)가 이어져야 한다. (가)의 마지막 문장에서 회전문은 열려 있는 순간 없이 계속 닫혀 있는 셈이라고 했으므로, 이러한 구조를 가진 회전문이 일부의 사람들에게는 문의 기능을 하지 못한다는 내용인 (라)가 오고, 결과적으로 회전문은 야만이며 미개한 형태의 문임을 설명하는 (다)가 오는 것이 적절하다. 따라서 '(나) – (가) – (라) – (다)'의 순서로 배열하는 것이 가장 적절하다.

04 ▶ 다음은 A 씨가 '합리적인 사고를 생활화하자'라는 주제로 쓴 글이다. ㉠~㉤의 문장들을 논리적 구성에 맞게 재배열한 것으로 옳은 것은?

> 우리는 철학적인 사고, 특히 합리적인 사고라 하면 서양에서나 적용 가능한 것으로 치부하는 경향이 있다.
>
> > ㉠ 예컨대 공직자가 부정한 수입을 제의받았을 때, 그는 자신의 물질적인 이익뿐만 아니라 공직자로서의 사회적 책임과 직업의식을 고려하여 이를 거부할 수 있어야 한다.
> > ㉡ 우리나라에서는 어떤 일을 할 때 한 쪽에 속하지 않는 사람을 배척하고, 오히려 이상한 사람으로 몰아붙이기도 한다.
> > ㉢ 즉, 내가 어떤 일을 할 때 그 일을 통해 얻는 이익뿐만 아니라, 치러야 할 대가까지도 충분히 고려해서 결정해야 한다는 것이다.
> > ㉣ 그러나 이런 풍토는 사람의 행동을 흑백 논리로 재단하는 것으로, 삶의 균형과 조화를 위해서도 바람직하지 않다.
> > ㉤ 한편, 합리적인 사고의 핵심은 자신의 이익에만 사로잡히지 않고 전체의 차원에서 문제를 파악하고 판단하는 데 있다.
>
> 이렇듯 합리적 사고는 우리들의 생활 어디에라도 적용할 수 있으며, 그렇게 할 때 균형 잡힌 삶이 실현될 수 있다.

① ㉠-㉡-㉢-㉣-㉤
② ㉡-㉠-㉢-㉣-㉤
③ ㉡-㉣-㉤-㉢-㉠
④ ㉤-㉡-㉣-㉠-㉢
⑤ ㉣-㉤-㉢-㉠-㉡

해설

이 문제는 문맥에 맞도록 글의 흐름을 바로잡는 문제 유형이다. 우선 선택지를 보고 문단의 첫 부분에 올 수 있는 문장을 먼저 정한다. 그리고 첫 문장의 핵심어 또는 핵심 내용을 이어받을 수 있는 다음 문장을 고려하면 된다. 제시문의 첫 문장은 우리나라 사람들이 합리적인 사고방식을 무시하는 경향이 있다는 내용이다. 그러므로 다음에 이어지는 문장은 실제 생활에서 그러한 경향이 어떻게 나타나는지를 밝히고, 문제점을 지적한 다음 대안으로서 합리적 사고가 무엇인지 규정하고, 그 예를 들어 보이는 것이 가장 자연스럽다. 따라서 ㉡-㉣-㉤-㉢-㉠의 순서로 연결되는 것이 가장 자연스럽다.

05 ▶ 다음 글의 논리적 순서로 적절한 것을 고르면?

(가) 다만 그전에 소득을 파악하는 방법에도 개선이 있어야 할 것이다. 그리고 전체적으로 3단계에 걸쳐 소득 보험료 비중을 현재의 50%에서 75%로 높이고, 고령층 등 특정 계층의 부담이 한꺼번에 늘어나지 않도록 소득과 재산이 많은 피부양자부터 단계적으로 축소할 방침이다.

(나) 이처럼 소득에 부과하는 보험료 비중이 높아지게 되면, 퇴직 후 지역 가입자로 전환된 사람 대다수는 보험료가 약 45% 정도로 하락하는 효과가 있다. 또한 한 직장에서 1년 이상을 근무하다 퇴사하면, 퇴사 후 2년 동안은 직장에서 근로자 몫으로 부담하던 보험료를 그대로 내도록 하는 임의계속가입제도 이용도 가능하다.

(다) 그리고 저소득 지역 가입자의 부담을 줄이고, 고소득 피부양자의 무임승차를 막을 수 있다. 기본적으로는 서민들의 부담을 덜어주고 형평성을 강화하겠다는 것이 이번 건강보험료 부과 체계 개편의 핵심인 것이다. 이번 부과 체계 개편이 서민들의 적정급여를 가능하게 하고 국민들 간의 형평성을 줄이는 데 기여하기를 바란다.

(라) 우리나라 건강보험 제도의 시초는 1972년 200인 이상 사업장 근로자를 대상으로 시작한 것이었다. 이후 약 40여 년 동안 건강보험 제도는 수많은 변화와 개선의 역사를 이루어 왔다. 최근 국민건강보험제도는 다시 전환점을 맞이하였다. 기존과 달리 건강보험료 부과 체계가 소득 중심으로 달라질 예정이다. 즉, 수익이 높고 재산이 많은 이들에게 더 많은 보험료를 부과하겠다는 의미이다. 그 방법과 효과는 다음과 같다.

(마) 지금까지는 높은 소득과 재산이 있어도 피부양자로 등재되어 있으면 보험료를 내지 않았다. 앞으로 이러한 사람들을 지역 가입자로 전환해 보험료를 납부하게 할 방침이다. 소득의 경우 연간 최대 1억 원 기준에서 4천만 원 초과, 재산은 과표 6억 원에서 3억 5천만 원 및 연소득 3천만 원 이상부터 적용이 된다. 직장 가입자 역시 마찬가지이다. 월급 외 고소득 직장인도 단계적으로 부과를 확대한다.

① (라) – (나) – (다) – (가) – (마)
② (라) – (마) – (가) – (나) – (다)
③ (라) – (가) – (나) – (다) – (마)
④ (나) – (다) – (라) – (마) – (가)
⑤ (마) – (라) – (다) – (가) – (나)

해설

제시된 글은 건강보험료 부과 체계의 개편에 대해 말하고 있다. 따라서 전체적인 개편의 방향을 소개하고 있는 (라)가 첫째 문단으로 가장 적절하다. (라)에서 개편의 방법과 효과를 알아보고자 하였으므로 (라)의 다음으로는 개편의 방법에 해당하는 (마) – (가)가 오는 것이 적절하다. 그리고 개편으로 인한 효과를 설명하는 (나), (다)가 오는 것이 적절한데, (다)는 부과 체계 개편의 의의를 다시 한 번 정리하고 있으므로 마지막 문단으로 적절하다. 따라서 논리적 순서에 맞게 배열한 것은 '② (라) – (마) – (가) – (나) – (다)'이다.

06 다음 글의 순서를 바르게 배열한 것은?

> (가) 이러니 산재 피해자 가족들이 안전관리 의무를 다하지 않아 노동자를 죽음에 이르게 한 기업을 직접 처벌할 수 있는 '중대재난기업처벌법'의 제정을 촉구하는 것 아니겠는가. 한국은 노동자 1만 명당 사고로 숨지는 사망 만인율이 0.51로 경제협력개발기구(OECD) 최고 수준이다. 한 해 1,000명 가까운 노동자가 '일터에서의 사고'로 목숨을 잃고 있다는 사실을 잊으면 안 된다. 정부와 기업은 모든 역량을 동원하여 '안전한 일터' 만들기에 집중해야 한다.
>
> (나) 그럼에도 산재 사고가 급증하는 것은 산재 인정 문턱을 낮춰 더 많은 피해자를 '보호망'으로 끌어안았기 때문만은 아닐 것이다. 대한민국의 일터가 '후진국형'에 머물고 있기 때문이라는 것은 부정할 수 없다. 노동자의 주의 태만도 있겠으나 "2022년까지 산재 사망사고를 절반으로 줄이겠다."던 정부의 책임을 묻지 않을 수 없다. 기업의 관리 책임은 더 크다.
>
> (다) 고용노동부는 지난해 산업현장에서 재해를 당한 노동자가 10만 2,305명으로 전년도보다 14% 늘었다고 발표했다. 산재 사망자는 10% 가까이 증가했다. 사고로 971명이, 질병으로 1,171명이 각각 숨졌다. 산재 노동자가 증가한 것은 적용 사업장을 확대하고, 신청·심사 과정 등을 개선해 승인이 쉽도록 한 덕분이라고 정부는 말했다. 일터에서 사고를 당하거나 질병을 얻은 노동자가 산재 피해자로 인정받으면 배·보상 등을 통해 최소한의 삶을 유지할 수 있다는 점에서 그나마 다행스러운 일이다.
>
> (라) 사정이 이런데도 최근 산업안전보건법 시행령이 입법 예고되자, 한국경영자총협회 등 경영계가 반발하고 있다. '중대 재해가 발생했거나, 발생할 급박한 위험이 있는 경우' 정부가 작업중지를 명령할 수 있도록 한 조항을 두고, 작업중지 명령권이 남발되면 수백억~수천억 원의 피해가 우려된다는 것이다. 원청업체에 산재사고의 책임을 일부 물리도록 한 조항에 대해서도 "기업을 범법자로 만들겠다는 것이냐."며 불만을 토로했다고 한다. 중대 재해가 일어나면 작업을 중지하고 일터가 안전한지를 살피는 일은 정부와 기업의 의무이자 책임이다. 경영계의 반발은 "위험과 함께 책임도 외주화하겠다."는 것이나 다를 바 없다.

① (라) – (가) – (나) – (다)
② (라) – (가) – (다) – (나)
③ (다) – (나) – (라) – (가)
④ (다) – (나) – (가) – (라)
⑤ (다) – (라) – (가) – (나)

해설

(다)를 제외한 문단은 연결어로 시작되기 때문에 글의 맨 처음에 올 수 없다. 따라서 (다)의 고용노동부가 발표한 결과가 제일 앞에 제시되는 것이 적절하다. (다)에서 승인이 쉽도록 한 덕분에 산재 노동자가 늘었다고 한 정부의 발표가 나왔으므로, (나)의 그럼에도 그것 때문만은 아닐 것이라는 내용이 이어지는 것이 자연스럽다. 남은 (라)와 (가)의 내용을 살펴보면 내용상 (라)가 앞에 나와야 하며, 정부와 기업의 역할을 상기시키며 글을 마무리 짓는 (가)가 마지막에 나오는 것이 적절하다. 따라서 정답은 '③ (다) – (나) – (라) – (가)'이다.

07 ▶ 다음 (가)~(라) 단락을 맥락에 맞게 순서대로 배열한 것은?

정부 주도의 주택 보급이 활성화되던 1970년대에서 1990년대는 '벽돌의 시대'였다. 그러나 이후 구조와 건축 재료의 발달로 벽돌은 저렴한 저층 건축 재료로 낙인찍혔다. 하지만 벽돌은 최근 개성 넘치는 새로운 옷으로 다시금 주목받고 있다.

(가) 과거 벽돌은 근대성을 상징하는 재료였다. 또한 벽돌은 재활용이 가능한 재료로 광복 후 전란으로 폐허가 된 서울을 신속하게 복구하는 데에도 쓰였다. 근대화와 함께 도입된 벽돌은 1970년대까지 활발하게 사용되었는데, 소규모 주택을 공급하는 건축업자들이 만드는 '블란서 2층 양옥집'이 유행했을 때에도, 대부분이 붉은 벽돌집이었다. 이후에 '집' 하면 자연스레 '붉은 벽돌집'을 떠올릴 정도로 많은 벽돌집이 지어졌다.

(나) 최근엔 구조재가 아닌 치장재로 새롭게 주목받기 시작하며 다양한 색깔과 독특한 쌓기 방식으로 건물의 외벽에서 개성을 드러내고 있다. 여기에는 크게 두 가지 이유가 있다. 우선 건축 기술의 발달로 벽돌이 건물의 힘을 받는 구조체로부터 독립해 외장재로 자유롭게 사용할 수 있게 되었다는 점이다. 벽돌을 활용한 다양한 쌓기 방법이 개발되고 철물의 개발로 높이 쌓는 것이 가능해지면서 고층 건물의 외부를 벽돌로 장식하여 얻는 시각적 독특함이 눈길을 끌 수 있게 된 것이다.

(다) 1980~90년대 이후 아파트 시장의 활황으로 대형 건설업자들이 콘크리트로 아파트를 수없이 짓고 있을 때, 소규모 주택 시장의 건축업자들은 공동주택에 '빌라'라는 이름을 붙이고 콘크리트 내력벽 위에 화강석을 건식으로 붙인 저품질 주택을 양산했고, 자연스레 대중은 붉은 벽돌집은 싸구려 집이라는 인식을 갖게 되었다. 기술의 발달과 재료의 다양화 역시 벽돌을 멀어지게 만든 원인 중 하나다. 어떤 건축가들은 물성을 드러내는 재료로써 노즐 콘크리트를 진지하게 탐구하기 시작했으며, 어떤 건축가들은 건물의 '스킨'이라 하여 건물 외벽을 금속 패널로 치장하는 데 몰두하기도 했다. 이 사이에 벽돌건축은 점차 건축가들의 관심에서도 멀어져 갔다.

(라) 그러나 무엇보다 가장 중요한 것은 벽돌에는 자연스럽고 친숙한 이미지와 느낌이 있다는 것이다. 벽돌은 흙을 구워서 만든다. 그리고 천연 재료라는 이미지와 더불어 가지런한 줄눈은 안정감을 준다. 게다가 한국처럼 다습하며 기온 변화가 심한 곳에선 건축 재료의 오염이 많은 편인데 벽돌은 다른 건축 재료에 비해 변형이나 오염으로 인한 문제가 상대적으로 적다. 이것이 많은 사람들이 벽돌 외벽을 선호하는 이유다.

① (가) - (나) - (다) - (라)
② (가) - (다) - (나) - (라)
③ (가) - (다) - (라) - (나)
④ (나) - (라) - (가) - (다)
⑤ (라) - (나) - (가) - (다)

해설

이 글은 시간 순서대로 진행되고 있다. (가)에서 1970년대까지 벽돌의 쓰임이 활발했음을 말하고 있고 (다)에서 1980~90년대 이후에 벽돌에 대한 인식이 변화했음을 이야기하고 있다. (나)와 (라)는 최근 이야기를 하고 있는데, (나)에서 최근에 벽돌이 다시 주목받기 시작했음을 알리고 (라)에서 '무엇보다 중요한 것은'으로 문장을 시작하며 (나)의 내용을 보충하고 있다. 따라서 정답은 (가) - (다) - (나) - (라)이다.

08 ▶ 다음의 문단을 순서대로 가장 바르게 배열한 것은?

(가) 연구내용에 따르면 지난 세기 네델란드에선 작은표범나비를 비롯해 상제나비, 높은산점배기숫돌나비 등 15종의 나비가 멸종하였다. 또 개체 수가 급감한 종이 71여 종에 달했다. 실제론 이보다 훨씬 많은 종의 나비들이 개체 수 감소 현상을 겪고 있다고 연구팀은 확신했다. 나비보호협회의 크리스 반 스와이예와 그의 연구팀은 1890년부터 1980년 사이에 수집가들이 잡은 12만 마리의 나비와 200만 건의 목격을 과학적 데이터로 분석했다. 연구팀은 "이번 연구는 곤충의 총 질량이 해마다 2.5% 감소하고 있다는 국제 보고에 이은 또 다른 경고"라고 강조했다.

(나) '튤립의 땅'이라고 불리는 네덜란드에서 사라지는 나비의 수가 엄청난 것으로 나타났다. 영국 가디언은 지난 130년 동안 네덜란드의 나비 개체 수가 84%나 감소했다는 네덜란드 나비보호협회(Dutch Butterfly Conservation)의 연구 결과를 최근 보도했다.

(다) 이에 연구팀은 "향후 2년 안에 유럽연합은 새로운 정책을 고안해 자연을 파괴하는 농업에 대한 대응책을 마련해야 한다."면서 "아직까진 기존 농업방식을 유지하려는 대규모 농장이 더 많지만 생물다양성을 보장하는 방식으로 바꿔보려는 소규모 농업인들도 점차 늘고 있어 희망이 아주 없진 않다."고 전했다.

(라) 네덜란드에서 이처럼 나비 종이 급감하는 이유는 농업의 발달이 큰 영향을 미쳤다. 이번 연구를 이끈 스와이예 연구원은 "비슷한 시기에 영국에서도 나비 다섯 종이 멸종했는데, 높은산점배기숫돌나비는 스웨덴에서 채취한 유충을 통해 성공적으로 복원되었다."면서 "영국과 달리 네덜란드에서 나비가 급격히 모습을 감춘 이유는 농업이 발달하면서 나비를 위한 공간이 얼마 남지 않았기 때문"이라고 설명했다. 연구팀에 따르면 1950년 이전 네덜란드의 초원은 흡사 현재의 자연보호구역과도 같았다. 토양은 충분히 젖어 있었고, 풍부한 개체의 꽃이 자랐으며, 1년에 1회 또는 2회 정도만 가축들이 풀을 뜯었을 뿐 그 외 농업의 영향을 전혀 받지 않았다.

(마) 그러나 1950년대 이후 20년 동안 시골마을이 재건되면서 초원은 물에 잠겼고, 단 한 종의 풀만 자라나기 시작했으며, 가축은 이전보다 6배 더 자주 풀을 뜯어 먹었다. 게다가 어마어마한 양의 비료까지 땅에 뿌려지면서 네덜란드에는 나비를 위한 공간이 얼마 남지 않게 되었다. 결국 나비가 설 자리는 도로변이나 자연보호구역을 제외하고는 전부 사라진 것이다. 한 종의 멸종은 먹이사슬에 영향을 미치기 때문에 결국 나비의 멸종은 연쇄적으로 새, 포식자까지 부정적인 영향을 가져올 위험이 있다.

① (가) – (다) – (라) – (마) – (나)
② (나) – (가) – (다) – (라) – (마)
③ (나) – (가) – (라) – (마) – (다)
④ (나) – (라) – (마) – (다) – (가)
⑤ (라) – (마) – (다) – (나) – (가)

해설

네덜란드에서 나비의 개체 수가 크게 감소한 이유와 영향에 대해 설명하는 글이다. (나) 나비 개체 수가 감소했다는 연구 결과에 이어 (가) 상세한 연구 내용이 나온다. (라), (마)에서 네덜란드에서 나비의 개체 수가 급감한 이유를 설명하고 있고, (다)에서 앞서 말한 원인에 대한 대응 방안의 필요성에 대해 말하고 있다.
따라서 문단을 순서대로 바르게 배열한 것은 '③ (나) – (가) – (라) – (마) – (다)'이다.

09 ▶ 4차 산업혁명의 도래를 주제로 다음 문단을 순서대로 가장 바르게 배열한 것은?

(가) 4차 산업혁명 시대에서 기술 및 산업 간 경계가 붕괴하게 될 것이며, 제품과 서비스의 부가가치를 누가 창출할 것인가를 두고 기업 간 치열한 경쟁이 있을 것으로 보인다. 전통적인 산업이라 하더라도 AI, IoT 등의 미래기술에서 벗어날 수는 없으며, 특히 타 산업 또는 타 기술의 발전으로 인해 기업이나 산업이 소멸될 수도 있다.

(나) 선진국들의 경우 우리나라만큼 '4차 산업혁명'이라는 단어에 집중하고 있지 않으나, 기업 또는 국가 단위에서 미래를 대비하고 있다. 예를 들어, 미국은 실리콘밸리의 'FANG(Facebook, Apple, Netflix, Google)' 중심, 일본은 Society 5.0, AI 산업화 로드맵 등 중심, 독일은 첨단기술전략 2020 산업 4.0 & Labor 4.0을 동시에 계획하거나 추진 중에 있다. 특히 빠른 속도로 성장하고 있는 중국은 AI와 빅데이터를 중심으로 4차 산업혁명 시장을 선도하고 있다.

(다) 최근 기술발전으로 인해 아날로그 시대의 장인 정신은 디지털 시대의 현명한 시행착오로 변화하고 있다. 전통적인 방식의 PDS(plan-do-see)는 자동차 산업의 충격시험, 전자제품 테스트 등과 같은 완전한 데이터 또는 경험을 중심으로 결정되거나 실행되었다. 하지만 미래에서는 린 스타트업(lean start-up) 중심이 될 것이며, 이는 plan(계획)이 없어진 Learn(학습)-Build(실행)-Measure(평가)의 형태로 변화할 것이다.

(라) 예를 들어, 알리바바의 4억 개의 광군제 광고는 전통적인 방식으로 만들어진 것이 아닌 자체적으로 개발한 AI인 '루반'을 통해 광고를 제작하였다. 이는 일정 수준으로 노출한 뒤, 반응이 있으면 발전시킨 형태의 광고를 제작하는 형태로서 철저한 계획보다는 인공지능을 통해 일정한 학습을 하여 서비스를 발전시키는 전형적인 4차 산업혁명의 실질적인 예라고 할 수 있다.

(마) 우리나라는 4차 산업혁명의 늦은 추진을 만회하기 위해 방향성을 '지능화 혁명'에 두고 집중하고 있다. 2016년 다보스포럼에서 제기된 4차 산업혁명의 범위는 바이오, 에너지, 데이터 등을 포함하였으나 늦은 출발과 복잡한 산업구조로 인하여 효율적 선택을 하였다. '지능화 혁명'은 인공지능을 주축으로 데이터, 네트워크, IoT 등을 연계하는 것을 의미하며 발전 속도와 범위에 따라 좀 더 넓은 범위로 확장될 수 있다.

① (나) – (라) – (가) – (다) – (마)
② (다) – (라) – (나) – (가) – (마)
③ (다) – (마) – (가) – (나) – (라)
④ (마) – (가) – (나) – (라) – (다)
⑤ (마) – (다) – (라) – (가) – (나)

해설

4차 산업혁명의 도래를 주제로 한 글이다. 가장 먼저 (마) 우리나라가 현재 4차 산업혁명에서 집중하고 있는 분야와 (다) 전통적인 방식에서 미래로 나아가며 변화하는 기술 방식에 대한 설명이 이어지고, (라) 그 방식에 대한 예를 들어 설명하고 있다. 이어서 (가) 변화된 4차 산업혁명 시대의 기술과 산업에 대한 내용이 나오고, 마지막으로 (나) 4차 산업혁명을 대비하는 선진국들에 대한 내용이 나와야 한다.
따라서 정답은 (마) – (다) – (라) – (가) – (나)이다.

10 다음 문단을 문맥의 흐름에 맞게 순서대로 바르게 배열한 것을 고르면?

(가) 따라서 기존 방식의 '사회적 책임 활동'은 기업이 창출한 수익의 일정 부분을 재분배하여 사회로 환원하는 방식으로 진행되기 때문에 수익성이 악화되면 '사회적 책임 활동' 관련 지출액이 감소되는 문제점을 가지고 있다. 실제로 우리나라 대기업들의 사회공헌 활동 지출 금액은 2012년 3조 2,500억 원에서 2013년 2조 7,700억 원, 2014년 2조 6,708억 원 등 해마다 줄어들고 있으며, 기업의 사회공헌 활동은 기업의 이익에서 일부를 통해 금액이 지출되기 때문에 기업의 수익성이 악화될 경우 지출액이 줄어들 수 있다는 한계가 있다.

(나) 하지만 일부는 '공유가치 창출'이 '사회적 책임 활동'을 대체하는 새로운 패러다임이 아니며 실제 업계에서도 큰 반응을 보이지 않는다는 점에서 부정적인 견해를 제시하기도 한다. '공유가치 창출'의 개념 자체가 모호하고 '공유가치 창출'을 위한 구체적인 전략이 무엇인지, 그리고 '공유가치 창출'이 '사회적 책임 활동'과 어떻게 차별화되는지 구분하기란 쉽지 않다. 따라서 현재 '사회적 가치' 실현에 대한 요구가 증대되어 기업의 '공유가치 창출'에 대한 관심이 높아지고 있는 상황에서 어떠한 활동을 해야 하는지 다양한 시각에서 검토할 필요성이 있다.

(다) 새 정부가 들어서면서부터 '사회적 가치'가 주목을 받기 시작하였지만, 이것은 우리나라만의 특이한 현상이 아니다. 전 세계적으로 기업의 '사회적 책임 활동(Corporate Social Responsibility ; CSR)'으로 대표되는 사회공헌 활동이 주목을 받고 있다. 기업 이미지 개선과 지속가능경영 그리고 기업이 외부요인에 대응하는 기회비용 차원에서 기업의 '사회적 책임 활동'이 점점 중요해지고 있다. 기업과 정부는 전통적으로 수익 창출과 공익 창출이라는 상충되는 목표를 가지고 있는 배타적인 관계이지만 독립적으로 비대칭적 빈부 격차와 지구 온난화를 해결할 수 없다는 한계점을 공통으로 인식하고 있다.

(라) 하지만 기업의 '사회적 책임 활동'은 많은 제약 사항을 가지고 있다. 대부분의 기업들이 기부와 후원을 통해 적극적인 사회공헌 활동을 진행하고 있는데, 이러한 행위가 궁극적으로 기업이 '사회적 책임 활동'을 비용으로 인식하게 하여 이윤 추구에 제약 요인으로 간주하게 되었다.

(마) 이렇듯 기존의 사회적 기여 방식의 한계가 나타남에 따라 기업은 사회적 문제 해결을 위해 이전과는 다른 방식의 접근이 필요하게 되었고, 이때 등장한 개념이 바로 '공유가치 창출(Creating Shared Value ; CSV)'이란 개념이다. '공유가치 창출'은 '사회적 책임 활동'과 같은 기존 사회공헌 활동이 기업에 있어 일종의 자선 행위였던 것에 반해, 기업 자신의 이익을 위한 활동으로 '사회적 가치' 창출을 통한 기업 수익 증진을 목표로 하는 새로운 경영 방식이다. Porter&Kramer가 처음 제기한 것으로 기업은 새로운 사회적 문제해결 방식을 통해 '사회적 가치'를 창출하고 동시에 경제적 수익도 창출한다는 점이 특징이다.

① (다) – (나) – (가) – (라) – (마)
② (다) – (가) – (마) – (나) – (라)
③ (다) – (나) – (마) – (가) – (라)
④ (다) – (라) – (가) – (마) – (나)
⑤ (다) – (라) – (마) – (나) – (가)

해설

이 글은 사회적 가치 실현에 대한 기업의 역할에 대한 내용으로 (다) 우리나라뿐만 아니라 전 세계적으로 중요해지고 있는 '사회적 책임 활동'과 그 한계점을 설명하고, (라) 기업의 사회적 책임 활동의 제약 사항과 (가) 제약 사항의 문제점과 한계, 이어서 (마) 문제를 해결하기 위한 새로운 방식의 '공유가치 창출' 개념과 기존 사회적 책임 활동과의 차이점, (나) 공유가치 창출 개념의 부정적 견해에 대해서 설명하고 있다.

따라서 문맥의 흐름에 맞게 순서대로 바르게 배열한 것은 '④ (다) – (라) – (가) – (마) – (나)'이다.

11 ▶ 다음 |보기|에 이어질 내용을 논리적 순서에 맞게 배열한 것은?

| 보기 |

분식(粉飾)은 '실제보다 좋게 보이도록 거짓으로 꾸미는 것'을 의미한다. 즉, 분식회계는 회사의 실적을 좋게 보이게 하기 위해 회사의 회계장부를 조작하는 것이다.

(가) 여기에 투자자나 채권자가 분식 결산된 재무제표를 보고 투자한 후 손해를 보면 손해배상 청구소송을 할 수도 있다. 여기서 끝이 아니다. 회계감사 보고서를 금융감독원이 다시 한 번 조사해 분식회계 여부를 밝혀내는 '감리'라는 장치도 존재한다.
(나) 예를 들면 가공의 매출을 기록한다거나 발생한 비용을 적게 계상해 누락시키는 등의 방법으로 재무제표상의 수치를 고의로 왜곡할 수 있다.
(다) 한편 분식회계와 반대로 세금 부담이나 노동자에 대한 임금 인상을 피하기 위해 실제보다 이익을 적게 계상하는 것을 '역분식회계'라고 한다.
(라) 따라서 기업은 분식회계를 막기 위한 감사를 둬야 한다. 또 외부감사인인 공인회계사로부터 회계감사를 받도록 되어 있다. 분식회계를 제대로 적발하지 못한 회계법인에는 불이익이 돌아간다. 영업정지나 설립 인가 취소 결정을 받을 수 있다.
(마) 팔지도 않은 물품의 매출 전표를 끊어 매출 채권을 부풀리거나 창고에 쌓인 재고의 가치를 장부에 과대 계상하는 수법도 많이 사용된다. 이는 주주와 채권자들의 판단을 왜곡함으로써 그들에게 손해를 끼치는 것은 물론 탈세와도 관련이 있어 법으로 금지되었다.

① (나) – (라) – (가) – (다) – (마)
② (나) – (마) – (라) – (가) – (다)
③ (가) – (나) – (마) – (라) – (다)
④ (마) – (가) – (라) – (다) – (나)
⑤ (마) – (나) – (라) – (가) – (다)

해설

이 글은 분식회계에 대한 내용으로 |보기|에서 분식회계의 정의를 설명하고, (나) 분식회계에 대한 예시가 나온다. 그다음 (마) 분식회계의 수법과 금지에 대한 내용이 차례로 이어지고, (라), (가)의 분식회계를 막기 위한 방안이 나오며, (다) 분식회계의 반대 개념인 '역분식회계'에 대한 내용이 나온다.

따라서 |보기|에 이어질 내용을 논리적 순서에 맞게 배열한 것은 '② (나) – (마) – (라) – (가) – (다)'이다.

10 ④ 11 ②

12. 다음 |보기|에 이어질 내용을 논리적 순서대로 알맞게 배열한 것은?

| 보기 |

학생들은 시험 기간과 숙제를 위해 밤을 새우는 경우가 많으며, 직장인들은 늦게까지 업무를 보는 경우가 적지 않다. 이에 대부분의 사람들은 카페인이 함유된 음료를 찾아 마시고, 순간적으로 집중력을 강화시켜 주어진 과제를 처리하지만 그에 대한 부작용도 심심치 않게 발견된다.

(가) 카페인은 중추 신경 자극제로, 피로감을 느끼게 하는 '아데노신' 물질의 분비를 차단시킴으로써 뇌의 각성상태를 유지시키는 효과가 있고, 신경전달물질인 도파민의 분비량을 늘리기도 한다.

(나) 카페인 부작용을 방지하기 위해서는 구매 및 섭취 과정에서 소비자들의 주의가 요구된다. 카페인 함유 제품에는 '고 카페인 함유'라는 주의 문구와 함께 '총 카페인 함유량'이 표시되어 있으므로 소비자들은 이를 꼭 확인하여 권장 섭취량에 맞는 적당한 카페인을 섭취해야 한다.

(다) 또한, 카페인은 지방산의 이용을 촉진하여 긴 시간 운동 시 지구력을 증가시켜주고, 근육에서는 에너지 대사를 활발하게 하는 효과가 있다. 카페인을 적절하게 섭취한다면 뇌를 각성시켜 잠을 쫓는 효과와 함께 집중력을 순간적으로 높일 수 있는 긍정적인 효과를 누릴 수 있지만, 과다하게 섭취할 경우 오히려 역효과를 불러일으키기도 한다.

(라) 또한, 카페인의 과잉섭취는 위염과 '속 쓰림' 현상을 일으키고, 칼슘을 배출시키기 때문에 위나 뼈가 약한 사람들은 주의를 기울여야만 한다. 카페인을 함유하고 있는 식품에는 우리가 주변에서 쉽게 구할 수 있는 탄산음료를 비롯해, 에너지 음료, 커피, 진통제, 감기약, 피로회복제, 다이어트 보조 식품 등이 있으며, 현대인들이 자주 섭취하는 아메리카노에는 기본 사이즈 한 컵을 기준으로 약 100mg에서 200mg의 카페인이 함유되어 있다.

(마) 식품의약품안전처가 발표한 자료에 따르면 카페인 일일 섭취 권장량은 성인 남성의 경우 400mg, 임산부 300mg, 어린이 75mg 수준이다. 개인마다 민감도에 차이가 있어 기준이 절대적이지 않지만, 권장량 이상의 카페인을 섭취할 경우 혈관을 수축시켜 혈액순환을 방해하고 두통을 일으키기도 하며, 심장박동 수를 증가시키기 때문에 가슴이 두근거리는 현상과 함께 혈압을 상승시킨다.

① (가) - (다) - (나) - (라) - (마)
② (가) - (다) - (마) - (라) - (나)
③ (나) - (라) - (마) - (다) - (가)
④ (나) - (마) - (라) - (가) - (다)
⑤ (마) - (라) - (가) - (다) - (나)

해설

이 글은 카페인의 장점과 부작용에 대한 내용이다. |보기|에서 카페인 섭취로 인한 부작용에 대하여 문제 제기를 하고, (가) 카페인의 효과에 대한 내용이 나오고 나서 (다) 카페인 섭취 시 나타나는 효과에 대한 설명이 나온다. 그 다음에 (마) 카페인의 일일 섭취 권장량과 과잉 섭취 시 나타나는 증상에 대한 내용이 나오고, (라) 과잉 섭취 시 나타나는 증상들을 추가로 설명하고 음식에 포함되어 있는 카페인 함유량에 대한 설명이 이어진

다. 마지막으로 (나) 카페인에 의한 부작용을 방지하기 위하여 소비자들이 주의해야 하는 것이 무엇인지에 대한 내용이 나온다.
따라서 |보기|에 이어질 내용을 논리적 순서에 맞게 배열한 것은 '② (가)-(다)-(마)-(라)-(나)'이다.

13 다음 |보기|에 이어질 내용을 순서대로 가장 바르게 배열한 것은?

| 보기 |

　　미국 상·하원이 법인세 최고 세율을 35%에서 21%로 인하하는 감세법안 처리를 마무리하였다. 1986년 레이건 행정부 이후 31년 만의 최대 감세다. 내년부터 세계 최대 경제국인 미국의 법인세율이 22.7% 수준인 경제협력개발기구(OECD) 회원국의 평균보다 낮아진다.
　　미 대통령은 "재정적자가 늘고 복지 지출이 축소될 것"이라는 비판에도, 기업투자를 늘리고 경제 활성화를 위해 감세안을 밀어붙였다. 파격적인 감세 정책이 가져올 긍정적인 효과가 부작용보다 훨씬 클 것으로 보고 있다는 얘기다. 미국은 개인소득세 최고 세율도 39.6%에서 내년부터 37%로 인하한다.

(가) 세계는 지금 감세 전쟁을 벌이고 있다. '기업하기 좋은 나라' 경쟁에서 뒤처지지 않아야 경제를 성장시키고 일자리도 늘릴 수 있다는 게 각국의 판단이다. 강력한 노동개혁을 추진 중인 프랑스 정부는 33.33%인 법인세율을 2022년까지 단계적으로 25%까지 내릴 계획이다. 영국은 2020년까지 19%인 법인세율을 17%로 낮출 방침이고, 일본은 실질 법인세율을 29.97%에서 최저 20%로 내리는 방안을 추진 중이다. 미국으로의 기업 이탈을 우려하는 중국 정부도 기업비용 경감 방안을 검토하고 있다.

(나) 미국 레이건 행정부는 최적 수준보다 훨씬 높던 세율을 인하하여 경제를 부흥시킨 대표 사례이다. 월스트리트저널 보도에 따르면 1980년대 레이건 행정부의 법인세율 인하(48%→34%)를 포함한 대규모 감세 정책은 1933~1988년 연평균 성장률을 4.42%까지 끌어올렸다. 감세 후유증을 우려했던 의회예산국(CBO)의 예상보다 1.3%P 높았다. 법인세 등 세수도 증가세를 나타내면서 10년 동안 추가로 4조 4,000억 달러(현재 가치 기준)의 재정수입을 창출했다고 한다. 과거 우리나라도 법인세율을 인하(27%→25%)하였지만, 법인세 수입은 경제성장률 이상으로 증가하였다. 반면에 오바마 행정부의 증세 정책은 성장률을 끌어내렸고 세수도 기대에 못 미쳤다.

(다) 하지만 우리나라는 이 같은 세계 흐름과는 정반대다. 법인세 최고 세율이 내년부터 22%에서 25%(과세표준 3,000억 원 초과 대기업)로 되레 올라간다. 기업의 해외 이탈과 경쟁력 약화라는 우려가 제기되었지만, 양극화 해소 및 복지재원 확보 등을 이유로 국회에서 증세 법안이 통과되었다. 한국 기업들은 불리한 조건에서 경쟁할 수밖에 없는 처지인 것이다.

(라) 미국은 점점 더 '기업하기 좋은 나라'가 되어가고 있다. 시장은 넓고 정부 간섭은 적으면서 노동시장의 유연성은 세계 최고이다. 거기다 세금까지 인하하면서 한국을 포함한 세계 기업을 유인하고 있다. 래퍼 곡선의 기본 전제는 세율이 낮을수록 노동의욕, 저축의욕 및 투자의욕이 제고된다는 것이다. 법인세 경쟁에서 한국만 외톨이 신세이다.

(마) 세계 각국이 재정 압박 속에서 법인세율 인상이 아니라 인하를 선택하는 데에는 이유가 있다. 법인세율 인하가 일자리의 원천인 기업 투자를 유인할 뿐 아니라, 성장률을 높이고 세수를 늘리는 데도 도움이 되기 때문이다. 미국 경제학자인 아서 래퍼가 세율과 조세 수입의 관계를 정리한 '래퍼 곡선(Laffer curve)'에서 알 수 있듯, 세율이 일정 구간보다 높으면 조세 저항과 경제활동 유인 저하로 총 세수는 줄어든다.

① (가) – (라) – (마) – (나) – (다)
② (가) – (마) – (다) – (나) – (라)
③ (가) – (다) – (마) – (나) – (라)
④ (마) – (나) – (라) – (다) – (가)
⑤ (라) – (마) – (나) – (다) – (가)

이 글은 법인세 래퍼 곡선을 주제로 하여 미국이 여러 비판에도 불구하고 앞으로의 긍정적인 효과를 기대하며 법인세 감세법안 처리를 마무리 지었으며, 세계적으로도 법인세율을 감소하는 추세이지만 우리나라의 경우는 반대로 법인세 최고 세율이 올라갔음을 언급하고 있다. 또한 세계 각국이 법인세율 인하를 선택하는 이유와 과거의 대표적인 성공 사례를 보여주고, 법인세 경쟁에서 한국의 현재 상황을 이야기하며 글을 마무리 짓고 있다. 따라서 |보기|의 미국의 감세 정책에 대한 내용에 이어 (가) 세계의 감세 추세, (다) 우리나라의 최고 세율 증세, (마) 세계 각국이 법인세율 인하를 선택한 이유, (나) 세율 인하의 성공적인 사례, (라) 세계의 감세 흐름과 현재 우리나라의 모습 순으로 연결되어야 하므로 '③ (가) – (다) – (마) – (나) – (라)'가 정답이다.

14 다음 |보기|에 이어질 내용을 순서대로 가장 바르게 배열한 것은?

| 보기 |

햇빛을 인위적으로 차단해 지구의 온도 상승을 막는 '태양 지구공학'이 기후변화를 막을 대안으로 새롭게 떠올랐다. 국제학술지 네이처에는 대기에 에어로졸(미세한 입자)을 뿌려 햇빛을 차단하면 지구의 0.4%만 기후변화를 겪을 것이라는 미국 하버드대 연구팀의 연구 결과를 최근 게재하였다. 태양 지구공학은 지구 생태계나 기후순환 시스템을 물리·화학적 방법을 통해 의도적으로 조작하여, 온난화 속도를 늦추는 기술이다.

(가) 연구를 이끈 데이비드 키스 하버드대 교수는 올 여름 거대한 풍선을 상공에 띄워 빛을 잘 반사하는 탄산칼슘 미세입자 1kg을 지상 20km 높이의 성층권에 뿌릴 예정이다. 적도 남위·북위 10도 상공에서 성층권에 탄산칼슘을 뿌리면 대기가 극지방으로 순환하기 때문에 전 지구에 적당한 양이 분포된다. 게다가 성층권에 뿌려진 탄산칼슘은 2년 정도만 잔류하기 때문에 양을 조절하거나 통제하는 일도 가능하다. 성층권에 뿌려진 탄산칼슘 미세입자는 가로 1km, 세로 100m의 얼음 반사 층을 만들어 땅에 도달하는 일사량을 차단해 지구를 식히게 된다. 실험 과정에서 연구팀은 지구로 들어오는 햇빛 양의 변화 및 온도 변화를 측정한다. 미세입자와 대기 중 화학물질의 상호작용도 관측해 대기오염을 줄이는 효과가 있을지 알아볼 예정이다. 이 프로젝트에는 2,000만 달러(약 2,200억 원)가 투입된다.

(나) 하지만 환경론자들은 인위적으로 만든 갑작스러운 기후변화가 어떤 부작용을 일으킬지 예측하기 어렵다고 지적하였다. 피나투보 화산 분출이 일어난 이듬해 이뤄진 조사에 따르면 남아프리카는 20%, 남아시아 지역은 15%가량 강우량이 줄었다. 일사량이나 온도 변화가 특정 지역에 한해 국지적으로 일어나더라도 지구의 물 순환 시스템은 전체가 바뀌어 강수량이 불균형해질 수 있다는 것이다.

(다) 기후전문가들은 "연구팀의 실험 결과에 따라 향후 지구공학 발전 방향이 결정될 것"이라고 말했다. 지구공학은 '기후변화에 대응하는 마지막 수단'으로 여겨졌으나 점점 더 대안으로 떠오르고 있다. 기후전문가들도 "온실가스 배출량을 줄이려는 노력만으론 지구의 기후를 이전 상태로 되돌리기에 역부족"이라며 "지구온난화의 속도가 더 빠르게 일어나고 있기 때문"이라고 밝혔다. 키스 교수는 "온실기체 배출을 제거하거나 줄이는 방법에 비해 변화가 빠르고, 상대적으로 비용도 적게 든다는 것이 지구공학의 장점"이라고 설명했다.

(라) 하버드대 연구팀은 1991년 필리핀 피나투보 화산 폭발로 인한 '피나투보 효과'에서 이 같은 아이디어를 얻었다고 밝혔다. 당시 화산 폭발은 2,000만 톤의 이산화황을 성층권으로 방출했다. 이산화황 입자들이 햇빛을 10% 가려 3년간 지구 평균기온을 0.5도 떨어트렸다. 이와 마찬가지로 대기에 미세한 입자를 뿌려 지구가 태양 빛을 반사하는 비율을 높이면 지구온난화와 온실가스 효과를 반감시킬 수 있다는 게 연구팀의 주장이다.

(마) 이 같은 지적에 연구팀은 부작용이 없으면서 기후변화를 줄일 수 있는 적정한 수준을 찾는 연구를 진행했다. 이들은 온도에 따른 강수량 변화와 허리케인의 생성을 컴퓨터 시뮬레이션을 통해 분석했다. 분석 결과, 연구팀은 성층권에 탄산칼슘을 뿌려 햇빛을 차단하면 오존층에 거의 영향을 주지 않을 뿐더러 온도 상승을 절반 수준으로 억제하고, 강수량의 불균형도 없앤단 사실을 확인했다. 허리케인의 강도도 85% 이상 상쇄할 수 있는 것으로 나타났다. 연구팀은 기후변화의 부작용을 상쇄하면서 지구공학 적용에 따른 부작용도 동시에 줄일 수 있는 열쇠가 '탄산칼슘'에 있었다는 사실을 처음 확인했다.

① (가) - (마) - (다) - (라) - (나)
② (나) - (마) - (가) - (라) - (다)
③ (다) - (나) - (마) - (가) - (라)
④ (라) - (가) - (다) - (나) - (마)
⑤ (라) - (나) - (마) - (가) - (다)

해설

태양 빛을 차단하여 지구 온난화를 막는 '태양 지구공학' 기술을 주제로 한 글이다. (라) 이 기술의 아이디어를 얻게 된 '피나투보 효과'에 대한 설명이 이어지고, (나) 해당 기술의 부작용과 (마) 부작용을 피할 수 있는 연구의 진행에 대한 내용이 나온다. 그리고 (가) 앞선 연구에서 열쇠가 되는 '탄산칼슘'의 효과를 설명하고, (다) 해당 실험 결과 및 지구공학 기술에 대한 기대와 장점에 대한 내용이 이어진다.
따라서 |보기|에 이어질 내용이 순서대로 바르게 배열된 것은 '⑤ (라) - (나) - (마) - (가) - (다)'이다.

13 ③ 14 ⑤

15. 다음 |보기에 이어질 내용을 순서대로 가장 바르게 배열한 것은?

| 보기 |

스마트 복지 4.0시대의 3대 기술로 인공지능, 플랫폼, 블록체인을 제시한다. 인공지능과 빅데이터를 기반으로 보건복지 분야의 공급과 수요 예측이 가능하므로 맞춤형 서비스 중심의 혁신적인 복지전달 체계구축이 가능하고, 현재 사회적 안전망의 문제점(공공사회복지 지출 증가, 복지 사각지대, 의료 공공성 등)을 극복할 수 있을 것이다. 경력을 유지하기 어려운 사람들을 위한 안전망으로써 연금제도 및 사회보장제도가 이미 마련되어 있으나 사회・경제적 활동에 재편입될 수 있는 안전망은 미흡하므로 일자리 매칭 탐색, 매칭 시간 및 비용 감소를 위한 플랫폼 기술을 활용할 수 있는데 궁극적으로 이는 일자리 안전망 구축에 기여할 것이다. 마지막으로 신뢰의 기술, 블록체인의 활용으로 복지수당의 부정수급을 막고, 안전한 복지수당 지급실현에 기여할 수 있다.

(가) 먼저 4차 산업혁명은 인간을 위한 가상과 현실의 융합 과정이며, 이 과정은 데이터화(데이터수집), 정보화(클라우드), 지능화(인공지능 기반 예측과 맞춤), 스마트화(현실 최적화)라는 4단계로 구현될 수 있는데, 이를 '스마트 트랜스폼'이라 명명하기로 한다. 그런데 이 과정은 마치 인간의 두뇌에서 이루어지는 4단계와 유사하다. 인간의 뇌는 현실세계가 아니라 데이터로 이루어진 가상세계라 할 수 있다. 인간의 뇌와 4차 산업혁명은 현실세계를 가상화해 구조화된 모델을 만들어 예측과 맞춤을 통해 현실을 최적화한다는 측면에서 같다.

(나) 스마트 복지 4.0시대로 가기 위해서는 1단계로 데이터를 수집해야 한다. 이는 기존 데이터를 수집하는 것이다. 2단계로 이것을 클라우드에 저장한다. 우리의 문제는 클라우드의 활용이 어렵다는 것으로, 클라우드 개인정보 규제 개혁이 필요하다. 3단계로 이것을 활용할 인재를 육성하고, 이를 통해 다양한 서비스를 만들어 주어야 한다. 4단계 공공조직의 한계 극복을 위해 소셜벤처 등의 적극적 참여가 필요하다.

(다) 그렇다면 우리가 꿈꾸는 스마트 복지 4.0시대는 어떻게 구현될 수 있을까? 기존에도 스마트 복지에 관한 연구는 끊임없이 진행되었고, 다양한 혁신적인 기술과 복지의 융합으로 사회적 약자를 위한 유용한 서비스가 제공되고 있다. 그러나 개별 기술과 문제의 대응을 통한 해결보다는 4차 산업혁명 시대의 성장과 복지의 선순환과 3대 안전망을 뒷받침할 수 있는 방법을 제시하고자 한다.

(라) 이때 현실을 가상화하는 디지털 트랜스폼 기술과 가상세계를 최적화하는 인공지능, 그 결과를 현실에 옮기는 아날로그 트랜스폼 기술이 필요하다. 그래서 4차 산업혁명은 단순한 디지털 전환 과정이 아니라 디지털 트랜스폼과 아날로그 트랜스폼의 순환인 스마트 트랜스폼 과정인 것이다.

(마) 아직 우리가 해야 할 일은 너무 많다. 저출산 문제는 단지 인구의 감소만이 아니다. 출산 및 양육 등 많은 부분과 연결고리가 있으며, 고령화 문제 역시 일자리와 사회적 비용 상승 등 다양하게 맞물려 있다. 이렇게 숱한 문제들을 풀어가기 위해 공간정보를 보다 체계적으로 수집 및 저장하고 어떻게 분석하고 활용할지 고민이 필요하다. 그리고 이러한 때 빅데이터, 클라우드 플랫폼, 인공지능과 같은 4차 산업혁명 기술도 적재적소에 결합되어야 한다. 스마트 복지 4.0시대는 바로 곁에 와 있는 듯 하지만 어떻게 다가가는지 그 발걸음에 달려 있다.

① (가) – (나) – (라) – (다) – (마) ② (나) – (가) – (다) – (라) – (마)
③ (나) – (다) – (가) – (라) – (마) ④ (다) – (가) – (라) – (나) – (마)
⑤ (다) – (나) – (라) – (가) – (마)

해설

이 글은 4차 산업혁명 기술이 만드는 스마트 복지사회에 대한 내용으로 |보기|에서 스마트 복지시대의 3대 기술을 제시하였다. 먼저 (다) 스마트 복지시대 구현을 위해 제공되고 있는 서비스와 4차 산업혁명 시대에서의 성장에 대한 방법 제시에 대한 내용이 이어지고, (가) 4차 산업혁명의 스마트 트랜스폼과 인간 두뇌와의 유사점에 대한 내용이 나온다. 그리고 (라) 4차 산업혁명에 필요한 트랜스폼의 과정에 대한 내용이 이어지고, (나) 스마트 복지 시대를 위한 4단계의 과정에 관한 내용, (마) 스마트 복지 시대에 해결해야 할 많은 복지 문제에 대한 내용이 차례로 이어진다.
따라서 |보기|에 이어질 내용을 순서대로 배열한 것은 '④ (다) – (가) – (라) – (나) – (마)'이다.

15 ④

16. 다음 |보기|에 이어질 내용을 논리적 순서에 맞도록 배열한 것은?

| 보기 |

전문가들은 영화 '마션'처럼 인간이 탐사기지 같은 시설물 속에 거주하는 것이 가능하다고 보고 있다.

(가) 그 결과, 현재 인류의 기술로는 화성의 이산화탄소를 모두 증발시켜도 지구 대기압의 200분의 1에 불과한 화성 대기압을 3배 정도밖에 높이지 못했다. 또 평균 영하 60도 이하인 화성 온도를 10도밖에 올리지 못했다. 연구진에 따르면, 무엇보다 극지 얼음과 광물 속 이산화탄소를 증발시킬 기술이 부족했다. 극지 이산화탄소 얼음은 폭발물을 터뜨려 증발시킬 순 있었으나 모두 증발해도 대기압을 높이기가 어려웠던 것이다.

(나) 이러한 연구를 해온 연구진은 지난 20년간 화성 탐사선, 탐사로봇 등이 확보한 자료를 분석해 화성 땅속과 극지 얼음층 등에 들어 있는 이용 가능한 이산화탄소 총량을 계산했다. 이 이산화탄소를 증발시켜 온난화를 유발하는 방식의 화성 지구화가 가능한지 살펴봤으며, 이 과정에서 화성 대기 바깥층에서 이산화탄소가 계속 우주 공간으로 빠져나가는 현상도 고려했다.

(다) 화성의 '지구화'를 위해서는 화성 대기압과 기온을 액체상태 물이 존재할 수 있는 수준으로 높이는 등 환경을 바꿔야 한다. 때문에 과학자들은 그 방안으로 화상 땅속과 극지 얼음 등에 다량 포함된 이산화탄소를 증발시켜 대기 중 이산화탄소 밀도를 높임으로써 온난화를 유발해 온도와 대기압을 높이는 방식을 검토해왔다.

(라) 50억 년 후의 일이지만 태양은 수명이 다하면 적색 거성이 돼 급격히 팽창하면서 지구를 삼키게 된다. 인류가 그때까지 살아남는다면 다른 행성으로 이주할 수밖에 없다. 이에 지구와 가장 비슷한 환경을 가진 화성을 '지구화'한다면 인류의 대규모 이주가 가능할 것이다.

(마) 결론적으로 현재 화성에는 대기압과 온도를 크게 끌어올릴 만큼 이산화탄소가 충분히 존재하지 않았다. 연구진은 "예측 가능한 미래에 화성의 이산화탄소를 이용해 화성을 지구화하는 것은 불가능하다."고 설명했다. 하지만 이 연구결과는 하나의 가능성에 지나지 않은 것이라고 보는 시각도 존재한다. 미국 항공우주국(NASA)은 화성 '지구화' 기간을 500년 정도로 제시하고 있는 것으로 전해졌다.

① (나) – (라) – (다) – (마) – (가)
② (다) – (라) – (가) – (마) – (나)
③ (라) – (나) – (다) – (가) – (마)
④ (라) – (다) – (나) – (가) – (마)
⑤ (마) – (라) – (나) – (가) – (다)

해설

이 글은 미국 연구팀의 화성의 지구화에 대한 내용이다. (라) 지구와 가장 비슷한 환경을 가진 화성으로의 이주 가능성에 대한 내용이 나오고, (다) 화성의 지구화를 위한 방법과 (나) 이산화탄소를 통한 화성의 지구화의 방법과 과정에 대한 내용이 나온다. 뒤이어 (가) 이산화탄소를 통한 기술의 어려움과 (마) 결론적으로 이산화탄소를 통한 화성 지구화의 불가능성에 대한 내용이 이어진다.

따라서 |보기|에 이어질 내용을 논리적 순서에 맞게 배열한 것은 '④ (라) – (다) – (나) – (가) – (마)'이다.

17. 다음 글을 읽고 본문의 빈칸 Ⓐ에 들어갈 적절한 내용을 고르면?

'집단 지성'은 다수의 개체들이 협동하는 과정에서 알게 된 집단의 지적 능력을 의미한다. 이는 캐나다의 곤충학자인 스탠튼이 개체로는 보잘것없는 개미가 공동체를 만들어 협업하여 커다란 개미집을 만드는 장면을 관찰하는 과정에서 착안한 개념으로, 여러 마리의 개미가 모인다면 한 마리의 개미보다 높은 지능을 형성할 수 있다는 논의로 발전된다.

개미뿐만 아니라 인간에게서도 이러한 집단 지성을 찾아낼 수 있다. 인터넷 공간 내에서 사람들이 서로 의견을 나누고 그 결과물을 공유하는 것은 집단 지성이 구현되고 있는 대표적인 예라고 할 수 있다. 누구나 자유롭게 글을 써서 올릴 수 있고 고쳐 쓸 수 있는 방식으로 만들어지는 온라인 백과사전은 집단 지성의 대표적인 산물이다. 과거에는 백과사전을 만드는 데 참여할 수 있는 사람들이 몇몇 학자들로 제한될 수밖에 없었고, 한 번 수록된 항목이나 내용을 고치기 위해서는 꽤 오랜 시간이 필요했다. 그러나 온라인 백과사전을 만드는 데에는 비전문가도 참여할 수 있으며, 수정 또한 실시간으로 가능하다. 한두 명에 국한되지 않고 여러 명이 한 번에 참여할 수 있기 때문에, 잘못된 정보는 다수의 협업으로 수정이 가능하게 되었다. 이렇게 온라인 백과사전은 집단 지성의 협업과 참여로 만들어진다.

그러나 누구나 참여할 수 있다는 속성으로 인해 오히려 온라인 백과사전은 신뢰성을 의심받기도 한다. 접근의 용이성과 개방성으로 인해 온라인 백과사전 고유의 장점을 의도적으로 악용하는 사례도 나타나는 것이다. (Ⓐ) 이러한 점으로 인해 온라인 백과사전이 백과사전으로서 가지는 지위에는 논란이 있을 수밖에 없는 한계도 지니고 있다.

① 이를 구체적으로 살펴보면, 온라인 백과사전 전체 내용의 80% 정도는 소수의 사람이 서술하고 있음을 확인할 수 있다. 이용자는 엄청난 수에 이르지만 그것을 작성하는 사람은 몇몇에게 집중되어 있는 것이다.

② 이를 반증하듯, 전 세계의 수많은 사람이 온라인 백과사전의 내용 서술에 참여하고 있다. 온라인 백과사전은 누구에게나 열려 있는 우리 모두의 백과사전의 지위를 가지게 되는 것이다.

③ 이를 방증하듯, 온라인 백과사전의 내용을 서술하는 참여자는 현재 진행 중인 사안이나 확실하게 결론이 내려지지 않은 항목에 대해서도 서술하고 고쳐 쓰면서 온라인 백과사전의 집단 지성을 보여 준다.

④ 이를 증명하듯, 온라인 백과사전을 운영하는 단체는 최근 수백 개의 가짜 계정으로 백과사전에 실린 특정 단체에 대한 정보를 조직적으로 수정한 사례가 발견되었다고 발표하였다.

⑤ 이를 예로 들어 보면, 온라인 백과사전은 영어는 물론 한국어, 중국어, 스페인어부터 아프리카의 지방 언어에 이르기까지 300여 개 이상의 언어로 존재함을 확인할 수 있다.

해설

빈칸 Ⓐ에는 온라인 백과사전 고유의 장점을 의도적으로 악용한 사례인 정보를 조직적으로 수정한 내용을 제시하여, 온라인 백과사전이 백과사전으로서의 지위를 가지는 것에 논란이 있을 수 있다는 의미가 와야 하므로 ④가 가장 적절하다.

Plus 해설

① 온라인 백과사전을 몇몇 소수의 사람이 작성한다는 것은 온라인 백과사전의 장점이 아니며, 장점을 의도적으로 악용하는 사례도 아니다.
② 온라인 백과사전의 항목 서술에 전 세계의 수많은 사람이 참여한다는 것은 온라인 백과사전 고유의 장점을 보여주는 사례이다.
③ 온라인 백과사전이 현재 진행 중인 사안이나 확실하게 결론이 내려지지 않은 항목에 대해서도 서술한다는 것은 온라인 백과사전의 고유의 장점을 보여주는 사례이다.
⑤ 온라인 백과사전이 전 세계 300여 개 이상의 언어로 존재한다는 것은 온라인 백과사전 고유의 장점을 잘 보여주는 사례이다.

18 ▶ 다음 글을 읽고 사원들이 내린 판단으로 가장 적절하지 않은 것은?

한 국가가 배타적으로 주권을 행사할 수 있는 지리적 범위를 일컬어 영역이라 하며 여기에는 영토, 영해, 영공이 포함된다. 이 가운데 가장 중요한 것은 영토로서 국민이 발을 딛고 생활하는 터전이자 역사의 무대이다. 우리 영토가 압록강과 두만강으로 확정된 국경 이남의 반도부와 3,900여 개의 크고 작은 섬으로 구성된다는 뜻이다. 남북한을 합한 면적은 약 22.1만 제곱킬로미터로서 영국과 비슷한 크기이다. 남한의 면적만 해도 약 10만 제곱킬로미터에 달해 오스트리아, 헝가리와 비슷한 크기이다.

우리나라는 영해 및 접속 수역법에 따라 '기선으로부터 측정하여 그 외측 12해리 선까지에 이르는 수역'을 영해로 규정하고 있다. 그런데 기선은 대축척 해도에 표시된 한반도 해안의 저조선을 의미하는 통상 기선과 영일만의 달만갑에서 서해상의 소령도까지 대통령령으로 정한 23개의 기점을 연결하는 직선 기선으로 나뉜다. 해안선이 평활하고 섬이 거의 없는 동해안을 포함해 제주도, 울릉도, 독도는 통상 기선을, 해안선의 굴곡이 심하고 섬이 많은 서해안과 남해안은 직선 기선을 적용하여 12해리 선까지를 영해의 범위로 설정한다. 그러나 대한해협의 경우 생도와 홍도를 잇는 직선 기선으로부터 3해리 안쪽을 영해의 범위로 설정한다. 이는 일본 영토인 쓰시마가 가까이 있어 수역이 좁기 때문이다.

구속력은 영해에 미치지 못하지만 접속 수역과 배타적 경제 수역도 매우 중요하다. 접속 수역은 관세, 재정, 출입국 관리, 보건에 관한 권익의 침해 방지를 위해 설치하며 기선으로부터 24해리 내에서 영해를 제외한 수역을 지칭한다. 배타적 경제 수역은 기선으로부터 200해리 수역 가운데 영해를 제외한 부분에 해당한다. 천연 자원의 탐사, 개발, 보존, 관리와 해수, 해류, 해풍을 이용한 에너지 생산 등 제반 활동의 권리를 주장할 수 있는 수역이다.

영공은 영토와 영해 상공의 배타적 관할 구역으로서 영해에서 상공을 향해 수직으로 그은 선의 내부에 해당한다. 주권이 미치는 고도에 특별한 제한은 없으나 일반적으로 대기권으로 한정한다. 최근 한반도 주변 상공과 관련해 1951년에 설정한 한국 방공 식별 구역이 국민적 관심을 끌었다. 1969년에 설정된 일본 방공 식별 구역과 2013년에 발표된 중국 방공 식별 구역에 이어도의 상공이 포함된 반면 정작 우리나라의 방공 식별 구역에는 빠져 있었기 때문이다.

> 이에 따라 우리나라는 인천의 비행 정보 구역과 일치되게 기존의 방공 식별 구역을 확대하는 조정안을 발표하였는데, 인접국의 구역과 중첩되지 않고 국제적으로 통용되어 군사, 외교적인 마찰을 피할 수 있고 무엇보다 우리의 권한 아래 이어도를 관찰할 수 있는 조치로 평가받는다.

① "동해안과 마찬가지로 서해안과 남해안의 경우도 통상 기선을 적용하여 영해의 범위를 설정하면 지금보다 영해의 크기가 줄어들겠군요."
② "접속 수역이나 배타적 경제 수역 상공을 외국 국적의 비행기가 비행할 경우, 우리나라는 영공을 침범한 이 비행기가 수역 상공 밖으로 나갈 것을 요구할 수 있겠네요."
③ "영토와 영해 상공의 대기권 바깥을 외국 국적의 인공위성이 지나가도 우리나라에서는 인공위성을 운행하는 나라에 어떤 조치를 취하거나 권리를 주장하기 어렵겠군요."
④ "전염병 감염 환자가 탄 외국 국적의 배가 접속 수역으로 진입했을 경우, 우리나라는 우리 국민을 보호하기 위해 이 배가 접속 수역 밖으로 이동할 것을 요구할 수 있겠네요."
⑤ "외국 국적의 탐사선이 우리나라의 배타적 경제 수역 내에서 해양 자원을 탐사할 경우, 우리나라는 탐사권을 주장하며 이 배가 탐사 행위를 중단할 것을 요구할 수 있겠군요."

해설

3문단에 따르면 접속 수역이나 배타적 경제 수역은 영해에 해당되지는 않는다. 따라서 접속 수역이나 배타적 경제 수역은 영공이 아니므로 영공을 침범했다고 볼 수 없다.

Plus 해설
① 2문단에 따르면 동해안과 제주도는 통상 기선을, 서해안과 남해안은 직선 기선을 적용한다. 통산 기선은 해안의 저조선을 의미하기 때문에 섬이 많은 서해안과 남해안에 통상 기선을 적용하면 영해의 크기가 줄어들게 된다.
③ 4문단을 보면, 영공은 일반적으로 대기권으로 한정된다. 따라서 대기권 바깥은 영공이 아니기 때문에 대기권 바깥을 지나는 인공위성에 대해서 어떤 조치를 취할 수 없다.
④ 3문단에 따르면 접속 수역은 '보건에 관한 권익의 침해 방지'가 설정의 한 이유로 나와 있다. 따라서 전염병 감염 환자가 탄 외국 국적의 배에 접속 수역 바깥으로 이동할 것을 요구할 수 있다.
⑤ 3문단에 따르면 배타적 경제 수역은 '천연 자원의 탐사'에 대한 권리를 주장할 수 있는 곳이다. 따라서 해양 자원을 탐사하는 외국 국적의 배에 탐사 행위를 중단할 것을 요구할 수 있다.

17 ④ 18 ②

[19~20] 다음 글을 읽고 이어지는 물음에 답하시오.

- 글의 목적 : 대상포진의 증상과 치료 및 예방 방법에 대한 정보를 전달하여 독자들이 대상포진을 정확히 알고 치료·예방할 수 있도록 돕는다.
- 예상 독자 : 병원에 방문하는 환자와 일반 국민

(가) 대상포진의 초기 증상은 감기와 비슷하다. 두통과 함께 몸살이 난 것처럼 팔과 다리가 쑤시고 나른하다. 1주일이 지나면 몸통이나 팔, 다리 등 신경이 분포한 곳에 작은 물집(수포)이 여러 개씩 무리지어 나타난다. 처음에는 고름이 차면서 색이 탁해졌다가 2주 정도 지나면 딱지가 생기면서 증상이 나아진다. 통증과 감각 이상 증상도 나타나고, 특징이 있다면 오른쪽이나 왼쪽 등 증상이 한쪽으로만 나타난다는 것이다.

(나) 또 통증을 느끼는 감각이 예민해지면서 사소한 통증에도 극심한 고통을 느끼기도 한다. 마취통증의학과 전문의들은 "환자 중에는 옷에 닿기만 해도 쓰라려 하고 선풍기나 에어컨 바람에도 아파서 어쩔 줄 몰라하는 환자도 많다."고 전했다.

(다) 마취통증의학과 전문의들은 "대상포진을 심하게 앓은 사람이 아니더라도 갑작스럽게 신경통이 생겼다면 대상포진 후 신경통을 의심해 볼 필요가 있다."라며 "수포가 생기기 전 혹은 수포 없이 대상포진이 발병했다가 스스로 없어진 경우에도 신경손상이 있을 수 있기 때문"이라고 설명했다.

(라) 대상포진을 앓는 환자들에게 신경통이 나타나는 이유는 대상포진 바이러스가 피부 표면에 수포를 만들 때 신경관을 타고 올라오는데 이때 신경을 손상시키기 때문이다. 따라서 치료가 늦어질수록, 수포의 범위가 넓을수록, 대상포진을 앓을 때 통증이 심했던 경우일수록 신경통이 나타날 확률이 높다.

(마) 대상포진 후 신경통은 지난 5년간 매년 만 명씩 환자 수가 증가해 지난 2009년 약 8만 명에서 2013년 약 13만 명까지 늘었다. 신경통을 호소하는 연령층은 주로 50~70대로 전체의 74%를 차지한다. 보통 60세 이상의 경우, 2명 중 1명꼴로 신경통이 나타나는 것으로 알려졌다. 20~30대는 대상포진 환자는 많지만, 다행히 신경통으로 이어지는 경우는 드물다.

19 윗글에서 구성이 잘못된 부분과 위치를 옮겨야 하는 이유, 그리고 적절한 위치를 옳게 말한 것은?

① (가)는 대상포진의 특징과 관련된 내용이므로 (마)의 뒤로 옮긴다.
② (나)는 대상포진의 통증과 고통에 관하여 설명하는 내용이므로 (다)의 뒤로 옮긴다.
③ (다)는 대상포진을 앓을 때의 신경통에 관한 전문가의 견해이므로 (라)의 뒤로 옮긴다.
④ (라)는 대상포진을 앓을 때 환자들이 신경통을 겪는 원인에 관한 내용이므로 (마)의 뒤로 옮긴다.
⑤ (마)는 대상포진 후의 신경통에 관한 내용이므로 (나)의 뒤로 옮긴다.

해설

(다)는 대상포진에 걸렸을 때 앓을 수 있는 신경통에 관한 전문가의 견해를 이야기하는 부분인데, (나)에서 신경통에 관한 언급이 없었으므로 (나)의 뒤에 오는 것은 구성상 적절하지 않다. 따라서 위치를 이동하여야 하는데, 신경통에 관하여 처음으로 정보를 전달하는 부분은 (라)이므로, (라)의 뒤로 이동하는 것이 구성상 적절하다.

Plus 해설

① (가)는 대상포진의 초기 증상과 특징에 관하여 서술하고 있다. 이 글의 목적이 대상포진의 증상과 치료 및 예방 방법에 관한 정보 전달이므로 글의 처음 부분에 초기 증상과 특징을 설명하는 내용은 구성상 적절하다.
② (나)는 대상포진을 앓는 환자들이 통증을 느끼는 원인과 그 고통이 얼마나 큰지를 전문가의 말을 빌려 서술하고 있다. (가)의 마지막 부분에서 대상포진의 통증에 관하여 언급하고 있으므로 (나)는 (가)의 뒤에 오는 것이 구성상 적절하다.
⑤ (마)는 연령대에 따른 대상포진 후 신경통을 앓는 환자들에 대한 정보를 전달하므로 구성상 마지막에 오는 것이 적절하다.

20 ▶ 다음 중 윗글의 목적을 고려할 때 (마)의 뒤에 이어질 내용으로 적절하지 않은 것은?

① 대상포진은 현재로서는 예방 접종이 유일한 예방 방법이다.
② 과거에는 대상포진을 앓는 환자가 대부분 노년층이었다면 현재는 20~30대 환자들도 어렵지 않게 찾을 수 있다.
③ 대상포진은 신경 손상을 최소화하는 데 치료 목적을 두므로 항바이러스제가 주로 쓰인다.
④ 대상포진 예방 접종을 했다고 하더라도 연령대에 따라서 그 효과가 달라질 수 있음을 알아야 한다.
⑤ 대상포진은 통증이 나타나고 두 달 내 치료해야 만성 신경통으로 갈 가능성이 작아지고, 시기가 늦을수록 그만큼 효과가 감소한다.

해설

글의 목적은 대상포진의 증상과 치료 및 예방 방법에 대한 정보를 전달하여 독자들이 대상포진을 정확히 알고 치료·예방할 수 있도록 돕는 것이다. 그런데 글의 내용을 보면 증상에 대한 정보만 있지 치료 방법이나 예방 방법에 관련된 내용은 찾을 수 없다. 따라서 (마)의 뒤에 이어질 내용은 대상포진의 치료 및 예방 방법에 관한 내용이라는 것을 유추할 수 있다. 선택지 중에서 대상포진의 치료 및 예방 방법에 관련된 내용이 아닌 것은 ②이다.

19 ③ 20 ②

Chapter 03 수리력 기본 이론 학습

① 기초연산

1) 사칙연산

(1) 괄호 순서 : (소괄호) → {중괄호} → [대괄호]

> 예 $48 \div \{2(4+2)\} = 48 \div (2 \times 6) = 48 \div 12 = 4$

(2) 연산자 순서 : 곱셈·나눗셈 → 덧셈·뺄셈

> 예 $4 + 2 \times 4 - 2 = 4 + 8 - 2 = 10$

(3) 동급 연산자 : 앞에서부터 뒤로

> 예 $4 \times 2 \div 2 \times 4 = 8 \div 2 \times 4 = 4 \times 4 = 16$

(4) 생략된 곱하기 : 앞에서부터 뒤로

> 예 $4 \div 2(4+2) = 4 \div 2 \times 6 = 2 \times 6 = 12$

2) 분수 간 크기 비교

(1) 곱셈을 이용하여 비교

> 예 $\dfrac{b}{a}$ 와 $\dfrac{d}{c}$ 의 비교 (단, $a, b, c, d > 0$)
> → $bc > ad$ 이면, $\dfrac{b}{a} > \dfrac{d}{c}$

(2) 어림셈하여 비교

> 예 $\frac{43}{150}$ 과 $\frac{111}{270}$ 의 비교
>
> → $\frac{43}{150}$ 은 $\frac{1}{3}$ 보다 작고, $\frac{111}{270}$ 은 $\frac{1}{3}$ 보다 크므로, $\frac{43}{150} < \frac{111}{270}$

(3) 분모와 분자의 배율로 비교

> 예 $\frac{351}{127}$ 과 $\frac{3,429}{1,301}$ 의 비교
>
> → 3,429는 351의 10배보다 작고, 1,301은 127의 10배보다 크므로 $\frac{351}{127} > \frac{3,429}{1,301}$

(4) 분모와 분자의 차이로 비교

> 예 $\frac{b}{a}$ 와 $\frac{b+d}{a+c}$ 의 비교 (단, $a, b, c, d > 0$)
>
> → $\frac{b}{a} > \frac{d}{c}$ 이면, $\frac{b}{a} > \frac{b+d}{a+c}$ $\frac{b}{a} < \frac{d}{c}$ 이면, $\frac{b}{a} < \frac{b+d}{a+c}$

❷ 약수 · 배수

1) 공약수 · 최대 공약수

(1) **공약수** : 두 정수의 약수 중 공통으로 들어 있는 약수

(2) **최대 공약수** : 공약수 중 가장 큰 수

> 예 4의 약수 : 1, 2, 4
> 12의 약수 : 1, 2, 3, 4, 6, 12
> 4와 12의 공약수 : 1, 2, 4
> 4와 12의 최대 공약수 : 4
>
> > * 서로소 : 공약수가 1뿐인 둘 이상의 자연수
> > 예 7의 약수 : 1, 7
> > 10의 약수 : 1, 2, 5, 10
> > 7과 10의 공약수 : 1
> > ∴ 7과 10은 서로소이다.

2) 공배수 · 최소 공배수

(1) **공배수** : 두 정수의 배수 중 공통으로 들어 있는 배수

(2) **최소 공배수** : 공배수 중 가장 작은 수

> 예) 4의 배수 : 4, 8, 12, 16, 20, 24, 28, 32, 36, …
> 12의 배수 : 12, 24, 36, 48, …
> 4와 12의 공배수 : 12, 24, 36, …
> 4와 12의 최소 공배수 : 12

❸ 비와 비율

1) 비 : 두 수의 양을 기호 ' : '을 사용해 나타낸 것

> 비례식에서 내항의 곱과 외항의 곱은 항상 같다.
> 예) $A : B = C : D$ 일 때, $A \times D = B \times C$

2) 비율 : 기준량(원래의 양)에 대한 비교량(비교하는 양)의 크기

(1) **비율** = $\dfrac{비교량}{기준량}$

(2) **비교량** = 비율 × 기준량

(3) **기준량** = 비교량 ÷ 비율

> 예) • 비율 : $\dfrac{1}{2} = 0.5$ • 비교량 : $0.5 \times 2 = 1$ • 기준량 : $1 \div 0.5 = 2$

* 백분율(%) : 기준량이 100일 때의 비율
* 할푼리 : 소수 첫째 자리, 둘째 자리, 셋째 자리를 각각 이르는 말

소수	분수	백분율	할푼리
0.1	$\dfrac{1}{10}$	10%	1할
0.01	$\dfrac{1}{100}$	1%	1푼
0.25	$\dfrac{25}{100} = \dfrac{1}{4}$	25%	2할5푼
0.375	$\dfrac{3}{10} + \dfrac{7}{100} + \dfrac{5}{1,000} = \dfrac{375}{1,000}$	37.5%	3할7푼5리

④ 단위 환산

구분	단위	구분	단위
길이	1cm = 10mm 1m = 100cm 1km = 1,000m	무게	1kg = 1,000g 1t = 1,000kg = 1,000,000g
넓이	1cm^2 = 100mm^2 1m^2 = 10,000cm^2 1km^2 = 1,000,000m^2	들이	1ml = 1cm^3 1dl = 100cm^3 = 100ml 1L = 1,000cm^3 = 10dl
부피	1cm^3 = 1,000mm^3 1m^3 = 1,000,000cm^3 1km^3 = 1,000,000,000m^3	시간	1분 = 60초 = $\frac{1}{60}$ 시간 1시간 = 60분 = 3,600초

⑤ 거리 · 속력 · 시간

1) 공식

(1) 거리 = 속력 × 시간

(2) 속력 = $\frac{거리}{시간}$

(3) 시간 = $\frac{거리}{속력}$

2) 유형

(1) 직선 거리

① 속력이 다를 때 평균 속력 구하기 : 구하고자 하는 평균 속력을 x로 둘 것

$$\frac{1}{갈\ 때\ 속력} + \frac{1}{올\ 때\ 속력} = \frac{2}{x}$$

② 왕복을 하는 경우 : 중간에 소요되는 시간은 한 번만 계산할 것

갈 때 걸린 시간 + 올 때 걸린 시간(갈 때 걸린 시간 + 중간에 소요된 시간) = 왕복시간

(2) 원형 거리

① 같은 방향으로 출발하는 경우 : 빠른 사람이 따라 잡을 때 만나게 됨

> 원형 거리의 둘레 = 빠른 사람이 간 거리 − 느린 사람이 간 거리
>
> 속력이 다른 두 사람이 처음 만나는 시간 = $\dfrac{\text{원형 거리의 둘레}}{\text{빠른 속력} - \text{느린 속력}}$

② 반대 방향으로 출발하는 경우 : 두 사람은 같은 시간 동안 움직이는 것임

> 원형 거리의 둘레 = 속력이 다른 두 사람이 각자 이동한 거리의 합
>
> 속력이 다른 A, B 두 사람이 처음 만나는 시간 = $\dfrac{\text{원형 거리의 둘레}}{\text{A 속력} + \text{B 속력}}$

(3) 중간에 속력이 바뀌는 경우

> A 지점에서 B 지점까지 p시간 이내에 가는 중에 속력이 바뀌는 경우
>
> 시속 $a$km로 갈 때 걸린 시간 + 시속 $b$km로 갈 때 걸린 시간 ≤ p
>
> = $\dfrac{x}{a} + \dfrac{\text{총거리} - x}{b} \leq p$ (이때, x는 시속 $a$km로 간 거리)

6 농도

(1) 소금물의 농도(%) = $\dfrac{\text{소금의 양(g)}}{\text{소금물의 양(g)}} \times 100$

(2) 소금의 양(g) = $\dfrac{\text{소금물의 농도}}{100} \times \text{소금물의 양}$

7 일의 양

(1) 전체 일의 양 = 시간 × 시간당 일의 양

(2) 시간당 일의 양 = $\dfrac{\text{전체 일의 양}}{\text{시간}}$

(3) 시간 = $\dfrac{\text{전체 일의 양}}{\text{시간당 일의 양}}$

Tips

1. 전체 일을 1로 둔다.
2. 단위 시간당 일의 양을 분수로 나타낸다.
   예 전체 일을 마치는 데 일주일이 걸릴 때, 1일 동안의 일의 양(단위 시간당 일의 양)은 $1 \div 7 = \dfrac{1}{7}$ 이다.

⑧ 금액

(1) 정가 = 원가 + 이익 = 원가 $\times \left(1 + \dfrac{\text{이익률}}{100}\right)$

(2) 이익 = 원가 $\times \dfrac{\text{이익률}}{100}$

(3) 할인가 = 정가 - 할인액 = 정가 $\times \left(1 - \dfrac{\text{할인율}}{100}\right)$

(4) 할인율(%) = $\dfrac{\text{정가} - \text{할인가(판매가)}}{\text{정가}} \times 100$

* 단리 : 원리 합계 = 원금 × (1+이율×기간)
* 복리 : 원리 합계 = 원금 × (1+이율)^{기간}

 Tips

1. 정가가 원가보다 a% 비싸다. → 정가 = 원가 × $\left(1 + \dfrac{a}{100}\right)$
2. 판매가가 정가보다 b% 싸다. → 판매가 = 정가 × $\left(1 - \dfrac{b}{100}\right)$

⑨ 간격

(1) 직선 거리에 나무를 심는 경우 : 나무의 수 = 간격 수 + 1
(2) 원형 거리에 나무를 심는 경우 : 나무의 수 = 간격 수

⑩ 나이

(1) 시간이 흘러도 대상 간 나이 차이는 동일하다.

(2) x년이 흐르면, 모든 사람은 x살씩 나이가 든다.

(3) 구하고자 하는 값을 x로 두고 방정식을 세운다.

⑪ 시계

(1) 시간 단위 환산 시 주의한다.

> 예) 1분 = $\frac{1}{60}$시간, 1시간 = 3,600초

(2) 시침은 1시간에 (360° ÷ 12 =)30°, 1분에 (30° ÷ 60 =)0.5°씩 움직인다.
분침은 1분에 (360° ÷ 60 =)6°씩 움직인다.

(3) 시계산 문제를 해결할 때는 시침과 분침의 각도 차가 1분에 5.5°라는 것을 이용한다. 분침이 시침보다 빠르기 때문에 1분에 5.5°씩 간격이 좁아진다.

> 예) a시 b분일 때, 시침과 분침이 이루는 각도
> → $|(30° \times a + 0.5° \times b) - 6° \times b| = |30° \times a - 5.5° \times b|$

⑫ 경우의 수

1) 기본 법칙

(1) **합의 법칙** : 두 사건 A, B가 동시에 일어나지 않을 때, 사건 A 또는 B가 일어날 경우의 수는 $m+n$(가지)이다.

> 예) 숫자 1부터 10까지 적힌 10장의 카드 중 2장을 선택해, 카드에 적힌 두 수의 합이 7의 배수가 되는 경우의 수는?
> 2장의 카드 합의 크기 범위 : 3 ≤ □ + □ ≤ 19
> 가능한 7의 배수 : 7, 14
> 두 수의 합이 7이 되는 경우 : (1, 6) (2, 5) (3, 4) = 3(가지)
> 두 수의 합이 14가 되는 경우 : (4, 10) (5, 9) (6, 8) = 3(가지)
> ∴ 3 + 3 = 6(가지)

(2) **곱의 법칙** : 사건 A, B가 동시에 일어날 경우의 수는 $m \times n$(가지)이다.

> 예 주사위 2개를 동시에 던질 때 나올 수 있는 경우의 수는?
> → 6(첫 번째 주사위 경우의 수) × 6(두 번째 주사위 경우의 수) = 36(가지)

2) 조합

(1) **조합** : 서로 다른 n개에서 순서를 고려하지 않고, r개를 택하는 경우의 수

$$_nC_r = \frac{n!}{r!(n-r)!} \text{ (단, } 0 < r \leq n\text{)}$$

> 예 서로 다른 6개의 공 중에서 순서에 상관없이 2개를 고를 때 가능한 경우의 수는?
> → $_6C_2 = \frac{6 \times 5}{2 \times 1} = 15$ (가지)

(2) **중복조합** : 서로 다른 n개에서 순서를 고려하지 않고, 중복을 허용하여, r개를 택하는 경우의 수

$$_nH_r = {}_{n+r-1}C_r$$

> 예 서로 다른 3개의 공 중에서 순서에 상관없이 5개를 고를 때 가능한 경우의 수는? (단, 같은 공을 중복하여 고를 수 있다.)
> → $_3H_5 = {}_{3+5-1}C_5 = {}_7C_5 = {}_7C_2 = \frac{7 \times 6}{2 \times 1} = 21$ (가지)

3) 순열

(1) **순열** : 서로 다른 n개에서 중복을 허용하지 않고, r개를 골라, 순서를 고려해 나열하는 경우의 수

$$_nP_r = \frac{n!}{(n-r)!} \text{ (단, } 0 < r \leq n\text{)}$$

> 예 문자 a, b, c, d, e 중 3개를 골라 일렬로 나열하는 경우의 수는?
> → $_5P_3 = 5 \times 4 \times 3 = 60$(가지)

(2) **중복순열** : 서로 다른 n개에서 중복을 허용하고, r개를 골라, 순서를 고려해 나열하는 경우의 수

$$_n\Pi_r = n^r$$

예 문자 a, b, c 중 4개를 골라 일렬로 나열하는 경우의 수는? (단, 같은 문자를 중복하여 고를 수 있다.)
→ $_3\Pi_4 = 3^4 = 81$(가지)

(3) **원순열**

① 서로 다른 n개를 원형으로 나열하는 경우의 수

$$\frac{n!}{n} = (n-1)!$$

예 문자 a, b, c, d, e를 원형으로 나열하는 경우의 수는?
→ $\frac{5!}{5} = (5-1)! = 4! = 4 \times 3 \times 2 \times 1 = 24$ (가지)

② 서로 다른 n개에서 r개를 골라, 원형으로 나열하는 경우의 수

$$\frac{_nP_r}{r}$$

예 문자 a, b, c, d, e 중 3개를 골라 원형으로 나열하는 경우의 수는?
→ $\frac{_5P_3}{3} = \frac{5 \times 4 \times 3}{3} = 20$ (가지)

 Tips

원순열에서 회전하여 일치하는 것은 모두 같은 것으로 본다.

 Tips

다각형 모양의 탁자에 둘러앉는 경우의 수 (다각형 순열)
1. 원순열 이용하기 : 원순열의 수 × 서로 다른 기준이나 위치의 수
2. 대칭성 이용하기 : 순열의 수 ÷ 반복되거나 대칭되는 수

예 삼각형 모양의 탁자에 다음과 같이 9명이 둘러앉는 방법의 수는?

1. 원순열 × 위치 수 = $(9-1)! × 3 = (8×7×6×5×4×3×2×1)×3 = 40,320×3 = 120,960$
2. 순열 ÷ 대칭 수 = $\dfrac{9!}{3} = \dfrac{9×8×7×6×5×4×3×2×1}{3} = 120,960$

예 정사각형 모양의 탁자에 다음과 같이 8명이 둘러앉는 방법의 수는?

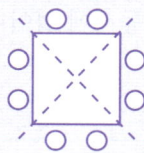

1. 원순열 × 위치 수 = $(8-1)! × 2 = (7×6×5×4×3×2×1)×2 = 5,040×2 = 10,080$
2. 순열 ÷ 대칭 수 = $\dfrac{8!}{4} = \dfrac{8×7×6×5×4×3×2×1}{4} = 10,080$

(4) 같은 것이 있는 순열 : n개 중에 같은 것이 각각 p개, q개, r개일 때, n개의 원소를 모두 택하여 만든 순열의 수

$$\dfrac{n!}{p!q!r!} \text{(단, } p+q+r=n\text{)}$$

예 a, b, b, c, c, c를 일렬로 나열하는 경우의 수는 모두 몇 가지인가?

→ $\dfrac{6!}{2!3!} = \dfrac{6×5×4×3×2×1}{2×6} = 5×4×3 = 60$ (가지)

 Tips

최단 경로 문제는 '같은 것이 있는 순열' 문제로 간주한다.
예 다음 그림과 같은 도로가 있다. A 지점에서 출발해 B 지점까지 가는 최단 경로의 수는?

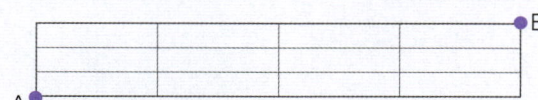

→ A 지점에서 B 지점까지 가기 위해서는 가로 4칸, 세로 3칸 최소 7칸을 이동해야 한다.

따라서 $\dfrac{7!}{4! × 3!} = \dfrac{7×6×5×4×3×2×1}{(4×3×2×1)×(3×2×1)} = 7×5 = 35$ (가지)

⑬ 확률과 통계

1) 확률

(1) 일어날 수 있는 모든 경우의 수를 n가지, 사건 A가 일어날 경우의 수를 a가지라고 할 때,
① 사건 A가 일어날 확률 : $P \times \dfrac{a}{n}$
② 사건 A가 일어나지 않을 확률 : $P'=1-P$

(2) 두 사건 A, B가 배반사건(두 사건이 동시에 일어나지 않을 때)인 경우

$$P(A \cup B) = P(A) + P(B)$$

(3) 두 사건 A, B가 독립(두 사건이 서로 영향을 주지 않을 때)인 경우

$$P(A \cap B) = P(A)\,P(B)$$

(4) **조건부확률** : 확률이 0이 아닌 두 사건 A, B에 대하여 사건 A가 일어났다고 가정할 때, 사건 B가 일어날 확률

$$P(B \mid A) = \dfrac{P(A \cap B)}{P(A)} \quad (단, P(A)>0)$$

Tips
- '적어도 ~'라는 표현이 있으면 여사건(어떠한 사건이 일어나지 않을 사건)으로 접근한다.
- '~일 때, ~일 확률'이라는 표현이 있으면 조건부확률로 접근한다.

2) 통계

(1) **평균** : 여러 수나 같은 종류의 양의 중간 값

 ○○초등학교 4학년 1반 학생 3명의 수학시험 점수가 각각 56, 78, 82점일 때, 이 학생들의 수학시험 점수 평균은?

→ $\dfrac{56+78+82}{3} = \dfrac{216}{3} = 72\,(점)$

(2) **분산** : 변량이 평균으로부터 떨어져 있는 정도를 나타내는 값, 즉 변수의 흩어진 정도

(3) **표준편차** : 자료가 평균을 중심으로 얼마나 퍼져 있는지를 나타내는 수치. 표준편차가 0에 가까우면 자료 값들이 평균 근처에 집중되어 있다는 것을 의미하고, 표준편차가 클수록 자료 값들이 널리 퍼져 있다는 것을 의미한다.

(4) **도수분포표** : 주어진 자료를 몇 개의 구간으로 나누고, 각 계급에 속하는 도수를 조사하여 나타낸 표

① **변량** : 자료를 수량으로 나타낸 것

② **도수** : 각 계급에 속하는 자료의 개수

③ **계급** : 변량을 일정한 간격으로 나눈 구간

④ **계급의 개수** : 변량을 나눈 구간의 수

⑤ **계급의 크기** : 변량을 나눈 구간의 너비, 즉 계급 양 끝 값의 차

⑥ **계급값** : 계급을 대표하는 값, 즉 계급의 중앙값 $= \dfrac{계급\ 양\ 끝\ 값의\ 합}{2}$

* **최빈값** : 자료 중 빈도수가 가장 높은 자료 값
* **중앙값** : 자료를 크기순으로 나열했을 때 한가운데 위치하는 자료 값

예 다음 ○○초등학교 4학년 1반 학생 10명의 키를 조사한 도수분포표를 보고, 질문에 답하시오.

키(cm)	학생 수(명)
145~150	1
150~155	1
155~160	4
160~165	3
165~170	1
합계	10

• 계급의 개수는 몇 개인가? → 5개
• 계급의 크기는 얼마인가? → 5(cm)
• 도수가 가장 큰 계급의 계급값은?
→ $\dfrac{155 + 160}{2} = 157.5$

⑭ 방정식

1) 등식 (A = B)

(1) 양변에 같은 수 m을 더해도 등식은 성립한다.

$$A + m = B + m$$

(2) 양변에 같은 수 m을 빼도 등식은 성립한다.

$$A - m = B - m$$

(3) 양변에 같은 수 m을 곱해도 등식은 성립한다.

$$A \times m = B \times m$$

(4) 양변에 0이 아닌 같은 수 m을 나누어도 등식은 성립한다.

$$A \div m = B \div m \text{ (단, } m \neq 0)$$

2) 일차방정식

(1) 일차방정식 풀이 순서

① 분수나 소수를 정수로 고친다.

② 괄호를 푼다.

③ 미지수 x를 포함한 항은 좌변으로, 상수항은 우변으로 이항한다.

④ $ax = b\,(a \neq 0)$ 꼴로 양변을 정리한다.

⑤ x의 계수인 a로 양변을 나눈다.

(2) 응용문제 풀이 순서

① 구하고자 하는 값을 x로 둔다.

② 문제에서 제시하고 있는 수를 미지수 x를 사용해 나타낸다.

③ 두 x간의 관계를 찾아 방정식을 만든다.

④ 방정식을 풀어 해를 구한다.

⑤ 구한 해가 문제의 답이 맞는지 확인한다.

3) 연립 일차방정식

(1) 연립 일차방정식 풀이 순서

① 계수가 분수인 경우 : 양변에 분모의 최소 공배수를 곱해 정수로 고친다.
　계수가 소수인 경우 : 양변에 10, 100, … 을 곱해 정수로 고친다.

② 괄호가 있는 경우 : 괄호를 풀고, 동류항을 간단히 한다.

③ A=B=C 꼴인 경우 : (A=B, A=C), (B=A, B=C), (C=A, C=B) 중 하나를 택해 푼다.

(2) 응용문제 풀이 순서

① 미지수 x, y를 사용하여 나타낼 것을 정한다.

② x, y의 관계에 적절한 연립 방정식을 세운다.

③ 연립 방정식을 풀어 해를 구하고, 문제의 답이 맞는지 확인한다.

⑮ 부등식

(1) a < b일 때

$$a + c < b + c$$
$$a - c < b - c$$

(2) a < b, c > 0일 때

$$ac < bc$$
$$\frac{a}{c} < \frac{b}{c}$$

(3) a < b, c < 0일 때

$$ac > bc$$
$$\frac{a}{c} > \frac{b}{c}$$

16 자료해석

1) 풀이 방법

(1) 자료의 소재와 제목을 확인한다.
무엇에 대한 자료인지 살펴봄으로써 자료의 내용과 계산법 등을 미리 추론해볼 수 있다.

(2) 여러 항목의 시점을 확인한다.
여러 항목에 대한 같은 시점의 자료인지, 같은 항목에 대한 여러 시점의 자료인지 파악한다.
여러 항목에 대한 여러 시점의 자료일 수도 있다. → 각 자료에 따라 묻는 내용이 달라진다.

(3) 절대 수치인지 상대 수치인지 파악한다.
① 절대 수치 : 각 수치가 실제 값을 나타냄

〈총 인구수와 아동 인구수〉

구분	2018년	2019년	2020년	2021년
총 인구수(천 명)	51,529	51,696	51,778	51,826
아동 인구수(천 명)	8,961	8,736	8,480	8,176

② 상대 수치 : 비율 수치와 같은 말. 자료 전체에서 차지하는 비중이나 기준이 되는 수치에 대한 상대적인 값을 나타냄

〈총인구 중 아동 인구 구성비〉

구분	2018년	2019년	2020년	2021년
아동 인구 비율(%)	17	17	16	16

(4) 지문을 확인한다.
계산이 필요 없는 지문부터 확인하여 처리하고, 계산이 필요한 지문은 계산 과정을 줄여 계산한다. 계산하려는 숫자 간의 차이가 클 경우 일의 자리 숫자까지 계산할 필요가 없다.

2) 빈출 공식

(1) 증감률 : 증가하거나 감소하는 비율

$$A(기준) \text{ 대비 } B(비교대상)\text{의 증감률} = \frac{B(비교대상) - A(기준)}{A(기준)} \times 100$$

예 2020년 대비 2021년의 아동 인구수 증감률

구분	2020년	2021년
아동 인구수(천 명)	8,480	8,176

→ $\dfrac{8,176 - 8,480}{8,480} \times 100 ≒ -3.6\%$

 Tips

• % 수치 사이의 증가폭은 그 차이를 의미한다. 이때 단위는 %p 로 표시한다.

예 2018년 ~ 2021년의 아동 인구 비율 증가폭

구분	2018년	2021년
아동 인구 비율(%)	17	16

→ $16 - 17 = -1\%p$

* %p : % 간의 차이를 나타내는 단위

(2) 구성비(비중) : 전체에서 부분이 차지하는 크기

$$\dfrac{부분}{전체} \times 100$$

예 2020년 총인구 중 아동 인구의 구성비

구분	2020년
총 인구수(천 명)	51,826
아동 인구수(천 명)	8,176

→ $\dfrac{8,176}{51,826} \times 100 ≒ 16\%$

(3) 평균

① 산술평균 : 여러 수의 합을 수의 개수로 나눈 값

$$\dfrac{x_1 + x_2 + \cdots + x_n}{n}$$

예 2019년 ~ 2021년 아동 인구수 평균

구분	2019년	2020년	2021년
아동 인구수(천 명)	8,736	8,480	8,176

→ $\dfrac{8,736 + 8,480 + 8,176}{3} = 8,464$ 천 명

② **가평균** : 자료의 수가 많은 경우의 평균을 구할 때, 간단하게 계산하기 위해 임의로 정한 평균값

예 다섯 과목의 평균 점수

구분	국어	수학	국사	물리	체육
점수(점)	80	76	80	83	86

→ 80이 많으므로 80을 가평균으로 정하고, 80을 기준으로 남거나 모자라는 수를 계산한다.

$$\frac{80+(80-4)+80+(80+3)+(80+6)}{5} = \frac{80 \times 5}{5} + \frac{5}{5} = 81\text{점}$$

③ **가중평균** : 각 항의 수치에 그 중요도에 비례하는 계수를 곱한 다음 산출한 평균

$$\frac{\text{각각}(\text{관찰값} \times \text{가중치})\text{의 합}}{\text{가중치의 총합}}$$

예 다섯 과목의 가중평균 점수

구분	국어	수학	국사	물리	체육
점수(점)	80	76	80	83	86
가중치(%)	40	30	15	10	5

→ $\frac{(80 \times 0.4)+(76 \times 0.3)+(80 \times 0.15)+(83 \times 0.1)+(86 \times 0.05)}{0.4+0.3+0.15+0.1+0.05}$

$= 32+22.8+12+8.3+4.3 = 79.4\text{점}$

수리력 실전 연습 문제

출제 포인트!

수리력은 사칙연산을 토대로 단순한 계산을 얼마나 정확하게 할 수 있는지를 측정하는 기초연산, 방정식·속도/시간/거리·농도·원가/정가·경우의 수/확률 등 수리 개념을 접목한 응용계산, 도표 및 그래프 등 여러 형태의 자료를 보고 옳게 분석하거나 특정 값을 계산하는 자료해석으로 구분된다.
교육공무직의 수리력 유형은 일반 대기업이나 공사/공단에서 출제되는 수리 범위에서 크게 벗어나지 않으므로, 유형의 생소함이나 부담은 크지 않을 것이다. 그러나 주어진 시간 내 문제를 정확하게 풀어야 하므로, 여러 가지 유형의 문제 연습을 충분히 해두어야 한다.

01 기초연산

[01~10] 다음 제시된 식의 값을 구하시오.

01 ▶

$$684 + 371 + 11$$

① 1,055　　　② 1,066　　　③ 1,077
④ 1,056　　　⑤ 1,076

덧셈의 나열이므로 순차적으로 더하면 된다. 이때 계산 후 나오게 될 일의 자리 6을 먼저 확인하고, 선택지 중에서 끝자리가 6이 아닌 것을 소거하면 더 빠르게 답을 찾아낼 수 있다.

02 ▶

$$47 \times 7 - 28$$

① 329　　　② 311　　　③ 301
④ 893　　　⑤ -893

01 ②

Chapter 03 수리력　**153**

해설

사칙연산은 곱셈과 나눗셈을 먼저 하고, 덧셈과 뺄셈을 나중에 한다. 따라서 순서대로 계산하면 301이 정답이다. 이 문제도 역시 계산 후 오게 될 일의 자리 1을 먼저 확인한 후 답을 찾으면 시간을 줄일 수 있다.

03

$$654 \div 3 + 97$$

① 315 ② 6.54 ③ 754
④ 335 ⑤ 325

해설

나눗셈을 먼저 하고 덧셈을 하면 되므로, 순차적으로 계산하면 315가 정답이다.

04

$$12.27 + 39.34 + 9.54$$

① 52.15 ② 61.75 ③ 59.35
④ 58.75 ⑤ 61.15

해설

소수점 이하 자리를 먼저 계산하면 끝이 15가 되므로 선택지를 좁힌 후 답을 구하면 시간을 단축할 수 있다.

05

$$\left\{\left(\frac{4}{5} - \frac{5}{10}\right) + \frac{1}{3}\right\} \times \frac{2}{5}$$

① $\frac{23}{50}$ ② $\frac{18}{65}$ ③ $\frac{19}{55}$
④ $\frac{19}{75}$ ⑤ $\frac{39}{75}$

해설

소괄호, 중괄호 순으로 괄호 안을 먼저 계산한다.

$\left\{\left(\dfrac{4}{5} - \dfrac{5}{10}\right) + \dfrac{1}{3}\right\} \times \dfrac{2}{5} = \left\{\left(\dfrac{8}{10} - \dfrac{5}{10}\right) + \dfrac{1}{3}\right\} \times \dfrac{2}{5} = \left(\dfrac{3}{10} + \dfrac{1}{3}\right) \times \dfrac{2}{5} = \left(\dfrac{9}{30} + \dfrac{10}{30}\right) \times \dfrac{2}{5} = \dfrac{19}{75}$

06 ▶

$$4\dfrac{3}{5} \div \dfrac{1}{3} \times \dfrac{5}{3}$$

① $9\dfrac{7}{15}$ ② $\dfrac{13}{15}$ ③ 23

④ $5\dfrac{13}{25}$ ⑤ 207

해설

$4\dfrac{3}{5} \div \dfrac{1}{3} \times \dfrac{5}{3} = \dfrac{23}{5} \times 3 \times \dfrac{5}{3} = \dfrac{69}{5} \times \dfrac{5}{3} = 23$

07 ▶

$$\sqrt{3} \times (5\sqrt{9} \times \sqrt{3})$$

① $15\sqrt{3}$ ② 15 ③ $5\sqrt{3}$
④ 45 ⑤ 75

해설

$\sqrt{3} \times (5 \times 3 \times \sqrt{3}) = \sqrt{3} \times 15\sqrt{3} = 15 \times 3 = 45$

02 ③ 03 ① 04 ⑤ 05 ④ 06 ③ 07 ④

08 ▶ $17 \times (-21) + 39$

① 318　　② 357　　③ -306
④ -318　　⑤ 396

해설

곱셈을 먼저 하고 덧셈을 나중에 한다. $-357 + 39 = -318$

09 ▶ $5.3 + (17.2 \times 1.9) \div 0.4$

① 81.7　　② 78　　③ 82.4
④ 83　　⑤ 87

해설

괄호 안, 나눗셈, 덧셈 순으로 계산한다.
$5.3 + (17.2 \times 1.9) \div 0.4 = 5.3 + (32.68 \div 0.4) = 5.3 + 81.7 = 87$

10 ▶ $5 \times (-3)^3 \div \dfrac{9}{10}$

① -135　　② 135　　③ 150
④ -150　　⑤ $5\dfrac{3}{5}$

해설

$5 \times (-3)^3 \div \dfrac{9}{10} = 5 \times (-27) \times \dfrac{10}{9} = -135 \times \dfrac{10}{9} = -150$

[11~13] 기호의 연산을 다음과 같이 가정할 때 제시된 식의 값을 구하시오.

$$A ☆ B = (A + B) \times (A - B)$$

11

$$6 ☆ 7$$

① 11　　② 13　　③ −11
④ −13　　⑤ 169

해설

$6 ☆ 7 = (6+7) \times (6-7) = 13 \times (-1) = -13$

12

$$-5 ☆ 8$$

① 13　　② 19　　③ −19
④ 39　　⑤ −39

해설

$-5 ☆ 8 = (-5+8) \times (-5-8) = 3 \times (-13) = -39$

13

$$(4 ☆ 7) + (11 ☆ 3)$$

① −33　　② 79　　③ 112
④ −79　　⑤ 145

08 ④　09 ⑤　10 ④　11 ④　12 ⑤

> **해설**

$\{11\times(-3)\}+(14\times 8)=-33+112=79$

[14~15] 기호의 연산을 다음과 같이 가정할 때 제시된 식의 값을 구하시오.

$$A◎B = A^2+B$$
$$A◇B = A\times B^2$$

14 ▶ $(6◎7)◇3$

① 126　　② 189　　③ -287
④ 369　　⑤ 387

> **해설**

$(36+7)\times 9 = 387$

15 ▶ $(3◇-2)◎8$

① 131　　② 152　　③ -131
④ -152　　⑤ 208

> **해설**

$(3\times 4)^2 + 8 = 152$

02 응용계산

01 A 회사의 남자 직원 수는 전년 대비 20% 증가하였고, 여자 직원 수는 전년 대비 10% 증가하여 전체 직원 수는 전년 대비 25명 증가하였다. 작년에 남자 직원이 여자 직원보다 20명 더 많았다고 할 때, 올해 여자 직원의 수를 구하면?

① 75명　　　② 77명　　　③ 79명
④ 81명　　　⑤ 83명

해설

작년 남자 직원 수를 x, 여자 직원 수를 y라고 하면,
$0.2x + 0.1y = 25$ …… ㉠
$x - y = 20$ …… ㉡
㉠과 ㉡을 연립하여 풀면, $x = 90$, $y = 70$이다. 따라서 올해 여자 직원의 수는 $70 \times 1.1 = 77$명이다.

02 A 씨와 B 씨의 나이 합은 두 사람의 나이 차의 두 배이고, A 씨의 나이는 B 씨의 나이보다 20살이 더 많다. A 씨의 나이를 구하면?

① 26살　　　② 28살　　　③ 30살
④ 32살　　　⑤ 34살

해설

A 씨의 나이를 x, B 씨의 나이를 y라 하면,
$x + y = 2(x - y)$ …… ㉠
$x = y + 20$ …… ㉡
㉡을 ㉠에 대입하여 풀면, $x = 30$, $y = 10$이므로 A 씨의 나이는 30살이다.

03 체육대회에서 1반이 농구에서 우승하지 못할 확률은 30%이고, 축구에서 우승할 확률은 60%라고 한다. 이때 1반이 농구와 축구 모두 우승할 확률을 구하면?

① 26% ② 32% ③ 38%
④ 42% ⑤ 46%

해설

1반이 농구에서 우승할 확률은 $1-0.3=0.7$이고, 축구에서 우승할 확률은 0.6이다.
따라서 1반이 농구와 축구 모두 우승할 확률은 $0.7\times 0.6=0.42$이므로 42%이다.

04 K 씨는 회사에서 차를 타고 시속 52km로 달려 18분 뒤에 집에 도착하였다. 집에 도착한 후 자전거를 타고 시속 12km로 달려 17분 후에 마트에 도착했다면, K 씨가 이동한 거리는 총 몇 km인가?

① 13km ② 15km ③ 17km
④ 19km ⑤ 21km

해설

'거리 = 시간 × 속력'이므로 K 씨가 이동한 거리는 총 $52\times\dfrac{18}{60}+12\times\dfrac{17}{60}=19$km이다.

05 신제품 개발을 위해 여러 부서에서 한 자리에 모여 회의를 하게 되었다. 같은 부서 사람이 서로 이웃하게 앉는 경우의 수는?

- 3개 부서에서 각 2명씩 총 6명이 회의에 참석하였다.
- 회의 참석자들은 하나의 원형 테이블에 둘러 앉아 회의를 한다.

① 12가지 ② 16가지 ③ 24가지
④ 36가지 ⑤ 48가지

같은 부서 사람 2명을 한 묶음으로 보고 경우의 수를 구하면 된다. 그러면 경우의 수는 3!인데 원형 테이블이므로 1을 빼면 (3−1)!이다. 여기서 같은 부서 사람이 서로 자리를 바꿔 앉을 경우를 곱하면 식이 완성된다. 세 부서가 있으므로 2를 세 번 곱하면 같은 부서 사람이 서로 이웃하게 앉는 경우의 수는 $(3−1)! \times 2 \times 2 \times 2 = 16$가지이다.

06 한 공장에서 두 개의 생산라인을 이용하여 10시간 동안 4,500개의 물품을 생산하였다. A 생산라인이 20분 동안 65개의 물품을 생산할 수 있다고 할 때, B 생산라인이 1시간 동안 생산할 수 있는 물품은 몇 개인가?

① 235개 ② 240개 ③ 245개
④ 250개 ⑤ 255개

A 생산라인이 1시간 동안 생산할 수 있는 물품의 개수는 $65 \times 3 = 195$개이다.
B 생산라인이 1시간 동안 생산할 수 있는 물품의 개수를 x라고 하면,
$(195 + x) \times 10 = 4,500$
$x = 255$이므로 B 생산라인이 1시간 동안 생산할 수 있는 물품은 255개이다.

07 A 회사는 오후 2시, 5시에 직원 교육을 진행하고 있고, 직원들은 이 중 한 타임을 자유롭게 선택하여 교육을 들어야 한다. 6명의 직원이 교육 시간을 선택하는 경우의 수를 구하면?

① 6가지 ② 12가지 ③ 32가지
④ 48가지 ⑤ 64가지

1명의 직원이 선택할 수 있는 교육 시간은 2가지이며, 6명의 직원 모두 2가지 중 하나를 선택할 수 있다. 따라서 6명의 직원이 교육 시간을 선택하는 경우의 수는 $2 \times 2 \times 2 \times 2 \times 2 \times 2 = 64$가지이다.

03 ④ 04 ④ 05 ② 06 ⑤ 07 ⑤

08 어머니, 아버지, 자녀 3명으로 구성된 가족을 일렬로 세울 때 부모를 이웃해서 세우는 경우의 수는?

① 12가지 ② 24가지 ③ 36가지
④ 48가지 ⑤ 50가지

해설

어머니, 아버지를 묶어 한 명으로 생각할 때 4명을 한 줄로 세우는 경우의 수는 4!이다.
이때, 이웃하는 어머니와 아버지의 순서를 바꾸는 경우는 2!이므로 $4! \times 2! = (4 \times 3 \times 2 \times 1) \times (2 \times 1) = 48$(가지)이다.

09 K 씨의 생일이 표시된 12월 달력이 있다. K 씨의 생일에서 위쪽으로 1칸 이동한 후 오른쪽으로 2칸 이동한 날짜와 생일에서 아래쪽으로 2칸 이동한 날짜를 더했더니 29가 되었다. K 씨의 생일은 언제인가?

① 12월 2일 ② 12월 5일 ③ 12월 7일
④ 12월 10일 ⑤ 12월 15일

해설

K 씨의 생일을 12월 x일이라고 하면, 생일에서 위쪽으로 1칸, 오른쪽으로 2칸 이동한 날짜는 $x - 7 + 2 = x - 5$이고, 생일에서 아래쪽으로 2칸 이동한 날짜는 $x + 14$이다.
$(x-5) + (x+14) = 29$이므로 $x = 10$이다. 따라서 K 씨의 생일은 12월 10일이다.

10 ○○교육청의 필기시험 응시자는 400명이었다. 응시자 전체의 필기시험 평균 점수는 60점, 합격자의 평균 점수는 74점, 불합격자의 평균 점수는 54점이라고 할 때, 합격자는 모두 몇 명인가?

① 100명 ② 110명 ③ 120명
④ 130명 ⑤ 140명

해설

합격자 수를 x명이라 하면, $60 \times 400 = 74 \times x + 54 \times (400 - x)$의 식을 세울 수 있다.
식을 계산하면 $x = 120$이므로 합격자는 120명이다.

11 ▶ A 작물과 B 작물을 기르는 농장에서 지난달에 A, B 작물을 합하여 1,000포기를 재배하였다. 이번 달에 재배한 양은 지난달에 비하여 A 작물은 10% 증가하고, B 작물은 5% 감소하여 전체적으로 7% 증가하였다. 이번 달에 재배한 A 작물은 몇 포기인가?

① 680포기 ② 720포기 ③ 780포기
④ 830포기 ⑤ 880포기

해설

지난달 재배한 A 작물의 수를 a포기, B 작물의 수를 b포기라 하면 다음 식을 세울 수 있다.
$$\begin{cases} a + b = 1,000 \\ 0.1a - 0.05b = 1,000 \times 0.07 \end{cases}$$
식을 풀면 $a = 800$, $b = 200$이고, 이번 달에 재배한 A 작물의 양은 $800 \times 1.1 = 880$포기이다.

12 ▶ A와 B는 제비뽑기를 하려고 한다. A가 당첨 제비를 뽑을 확률은 $\dfrac{1}{4}$이고, B가 당첨 제비를 뽑을 확률은 $\dfrac{2}{5}$일 때, 두 사람 중 한 사람만 당첨 제비를 뽑을 확률은?

① $\dfrac{1}{4}$ ② $\dfrac{3}{7}$ ③ $\dfrac{3}{10}$
④ $\dfrac{9}{20}$ ⑤ $\dfrac{7}{23}$

해설

- A만 당첨 제비를 뽑을 확률 : $\dfrac{1}{4} \times \dfrac{3}{5} = \dfrac{3}{20}$
- B만 당첨 제비를 뽑을 확률 : $\dfrac{3}{4} \times \dfrac{2}{5} = \dfrac{6}{20}$

따라서 두 사람 중 한 사람만 당첨 제비를 뽑을 확률은 $\dfrac{3}{20} + \dfrac{6}{20} = \dfrac{9}{20}$이다.

08 ④ 09 ④ 10 ③ 11 ⑤ 12 ④

13 동전 한 개와 주사위 한 개를 동시에 던졌을 때, 동전은 뒷면이 나오고, 주사위는 짝수의 눈이 나오는 경우의 수를 구하면?

① 3가지   ② 5가지   ③ 6가지
④ 8가지   ⑤ 12가지

해설

동전의 뒷면이 나오는 경우의 수는 1가지이고, 주사위의 짝수 눈이 나오는 경우의 수는 3가지이다.
따라서 $1 \times 3 = 3$가지이다.

14 공장에서 생산한 제품이 정상 제품이면 500원의 수익이 발생하고, 불량 제품이면 300원의 손실이 발생한다. 520개의 제품을 생산할 때, 이익을 얻으려면 불량 제품은 최대 몇 개 이하여야 하는가?

① 320개   ② 322개   ③ 324개
④ 326개   ⑤ 328개

해설

불량 제품의 개수를 x라고 하면, 정상 제품의 개수는 $520 - x$이다.
$(520 - x) \times 500 > x \times 300$이므로 $325 > x$이다.
따라서 불량 제품의 개수는 최대 324개여야 한다.

15 P 씨와 Q 씨가 함께 하면 8일 만에 완료할 수 있는 일이 있다. 이 일을 P 씨가 혼자 하면 12일이 걸린다고 할 때, Q 씨가 혼자 할 경우 걸리는 기간은 얼마인가?

① 16일   ② 20일   ③ 24일
④ 28일   ⑤ 30일

해설

전체 일의 양을 1이라고 하면, P 씨가 혼자 할 때 걸리는 기간은 12일이므로, P 씨가 하루 동안 할 수 있는 일의 양은 $\frac{1}{12}$이다.

Q 씨가 하루 동안 할 수 있는 일의 양을 $\frac{1}{x}$이라고 하면, P 씨와 Q 씨가 함께 할 때 걸리는 기간은 8일이므로 $\left(\frac{1}{12} + \frac{1}{x}\right) \times 8 = 1$이다. 계산하면 $x = 24$이므로 Q 씨가 혼자 할 때 걸리는 기간은 24일이다.

16. 신입사원연수 운영을 맡은 A 사원은 방 배정을 하고 있다. 신입사원이 사용할 수 있는 방을 다음과 같이 조정하고 있다면, 신입사원을 배정할 수 있는 방은 최대 몇 개인가?

- 4명씩 방을 배정하면, 12명이 방을 배정받지 못한다.
- 6명씩 방을 배정하면, 방이 2개 남는다.

① 12개　　　② 14개　　　③ 16개
④ 24개　　　⑤ 26개

해설

방의 개수를 x(개)라 하면 신입사원 인원은 $4x+12$(명)이다. 6명씩 방을 배정할 경우 2개의 방이 남았으므로 $x-2$개의 방에 모두 6명씩 배정되었거나, $x-3$개의 방에는 6명씩 배정되고 하나의 방에 6명 미만의 신입사원이 배정되었을 수 있다. 따라서 6명씩 배정했을 때의 신입사원 수는 최소 $6(x-3)+1$명에서 최대 $6(x-2)$명이다. 이를 부등식으로 나타내면 $6(x-3)+1 \leq 4x+12 \leq 6(x-2)$이고, 연립부등식을 풀면 $12 \leq x \leq 14.5$이다. 따라서 신입사원을 배정할 수 있는 방은 최대 14개이다.

17. 30m/s의 속력으로 달리는 기차가 있다. 길이가 330m인 다리를 기차가 완전히 건너는 데 걸린 시간이 20초라고 할 때, 길이가 1,350m인 다리를 완전히 건너는 데 걸리는 시간을 구하면?

① 43초　　　② 45초　　　③ 49초
④ 52초　　　⑤ 54초

해설

다리를 완전히 건너는 데 이동한 거리는 다리의 길이와 기차의 길이를 더한 것이다.

기차의 길이를 x라고 하면, $\dfrac{330+x}{30}=20$ 이므로 $x=270$이다.

따라서 길이가 1,350m인 다리를 기차가 완전히 건너는 데 걸리는 시간은 $\dfrac{1,350+270}{30}=54$ 초이다.

13 ①　14 ③　15 ③　16 ②　17 ⑤

18> 5%의 소금물 300g에 소금과 물을 더 넣어 농도가 7% 이상 10% 이하인 소금물 500g을 만들려고 한다. 더 넣어야 할 물의 양은 최소 얼마인가?

① 155g ② 160g ③ 165g
④ 170g ⑤ 180g

해설

더 넣어야 할 소금물의 양이 200g이므로 더 넣을 물의 양을 xg이라 하면, 더 넣을 소금의 양은 $(200-x)$g이다. 현재 5%의 소금물 300g에 들어 있는 소금의 양은 $\frac{5}{100} \times 300 = 15$g 이므로,

식을 세우면 $7 \leq \frac{15+(200-x)}{500} \times 100 \leq 10$ 이고 식을 풀면 $165 \leq x \leq 180$이다.

따라서 더 넣어야 할 물의 양은 최소 165g 최대 180g이다.

COOL TIP 소금물의 농도와 소금의 양

1. 농도(%) = $\frac{소금}{소금+물} \times 100$ 2. 소금의 양(g) = $\frac{농도}{100} \times 소금물의 양$

19> 사과 1개의 원가는 1,200원이다. 원가에 25%의 이윤이 남도록 정가를 정하였는데, 사과가 잘 팔리지 않아 정가에서 30% 할인하여 팔기로 결정하였다. 사과 1개의 판매가격을 구하면?

① 1,050원 ② 1,250원 ③ 1,450원
④ 1,650원 ⑤ 1,850원

해설

사과 1개의 정가는 $1,200 \times (1+0.25) = 1,500$원이다. 정가에서 30%를 할인하여 판매한다고 하였으므로 사과 1개의 판매가격은 $1,500 \times (1-0.3) = 1,050$원이다.

20 A 학교의 전교생은 360명으로 남녀 학생의 비는 7:5이다. 전체 학생 중 $\frac{2}{5}$는 안경을 썼으며, 안경을 쓴 학생 중 $\frac{1}{4}$은 여학생이다. A 학교에서 안경을 쓰지 않는 남학생의 수를 구하면?

① 134명 ② 139명 ③ 143명
④ 102명 ⑤ 152명

해설

A 학교의 전교생 360명의 남녀 학생의 비는 7:5이므로 남학생 수는 $360 \times \frac{7}{12} = 210$ 명이고, 안경을 쓴 남학생 수는 $360 \times \frac{2}{5} \times \frac{3}{4} = 108$ 명이다. 따라서 A 학교에서 안경을 쓰지 않는 남학생 수는 $210 - 108 = 102$ 명이다.

21 수진이가 등산을 하는데 올라갈 때에는 시속 3km, 내려올 때에는 같은 길을 시속 6km로 걸어서 전체 걸리는 시간을 3시간 이내로 하려고 한다. 최대 몇 km 지점까지 올라갔다 올 수 있는가?

① 9km ② 8km ③ 7km
④ 6km ⑤ 5km

해설

등산로의 거리를 $x$km라 하면 식은 $\frac{x}{3} + \frac{x}{6} \leq 3$ 이므로 $3x \leq 18$, $\therefore x \leq 6$
따라서 등산로의 최대 거리는 6km이다.

COOL TIP 속력 / 거리 / 시간

1. 속력(km/h) = $\frac{거리}{시간}$ 2. 거리(km) = 시간 × 속력 3. 시간(h) = $\frac{거리}{속력}$

18 ③ 19 ① 20 ④ 21 ④

22. 직사각형 모양의 탁자에 다음과 같이 8명이 둘러앉는 방법의 수는?

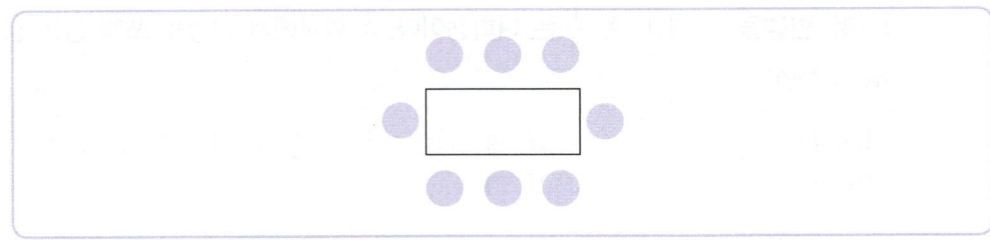

① 12,460가지   ② 18,160가지   ③ 20,160가지
④ 24,000가지   ⑤ 40,320가지

해설

다음과 같이 대각선을 기준으로 양쪽에서 반복된다.
따라서 직사각형 모양의 식탁에 8명이 둘러앉는 방법의 수는 $\dfrac{8!}{2} = \dfrac{8 \times 7 \times 6 \times 5 \times 4 \times 3 \times 2 \times 1}{2} = 20,160$ 가지이다.

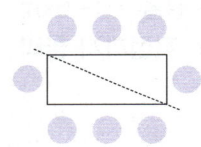

23. A 매장에서 작년 한 해 동안 판매한 책상과 의자는 총 2,700개이고, 올해 판매한 책상과 의자 수는 작년보다 각각 40%, 50% 증가하였다. 증가한 책상과 의자의 판매량의 비가 2:5일 때, 올해 책상의 판매량을 구하면?

① 1,140개   ② 1,180개   ③ 1,260개
④ 1,290개   ⑤ 1,370개

해설

작년 책상 판매량을 x, 의자 판매량을 y라 하면,
$x + y = 2,700$ …… ㉠
$0.4x : 0.5y = 2:5 \Rightarrow y = 2x$ …… ㉡
㉡을 ㉠에 대입하여 풀면, $3x = 2,700$이므로 $x = 900$, $y = 1,800$이다.
따라서 올해 책상의 판매량은 $900 \times 1.4 = 1,260$개이다.

24. 한 개의 주사위를 던질 때, 5 이상의 홀수 또는 3 이하의 짝수가 나오는 경우의 수를 구하면?

① 1가지　　② 2가지　　③ 3가지
④ 4가지　　⑤ 5가지

5 이상의 홀수가 나오는 경우의 수는 1가지이고, 3 이하의 짝수가 나오는 경우의 수는 1가지이다. 따라서 5 이상의 홀수 또는 3 이하의 짝수가 나오는 경우의 수는 $1+1=2$가지이다.

25. 대형 수조에 들어 있는 물의 깊이를 알아보기 위해 길이가 20cm 차이 나는 두 막대를 수조에 수직으로 넣었다. 다 넣었을 때 짧은 막대의 $\frac{5}{7}$가 물에 잠겼고, 긴 막대의 $\frac{2}{3}$가 물에 잠겼다면 수조에 들어 있는 물의 깊이는 얼마인가?

① 120cm　　② 140cm　　③ 160cm
④ 180cm　　⑤ 200cm

짧은 막대의 길이를 x라고 하면, 긴 막대의 길이는 $x+20$이다.
수조에 수직으로 넣은 두 막대의 물에 잠긴 길이는 서로 같으므로 $\frac{5}{7}x = \frac{2}{3}(x+20)$
$x=280$이므로 물의 깊이는 $\frac{5}{7} \times 280 = 200\,\text{cm}$이다.

22 ③　23 ③　24 ②　25 ⑤

26 서울 ○○기업에 입사한 C 사원은 처음으로 회사 소유의 자동차를 타고 대구로 출장을 갔다. 회사 소유의 자동차인 만큼 제한 속도를 잘 지켜서 안전하게 운전했다. C 사원이 한 번도 쉬지 않고 운전했으며 출발한 지 3시간 만에 대구에 도착했다고 할 때, 구간단속구간의 제한 속도는 얼마인가?

- 서울에서 대구까지 거리는 280km이며, 30km 구간단속구간이 있다.
- 일반구간에서 시속 100km/h를 유지하며 운전하였다.
- 구간단속구간에서는 제한 속도를 유지하며 운전하였다.

① 50km/h   ② 55km/h   ③ 60km/h
④ 65km/h   ⑤ 70km/h

일반구간의 거리는 280 − 30 = 250km이고, 일반구간 거리를 가는 데 걸린 시간은 250 ÷ 100 = 2.5시간이다. 대구에 가는 데 3시간이 걸렸으므로 구간단속구간 30km를 가는 데는 0.5시간이 걸렸음을 알 수 있다. 속도 = 거리 ÷ 시간이고, C 사원은 구간단속구간에서 제한 속도를 유지하며 운전하였으므로, 구간단속구간의 제한 속도는 30 ÷ 0.5 = 60km/h이다.

27 △△기업은 다음과 같이 월급을 지급했다고 한다. 현재 사원들에게 지급하고 있는 월급의 총액은 얼마인가?

- 현재 모든 사원에게 모두 동일한 금액의 월급을 지급하고 있다.
- 만약 사원이 10명 늘어났을 때 각 사원들의 월급을 기존 월급에서 100만 원씩 줄이면 모든 사원들에게 지급하는 월급의 총액은 처음의 80%가 된다.
- 만약 사원이 20명 줄었을 때 각 사원들의 월급을 기존 월급과 동일하게 유지하면, 모든 사원들에게 지급하는 월급의 총액은 처음의 60%가 된다.

① 1억 5,000만 원   ② 1억 6,000만 원   ③ 1억 8,000만 원
④ 2억 1,000만 원   ⑤ 2억 4,000만 원

해설

사원 수를 x라 하고 월급을 y라 했을 때 현재의 총 월급은 xy이다.
사원이 10명 늘고 각 사원들의 월급을 100만 원씩 줄였을 경우의 식은 다음과 같다.
$xy + 10y - 1{,}000{,}000(x + 10) = 0.8xy$ …… ㉠
사원이 20명 줄었을 경우의 식은 다음과 같다.
$xy - 20y = 0.6xy$ …… ㉡
㉡의 식을 풀면 $x - 20 = 0.6x$, $0.4x = 20$, $x = 50$ 이다.
x를 대입해서 ㉠의 식을 풀면
$50y + 10y - 60{,}000{,}000 = 40y$
$20y = 60{,}000{,}000$
$\therefore y = 3{,}000{,}000$
따라서 현재 사원 수는 50명, 월급은 300만 원이고, 현재 지급하고 있는 월급의 총액은 $50 \times 3{,}000{,}000$ $= 150{,}000{,}000$원, 즉 1억 5,000만 원이다.

28 ▶ 어느 해에 ○○기업 채용에서 전체 지원자 중 880명이 합격하였을 때, 지원자 남녀의 비는 8:13, 합격자 남녀의 비는 4:7, 불합격자 남녀의 비는 2:3이었다. ○○기업의 합격률을 $\dfrac{b}{a}$라고 할 때, $a - b$의 값을 구하면? (단, a, b는 서로소인 자연수이다.)

① 2　　　　　　　② 4　　　　　　　③ 6
④ 8　　　　　　　⑤ 10

해설

합격자 남녀의 비가 4:7이고 합격자 수가 880명이므로 비례배분에 의해
남자는 $880 \times \dfrac{4}{4+7} = 320$ 명, 여자는 $880 \times \dfrac{7}{4+7} = 560$ 명이 합격하였다.
불합격자 남녀의 비가 2:3이므로 각각을 $2y$명, $3y$명으로 놓으면
지원자의 남녀의 비가 8:13이므로
$(320 + 2y):(560 + 3y) = 8:13$
$(320 + 2y) \times 13 = (560 + 3y) \times 8$
$\therefore y = 160$
따라서 총 지원자 수는 $880 + 320 + 480 = 1{,}680$명이므로 ○○기업의 합격률은 $\dfrac{880}{1{,}680} = \dfrac{11}{21}$ 이고, $a - b$의 값을 구하면 $21 - 11 = 10$이다.

29 휴대폰 케이스 생산 공장을 운영하는 A 씨는 기계 3대로 주어진 |조건|과 같이 제품을 생산하고 있다. 이 공장의 전체 불량률은 얼마인가? (단, 모든 불량률 계산은 소수 셋째 자리에서 반올림한다.)

| 조건 |

- 첫 번째 기계는 하루에 5,000개의 제품을 생산한다.
- 두 번째 기계는 첫 번째 기계보다 10% 더 많은 제품을 생산하며, 세 번째 기계는 두 번째 기계보다 500개 더 많은 제품을 생산한다.
- 첫 번째, 두 번째, 세 번째 기계의 하루 생산량의 불량률은 순서대로 0.7%, 1%, 0.3%이다.

① 0.5%   ② 0.55%   ③ 0.65%
④ 0.7%   ⑤ 0.75%

전체 불량률을 구하려면 전체 기계가 생산하는 제품의 수와 그중에서 불량이 나는 제품의 수를 알아야 한다. 첫 번째 기계는 5,000개의 제품을 생산하고 두 번째 기계는 10% 더 많은 5,500개의 제품을 생산한다. 세 번째 기계는 두 번째 기계보다 500개 더 많은 6,000개의 제품을 생산하므로 전체 기계는 총 16,500개의 제품을 생산한다. 각각 불량이 나는 제품의 수를 구하면 다음과 같다.

첫 번째 기계 : $5,000 \times \dfrac{0.7}{100} = 35$ 개

두 번째 기계 : $5,500 \times \dfrac{1}{100} = 55$ 개

세 번째 기계 : $6,000 \times \dfrac{0.3}{100} = 18$ 개

따라서 전체 제품에서 불량이 나는 제품의 수는 $35 + 55 + 18 = 108$개이고,

전체 불량률은 $\dfrac{108}{16,500} \times 100 = 0.6545\cdots\%$이므로 소수 셋째 자리에서 반올림하면 정답은 0.65%이다.

30 둘레의 길이가 2km인 호수공원을 A, B 두 사람이 같은 지점에서 동시에 출발하여 서로 반대 방향으로 돌면 10분 후에 처음으로 다시 만나고, 서로 같은 방향으로 돌면 40분 후에 처음으로 다시 만난다고 한다. 이때 B의 속력은 분속 얼마인가? (단, A의 속력은 B의 속력보다 빠르다.)

① 70m ② 75m ③ 80m
④ 85m ⑤ 90m

해설

A의 속력을 분속 xm, B의 속력을 분속 ym라 하면
호수공원을 서로 반대 방향으로 돌 때 (A가 움직인 거리) + (B가 움직인 거리) = 2,000m이므로
$10x + 10y = 2,000$이다.
호수공원을 서로 같은 방향으로 돌 때 (A가 움직인 거리) − (B가 움직인 거리) = 2,000m이므로
$40x - 40y = 2,000$이다.
두 식을 정리하면 $\begin{cases} x+y=200 \\ x-y=50 \end{cases}$ 이고, 연립방정식을 풀면 $x=125$, $y=75$이다.
따라서 B의 속력은 분속 75m이다.

29 ③ 30 ②

03 자료해석

01 두 도시의 주민들이 아래의 연도별 예산현황 자료를 보고 토론하고 있다. 다음 중 자료를 잘못 이해한 주민은?

S 시, A 시의 연도별 예산현황

(단위 : 백만 원)

구분	S 시			A 시		
	합계	일반회계	특별회계	합계	일반회계	특별회계
2015년	917,000	695,000	222,000	803,040	696,400	106,640
2016년	1,117,265	800,000	317,265	776,600	697,000	79,600
2017년	1,242,037	984,000	258,037	866,000	754,500	111,500
2018년	1,503,338	1,132,000	371,338	1,020,000	897,800	122,200
2019년	1,551,611	1,155,000	396,611	1,070,000	966,200	103,800

① D 주민 : S 시의 예산액 합계는 꾸준히 증가하고 있지만 A 시는 그렇지 않아요.
② R 주민 : S 시의 특별회계 예산액은 항상 A 시의 특별회계 예산액보다 2배 이상 더 많아요.
③ I 주민 : 2018년 S 시의 일반회계 예산액은 A 시의 일반회계 예산액보다 1.2배 이상 더 많네요.
④ N 주민 : 2017년 A 시 전체 예산액에서 특별회계 예산액이 차지하는 비중은 12% 이상 이에요.
⑤ K 주민 : 2016년 S 시 전체 예산액 중에서 일반회계 예산액은 70% 미만을 차지해요.

해설

2016년 S 시 전체 예산액에서 일반회계 예산액이 차지하는 비중은 $\frac{800,000}{1,117,265} \times 100 = 71.6\cdots$으로 70% 이상이다.

Plus 해설

① S 시의 예산액 합계는 꾸준히 증가하고 있고, A 시는 2016년에 감소했다가 다시 증가하고 있다.
② S 시 특별회계 예산액과 A 시 특별회계 예산액 2배를 비교하면 다음과 같다.
   2015년 : 222,000 > 213,280 / 2016년 : 317,265 > 159,200 / 2017년 : 258,037 > 223,000 / 2018년 : 371,338 > 244,400 / 2019년 : 396,611 > 207,600
③ 2018년 A 시 일반회계 예산액의 1.2배는 897,800×1.2 = 1,077,360으로 S 시의 일반회계 예산액이 더 많다.
④ 2017년 A 시 전체 예산액에서 특별회계 예산액이 차지하는 비중은 $\frac{111,500}{866,000} \times 100 = 12.8\cdots$로 12% 이상이다.

02 다음은 어느 기관 직원의 평균 보수를 나타낸 표이다. 이에 대한 설명으로 적절하지 않은 것은?

직원 평균 보수

(단위 : 천 원)

구분	2014년	2015년	2016년	2017년	2018년
기본급	31,140	31,652	31,763	32,014	34,352
고정수당	13,387	13,868	13,434	12,864	12,068
실적수당	2,158	2,271	2,220	2,250	2,129
급여성 복리후생비	963	946	1,056	985	1,008
경영평가 성과급	1,129	733	1,264	1,117	862
기타 성과상여금	5,987	5,935	5,985	6,979	5,795
1인당 평균 보수액	54,764	55,405	55,722	56,209	56,214

① 2014년~2018년의 기본급과 1인당 평균 보수액은 모두 꾸준히 증가하고 있다.
② 2017년의 기본급은 전년 대비 1% 이하로 증가하였다.
③ 2018년 고정수당은 2014년에 비해 약 10% 감소하였다.
④ 조사 기간 동안 급여성 복리후생비는 증감을 반복하고 있다.
⑤ 조사 기간 중 경영평가 성과급이 가장 높은 해는 가장 낮은 해의 1.5배 미만이다.

해설

조사 기간 중 경영평가 성과급이 가장 높은 해는 2016년으로 1,264천 원이고, 가장 낮은 해는 2015년으로 733천 원이다. 1,264 ÷ 733 ≒ 1.72이므로 1.5배 이상이다.

Plus 해설

② 2017년 기본급의 전년 대비 증가율은 $\frac{32,014 - 31,763}{31,763} \times 100 ≒ 0.8\%$로, 1% 이하이다.

③ 2018년의 고정수당은 2014년에 비해 $\frac{12,068 - 13,387}{13,387} \times 100 ≒ -9.9\%$, 약 10% 감소하였다.

03 다음은 한 기관의 유연근무 현황이다. 이에 대한 설명으로 옳은 것은?

유연근무 현황

(단위 : 명)

구분		2014년	2015년	2016년	2017년	2018년 남	2018년 여
탄력근무제	시차출퇴근형	279	259	447	420	134	163
탄력근무제	근무시간선택형	252	258	247	1,078	333	305
탄력근무제	집약근무형	3	5	14	11	10	0
원격근무제	재택근무형	0	0	0	0	0	0
원격근무제	스마트워크근무형	6	15	20	28	31	15

- 시차출퇴근형 : 주 5일 근무, 1일 8시간 근무, 출근시간 자율 조정
- 근무시간선택형 : 주 5일 근무, 1일 8시간에 구애받지 않고 근무시간 자율 조정
- 집약근무형 : 주 5일 미만 근무, 주 40시간 유지 (예 : 주 4일, 하루 10시간)

① 조사 기간 동안 스마트워크근무를 이용한 사람은 집약근무를 이용한 사람보다 항상 2배 이상으로 많았다.
② 2018년 유연근무제의 모든 형태를 남자가 여자보다 많이 이용하였다.
③ 2014년부터 2018년까지 스마트워크근무를 이용한 사람은 꾸준히 늘어나다가 감소하였다.
④ 2017년에 시차출퇴근을 이용한 사람은 2014년에 비해 50% 이상 증가하였다.
⑤ 조사 기간 동안 1일 8시간에 구애받지 않고 근무시간을 자율 조정한 사람이 제일 많았던 해는 제일 적었던 해의 5배 이상이다.

해설

2017년 시차출퇴근 탄력근무제를 이용한 사람은 2014년에 비해 $\frac{420-279}{279} \times 100 ≒ 50.5\%$로, 50% 이상 증가하였다.

Plus 해설

① 2014년, 2015년, 2017년, 2018년에 스마트워크근무를 이용한 사람은 집약근무를 이용한 사람보다 두 배 이상 많지만, 2016년에는 약 1.4배 많으므로 틀린 설명이다.
② 시차출퇴근형 유연근무제는 여자가 남자보다 많이 이용하였다.
③ 2014년부터 2018년까지 스마트워크근무를 이용한 사람은 꾸준히 늘어나고 있다.

	2014	2015	2016	2017	2018
스마트워크근무형	6	15	20	28	46(31+15)

⑤ 1일 8시간에 구애받지 않고 근무시간을 자율 조정하는 것은 근무시간선택형에 대한 설명이다. 근무시간선택을 이용한 사람이 가장 많았던 해는 2017년으로 1,078명 이용하였고, 가장 적었던 해는 2016년으로 247명 이용하였다. 따라서 1,078 ÷ 247 ≒ 4.4이므로, 5배 미만이다.

04 ▶ 다음은 공항철도 여객 수송실적을 나타낸 자료이다. 이에 대한 해석으로 옳은 것은?

2016년 월별 여객 수송실적

(단위 : 천 명)

월	수송인원	승차인원	유입인원
1월	5,822	2,843	2,979
2월	5,520	2,703	(A)
3월	6,331	3,029	3,302
4월	6,237	3,009	3,228
5월	6,533	3,150	3,383
6월	6,361	3,102	3,259
7월	6,431	3,164	3,267
8월	(B)	3,103	3,617
9월	6,333	2,853	3,480
10월	6,875	3,048	3,827
11월	6,717	(C)	3,794
12월	6,910	3,010	3,900

- 유입인원 : 다른 철도를 이용하다가 공항철도로 환승하여 최종 종착지에 내린 승객의 수
- 수송인원 = 승차인원 + 유입인원

① 2016년 공항철도의 수송인원은 매월 증가하고 있다.
② 2016년 3분기 공항철도 총 수송인원은 1,950만 명 이상이다.
③ 2월 공항철도 유입인원은 1월에 비해 16만 2천 명 감소하였다.
④ 11월은 승차인원이 가장 적은 달로, 6월보다 18만 1천 명이 더 적었다.
⑤ 8월은 수송인원이 가장 많았던 달로, 12월보다 19만 명 더 많았다.

해설

2월 공항철도 유입인원은 5,520−2,703=2,817천 명이고, 1월 공항철도 유입인원은 2,979천 명이다. 따라서 2월 공항철도 유입인원은 1월에 비해 2,979−2,817=162천 명, 즉 162,000명 감소하였다.

Plus 해설

① 2016년 공항철도의 수송인원은 증가와 감소를 반복하고 있다.
② 2016년 3분기 공항철도 총 수송인원은 6,431 + 6,720 + 6,333 = 19,484천 명, 즉 19,484,000명으로 1,950만 명 이하이다.
④ 11월 승차인원은 2,923천 명(6,717 − 3,794)이므로 승차인원이 가장 적은 달은 2월이다.
⑤ 8월의 수송인원은 6,720천 명(3,103 + 3,617)이므로 수송인원이 가장 많은 달은 12월이다.

05. 다음 농가 소득현황을 분석한 내용 중 옳은 것을 │보기│에서 모두 고른 것은? (단, 농가 소득은 소수 첫째 자리에서, 농업 의존도는 소수 둘째 자리에서 반올림한다.)

농가 소득현황

(단위 : 천 원, %)

	2013	2014	2015	2016	2017
농가 소득	ⓐ	34,950	37,215	37,197	38,239
└ 40~49세	43,135	45,083	50,043	48,170	48,976
└ 50~59세	54,745	57,816	60,703	63,151	65,082
└ 60~69세	34,223	35,533	40,133	42,637	44,551
└ 70세 이상	22,088	22,616	24,368	24,476	26,223
농업 소득	10,035	10,303	11,257	10,068	10,047
└ 농업 의존도	29.1	29.5	ⓑ	27.1	26.3
농업 이외 소득	24,489	24,647	25,959	27,130	28,193
도시근로자 가구 소득 대비 농가 소득 비율	62.5	61.5	64.4	63.5	-

• 농업 의존도 : 농업 소득이 농가 소득에서 차지하는 비중

│보기│

㉠ ⓐ에 들어갈 값은 34,485이다.
㉡ ⓑ에 들어갈 값은 28.2이다.
㉢ 조사 기간 동안 50~59세의 농가 소득이 가장 높았다.
㉣ 조사 기간 동안 농업 이외 소득이 가장 높았던 해는 가장 낮았던 해 대비 약 15.1% 증가하였다.
㉤ 도시근로자 가구 소득 대비 농가 소득 비율이 가장 높았던 해는 농업 소득도 가장 높다.

① ㉠, ㉢ ② ㉢, ㉣ ③ ㉡, ㉢, ㉤
④ ㉡, ㉣, ㉤ ⑤ ㉠, ㉢, ㉣, ㉤

해설

㉠ (○) 2013년 농가 소득을 x라 하면, ⓐ에 들어갈 값을 구하는 식은 $\frac{10,035}{x} \times 100 = 29.1$ 이다.

계산하면 $x = 34,484.5\cdots$이고, 소수 첫째 자리에서 반올림하면 34,485이다.

㉡ (×) ⓑ에 들어갈 값은 $\frac{11,257}{37,215} \times 100 = 30.24\cdots$이고, 소수 둘째 자리에서 반올림하면 30.2이다.

㉢ (○) 조사 기간 동안 50~59세의 농가 소득이 항상 가장 높다.

㉣ (○) 조사 기간 동안 농업 이외 소득이 가장 높았던 해는 2017년이고, 가장 낮았던 해는 2013년이다. 둘의 증감률을 구하면 $\frac{28,193 - 24,489}{24,489} \times 100 ≒ 15.1\%$ 이다.

㉤ (○) 도시근로자 가구 소득 대비 농가 소득 비율이 가장 높았던 해는 2015년으로, 같은 해의 농업 소득 또한 조사 기간 중 가장 높다.

따라서 옳은 것을 모두 고른 것은 ㉠, ㉢, ㉣, ㉤이다.

06 아래 자료는 국내 바이오 의약산업의 국내 판매 및 수출 규모를 2016년부터 2018년까지 정리한 자료이다. 이에 대한 내용으로 옳지 않은 것은?

바이오 의약산업 국내 판매 및 수출 규모

(단위 : 백만 원)

구분	2016		2017		2018	
	국내 판매액	수출액	국내 판매액	수출액	국내 판매액	수출액
항생제	60,262	63,520	67,367	68,133	77,902	65,301
항암제	33,126	16,347	36,298	22,408	40,157	26,050
백신	102,534	56,541	116,339	72,321	132,320	79,665
호르몬제	43,684	15,651	79,758	67,515	88,053	71,485
면역제제	20,221	698	26,004	716	42,069	11,153
혈액제제	210,148	27,514	148,077	17,451	165,231	20,019
저해제	57,857	1,293	37,221	725	46,718	1,501
성장인자	3,930	0	2,650	100	2,915	500
신개념치료제	1,512	271	6,593	577	17,138	2,300
진단키트	41,317	13,905	41,900	13,497	45,759	18,782
동물약품	52,623	6,530	67,603	8,551	68,418	10,356
기타바이오의약제	26,421	4,050	66,434	4,838	75,371	5,900

① 2016년 국내 판매액이 가장 높은 바이오 의약품은 '혈액제제'이다.
② 2017년 '백신'의 국내 판매액은 같은 해 수출액의 2배 이하이다.
③ 2018년 '항암제'의 수출액은 2016년 '항생제' 수출액의 40% 이상이다.
④ 2016년과 2017년의 국내 판매액 최하위 의약품의 수출액의 차는 1,000(백만 원) 이상이다.
⑤ 2018년 '면역제제'의 수출액은 2017년에 비해 10배 이상 급증했다.

해설

2016년의 국내 판매액 최하위 의약품 '신개념치료제'의 수출액은 271(백만 원)이고, 2017년의 국내 판매액 최하위 의약품 '성장인자'의 수출액은 100(백만 원)이다. 따라서 두 금액의 차는 171(백만 원)이다.

Plus 해설

① 표에서 2016년 국내 판매액이 가장 높은 바이오 의약품은 '혈액제제'임을 알 수 있다.
② 2017년 '백신'의 국내 판매액 116,339(백만 원)은 같은 해 수출액 72,321(백만 원)의 1.608…배이다.
③ 2018년 '항암제'의 수출액 26,050(백만 원)은 2016년 '항생제' 수출액 63,520(백만 원)의 약 41% 이다.
⑤ '면역제제'의 수출액은 2017년 716(백만 원)에서 2018년 11,153(백만 원)으로 약 15.57배 이상 급증했다.

05 ⑤ 06 ④

07 다음은 2008~2016년 A국의 국세 및 지방세에 관한 자료이다. 이에 대한 설명으로 옳지 않은 것은?

국세 및 지방세 징수액과 감면액

(단위 : 조 원)

구분	연도	2008	2009	2010	2011	2012	2013	2014	2015	2016
국세	징수액	138	161	167	165	178	192	203	202	216
국세	감면액	21	23	29	31	30	30	33	34	33
지방세	징수액	41	44	45	45	49	52	54	54	62
지방세	감면액	8	10	11	15	15	17	15	14	11

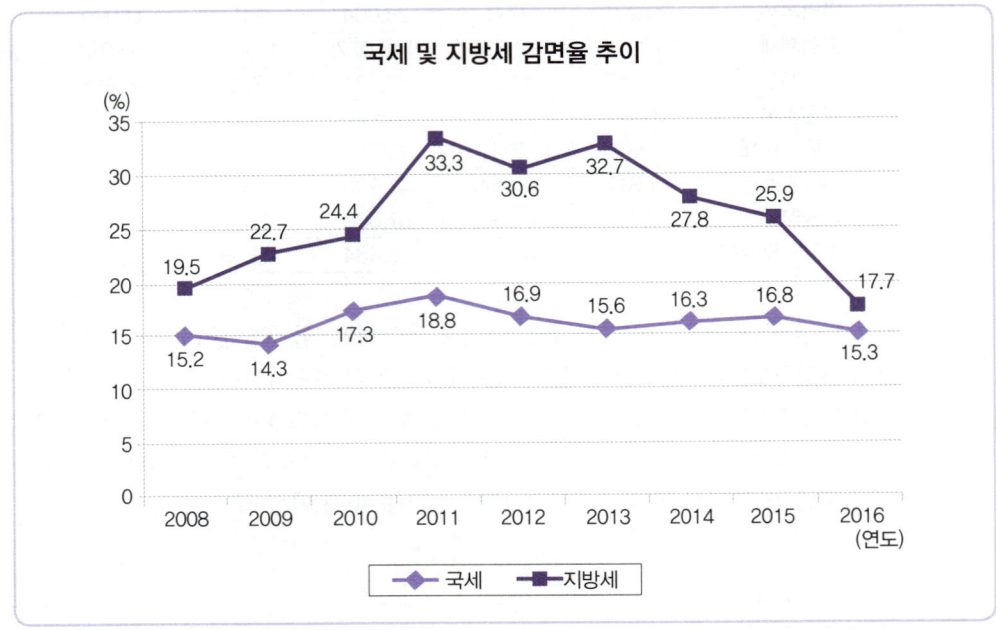

국세 및 지방세 감면율 추이

① 감면액은 국세가 지방세보다 매년 많다.
② 감면율은 지방세가 국세보다 매년 높다.
③ 2008년 대비 2016년 징수액 증가율은 국세가 지방세보다 높다.
④ 국세 징수액과 지방세 징수액의 차이가 가장 큰 해에는 국세 감면율과 지방세 감면율의 차이도 가장 크다.
⑤ 2014~2016년 동안 국세 감면액과 지방세 감면액의 차이는 매년 증가한다.

해설

국세 징수액과 지방세 징수액의 차이는 2016년에 216 − 62 = 154조 원으로 가장 크고, 국세 감면율과 지방세 감면율의 차이는 2013년에 32.7 − 15.6 = 17.1%p로 가장 크다.

Plus 해설

③ 2008년 대비 2016년 징수액 증가율은 국세가 $\frac{216-138}{138} \times 100 ≒ 56.52\%$ 이고,

지방세가 $\frac{62-41}{41} \times 100 ≒ 51.21\%$ 이므로 국세가 지방세보다 높다.

⑤ 국세 감면액과 지방세 감면액의 차이는 2014년에 33 − 15 = 18조 원, 2015년에 34 − 14 = 20조 원, 2016년에 33 − 11 = 22조 원으로 매년 증가한다.

08 ▶ 다음은 세계 주요 터널화재 사고에 관한 자료이다. 이에 대한 설명으로 옳은 것은?

세계 주요 터널화재 사고 통계

구분 사고	터널길이(km)	화재규모(MW)	복구비용(억 원)	복구기간(개월)	사망자(명)
A	50.5	350	4,200	6	1
B	11.6	40	3,276	36	39
C	6.4	120	72	3	12
D	16.9	150	312	2	11
E	0.2	100	570	10	192
F	1.0	20	18	8	0

※ 사고비용(억 원) = 복구비용(억 원) + 사망자(명)×5(억 원/명)

① 터널길이가 길수록 사망자가 많다.
② 화재규모가 클수록 복구기간이 길다.
③ 사고 A를 제외하면 복구기간이 길수록 복구비용이 크다.
④ 사망자가 가장 많은 사고 E는 사고비용도 가장 크다.
⑤ 사망자가 30명 이상인 사고를 제외하면 화재규모가 클수록 복구비용이 크다.

해설

사망자가 30명 이상인 사고 B와 E를 제외하면, 화재규모가 큰 사고 A, D, C, F 순으로 복구비용도 크다.

Plus 해설

① 터널길이는 사고 A가 가장 길지만, 사망자는 사고 E가 가장 많다.
② 화재규모는 사고 A가 가장 크지만, 복구기간은 사고 B가 가장 길다.
③ 사고 A를 제외하고 복구기간이 긴 순서는 B, E, F, C, D이고, 복구비용이 큰 순서는 B, E, D, C, F이다.
④ 사고 E의 사고비용은 570 + 192×5 = 1,530억 원이고, 사고 A의 사고비용은 4,200 + 1×5 = 4,205억 원이다. 따라서 사고 E의 사고비용이 가장 크다는 설명은 옳지 않다.

09 ▶ 다음은 약품 A~C 투입량에 따른 오염물질 제거량을 측정한 자료이다. 이에 대한 |보기|의 설명 중 옳은 것만을 모두 고르면?

약품 A~C 투입량에 따른 오염물질 제거량

※ 약품은 혼합하여 투입하지 않으며, 측정은 모든 조건이 동일한 가운데 이루어짐.

| 보기 |

㉠ 각 약품의 투입량이 20g일 때와 60g일 때를 비교하면, A의 오염물질 제거량 차이가 가장 작다.
㉡ 각 약품의 투입량이 20g일 때, 오염물질 제거량은 A가 C의 2배 이상이다.
㉢ 오염물질 30g을 제거하기 위해 필요한 투입량이 가장 적은 약품은 B이다.
㉣ 약품 투입량이 같으면 B와 C의 오염물질 제거량 차이는 7g 미만이다.

① ㉠, ㉡   ② ㉡, ㉣   ③ ㉢, ㉣
④ ㉠, ㉡, ㉢   ⑤ ㉡, ㉢, ㉣

해설

㉠ 각 약품의 투입량이 20g일 때와 60g일 때, 오염물질 제거량 차이는 A가 $45 - 35 = 10g$, B가 $37 - 25 = 12g$, C가 $30 - 15 = 15g$으로 A의 오염물질 제거량 차이가 가장 작다.
㉡ 각 약품의 투입량이 20g일 때, 오염물질 제거량은 A가 35g, C가 15g으로 A가 C의 2배 이상이다.

Plus 해설

㉢ 오염물질 30g을 제거하기 위해 필요한 투입량은 A가 10g, B가 30g, C가 60g으로 A가 가장 적다.
㉣ 약품 투입량이 20g일 때, B와 C의 오염물질 제거량 차이는 $25 - 15 = 10g$이므로 옳지 않은 설명이다.

10 다음은 댐 저수 현황에 대한 자료이다. 자료를 분석한 내용으로 적절하지 않은 것은?

댐 저수 현황

(단위 : mm, 백만㎥, %)

	2013	2014	2015	2016	2017
강수량(mm)	1,169	1,042	846	1,193	962
유입량(백만㎥)	14,458	11,329	7,832	12,581	9,944
방류량(백만㎥)	15,985	11,598	8,842	11,275	10,579
평균 저수량(백만㎥)	7,037	5,885	5,474	6,108	6,093
평균 저수율(%)	55.7	46.6	43.1	47.9	43.5

① 조사 기간 동안 모든 항목의 증감 추세가 일정한 패턴을 보인다.
② 평균 저수량이 가장 낮은 해는 다른 항목의 수치도 모두 가장 적다.
③ 2015년의 강수량은 전년 대비 20% 이상 감소하였다.
④ 2017년의 방류량은 2013년에 비해 약 34% 감소하였다.
⑤ 평균 저수율이 가장 높았던 해와 가장 낮았던 해의 수치는 10%p 이상 차이가 난다.

해설

2015년의 강수량은 전년 대비 $\frac{846 - 1,042}{1,042} \times 100 ≒ -19\%$ 감소하였으므로 20% 미만으로 감소하였다.

Plus 해설

① 모든 항목의 증감 패턴이 감소 → 감소 → 증가 → 감소로 일정하다.
② 평균 저수량이 가장 낮은 해는 2015년으로 다른 항목의 수치도 모두 가장 적다.
④ 2017년의 방류량은 2013년에 비해 $\frac{10,579 - 15,985}{15,985} \times 100 ≒ -34\%$ 감소하였다.
⑤ 평균 저수율이 가장 높았던 해는 2013년으로 55.7%이고, 가장 낮았던 해는 2015년으로 43.1%이다. 55.7 − 43.1 = 12.6%p이므로, 10%p 이상 차이가 난다.

09 ① 10 ③

11. 다음은 농림축산식품 수출입 동향을 나타낸 표이다. 자료에 대한 설명으로 적절하지 않은 것은?

농림축산식품 수출입 동향

(단위 : 백만 달러)

구분		2014	2015	2016	2017	2018
수출	소계	6,183	6,105	6,464	6,827	6,926
	농산물	5,224	5,221	5,581	6,047	5,985
	축산물	470	497	458	341	417
	임산물	489	387	425	439	524
수입	소계	31,634	30,222	29,673	32,294	35,302
	농산물	19,308	17,902	17,666	18,594	19,903
	축산물	5,622	5,728	5,807	6,603	7,522
	임산물	6,704	6,592	6,200	7,097	7,877
무역수지		-25,451	-24,117	-23,209	-25,467	-28,376

• 무역수지 = 수출 - 수입

① 조사 기간 동안 무역수지의 적자폭은 줄어들었다가 다시 늘어나는 추세를 보이고 있다.
② 2016년 축산물 수입액이 전체 수입액에서 차지하는 비율은 20% 미만이다.
③ 2018년 농림축산식품 전체 수출액의 2014년 대비 증감률은 약 12%이다.
④ 2017년의 전년 대비 임산물 수입 증감률은 2018년의 전년 대비 증감률과 5%p 이상 차이 난다.
⑤ 농산물 수출액이 가장 많았던 해의 수출액은 가장 적었던 해보다 826백만 달러 더 많았다.

해설

2017년의 전년 대비 임산물 수입 증감률은 $\frac{7,097-6,200}{6,200} \times 100 ≒ 14.47\%$ 이고, 2018년의 전년 대비 임산물 수입 증감률은 $\frac{7,877-7,097}{7,097} \times 100 ≒ 10.99\%$ 이다.
둘의 차이는 약 3.48%p로, 5%p 미만의 차이를 보이고 있다.

Plus 해설

② 2016년 축산물 수입액은 5,807백만 달러로 전체 수입액에서 $\frac{5,807}{29,673} \times 100 ≒ 19.57\%$ 를 차지한다.

③ 2018년 농림축산식품 전체 수출액의 2014년 대비 증감률은 $\frac{6,926-6,183}{6,183} \times 100 ≒ 12\%$ 이다.

⑤ 농산물 수출액이 가장 많았던 해는 2017년으로 6,047백만 달러였고, 가장 적었던 해는 2015년으로 5,221백만 달러였다. 둘의 차이는 826백만 달러로, 농산물 수출액이 가장 많았던 2017년의 수출액이 826백만 달러 더 많았다.

12 ▶ 다음 수자원 현황에 대한 자료를 분석한 내용으로 옳은 것은?

수자원 현황

(단위 : mm, 억m³/년)

구분		1994	1998	2003	2007
수자원 총량		1,267	1,276	1,240	1,294
이용 현황	총 이용량	301	331	337	333
	생활용수	62	73	76	75
	공업용수	26	29	26	21
	농업용수	149	158	160	159
	유지용수	64	71	75	78
당해 연도 강수량		923	1,630	1,756	1,380

① 조사 기간 동안 수자원 총량은 꾸준히 증가하고 있다.
② 당해 연도 강수량이 많은 해일수록 수자원의 총 이용량이 많다.
③ 2007년 농업용수로 사용된 수자원은 공업용수로 사용된 수자원의 8배 이상이다.
④ 1998년 수자원 총 이용량의 약 22%가 생활용수로 사용되었다.
⑤ 2007년 유지용수로 사용된 수자원은 1994년에 비해 약 14% 증가하였다.

해설

1998년 수자원 총 이용량 중 생활용수로 사용된 비율은 $\frac{73}{331} \times 100 ≒ 22\%$ 이다.

Plus 해설

① 2003년의 수자원 총량은 1998년에 비해 감소하였다.
② 당해 연도 강수량이 두 번째로 많은 해는 1998년이지만, 총 이용량이 두 번째로 많은 해는 2007년이므로 틀린 설명이다.
③ 2007년 농업용수로 사용된 수자원은 공업용수로 사용된 수자원의 159 ÷ 21 ≒ 7.6배이다.
⑤ 2007년 유지용수로 사용된 수자원은 1994년에 비해 $\frac{78-64}{64} \times 100 ≒ 22\%$ 증가하였다.

13 다음의 농업 기계화 현황 자료를 보고 해석한 것으로 적절하지 않은 것은?

농업 기계화 현황

(단위 : 천 대, %)

		2013	2014	2015	2016	2017
보유대수	소계	1,233	1,183	1,173	1,147	1,130
	트랙터	278	277	283	286	290
	콤바인	79	76	79	77	77
	이앙기	236	220	213	202	196
	경운기	640	610	598	582	567
기계화율	벼농사	94.1	97.8	97.8	97.9	98.4
	밭농사	55.7	56.3	56.3	58.3	60.2

• 기계화율 : 농업기계 작업 면적/전체 농작업 면적×100

① 조사 기간 동안 벼농사의 농업 기계화율이 밭농사의 농업 기계화율보다 항상 높았다.
② 2014년 전체 보유대수 중 이앙기가 차지하는 비율은 약 18.6%이다.
③ 조사 기간 동안 전체 보유대수 중 경운기가 차지하는 비율은 항상 50%를 넘는다.
④ 2017년 전체 밭농사 작업 면적이 150평이었다고 가정하면, 그중 농업기계 작업 면적은 90.3평이었을 것이다.
⑤ 2016년의 전년 대비 콤바인 보유대수 증감률은 약 −5.2%이다.

해설

2016년의 전년 대비 콤바인 보유대수 증감률은 $\frac{77-79}{79} \times 100 ≒ -2.5\%$ 이다.

Plus 해설

② 2014년 전체 보유대수 중 이앙기가 차지하는 비율은 $\frac{220}{1,183} \times 100 ≒ 18.6\%$ 이다.

③ 보유대수 소계의 50%보다 경운기 보유대수가 더 많은지를 확인하면 된다. 2013년 616.5<640, 2014년 591.5<610, 2015년 586.5<598, 2016년 573.5<582, 2017년 565<567로 조사 기간 동안 전체 보유대수 중 경운기가 차지하는 비율은 항상 50%를 넘는다.

④ 2017년 전체 밭농사 작업 면적이 150평일 경우, 농업기계 작업 면적을 구하는 식은 다음과 같다.
$\frac{x}{150} \times 100 = 60.2 \quad \therefore x = 90.3$
따라서 농업기계 작업 면적은 90.3평이었을 것이다.

14. 다음은 지하수 및 지표수의 연간 취수량에 대한 자료이다. 자료를 분석한 내용으로 적절하지 않은 것은?

지하수 및 지표수의 연간 취수량

(단위 : 백만m³/년)

		2014	2015	2016
합계		7,300	6,552	6,672
지하수		163	170	146
지표수	소계	7,137	6,382	6,526
	하천표류수	3,235	2,599	2,635
	하천복류수	437	450	445
	댐	3,404	3,269	3,377
	기타 저수지	61	64	70

① 조사 기간 동안 지하수와 지표수의 증감 패턴은 반대이다.
② 2015년 지표수의 연간 취수량 중 하천복류수가 차지하는 비율은 약 7%이다.
③ 2016년 댐의 연간 취수량은 기타 저수지의 연간 취수량보다 약 48배 많다.
④ 2016년 지하수의 연간 취수량은 2014년에 비해 약 10% 감소하였다.
⑤ 2015년의 하천표류수 연간 취수량은 전년 대비 20% 이상 감소하였다.

해설

2015년 하천표류수의 연간 취수량은 전년 대비 $\dfrac{2{,}599 - 3{,}235}{3{,}235} \times 100 ≒ -19.7\%$로 20% 미만으로 감소하였다.

Plus 해설

① 지하수는 증가 → 감소의 패턴을 보이고, 지표수는 감소 → 증가의 패턴을 보이므로 둘의 증감 패턴은 반대이다.
② 2015년 지표수의 연간 취수량 중 하천복류수가 차지하는 비율은 $\dfrac{450}{6{,}382} \times 100 ≒ 7\%$이다.
③ 2016년 댐의 연간 취수량은 3,377백만m³로, 기타 저수지의 연간 취수량 70백만m³보다 3,377 ÷ 70 ≒ 48배 많다.
④ 2016년 지하수의 연간 취수량은 2014년에 비해 $\dfrac{146 - 163}{163} \times 100 ≒ -10\%$로 약 10% 감소하였다.

13 ⑤   14 ⑤

[15~16] 다음 생활시간조사에 관한 자료를 보고 질문에 답하시오.

〈자료 1〉 18세 이상 전체 인구의 생활 행동별 요일 내 평균 시간 추이

(단위 : 분)

행동 분류별		1999년	2004년	2009년	2014년
필수시간	수면	442	445	450	480
	식사	94	111	116	127
	건강관리	8	8	7	6
의무시간	근로시간	206	187	183	180
	가정관리	110	106	105	109
	학습시간	33	17	15	23
여가시간	게임시간	5	13	10	10
	여가활동	217	275	248	259

• 생활시간조사는 18세 이상의 국민이 각자 주어진 24시간을 보내는 양상을 파악하기 위한 것으로, 24시간을 필수시간, 의무시간, 여가시간으로 구분하여 행동 분류별 시간 사용량을 파악하고 있다.

〈자료 2〉 18세 이상 행위자 인구의 생활 행동별 요일 평균 시간

(단위 : 분)

행동 분류별		1999년	2004년	2009년	2014년
필수시간	수면	442	445	450	480
	식사	94	111	116	127
	건강관리	8	60	47	43
의무시간	근로시간	385	343	334	341
	가정관리	146	137	131	134
	학습시간	222	327	294	232
여가시간	게임시간	85	80	73	64
	여가활동	220	276	250	261

• 행위자 인구 : 18세 이상의 성인 중 하루 24시간 중 1분 이상이라도 필수시간, 의무시간, 여가시간에 속한 특정 행위를 한 사람들을 의미한다. 따라서 〈자료 2〉는 해당 생활 행동 행위자만을 대상으로 계산한 요일 평균 행위시간을 나타낸다.

15 〈자료 1〉에 대한 해석으로 적절한 것은?

① 수면과 식사, 게임시간은 증가하고, 학습시간, 가정관리, 근로시간은 감소하는 추세에 있다.
② 2014년 식사시간은 1999년에 비해 130% 이상 증가하여 가장 큰 증가폭을 보였다.
③ 가정관리에 시간을 투입하는 인구가 증가했는데, 1999년 54%에서 2014년 65%로 증가했다.
④ 전체적으로 필수시간의 총합은 증가하고, 근로시간은 감소한 경향이 있다.
⑤ 건강관리에 시간을 투자하는 인구가 계속 감소하고 있음을 알 수 있다.

해설

전체 인구의 필수시간 총합은 1999년 442 + 94 + 8 = 544분, 2004년 445 + 111 + 8 = 564분, 2009년 450 + 116 + 7 = 573분, 2014년 480 + 127 + 6 = 613분으로 점점 증가하고 있다. 반면 근로시간은 점점 감소하고 있으므로 정답은 ④이다.

Plus 해설

① 수면과 식사시간이 증가하고 근로시간은 감소한 것이 맞지만, 게임시간, 학습시간, 가정관리 시간은 증감 추세가 일정하지 않다.
② 2014년 식사시간은 127분으로 1999년 식사시간인 94분에 비해 $\frac{127}{94} \times 100 ≒ 135\%$ 증가하였으므로 130% 이상 증가한 것이 맞지만, 게임시간의 증가폭이 더 크다.
③ 주어진 자료 이외에는 인구에 대한 수치가 따로 제공된 것이 없으므로 가정관리에 시간을 투입하는 인구가 증가했는지, 얼마나 증가했는지에 대한 내용을 확인할 수 없다.
⑤ 건강관리에 투자하는 시간은 감소한 것이 맞지만 건강관리에 시간을 투자하는 인구가 감소하고 있는지는 알 수 없다.

16 ▶ 다음 중 〈자료 1〉과 〈자료 2〉를 통해서 알 수 있는 사실이 아닌 것은?

① 건강관리를 하는 사람들이 건강관리에 투자하는 시간이 2004년부터 상당히 늘어났다.
② 수면과 식사시간을 제외한 모든 항목에서 행위자 평균이 전체 인구 평균보다 높게 나타났다.
③ 2014년 학습시간은 전체 인구 평균과 행위자 간 평균이 10배 이상의 차이를 보였다.
④ 게임시간의 경우 행위자 평균 시간은 계속 줄었지만 전체 인구가 게임을 하는 총 시간은 늘었다.
⑤ 2014년 건강관리 행위자의 평균 시간은 전체 인구 평균에 비해 7배 이상이다.

해설

1999년 건강관리 항목은 행위자 평균과 전체 인구 평균이 8분으로 같다.

Plus 해설

① 건강관리 행위자 인구가 건강관리에 투자하는 시간은 1999년 8분에서 2004년 60분으로 상당히 늘어났다.
③ 2014년 학습시간의 전체 인구 평균은 23분이고, 행위자 인구 평균은 232분으로 10배 이상의 차이를 보인다.
④ 행위자 인구의 게임시간은 계속 줄고 있고 전체 인구가 게임을 하는 총 시간은 5분에서 10분으로 늘었다.
⑤ 2014년 건강관리 행위자의 평균 시간은 43분으로 전체 인구 평균 시간인 6분에 비해 7배 이상이다.

15 ④ 16 ②

17 귀하는 본사 기획실에 국내 경기에 대한 최근 동향을 분석하여 보고해 줄 것을 주문받았고, 첫 번째 보고서를 위해 국내 경기의 흐름을 쉽게 알아볼 수 있는 건설경기를 먼저 분석하고자 한다. 아래 자료는 건설수주액에 대한 경상자료 중 발주자/공종별 자료만 조사해둔 자료이다. 다음 중 자료를 분석한 내용으로 옳지 않은 것은?

발주자/공종별 건설수주액(경상)

(단위 : 백만 원)

발주자별	공종별	1월	2월	3월	4월	5월
수주총액	계	11,885,120	7,946,447	10,509,180	9,193,856	12,090,487
	건축	6,120,240	5,174,489	8,897,938	7,999,396	8,269,327
	토목	5,764,880	2,771,958	1,611,242	1,194,460	3,821,160
공공부문	계	1,324,652	2,271,086	1,225,083	1,448,248	2,710,364
	건축	466,932	282,650	536,908	613,221	891,730
	토목	857,720	1,988,436	688,175	835,027	1,818,634
민간부문	계	6,339,121	5,659,828	9,183,405	7,476,576	9,285,468
	건축	5,649,084	4,889,111	8,361,002	7,136,830	7,377,018
	토목	690,037	770,717	822,403	339,746	1,908,450
국내 외국기관	계	358	3,716	42	227,083	579
	건축	100	2,728	28	227,083	579
	토목	258	988	14	0	0
민자	계	4,220,989	11,817	100,650	41,949	94,076
	건축	4,124	0	0	22,262	0
	토목	4,216,865	11,817	100,650	19,687	94,076

① 조사 기간 동안 '수주총액'의 합계금액은 매월 등락을 반복하는 형태를 보인다.
② 조사 기간 동안 '민간부문'의 '건축' 수주액이 가장 높았던 달은 같은 달 '토목'의 수주액과 비교할 때 10배 이상의 수주액을 기록하고 있다.
③ 조사 기간 동안 '민자' 합계금액이 가장 큰 달은 나머지 달들의 합계보다 20배 이상이다.
④ 조사 기간 동안 '국내 외국기관' 합계금액은 4월의 수주액이 최고치였고 이는 두 번째로 많았던 2월의 50배 이상이다.
⑤ 5월을 제외한 나머지 조사 기간 동안 공공부문과 민간부문의 건설수주총액 증감 추이는 매월 다른 양상을 보인다.

해설

조사 기간 동안 '민자' 합계금액이 가장 큰 달인 1월(4,220,989)을 뺀 나머지 달의 합계는 248,492백만 원(11,817 + 100,650 + 41,949 + 94,076)이며, '민자' 합계금액이 가장 큰 달은 나머지 달 합계의 약 17배이다.

Plus 해설

② 조사 기간 동안 '민간부문'의 '건축' 수주액이 가장 높았던 달은 3월(8,361,002)이고, 같은 달 '토목'의 수주액(822,403)과 비교할 때 10배 이상의 수주액을 기록하고 있다.
④ 조사 기간 동안 '국내 외국기관' 합계금액은 4월의 수주액(227,083)이 최고치였고, 이는 두 번째로 많았던 2월(3,716)의 약 61배이므로 50배 이상은 맞는 설명이다.

18. 다음은 농가 및 농가 인구에 대한 자료이다. 자료에 대한 설명으로 적절한 것은?

농가 및 농가 인구

(단위 : 천 호, %, 천 명)

	2013	2014	2015	2016	2017
농가 수	1,142	1,121	1,089	1,068	1,042
└총가구 중 비중	6.3	6.1	5.7	5.5	5.3
농가 인구	2,847	2,752	2,569	2,496	2,422
└총인구 중 비중	5.7	5.5	5.0	4.9	4.7
└65세 이상 비중	37.3	39.1	38.4	40.3	42.5

① 조사 기간 동안 모든 데이터의 값이 꾸준히 감소하고 있다.
② 조사 기간 중 농가 인구가 가장 많이 감소한 해는 2014년이다.
③ 총가구 중 농가 수의 비중과 총인구 중 농가 인구의 비중은 5~6% 사이를 차지한다.
④ 2016년의 총가구는 약 1,941만 8천 호였다.
⑤ 2013년의 농가 인구 중 65세 이상 인구수는 백만 명 이하였다.

해설

2016년의 총가구 중 농가 수의 비중이 5.5%이므로, 총가구 수를 x라 하면 다음과 같은 식이 성립한다.
$\frac{1,068}{x} \times 100 = 5.5$ ∴ $x ≒ 19,418$ 천 호

Plus 해설

① 나머지는 모두 꾸준히 감소하고 있지만, 농가 인구의 65세 이상 비중은 2015년을 제외하고 증가하고 있다.
② 조사 기간 동안의 농가 인구는 2014년에는 전년 대비 95천 명(2,847 − 2,752), 2015년에는 전년 대비 183천 명(2,752 − 2,569), 2016년에는 전년 대비 73천 명(2,569 − 2,496), 2017년에는 전년 대비 74천 명(2,496 − 2,422)이 감소하였다. 따라서 농가 인구가 가장 많이 감소한 해는 2015년이다.
③ 2013년과 2014년의 총가구 중 농가 수의 비중은 6%를 넘고, 2016년과 2017년의 총인구 중 농가 인구의 비중은 5%가 되지 않으므로 틀린 설명이다.
⑤ 2013년의 농가 인구 중 65세 이상 인구수는 $\frac{x}{2,847} \times 100 = 37.3$ ∴ $x ≒ 1,062$ 천 명, 즉 106만 2천 명이었다. 따라서 백만 명 이상이다.

17 ③ 18 ④

[19~20] 다음은 국내 인구 이동 현황이다. 자료를 보고 질문에 답하시오.

국내 인구 이동

(단위 : 천 명, %)

구분		2013년	2014년	2015년	2016년	2017년
총 이동	이동자 수	7,412	7,629	7,755	7,378	7,154
	이동률(%)	14.7	15.0	15.2	14.4	14.0
	전입신고건수	4,505	4,657	4,761	4,570	4,570
	이동자 성비(여자=100)	102.3	102.9	103.2	103.9	104.1

- 이동률 : (연간 이동자 수/주민등록 연앙인구)×100
- 주민등록 연앙인구 : 한 해의 중앙일(7월 1일)에 해당하는 인구로 당해년 평균인구의 개념으로 활용함.
- 전입신고건수 : 동일시점에 동일세대 구성원이 동시에 전입신고한 경우 함께 신고한 세대원 수에 상관없이 한 건으로 집계

권역별 순이동자 수

(단위 : 천 명)

구분	2013년	2014년	2015년	2016년	2017년
수도권	−4	−21	−33	−1	16
중부권	28	39	49	41	42
호남권	−7	−6	−8	−16	−18
영남권	−25	−23	−22	−40	−54

- 순이동 : 전입 − 전출
  - 전입 : 행정 읍면동 경계를 넘어 다른 지역에서 특정 지역으로 이동해 온 경우
  - 전출 : 행정 읍면동 경계를 넘어 특정 지역에서 다른 지역으로 이동해 간 경우

19 ▶ 다음 중 위 자료에 대해 바르게 해석한 것은?

① 2015년에는 남자 100명이 이동할 때, 여자 103.2명이 이동했다.
② 국내 인구 이동률은 2014년 이후 계속해서 감소하고 있는 추세이다.
③ 2013년~2016년까지 수도권으로 전입한 인구가 전출한 인구보다 많다.
④ 2016년 수도권, 호남권, 영남권 전출자들은 모두 중부권으로 전입했다.
⑤ 2017년 국내 이동자 수는 총 715만 4천 명으로 전년 대비 약 3% 감소하였다.

2017년 국내 이동자 수는 총 715만 4천 명이고 2016년 국내 이동자 수는 총 737만 8천 명이다. 감소율을 계산하면, $\frac{7,154 - 7,378}{7,378} \times 100 = -3.036$ …이므로 약 3% 감소하였다.

Plus 해설

① 이동자 성비는 여자가 100일 때의 비율이므로 2015년에는 여자 100명이 이동할 때, 남자 103.2명이 이동했다.
② 국내 인구 이동률은 2015년에 2014년보다 증가했다.
③ 2013~2016년까지 수도권의 순이동자 수는 모두 '—'이므로 전출 인구가 더 많다.
④ 2016년 수도권, 호남권, 영남권 전출자들이 어디로 갔는지 알 수 있는 자료가 없다.

20 위 자료를 토대로 할 때, 2014년 주민등록 연앙인구(7월 1일 자 기준인구)는 몇 명인가?

① 48,145,000명 ② 50,860,000명 ③ 52,725,000명
④ 54,380,000명 ⑤ 56,460,000명

해설

주민등록 연앙인구를 당해년 평균인구의 개념으로 활용한다고 하였으므로 이동률과 이동자 수로 구할 수 있다.

2014년의 주민등록 연앙인구를 x라고 하면, $x \times \dfrac{15}{100} = 7,629$ 천 명이다.
$0.15x = 7,629$
$x = 50,860$
따라서 2014년 주민등록 연앙인구는 50,860천 명, 즉 50,860,000명이다.

Chapter 04 문제해결력 기본 이론 학습

❶ 수 · 문자 추리

1) 수 추리

(1) 반복 규칙 : 반복되는 사칙연산의 규칙을 찾아 문제를 해결한다.

> 예) 3, 9, 27, 9, 27, 81, 27, 81, …
> → ×3, ×3, ×$\frac{1}{3}$ …이 반복되는 규칙을 보인다.

(2) 피보나치 수열 : 첫 번째 항의 수와 두 번째 항의 수를 더하면 세 번째 항의 수가 나온다.

> 예) 1, 1, 2, 3, 5, 8, 13, …
> → 1+1=2, 1+2=3, 2+3=5, 3+5=8, 5+8=13, …

2) 문자 추리

(1) 한글 자음 순서 : 일반 자음 순서 14개를 순환 패턴으로 규칙을 가지는 문제가 있고, 쌍자음이 포함된 자음 순서 19개의 순환 패턴 규칙을 적용하는 문제도 있다.

ㄱ	ㄴ	ㄷ	ㄹ	ㅁ	ㅂ	ㅅ	ㅇ	ㅈ	ㅊ	ㅋ	ㅌ	ㅍ	ㅎ
1	2	3	4	5	6	7	8	9	10	11	12	13	14

ㄱ	ㄲ	ㄴ	ㄷ	ㄸ	ㄹ	ㅁ	ㅂ	ㅃ	ㅅ	ㅆ	ㅇ	ㅈ	ㅉ	ㅊ	ㅋ	ㅌ	ㅍ	ㅎ
1	2	3	4	5	6	7	8	9	10	11	12	13	14	15	16	17	18	19

(2) 한글 모음 순서 : 일반 모음 순서 10개를 순환 패턴으로 규칙을 가지는 문제가 있고, 사전에 실리는 모음 순서 21개의 순환 패턴 규칙을 적용하는 문제도 있다.

ㅏ	ㅑ	ㅓ	ㅕ	ㅗ	ㅛ	ㅜ	ㅠ	ㅡ	ㅣ
1	2	3	4	5	6	7	8	9	10

ㅏ	ㅐ	ㅑ	ㅒ	ㅓ	ㅔ	ㅕ	ㅖ	ㅗ	ㅘ	ㅙ	ㅚ	ㅛ	ㅜ	ㅝ	ㅞ	ㅟ	ㅠ	ㅡ	ㅢ	ㅣ
1	2	3	4	5	6	7	8	9	10	11	12	13	14	15	16	17	18	19	20	21

(3) 알파벳 순서

A	B	C	D	E	F	G	H	I	J	K	L	M
1	2	3	4	5	6	7	8	9	10	11	12	13
N	O	P	Q	R	S	T	U	V	W	X	Y	Z
14	15	16	17	18	19	20	21	22	23	24	25	26

예제 1

다음 제시된 문자의 규칙을 찾아 ?에 들어갈 알맞은 문자를 고르면?

ㅠ ㅏ ㅛ ㅓ (?)

① ㅏ   ② ㅑ
③ ㅠ   ④ ㅡ

해설

한글의 일반 모음 순서를 숫자로 변환한 후 수 추리의 규칙을 찾아낸다.

ㅠ → ㅏ → ㅛ → ㅓ → ?
8 (−7) 1 (−5) 6 (−3) 3 (−1) ?

따라서 ?에 들어갈 숫자는 2가 되므로 정답은 두 번째 모음인 'ㅑ'이다.

정답 ②

❷ 논증

1) 연역추론 : 전제에서 시작하여 논리적인 주장을 통해 특정 결론에 도달한다.

> 예 ㉠ 모든 사람은 죽는다. (대전제)
> ㉡ 소크라테스는 사람이다. (소전제)
> ㉢ 소크라테스는 죽는다. (결론)

2) 귀납추론 : 관찰이나 경험에서 시작하여 일반적인 결론에 도달한다.

> 예 ㉠ 소크라테스는 죽었다. 플라톤도 죽었다. 아리스토텔레스도 죽었다.
> ㉡ 이들은 모두 사람이다.
> ㉢ 그러므로 모든 사람은 죽는다.

예제 2

다음을 읽고 밑줄 친 부분에 들어갈 말로 적절한 것을 고르면?

> ㉠ 새끼를 낳아 수유를 하는 동물은 포유류이다.
> ㉡ 인간은 새끼를 낳아 수유를 한다.
> ㉢ _____.

① 포유류는 동물을 분류하는 기준이다.　　② 포유류만 새끼를 낳는 것은 아니다.
③ 포유류는 척추동물이다.　　　　　　　　④ 인간은 포유류이다.

해설

'포유류는 새끼를 낳아 수유를 한다'는 일반적인 사실이나 원리를 전제로 하여 '인간 또한 포유류'라는 개별적이고 특수한 사실을 결론으로 이끌어 낸 연역추론의 한 예시이다.

💡 Plus 해설

삼단논법은 연역추론의 한 방법으로, 2개의 전제와 1개의 결론으로 구성된다. 대전제는 일반적·추상적 원칙이고, 소전제는 구체적 사실이다. 이와 같은 두 개의 전제에서 구체적인 결론을 이끌어 내는 방법이 삼단논법이다. 첫 번째 전제 ㉠에서 '새끼를 낳아 수유를 하는 동물' → '포유류'라고 했고, 두 번째 전제 ㉡에서 '인간' → '새끼를 낳아 수유를 한다'고 했다. 삼단논법으로 추리할 때 '인간' → '새끼를 낳아 수유를 하는 동물' → '포유류'가 되므로 결론인 '인간은 포유류이다'를 도출할 수 있다.

정답 ④

③ 명제 추리

1) 명제의 정의

(1) 명제 : 어떤 문제에 대한 하나의 논리적 판단 내용과 주장을 언어 또는 기호로 표시한 것이다. 참과 거짓을 판단할 수 있다는 점이 특징이다.

> 예 상상력이 풍부한 사람은 독서를 좋아한다.

(2) 명제의 역 · 이 · 대우

① 명제의 역 : 원 명제(P → Q)의 가정과 결론을 바꾼 명제(Q → P)이다.

② 명제의 이 : 원 명제(P → Q)의 가정과 결론을 둘 다 부정한 명제(~P → ~Q)이다.

③ 명제의 대우 : 원 명제(P → Q)의 '역'의 '이'인 명제(~Q → ~P)이다.

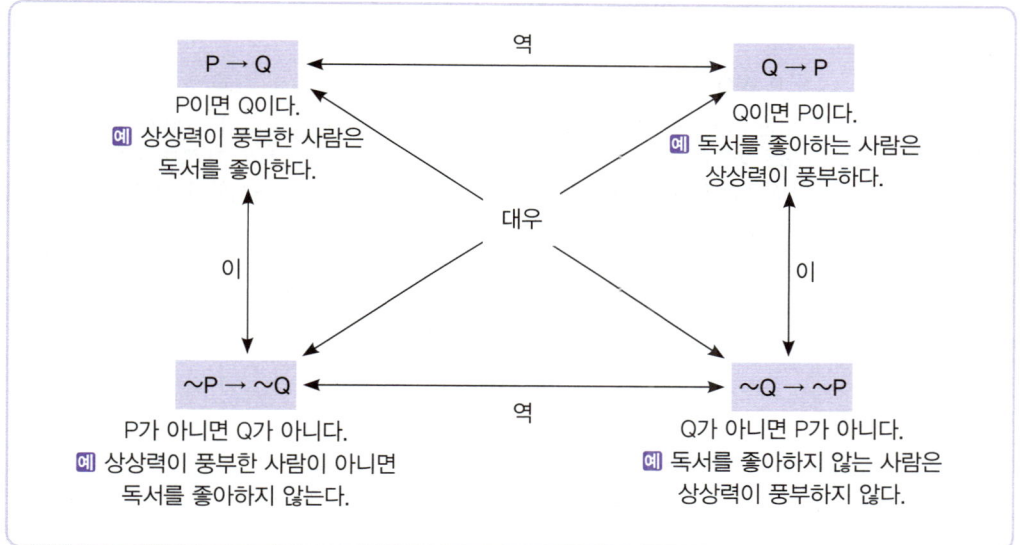

Tips

원 명제가 참일 때 그 '역'과 '이' 또한 반드시 참이라고 할 수 없지만, '대우'는 반드시 참이다. 즉 원 명제와 '대우'의 진위는 반드시 일치한다.

2) 명제의 집합관계와 부정

명제		부정	
• 모든 P는 Q이다.	예 모든 사탕은 달다.	• 어떤 P는 Q가 아니다.	예 어떤 사탕은 달지 않다.
• 어떤 P는 Q이다.	예 어떤 사탕은 달다.	• 모든 P는 Q가 아니다.	예 모든 사탕은 달지 않다.

3) **삼단논법** : 두 명제를 전제로 하여 하나의 결론을 이끌어내는 추리 방법이다.

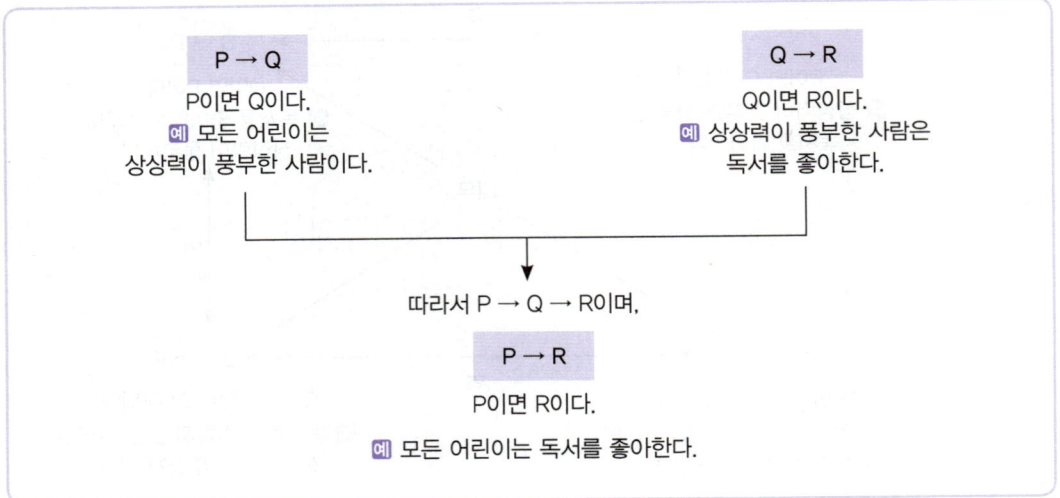

4) 문제 풀이 순서

(1) 문제를 핵심 단어나 기호로 간략히 나타낸다.

(2) 명제 사이의 관계가 잘 드러나도록 표시해둔다.

(3) 명제가 참(거짓)이면 반드시 참(거짓)인 대우 명제를 간단히 적어둔다.

(4) 삼단논법을 활용하여 문제를 푼다.

(5) 정리한 것을 선택지에 대입하여 확인한다.

예제 3

다음 명제가 모두 참일 때, 언제나 참인 것은?

> • 수영을 좋아하는 사람은 등산을 좋아한다.
> • 달리기를 좋아하는 사람은 등산을 좋아한다.
> • 줄넘기를 좋아하는 사람은 수영을 좋아한다.

① 수영을 좋아하는 사람은 달리기를 좋아한다.
② 줄넘기를 좋아하는 사람은 달리기를 좋아한다.
③ 줄넘기를 좋아하는 사람은 등산을 좋아한다.
④ 달리기를 좋아하는 사람은 수영을 좋아한다.
⑤ 수영을 좋아하지 않는 사람은 등산도 좋아하지 않는다.

해설

명제 추리의 문제 풀이 순서에 따른 해결은 다음과 같다.
(1) '수영을 좋아하는 사람=P, 등산을 좋아하는 사람=Q, 달리기를 좋아하는 사람=R, 줄넘기를 좋아하는 사람=S'와 같이 명제를 기호로 간략히 표시한다.
(2) 'P → Q, R → Q, S → P'와 같이 명제 사이의 관계를 정리한다.
(3) 명제가 참이므로 항상 참이 되는 대우 명제를 '~Q → ~P, ~Q → ~R, ~P → ~S'와 같이 표시해둔다.
(4) 삼단논법이 적용되는 경우를 'S → P → Q(S → Q), ~Q → ~P → ~S(~Q → ~S)'와 같이 정리해둔다.
(5) 정리한 내용을 바탕으로 선택지를 확인한다.
① 'P → R', ② 'S → R', ④ 'R → P', ⑤ '~P → ~Q'는 정리한 내용에 없으므로 참·거짓을 판단할 수 없다.
③ 'S → Q'는 (4)에서 삼단논법으로 확인한 내용이므로 항상 참이다. 따라서 답은 ③이다.

정답 ③

④ 참·거짓 추론

1) 참·거짓의 정의

(1) **참** : 명제가 진리인 것을 이른다.
(2) **거짓** : 명제가 진리가 아닌 것을 이른다.

2) 문제 유형

여러 명의 진술 중 거짓을 말하는 사람과 진실을 말하는 사람을 구분하여 해결하는 문제이다. 이러한 문제는 거짓 진술과 참인 진술 사이에 발생하는 모순을 찾는 것이 중요하다.

3) 문제 풀이 순서

(1) 동시에 참일 수 없거나 동시에 거짓일 수 없는 모순점이 있는 명제를 찾는다. 혹은 동시에 참이거나 동시에 거짓일 수밖에 없는 명제를 찾아 분류한다.

(2) 분류한 내용을 기준으로 한 가지 경우가 옳다고 가정한 후 문제를 풀어본다.

(3) 가정이 틀렸을 경우 다른 경우를 옳다고 가정한 후 문제를 풀어나간다.

※ 만약 분류할 수 있는 내용이 없을 경우 각각의 진술을 참 또는 거짓이라 가정 후 검토해본다.

예제 4

A~D 중 한 명이 취업을 했다. 이 중 한 명만 진실을 말하고 있다고 할 때, 취업을 한 사람은 누구인가?

> A : 취업을 한 사람은 C입니다.
> B : 저는 취업을 하지 않았습니다.
> C : A는 거짓말을 하고 있습니다.
> D : A가 취업을 한 것이 확실합니다.

① 알 수 없음　　　　② A
③ B　　　　　　　　④ C

해설

참 · 거짓 추론 문제 유형의 문제 풀이 순서에 따른 추론은 다음과 같다.
(1) A와 C의 진술이 모순되므로 둘 중 한 명이 진실을 말하고 있음을 알 수 있다.
(2) A가 진실을 말하고 있다고 가정해본다.

A	B - 취업	C - 취업	D
진실	거짓	거짓	거짓

→ B의 말이 거짓이면 B가 취업을 했다는 뜻이므로, 취업을 한 사람이 C라는 A의 진술과 모순된다. 따라서 틀린 가정이다.
(3) C가 진실을 말하고 있다고 가정해본다.

A	B - 취업	C	D
거짓	거짓	진실	거짓

→ 모순되는 진술이 없으므로 취업을 한 사람은 B이다. 따라서 답은 ③이다.

정답 ③

❺ 순서 · 위치 · 방향 추론

1) 문제 유형

다각형 테이블에 둘러앉은 사람들의 위치나 방향, 마라톤과 같은 경기에서 경기 도중의 순서나 최종 순위, 건물과 건물 혹은 인물과 건물 간의 위치나 방향 등을 조건에 따라 추론하는 문제이다. 이러한 문제는 주어진 조건에 따라 가능한 가정을 모두 세우는 것이 중요하다.

2) 문제 풀이 순서

(1) 다른 사람들과 관련된 순서나 위치 관련 정보가 가장 많은 사람을 파악한다.
(2) 주어진 조건을 통해서 순서나 위치를 확실하게 고정할 수 있는 사람을 찾는다.
(3) 고정한 사람과 관련된 사람의 순서나 위치 정보를 파악한다.
(4) 주어진 조건을 정리해 가능한 순서나 위치 관계를 모두 정리한다.
(5) 정리한 가정을 문제와 조건에 대입하며 소거한 후 답을 찾는다.

📋 예제 5

5인용 원형 테이블에 A, B, C, D가 둘러앉아 있다. 아래 제시된 조건을 모두 고려했을 때, A, B, C, D 4명의 자리 배치로 옳은 것을 고르면?

- B의 오른쪽 옆자리는 비어 있다.
- C는 B의 옆자리에 앉지 않는다.
- D의 맞은편 한 자리는 비어 있고, 한 자리는 B가 앉아 있다.

① 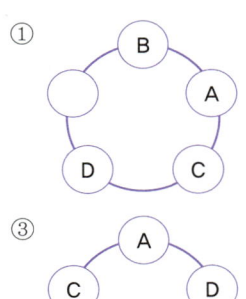 ②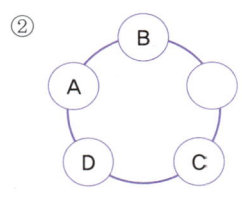

③ 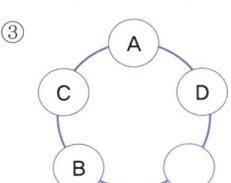 ④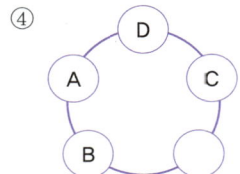

해설

제시된 조건에 따르면 5인용 원형 테이블에 4명이 둘러앉으므로, 1개의 빈자리가 있다는 것을 알 수 있다. 이때, 순서·위치·방향 추론 문제 유형의 문제 풀이 순서에 따른 추론은 다음과 같다.

(1) 다른 사람들과 관련된 순서나 위치 관련 정보가 가장 많은 사람은 B이다. B의 오른쪽 옆자리는 비어 있고, C는 B의 옆자리에 앉지 않으므로, B의 오른쪽과 왼쪽에는 C가 앉지 않는다.
(2) 주어진 조건을 통해서 위치를 확실하게 고정할 수 있는 사람인 B를 기준으로 4명의 자리 배치를 가정한다.
(3)~(4) 이때, B를 기준으로 C의 위치를 다음 두 가지로 배정할 수 있다.

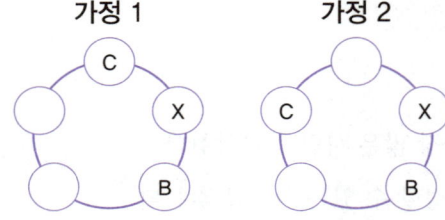

(5) 또한 D의 맞은편 한 자리는 비어 있고 한 자리는 B가 앉아 있다고 했으므로, C의 위치는 가정 2가 아닌 가정 1이 되어야 한다. B의 오른쪽 옆자리는 비어 있다고 했으므로, 이에 근거해 A의 위치 또한 추론할 수 있다.

정답 ④

Chapter 04 문제해결력 실전 연습 문제

출제 포인트!

문제해결력은 나열된 숫자 또는 문자의 규칙을 찾아 빈칸에 들어갈 알맞은 숫자·문자를 고르는 수·문자 추리 문제와 참·거짓 문제, 조건 추리 문제가 함께 출제된다.
수·문자 추리 문제는 단순 나열에 그치지 않고 도형과 접목한 경우도 있으므로 다양한 유형의 문제를 접하는 것이 중요하다. 참·거짓 문제와 조건 추리 문제의 경우 다소 복잡하게 느껴질 수 있는 문제 유형이지만, 주어진 조건을 통해 확실히 알 수 있는 내용부터 하나씩 적용해 나가면 오히려 쉽게 풀 수 있는 문제이므로 충분한 연습이 필요하다.

01 수·문자 추리

[01~11] 다음 나열된 숫자의 규칙을 찾아 (?)에 들어갈 알맞은 수를 고르시오.

01 ▶　　　　　11　7　12　8　13　9　14　(?)

① 10　　　　　　　② 11　　　　　　　③ 12
④ 13　　　　　　　⑤ 14

해설

-4, $+5$ …가 반복되는 규칙을 보이고 있다.

11 → 7 → 12 → 8 → 13 → 9 → 14 → (?)
　　-4　$+5$　-4　$+5$　-4　$+5$　-4

따라서 괄호에 들어갈 알맞은 숫자는 10이다.

01 ①

02 ▶

7　　4　　12　　9　　27　　24　　(?)

① 21　　　　　　② 24　　　　　　③ 37
④ 72　　　　　　⑤ 84

해설

7　→　4　→　12　→　9　→　27　→　24　→　(?)
　　−3　　×3　　−3　　×3　　−3　　×3

따라서 괄호에 들어갈 알맞은 숫자는 72이다.

03 ▶

8　　11　　17　　29　　44　　65　　(?)

① 53　　　　　　② 77　　　　　　③ 89
④ 94　　　　　　⑤ 102

해설

8　→　11　→　17　→　29　→　44　→　65　→　(?)
　+3　　+6　　+12　　+15　　+21　　+24
　　+3　　　+6　　　+3　　　+6　　　+3

따라서 괄호에 들어갈 알맞은 숫자는 89이다.

04 ▶

4　　7　　13　　21　　37　　(?)

① 51　　　　　　② 52　　　　　　③ 55
④ 56　　　　　　⑤ 59

해설

4 → 7 → 13 → 21 → 37 → (?)
  +3 → +6 → +8 → +16 → +18
      ×2   +2   ×2   +2

따라서 괄호에 들어갈 알맞은 숫자는 55이다.

05 ▶   2   3   6   9   18   15   (?)   21

① 17   ② 24   ③ 36
④ 48   ⑤ 54

해설

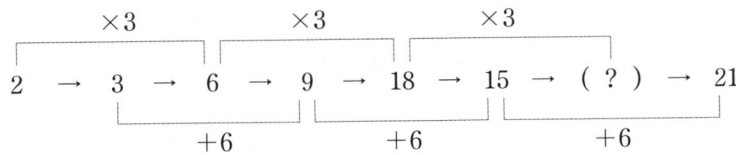

따라서 괄호에 들어갈 알맞은 숫자는 54이다.

06 ▶   −9   −4   8   13   −26   (?)

① −21   ② −18   ③ 11
④ 19   ⑤ 23

해설

나열된 수는 $+5$와 $\times(-2)$가 반복되고 있다. 즉, $(-9)+5=(-4)$, $(-4)\times(-2)=8$, $8+5=13$, $13\times(-2)=(-26)$ 이므로 괄호에 들어갈 알맞은 숫자는 '$(-26)+5=(-21)$'이다.

02 ④ 03 ③ 04 ③ 05 ⑤ 06 ①

07

$$\frac{2}{7} \quad \frac{6}{9} \quad \frac{8}{15} \quad \frac{14}{23} \quad \frac{22}{37} \quad (\ ?\ )$$

① $\frac{23}{51}$ ② $\frac{32}{53}$ ③ $\frac{34}{54}$

④ $\frac{36}{59}$ ⑤ $\frac{39}{61}$

해설

앞의 항이 $\frac{B}{A}$ 일 때, 다음 항은 $\frac{A-1}{A+B}$ 의 규칙이 있다.

나열된 수를 차례로 살펴보면 $\frac{7-1}{7+2} = \frac{6}{9}, \frac{9-1}{9+6} = \frac{8}{15}, \frac{15-1}{15+8} = \frac{14}{23}, \frac{23-1}{23+14} = \frac{22}{37}$ 이므로

괄호에 들어갈 알맞은 숫자는 $\frac{37-1}{37+22} = \frac{36}{59}$ 이다.

08

5   7   11   19   35   67   (?)

① 93   ② 105   ③ 117

④ 129   ⑤ 131

해설

주어진 수는 $(+2^1) \to (+2^2) \to (+2^3) \to (+2^4) \to \cdots$ 의 규칙을 갖고 있다. 따라서 빈칸에 들어갈 숫자는 $67 + 2^6 = 131$이다.

09

3   6   13   26   53   106   (?)

① 165   ② 183   ③ 204

④ 213   ⑤ 225

해설

주어진 수는 $(\times 2) \to (\times 2+1) \to (\times 2) \to (\times 2+1)$이 반복되는 규칙을 갖고 있다. 따라서 빈칸에 들어갈 숫자는 $106 \times 2 + 1 = 213$이다.

10 ▶ | 4 9 13 23 | 6 5 11 19 | 8 3 (?) 13 |

① 3　　　　　　　② 7　　　　　　　③ 9
④ 11　　　　　　 ⑤ 15

해설

그룹에 나열된 숫자를 각각 A B C D라 하면, '(A×B) − C = D'의 일정한 규칙을 가지고 있다.
따라서 '(8×3) − (?) = 13'이므로 괄호에 들어갈 알맞은 숫자는 11이다.

11 ▶ | 7 3 40 | 8 5 39 | 4 −4 (?) |

① 0　　　　　　　② 4　　　　　　　③ 7
④ 16　　　　　　 ⑤ −16

해설

그룹 안에 나열된 숫자를 각각 A B C라고 하면, $A^2 - B^2 = C$의 일정한 규칙이 있다.
따라서 빈칸에 들어갈 알맞은 숫자는 $4^2 - (-4)^2 = 0$이다.

12 ▶ 다음 화살표(⇩)가 가리키는 자리를 기준으로 반시계 방향으로 회전할 경우 ?에 들어갈 알맞은 숫자를 고르면?

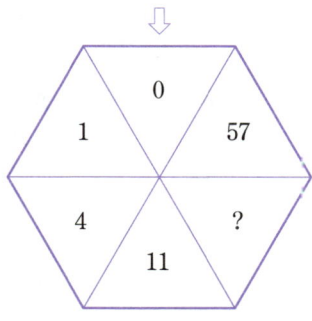

① 26　　　　　　② 27　　　　　　③ 28
④ 29　　　　　　⑤ 30

해설

$$0 \xrightarrow{\times 2+1} 1 \xrightarrow{\times 2+2} 4 \xrightarrow{\times 2+3} 11 \xrightarrow{\times 2+4} (\ ?\ ) \xrightarrow{\times 2+5} 57$$

따라서 ?에 들어갈 알맞은 숫자는 26이다.

13 ▶ 다음 화살표(⇩)가 가리키는 자리를 기준으로 시계 방향으로 회전할 경우 ?에 들어갈 알맞은 숫자를 고르면?

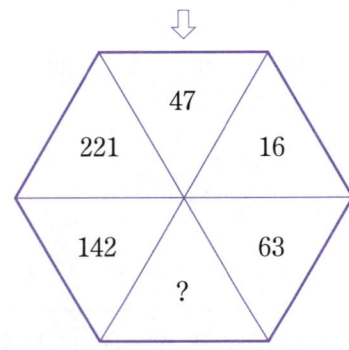

① 69　　　　　② 75　　　　　③ 79
④ 98　　　　　⑤ 112

해설

첫 번째 항과 두 번째 항의 수를 더하면 세 번째 항의 수가 나오는 '피보나치 수열'에 해당한다.

$$47 \rightarrow 16 \rightarrow 63 \rightarrow (\ ?\ ) \rightarrow 142 \rightarrow 221$$
$$\uparrow \qquad \uparrow \qquad \uparrow \qquad \uparrow$$
$$47+16 \quad 16+63 \quad 63+79 \quad 79+142$$

따라서 ?에 들어갈 알맞은 숫자는 79이다.

[14~15] 다음 ?에 들어갈 알맞은 숫자를 고르시오.

14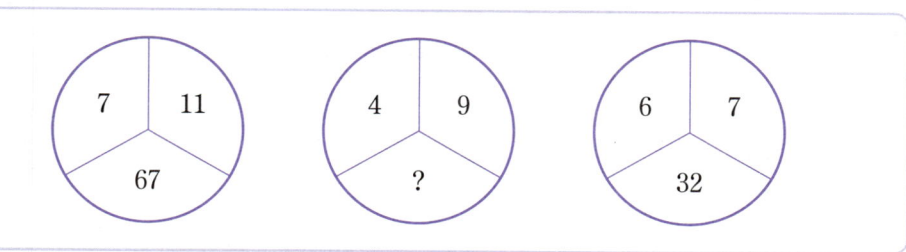

① 12　　　　　　　② 24　　　　　　　③ 26
④ 45　　　　　　　⑤ 51

해설

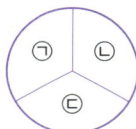
원 안의 각 부분을 위와 같이 ㉠~㉢으로 표시하였을 때, '㉠×㉡ − 10 = ㉢'이란 규칙이 성립한다. 따라서 ?에 들어갈 알맞은 숫자는 '4×9 − 10 = 26'이다.

15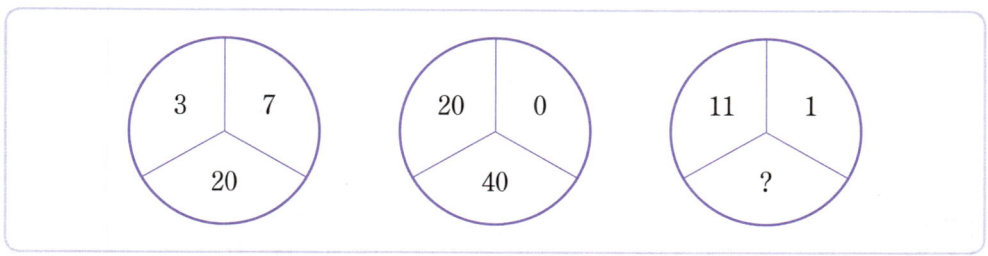

① 4　　　　　　　② 17　　　　　　　③ 21
④ 24　　　　　　　⑤ 31

해설

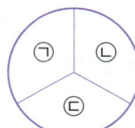
원 안의 각 부분을 위와 같이 ㉠~㉢으로 표시하였을 때, '(㉠×2) + (㉡×2) = ㉢'이란 규칙이 성립한다. 따라서 ?에 들어갈 알맞은 숫자는 '(11×2) + (1×2) = 22 + 2 = 24'이다.

12 ①　13 ③　14 ③　15 ④

[16~19] 다음 나열된 문자의 규칙을 찾아 (?)에 들어갈 알맞은 문자를 고르시오.

16 ▶ ㅊ ㅁ ㅍ ㅈ (?) ㅍ

① ㄱ   ② ㄴ   ③ ㄷ   ④ ㄹ   ⑤ ㅁ

📖 **해설**

제시된 한글 자음 순서를 숫자로 바꿔보면 다음과 같다.

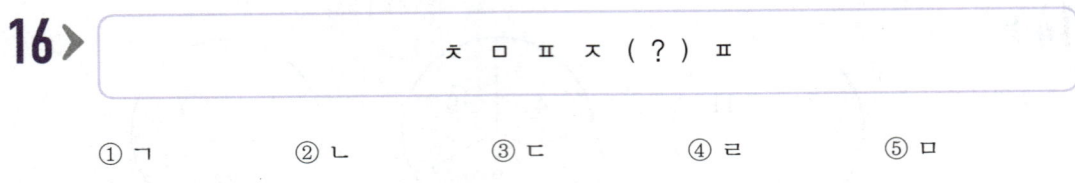

따라서 괄호에 올 숫자는 16이고, 한글 자음은 14를 기점으로 돌아가는 순환 패턴을 보이므로, 16번째에 해당하는 ㄴ(16 − 14 = 2)이 들어가야 한다.

🧊 **COOL TIP** 한글 자음 순서

ㄱ	ㄴ	ㄷ	ㄹ	ㅁ	ㅂ	ㅅ	ㅇ	ㅈ	ㅊ	ㅋ	ㅌ	ㅍ	ㅎ
1	2	3	4	5	6	7	8	9	10	11	12	13	14

17 ▶ A B C (?) H M U

① D   ② E   ③ F   ④ G   ⑤ K

📖 **해설**

제시된 알파벳 순서를 숫자로 바꿔보면 다음과 같다.
1 → 2 → 3 → (?) → 8 → 13 → 21
나열된 숫자의 규칙을 살펴보면, 첫째 항과 둘째 항의 합이 셋째 항이 되는 '피보나치 수열'을 이루고 있다.
따라서 괄호에 들어갈 숫자는 '2+3=5'이고, 5에 대응하는 알파벳은 E이다.

COOL TIP 알파벳 순서

A	B	C	D	E	F	G	H	I	J	K	L	M
1	2	3	4	5	6	7	8	9	10	11	12	13
N	O	P	Q	R	S	T	U	V	W	X	Y	Z
14	15	16	17	18	19	20	21	22	23	24	25	26

18. ㅏ ㅕ ㅡ ㅛ (?)

① ㅜ ② ㅠ ③ ㅓ ④ ㅗ ⑤ ㅣ

해설

먼저 제시된 한글 모음을 숫자로 치환하면 다음과 같다.

나열된 숫자를 살펴보면 1^2, 2^2, 3^2, 4^2, …과 같은 거듭제곱수임을 알 수 있다. 따라서 괄호 안에 들어갈 숫자는 $5^2 = 25$이고, 25에 대응하는 한글 모음은 'ㅛ'이다.

COOL TIP 한글 모음 순서

ㅏ	ㅑ	ㅓ	ㅕ	ㅗ	ㅛ	ㅜ	ㅠ	ㅡ	ㅣ
1	2	3	4	5	6	7	8	9	10

19. ㅑ ㅖ ㅙ ㅠ ㅔ (?)

① ㅒ ② ㅞ ③ ㅘ ④ ㅜ ⑤ ㅟ

16 ② 17 ② 18 ④

해설

먼저 제시된 한글 모음을 숫자로 치환하면 다음과 같다.

$$3 \xrightarrow{+3} 6 \xrightarrow{+5} 11 \xrightarrow{+7} 18 \xrightarrow{+9} 27 \xrightarrow{+11} (\ ?\ )$$
$$+2 \quad +2 \quad +2 \quad +2$$

따라서 괄호에 들어갈 알맞은 숫자는 38이고, 38에 대응하는 한글 모음은 'ㅟ'이다.

COOL TIP 한글 모음 순서

ㅏ	ㅐ	ㅑ	ㅒ	ㅓ	ㅔ	ㅕ	ㅖ	ㅗ	ㅘ	ㅙ	ㅚ	ㅛ	ㅜ	ㅝ	ㅞ	ㅟ	ㅠ	ㅡ	ㅢ	ㅣ
1	2	3	4	5	6	7	8	9	10	11	12	13	14	15	16	17	18	19	20	21

[20~21] 다음 화살표(⇩)가 가리키는 자리를 기준으로 시계 방향으로 돌 경우 ?에 들어갈 알맞은 숫자를 고르시오.

20.

	⇩	
?	4	7
60		21
63	21	18

① 63　　　　② 66　　　　③ 71
④ 120　　　　⑤ 132

해설

규칙을 살펴보면 +3, ×3, -3이 차례로 반복되고 있음을 알 수 있다.

$$4 \xrightarrow{+3} 7 \xrightarrow{\times 3} 21 \xrightarrow{-3} 18 \xrightarrow{+3} 21 \xrightarrow{\times 3} 63 \xrightarrow{-3} 60 \xrightarrow{+3} (\ ?\ )$$

따라서 ?에 들어갈 알맞은 숫자는 '60 + 3 = 63'이다.

21

110	132	6 ⬇
90		L
?		T
D	42	30

① P   ② 72   ③ Q   ④ 115   ⑤ Y

해설

숫자와 문자가 혼용된 문제가 출제되었을 경우, 먼저 문자를 숫자로 치환한 다음 규칙을 찾는 것이 유리하다. 주어진 숫자와 문자를 일렬로 나열하여 살펴보면 '2×3, 3×4, 4×5, 5×6, …, 10×11, 11×12'와 같은 규칙이 있음을 발견할 수 있다.

6 → L → T → 30 → 42 → D → (?) → 90 → 110 → 132
⬆ ⬆ ⬆ ⬆ ⬆ ⬆ ⬆ ⬆ ⬆ ⬆
2×3 3×4 4×5 5×6 6×7 7×8 8×9 9×10 10×11 11×12

따라서 ?에 들어갈 알맞은 숫자는 '8×9=72'이다.

[22~23] 다음 그림의 ?에 들어갈 알맞은 수를 구하시오.

22

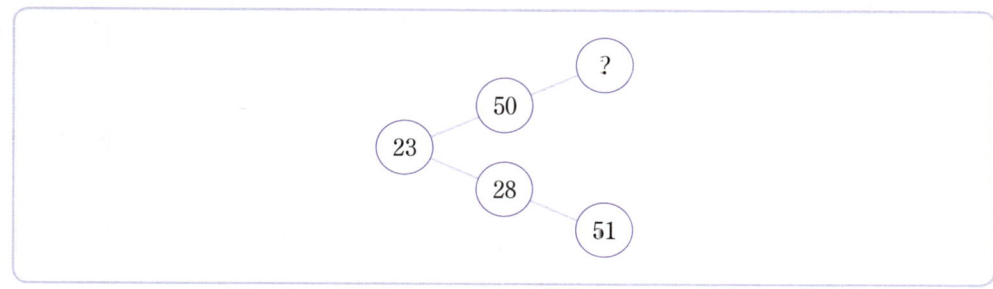

① 55   ② 59   ③ 62   ④ 70   ⑤ 73

19 ⑤   20 ①   21 ②

해설

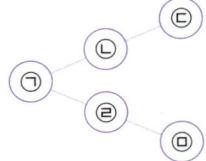

그림의 각 부분을 ㉠~㉤으로 표시하였을 때, '㉠ + ㉣ = ㉤' 또는 '㉤ - ㉣ = ㉠'의 규칙이 있음을 알 수 있다. 따라서 ?에 들어갈 알맞은 숫자를 구하면 '23 + 50 = 73'이다.

23 ▶

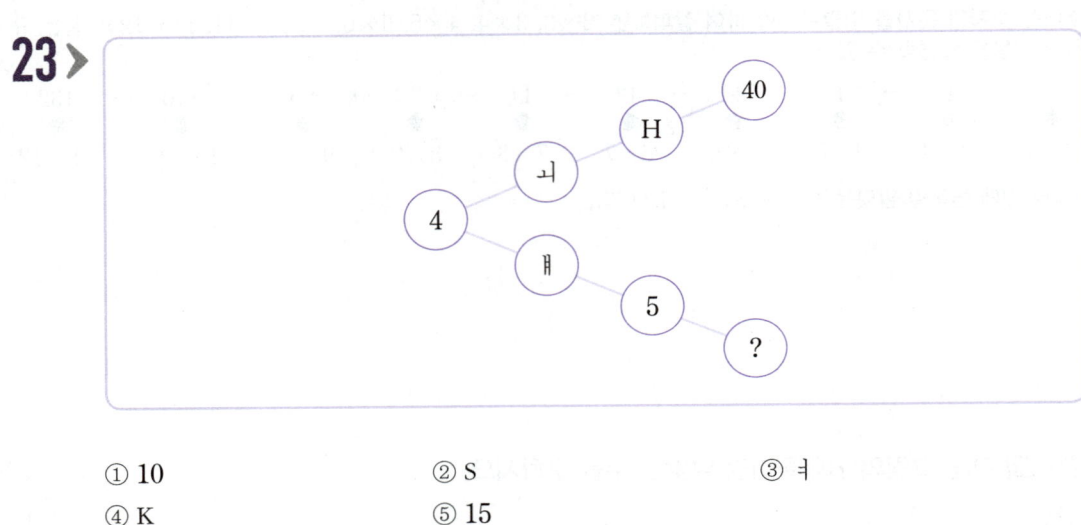

① 10　　② S　　③ ㅋ
④ K　　⑤ 15

해설

먼저 숫자와 문자가 섞여 있으므로 문자를 숫자로 치환하는 작업부터 진행하면 다음과 같은 결과를 얻을 수 있다.

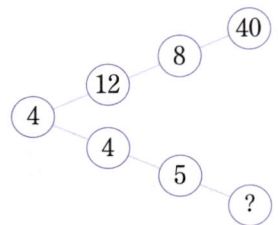

대각선 위쪽의 숫자를 일렬로 나열하면 '4-12-8-40'이고, 이는 '4×12-8 = 40'이란 규칙이 있다. 따라서 ?에 들어갈 알맞은 숫자를 구하면 '4×4-5 = 11'이고, 11에 대응하는 알파벳은 'K'이다.

02 명제·삼단논법

[01~02] 다음 제시문을 읽고 각 문제가 항상 참이면 ①, 거짓이면 ②, 알 수 없으면 ③을 고르시오.

- 효능이 없는 어떤 한약은 입에 쓰지 않다.
- 좋은 한약은 모두 입에 쓰다.

01 ▶ 효능이 없는 어떤 한약은 좋은 한약이 아니다.

① 참   ② 거짓   ③ 알 수 없음

해설

주어진 조건의 명제를 p, q, r로 정리하면,
p : 효능이 있다. / q : 입에 쓰다. / r : 좋은 한약
~p → ~q, r → q가 성립하고 ~p → ~r을 확인하는 문제이다.
~p → ~q와 r → q의 대우인 ~q → ~r을 적용하면 삼단논법에 의해 ~p → ~q → ~r이 성립한다.
따라서 ~p → ~r은 참이다.

명제의 대우
명제 p → q가 참이면, 대우인 명제 ~q → ~p도 참이다.
삼단논법
p → q이고 q → r이면, p → q → r이다. 따라서 p → r이다.

02 ▶ 입에 쓰다면 좋은 한약이거나 효능이 없다.

① 참   ② 거짓   ③ 알 수 없음

해설

주어진 조건의 명제를 p, q, r로 정리하면,
p : 효능이 있다. / q : 입에 쓰다. / r : 좋은 한약
~p → ~q, r → q가 성립하고 q → r 또는 q → ~p를 확인하는 문제이다.
~p → ~q의 대우는 q → p이므로 q → ~p는 거짓이다.
q → r은 r → q의 역이다. 명제가 참이더라도 그 명제의 역이 참인지는 알 수 없으므로 답은 ③이다.

22 ⑤ 23 ④ | 01 ① 02 ③

Chapter 04 문제해결력

[03~04] 다음 제시문을 읽고 각 문제가 항상 참이면 ①, 거짓이면 ②, 알 수 없으면 ③을 고르시오.

- 요리를 좋아하는 사람은 커피도 좋아한다.
- 운동을 좋아하지 않는 사람은 커피도 좋아하지 않는다.
- 그림을 좋아하지 않는 사람은 운동도 좋아하지 않는다.

03 커피를 좋아하는 사람은 요리도 좋아한다.

① 참　　　　　② 거짓　　　　　③ 알 수 없음

해설

조건을 p, q, r, s로 정리하면,

- p : 요리를 좋아한다.
- q : 운동을 좋아한다.
- r : 커피를 좋아한다.
- s : 그림을 좋아한다.

p → r, ~q → ~r, ~s → ~q가 성립하고 r → p를 확인하는 문제이다.
여기서 r → p는 제시된 p → r의 역·이·대우 중에서 이에 해당한다. 명제가 참인 경우 그 대우는 반드시 참이지만, 명제가 참이라고 하여 그 명제의 역과 이가 반드시 참인 것은 아니다. 따라서 '커피를 좋아하는 사람은 요리도 좋아한다.'는 참·거짓을 판단할 수 없다.

 명제의 역·이·대우

명제 'p이면 q이다' p → q를 통해 다음 관계를 나타낼 수 있다.
- 역 : q이면 p이다. q → p
- 이 : p가 아니면 q가 아니다. ~p → ~q
- 대우 : q가 아니면 p가 아니다. ~q → ~p (명제가 참이면, 그 명제의 대우는 반드시 참)

04 그림을 좋아하지 않는 학생은 요리를 좋아하지 않는다.

① 참　　　　　② 거짓　　　　　③ 알 수 없음

해설

제시된 명제에서 포인트가 되는 말을 사용하여 간략하게 줄여서 나타낸다. 이때 각 명제의 대우까지 함께 표시한 후 문제를 풀면 더 도움이 될 수 있다.

· 요○ → 커○	대우	커× → 요×
· 운× → 커×	↔	커○ → 운○
· 그× → 운×		운○ → 그○

문제에 제시된 명제는 그× → 요×를 확인하는 문제이고, 이 명제의 대우인 요○ → 그○의 참·거짓을 판단해도 된다. 그런데 요○ → 커○, 커○ → 운○, 운○ → 그○이므로 요○ → 커○ → 운○ → 그○이 성립한다. 따라서 요○ → 그○은 참이다.

05 다음 밑줄 친 부분에 들어갈 결론으로 옳은 것은?

[전제 1] 모든 소설가는 글을 잘 쓴다.
[전제 2] 어떤 드라마 작가는 소설가이다.
[결론] 그러므로 _____

① 글을 못 쓰는 모든 사람은 드라마 작가가 아니다.
② 글을 잘 쓰는 모든 사람은 작가이다.
③ 모든 드라마 작가는 글을 잘 쓴다.
④ 어떤 드라마 작가는 글을 잘 쓴다.
⑤ 모든 소설가는 드라마 작가이다.

해설

제시된 두 전제를 벤다이어그램으로 나타내면 다음과 같다.
소설가=P, 글을 잘 씀=Q, 드라마 작가=R

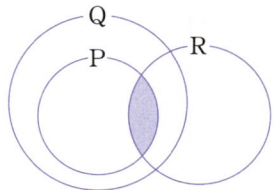

따라서 선택지 중 옳은 결론은 '④ 어떤 드라마 작가는 글을 잘 쓴다.'이다.

03 ③ 04 ① 05 ④

06 전제가 다음과 같을 때, 반드시 참인 결론으로 옳은 것은?

> [전제 1] 색연필을 구입한 사람은 크레파스도 구입하였다.
> [전제 2] 물감을 구입한 사람 중에는 색연필을 구입한 사람도 있다.
> [결론] 그러므로 _____

① 색연필을 구입한 사람은 모두 물감을 구입하였다.
② 색연필과 크레파스, 물감을 모두 구입한 사람이 있다.
③ 크레파스를 구입한 모든 사람은 색연필을 구입하였다.
④ 크레파스를 구입한 모든 사람은 물감을 구입하지 않았다.
⑤ 물감을 구입한 모든 사람은 색연필과 크레파스도 구입하였다.

해설

제시된 두 전제를 벤다이어그램으로 나타내면 다음과 같다.
색연필을 구입함=P, 크레파스를 구입함=Q, 물감을 구입함=R

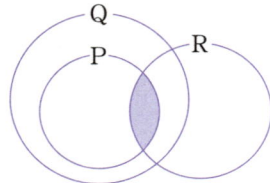

따라서 반드시 참인 결론은 '② 색연필과 크레파스, 물감을 모두 구입한 사람이 있다.'이다.

07 다음 명제가 모두 참이라고 가정할 때 참인 명제는?

> • 자율학습을 열심히 하는 학생은 수학을 잘한다.
> • 수업시간에 집중해서 공부하지 않으면 수학을 잘 못한다.

① 수학을 잘하는 학생은 자율학습을 열심히 한다.
② 자율학습을 열심히 하지 않는 학생은 수학을 잘 못한다.
③ 수학을 잘 못하는 학생은 수업시간에 집중해서 공부하지 않는다.
④ 자율학습을 열심히 하는 학생은 수업시간에 집중해서 공부한다.
⑤ 수업시간에 집중해서 공부하는 학생은 자율학습을 열심히 한다.

해설

주어진 조건을 p, q, r로 정리하면

- p : 자율학습을 열심히 하는 학생
- q : 수학을 잘한다.
- r : 수업시간에 집중해서 공부한다.

p → q, ~r → ~q가 성립하고 ~r → ~q의 대우인 q → r도 성립한다. 따라서 삼단논법에 의해 p → q → r이 성립하므로 ④의 p → r은 참인 명제이다.

08 ▶ 다음 명제가 모두 참이라고 할 때, 항상 옳은 문장은?

- 수영을 좋아하는 사람은 다이빙을 좋아한다.
- 수영을 좋아하지 않는 사람은 스노클링을 좋아하지 않는다.
- 스노클링을 좋아하는 사람은 낚시를 좋아한다.

① 수영을 좋아하는 사람은 스노클링을 좋아한다.
② 낚시를 좋아하는 사람은 수영을 좋아한다.
③ 스노클링을 좋아하는 사람은 다이빙을 좋아한다.
④ 스노클링을 좋아하지 않는 사람은 수영을 좋아하지 않는다.
⑤ 다이빙을 좋아하지 않는 사람은 스노클링을 좋아한다.

해설

각 명제와 그 대우를 간단하게 나타내면 다음과 같다.
- 수영 → 다이빙, ~다이빙 → ~수영
- ~수영 → ~스노클링, 스노클링 → 수영
- 스노클링 → 낚시, ~낚시 → ~스노클링

그러므로 삼단논법에 따라 명제와 대우를 정리하면 다음과 같다.
1) ~다이빙 → ~수영 → ~스노클링
2) 스노클링 → 수영 → 다이빙

따라서 항상 옳은 문장은 ③이다.

06 ② 07 ④ 08 ③

09 아래의 명제가 모두 참일 때, 다음 중 항상 참인 것은?

- 빨간색을 좋아하는 사람은 파란색을 좋아하지 않는다.
- 노란색을 좋아하는 사람은 초록색도 좋아한다.
- 초록색을 좋아하는 사람은 파란색을 좋아하지 않는다.

① 노란색을 좋아하는 사람은 파란색도 좋아한다.
② 빨간색을 좋아하는 사람은 초록색을 좋아하지 않는다.
③ 파란색을 좋아하지 않는 사람은 초록색을 좋아한다.
④ 노란색을 좋아하지 않는 사람은 빨간색도 좋아하지 않는다.
⑤ 파란색을 좋아하는 사람은 노란색을 좋아하지 않는다.

해설

주어진 명제와 그 대우를 간략히 정리하면 다음과 같다.
- 빨강 → ~파랑, 파랑 → ~빨강
- 노랑 → 초록, ~초록 → ~노랑
- 초록 → ~파랑, 파랑 → ~초록

∴ 노랑 → 초록 → ~파랑
  파랑 → ~초록 → ~노랑

따라서 항상 참인 명제는 '파란색을 좋아하는 사람은 노란색을 좋아하지 않는다.'이다.

10 아래의 명제가 모두 성립할 때, 다음 중 항상 참인 것은?

- 액션 영화를 좋아하는 사람은 스릴러 영화를 즐겨 보지 않는다.
- 전쟁 영화와 탐정 영화를 좋아하는 사람은 공포 영화를 즐겨 본다.
- 멜로 영화를 좋아하는 사람은 코미디 영화와 액션 영화도 좋아한다.
- 판타지 영화를 좋아하거나 멜로 영화를 좋아하지 않는 사람은 공포 영화를 즐겨 보지 않는다.

① 전쟁 영화와 탐정 영화를 좋아하는 사람은 판타지 영화와 멜로 영화를 좋아하지 않는다.
② 스릴러 영화를 즐겨 보는 사람은 전쟁 영화를 좋아하지 않거나 탐정 영화를 좋아하지 않는다.
③ 코미디 영화를 좋아하지 않는 사람은 멜로 영화를 즐겨 본다.
④ 공포 영화를 즐겨 보는 사람은 판타지 영화도 즐겨 본다.
⑤ 판타지 영화를 좋아하는 사람은 탐정 영화도 좋아한다.

해설

주어진 명제와 그 대우를 간략히 정리하면 다음과 같다.
- 액션 → ~스릴러, 스릴러 → ~액션
- 전쟁 and 탐정 → 공포, ~공포 → ~전쟁 or ~탐정
- 멜로 → 코미디 and 액션, ~코미디 or ~액션 → ~멜로
- 판타지 or ~멜로 → ~공포, 공포 → ~판타지 and 멜로

위에서 간략히 정리한 명제와 대우 간의 관계를 삼단논법을 활용하여 정리해보면 다음과 같다.
1) 스릴러 → ~액션 → ~멜로 → ~공포 → ~전쟁 or ~탐정
2) 전쟁 and 탐정 → 공포 → ~판타지 and 멜로
3) 판타지 or ~멜로 → ~공포 → ~전쟁 or ~탐정

따라서 항상 참인 명제는 '스릴러 → ~전쟁 or ~탐정'이다.

11 아래의 명제가 모두 참일 때, 다음 중 항상 거짓인 것은?

- 치킨을 먹은 사람은 피자도 먹었다.
- 떡볶이를 먹은 사람은 초밥도 먹었다.
- 피자를 먹은 사람은 라면을 먹지 않았다.
- 떡볶이를 먹지 않은 사람은 라면을 먹었다.

① 치킨을 먹은 사람은 라면을 먹지 않았다.
② 피자를 먹은 사람은 초밥도 먹었다.
③ 떡볶이를 먹지 않은 사람은 치킨도 먹지 않았다.
④ 초밥을 먹지 않은 사람은 라면도 먹지 않았다.
⑤ 라면을 먹은 사람은 치킨을 먹지 않았다.

해설

주어진 명제와 그 대우를 간략히 정리하면 다음과 같다.
- 치킨 → 피자, ~피자 → ~치킨
- 떡볶이 → 초밥, ~초밥 → ~떡볶이
- 피자 → ~라면, 라면 → ~피자
- ~떡볶이 → 라면, ~라면 → 떡볶이

∴ 치킨 → 피자 → ~라면 → 떡볶이 → 초밥
   ~초밥 → ~떡볶이 → 라면 → ~피자 → ~치킨

따라서 항상 거짓인 명제는 '초밥을 먹지 않은 사람은 라면도 먹지 않았다.'이다.

09 ⑤ 10 ② 11 ④

12 아래의 명제가 모두 참일 때, 다음 중 항상 참인 것은?

- 정일이와 화사 둘 중 한 명이라도 영어 공부를 했다면 화사는 문제집을 샀다.
- 화사가 국어 공부를 했다면 그 날은 문제집을 사지 않았을 것이다.
- 화사가 국어 공부를 하지 않았다면 정일이도 수학 공부를 하지 않았다.

① 정일이가 영어 공부를 했으면 화사는 국어 공부를 했다.
② 정일이가 수학 공부를 했다면 정일이와 화사 둘 다 영어 공부를 하지 않았다.
③ 화사가 국어 공부를 했다면 정일이와 화사 둘 다 영어 공부를 했다.
④ 화사가 문제집을 샀다면 정일이가 영어 공부를 하지 않았거나 화사가 영어 공부를 하지 않았다.
⑤ 정일이가 영어 공부를 했거나 화사가 영어 공부를 했으면 정일이는 수학 공부를 했다.

해설

정일이를 P, 화사를 Q라고 하고, 주어진 명제와 그 대우를 간략히 정리하면 다음과 같다.
- P영어 or Q영어 → Q문제집, ~Q문제집 → ~P영어 and ~Q영어
- Q국어 → ~Q문제집, Q문제집 → ~Q국어
- ~Q국어 → ~P수학, P수학 → Q국어

위에서 간략히 정리한 명제와 대우 간의 관계를 삼단논법을 활용하여 정리해보면 다음과 같다.
1) P영어 or Q영어 → Q문제집 → ~Q국어 → ~P수학
2) P수학 → Q국어 → ~Q문제집 → ~P영어 and ~Q영어
따라서 P(정일이)가 수학 공부를 했다면 P(정일이)와 Q(화사) 모두 영어 공부를 하지 않았다는 ②가 항상 참인 문장이다.

13 다음 명제가 모두 참일 때, 언제나 참인 것은?

- 수영을 좋아하는 사람은 등산을 좋아한다.
- 달리기를 좋아하는 사람은 등산을 좋아한다.
- 줄넘기를 좋아하는 사람은 수영을 좋아한다.

① 수영을 좋아하는 사람은 달리기를 좋아한다.
② 줄넘기를 좋아하는 사람은 달리기를 좋아한다.
③ 줄넘기를 좋아하는 사람은 등산을 좋아한다.
④ 달리기를 좋아하는 사람은 수영을 좋아한다.
⑤ 수영을 좋아하지 않는 사람은 등산도 좋아하지 않는다.

해설

수영을 좋아하는 사람 P, 등산을 좋아하는 사람 Q, 달리기를 좋아하는 사람 R, 줄넘기를 좋아하는 사람 S와 같이 명제를 기호로 간략히 표시한 다음 주어진 명제와 그 대우를 간략히 정리하면 다음과 같다.
- P → Q, ~Q → ~P
- R → Q, ~Q → ~R
- S → P, ~P → ~S

위에서 간략히 정리한 명제와 대우 간의 관계를 삼단논법을 활용하여 정리해보면 다음과 같다.
1) S → P → Q
2) ~Q → ~P → ~S

따라서 줄넘기를 좋아하는 사람(S)은 등산을 좋아한다(Q)는 명제가 항상 참이므로 정답은 ③이다.

💡 Plus 해설

'① P → R, ② S → R, ④ R → P, ⑤ ~P → ~Q'는 참·거짓을 판단할 수 없다.

14> 다음의 명제가 모두 성립할 때, 선택지 중 거짓인 것은?

- 장미를 좋아하면 개나리를 좋아한다.
- 해바라기를 좋아하면 수선화를 좋아한다.
- 수선화를 좋아하면 개나리를 좋아하지 않는다.
- 나팔꽃을 좋아하지 않으면 장미를 좋아한다.

① 장미를 좋아하면 해바라기도 좋아한다.
② 개나리를 좋아하지 않으면 나팔꽃을 좋아한다.
③ 해바라기를 좋아하면 나팔꽃을 좋아한다.
④ 수선화를 좋아하면 장미를 싫어한다.
⑤ 나팔꽃을 좋아하지 않으면 개나리를 좋아한다.

해설

주어진 명제와 그 대우를 간략히 정리하면 다음과 같다.
- 장미 → 개나리, ~개나리 → ~장미
- 해바라기 → 수선화, ~수선화 → ~해바라기
- 수선화 → ~개나리, 개나리 → ~수선화
- ~나팔꽃 → 장미, ~장미 → 나팔꽃

위에서 간략히 정리한 명제와 대우 간의 관계를 삼단논법을 활용하여 정리해보면 다음과 같다.
1) ~나팔꽃 → 장미 → 개나리 → ~수선화 → ~해바라기
2) 해바라기 → 수선화 → ~개나리 → ~장미 → 나팔꽃

따라서 거짓인 명제는 ①이다.

12 ② 13 ③ 14 ①

15 ▶ 상호, 은화, 원도, 지영, 미식 다섯 명 중 한 명이 회사 회의실에서 물품을 훔쳤고 이들을 심문했더니 다음과 같이 진술하였다. 이 중 두 명은 진실을 말하고 범인을 포함한 나머지 세 명은 거짓을 말하고 있다고 할 때, 다음 중 범인을 고르면?

> 상호 : 은화와 지영이 회의실에 들어가는 것을 봤다. 둘 중 한 명이 범인이다.
> 은화 : 나는 회의실에 들어가지 않았다. 상호나 지영이 범인이다.
> 원도 : 지영과 나는 사무실에 있었다. 우리 둘은 범인이 아니다.
> 지영 : 범인은 미식이다.
> 미식 : 지영의 말은 거짓말이다. 나는 물품을 훔치지 않았다.

① 상호
② 은화
③ 원도
④ 지영
⑤ 미식

해설

지영과 미식의 진술이 모순되지만, 진실을 말하는 사람이 두 명이므로 나머지 한 명이 누군지 알기 힘들다. 이런 경우 한 명씩 범인으로 가정하면 쉽게 답을 찾을 수 있다.

가정 1) 상호가 범인일 경우

상호-범인	은화	원도	지영	미식
거짓	진실	진실	거짓	진실

→ 진실을 말하는 사람이 세 명이 되므로 틀린 가정이다.

가정 2) 은화가 범인일 경우

상호	은화-범인	원도	지영	미식
진실	거짓	진실	거짓	진실

→ 진실을 말하는 사람이 세 명이 되므로 틀린 가정이다.

가정 3) 원도가 범인일 경우

상호	은화	원도-범인	지영	미식
거짓	거짓	거짓	거짓	진실

→ 진실을 말하는 사람이 한 명이므로 틀린 가정이다.

가정 4) 지영이 범인일 경우

상호	은화	원도	지영-범인	미식
진실	진실	거짓	거짓	진실

→ 진실을 말하는 사람이 세 명이 되므로 틀린 가정이다.

가정 5) 미식이 범인일 경우

상호	은화	원도	지영	미식-범인
거짓	거짓	진실	진실	거짓

→ 진실을 말하는 사람이 두 명, 거짓을 말하는 사람이 세 명이므로 맞는 가정이다.
따라서 범인은 미식이다.

16 ▶ A~C는 각각 사과와 포도 중 한 가지를 먹었다. 이들의 진술은 다음과 같으며 각각의 진술 중 한 문장은 참이고, 한 문장은 거짓이다. 다음 |보기|의 내용 중 옳은 것들끼리 짝지어진 것은?

> A : 나는 포도를 먹었다. B는 사과를 먹었다.
> B : 나는 사과를 먹었다. C도 사과를 먹었다.
> C : 나는 사과를 먹었다. B도 사과를 먹었다.

| 보기 |

> ㉠ 한 사람만 포도를 먹은 경우가 있다.
> ㉡ 두 사람이 포도를 먹은 경우가 있다.
> ㉢ 모두 함께 포도를 먹은 경우가 있다.

① ㉠   ② ㉡   ③ ㉢
④ ㉠, ㉡   ⑤ ㉡, ㉢

해설

B의 첫 번째 진술이 참일 경우, A와 C의 두 번째 진술이 참이 된다. 반대로 B의 첫 번째 진술이 거짓일 경우, A와 C의 두 번째 진술도 거짓이 된다. 두 가지 가정을 표로 나타내면 다음과 같다.

가정 1) B의 첫 번째 진술이 참일 경우

A	B	C
거짓/참	참/거짓	거짓/참
사과	사과	포도

→ |보기| 중 ㉠의 경우에 해당한다.

가정 2) B의 첫 번째 진술이 거짓일 경우

A	B	C
참/거짓	거짓/참	참/거짓
포도	포도	사과

→ |보기| 중 ㉡의 경우에 해당한다.
다른 경우는 존재하지 않으므로 정답은 ④이다.

17 체육대회 이어달리기 시간에 1반~6반 학생들이 경기를 하고 있다. 미림, 명진, 연아, 소연, 재진은 각각 경기 결과를 예측하였고 이 중 단 한 명의 예측만이 맞았다. 다음 진술을 보고 이어달리기에서 1등을 한 반을 고르면? (단, 공동 1등이 아니다.)

> 미림 : 3반은 1등을 못할 것 같아.
> 명진 : 1반이나 2반 중 한 반이 1등을 할 것 같아.
> 연아 : 이대로라면 무조건 2반이 1등이야.
> 소연 : 4, 5, 6반 중 한 반이 1등을 할 것 같아.
> 재진 : 4, 5, 6반은 1등을 못할 거야.

① 1반   ② 2반   ③ 3반   ④ 4반   ⑤ 5반

해설

소연과 재진의 예측이 모순되므로 둘 중 한 명의 예측이 맞을 것이다.

가정 1) 소연의 예측이 맞았을 경우

1	2	3	4	5	6
		1등		1등	

→ 미림과 소연의 진술에 의해 1등이 두 반이 되므로 틀린 가정이다.

가정 2) 재진의 예측이 맞았을 경우

1	2	3	4	5	6
		1등			

→ 미림의 진술이 거짓이므로 3반이 1등을 했음을 알 수 있다.
따라서 답은 ③이다.

18. A~D는 한 달에 한 번씩 다 함께 봉사활동을 가기로 약속했다. 하지만 한 명이 약속을 어겼고 네 명은 다음과 같은 진술을 하였다. 한 명만 진실을 말하고 있다고 할 때, 네 명 중 진실을 말하고 있는 사람과 약속을 어긴 사람을 순서대로 고르면?

> A : C가 약속을 어겼어.
> B : 나는 약속을 어기지 않았어.
> C : A의 말은 거짓말이야.
> D : A가 약속을 어겼어.

① A - C   ② B - A   ③ C - A
④ C - B   ⑤ D - A

A와 C의 진술이 모순되고 있으므로 둘 중 한 명이 진실을 말하고 있다.

가정 1) A가 진실을 말하는 경우

A	B	C	D
진실	거짓 - 약속 어김	거짓 - 약속 어김	거짓

→ A의 말이 진실일 경우 약속을 어긴 사람은 C인데, B의 말이 거짓이므로 약속을 어긴 사람이 두 명이 된다. 따라서 모순된다.

가정 2) C가 진실을 말하는 경우

A	B	C	D
거짓	거짓 - 약속 어김	진실	거짓

→ 모순되는 점이 없으므로 약속을 어긴 사람은 B이다.
따라서 진실을 말한 사람이 C이고, 약속을 어긴 사람이 B이므로 답은 ④이다.

19. 갑, 을, 병, 정 네 사람이 다음과 같은 방침에 따라 해외 출장을 가기로 했다. 다음 중 반드시 참이 아닌 것은?

> - 갑이 출장을 간다면, 을도 간다.
> - 병이 출장을 간다면, 정도 간다.
> - 갑과 병 중 적어도 한 명은 출장을 간다.

① 을이 출장을 가지 않는다면, 병은 출장을 간다.
② 적어도 두 명은 출장을 간다.
③ 갑이 출장을 가지 않는다면, 출장을 가는 사람은 두 명이다.
④ 정이 출장을 가지 않게 되었다면, 다른 세 사람의 출장 여부가 모두 정해진다.
⑤ 갑, 을, 병, 정 네 사람이 모두 출장을 가는 경우도 있다.

해설

첫 번째, 두 번째 명제와 그 대우를 간략히 나타내면 다음과 같다.
- 갑 → 을, ~을 → ~갑
- 병 → 정, ~정 → ~병

그리고 세 번째 명제를 보면 다음과 같이 세 가지 가정이 가능함을 알 수 있다.

가정 1) 갑이 출장을 가고, 병이 출장을 가지 않는 경우

갑	을	병	정
○	○	×	○ / ×

가정 2) 병이 출장을 가고, 갑이 출장을 가지 않는 경우

갑	을	병	정
×	○ / ×	○	○

가정 3) 갑과 병이 모두 출장을 가는 경우

갑	을	병	정
○	○	○	○

따라서 갑이 출장을 가지 않는다면, 출장을 가는 사람은 두 명 또는 세 명이므로 ③은 반드시 참이 아니다.

20 ▶ 학교 도서관에서 책이 사라졌고, 거짓말을 못하는 사람 두 명과 거짓말만 하는 사람 세 명이 있다. 책이 교실, 운동장, 식당 중 한 곳에 있다고 할 때, 다음 진술을 보고 거짓말을 못하는 사람, 거짓말만 하는 사람, 책의 위치로 가능한 조합을 고르면?

> 은지 : 책은 운동장에 있어.
> 준성 : 여기서 책이 어디 있는지 아는 사람은 나뿐이야.
> 영은 : 은지는 거짓말만 하는 사람이야.
> 민수 : 나는 책의 위치를 알고 있어.
> 명길 : 책은 교실에 있어.

	책의 위치	거짓말을 못하는 사람	거짓말만 하는 사람
①	교실	민수	은지
②	교실	명길	영은
③	운동장	은지	민수
④	식당	준성	민수
⑤	식당	은지	명길

해설

은지와 영은의 진술이 모순된다. 은지의 말이 진실일 경우와 달리 영은의 말이 진실일 경우에는 여러 가지 가능성이 생겨나므로, 이런 경우 책의 위치를 가정해보는 것이 좋다.

가정 1) 책이 교실에 있는 경우

은지	준성	영은	민수	명길
거짓	거짓	참	거짓	참

가정 2) 책이 운동장에 있는 경우 (은지의 말이 참인 경우)

은지	준성	영은	민수	명길
참	거짓	거짓	참	거짓

가정 3) 책이 식당에 있는 경우

은지	준성	영은	민수	명길
거짓	참/거짓	참	참/거짓	거짓

따라서 총 네 가지의 조합이 가능하며 책이 식당에 있을 경우 준성이 참이면 민수가 거짓이므로, 답은 ④이다.

19 ③ 20 ④

21 신입사원(A, B, C, D, E)이 각각 두 개 항목의 물품 구매를 신청했다. 5명 중 2명은 모든 진술이 거짓이라고 할 때, 신청한 사람과 신청 항목이 바르게 짝지어진 것은?

> 신청한 항목은 4개이며, 각 항목별로 신청한 사원 수는 다음과 같다.
> - 필기구 2명, 복사용지 2명, 의자 3명, 사무용 전자제품 3명
> - A : 나는 필기구 구매를 신청했고, E는 거짓말을 하고 있습니다.
> - B : 나는 의자를 신청하지 않았고, D는 진실을 말하고 있습니다.
> - C : 나는 의자를 신청하지 않았고, E는 진실을 말하고 있습니다.
> - D : 나는 필기구와 사무용 전자제품을 신청하였습니다.
> - E : 나는 복사용지를 신청하였고, B와 D는 거짓을 말하고 있습니다.

① A : 복사용지　　　② A : 의자　　　③ C : 필기구
④ C : 사무용 전자제품　　　⑤ E : 필기구

해설

A의 말이 거짓이면, E의 말은 진실이고, B와 D의 말은 거짓이 된다. 이 경우, 다섯 명 중 A, B, D 세 명의 말이 거짓이 되므로, A의 말은 거짓이 될 수 없다.
A의 말이 진실이면, E의 말은 거짓이고, B와 D의 말은 진실이 된다. 또한 E가 진실을 말하고 있다고 진술한 C의 말은 거짓이 된다. 따라서 A, B, C, D, E 중 거짓을 말하고 있는 신입사원은 C, E이고, 진실을 말하고 있는 신입사원은 A, B, D이다.
A~E는 각각 두 개 항목의 물품 구매를 신청했고, 신청 항목은 필기구 2명, 복사용지 2명, 의자 3명, 사무용 전자제품 3명이므로 A~E의 진술을 표로 정리하면 다음과 같다.

A	필기구, 의자
B	복사용지, 사무용 전자제품
C	의자, 복사용지
D	필기구, 사무용 전자제품
E	의자, 사무용 전자제품

따라서 정답은 ②이다.

22. 수박을 먹은 두 명은 거짓말을 하고 있고 나머지 세 명은 진실을 이야기하고 있다고 할 때, 수박을 먹은 두 사람은 누구인가?

- 영은 : 미나가 수박을 먹었다.
- 은지 : 수민이가 수박을 먹었다.
- 수민 : 은지가 수박을 먹었다.
- 미나 : 은지와 수민이는 수박을 먹지 않았다.
- 보배 : 수민이와 미나 중 한 명만 수박을 먹었다.

① 영은, 은지　　② 은지, 수민　　③ 은지, 미나
④ 수민, 미나　　⑤ 미나, 보배

해설

은지의 말이 참일 경우 수민의 말이 거짓이 되고, 수민의 말이 참일 경우 은지의 말이 거짓이 된다.

가정 1) 은지의 말이 참일 경우

영은	은지	수민－수박	미나－수박	보배
참	참	거짓	거짓	거짓

→ 거짓을 말한 사람이 세 명이 되므로 잘못된 가정이다.

가정 2) 수민의 말이 참일 경우

영은	은지－수박	수민	미나－수박	보배
참	거짓	참	거짓	참

→ 모순되는 점이 없으므로 옳은 가정이다.
따라서 수박을 먹은 사람은 은지와 미나이다.

21 ②　22 ③

23 가온, 나래, 다솜, 라온, 마루, 바론 여섯 명 중 세 명은 산으로, 세 명은 바다로 휴가를 떠났다. 이때 각 장소로 떠난 세 명은 각각 20대, 30대, 40대 1명씩으로 구성되었다. 여섯 명이 다음과 같이 진술하였는데 산으로 떠난 세 명은 진실을 말하고 바다로 떠난 세 명은 거짓을 말하고 있다. 바다로 떠난 30대는 누구인가?

> 가온 : 바론은 바다로 떠났다.
> 나래 : 마루는 산으로 떠났다.
> 다솜 : 나래는 30대이다.
> 라온 : 마루가 30대이다.
> 마루 : 나는 가온과 동갑이다.
> 바론 : 나래와 라온의 나이대가 같다.

① 가온　　② 나래　　③ 다솜　　④ 라온　　⑤ 바론

해설

가온의 말이 진실이라면 바론의 말은 거짓이고, 가온의 말이 거짓이라면 바론의 말은 진실이다. 따라서 둘은 같은 곳으로 휴가를 떠났을 수 없다. 또한 나래의 말이 참이면 마루의 말도 참이고, 나래의 말이 거짓이면 마루의 말도 거짓이다. 따라서 둘은 같은 곳으로 휴가를 떠났을 것이다.

가정 1) 가온과 나래의 말이 모두 진실일 경우

산			바다		
가온	나래	마루	다솜	라온	바론

→ 가온과 동갑이라는 마루의 말이 진실이 될 수 없으므로 틀린 가정이다.

가정 2) 가온의 말이 진실이고, 나래의 말이 거짓일 경우

산			바다		
가온	다솜	라온	나래-30대	마루-30대	바론

→ 다솜과 라온의 말이 동시에 진실이 될 수 없으므로 틀린 가정이다.

가정 3) 가온의 말이 거짓이고 나래의 말이 진실일 경우

산			바다		
나래-30대 ×	마루-30대 ×	바론-30대	가온-30대 ×	다솜-30대	라온-30대 ×

→ 모순되는 진술이 없다.
따라서 진실을 말하는 사람은 나래, 마루, 바론 세 사람이고 바다로 떠난 30대는 다솜이다.

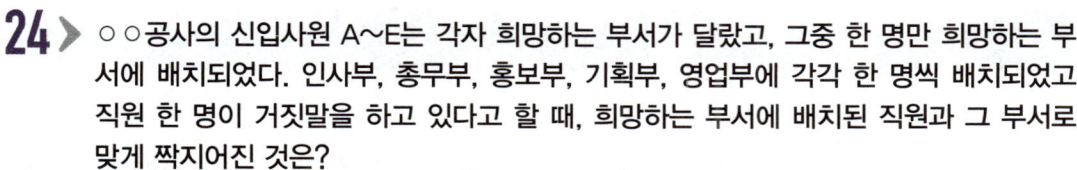

24. ○○공사의 신입사원 A~E는 각자 희망하는 부서가 달랐고, 그중 한 명만 희망하는 부서에 배치되었다. 인사부, 총무부, 홍보부, 기획부, 영업부에 각각 한 명씩 배치되었고 직원 한 명이 거짓말을 하고 있다고 할 때, 희망하는 부서에 배치된 직원과 그 부서로 맞게 짝지어진 것은?

- A : B는 희망하는 부서에 배치되었고, 나는 기획부를 희망했어.
- B : 나는 D가 희망했던 기획부에 배치되었어.
- C : 내가 희망한 부서에 D가 배치되었어.
- D : 나는 인사부를 희망하지 않았고, C의 희망 부서는 총무부였어.
- E : 난 영업부를 희망했지만 인사부에 배치되었어.

① A – 기획부 ② A – 홍보부 ③ B – 기획부
④ B – 홍보부 ⑤ C – 총무부

해설

A의 말이 참이면 B의 말이 거짓이 되고 B의 말이 참이면 A의 말이 거짓이 된다.

가정 1) A의 말이 참일 때(B가 거짓)

	A	B	C	D	E
희망	기획부	홍보부	총무부	인사부	영업부
실제	영업부	홍보부	기획부	총무부	인사부

→ D가 인사부를 희망하지 않았으므로 틀린 가정이다.

가정 2) A의 말이 거짓일 때(B가 참)

	A	B	C	D	E
희망	홍보부	인사부	총무부	기획부	영업부
실제	홍보부	기획부	영업부	총무부	인사부

→ 모순되는 점이 없으므로 맞는 가정이다.
따라서 희망하는 부서에 배치된 직원은 A이고, 그 부서는 홍보부이다.

03 조건 추리

01 신입사원 A, B, C, D, E는 다음의 조건에 따라 기획부, 총무부, 인사부, 영업부, 개발부에 배치되었다. 아래의 조건을 모두 고려하였을 때, 옳은 설명은?

- 한 부서에는 신입사원이 한 명씩만 배치되었다.
- A 사원은 기획부와 영업부에 배치되지 않았다.
- B 사원은 기획부나 총무부에 배치되었다.
- C 사원은 기획부나 인사부에 배치되지 않았다.
- D 사원은 영업부에 배치되었다.
- E 사원은 총무부나 영업부에 배치되었다.

① A 사원은 인사부에 배치되었다.
② B 사원은 총무부에 배치되었다.
③ C 사원은 총무부에 배치되었다.
④ D 사원은 기획부에 배치되었다.
⑤ E 사원은 영업부에 배치되었다.

해설

주어진 조건에 따르면, 한 부서에는 신입사원이 한 명씩만 배치되고 D 사원이 영업부에 배치되었으므로 E 사원은 총무부에 배치되고, B 사원은 기획부에 배치되었음을 알 수 있다. C 사원은 기획부나 인사부에 배치되지 않았다고 했으므로 개발부에 배치되었음을 알 수 있고, 남은 A 사원은 인사부에 배치되었음을 알 수 있다.
따라서 A 사원은 인사부, B 사원은 기획부, C 사원은 개발부, D 사원은 영업부, E 사원은 총무부에 배치되었다.

02 ▶ ○○공단 인사부장은 전국의 A, B, C, D, E, F(순서대로 서울, 경기, 충북, 대전, 대구, 부산) 지사에 방문해야 할 일이 생겼다. 다음의 조건을 고려했을 때, 인사부장은 어떤 순서로 각 지사를 방문하는가?

- B는 첫 번째로 방문하거나 마지막으로 방문해야 한다.
- A와 B 사이에 두 개 이상의 지사를 방문해야 한다.
- A와 E는 연속으로 방문하지 않고, B와 C는 연속으로 방문한다.
- D를 방문했다면, 남은 방문 일정은 한 가지이다.
- A의 순서가 정해지면, 나머지 순서가 모두 정해진다.

① 대구 – 부산 – 서울 – 대전 – 충북 – 경기
② 경기 – 충북 – 부산 – 대구 – 대전 – 서울
③ 경기 – 충북 – 부산 – 서울 – 대전 – 대구
④ 경기 – 충북 – 대구 – 부산 – 대전 – 서울
⑤ 서울 – 부산 – 대구 – 대전 – 충북 – 경기

해설

주어진 조건을 통해 확실하게 정해지는 순서를 먼저 정리해야 한다. 네 번째 조건을 보면 인사부장은 D를 다섯 번째로 방문함을 알 수 있고, 이에 따라 C와 연속으로 방문하는 B는 마지막에 방문할 수 없게 되므로 첫 번째로 방문하게 된다. 표로 정리하면 다음과 같다.

첫 번째	두 번째	세 번째	네 번째	다섯 번째	여섯 번째
B	C			D	

마지막 조건을 통해 A의 순서가 중요한 역할을 함을 추측해볼 수 있다. A와 B 사이에 두 개 이상의 지사를 방문해야 하므로 A를 방문하는 순서는 네 번째 또는 여섯 번째일 것이다. 두 경우를 가정해보면 다음과 같다.

가정 1) A를 네 번째로 방문할 경우

첫 번째	두 번째	세 번째	네 번째	다섯 번째	여섯 번째
B	C	F	A	D	E

→ A와 E를 연속으로 방문하지 않으므로 모든 방문 순서가 정해진다.

가정 2) A를 여섯 번째로 방문할 경우

첫 번째	두 번째	세 번째	네 번째	다섯 번째	여섯 번째
B	C	E	F	D	A
		F	E		

→ 세 번째와 네 번째 방문 순서가 정해지지 않는다.
따라서 '가정 1'이 옳은 가정이며, 인사부장은 B(경기) – C(충북) – F(부산) – A(서울) – D(대전) – E(대구) 순서로 각 지사를 방문한다.

01 ① 02 ③

03. 다음은 ○○은행의 K 회장과 H 이사의 대화이다. 대화를 읽고 3층에 배치될 수 있는 부서끼리 짝지어진 것을 고르면?

> K 회장 : 이번에 새로 지은 4층짜리 건물로 부서 몇 개를 이동하는 것이 좋을 것 같아요.
> H 이사 : 신입 사원이 많이 입사해 사무실 자리가 좁다고 한 감사부, 인사부, 영업부, 기획부, 총무부 5개 부서를 옮기는 게 어떻겠습니까?
> K 회장 : 좋은 생각입니다. 아, 그런데 짝수 층에는 한 부서씩만 배치될 수 있어요.
> H 이사 : 홀수 층은요?
> K 회장 : 최대 두 개 부서씩 배치될 수 있습니다.
> H 이사 : 그렇군요. 인사부는 2층에 배치하는 것이 좋을 것 같습니다.
> K 회장 : 그렇게 합시다. 제 생각에는 영업부가 기획부보다 아래층에 배치되어야 할 것 같습니다.
> H 이사 : 제 생각도 그렇습니다. 감사부는 기획부보다 위층에 배치하고요.
> K 회장 : 좋습니다.

① 감사부, 인사부   ② 감사부, 영업부   ③ 인사부, 총무부
④ 영업부, 기획부   ⑤ 기획부, 총무부

주어진 대화를 읽고 조건을 적용하여 표로 나타내면 다음과 같다.

4층	감사부	
3층	기획부	
2층	인사부	
1층	영업부	

정해지지 않은 부서는 총무부뿐이며 총무부는 두 개 부서가 배치될 수 있는 홀수 층에 배치될 것이다. 따라서 3층에 배치될 수 있는 부서는 기획부와 총무부이다.

04 다음은 사내 워크숍을 준비하기 위해 조사한 내역이다. 다음의 조사를 바탕으로 C가 반드시 참석하는 경우, 참석 인원을 타당하게 추론한 것은? (단, 부서의 총 인원은 5명이다.)

[정보 1] B가 워크숍에 참여하면 E는 참여할 수 없다.
[정보 2] D는 B와 E 모두가 참여하지 않을 경우에만 참석한다.
[정보 3] A가 워크숍에 갈 경우 B 혹은 D 중의 한 명이 함께 참석한다.
[정보 4] C가 워크숍에 참석하면 D는 참석하지 않는다.
[정보 5] C가 워크숍에 참여하면 A도 참여한다.

① A, B, C ② A, C, D ③ A, C, D, E ④ A, B, C, D ⑤ A, B, C, E

해설

[정보 5]를 보면 C가 참석하는 경우, A도 참석한다. [정보 3]을 보면 A가 참석하는 경우 B와 D 중 한 명이 함께 참석한다고 하였는데, [정보 4]에서 C가 참석하면 D는 참석하지 않는다고 하였으므로 B가 참석한다. [정보 1]을 보면 B가 참석하면 E는 참석할 수 없다고 하였으므로 참석 인원은 A, B, C이다.

05 ○○공사 기획부에는 총 6명이 근무하고 있다. 다음 조건을 보고, 두 번째로 근무 기간이 긴 사람을 고르면?

- ○○공사 기획부에는 A, B, C, D, E, F가 근무하고 있다.
- A, B, F는 같은 날에 입사하였다.
- D는 A, B, F가 근무한 기간을 합친 것보다 10개월 더 일했다.
- A와 B의 근무 기간을 합친 것은, C와 F의 근무 기간을 합친 것보다 크다.
- E는 A와 F가 근무한 기간을 합친 것보다 7개월 더 일했다.

① A ② C ③ D ④ E ⑤ F

해설

두 번째 조건으로 A=B=F임을 알 수 있다. 세 번째 조건(D=A+B+F+10)에서 D가 A, B, F보다 먼저 입사했음을 알 수 있다. 네 번째 조건(A+B>C+F)에서 C는 A, B, F보다 늦게 입사했음을 알 수 있다. 다섯 번째 조건(E=A+F+7)에서 E는 A, B, F보다 먼저 입사했음을 알 수 있다. 세 번째 조건과 다섯 번째 조건으로 D가 E보다 먼저 입사했음을 알 수 있다. 따라서 A~F의 근무 기간이 긴 순서는 D, E, A=B=F, C이고, 두 번째로 근무 기간이 긴 사람은 E이다.

03 ⑤ 04 ① 05 ④

06 순환근무의 조건이 |보기 1|과 같다고 할 때, |보기 2|에서 옳은 것만 묶은 것은?

| 보기 1 |

2018년부터 A, B, C, D는 각각 동부지점, 남부지점, 서부지점, 북부지점에 배치되었다. 이들은 동부·남부·서부·북부 순서로 순환 배치된다.
A는 1년에 1회, B는 2년에 1회, C는 3년에 1회, D는 4년에 1회 순환 배치된다.

| 보기 2 |

㉠ 2023년 B와 C는 같은 지점에 근무하게 된다.
㉡ C와 D가 같은 지점에 근무하는 일은 2030년까지 일어나지 않는다.
㉢ 2022년에는 A, B, C, D 모두 북부지점에 근무하게 된다.
㉣ 2021년에는 A, B, C, D 중에서 세 사람이 같은 지점에 근무하게 된다.
㉤ 2019년에 A와 B는 남부지점에 함께 근무하게 된다.

① ㉠, ㉣ ② ㉣, ㉤ ③ ㉠, ㉡, ㉢
④ ㉠, ㉣, ㉤ ⑤ ㉡, ㉢, ㉣

해설

|보기 1|의 내용을 표로 정리하면 다음과 같다.

	동부지점	남부지점	서부지점	북부지점
2018년	A	B	C	D
2019년		A, B	C	D
2020년			A, B, C	D
2021년			B	A, C, D
2022년	A, D			B, C
2023년	D	A		B, C

따라서 옳은 것은 ㉠, ㉣, ㉤이다.

 **Plus 해설**

㉡ C와 D는 2021년에 북부지점에서 같이 근무하게 된다.
㉢ 2022년에 A와 D는 동부지점에서, B와 C는 북부지점에서 근무하게 된다.

07 ○○공사에는 기획부, 인사부, 총무부, 마케팅부, 홍보부, 영업부가 있다. 다음의 조건을 모두 고려하였을 때, 홍보부는 몇 층에 위치하는가?

- ○○공사는 건물의 6~10층을 사용하고 있다.
- 모든 층에는 적어도 1개의 부서가 존재한다.
- 기획부와 총무부는 같은 층을 사용한다.
- 마케팅부에서 인사부로 가기 위해서는 한 층을 올라가야 한다.
- 마케팅부에서 홍보부로 가기 위해서는 2개 층을 올라가야 한다.
- 영업부에서 기획부로 가기 위해서는 4개 층을 이동해야 한다.
- 총무부에서 인사부와 마케팅부로 가기 위해서는 위층으로 올라가야 한다.

① 6층 ② 7층 ③ 8층 ④ 9층 ⑤ 10층

○○공사는 총 6개의 부서가 있고, 기획부와 총무부는 같은 층을 사용한다고 했으므로, 기획부와 총무부를 제외한 나머지 부서는 한 개의 층을 하나의 부서가 사용하고 있음을 알 수 있다. 네 번째와 다섯 번째 조건을 통해 '마케팅부-인사부-홍보부'의 순으로 건물을 사용하고 있음을 알 수 있고, 여섯 번째 조건을 통해 영업부와 기획부(=총무부)는 각각 6층 또는 10층을 사용하고 있음을 알 수 있다. 마지막 조건을 보면, 총무부(=기획부)에서 인사부와 마케팅부로 가기 위해서는 위층으로 올라가야 한다고 했으므로, 총무부(=기획부)가 6층을 사용하고 있음을 알 수 있다.

10층	영업부
9층	홍보부
8층	인사부
7층	마케팅부
6층	기획부, 총무부

따라서 홍보부는 9층에 있다.

08 한 노인의 집 선반 위에 노인의 유년, 소년, 청년, 장년, 중년, 노년 시절 그림이 걸려 있다. 다음 |조건|을 보고 A~F 중 유년 시절 그림이 걸려 있는 위치를 고르면?

A	B	C
D	E	F
왼쪽	선반	오른쪽

| 조건 |

- 소년 시절 그림은 선반 바로 위에 걸려 있다.
- 중년 시절 그림은 노년 시절 그림 바로 위에 걸려 있다.
- 장년 시절 그림은 중년 시절 그림과, 청년 시절 그림은 노년 시절 그림과 같은 줄에 걸려 있다.
- 청년 시절 그림은 노년 시절 그림 바로 옆 자리에 걸려 있지 않으며, 제일 오른쪽에 걸려 있다.
- 유년 시절 그림은 장년 시절 그림 바로 옆에 걸려 있으며 다른 쪽에는 아무 그림도 걸려 있지 않다.

① A　　② C　　③ D　　④ E　　⑤ F

해설

|조건|을 보고 그림 위치를 추측해보면 다음과 같다.

중년(노년 바로 위)	장년(중년과 같은 줄)	유년(장년 옆, 다른 쪽에 그림 없음)
노년(청년 바로 옆 아님)	소년(선반 바로 위)	청년(노년과 같은 줄, 제일 오른쪽)
왼쪽	선반	오른쪽

따라서 유년 시절 그림이 걸려 있는 위치는 C이다.

09 ▶ A~F 6명이 원탁에 일정한 간격으로 둘러앉아 있다. 다음 조건을 보고 A의 오른쪽에 있는 사람부터 순서대로 배열한 것을 고르면? (단, A~F는 각각 다른 색깔의 옷을 입고 있다.)

- F는 C와 D 사이에 앉아 있다.
- B는 노란색 옷을 입고 있다.
- 빨간색 옷을 입은 사람은 파란색 옷을 입은 사람과 서로 마주보고 있다.
- D와 E는 이웃하여 앉아 있다.
- F는 보라색 옷을 입고 있다.
- C 옆에는 빨간색 옷을 입은 사람이 앉아 있다.
- 노란색 옷을 입은 사람은 F와 서로 마주보고 있다.
- D의 오른쪽에는 F가 앉아 있다.

① B-E-D-F-C ② B-F-E-D-C ③ C-F-D-E-B
④ C-E-F-D-B ⑤ E-D-F-C-B

해설

F는 C와 D 사이에 앉아 있다고 하였고, D의 오른쪽에 F가 앉아 있다고 하였다. 또 D와 E가 이웃하여 앉아 있다고 하였으므로 D의 왼쪽에 E가 앉아 있는 것을 알 수 있다. 따라서 'E-D-F-C'의 순서로 앉아 있는 것을 알 수 있다. C 옆에는 빨간색 옷을 입은 사람이 앉아 있다고 했고, F는 보라색 옷을 입고 있다고 하였으므로, 'E-D-F(보라색 옷)-C-빨간색 옷'까지 추리해볼 수 있다. 빨간색 옷을 입은 사람과 파란색 옷을 입은 사람이 마주보고 있고, 노란색 옷을 입은 B가 F와 마주보고 있다고 하였으므로 그림으로 나타내면 다음과 같다.

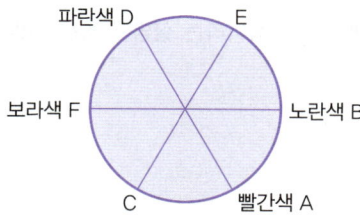

따라서 A의 오른쪽에 있는 사람부터 순서대로 배열하면 B-E-D-F-C가 된다.

08 ② 09 ①

10 ○○기업의 기획부는 투표로 회식 메뉴를 정하고 있다. 한식, 일식, 중식, 양식, 분식을 대상으로 투표를 하였고, 다음과 같은 투표 결과가 나왔다. 다음 중 옳은 설명만을 모두 고른 것은?

- 일식과 분식에 투표한 사람은 한식에 투표한 사람보다 적다.
- 분식에 투표한 사람은 양식에 투표한 사람보다 많고, 중식에 투표한 사람보다 적다.
- 양식에 투표한 사람은 일식에 투표한 사람보다 많고, 분식에 투표한 사람보다 적다.

㉠ 양식에 투표한 사람의 수가 두 번째로 적다.
㉡ 가장 많은 표를 받은 메뉴는 한식이다.
㉢ 분식에 투표한 사람의 수가 두 번째로 많다.
㉣ 표를 제일 적게 받은 메뉴는 일식이다.

① ㉠, ㉣   ② ㉡, ㉢   ③ ㉡, ㉣
④ ㉠, ㉡, ㉢   ⑤ ㉠, ㉢, ㉣

해설

위의 내용을 표로 나타내면 다음과 같다.

1위	2위	3위	4위	5위
한식 or 중식	한식 or 중식	분식	양식	일식

따라서 양식에 투표한 사람의 수가 두 번째로 적고, 표를 제일 적게 받은 메뉴는 일식이라는 설명은 옳은 설명이다.

Plus 해설
㉡ 가장 많은 표를 받은 메뉴가 한식인지 중식인지는 자료를 통해 알 수 없다.
㉢ 분식에 투표한 사람의 수는 세 번째로 많다.

11. A~F가 원탁에 둘러앉아 상담을 하고 있다. 이 중 세 명은 직원, 세 명은 고객이라고 할 때, 다음 상황을 보고 세 명의 고객을 찾으면?

- B 고객과 D 직원은 마주보고 앉아 있다.
- A는 D 직원 오른쪽에 앉아 있다.
- E와 F는 마주보고 앉아 있다.
- F 직원의 양옆에는 고객이 앉아 있다.
- C의 오른쪽에는 직원이 앉아 있다.

① A, B, C ② A, B, E ③ A, C, E
④ B, C, E ⑤ B, C, F

해설

상황을 적용하여 그림으로 나타내면 다음과 같다.

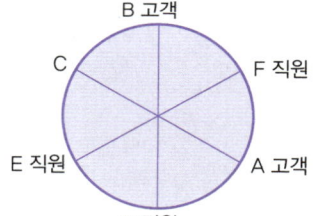

따라서 D, E, F가 직원이고, A, B, C가 고객이다.

---

12. 신입사원 A, B, C, D, E, F 6명은 서로 일정한 간격으로 원탁에 앉아있다. 다음을 보고 A의 왼쪽에 앉아있는 사람을 고르면?

- F와 D는 서로 마주 보고 앉아있다.
- C는 E의 옆에 앉아있다.
- D의 오른쪽에는 B가 앉아있다.

① B ② C ③ D ④ E ⑤ F

10 ① 11 ①

해설

F와 D는 서로 마주 보고 앉아있고, D의 오른쪽에는 B가 앉아있으므로, C와 E는 두 자리가 연속으로 비어있는 D의 왼쪽에 앉아있음을 알 수 있다. 따라서 남는 자리인 B와 F의 사이에 A가 앉아있음을 알 수 있고, A의 오른쪽에는 F, 왼쪽에는 B가 앉아있음을 알 수 있다.

13 ○○회사에 다니는 A, B, C, D, E는 연봉이 각각 다르다. 다음 내용을 통해 알 수 있는 사실 중 옳은 것만 고른 것은?

작년
- C는 A보다 연봉이 500만 원 더 높다.
- A는 D보다 연봉이 200만 원 더 낮고, E보다 400만 원 더 높다.
- B는 연봉이 가장 높고 연봉이 가장 낮은 사람보다 1,100만 원 더 높다.
- 연봉이 가장 낮은 사람의 연봉은 2,200만 원이다.

올해
- D는 진급하여 연봉 600만 원이 올랐다.
- E는 D보다 연봉 200만 원이 적고, B보다는 800만 원이 적다.
- A는 연봉이 동결되었다.

㉠ 작년 A의 연봉은 2,600만 원이다.
㉡ 올해 연봉이 가장 높은 사람은 작년과 똑같다.
㉢ B, D, E는 올해 연봉이 500만 원 이상씩 올랐다.

① ㉡　　　　　　② ㉠, ㉡　　　　　　③ ㉠, ㉢
④ ㉡, ㉢　　　　⑤ ㉠, ㉡, ㉢

해설

㉠ (○) 작년 기준으로 연봉은 A가 2,600만 원, B가 3,300만 원, C가 3,100만 원, D가 2,800만 원, E가 2,200만 원이었다.
㉡ (×) 작년에 연봉이 가장 높은 사람은 B(3,300만 원)였지만, 올해 C의 연봉을 알 수 없으므로 연봉이 가장 높은 사람이 누구인지 알 수 없다.
㉢ (○) 올해 기준으로 연봉은 A가 2,600만 원, B가 4,000만 원, D가 3,400만 원, E가 3,200만 원이고, C의 연봉 액수는 알 수 없다. 따라서 B, D, E는 모두 작년보다 연봉이 500만 원 이상씩 올랐음을 알 수 있다.

14.

|보기는 원자력 발전소의 순찰 순서에 대해 적어놓은 것이다. A팀 4명, B팀 4명의 사람이 새벽 1시~8시까지 40분 간격으로 출발했다고 할 때, 5시 40분에 순찰한 사람은 누구인가?

| 보기 |

- 마지막에 출발한 사람은 7시에 출발하였다.
- A팀 3번이 출발한 시각은 3시이다.
- A팀 4번보다 일찍 간 사람은 4명이다.
- B팀 1번보다 늦게 출발한 사람은 4명이다.
- B팀 4번은 B팀 3번보다 늦게 출발하였지만 마지막은 아니었다.
- B팀이 처음과 끝에 순찰하였다.
- A팀 1번은 A팀 중 가장 마지막으로 순찰하였다.
- A팀 2번은 B팀 3번보다 늦게 순찰하였지만, B팀 4번보다는 먼저 돌았다.
- B팀 2번은 A팀 1번보다 늦게 순찰하였다.
- A팀 4번과 B팀 4번은 연달아 순찰하지 않았다.

① A팀 3번 ② B팀 1번 ③ A팀 2번
④ B팀 4번 ⑤ A팀 1번

마지막에 출발한 사람이 7시이므로 아래 표의 시간에 순찰했음을 알 수 있다.

2:20	3:00	3:40	4:20	5:00	5:40	6:20	7:00
1번째	2번째	3번째	4번째	5번째	6번째	7번째	8번째

A팀 3번이 출발한 시각은 3시이므로 2번째에 순찰하였고, A팀 4번보다 일찍 간 사람은 4명이므로 A팀 4번은 5번째, B팀 1번보다 늦게 출발한 사람은 4명이므로 B팀 1번은 4번째에 순찰하였다. B팀 4번은 B팀 3번보다 늦게 출발하였지만 마지막은 아니므로 B팀 3번, B팀 4번, B팀 2번 순으로 순찰했을 것이다. 또한, B팀이 처음과 끝에 순찰하였기 때문에 B팀 3번이 1번째, B팀 2번이 8번째에 순찰하였다. A팀 1번은 A팀 중 가장 마지막으로 순찰하였고 A팀 4번과 B팀 4번은 연달아 순찰하지 않으므로 A팀 1번이 6번째, B팀 4번이 7번째에 순찰하였다.

2:20	3:00	3:40	4:20	5:00	5:40	6:20	7:00
B팀 3번	A팀 3번	A팀 2번	B팀 1번	A팀 4번	A팀 1번	B팀 4번	B팀 2번

따라서 5시 40분에 순찰한 사람은 A팀 1번이다.

12 ① 13 ③ 14 ⑤

15. 영업팀에 근무하는 김 대리, 박 과장, 최 대리, 이 주임 4명은 컴퓨터능력을 향상시키기 위하여 다음과 같이 스프레드시트 과정, 데이터베이스 과정, 포토샵 과정, 자바베이직 과정을 배운다. 주어진 조건을 보고 항상 옳은 것을 고르면?

> ㉮ 네 사람은 각각 최소 한 가지 과정, 최대 세 가지 과정을 배운다.
> ㉯ 스프레드시트 과정을 배우는 사람은 한 사람이다.
> ㉰ 데이터베이스 과정을 배우는 사람은 두 사람이다.
> ㉱ 포토샵 과정을 배우는 사람은 최소 두 명이다.
> ㉲ 자바베이직 과정을 배우는 사람은 모두 세 명이다.
> ㉳ 김 대리와 박 과장이 배우는 어떤 과정도 최 대리는 배우지 않는다.
> ㉴ 최 대리가 배우는 어떤 과정도 이 주임은 배우지 않는다.
> ㉵ 김 대리가 배우는 과정은 모두 이 주임도 배운다.
> ㉶ 이 주임이 배우는 과정 중에서 김 대리는 배우지만 박 과장은 배우지 않는 과정이 있다.

① 최 대리는 자바베이직 과정을 배운다.
② 최 대리는 스프레드시트 과정과 데이터베이스 과정을 배운다.
③ 박 과장은 포토샵 과정과 자바베이직 과정을 배운다.
④ 이 주임은 데이터베이스 과정, 포토샵 과정, 자바베이직 과정을 배운다.
⑤ 김 대리는 스프레드시트 과정, 데이터베이스 과정, 포토샵 과정을 배운다.

해설

조건 ㉳와 조건 ㉴에서 최 대리가 배우는 과정은 김 대리, 박 과장, 이 주임 모두 배우지 않는다는 것을 알 수 있다. 따라서 최 대리는 한 사람만이 배우는 스프레드시트 과정을 배워야 하고(조건 ㉯), 자바베이직 과정은 김 대리, 박 과장, 이 주임이 배운다(조건 ㉲).
조건 ㉵와 조건 ㉰, 조건 ㉶와 조건 ㉱에 의해서 김 대리와 이 주임은 데이터베이스 과정 또는 포토샵 과정을 배울 수 있다. 이를 표로 정리하면 다음과 같다.

	스프레드시트	데이터베이스	포토샵	자바베이직
김 대리		○ ×	○ ○ ×	○
박 과장		× ○	○ × ○	○
최 대리	○			
이 주임		○	○	○
인원	1명	2명	2명 이상	3명

따라서 조건에 따라 선택지 중에서 항상 옳은 것은 ④이다.

16. 그린 포럼의 일정을 조정하고 있는 A 행정관이 고려해야 할 사항들이 다음과 같을 때, 항상 옳다고 볼 수 없는 것은?

> - 포럼은 개회사, 발표, 토론, 휴식으로 구성하며, 휴식은 생략할 수 있다.
> - 포럼은 오전 9시에 시작하여 늦어도 당일 정오까지는 마쳐야 한다.
> - 개회사는 포럼 맨 처음에 10분 또는 20분으로 한다.
> - 발표는 3회까지 계획할 수 있으며, 각 발표시간은 동일하게 40분으로 하거나 동일하게 50분으로 한다.
> - 각 발표마다 토론은 10분으로 한다.
> - 휴식은 최대 2회까지 가질 수 있으며, 1회 휴식은 20분으로 한다.

① 발표를 2회 계획한다면, 휴식을 2회 가질 수 있는 방법이 있다.
② 발표를 2회 계획한다면, 오전 11시 이전에 포럼을 마칠 방법이 있다.
③ 발표를 3회 계획하더라도, 휴식을 1회 가질 수 있는 방법이 있다.
④ 각 발표를 50분으로 하더라도, 발표를 3회 가질 수 있는 방법이 있다.
⑤ 각 발표를 40분으로 하고 개회사를 20분으로 하더라도, 휴식을 2회 가질 수 있는 방법이 있다.

해설

두 번째 정보에 따라 포럼시간은 최대 180분임을 알 수 있다. 발표를 50분씩 3회 하면 발표와 토론시간은 $(50+10) \times 3 = 180$분이고, 개회사를 하게 되면 전체 포럼시간을 초과하게 된다. 따라서 각 발표를 50분으로 하였을 때, 발표를 3회 가질 수 있는 방법은 없다.

Plus 해설

① 각 발표를 40분씩 하는 경우, $10+(40+10) \times 2 = 110$분이므로 70분이 남는다. 각 발표를 50분씩 하는 경우, $10+(50+10) \times 2 = 130$분이므로 50분이 남는다. 따라서 휴식을 2회 가질 수 있는 방법이 있다.
② 휴식을 생략하면 $10+(40+10) \times 2 = 110$분이므로, 오전 9시에 포럼을 시작해서 오전 11시 이전에 포럼을 마칠 수 있는 방법이 있다.
③ $10+(40+10) \times 3 = 160$분이므로 20분이 남는다. 따라서 휴식을 1회 가질 수 있는 방법이 있다.
⑤ $20+(40+10) \times 1 = 70$분이므로 110분이 남는다. 따라서 휴식을 2회 가질 수 있는 방법이 있다.

17. 12명의 사람에게 꽃을 한 송이씩 나누어 주었다. 다음 정보를 바탕으로 하였을 때, |보기| 중 옳은 것을 모두 고르면?

- 꽃은 총 12송이로 수국, 작약, 장미, 카라 4가지였으며, 1송이 이상씩 있었다.
- 작약을 받은 사람은 카라를 받은 사람보다 적다.
- 수국을 받은 사람은 작약을 받은 사람보다 적다.
- 장미를 받은 사람은 수국을 받은 사람보다 많고, 작약을 받은 사람보다 적다.

| 보기 |

㉠ 카라를 받은 사람이 4명이라면, 수국을 받은 사람은 1명이다.
㉡ 카라와 작약을 받은 사람이 각각 5명과 4명이라면, 장미를 받은 사람은 2명이다.
㉢ 수국을 받은 사람이 2명이라면, 작약을 받은 사람은 수국을 받은 사람보다 2명 더 많다.

① ㉠　　② ㉡　　③ ㉢
④ ㉠, ㉡　　⑤ ㉡, ㉢

해설

정보를 조합하면 꽃을 받은 사람 수는 카라>작약>장미>수국 순으로 많음을 알 수 있다. 카라와 작약을 받은 사람이 각각 5명, 4명이라면, 꽃은 3송이가 남고 장미를 받은 사람이 2명, 수국을 받은 사람이 1명일 것이다. 따라서 옳은 것은 ㉡이다.

Plus 해설

㉠ 카라를 받은 사람이 4명이고 작약, 장미, 수국을 받은 사람이 각각 3명, 2명, 1명이라고 했을 때, 총합이 12송이가 되지 않는다. 따라서 틀린 설명이다.
㉢ 수국을 받은 사람이 2명이고 장미, 작약, 카라를 받은 사람이 각각 3명, 4명, 5명이라고 했을 때, 작약을 받은 사람이 수국을 받은 사람보다 2명 더 많기는 하지만 총합이 14송이가 된다. 따라서 틀린 설명이다.

18 ▶ ○○공사에 근무하는 6명의 신입사원 A, B, C, D, E, F는 서로 일정이 겹치지 않도록 휴가 일정을 정하려고 한다. |조건|이 다음과 같을 때 항상 옳은 것을 고르면?

| 조건 |
- A, B, C, D, E, F의 휴가 일정은 겹치지 않는다.
- D는 세 번째로 휴가를 간다.
- A와 D는 연달아서 휴가를 간다.
- B는 A보다 먼저 휴가를 간다.
- 네 번째로 휴가를 가는 사람은 B 또는 F이다.
- C는 D보다 늦게 휴가를 간다.
- E는 D보다 늦게 휴가를 간다.

① B가 가장 먼저 휴가를 간다.
② C가 가장 마지막으로 휴가를 간다.
③ E는 다섯 번째로 휴가를 간다.
④ F는 두 번째로 휴가를 간다.
⑤ C와 E는 연달아 휴가를 가지 않는다.

해설

두 번째 조건에 따라 세 번째로 휴가를 가는 사람은 D이다. 세 번째 조건에서 A와 D는 연달아서 휴가를 간다고 했으므로 A는 두 번째나 네 번째로 휴가를 가야 한다. 하지만 다섯 번째 조건에서 네 번째로 휴가를 가는 사람은 B 또는 F라고 했으므로, A는 두 번째로 휴가를 가게 된다. 네 번째 조건에서 B는 A보다 먼저 휴가를 간다고 했으므로 B는 첫 번째로 휴가를 가게 되고, B가 첫 번째로 휴가를 가므로 네 번째로 휴가를 가는 사람은 F이다. C와 E는 D보다 늦게 휴가를 간다고 했으므로, 다섯 번째나 여섯 번째로 휴가를 가게 된다.

첫 번째	두 번째	세 번째	네 번째	다섯 번째	여섯 번째
B	A	D	F	C/E	E/C

따라서 항상 옳은 것은 ①이다.

19. A, B, C, D, E가 키를 측정한 후 키가 큰 순서대로 나란히 서 있다. 측정을 도와준 네 사람이 다음과 같이 진술했다고 할 때, 두 번째로 키가 큰 사람은 누구인가?

> 갑 : E는 A와 D 사이에 서 있다.
> 을 : A는 B와 C 사이에 서 있다.
> 병 : D는 키가 제일 작지 않다.
> 정 : A와 E는 바로 옆에 서 있지 않다.

① A　　　② B　　　③ C　　　④ D　　　⑤ E

해설

각각의 진술을 간략하게 나타내면 다음과 같다.
갑 · 정 → A−( )−E−D 또는 D−E−( )−A
+을 → B(C)−A−C(B)−E−D 또는 D−E−B(C)−A−C(B)
+병 → D−E−B(C)−A−C(B)
따라서 두 번째로 키가 큰 사람은 E이다.

20. A, B, C, D, E 다섯 약국은 공휴일마다 2지점씩만 영업을 한다. 알려진 사실이 다음과 같을 때 항상 옳은 것은? (단, 한 달간 각 약국의 공휴일 영업일수는 같다.)

> - 이번 달 공휴일은 총 5일이다.
> - 오늘은 세 번째 공휴일이며 A약국, C약국이 영업을 한다.
> - D약국은 오늘을 포함하여 이번 달에는 더 이상 공휴일에 영업을 하지 않는다.
> - E약국은 마지막 공휴일에 영업을 한다.
> - A약국과 E약국은 이번 달에 한 번씩 D약국과 영업을 했다.

① A약국은 이번 달에 두 번의 공휴일을 연달아 영업한다.
② 이번 달에 B약국, E약국이 함께 영업하는 공휴일은 없다.
③ B약국은 두 번째, 네 번째 공휴일에 영업을 한다.
④ 네 번째 공휴일에 영업하는 약국은 B약국과 C약국이다.
⑤ E약국은 첫 번째, 다섯 번째 공휴일에 영업을 한다.

한 달간 각 약국의 공휴일 영업일수가 같으므로 5일의 공휴일 동안 각각 두 번씩 영업한다. 세 번째 공휴일인 오늘은 A약국, C약국이 영업을 하며 D약국은 오늘을 포함하여 이번 달에는 더 이상 공휴일 영업을 하지 않는다고 하였으므로 이미 두 번 영업을 했다고 할 수 있다. A약국과 E약국이 D약국이 영업할 때 함께 영업을 했고, E약국은 마지막 공휴일에 영업을 한다고 했으므로 표로 나타내면 다음과 같다.

첫 번째 공휴일	D약국, A(E)약국
두 번째 공휴일	D약국, E(A)약국
세 번째 공휴일	A약국, C약국
네 번째 공휴일	
다섯 번째 공휴일	E약국

그러므로 한 번도 영업하지 않은 B약국이 남은 공휴일에 모두 영업을 하고, 한 번 영업한 C약국이 네 번째 공휴일에 영업을 한다.

첫 번째 공휴일	D약국, A(E)약국
두 번째 공휴일	D약국, E(A)약국
세 번째 공휴일	A약국, C약국
네 번째 공휴일	B약국, C약국
다섯 번째 공휴일	E약국, B약국

따라서 항상 옳은 것은 ④이다.

Plus 해설
① A약국은 이번 달에 공휴일 영업을 두 번 연달아 했을 수도 있고 그렇지 않을 수도 있다.
② 이번 달에 B약국과 E약국이 함께 영업하는 공휴일은 다섯 번째 공휴일이다.
③ B약국은 네 번째, 다섯 번째 공휴일에 영업을 한다.
⑤ E약국은 첫 번째, 다섯 번째 공휴일 또는 두 번째, 다섯 번째 공휴일에 영업을 한다.

19 ⑤ 20 ④

Chapter 05 공간지각력 기본 이론 학습

① 도형 개수

1) 평면도형 개수 세기 : 삼각형 또는 사각형의 개수를 세는 문제

Tips
1. 한 변의 길이가 가장 작은 것부터 센다.
2. 도형을 중복해서 세지 않도록 주의한다.

예제 1

다음 그림에서 만들 수 있는 크고 작은 사각형을 모두 구하면 몇 개인가?

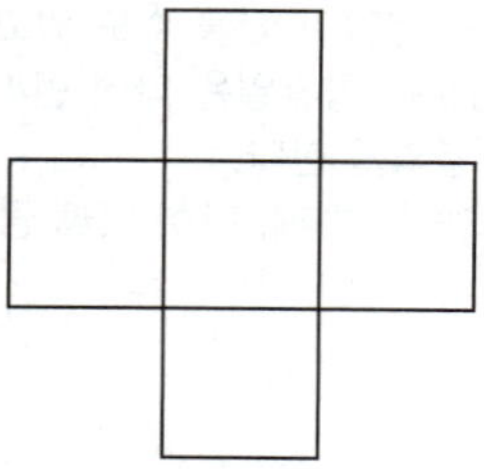

① 7개　　　② 9개　　　③ 11개　　　④ 13개

해설

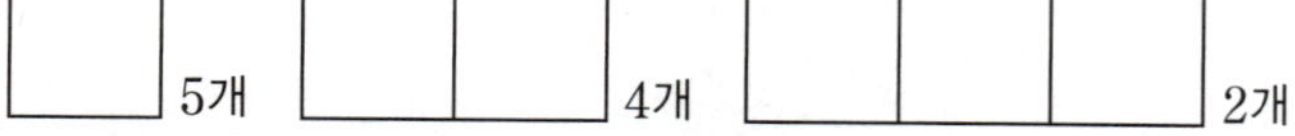

5개　　4개　　2개

따라서 크고 작은 사각형은 모두 11개이다.

정답 ③

2) 입체도형(블록) 개수 세기 : 가로, 세로, 높이가 있는 3차원 도형의 개수를 세는 문제

 Tips

1. 주어진 그림에서 보이지 않는 숨어 있는 도형의 면을 파악한다.
2. 접촉하고 있는 면을 셀 때는 좌→우, 상→하, 전→후의 일정한 기준과 순서에 따라 개수를 세는 것이 효율적이다.
3. 도형의 면을 정확히 구분하는 것이 중요하다.

예제 2

다음과 같이 쌓여 있는 블록의 개수를 구하면?

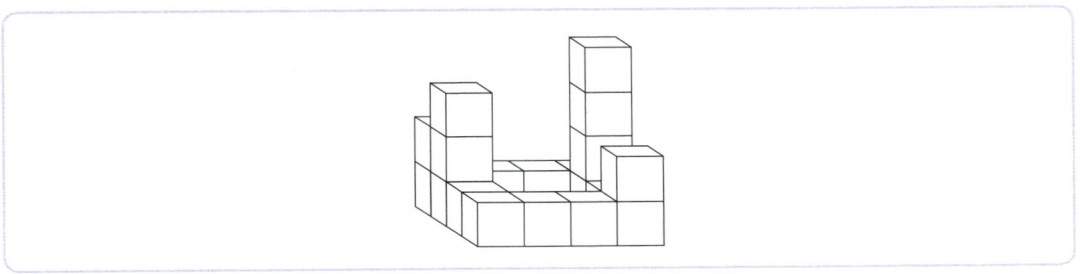

① 16개   ② 17개   ③ 18개   ④ 19개

1층에 있는 블록은 12개이고 2층에 있는 블록은 4개, 3~4층에 있는 블록은 2+1=3개이다. 따라서 블록의 개수는 총 12+4+3 = 19개이다.

정답 ④

❷ 도형 회전

1) 도형 회전 : 제시된 도형이 시계 방향이나 반시계 방향으로 회전하는 규칙

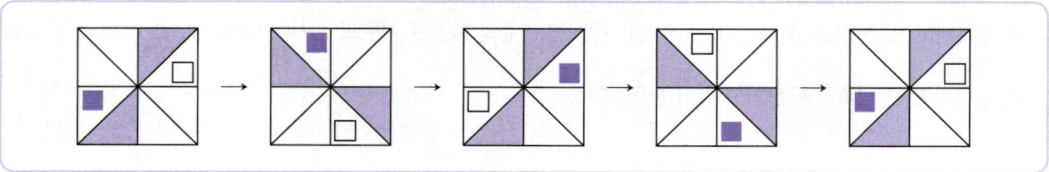

→ 제시된 도형이 시계 방향으로 90°씩 회전하고 있다.

2) 내부 도형 회전 : 제시된 도형의 내부 도형이 시계 방향이나 반시계 방향으로 회전하는 규칙

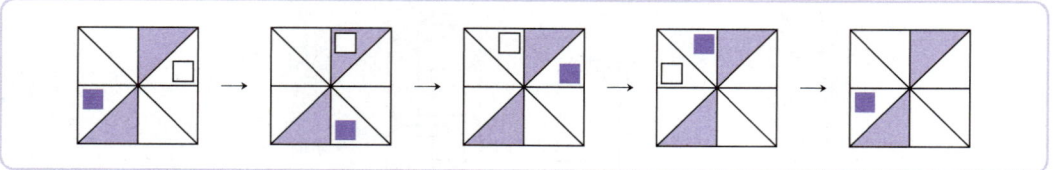

→ 제시된 도형의 내부 도형 중 □은 반시계 방향으로 한 칸씩, ■은 두 칸씩 움직이고 있다.

3) 대칭 · 반전 : 제시된 도형이 좌·우나 상·하로 대칭하며 회전하는 규칙

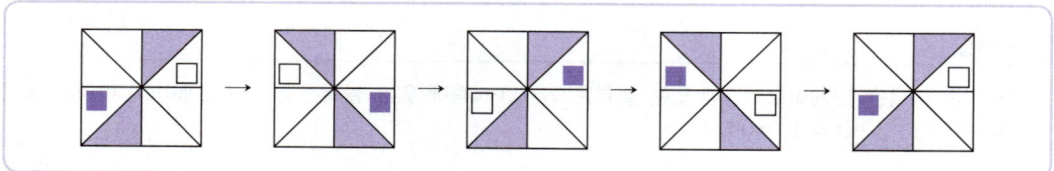

→ 제시된 도형은 좌우대칭, 상하대칭을 반복하고 있다.

4) 색 반전 : 제시된 도형이나 내부 도형의 색이 반전하는 규칙

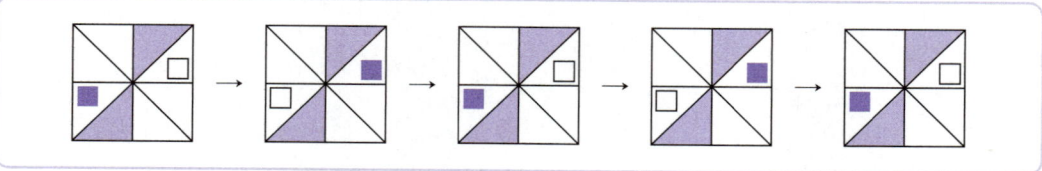

→ 제시된 도형의 내부 도형의 색깔이 반전하고 있다.

5) 선 삭제·합체 : 제시된 도형의 선 일부를 삭제하거나 합치는 규칙

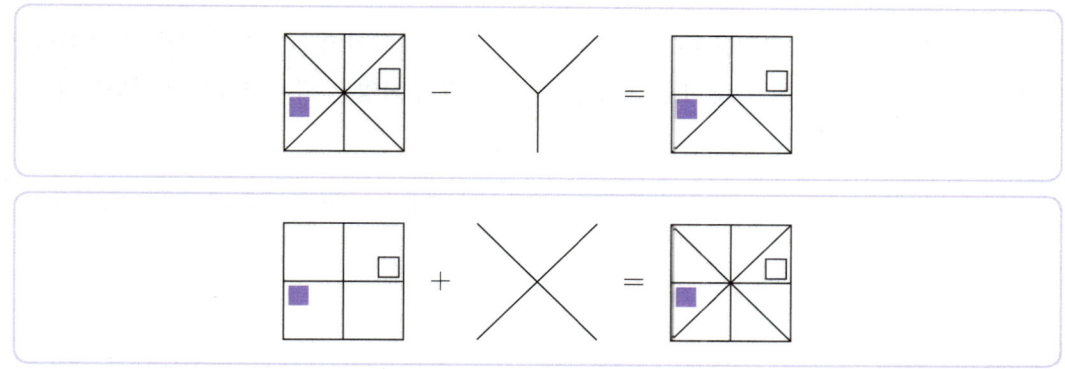

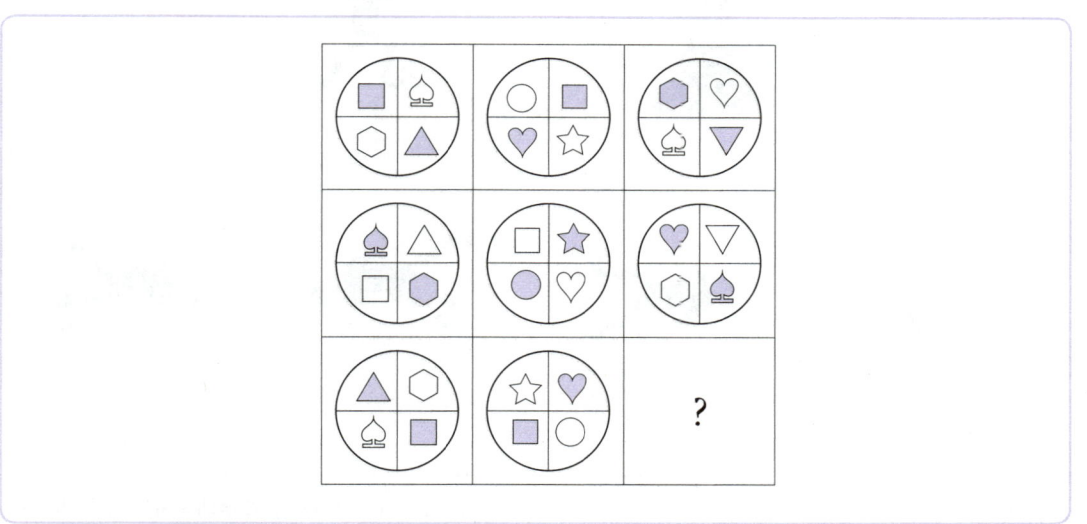

예제 3

다음 도형 변화의 규칙을 찾아 ?에 들어갈 알맞은 그림을 고르면?

① 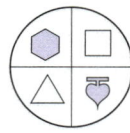 ② 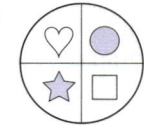 ③ 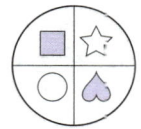 ④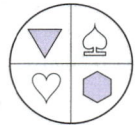

해설

세로 줄을 기준으로 동그라미 안의 작은 도형들의 색이 번갈아 바뀌고 있고, 가로줄을 기준으로 반시계 방향으로 한 칸씩 움직이고 있다. 따라서 ?에 들어갈 알맞은 그림은 ④이다.

정답 ④

❸ 거울에 비친 모양이나 도장을 찍었을 때의 모양

1) **문제 유형** : 주어진 그림을 대칭하여 회전시킨 후 일치하지 않는 모양을 찾는 문제이다. 이러한 문제는 거울에 비친 상 또는 도장을 찍었을 때의 모양은 좌우대칭되어 나타난다는 것이 중요하다.

2) **문제 풀이** : 거울에 비쳤을 때 모양이 변하지 않는 형태나 특징적인 부분을 표시해둔다.

예제 4

다음과 같은 도장을 빈 종이에 찍었을 때 나올 수 없는 모양은?

① 　② 　③ 　④

해설

도장을 찍으면 도장 내 이미지는 좌우대칭으로 나타난다. 따라서 도장 내 이미지를 좌우대칭하지 않은 채 왼쪽으로 90° 회전시킨 보기 ④의 모양은 나올 수 없다.
① : 제시된 이미지를 좌우대칭한 후 180° 회전시킨 모양이다.
② : 제시된 이미지를 좌우대칭한 후 왼쪽으로 90° 회전시킨 모양이다.
③ : 제시된 이미지를 좌우대칭한 후 오른쪽으로 90° 회전시킨 모양이다.

정답 ④

④ 다면체

다각형(삼각형, 사각형, 오각형, …)인 면으로만 둘러싸인 입체도형이다.

1) 정다면체 : 모든 면이 합동인 정다각형이고, 각 꼭짓점에 모인 면의 개수가 모두 같은 다면체

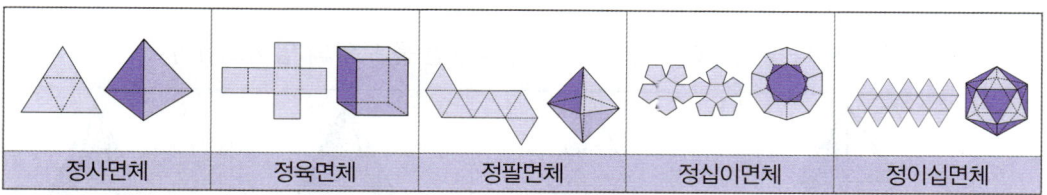

Tips

정다면체는 정4면체, 정6면체, 정8면체, 정12면체, 정20면체 총 5가지이다.

구별하기

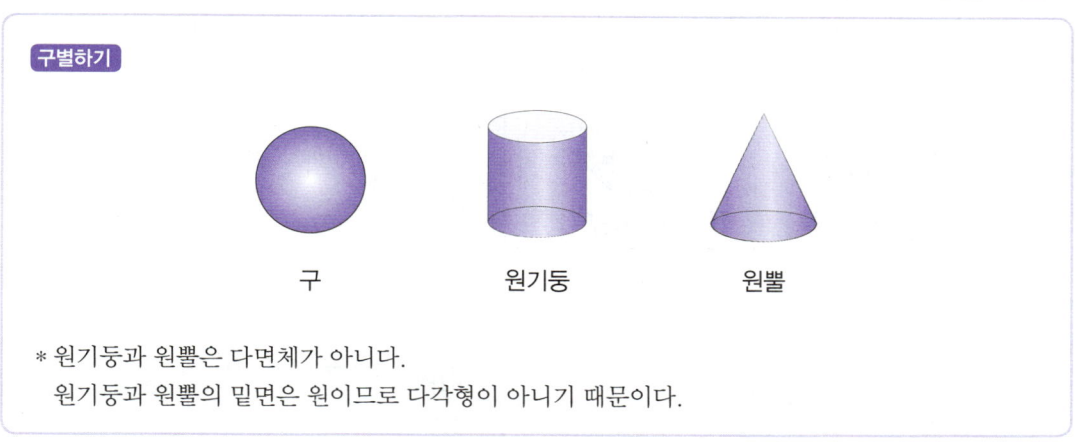

* 원기둥과 원뿔은 다면체가 아니다.
  원기둥과 원뿔의 밑면은 원이므로 다각형이 아니기 때문이다.

2) 각기둥 · 각뿔 · 각뿔대

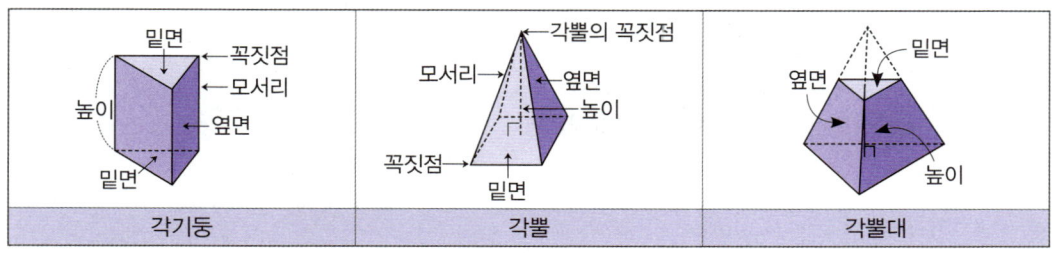

(1) **각기둥** : 위와 아래에 있는 면이 서로 평행이고 합동인 다각형으로 이루어진 입체도형이다.

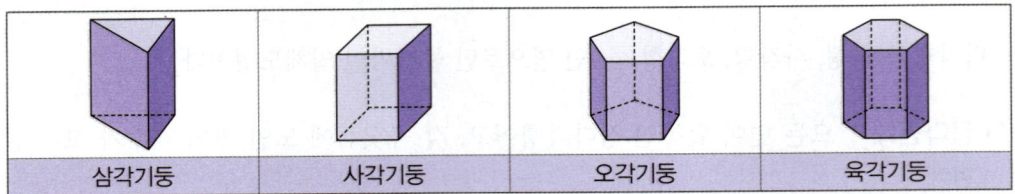

| 삼각기둥 | 사각기둥 | 오각기둥 | 육각기둥 |

(2) **각뿔** : 밑면이 다각형이고, 옆면은 모두 삼각형인 뿔 모양의 입체도형이다.

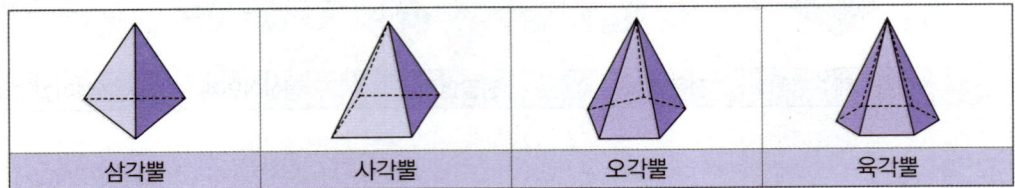

| 삼각뿔 | 사각뿔 | 오각뿔 | 육각뿔 |

(3) **각뿔대** : 각뿔을 밑면에 평행인 평면으로 잘랐을 때 생기는 입체도형 중 각뿔이 아닌 도형으로, 각뿔대의 두 밑면의 크기는 다르고, 옆면의 모양은 사다리꼴이다.

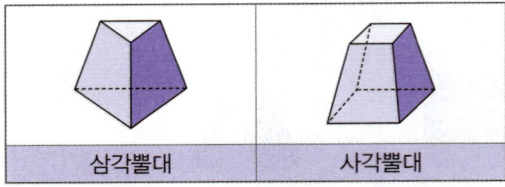

| 삼각뿔대 | 사각뿔대 |

(4) **특징**

구분	n각기둥	n각뿔	n각뿔대
면의 수	$n+2$	$n+1$	$n+2$
꼭짓점의 수	$2n$	$n+1$	$2n$
모서리의 수	$3n$	$2n$	$3n$

> **예** 사각기둥의 면의 수 : $4+2=6$(개)
> 꼭짓점의 수 : $2\times 4=8$(개)
> 모서리의 수 : $3\times 4=12$(개)

예제 5

다음 입체도형의 모서리는 모두 몇 개인가?

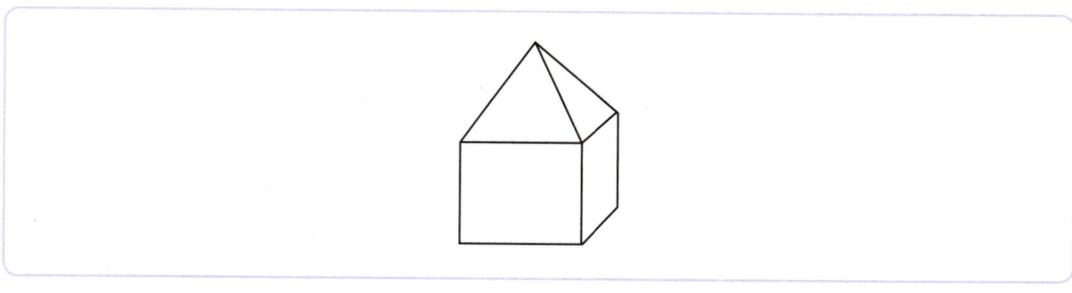

① 9개　　　② 12개　　　③ 16개　　　④ 20개

해설

각기둥이나 각뿔의 모서리는 직선이다.
각기둥의 모서리 수를 구하는 공식은 '밑면 변의 수×3'이다. 따라서 사각기둥 모서리 수는 4×3=12이다.
각뿔의 모서리 수를 구하는 공식은 '밑면 변의 수×2'이므로, 사각뿔 도서리 수는 4×2=8이다.
사각기둥과 사각뿔의 모서리 수를 더한 12+8=20에서 위 입체 도형의 겹쳐지는 부분의 모서리 수 4를 빼면 제시된 도형의 모서리 수는 총 16개이다.

정답 ③

⑤ 전개도

입체도형을 펼쳐서 평면에 나타낸 그림이다.

Tips

1. 서로 마주 보는 면은 합동이 되도록 나타낸다.
2. 접히는 부분은 점선으로, 나머지 부분은 실선으로 나타낸다.
3. 같은 입체도형이라도 전개도의 모양이 다를 수 있다.

1) 정사면체 전개도 : 정사면체의 전개도는 두 가지이며, 평행 관계에 위치한 면은 없다.

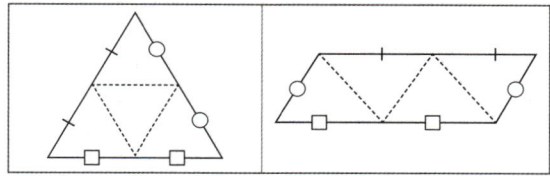

2) 정육면체 전개도 : 정육면체의 전개도는 11가지이며, 대개 상단 1면 · 중단 4면 · 하단 1면의 구조가 되면 정육면체의 전개도가 성립한다.

(1) 전개도의 인접하는 면

① 90°를 이루는 변은 겹쳐진다.
② 90°를 이루는 변의 이웃한 변은 겹쳐진다.
③ 인접하는 면의 이웃한 변으로 면을 이동시킬 수 있다.

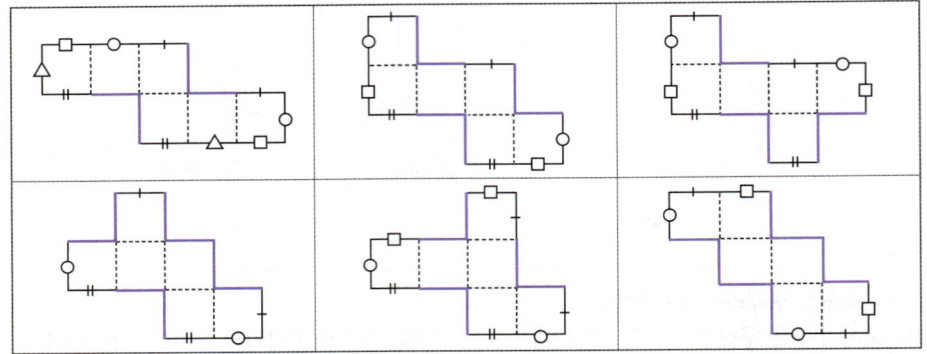

(2) 전개도의 변형(면의 이동)

① 인접하는 면의 방향으로 회전하며 이동한다.

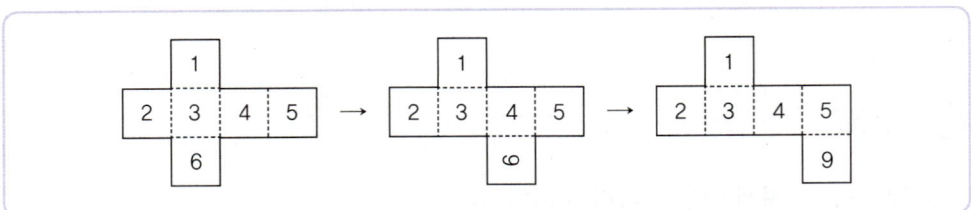

② 여러 개를 한꺼번에 이동할 수 있다.

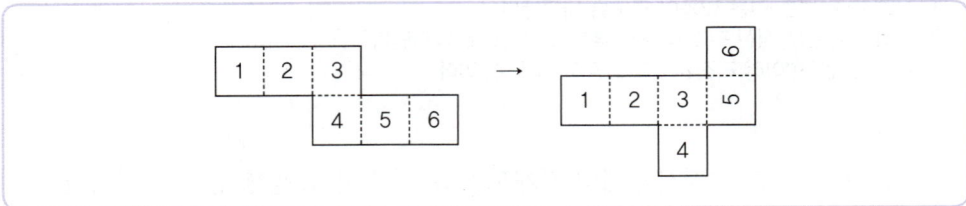

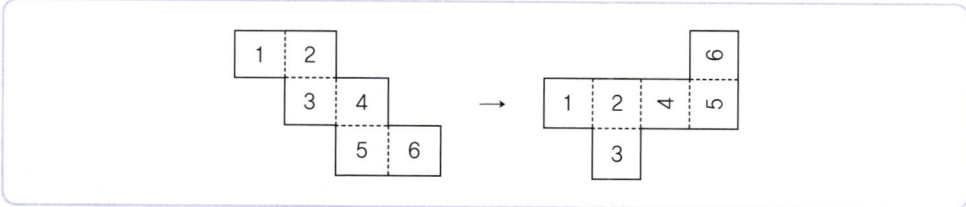

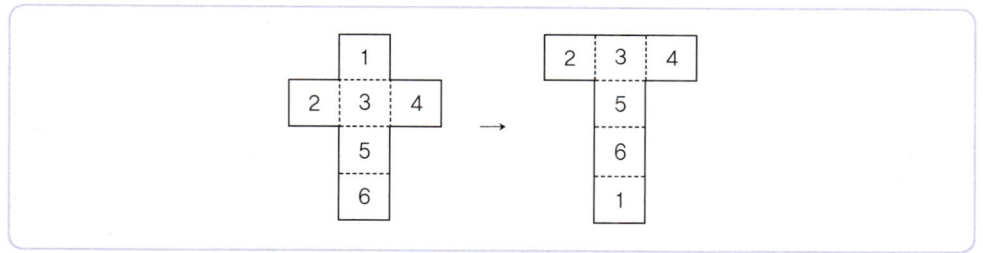

③ 4칸이 이어진 전개도의 경우, 같은 형태 그대로 이동할 수 있다.

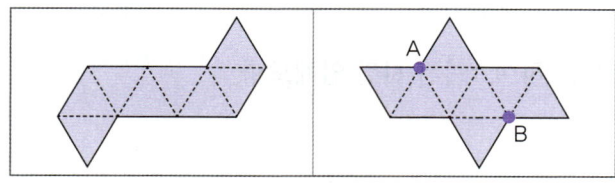

3) 정팔면체 전개도 : 정팔면체의 전개도는 상단 1면·중단 6면(△와 ▽을 번갈아 배열)·하단 1면의 구조가 되거나, 꼭짓점 A와 B를 중심으로 4개의 정삼각형이 모이게 된다.

예제 6

다음 전개도를 접었을 때 나올 수 있는 입체도형을 고르면?

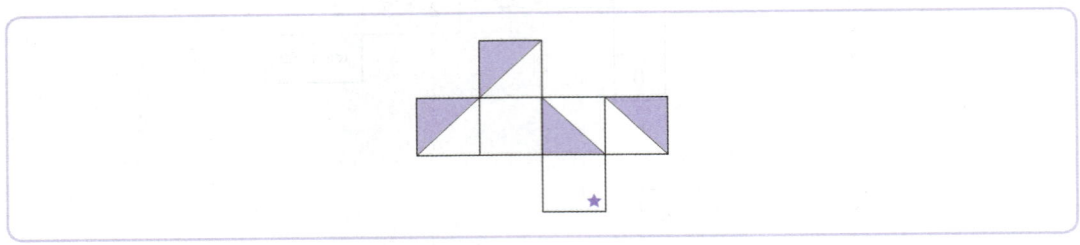

① 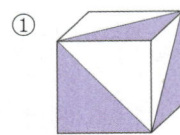　② 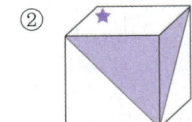　③ 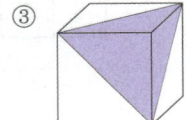　④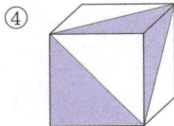

 해설

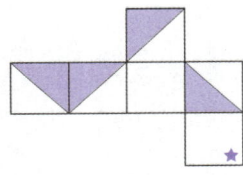

오른쪽 한 면을 왼쪽으로 옮기면 세 면이 만나는 부분을 파악할 수 있다. 따라서 정답은 ③이다.

정답 ③

6 회전체와 절단면

1) 회전체 : 평면도형의 한 직선을 축으로 하여 1회전 시킨 입체도형

(1) 원기둥

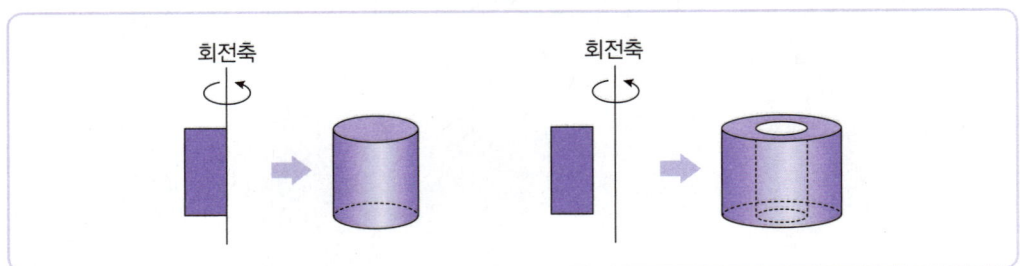

(2) 원뿔

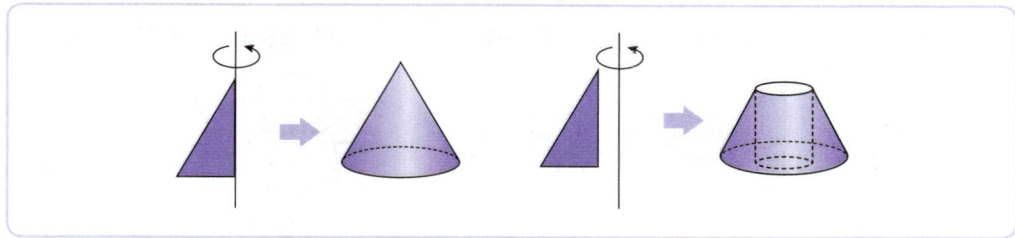

(3) 원뿔대

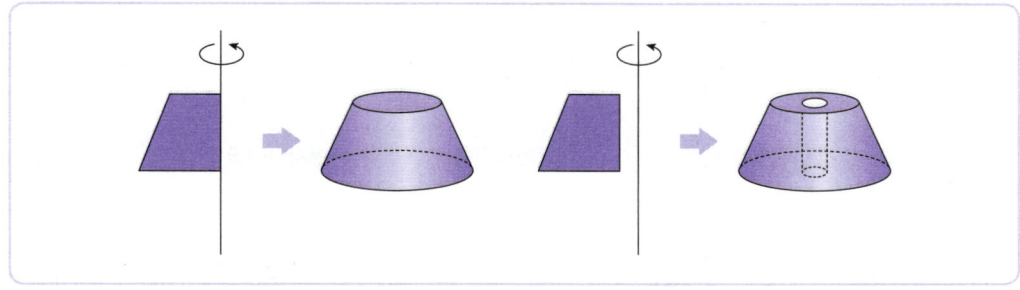

(4) 구

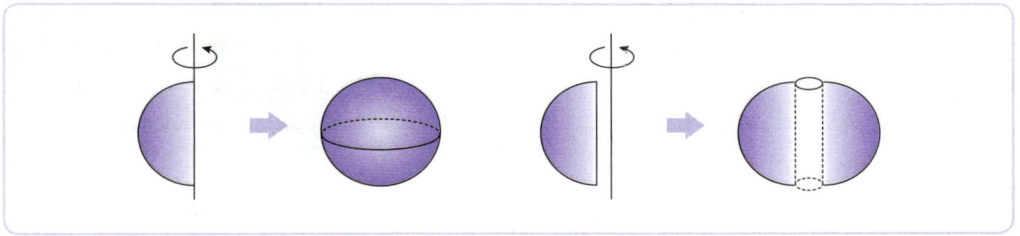

Tips

축으로 사용한 직선을 '회전축'이라고 한다. 회전축이 평면도형과 떨어져 있는 경우에는 속이 비어 있는 회전체가 되며, 회전체는 반드시 원을 포함하고 있다.

2) 절단면 : 회전체를 평면으로 잘랐을 때 생기는 도형의 단면

구분	(1) 원기둥	(2) 원뿔	(3) 원뿔대	(4) 구
회전축에 수직인 평면으로 자르기	원	원	원	원
회전축을 포함한 평면으로 자르기	직사각형	이등변삼각형	등변사다리꼴	원
그 외 여러 가지 방향으로 자르기				
속이 비어 있는 회전체의 단면				

 Tips

같은 회전체라도 자르는 방향에 따라 단면의 모양이 달라진다. 회전축에 수직인 평면으로 자른 단면은 항상 원이다.

예제 7

다음 정사각뿔을 평면으로 한 번 잘랐을 때 나올 수 없는 단면은?

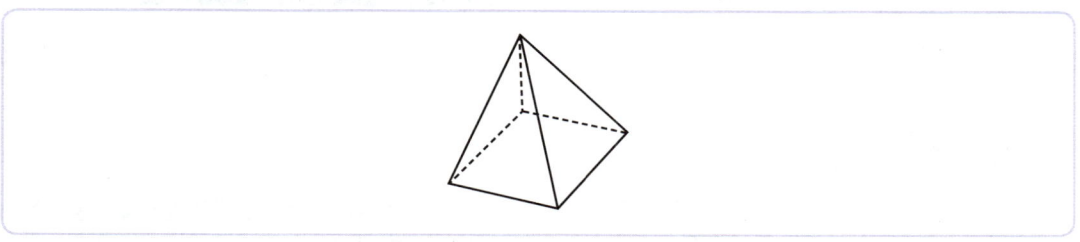

①    ②    ③ 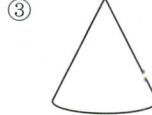   ④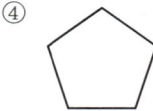

해설

n각뿔을 잘랐을 때 나올 수 있는 최대 단면은 (n+1)각형이다.
정사각뿔은 4+1=5이므로 모든 면을 지나도록 자른 단면은 5각형이 된다. 따라서 위 정사각뿔을 평면으로 한 번 잘랐을 때 삼각형, 사각형, 오각형이 나올 수 있다.

Plus 해설

다음과 같이 정사각뿔의 높이를 다르게 자르면 ①과 같은 사다리꼴이 나온다.

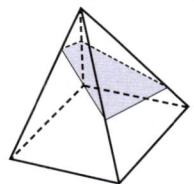

정답 ③

Tips

다면체를 평면으로 잘랐을 때 나올 수 있는 단면의 최대 개수
1. n각기둥을 잘랐을 때 나올 수 있는 최대 단면은 (n+2)각형이다.
2. n각뿔을 잘랐을 때 나올 수 있는 최대 단면은 (n+1)각형이다.
예 사각기둥을 평면으로 자르면 삼각형, 사각형, 오각형, 육각형의 단면이 나올 수 있다.

Chapter 05 공간지각력 실전 연습 문제

출제 포인트!

공간지각력은 지각속도, 도형추리, 그림유추, 종이접기, 블록, 전개도 등의 유형으로 구성된다. 문자나 도형 등을 얼마나 빠르게 지각할 수 있는지, 도형의 규칙을 찾아 도형의 모양을 예상할 수 있는지, 쌓여 있는 블록의 개수를 유추해낼 수 있는지, 입체 도형과 전개도의 관계를 파악할 수 있는지 등을 확인하는 문제들이 출제되고 있다.
최대한 빠른 시간 내에 문제를 푸는 것이 중요하며, 정답이 아닌 선택지를 하나씩 제거해나가며 푸는 것이 도움이 된다. 여러 유형의 문제를 반복적으로 풀어보며 문제 풀이 시간을 단축해 보도록 한다.

01 지각속도

[01~05] 다음 제시된 문자와 같은 것의 개수를 구하시오.

01 ▶ 하구

소구	가구	오구	배구	치구	소구	배구	체구	나구	미구	소구	다구
치구	호구	자구	다구	명구	마구	가구	다구	미구	자구	체구	나구
가구	배구	명구	소구	미구	배구	마구	자구	소구	오구	마구	하구
미구	마구	치구	하구	가구	자구	명구	오구	배구	호구	자구	명구

① 1개   ② 2개   ③ 3개   ④ 4개   ⑤ 5개

해설

소구	가구	오구	배구	치구	소구	배구	체구	나구	미구	소구	다구
치구	호구	자구	다구	명구	마구	가구	다구	미구	자구	체구	나구
가구	배구	명구	소구	미구	배구	마구	자구	소구	오구	마구	하구
미구	마구	치구	하구	가구	자구	명구	오구	배구	호구	자구	명구

 **지각속도 풀이비법**

1. 비슷한 글자와 혼동하지 않도록 손가락으로 짚어가며 푼다.
2. 많은 글자가 있는 가로 열보다는 적은 글자가 있는 세로 열 기준으로 확인하는 것이 시간 단축에 도움이 될 수 있다.

02 > 차 타

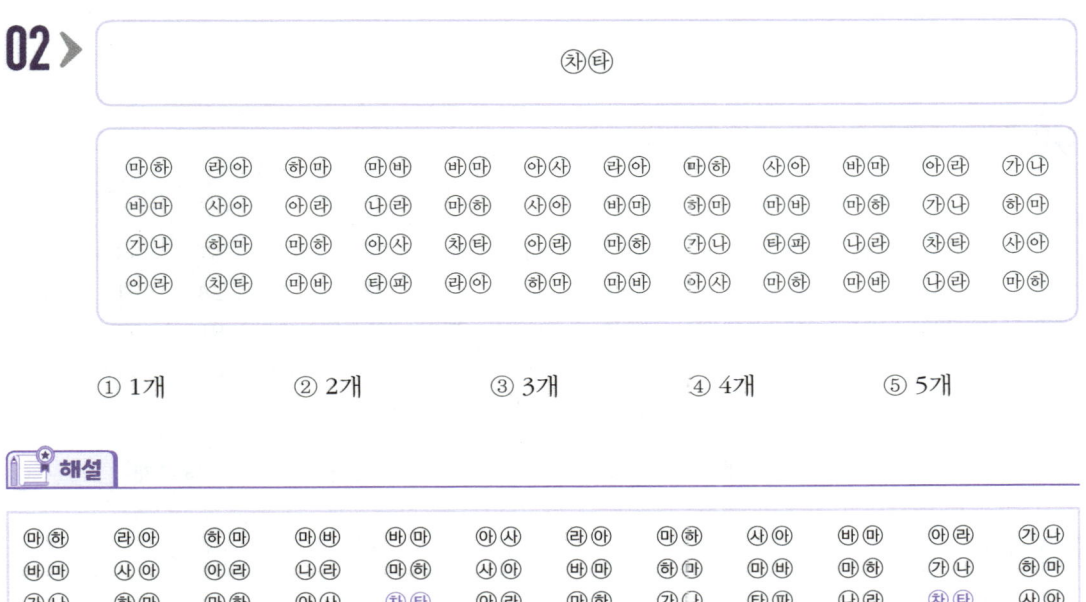

① 1개　② 2개　③ 3개　④ 4개　⑤ 5개

03 > 찱

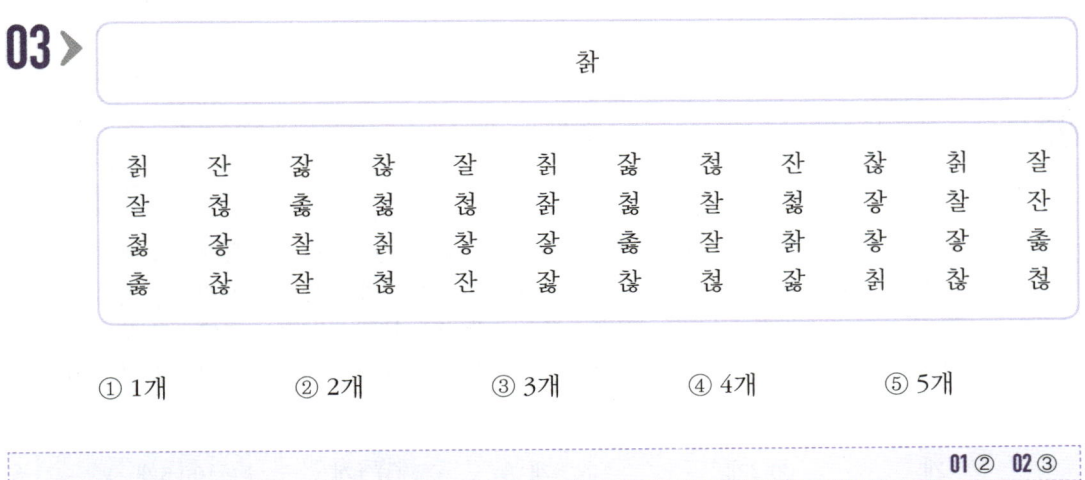

① 1개　② 2개　③ 3개　④ 4개　⑤ 5개

01 ②　02 ③

해설

| 취 잘 철 춤 | 잔 철 쟝 찰 | 잛 춤 찰 챵 | 찰 철 취 잘 | 잘 철 챵 잔 | 취 **찱** 쟝 쟝 | 잛 철 춤 찰 | 철 찰 잘 철 | 잔 철 **찱** 쟝 | 찰 쟝 챵 취 | 취 찰 쟝 챵 | 잘 잔 춤 철 |

04

88

84	28	37	87	07	48	38	29	07	87	38	37
48	07	23	91	88	84	91	28	23	28	84	28
29	23	38	29	37	28	87	88	84	91	07	48
91	38	87	28	84	48	23	07	38	29	23	87

① 1개 ② 2개 ③ 3개 ④ 4개 ⑤ 5개

해설

84	28	37	87	07	48	38	29	07	87	38	37
48	07	23	91	<u>88</u>	84	91	28	23	28	84	28
29	23	38	29	37	28	87	<u>88</u>	84	91	07	48
91	38	87	28	84	48	23	07	38	29	23	87

05

許樂

懇肝	苟甘	鑑疳	迦苟	甘懇	迦助	迦苟	鑑疳	肝曷	曷迦	奸癎	許樂
迦苟	苟柬	肝曷	曷角	懇肝	幹奴	苟柬	苟甘	懇肝	幹奴	曷角	迦助
鑑疳	迦助	苟柬	甘懇	鑑疳	肝曷	迦苟	甘懇	苟柬	鑑疳	迦苟	苟柬
許樂	甘懇	幹奴	奸癎	許樂	苟甘	曷角	肝曷	曷迦	迦苟	懇肝	甘懇

① 1개 ② 2개 ③ 3개 ④ 4개 ⑤ 5개

해설

| 懇肝迦苟鑑疳**許樂** | 苟甘苟柬迦助甘懇 | 鑑疳肝曷苟柬幹奴 | 迦苟肝曷曷角甘懇 | 甘懇懇肝鑑疳奸癎 | 迦助幹奴肝曷**許樂** | 迦苟苟柬迦苟曷角 | 鑑疳苟甘甘懇肝曷 | 肝曷懇肝苟柬曷迦 | 曷迦幹奴鑑疳迦苟 | 奸癎曷角迦苟懇肝 | **許樂**迦助苟柬甘懇 |

[06~10] 다음 표에 제시되지 않은 문자 또는 도형을 고르시오.

06

| 거도너츠 | 효고마츄 | 초다지툐 | 진보두야 | 지듀드요 | 제처디어 | 조호도초 | 샤쿄채슈 | 네버페수 | 겨표셔투 | 노포비터 | 냐게래보 |

① 쿄　② 효　③ 포　④ 예　⑤ 처

해설

| 거도너츠 | <u>효</u>고마츄 | 초다지툐 | 진보두야 | 지듀드요 | 제<u>처</u>디어 | 조호도초 | 샤<u>쿄</u>채슈 | 네버페수 | 겨표셔투 | 노<u>포</u>비터 | 냐게래보 |

쿨팁 COOL TIP 시간 단축이 생명인 지각속도 풀이비법

1. 선택지 ①~⑤에 표기된 문자 중심으로 박스 안에 있는 문자들을 비교하며 답이 되지 않는 선택지는 바로바로 지워가면서 푼다.
2. 동그라미, 세모, 사선 등 자신만의 기호로 확실하게 표시하면서 푸는 요령도 익히도록 한다.

03 ②　04 ②　05 ③　06 ④

07

시기	재기	안기	보기	수기	야기	가기	용기	축기	차기	사기	서기
앙기	속기	삼기	족기	배기	공기	마기	영기	자기	미기	망기	농기
잔기	방기	달기	해기	중기	하기	혼기	오기	삼기	종기	세기	선기
고기	나기	항기	출기	송기	호기	지기	피기	한기	상기	빙기	주기

① 경기   ② 송기   ③ 종기   ④ 속기   ⑤ 농기

해설

시기	재기	안기	보기	수기	야기	가기	용기	축기	차기	사기	서기
앙기	**속기**	삼기	족기	배기	공기	마기	영기	자기	미기	망기	**농기**
잔기	방기	달기	해기	중기	하기	혼기	오기	삼기	**종기**	세기	선기
고기	나기	항기	출기	**송기**	호기	지기	피기	한기	상기	빙기	주기

08

① ∞   ② ◐   ③ ♪   ④ $ ⑤ ■

09

머지	머자	묘치	며지	머자	머지	먀지	머자	며지	미지	며초	머지
머자	미자	머지	머피	뮤지	며초	미지	뮤자	뮤지	머자	머자	무지
뮤지	먀지	미지	머지	며초	머피	머자	미지	먀지	머지	머자	며지
며지	며추	므지	미지	머피	며지	머피	모지	머자	머지	먀지	뮤지

① 무지 ② 마자 ③ 묘치 ④ 모지 ⑤ 므지

해설

머지	머자	**묘치**	며지	머자	머지	먀지	머자	며지	미지	며초	머지
머자	미자	머지	머피	뮤지	며초	미지	뮤자	뮤지	머자	머자	**무지**
뮤지	먀지	미지	머지	며초	머피	머자	미지	먀지	머지	머자	며지
며지	며추	**므지**	미지	머피	며지	머피	**모지**	머자	머지	먀지	뮤지

10

218	849	249	387	808	213	102	348	876	808	117	328
615	632	883	102	339	119	357	321	244	532	114	348
215	618	420	255	880	392	344	802	244	436	329	714
323	394	234	505	296	808	213	115	223	503	548	244

① 883 ② 420 ③ 296 ④ 119 ⑤ 931

해설

218	849	249	387	808	213	102	348	876	808	117	328
615	632	**883**	102	339	**119**	357	321	244	532	114	348
215	618	**420**	255	880	392	344	802	244	436	329	714
323	394	234	505	**296**	808	213	115	223	503	548	244

07 ① 08 ① 09 ② 10 ⑤

[11~17] 다음 제시된 좌우의 문자 또는 도형 중 다른 것의 개수를 구하시오.

11 ▶ (ㅊ) (ㅂ) (ㅍ) (ㅁ) (ㅂ) (ㅈ) (ㅊ) (ㅋ) — (ㅁ) (ㅂ) (ㅍ) (ㅂ) (ㅁ) (ㅈ) (ㄴ) (ㅁ)

① 1개　　② 2개　　③ 3개　　④ 4개　　⑤ 5개

해설

(ㅊ) (ㅂ) (ㅍ) (ㅁ) (ㅂ) (ㅈ) (ㅊ) (ㅋ) — (ㅁ) (ㅂ) (ㅍ) (ㅂ) (ㅁ) (ㅈ) (ㄴ) (ㅁ)

12 ▶ 4824970893143 — 3829470839134

① 3개　　② 4개　　③ 5개　　④ 6개　　⑤ 7개

해설

4824970893143 — 3829470839134

13 ▶ ◐◑●◑◐● — ◐●◑◐◑●

① 1개　　② 2개　　③ 3개　　④ 4개　　⑤ 5개

해설

◐◑●◑◐● — ◐●◑◐◑●

14 ▶ ↗↓↘↓↑↖ — ↔↗↘↓↑↓

① 3개　　② 4개　　③ 5개　　④ 6개　　⑤ 7개

해설

↙↓↘↓↓↑ - →↗←↘↑↑↓

15 ↶↷↶⌒↗↷↶ - ↶↷↷↗↷↶⌒

① 3개 ② 4개 ③ 5개 ④ 6개 ⑤ 7개

해설

↶↷↶⌒↗↷↶ - ↶↷↷↗↷↶⌒

16 ↖⇔↙⇓↓⇒⇕↓ - ↖⇔⇓↓⇒⇕↗

① 2개 ② 3개 ③ 4개 ④ 5개 ⑤ 6개

해설

↖⇔↙⇓↓⇒⇕↓ - ↖⇔⇓↓⇒⇕↗

17 ↦↵↔→⇁↵⇂↶ - ↕↔↵→⇁↵↔↵

① 2개 ② 3개 ③ 4개 ④ 5개 ⑤ 6개

해설

↦↵↔→⇁↵⇂↶ - ↕↔↵→⇁↵↔↵

11 ⑤ 12 ⑤ 13 ④ 14 ④ 15 ④ 16 ② 17 ⑤

[18~20] 다음 문자배열의 좌우 양쪽을 비교하여 서로 다른 것을 고르시오.

18 ① ㉮㉯㉰㉱㉲㉳㉴㉵㉶ — ㉮㉯㉰㉱㉲㉳㉴㉵㉶
② ◆■◉♥♤♣◆▶◁ — ◆■◉♥♣♣◆◀◁
③ PRQNVCTYEWQP — PRQNVCTYEWQP
④ (ㅇ)(ㅍ)(ㅎ)(ㄷ)(ㅈ)(ㅂ)(ㄴ)(ㄱ)(ㅁ) — (ㅇ)(ㅍ)(ㅎ)(ㄷ)(ㅈ)(ㅂ)(ㄴ)(ㄱ)(ㅁ)
⑤ boasrccdkkstwory — boasrccdkkstwory

해설

② ◆■◉♥♤♣◆▶◁ — ◆■◉♥♣♣◆◀◁

19 ① 가교구겨갸고그갸기 — 가교구겨갸고구갸기
② 13978824533271 — 13978824533271
③ 다보지사아교나러쿠 — 다보지사아교나러쿠
④ ㄹㅂㅇㅍㄱㄱㅌㅎㄷ — ㄹㅂㅇㅍㄱㄱㅌㅎㄷ
⑤ UywEbBNmksTZaa — UywEbBNmksTZaa

해설

① 가교구겨갸고<u>그</u>갸기 — 가교구겨갸고<u>구</u>갸기

20 ① ⓣⓦⓩⓟⓝⓒⓒⓔⓔ — ⓣⓦⓩⓟⓝⓒⓒⓔⓔ
② ★§▼◆◎○○◇우☆■ — ★§▼◆◎○◇우☆■
③ 강선27공3칠9상6합 — 강선27공3칠9상6합
④ ♪◐◉▷♠♤♬¶◁△◎ — ♪◐◉▷♠♤♬¶◁△◎
⑤ 신탕편좌친고경검강 — 신탕편좌천고경건강

해설

⑤ 신탕편좌<u>친</u>고경<u>검</u>강 — 신탕편좌<u>천</u>고경<u>건</u>강

[21~23] 제시된 문자 및 숫자, 기호를 오른쪽부터 왼쪽으로 다시 배열한 것을 고르시오.

21   00102397048291

① 19284009320100   ② 19824097320100   ③ 19284079320100
④ 19284079230100   ⑤ 19284079320010

주어진 숫자를 오른쪽에서 왼쪽으로 다시 배열하면 '③ 19284079320100'이다.

Plus 해설

① 19284009320100   ② 19824097320100   ④ 19284079230100   ⑤ 19284079320010

22   bnyesamcnptrx

① xrtbncmaseynb   ② xrtpncmaseynb   ③ xrtpmcnaseynb
④ xtrpncmaseynb   ⑤ xrtpncmasenyb

주어진 알파벳을 오른쪽에서 왼쪽으로 다시 배열하면 '② xrtpncmaseynb'이다.

Plus 해설

① xrtbncmaseynb   ③ xrtpmcnaseynb   ④ xtrpncmaseynb   ⑤ xrtpncmasenyb

23   가교너모푸더사라바코미히

① 히미코비라사더푸모너교가   ② 히미코바라사더푸무너교가
③ 히미코바러사더푸모너교가   ④ 히미코바라사더푸모너교가
⑤ 히미코바라시더푸모너교가

18 ② 19 ① 20 ⑤ 21 ③ 22 ②

> **해설**

주어진 한글을 오른쪽에서 왼쪽으로 다시 배열하면 '④ 히미코바라사더푸모너교가'이다.

> **Plus 해설**

① 히미코비라사더푸모너교가   ② 히미코바라사더푸무너교가
③ 히미코바러사더푸모너교가   ⑤ 히미코바라시더푸모너교가

[24~25] 다음 주어진 단어 중 가장 많이 사용된 단어의 개수를 고르시오.

24.

강우	환자	선물	장소	연필	가위	고무	오류	종이	박스
오류	한복	개울	종이	바지	거울	빙하	오염	여행	발전
남자	녹음	성악	수선	눈물	바위	성악	선물	음식	방지
거울	발전	거울	박스	오류	거울	한복	연필	고무	거울

① 1개   ② 2개   ③ 3개   ④ 4개   ⑤ 5개

> **해설**

강우	환자	선물	장소	연필	가위	고무	오류	종이	박스
오류	한복	개울	종이	바지	**거울**	빙하	오염	여행	발전
남자	녹음	성악	수선	눈물	바위	성악	선물	음식	방지
거울	발전	**거울**	박스	오류	**거울**	한복	연필	고무	**거울**

25.

바람	점심	상장	수첩	한우	건강	동료	점심	처서	한우
파도	한우	친구	파도	약속	회의	인사	파도	회사	사돈
건강	동의	한우	동료	직장	바람	검진	동의	친분	건강
약속	상장	건강	처서	저녁	회사	한우	한우	수첩	상장

① 3개   ② 4개   ③ 5개   ④ 6개   ⑤ 7개

> **해설**

바람	점심	상장	수첩	**한우**	건강	동료	점심	처서	**한우**
파도	**한우**	친구	파도	약속	회의	인사	파도	회사	사돈
건강	동의	**한우**	동료	직장	바람	검진	동의	친분	건강
약속	상장	건강	처서	저녁	회사	**한우**	**한우**	수첩	상장

02 도형추리

01 ▶ 다음 도형을 시계방향으로 90° 회전했을 때의 모양은?

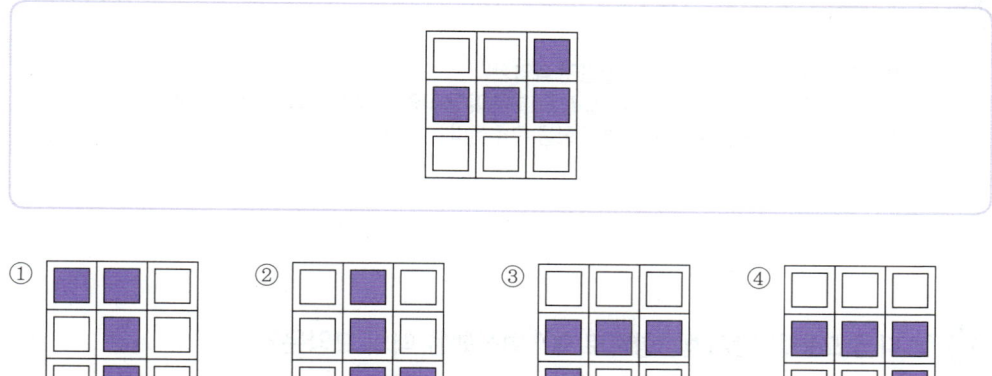

해설

제시된 도형을 보면 가로 두 번째 줄은 세 개의 사각형이 모두 ■로 되어 있고, 세 번째 줄은 모두 □로 되어 있으므로, 이를 시계방향으로 90° 회전시키면 이 사각형의 나열이 세로로 바뀌어야 한다. 따라서 정답은 ②이다.

02 ▶ 다음 도형을 시계방향으로 90° 회전했을 때의 모양은?

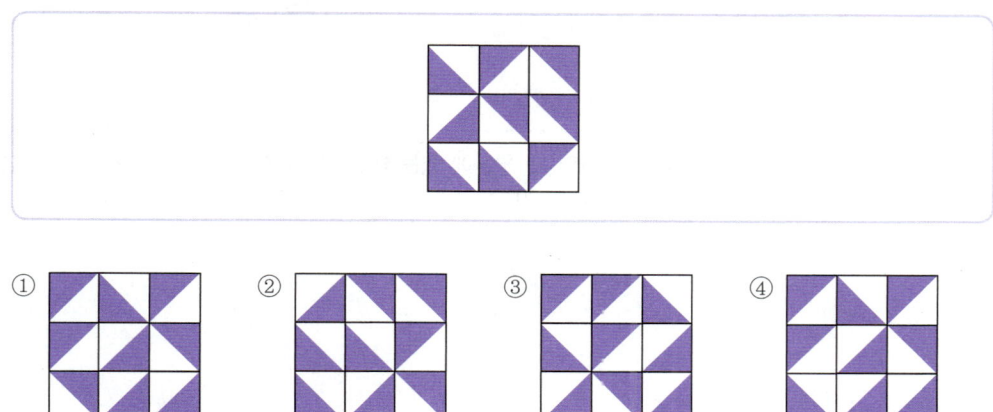

23 ④ 24 ⑤ 25 ④ | 01 ②

해설

제시된 도형의 세 번째 줄인 을 기준으로 했을 때, 시계방향으로 90° 회전하면 해당 부분이 바닥으로 내려와 이 되어야 한다. 따라서 이런 식으로 부분의 특징을 통해 회전 후 모양을 유추하면 ①이 정답임을 알 수 있다.

COOL TIP 도형 회전

1. 회전 방향이 시계방향인지 반시계방향인지 파악한다.
2. 제시된 도형의 특정 부분을 기준으로 잡고, 그 부분이 움직인 후의 모양을 먼저 확인한다.
3. 특정 부분의 회전 후 모양을 통해 전체 도형을 유추한다.

03 ▶ 다음 도형을 반시계방향으로 90° 회전했을 때의 모양은?

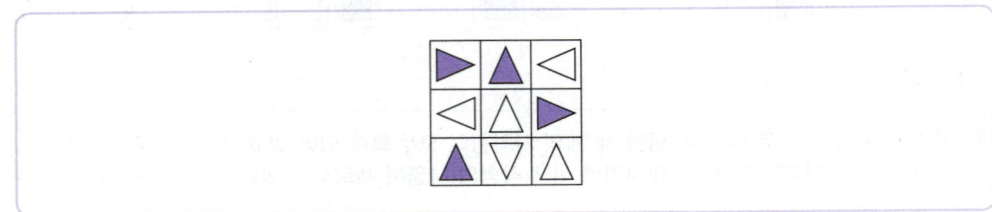

① 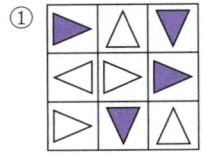　② 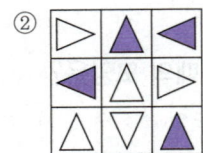　③ 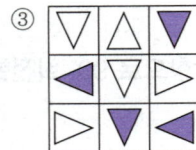　④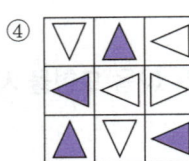

해설

제시된 도형을 반시계방향으로 90° 회전하면 맨 윗줄에 있는 ▶▲◁이 왼쪽으로 내려와 세로열 첫 번째 줄이 된다. 따라서 이를 기준으로 유추하면 정답은 ④이다.

04 ▶ 다음 도형을 반시계방향으로 90° 회전했을 때의 모양은?

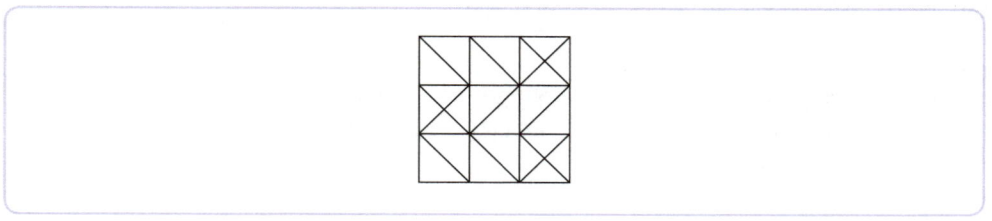

① 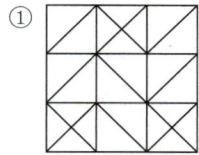   ② 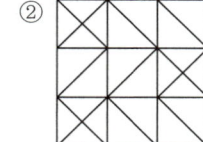   ③ 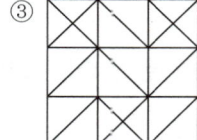   ④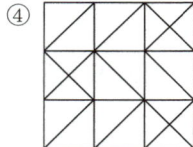

제시된 도형을 반시계방향으로 90° 회전하면 맨 윗줄에 있는 ▧▨이 왼쪽으로 내려와 세로열 첫 번째 줄이 된다. 따라서 이를 기준으로 유추하면 정답은 ③이다.

05 ▶ 다음 도형을 180° 회전했을 때의 모양은?

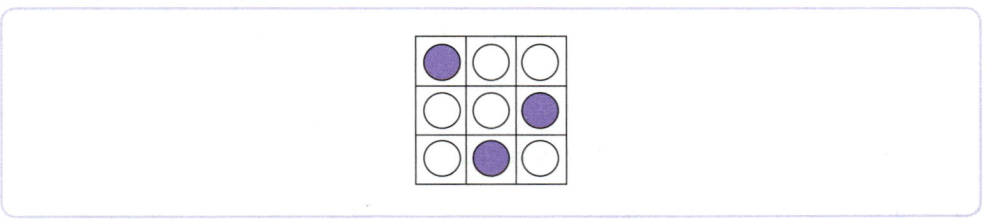

① 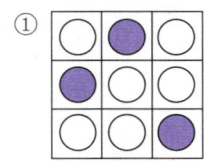   ② 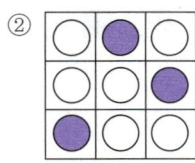   ③ 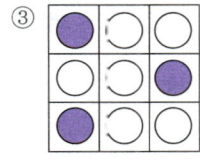   ④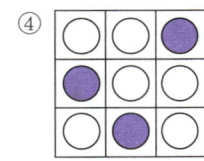

해설

180° 회전은 시계방향으로 90° 회전을 두 번 하면 된다.

 → 시계방향으로 90° 회전 → 시계방향으로 90° 회전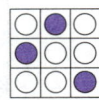

06 다음 도형을 180° 회전했을 때의 모양은?

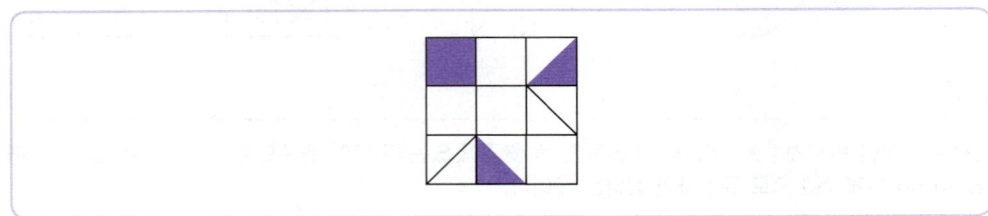

①  ②  ③ 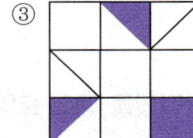 ④

해설

180° 회전은 시계방향으로 90° 회전을 두 번 하면 된다.

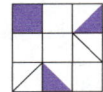 → 시계방향으로 90° 회전 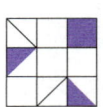 → 시계방향으로 90° 회전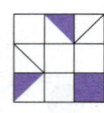

[07~16] 다음 제시된 도형을 보고 규칙을 찾아 적용했을 때 '?'에 들어갈 도형으로 적절한 것을 고르시오.

07 ▶

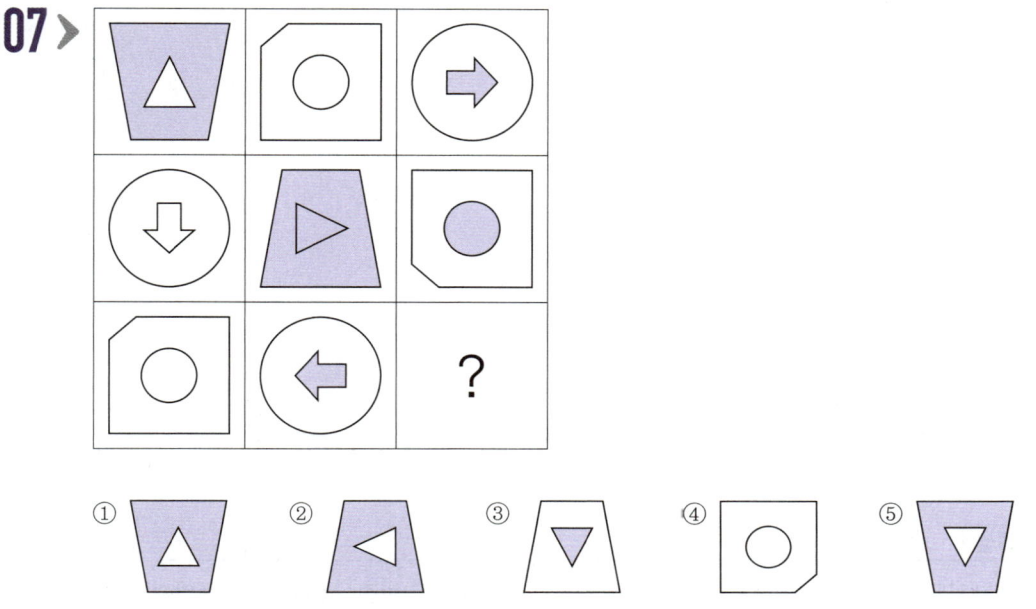

해설

각 행에 제시된 도형은 다음 행에서 오른쪽으로 한 칸씩 이동하고 있다. 이때 외부 도형은 상하 대칭으로 모양이 바뀌며 내부 도형은 시계 방향으로 90도 회전하면서 색이 반전됨을 알 수 있다.
따라서 2열 도형 에서 외부 도형은 상하 대칭으로 모양이 바뀌고, 내부 도형은 시계 방향으로 90도 회전하면서 색이 반전된 ⑤가 정답이다.

08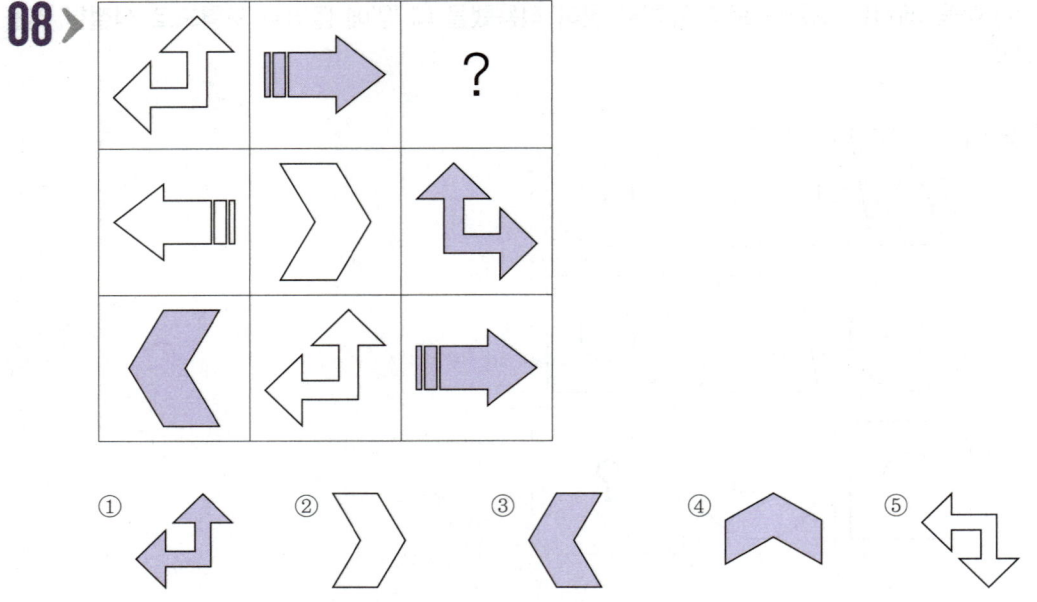

해설

각 행에 제시된 도형은 다음 행에서 왼쪽으로 한 칸씩 이동하고 좌우 반전, 색 반전이 이루어지고 있다. 따라서 도형 〉에서 좌우 반전, 색 반전이 된 ③이 정답이다.

09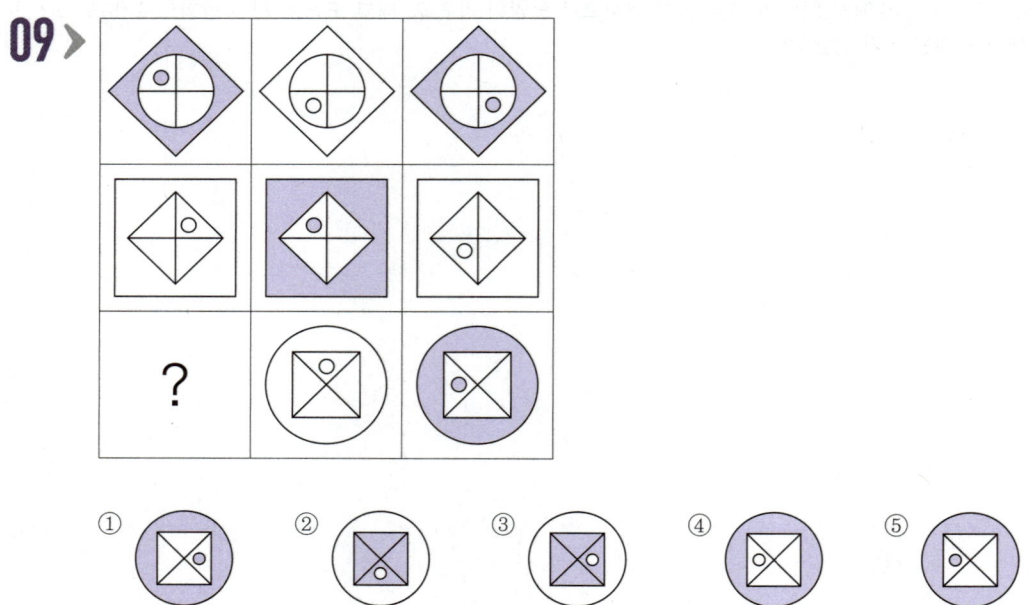

각 도형은 오른쪽 열로 이동하면서 외부 도형과 내부 작은 원의 색 반전이 이루어진다. 또한 내부의 작은 원은 시계 반대 방향으로 한 칸씩 이동하고 있다. 따라서 '?'에 들어갈 도형은 다음 열의 모양으로 색 반전이 이루어지기 전, 내부의 원이 시계 반대 방향으로 한 칸 이동하기 전인 ①이다.

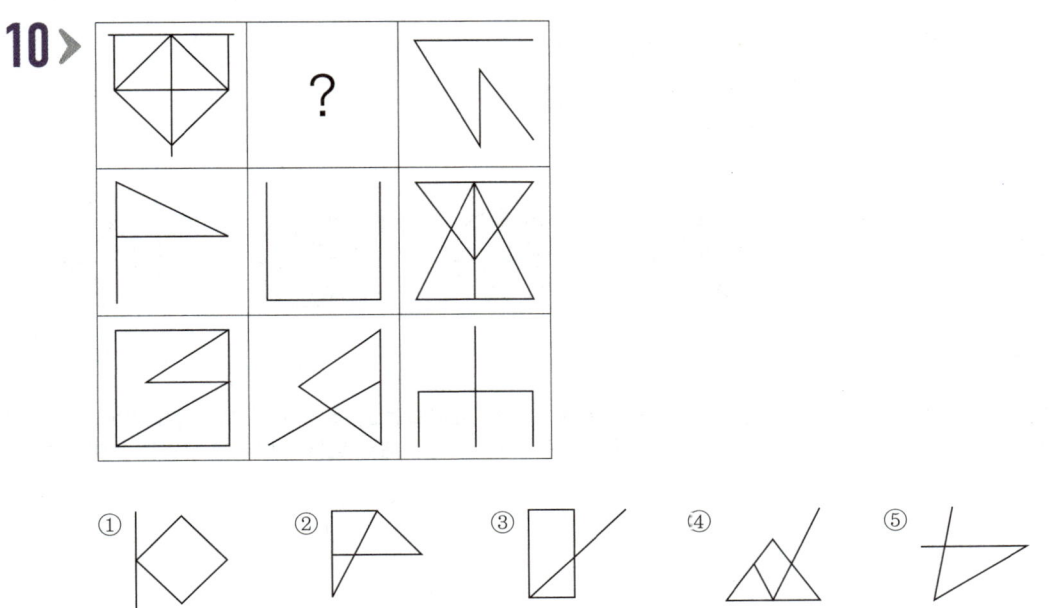

(가)	(나)	(다)
(라)	(마)	(바)
(사)	(아)	(자)

(바)는 (라)와 (아)를 합친 것이고 (사)는 (다)와 (마)를 합친 것이다. 따라서 (가)는 (나)와 (자)를 합친 것임을 알 수 있으므로, (나)에 들어갈 도형은 ①이다.

08 ③ 09 ① 10 ①

11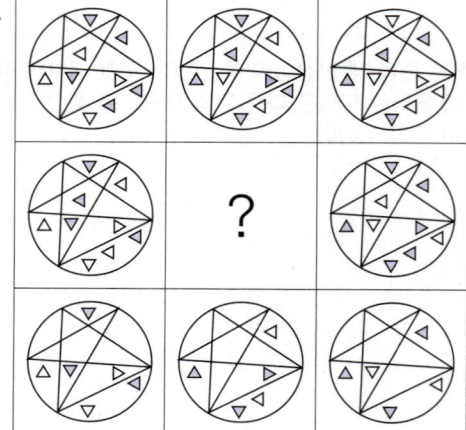

① 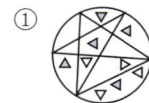 ② 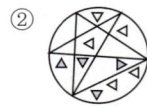 ③ 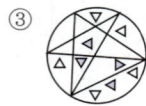 ④ 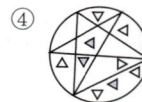 ⑤

해설

1행과 2행의 작은 내부 도형의 음영이 같으면 3행에 그대로 표시되었고, 음영이 다르면 삭제되었다. 따라서 '?' 밑의 행에 나타나 있는 내부 도형은 1행과 똑같이 음영을 주고, 삭제된 도형은 다르게 음영을 주어야 한다. 정답은 ②이다.

12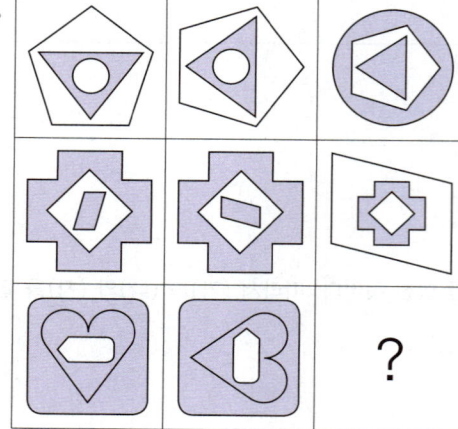

① 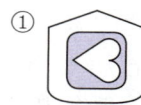 ②  ③ 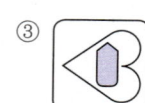 ④  ⑤

> **해설**

2열에 제시된 형태는 1열에서 시계 방향으로 90도 회전한 형태이고, 3열은 2열의 가장 안쪽에 있는 도형을 바깥으로 이동하면서 그 도형의 색만 반전시킨 형태이다. 따라서 2열의 가장 안쪽에 있는 도형이 바깥쪽으로 나오면서 음영이 생긴 ⑤가 답이다.

13

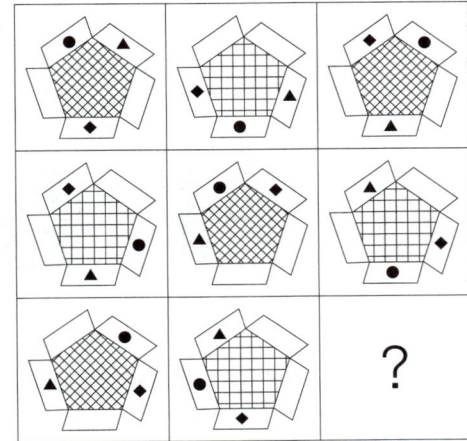

① 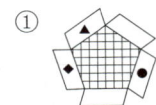 ② 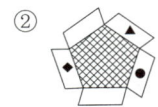 ③ 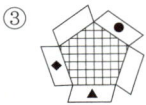 ④ 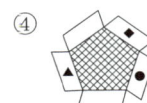 ⑤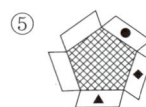

> **해설**

1열 → 2열 → 3열로 가면서 도형 안쪽의 무늬는 가로세로 무늬와 대각선 무늬가 교대로 나타나고 있다. ● 모양은 반시계 방향으로 두 칸씩 이동하고 있고, ▲ 모양과 ◆ 모양은 시계 방향으로 한 칸씩 움직이고 있다. 따라서 답은 ②이다.

11 ② 12 ⑤ 13 ②

14.

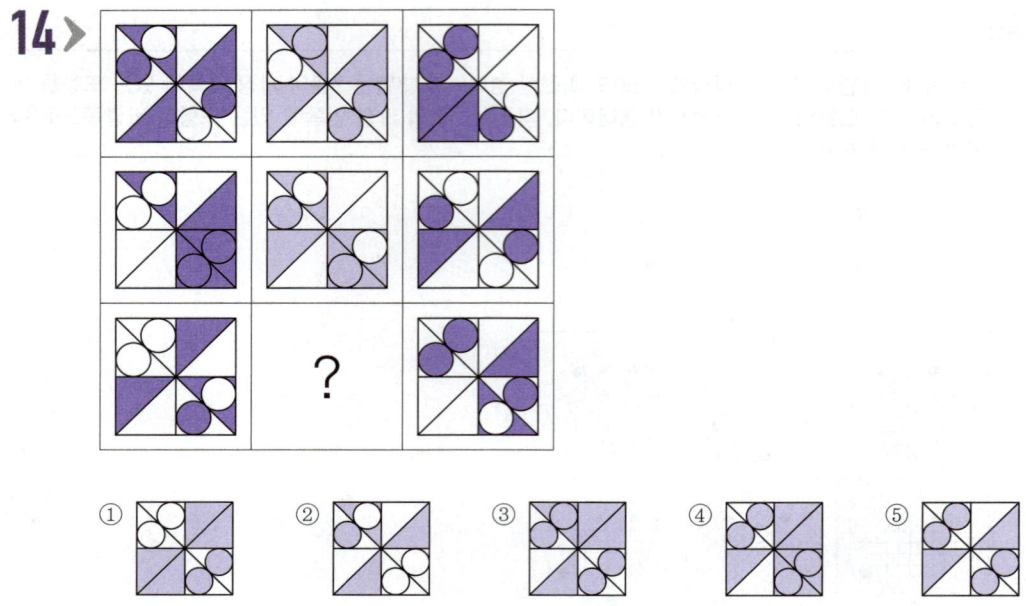

해설

1열과 3열의 겹치는 부분의 색깔에 따라 2열 도형의 색이 결정된다. 1열과 3열이 서로 같은 색이면 2열은 흰색, 1열과 3열이 서로 다른 색이면 2열은 연보라색이 된다. 이를 적용하면 정답은 ④이다.

15.

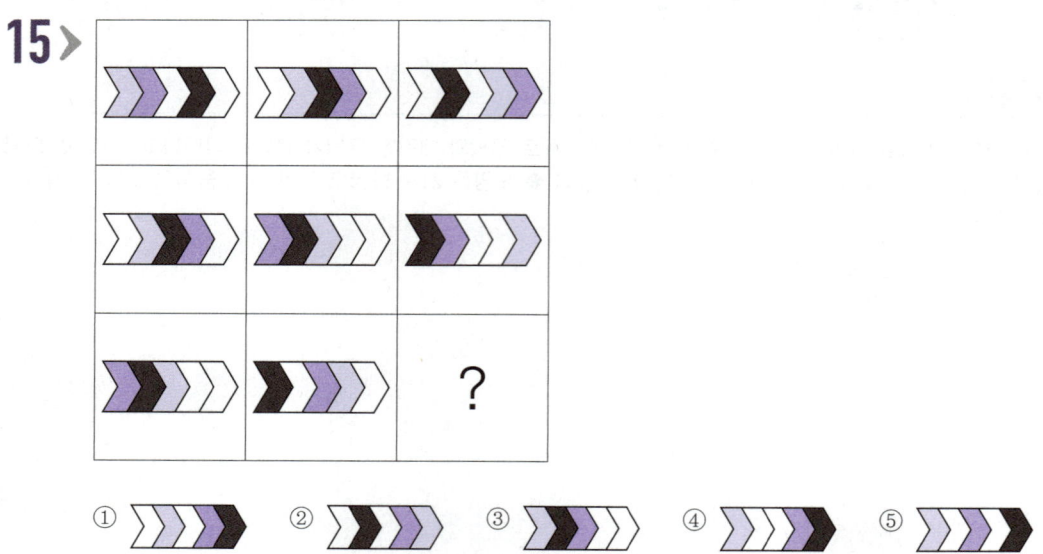

해설

1행에서 2행, 3행으로 가면서 연보라색 부분은 오른쪽으로 한 칸, 보라색 부분은 오른쪽으로 두 칸, 회색 부분은 왼쪽으로 한 칸 이동하고 있다. 따라서 정답은 ④이다.

16.

해설

각 도형은 아래 행으로 내려오면서 한 칸씩 오른쪽으로 이동하고 있으며, 제일 오른쪽 칸에 있는 도형의 색은 명암이 반대로 되어 있다. 따라서 답은 ⑤이다.

14 ④ 15 ④ 16 ⑤

[17~18] 다음은 일정한 규칙에 따라 배열된 도형이다. A와 B에 들어갈 도형이 순서대로 바르게 나열된 것을 고르시오.

17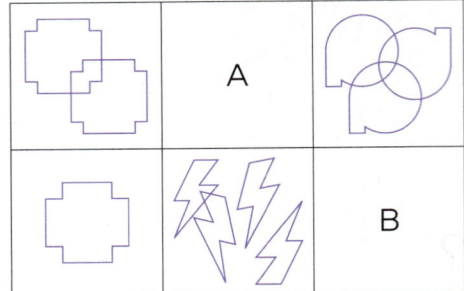

① 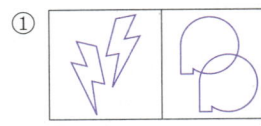   ②    ③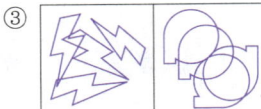

④    ⑤

 해설

박스에서 알 수 있는 규칙은 아래 행으로 내려오면서 도형이 하나씩 감소한다는 것이다. 따라서 A에는 도형이 5개, B에는 도형이 2개 있어야 한다. 정답은 ④이다.

18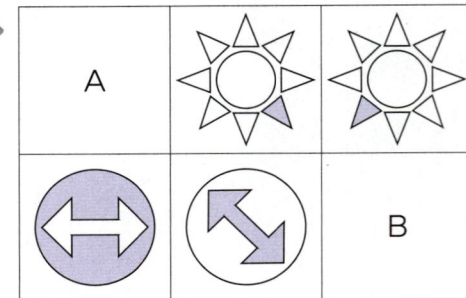

 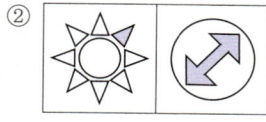 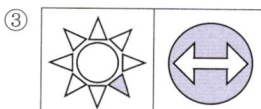
 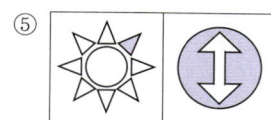

해설

1행은 색칠된 부분이 시계 방향으로 두 칸씩 이동하고 있고, 2행은 색이 반전되면서 내부 도형이 시계 방향으로 45도씩 회전하고 있다. 따라서 정답은 ⑤이다.

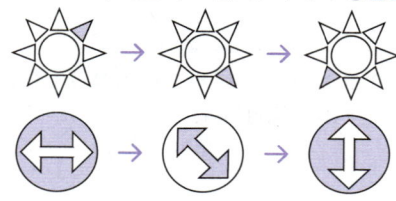

[19~31] 주어진 도형을 보고 변화하는 규칙을 찾아 '?'에 들어갈 알맞은 도형을 고르시오.

19

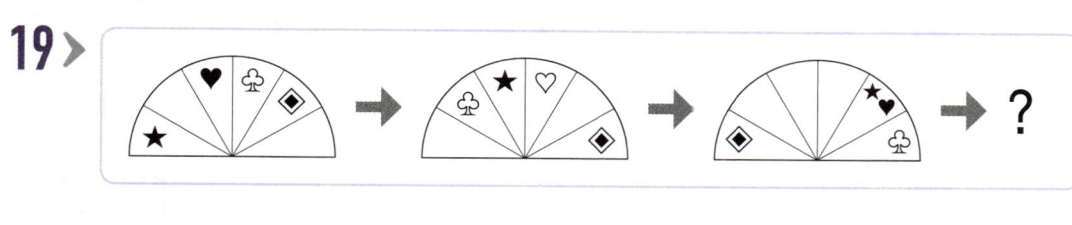

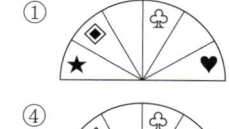  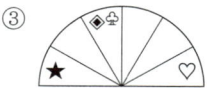

해설

★ 모양은 시계 방향으로 두 칸씩 이동하고 있고, ♥ 모양은 색 반전과 동시에 시계 방향으로 한 칸씩 이동하고 있다. ♣ 모양은 반시계 방향으로 두 칸씩 이동하고 있으며, ◆ 모양은 시계 방향으로 한 칸씩 이동하고 있다. 따라서 모든 조건이 바르게 적용된 ④가 정답이다.

17 ④ 18 ⑤ 19 ④

20

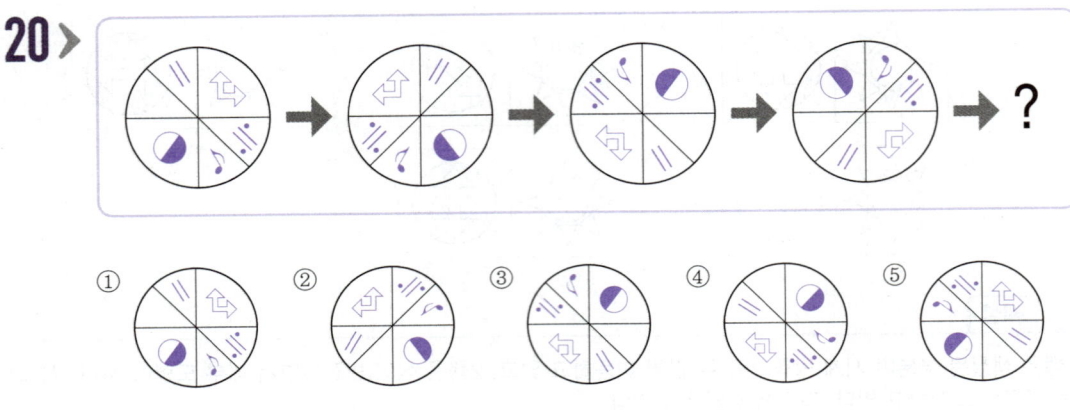

> **해설**

주어진 도형은 좌우 반전 → 상하 반전 → 좌우 반전을 반복하고 있다. '?'의 자리는 상하 반전을 해야 할 차례이므로 네 번째 도형에서 상하 반전이 되어 다시 첫 번째 그림으로 돌아오는 ①이 정답이다.

21

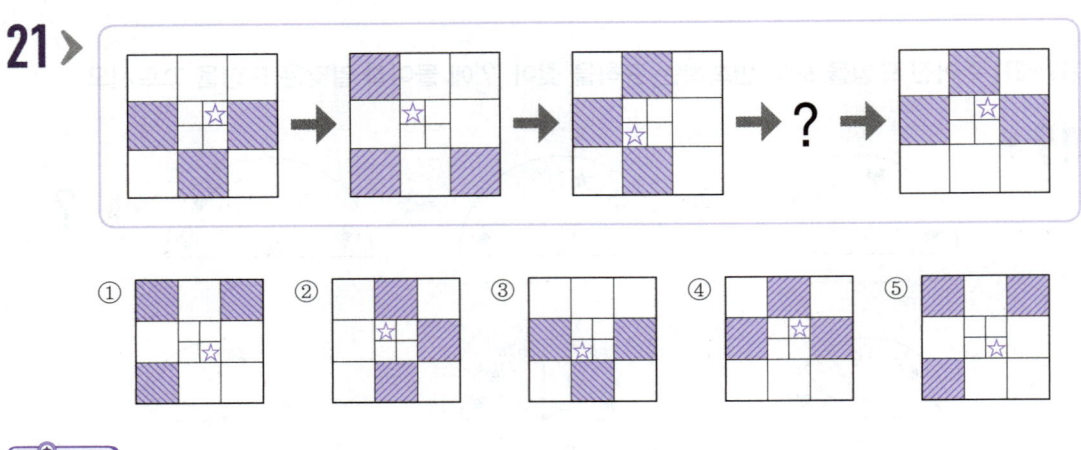

> **해설**

도형의 색칠된 부분은 시계 방향으로 한 칸씩 이동하면서 빗금의 방향이 반대로 바뀌고 있다. 그리고 도형 중심의 ☆ 모양은 반시계 방향으로 한 칸씩 이동하고 있다. 따라서 빗금의 모양과 위치가 적절히 변경된 ⑤가 답이다.

22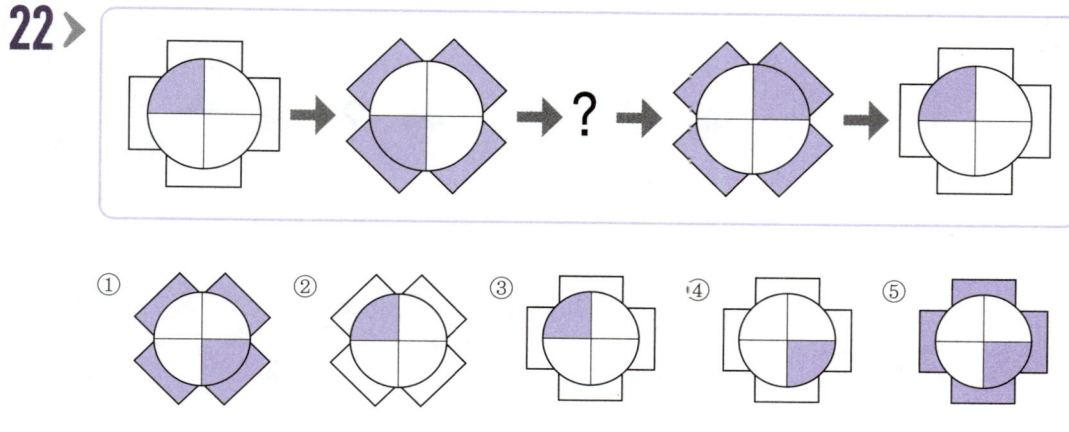

해설

외부 도형은 45도 회전하면서 색이 반전되고 있고, 내부 도형은 보라색 칸이 반시계 방향으로 한 칸씩 움직이고 있다. 따라서 두 번째 도형에서 외부 도형이 45도 회전하면서 색이 반전되고, 내부 도형의 보라색 칸이 반시계 방향으로 한 칸 이동한 ④가 답이다.

23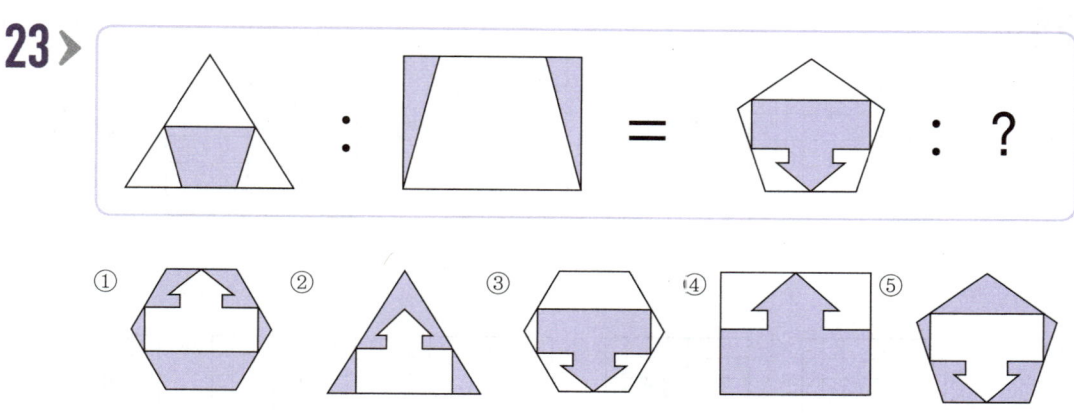

해설

첫 번째 도형에서 두 번째 도형이 되면서 외부 도형의 각이 하나 늘어났다. 그리고 내부 도형이 180도 회전하면서 외부 도형과 색이 서로 바뀌고 있다. 따라서 '?'에 올 도형은 오각형에서 각이 하나 늘어난 보라색 육각형 안에 180도 회전한 흰색 내부 도형이 있는 ①이다.

24

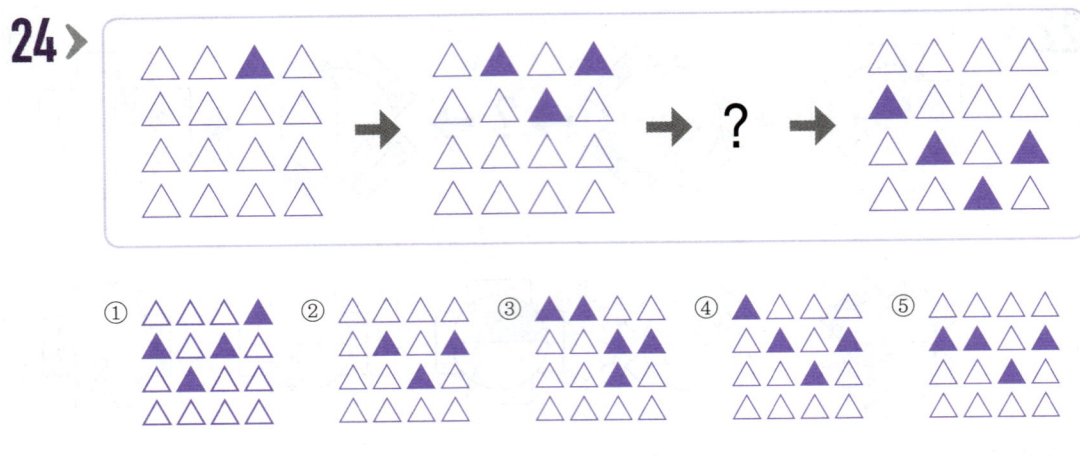

📝 **해설**

▲ 모양이 밑으로 한 칸씩 내려오고 있다. 두 번째 그림과 네 번째 그림을 보면 답이 ④임을 알 수 있다.

25

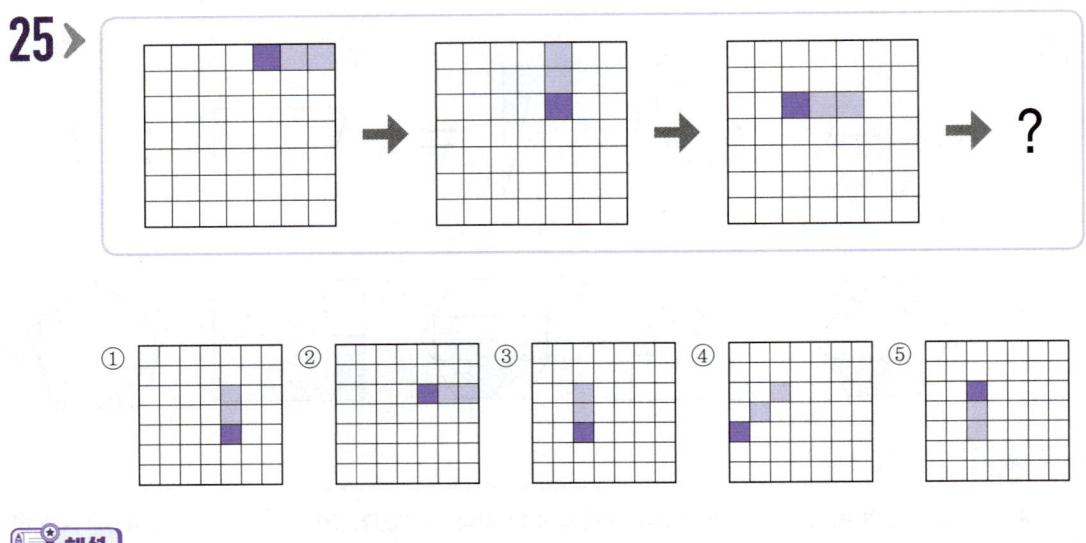

📝 **해설**

진한 보라색 칸을 기준으로 한 번은 시계 방향으로 90도, 한 번은 반시계 방향으로 90도 회전하고 있으며, 회전 후 마지막 칸이 진한 보라색이 된다. 시계 방향으로 90도 회전할 차례이므로 정답은 ③이다.

26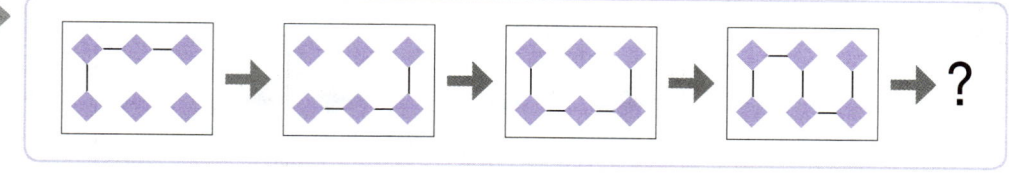

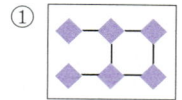 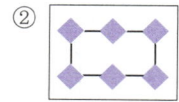 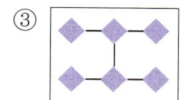 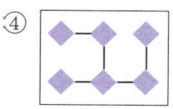 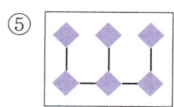

📘 **해설**

제시된 그림을 시계 방향으로 90도 회전해 보면 ㄱ→ㄴ→ㄷ→ㄹ의 자음을 순서대로 선이 이어지고 있음을 알 수 있다. '?'의 자리에는 자음 'ㅁ'이 나올 차례이므로 답은 ②이다.

27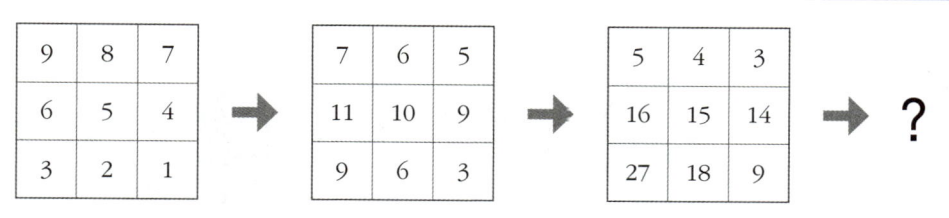

①			②			③			④			⑤		
3	2	1	7	6	5	1	2	3	3	2	1	4	3	2
32	30	28	22	17	20	26	25	24	21	20	19	14	13	12
54	36	18	25	16	7	81	54	27	81	54	27	32	23	14

📘 **해설**

1행은 앞의 도형 숫자에서 2를 빼고 있고, 2행은 5를 더하고 있으며, 3행은 3을 곱하고 있다. 이 규칙에 따라 계산하면 다음에 올 도형은 ④이다.

24 ④ 25 ③ 26 ② 27 ④

28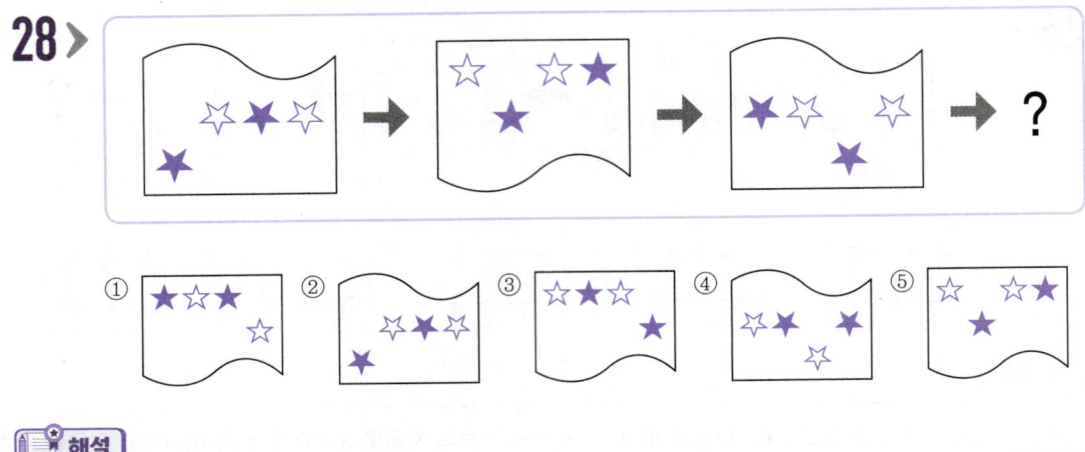

해설

도형이 상하 반전되면서 ★ 모양의 색도 함께 반전되고 있다. 그리고 ★ 모양이 왼쪽부터 하나씩 아래로 내려오고 있다. 따라서 도형이 상하 반전되면서 ★ 모양의 색이 바뀌고 네 번째 ★ 모양이 아래로 내려와 있는 ③이 정답이다.

29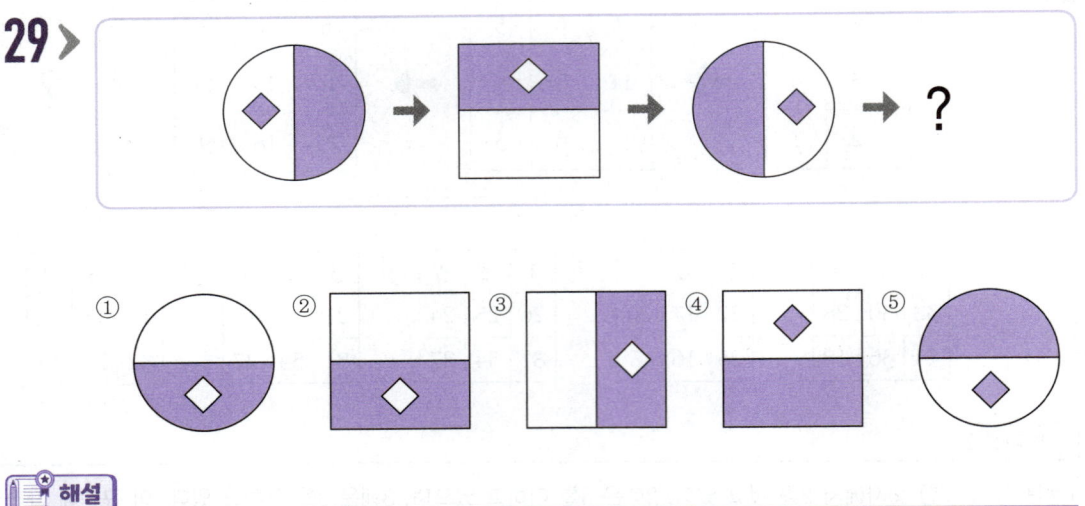

해설

외부 도형이 원→사각형→원 순서로 반복되고 있으며, 색칠된 부분의 위치로 보아 시계 반대 방향으로 90도 회전하고 있음을 알 수 있다. ◇ 모양 내부 도형은 흰색 부분과 보라색 부분을 차례대로 오가고 있고, 배경이 흰색이면 보라색, 배경이 보라색이면 흰색으로 나타난다. 따라서 답은 ②이다.

30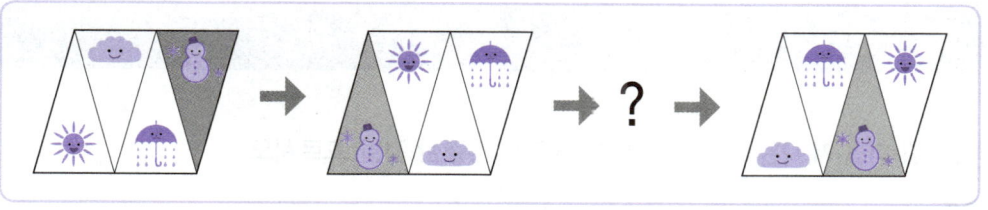

①  ②  ③  ④  ⑤

☀, ☁, ☂, ⛄ 모양이 한 칸씩 오른쪽으로 이동하면서 번갈아 위·아래에 위치하고, ⛄ 모양이 있는 칸에만 음영이 들어간다. 따라서 답은 ①이다.

31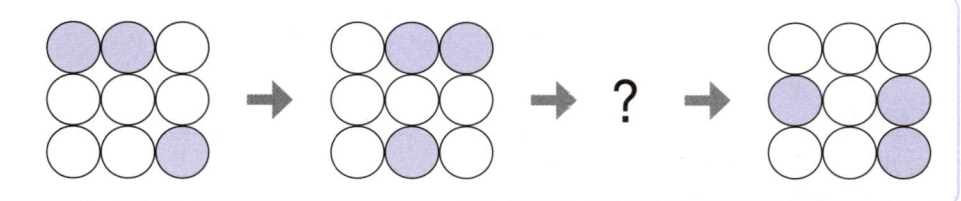

① 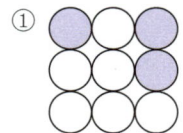 ② 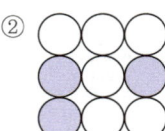 ③ 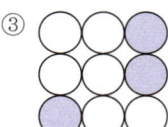 ④ 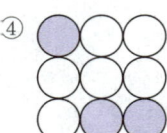 ⑤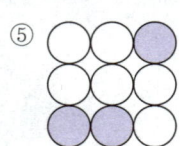

색칠된 부분이 시계 방향으로 한 칸씩 이동하고 있다. 따라서 '?'에 들어갈 도형은 ③이다.

28 ③ 29 ② 30 ① 31 ③

Chapter 05 공간지각력 295

03 그림유추 / 종이접기

[01~07] 다음 제시된 그림의 순서를 바르게 연결한 것을 고르시오.

01

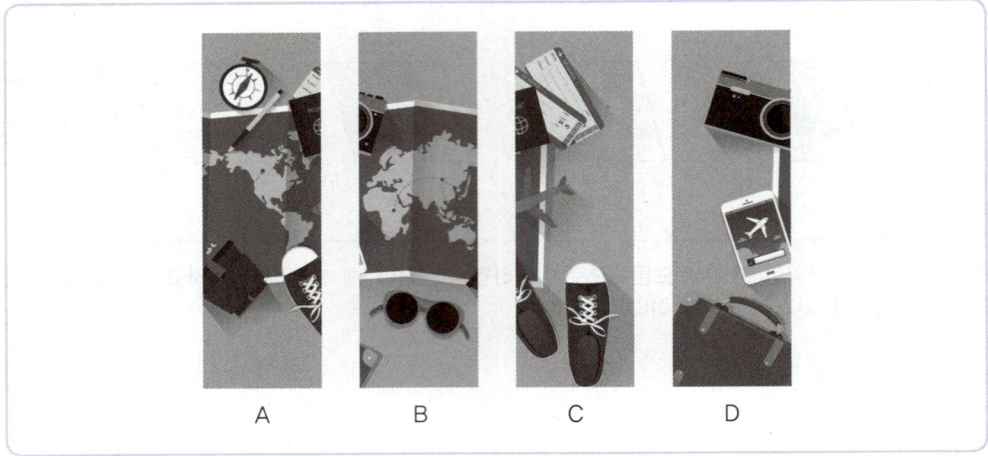

① C-A-D-B   ② C-D-B-A   ③ D-B-A-C   ④ D-B-C-A

해설

나열된 그림 조각 내에 있는 사물의 형태를 이어 붙이며 퍼즐처럼 모양을 유추하여 완성한다.
따라서 정답은 D-B-A-C이다.

02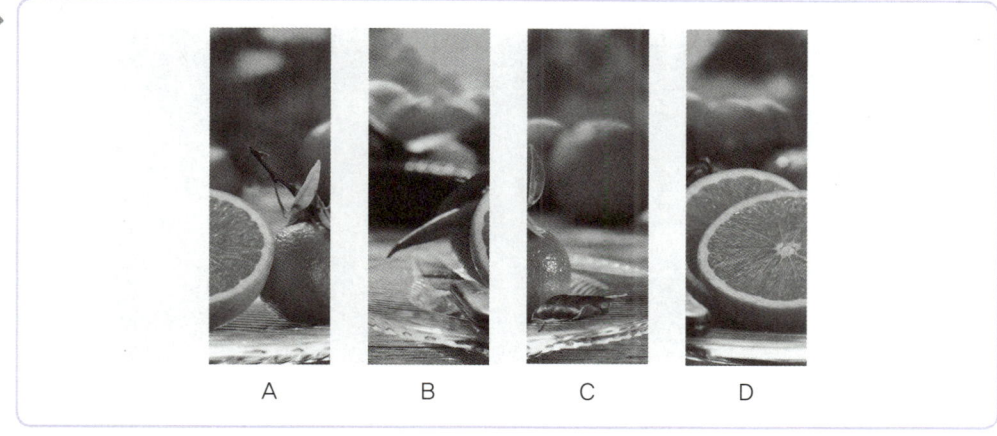

① B-A-D-C   ② B-D-A-C   ③ D-B-C-A   ④ D-C-B-A

해설

따라서 정답은 B-D-A-C이다.

01 ③ 02 ②

03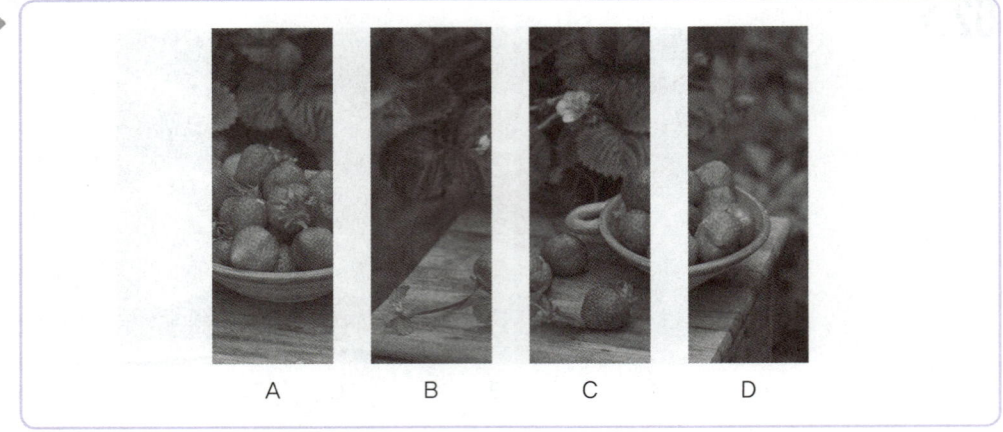

① B—A—D—C   ② B—C—A—D   ③ C—A—D—B   ④ C—D—B—A

해설

따라서 정답은 B—C—A—D이다.

04 ▶

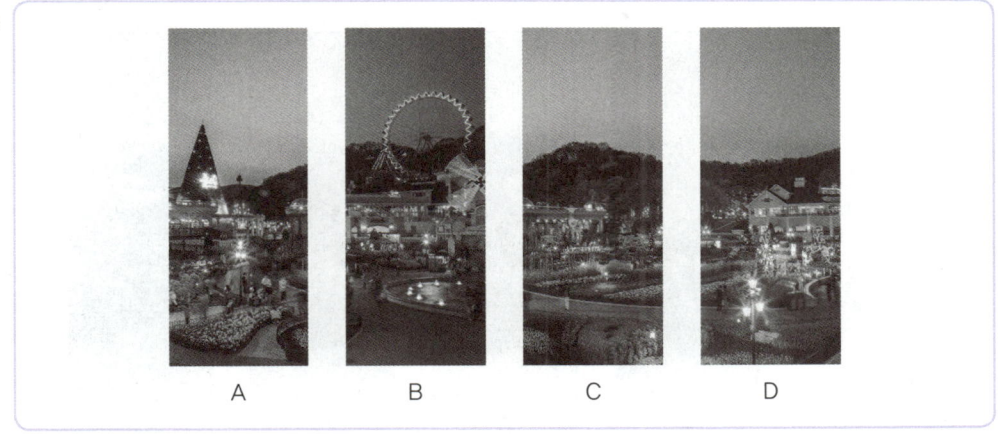

① A-C-D-B   ② A-D-B-C   ③ B-A-C-D   ④ B-C-D-A

해설

따라서 정답은 A-C-D-B이다.

05

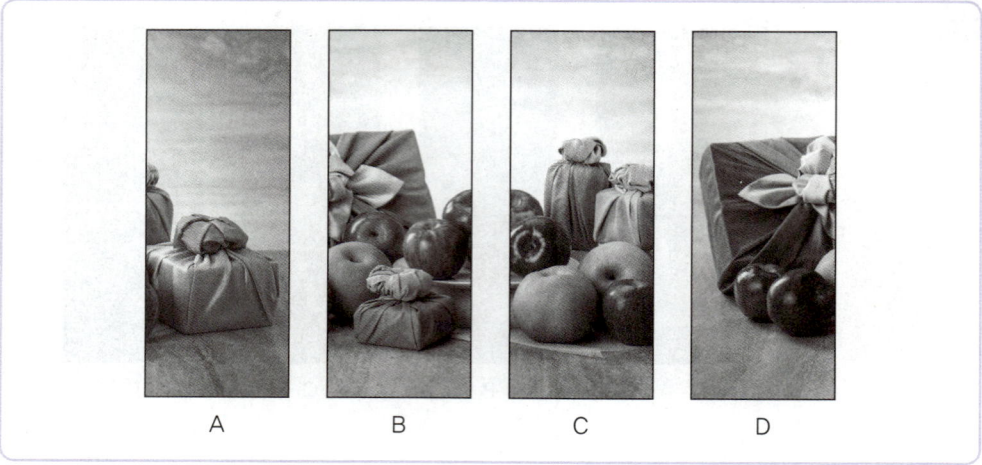

① C－A－D－B ② C－D－B－A ③ D－B－A－C ④ D－B－C－A

해설

따라서 정답은 D－B－C－A이다.

06 ▶

① A−C−B−D   ② A−D−B−C   ③ C−A−D−B   ④ C−B−D−A

해설

따라서 정답은 C−A−D−B이다.

07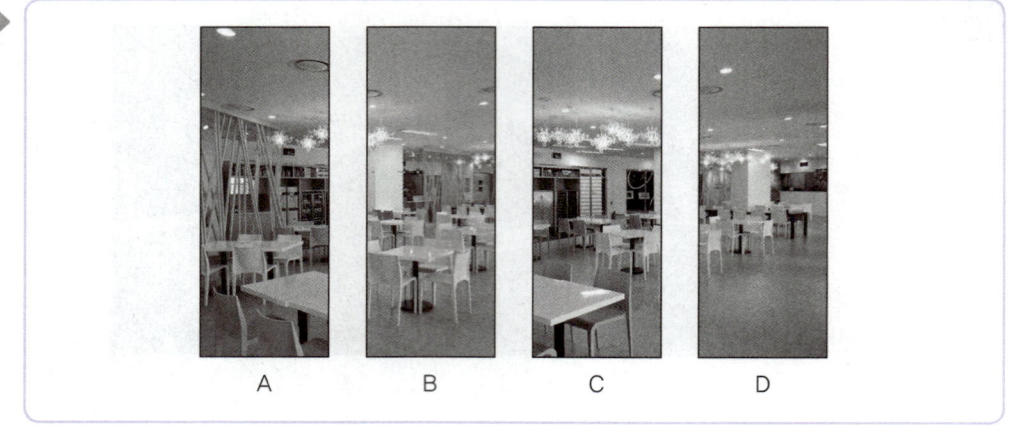

① A−C−B−D ② A−C−D−B ③ D−A−C−B ④ D−B−A−C

따라서 정답은 A−C−B−D이다.

[08~10] 다음과 같이 화살표 방향으로 종이를 접은 다음 펀치로 구멍을 뚫은 후 다시 펼쳤을 때의 모양으로 알맞은 것을 고르시오.

08 ▶

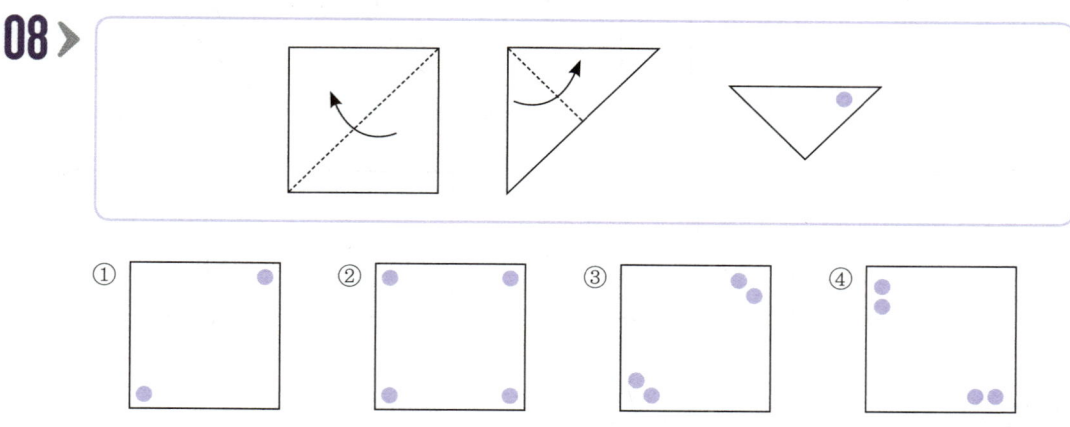

해설

종이를 접은 역순으로 다시 펼치면 다음과 같다.

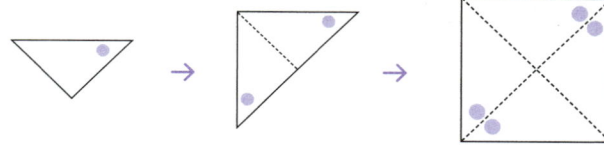

09

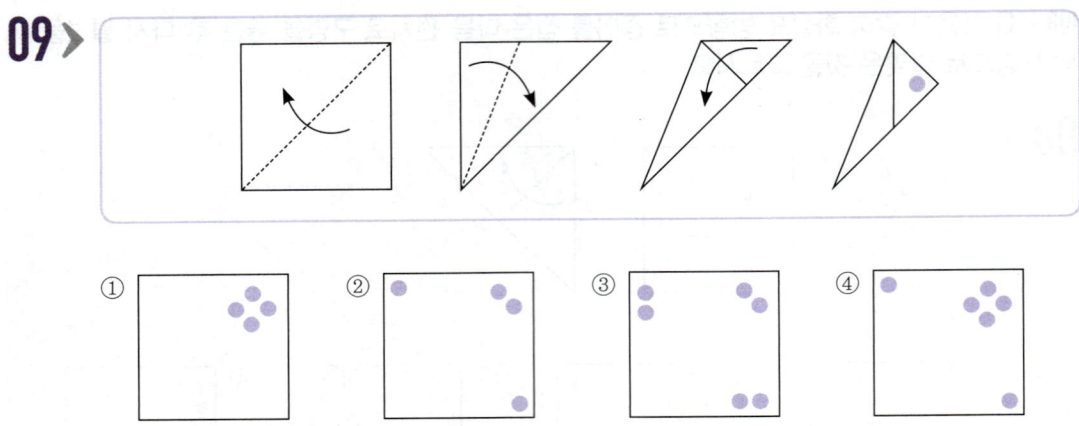

해설

종이를 접은 역순으로 다시 펼치면 다음과 같다.

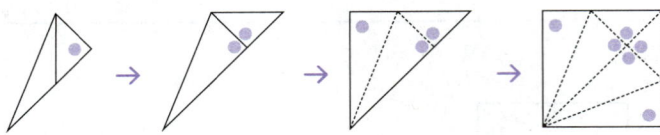

10

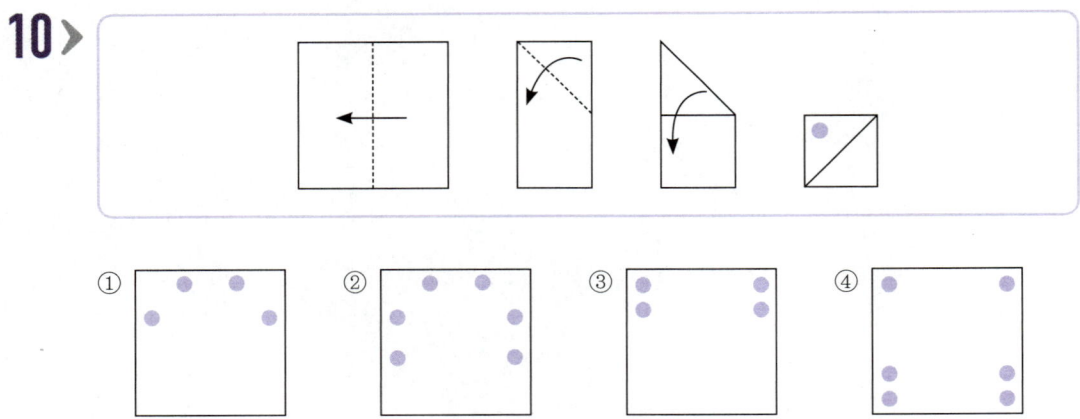

해설

종이를 접은 역순으로 다시 펼치면 다음과 같다.

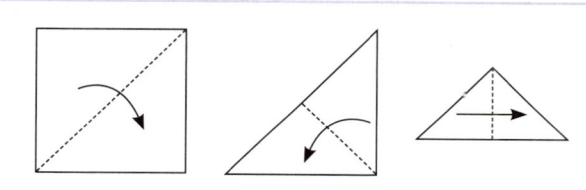

[11~17] 다음과 같이 화살표 방향으로 종이를 접은 다음 색칠된 부분을 자르고 다시 펼쳤을 때의 모양으로 알맞은 것을 고르시오.

11 ▶

①   ②   ③   ④

해설

종이를 접은 역순으로 다시 펼치면 다음과 같다.

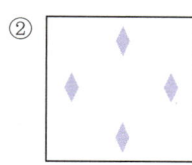 → 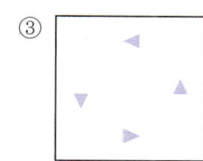 →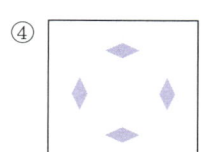

09 ④   10 ②   11 ④

Chapter 05 공간지각력

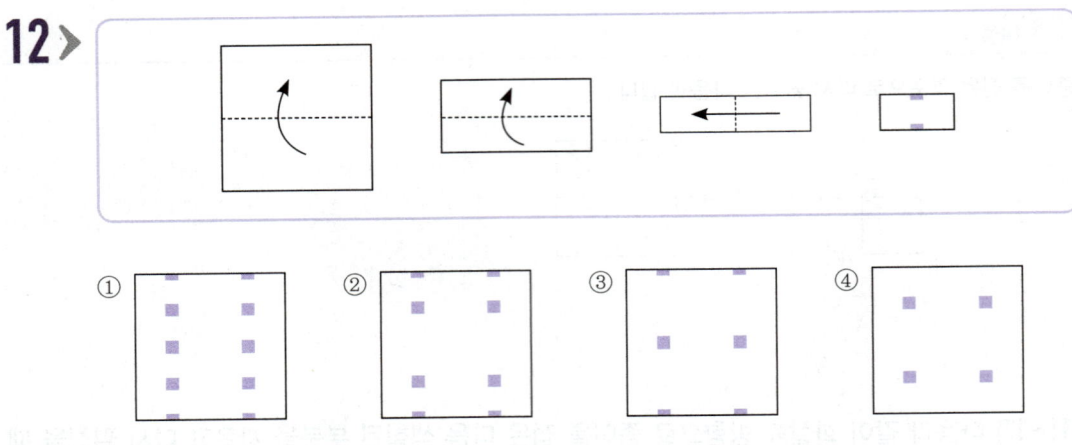

해설
종이를 접은 역순으로 다시 펼치면 다음과 같다.

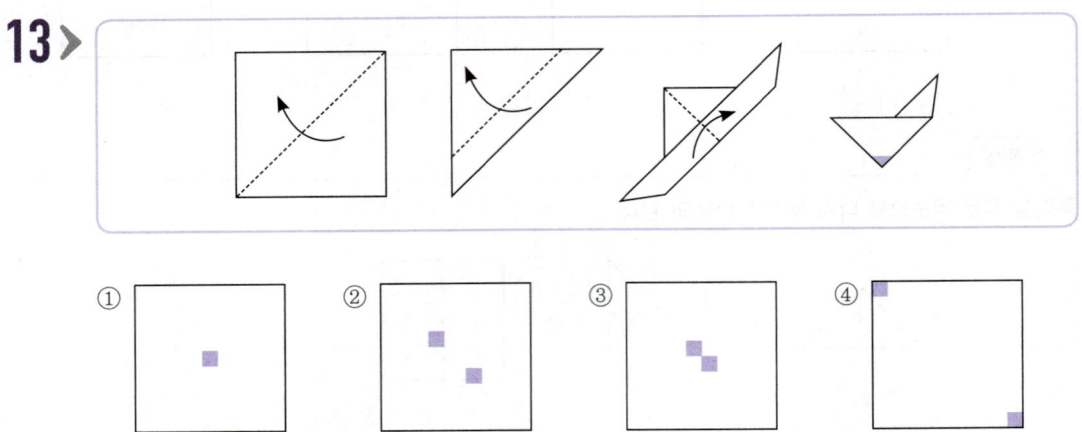

해설

종이를 접은 역순으로 다시 펼치면 다음과 같다.

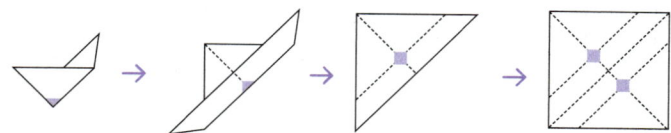

14

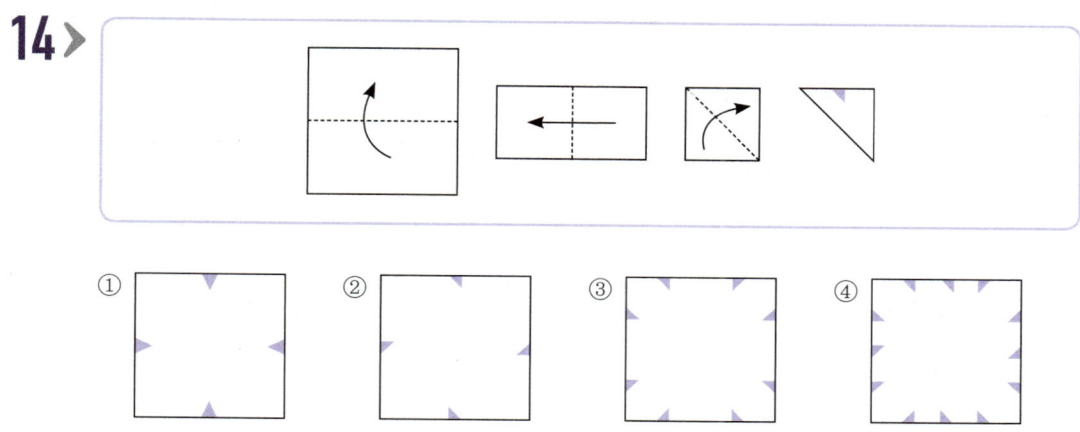

해설

종이를 접은 역순으로 다시 펼치면 다음과 같다.

12 ① 13 ② 14 ③

15 ▶

① ② ③ ④

해설

종이를 접은 역순으로 다시 펼치면 다음과 같다.

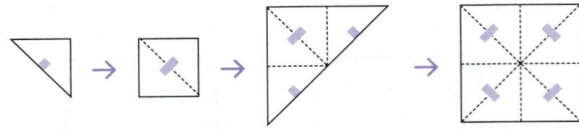

16 ▶

① ② ③ ④

종이를 접은 역순으로 다시 펼치면 다음과 같다.

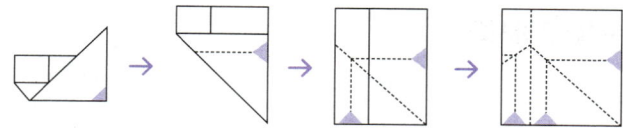

17 ▶

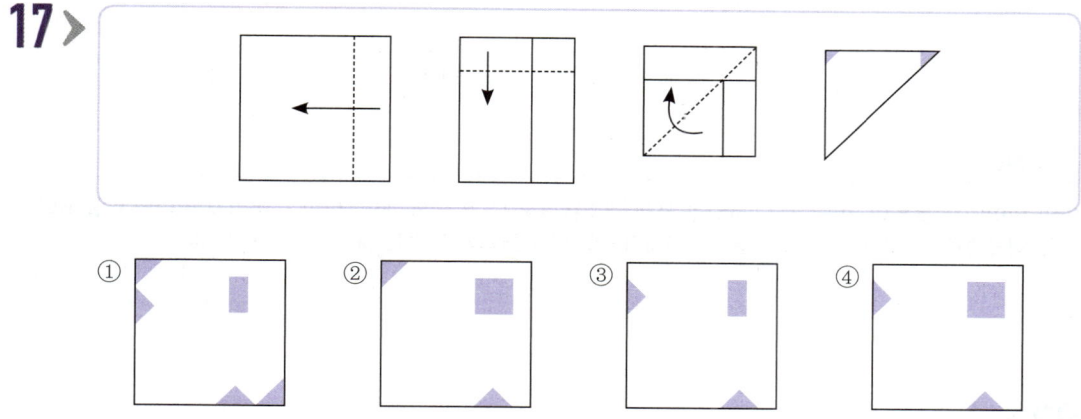

종이를 접은 역순으로 다시 펼치면 다음과 같다.

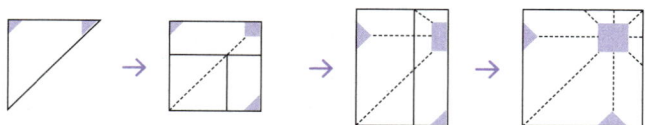

15 ① 16 ③ 17 ④

04 블록

[01~05] 다음과 같이 쌓여 있는 블록의 개수를 구하시오.

01

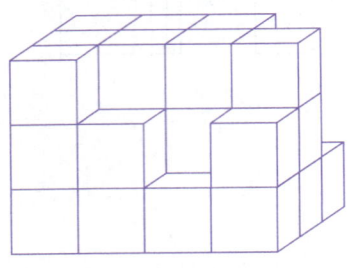

① 28개　　② 29개　　③ 30개　　④ 31개

해설

만약 비어있는 블록이 없을 경우, 전체 블록의 개수는 $3 \times 4 \times 3 = 36$개일 것이다. 여기서 비어있는 블록의 개수를 빼면 된다. 따라서 비어있는 블록이 6개이므로 전체 블록의 개수는 $36 - 6 = 30$개이다.

02

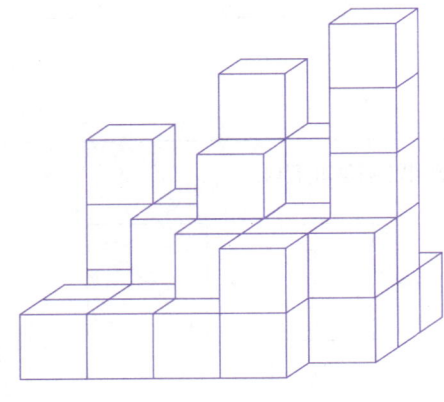

① 32개　　② 34개　　③ 36개　　④ 38개

해설

왼쪽부터 한 줄씩 블록의 개수를 세어 본다. 제일 왼쪽 줄에 있는 블록은 5개이고, 그다음 줄에는 6개가 있다. 가운데 줄에는 10개, 그다음 줄에는 9개, 제일 오른쪽 줄에는 8개가 있다. 따라서 총 블록의 개수는 $5+6+10+9+8 = 38$개이다.

03

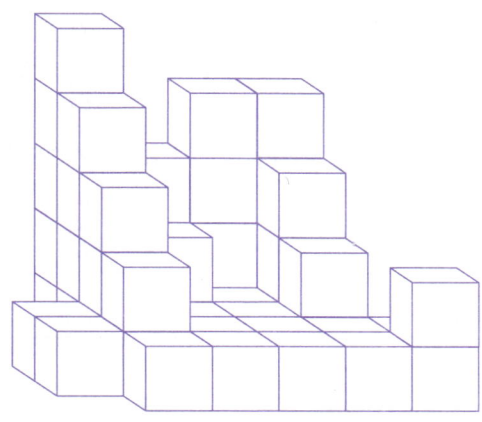

① 44개　　② 45개　　③ 46개　　④ 47개

해설

왼쪽 줄부터 한 줄씩 블록의 개수를 세어 본다. 제일 왼쪽 줄에는 블록이 2개 있고, 그다음 줄에는 15개가 있다. 왼쪽에서 세 번째 줄에는 블록이 8개 있고, 그다음 줄에도 8개가 있다. 마지막 두 줄에는 11개, 3개가 있다. 따라서 총 블록의 개수는 2+15+8+8+11+3 = 47개이다.

04

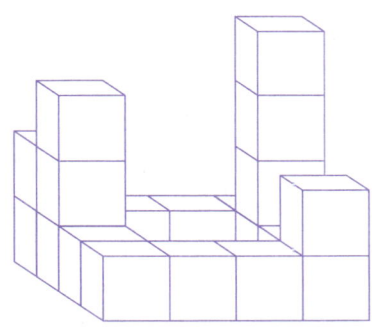

① 16개　　② 17개　　③ 18개　　④ 19개

해설

1층에 있는 블록은 12개이고 2층에 있는 블록은 4개, 3·4층에 있는 블록은 2+1=3개이다. 따라서 총 블록의 개수는 12+4+3 = 19개이다.

01 ③　02 ④　03 ④　04 ④

05 ▶

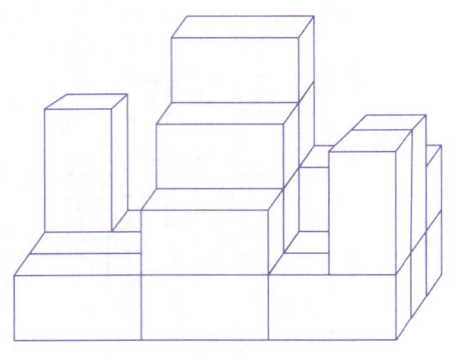

① 19개　　　② 20개　　　③ 21개　　　④ 22개

제일 왼쪽에 있는 블록은 4개이고, 가운데 있는 블록은 9개이다. 제일 오른쪽에 있는 블록이 6개이므로, 총 블록의 개수는 4+9+6 = 19개이다.

06 ▶ **정육면체 블록을 빈틈없이 쌓은 후 위, 앞, 오른쪽 옆에서 보았더니 다음과 같은 모습이었다. 이 입체를 만드는 데 사용된 블록의 개수는 총 몇 개인가?**

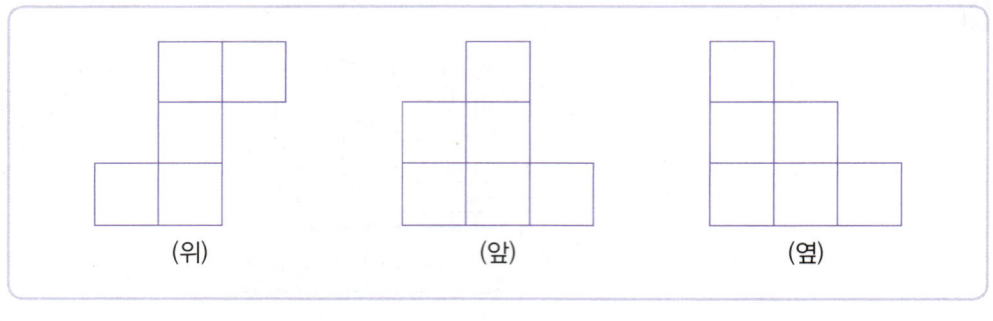

① 7개　　　② 9개　　　③ 11개　　　④ 13개

위에서 보이는 모양은 블록이 쌓여 있는 자리이다. 여기에 앞에서 보이는 모습을 고려하면 다음 위치의 블록 개수를 알 수 있다.

?	1
	?
2	?

다음으로 오른쪽 옆에서 보이는 모습을 생각해보면 모든 위치의 블록 개수를 알 수 있다.

	1	1
	2	
2	3	

따라서 이 입체를 만드는 데 사용된 블록의 개수는 2+3+2+1+1=9개이다.

07 다음 블록의 바닥면을 포함한 겉면에 색칠을 하려고 한다. 1층에서 3층에 있는 각 블록 중 4면이 칠해지는 블록이 층마다 1개 이상 있으려면, 최소 몇 개의 블록을 추가해야 하는가?

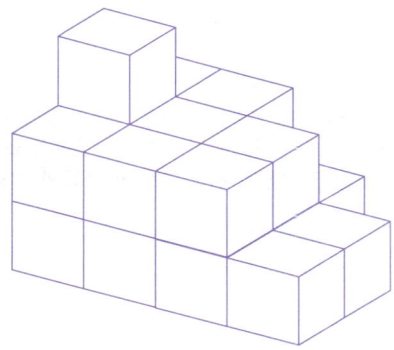

① 1개　　② 2개　　③ 3개　　④ 4개

해설

각 블록에 칠해지는 면의 수는 다음과 같다.

3	2	4
2	1	1	4
3	2	2	4

(1층)

3	3	
1	1	3
3	2	3

(2층)

5

(3층)

따라서 1층엔 블록을 추가하지 않아도 되며, 2층과 3층에 하나씩 추가해야 한다.

3	3		
1	1	2	4
3	2	3	or

(2층)

4	
4	or
or	

(3층)

답은 2개이다.

[08~10] 다음과 같이 쌓여있는 블록을 보고 최소 몇 개의 블록을 더 쌓아야 직육면체 모양의 블록이 되는지 답하시오.

08

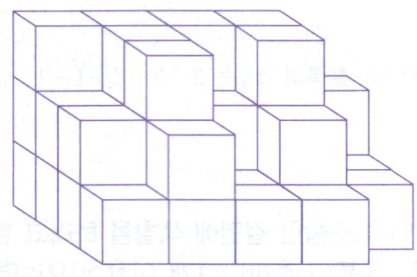

① 21개　　② 22개　　③ 23개　　④ 24개

해설

가로 5칸, 세로 4칸, 높이 3칸의 직육면체 모양을 만들면 된다. 층별로 $5 \times 4 = 20$개의 블록이 있어야 하고, 1층에는 1개, 2층에는 7개의 블록이 모자란다. 제일 위층에는 7개의 블록만이 있으므로 13개의 블록이 모자람을 알 수 있다. 따라서 직육면체 모양을 만들기 위해 필요한 블록의 최소 개수는 $1+7+13 = 21$개이다.

09

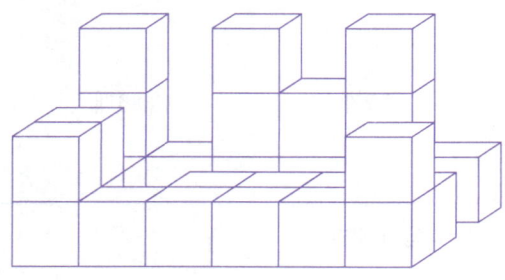

① 43개　　② 44개　　③ 45개　　④ 46개

해설

가로 6칸, 세로 4칸, 높이 3칸의 직육면체 모양을 만들어야 한다. 각 층에 $6 \times 4 = 24$개의 블록이 필요하며, 1층에는 6개의 블록이 없음을 알 수 있다. 2층에는 7개의 블록이 있으므로, $24-7 = 17$개의 블록이 더 필요하며, 3층에는 3개의 블록만 있으므로 $24-3 = 21$개의 블록이 더 필요하다. 따라서 직육면체 모양을 만들기 위해서는 최소 $6+17+21 = 44$개의 블록이 더 필요하다.

10 ▶

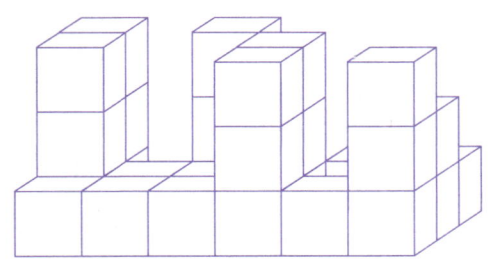

① 22개　　② 24개　　③ 26개　　④ 28개

해설

가로 6칸, 세로 3칸, 높이 3칸의 직육면체를 만들어야 한다. 한 층당 6×3=18개의 블록이 있어야 하며, 1층에는 3개의 블록이 모자란다. 위의 두 층은 합쳐서 36개의 블록이 있어야 하는데, 왼쪽부터 4+2+4+3=13개의 블록만 있으므로 23개가 모자란다. 따라서 총 3+23=26개의 블록을 더 쌓아야 한다.

[11~12] 다음과 같이 블록을 쌓았을 때, 2개의 면이 밖으로 나오는 블록의 개수를 구하시오.
(단, 바닥은 면수에서 제외한다.)

11 ▶

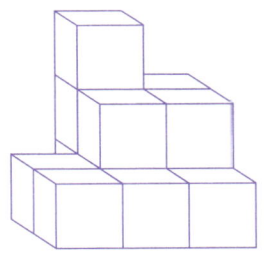

① 4개　　② 3개　　③ 2개　　④ 1개

해설

각 블록의 밖으로 나오는 면의 수는 다음과 같다.

	2	2
3	0	1
3	2	3

(1층)

2	3
3	3

(2층)

5

(3층)

따라서 2개의 면이 밖으로 나오는 블록의 개수는 4개이다.

08 ①　09 ②　10 ③　11 ①

12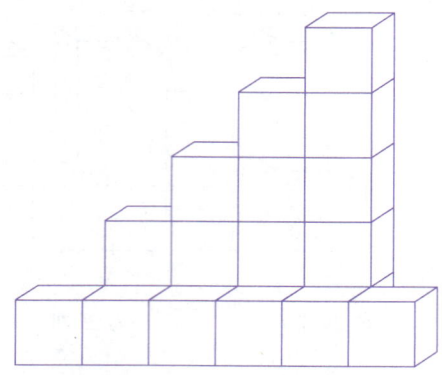

① 3개　　　② 5개　　　③ 7개　　　④ 9개

해설

각 블록의 밖으로 나오는 면의 수는 다음과 같다.

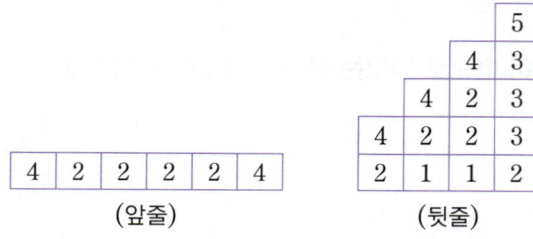

따라서 2개의 면이 밖으로 나오는 블록의 개수는 9개이다.

[13~14] 다음과 같이 블록을 쌓았을 때, 3개의 면이 밖으로 나오는 블록의 개수를 구하시오.
(단, 바닥은 면수에서 제외한다.)

13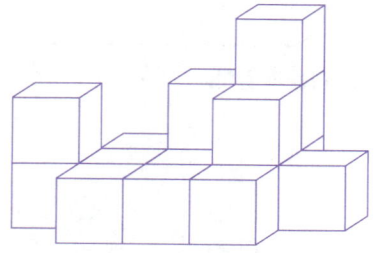

① 1개　　　② 2개　　　③ 3개　　　④ 4개

해설

각 블록의 밖으로 나오는 면의 수는 다음과 같다.

	3	1	2	
3	1	1	0	4
	3	2	3	

(1층)

	4	2
5		4

(2층)

5

(3층)

따라서 3개의 면이 밖으로 나오는 블록의 개수는 4개이다.

14 ▶

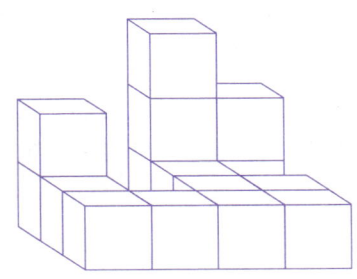

① 8개　　② 9개　　③ 10개　　④ 11개

해설

각 블록의 밖으로 나오는 면의 수는 다음과 같다.

		2	3
3		3	
3		2	3
3	3	2	3

(1층)

	3	4
5		

(2층)

5

(3층)

따라서 3개의 면이 밖으로 나오는 블록의 개수는 9개이다.

12 ④　13 ④　14 ②

[15~16] 다음은 동일한 크기의 정육면체 모양 블록을 빈틈없이 쌓아올린 것이다. 회색으로 칠해진 블록은 반대편까지 회색으로 칠해져있다고 할 때, 흰색 블록의 개수를 구하시오.

15 ▸

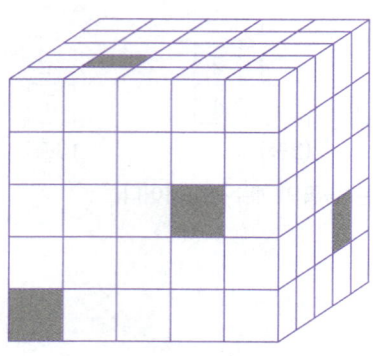

① 120개　　② 115개　　③ 105개　　④ 100개

해설

전체의 블록 수는 $5 \times 5 \times 5 = 125$개이다. 이 중 회색 블록 수가 $5 \times 4 = 20$개이므로, 흰색 블록은 $125 - 20 = 105$개이다.

16 ▸

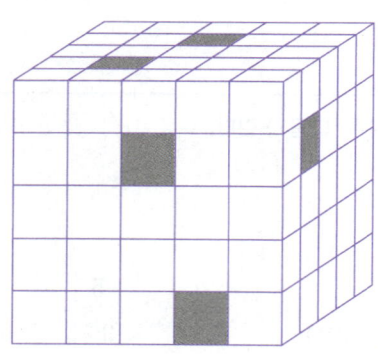

① 100개　　② 101개　　③ 102개　　④ 103개

해설

전체의 블록 수는 $5 \times 5 \times 5 = 125$개이다. 회색 블록 수를 구하기 위해서는 겹치는 부분이 몇 군데인지 보아야 한다. 겹치는 부분은 세 군데이다. 따라서 회색 블록 수는 $(5 \times 5) - 3 = 22$개이고, 흰색 블록 수는 $125 - 22 = 103$개이다.

[17~18] 다음은 동일한 크기의 정육면체 모양 블록을 빈틈없이 쌓아올린 것이다. 회색으로 칠해진 블록은 반대편까지 회색으로 칠해져있다고 할 때, 회색 블록의 개수를 구하시오.

17

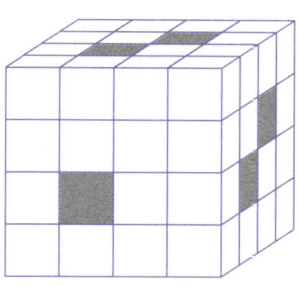

① 17개　　② 18개　　③ 19개　　④ 20개

회색 블록이 겹치는 부분은 총 두 군데이다. 한 군데에서는 두 블록이 겹치고, 나머지 한 군데에서는 세 블록이 겹친다. 겹치는 부분이 없다고 생각하면 회색 블록의 개수는 $5 \times 4 = 20$개이고, 여기서 두 블록이 겹치는 경우에는 1을, 세 블록이 겹치는 경우에는 2를 빼주어야 한다. 따라서 회색 블록의 개수는 $20 - 1 - 2 = 17$개이다.

18

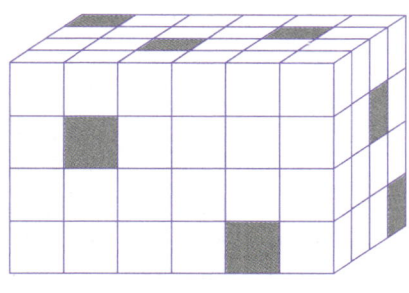

① 27개　　② 29개　　③ 30개　　④ 32개

겹치는 부분을 고려하지 않았을 때 회색 블록은 $(5 \times 4) + (2 \times 6) = 32$개이다. 겹치는 부분은 다섯 군데이며, 따라서 회색 블록의 총 개수는 $32 - 5 = 27$개이다.

19. 다음 블록에 색칠을 하려고 한다. 밑면은 칠하지 않는다고 할 때, 칠할 수 있는 블록 면의 개수는 몇 개인가?

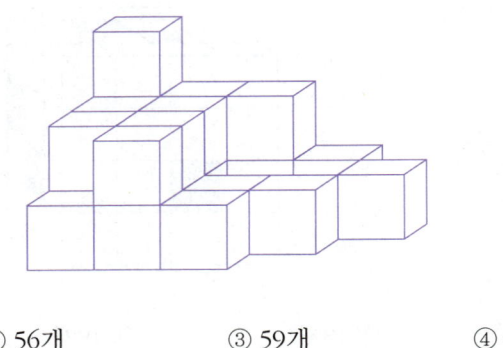

① 53개　　② 56개　　③ 59개　　④ 62개

해설

윗면의 개수는 14개이고, 옆면의 개수는 각각 10개씩 20개이다. 앞면과 뒷면의 개수는 11개씩 22개이므로, 색칠할 수 있는 총 블록 면의 개수는 $14+20+22=56$개이다.

20. 다음 블록의 밑면을 포함하여 색칠한다고 할 때, 칠할 수 있는 블록 면의 개수는 몇 개인가?

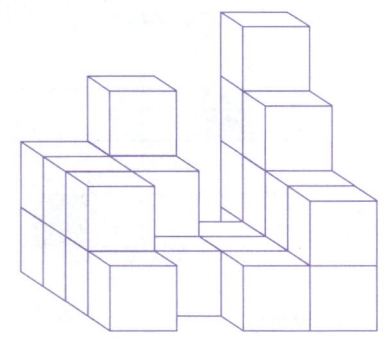

① 78개　　② 80개　　③ 82개　　④ 85개

해설

윗면과 밑면의 개수는 각각 14개씩 28개이며, 옆면의 개수는 각각 17개씩 34개이다. 마지막으로 앞면과 뒷면의 개수는 각각 10개씩 20개이다. 따라서 색칠할 수 있는 총 블록 면의 개수는 $28+34+20=82$개이다.

21. 다음은 정육면체 블록을 쌓은 것이다. 두 면이 다른 블록과 접해 있는 블록의 개수는 몇 개인가?

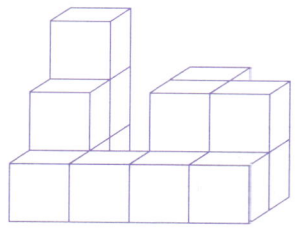

① 8개　　② 9개　　③ 10개　　④ 11개

해설

각 층의 블록 면이 다른 블록 면과 접해 있는 수는 다음과 같다.

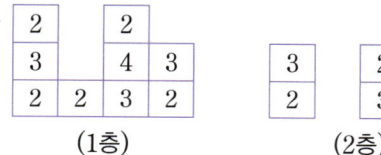

(1층)　　(2층)　　(3층)

따라서 두 면이 다른 블록과 접해 있는 블록의 개수는 8개이다.

[22~23] 다음 블록을 보고 물음에 답하시오.

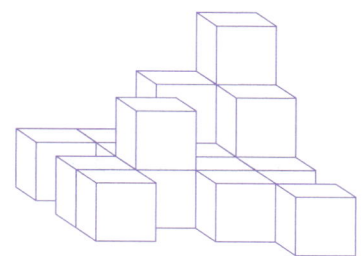

22. 위 블록의 개수는 모두 몇 개인가?

① 18개　　② 19개　　③ 20개　　④ 21개

해설

1층에 있는 블록은 14개이다. 2층에 4개, 3층에 1개의 블록이 있으므로 총 블록의 개수는 14+4+1 = 19개이다.

23 위 블록에 밑면을 포함하여 페인트를 칠한다고 할 때, 칠해지는 면의 개수는 모두 몇 개인가?

① 66개　　② 68개　　③ 70개　　④ 72개

해설

칠할 수 있는 윗면과 밑면의 개수는 각각 14개씩 28개이고, 옆면의 개수는 10개씩 20개이다. 앞면과 뒷면의 개수도 각각 10개씩 20개이므로, 칠해지는 면의 총 개수는 28＋20＋20 ＝ 68개이다.

[24~25] 다음 블록을 보고 물음에 답하시오.

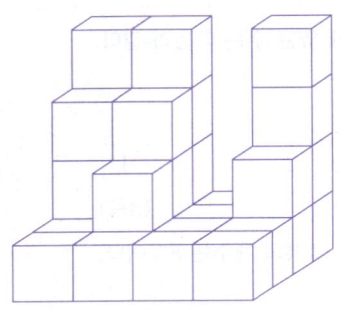

24 위 블록의 개수는 모두 몇 개인가?

① 28개　　② 29개　　③ 30개　　④ 31개

해설

1층의 블록 개수는 16개이고 2층의 블록 개수는 7개이다. 3층은 5개, 4층은 3개이므로 총 블록의 개수는 16＋7＋5＋3 ＝ 31개이다.

25 위 블록의 한 변의 길이가 1cm라고 할 때, 최소 몇 개의 블록을 더 쌓아야 정육면체 모양의 블록이 되는가?

① 30개　　② 31개　　③ 32개　　④ 33개

해설

블록의 가로, 세로, 높이의 개수를 모두 네 개씩 하면 정육면체가 완성된다. 각 층마다 4×4 ＝ 16개의 블록이 있어야 하며, 모자라는 블록의 개수를 세어보면 정육면체 모양을 만들기 위해 필요한 블록의 개수를 알 수 있다. 1층에는 모자라는 블록이 없으며, 2층에는 7개의 블록이 있으므로 16−7 = 9개의 블록이 모자란다. 3층에는 16−5 = 11개, 4층에는 16−3 = 13개가 모자라므로, 정육면체 모양을 만들기 위해 필요한 최소 블록의 개수는 9+11+13 = 33개이다.

05 전개도

[01~12] 다음 전개도를 접었을 때 만들어지는 입체도형으로 알맞은 것을 고르시오.

01

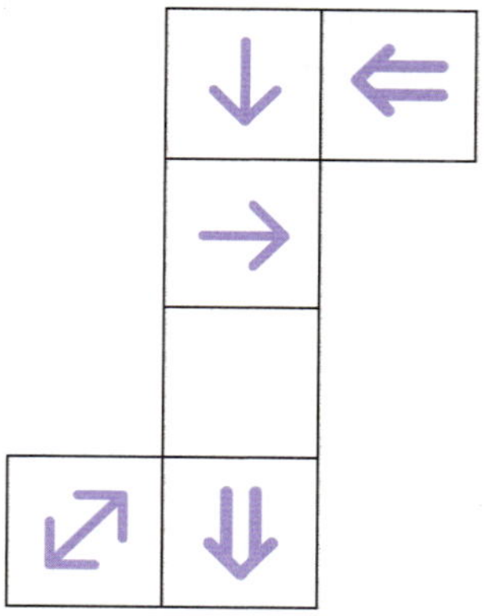

① ② ③ ④

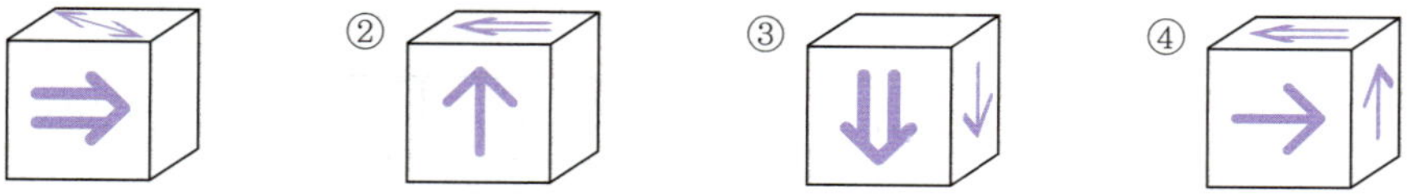

해설

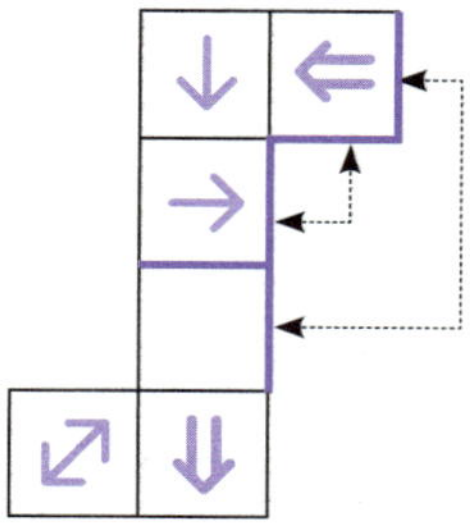

23 ② 24 ④ 25 ④ | 01 ②

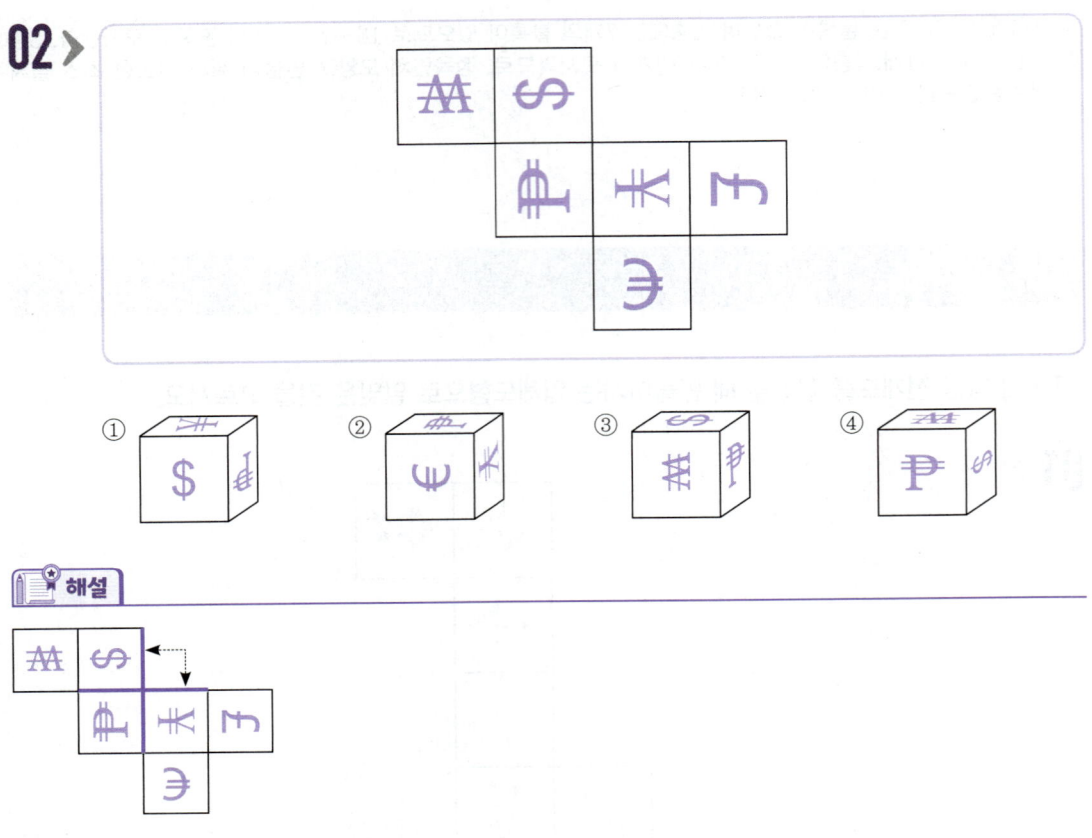

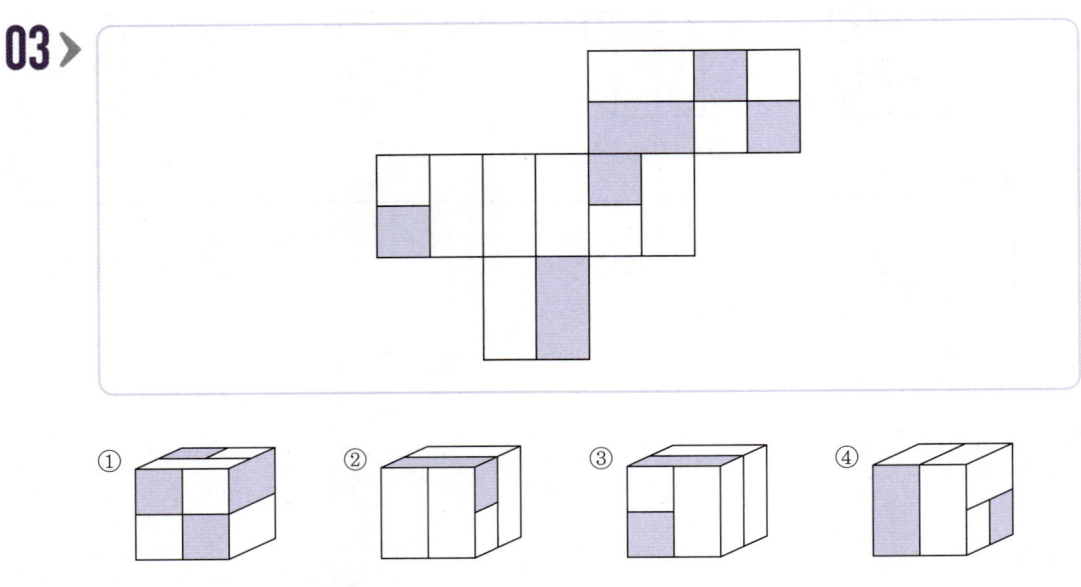

> 해설

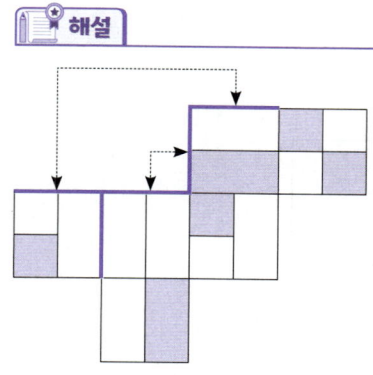

04 ▶

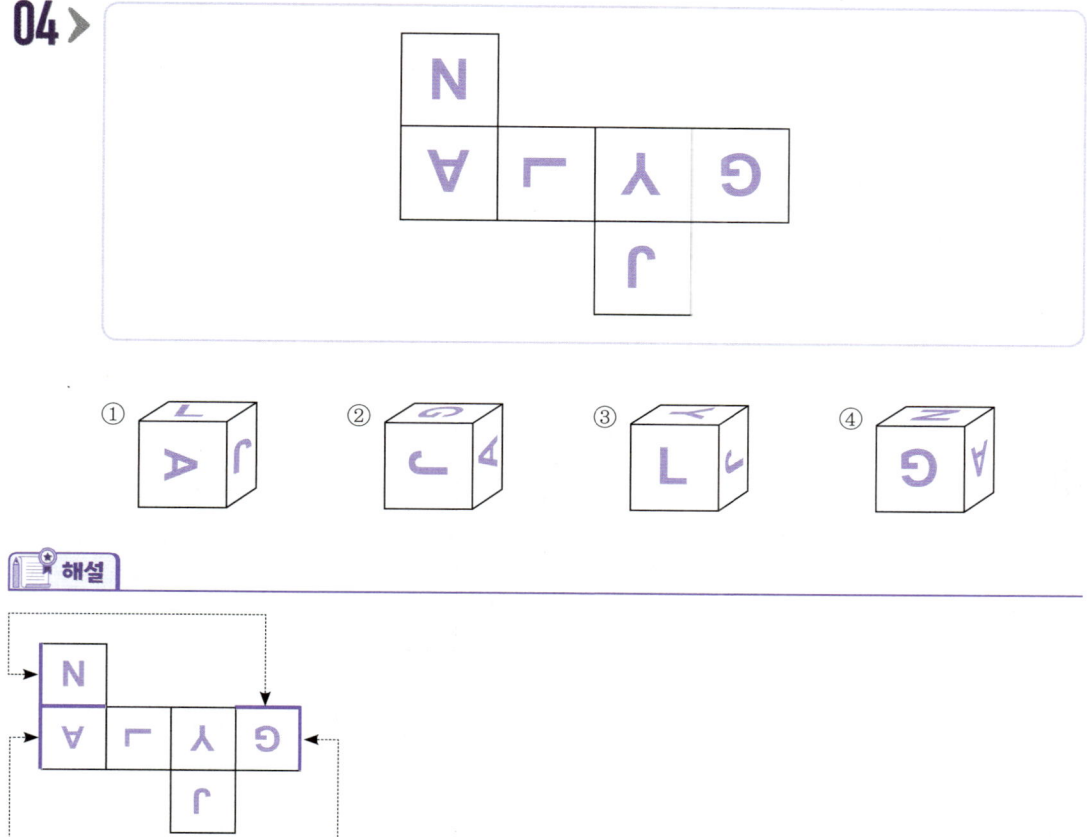

02 ① 03 ④ 04 ④

05 >

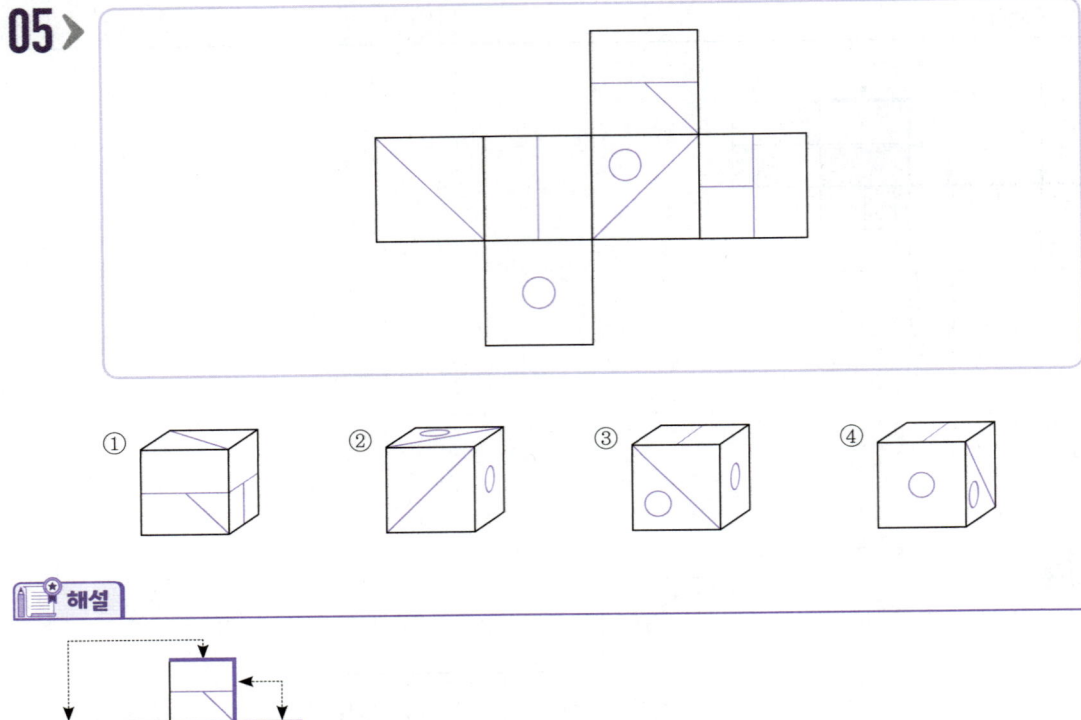

해설

06 >

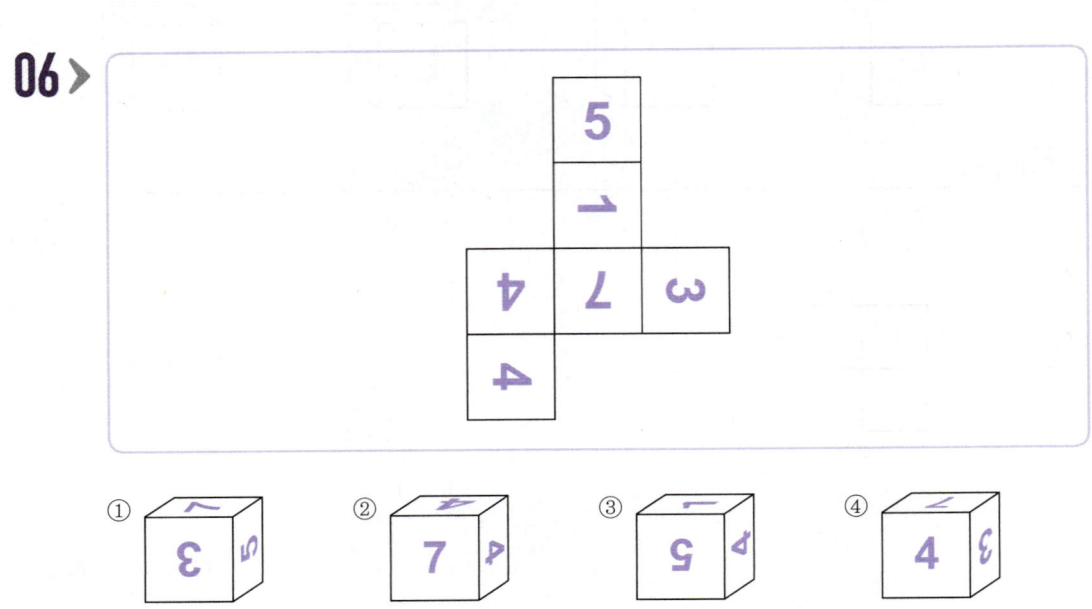

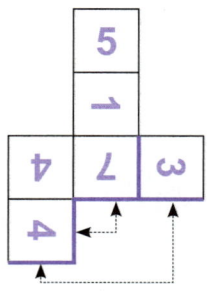

07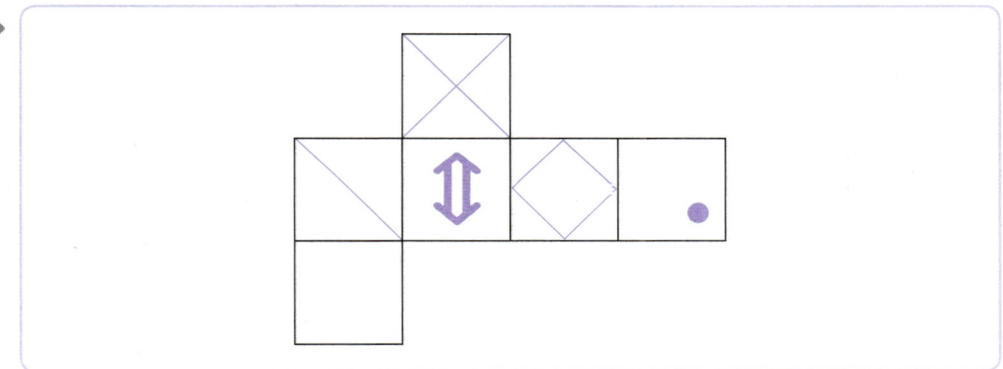

① 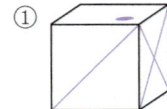 ② 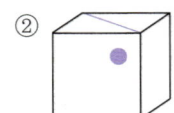 ③ 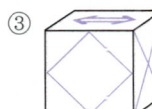 ④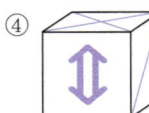

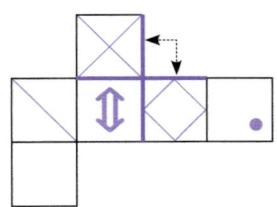

05 ① 06 ④ 07 ③

08 ▶

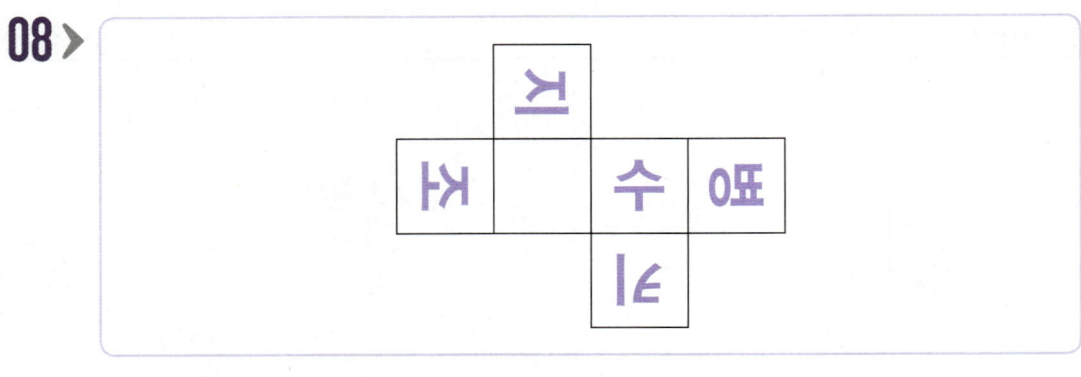

① 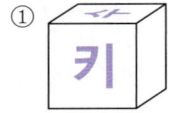 ②  ③ 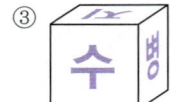 ④

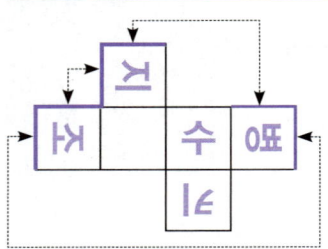

09 ▶

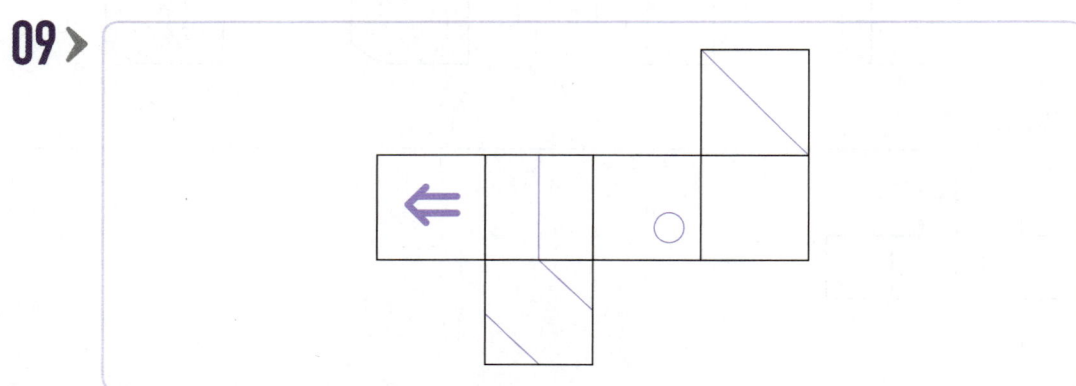

① 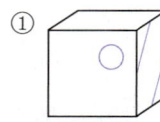 ② 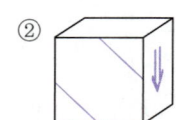 ③ 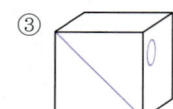 ④

해설

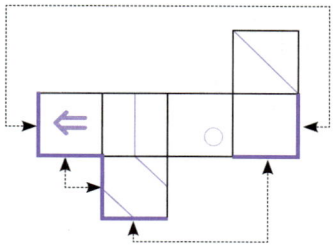

10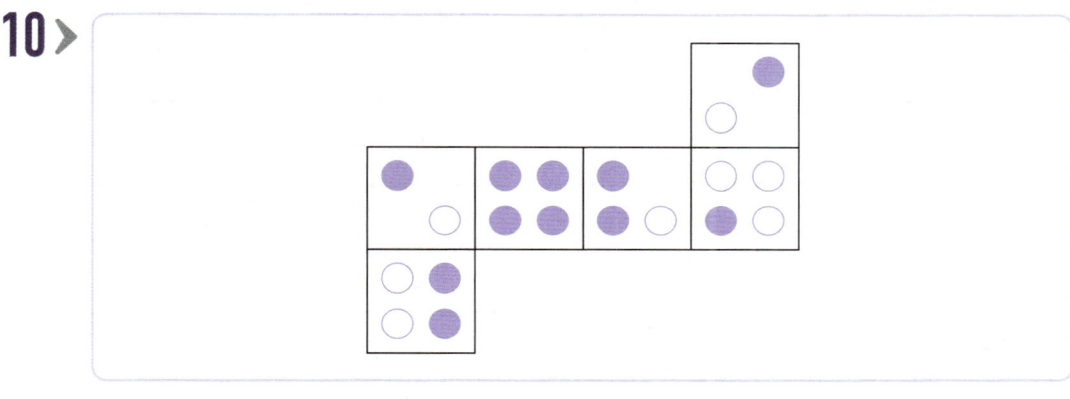

① 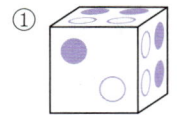 ② 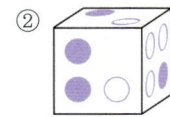 ③ 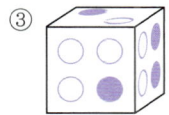 ④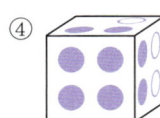

해설

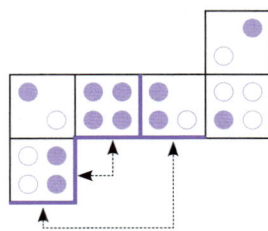

08 ② 09 ④ 10 ④

11 ▶

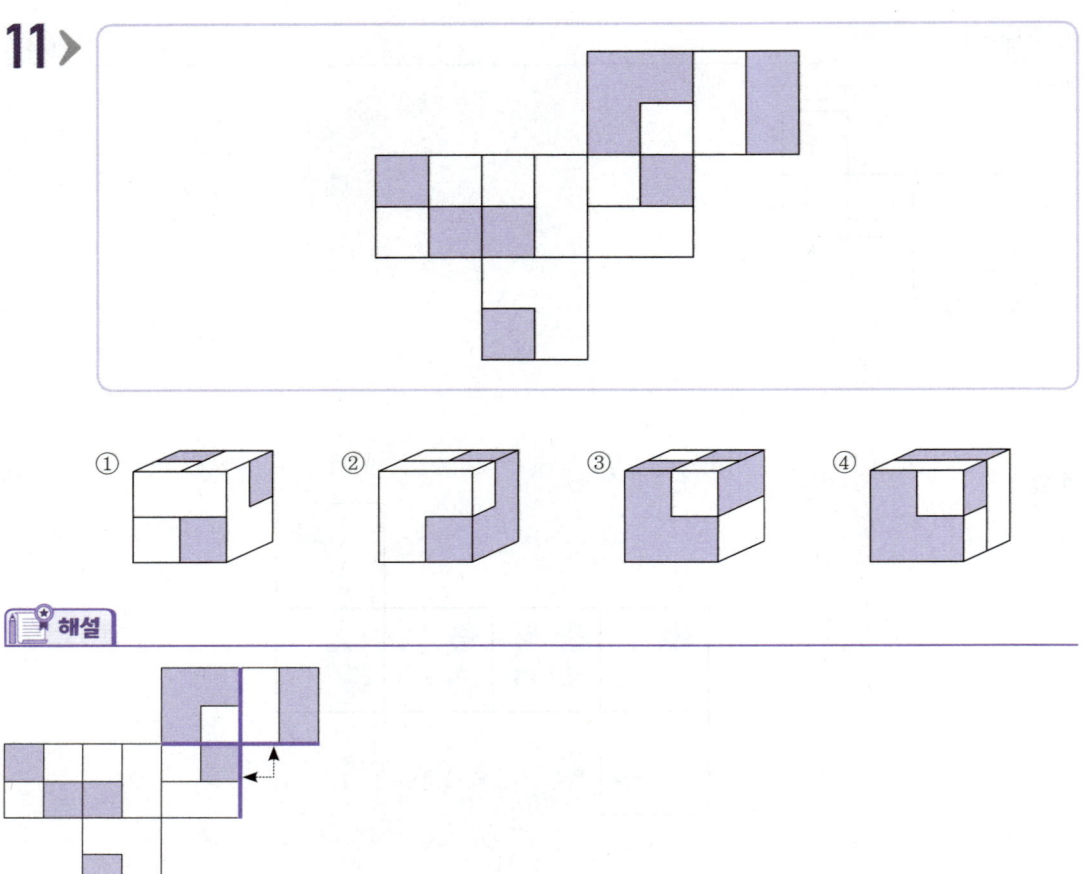

12 ▶

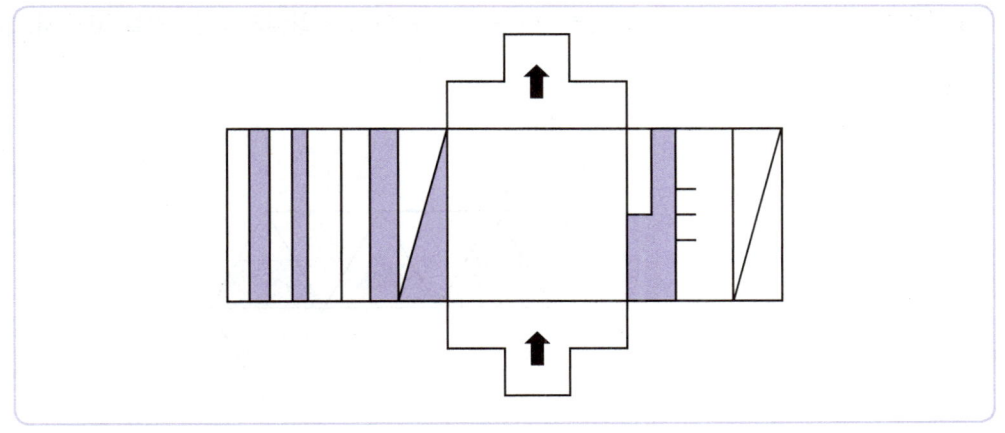

① 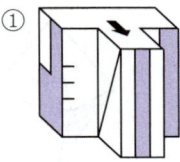 ② 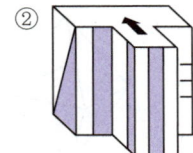 ③ 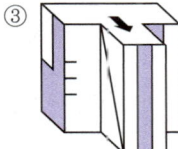 ④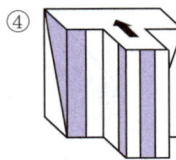

해설

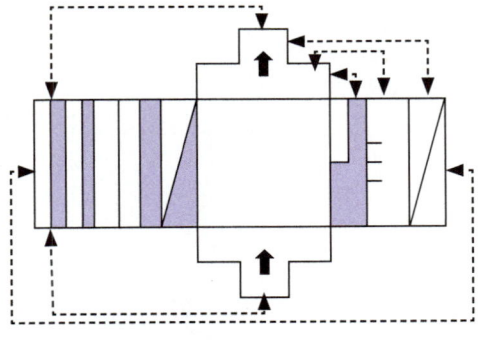

11 ④ 12 ①

[13~17] 다음 전개도를 접었을 때 만들어지는 입체도형으로 알맞지 않은 것을 고르시오.

13▶

① 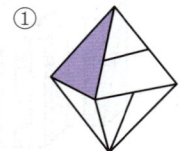 ② 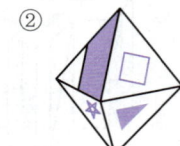 ③ 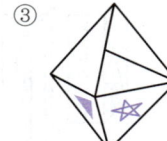 ④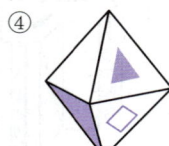

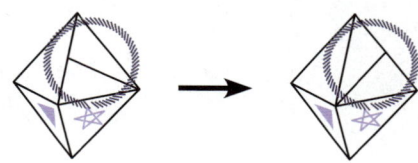

14▶

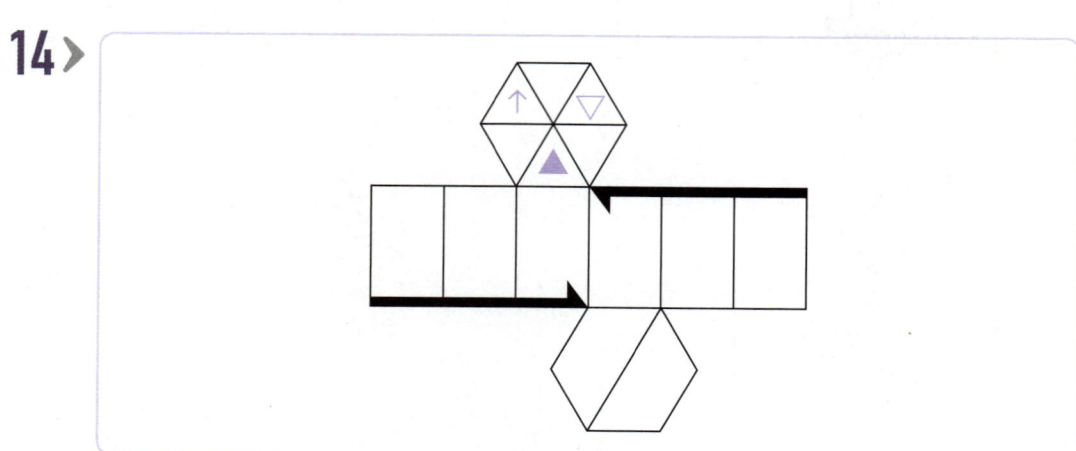

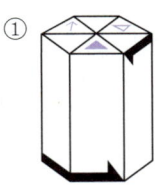 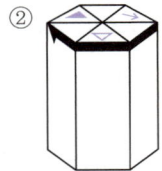 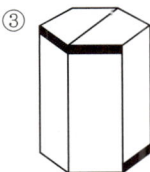 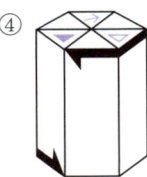

해설
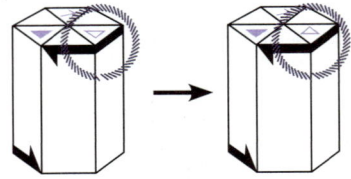

15 ▶
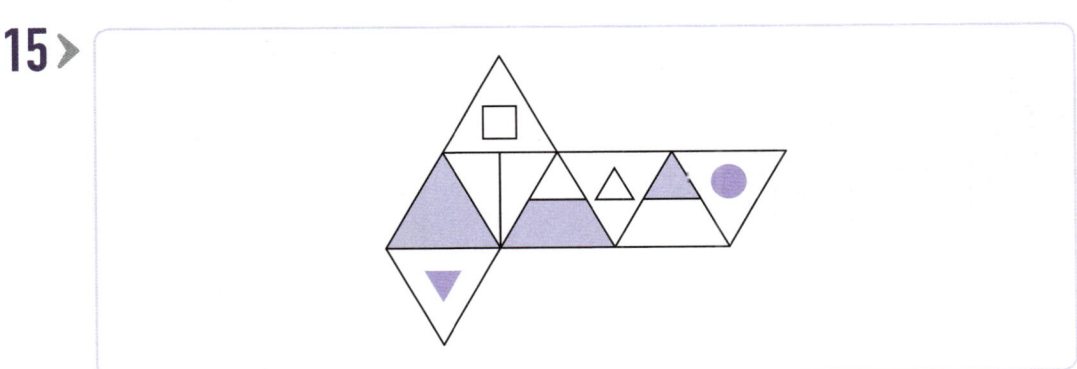

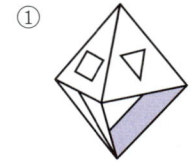 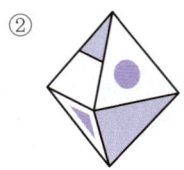 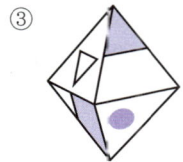 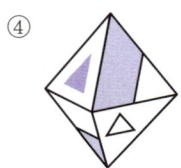

해설
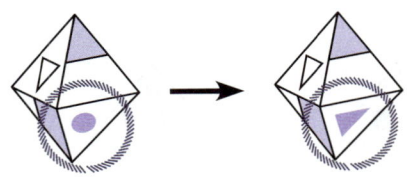

13 ③　14 ④　15 ③

16 ▸

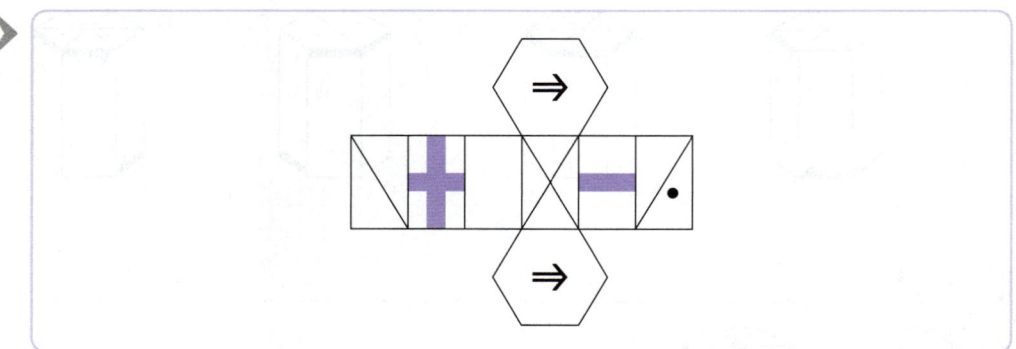

① 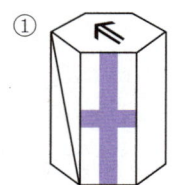　② 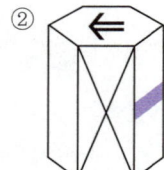　③ 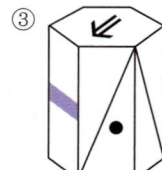　④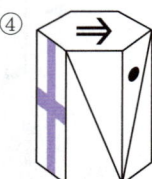

해설

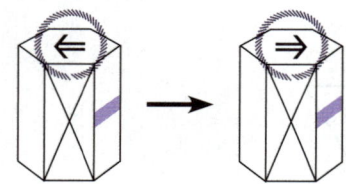

17 ▸

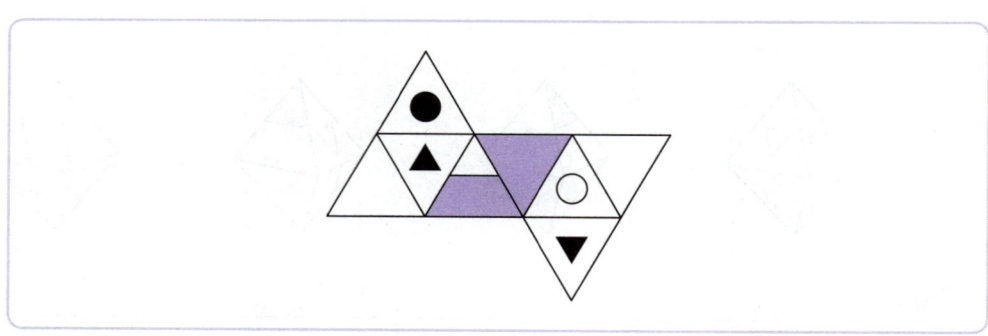

① 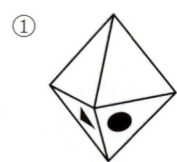　② 　③ 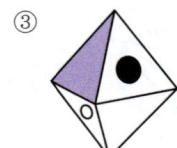　④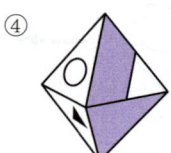

 해설

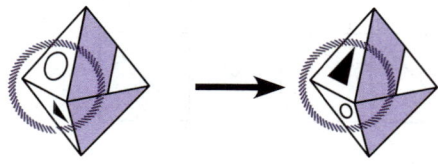

[18~20] 다음 전개도를 접어 정육면체를 만들었을 때 모양이 나머지와 다른 것을 고르시오.

18 ①
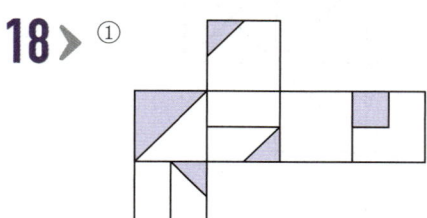

②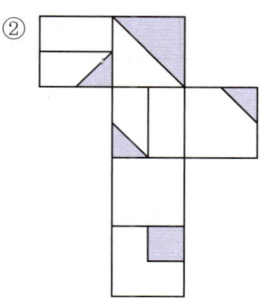

③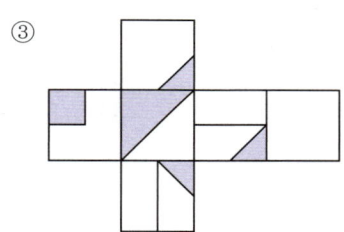

④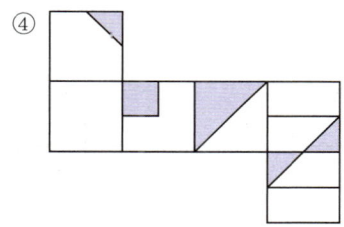

 해설

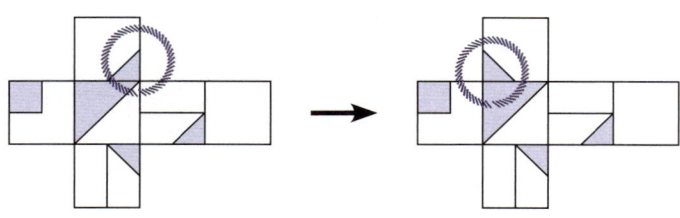

16 ② 17 ④ 18 ③

19 ① 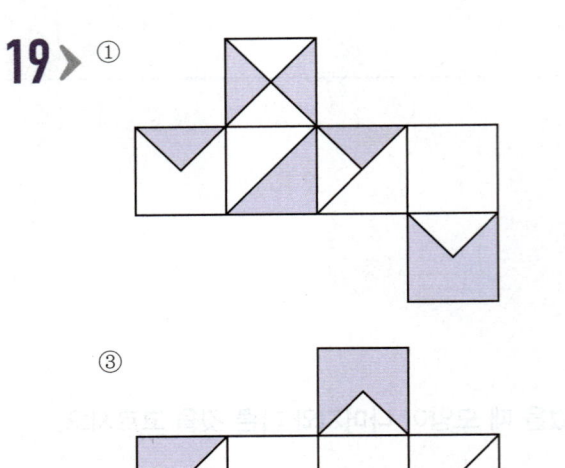 ②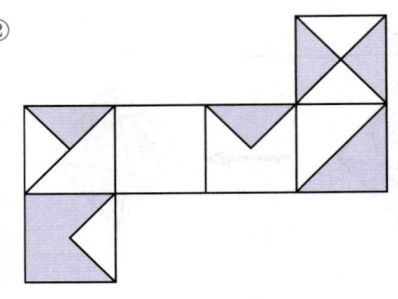

③ 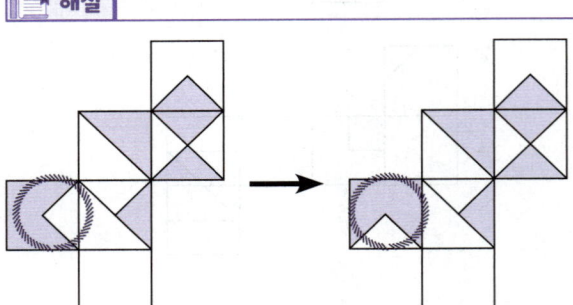 ④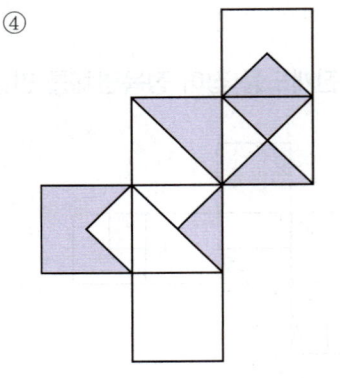

해설

20 ① 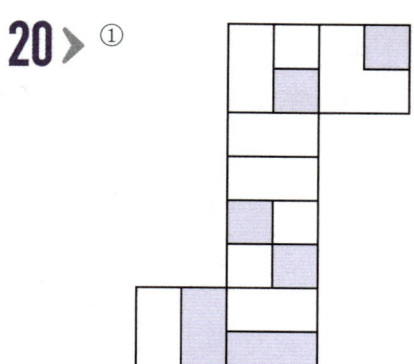 ②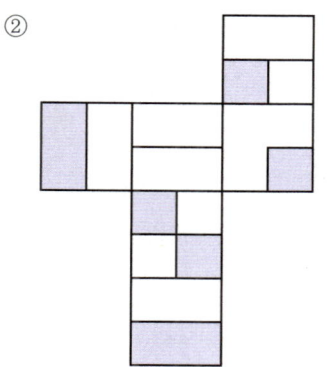

③ 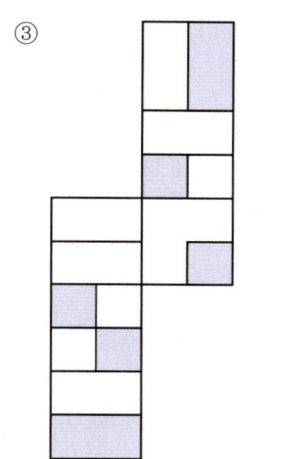 ④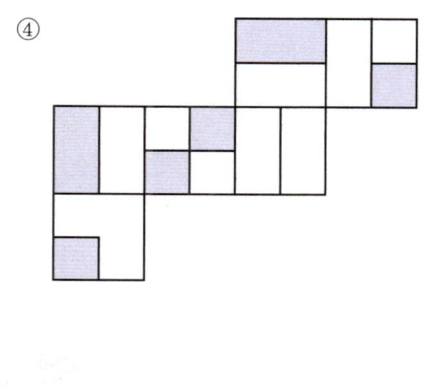

해설

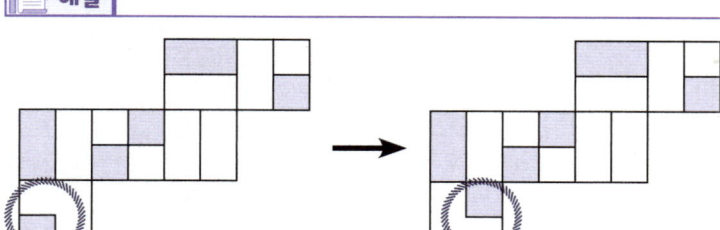

19 ④ 20 ④

북스케치
www.booksk.co.kr

Part 2
실전모의고사

직무능력검사 실전모의고사
실전모의고사 정답 및 해설

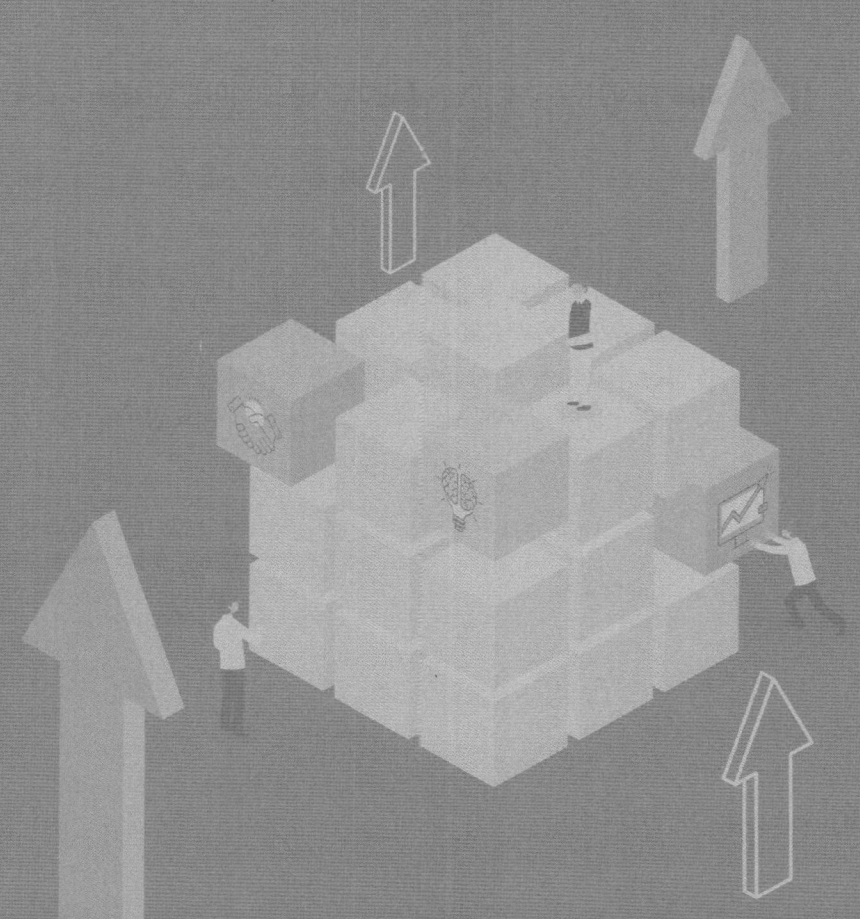

직무능력검사 실전모의고사
[45문항 / 50분]

※ 용답용지 OMR 카드는 교재 마지막 부분에 있습니다.

정답 및 해설 364p

01 ▶ 다음 제시된 단어와 의미가 유사한 것을 고르면?

> 으레

① 개평
② 의례
③ 노상
④ 겨를

02 ▶ 다음 제시된 문장의 밑줄 친 단어와 같은 의미로 사용된 것을 고르면?

> 좁은 골목길에 차가 지나갈 만한 길을 <u>냈다</u>.

① 아버지가 안방에 창문을 <u>냈다</u>.
② 딸아이가 손가락으로 문풍지에 구멍을 <u>냈다</u>.
③ 그는 월간지에 현 시국에 대한 논평을 <u>냈다</u>.
④ 차량이 늘어 갈수록 새로 주유소를 <u>내는</u> 사람도 많아질 것이다.

03. 다음 제시된 단어와 같은 관계가 되도록 괄호 안에 들어갈 알맞은 단어를 고르면?

> 필리핀 : 마닐라 = 캐나다 : ( )

① 워싱턴 ② 오타와
③ 스톡홀름 ④ 뉴델리

04. 다음 제시된 문장의 밑줄 친 단어에 대한 설명으로 틀린 것은?

> ㉠ 결국에는 **사달 / 사단**이 났다.
> ㉡ **껍떼기 / 껍데기**를 벗겼다.
> ㉢ 나는 **어떻든 / 어떻던** 네가 좋다.
> ㉣ **내로라 / 내노라** 하는 인사들이 모였다.

① ㉠ '사고나 탈이 나다'의 의미로 '사달이 나다'를 '사단이 나다'로 잘못 쓰는 경우가 많은데 '사달이 나다'가 옳은 표현이다.
② ㉡ '껍데기'를 말할 때 [껍떼기]로 발음되기 때문에 '껍떼기'로 잘못 표기하기도 하나 이것은 틀린 표기이다.
③ ㉢ 어느 것이 일어나도 뒤의 내용이 성립하는 데 아무런 상관이 없음을 나타내는 연결 어미로 '-든'이 쓰여야 한다. 따라서 '어떻든'이 옳은 표현이다.
④ ㉣ '어떤 분야를 대표할 만하다'의 뜻을 나타내는 단어는 '내노라하다'이다.

05. 다음과 같은 뜻을 가지고 있는 한자성어로 옳은 것은?

> 버마재비가 매미를 엿본다는 뜻으로, 눈앞의 이익(利益)에만 눈이 어두워 뒤에서 닥치는 재해(災害)를 생각하지 못함을 이르는 말

① 금선탈각 ② 낙탕방해
③ 당랑규선 ④ 당랑거철

06. 다음 문장의 밑줄 친 내용 중 띄어쓰기가 잘못된 것은?

> - 형이 집을 **떠난 지** 벌써 3년 정도 지난 것 같은데 형에게 아직도 아무런 소식이 없다.
> - 여러 세대가 서로 대화가 잘 통해야 **세대간**의 갈등을 줄일 수 있다.
> - 그 가게에는 사과, 귤, **배 등**이 있다.
> - 그 **여자만큼** 부지런한 사람이 없다.

① 떠난 지 ② 세대간
③ 배 등   ④ 여자만큼

07. 다음 글에서 다루고 있지 않은 것은?

모야모야병은 뇌혈관이 점차 좁아져 뇌경색이나 뇌출혈을 일으킬 수 있는 희귀질환이다. 모야모야병이 발생하면 내경동맥의 끝부분인 전대뇌동맥과 중대뇌동맥 시작 부분에 협착이나 폐색이 보이고 부족한 혈류량을 공급하기 위해 비정상적인 미세혈관이 자라게 된다. 이 미세혈관의 모양이 연기가 피어나는 모양과 비슷하다고 해 '모락모락'을 뜻하는 일본어 '모야모야'로 명명됐다.

모야모야병은 동아시아 국가, 특히 우리나라와 일본에서 많이 발생하며 발병률이 서양 국가보다 약 10배 이상 높다. 또한 남성보다 여성에서 2배 정도 많이 발병한다. 보건의료 빅데이터에 따르면 국내 모야모야병 환자 수는 지난해 기준 1만 2,870명으로 2015년 이후 매년 1,000여 명씩 꾸준히 증가하고 있다. 발병 연령의 경우 10세 이하와 30~40세 두 연령층의 비중이 크다. 7~9세 중심의 소아에서 발병되는 경우가 가장 많고 그다음으로 30대 성인에서 많이 나타난다.

발병 시기에 따라 증상도 큰 차이를 보인다. 소아의 경우에는 뇌혈관이 좁아지면서 일시적으로 뇌기능의 장애가 생기는 일과성 허혈발작이 흔히 나타난다. 주로 울거나 감정이 격해졌을 때 호흡이 가빠지면서 뇌혈관 폐색이 심해지고 순간적으로 한쪽 팔다리에 힘이 빠진다. 수분 정도 지속되다가 저절로 회복된다. 또한 풍선, 리코더를 부는 등 과호흡을 유발하는 상황에서 증상이 발생하기도 한다. 두통도 흔하다. 주로 아침 시간대에 호소하며 구역감, 구토를 동반하기도 한다. 소아에게 뇌출혈은 드물지만 30~40대의 성인은 첫 증상으로 뇌출혈이 발생하는 경우가 많다.

모야모야병의 정확한 발병 원인은 밝혀지지 않은 상황이다. 하지만 역학적 조사 결과는 환경 요소보다는 유전적 요소를 뒷받침하고 있다. 특히 일본 연구에 의하면 직업, 생활양식, 지역과는 무관하다는 결과가 나왔다. 모야모야병이 우리나라와 일본 같은 동아시아 지역에 흔하고 여성 환자가 많다는 점, 그리고 약 10~15%가 가족력이 있다는 점 등은 유전적 질환일 가능성을 시사하고 있다.

① 모야모야병의 발병 원인
② 모야모야병의 치료 방법
③ 모야모야병의 주요 발생 국가
④ 모야모야병의 병명 유래

08 다음 글을 읽고 이 글의 논지 전개 방식에 대한 설명으로 맞는 것을 고르면?

지상 20~30km 사이의 대기 성층권에는 오존이 밀집해 있어, 태양 광선 중 생물체에 해로운 강한 자외선을 흡수하여 지구상의 생물체에 대한 보호막 구실을 하고 있다. 1970년대 초에 일련의 과학자들은 대기 중에서 염화플루오르화탄소를 검출하였고, 이것이 성층권의 오존과 연쇄 반응하여 오존층을 파괴한다는 것을 입증하였다. 특히 남극 상공에는 오존층이 거의 없는 '오존 홀(Ozon Hole)'이 생겨났음을 입증하였다. 그런데 이 염화플루오르화탄소는 1930년대부터 미국의 뒤퐁 사에서 인공적으로 만든 것으로 자연적으로는 발생하지 않으며, 냉장고와 자동차 에어컨의 냉매, 반도체와 전자 회로 기관의 세정제, 모기약과 화장품의 분사체, 플라스틱 발포물 및 단열재 등의 광범위한 용도로 거의 모든 산업에서 사용되어 온 물질이다.

염화플루오르화탄소에 의한 오존층 파괴가 과학적으로 입증됨에 따라 국제 사회는 1985년에 오존층 보호를 위한 '빈 협약'을 채택하였고, 1987년 9월에는 염화플루오르화탄소를 포함한 오존층 파괴 물질의 생산과 사용을 규제하는 '몬트리올 의정서'를 채택하였다. 그 후, 두 차례에 걸쳐 개정된 의정서에 의하여 염화플루오르화탄소의 생산과 사용을 1996년부터 전면 금지하기로 하였다. 냉장고와 에어컨과 같은 규제 물질을 포함하는 제품을 비가입국으로부터 수입을 금지하는 무역 규제 조치도 포함하고 있어, 몬트리올 의정서는 앞으로 닥쳐 올 환경 보호 의무와 무역 규제를 연계시키고자 하는 '그린 라운드(Green Round)'의 규범이 될 것으로 예상되고 있다.

규제되는 염화플루오르화탄소를 대체할 새로운 화합물은 염화플루오르화탄소의 장점을 고루 갖추면서 오존층을 파괴하지 않는 물질이어야 한다. 이상적인 대체 물질이 가까운 장래에 나타난다는 것은 어려운 일이기 때문에 이제까지 사용하던 염화플루오르화탄소를 변형시켜 오존층 파괴 능력을 줄이는 대체 물질들이 일부 개발되어 사용되거나 시험 중에 있다. 염화플루오르화탄소에 수소 원자를 치환하여 상당량이 성층권에 도달하기 전에 흡수되어 지표면으로 떨어지게 되는 수소염화플루오르화탄소(HCFC : Hydro Chloro Fluoro Carbon)나 오존을 파괴하는 염소를 포함하지 않는 수소플루오르화탄소(HFC : Hydro Fluoro Carbon)와 같은 화합물이 당분간 염화플루오르화탄소 대체 물질로 사용될 것으로 예상된다.

① 중심 화제를 대조한 후 결론을 이끌어 내고 있다.
② 화제를 제시한 후 그것을 구체적으로 서술하고 있다.
③ 앞의 주장에 대한 반론을 제기하고 결론에 이르고 있다.
④ 문제의 원인을 밝힌 후 그 문제를 해결하기 위한 방안을 제시하고 있다.

09 ▶ 다음 각 문단의 중심내용으로 적절하지 않은 것을 고르면?

> 고전적인 민주 정치가 '의민 정치'로서 생활 문제는 국민 스스로의 자율성에 맡겨 두었던 야경 국가(夜警國家) 체제였던 데 반해, 20세기의 현대 민주 정치는 의민(依民)과 위민(爲民)을 조화시키는 정치 체제, 말하자면 복지 국가(福祉國家) 체제로 이행되었다.
>
> (가) 이렇듯 민주 정치가 내적인 변화를 겪는 과정에서 일부 정치인들의 오해가 빚어졌다. 의민은 낡은 정치 이념이고, 위민이 새로운 정치 이념이라는 것이다. 정치는 자기네와는 동떨어진 것이라고 믿어왔던 소박한 일반 국민도 자기네들에 의해서 정치가 이루어진다고 하는 형식적인 절차보다는, 자기네들을 위해 준다는 사실이 더 현실적이라는 생각에 쉽게 동조하게 되었다.
>
> (나) 그러나 민주 정치의 실체는 남이 자기를 위해 준다는 사실을 믿을 수 없었기 때문에, 자기 스스로에 의해서 정치를 수행할 수밖에 없다는 생각으로 나아갔다. 궁극적으로 자기를 위해 줄 사람은 자기 스스로라는 생각이 민주 정치의 사상적 기초이다. 국민을 위하는 정치, 이른바 위민선정(爲民善政)을 하겠다는 지배자들이 있었지만, 결국은 국민을 저버리는 정치로 나아갔기에, 국민 스스로에 의한 정치만이 스스로를 위하는 정치로 정착될 수 있다는 생각을 하게 된 것이다.
>
> (다) 이렇게 볼 때 민주 정치란, 그 원칙을 어디까지나 의민의 정치, 말하자면 국민에 의한 정치에서 찾을 수밖에 없다. 위민의 정치, 즉 국민을 위한 정치란 바로 시대 요청에 따라 새롭게 강조된 사항에 불과하지, 그것이 국민에 의한 정치를 대신할 수 있는 원리인 것은 아니다.
>
> (라) 민주 정치는 국민의 의사를 빨아들이는 투입 기능(in-put function)을 통해 정통성과 합법성을 부여받는 것이고, 정책을 수행하는 산출 기능(out-put function)을 통해 실효성과 능률성을 인정받는데, 아무리 실효성과 능률성을 지니는 정치이더라도 정통성과 합법성을 인정받지 못할 때, 그러한 정치는 민주 정치라고 주장할 수 없게 된다.

① (가) 민주 정치에 대한 오해 – 위민을 새로운 정치 이념으로 간주함
② (나) 민주 정치의 원리 – 의민 정치만이 결국 위민 정치임
③ (다) 민주 정치의 본질 – 의민 정치가 원칙임
④ (라) 민주 정치의 과제 – 투입 기능과 산출 기능을 통한 과제

[10~11] 다음 글을 읽고 이어지는 물음에 답하시오.

　석유에는 이런저런 세금이 많이 붙는다. 휘발유에는 관세, 교통에너지환경세, 주행세, 교육세, 부가가치세가 포함돼 최종 소비자 가격의 3분의 2가 세금이다. (㉠) 필수 에너지원인 석유는 세금 걷기가 용이해 정부가 교육세 같은 목적세를 신설할 때 석유를 자주 활용해 왔다.
　앞으로는 주유를 하면서 탄소세도 내야 할 것으로 보인다. 탄소세는 지구온난화 방지를 위해 석유, 천연가스, 석탄 등 화석연료에 포함된 탄소량에 따라 부과하는 세금이다. 정부는 2050년까지 '탄소중립' 달성을 위해 필요한 재원을 탄소세 부과로 충당하는 방안을 검토하기로 했다. 2015년 한국, 미국, 유럽연합(EU), 중국 등 195개국이 서명한 파리기후변화협약에서 합의된 탄소중립은 2050년까지 이산화탄소 배출량을 최소한으로 줄이되 불가피하게 발생하는 양은 산림 조성 등으로 흡수해 실질적인 이산화탄소 배출량을 '제로(0)'로 만든다는 구상이다.
　탄소중립은 거스를 수 없는 세계적 흐름이지만 탄소를 많이 배출하는 제조기업 비중이 높은 우리나라에는 큰 부담이다. 기업들은 지금도 탄소배출권 거래제(국가나 기업별로 탄소 배출량을 정해 놓고 허용치에 미달하는 부분을 거래소에서 팔거나 초과분을 사는 제도)로 인한 부담을 호소하고 있는데 정부가 철강, 석유화학 등 탄소 배출량이 많은 산업에 추가 부담금 부과를 시사해 기업의 환경 관련 비용이 더 늘어나게 됐다.
　수출 기업들은 해외에서 '탄소국경세'도 내야 할 것 같다. EU가 탄소국경세 도입을 예고한 상태이고 미국도 조 바이든 대통령 당선인이 탄소국경세 신설을 대선 공약으로 발표한 바 있다. 탄소국경세는 온실가스를 많이 배출하는 국가에서 수입되는 물품에 부과하는 무역 관세이다. 탄소 배출이 많은 산업이 도태되는 효과가 기대되지만 탄소 저감 정책에서 앞서가는 선진국은 이익을 보고 탄소집약도가 높은 개발도상국은 손해를 보는 불균등 발전이 심화될 수 있고, 새로운 무역장벽이 될 우려도 제기된다.

10 다음 중 윗글의 문맥상 ㉠에 들어갈 가장 적절한 속담은?

① 앉아서 주고 서서 받는 격이다.
② 개밥에 도토리인 격이다.
③ 배보다 배꼽이 더 커진 격이다.
④ 가는 말에도 채찍을 치는 격이다.

11. 다음 중 윗글의 내용을 통해 알 수 있는 것이 아닌 것은?

① '탄소국경세'는 온실가스를 많이 배출하는 국가에서 수입되는 물품에 부과하는 무역 관세이다.
② 파리기후변화협약에서 합의된 '탄소중립'은 실질적인 이산화탄소 배출량을 '제로'로 만든다는 구상이다.
③ 탄소배출권 거래제는 '국가나 기업별로 탄소 배출량을 정해 놓고 허용치에 미달하는 부분을 거래소에서 팔거나 초과분을 사는 제도'이다.
④ 필수 에너지원인 석유는 세금 걷기가 용이해 정부가 교육세 같은 보통세를 신설할 때 석유를 자주 활용해 왔다.

12. 다음 문장들을 순서대로 올바르게 배열한 것은?

> 제사는 불가피한 경우를 빼고는 장남이 지낸다.
> ⊙ 그런데 500여 년 전에는 지금으로선 낯선 외손이나 윤회봉사가 일반적 관행이었다.
> ⓒ 이런 관행은 장남에게만 집중되는 제사의 임무를 형제자매가 서로 나눈다는 점에서 긍정적으로 보인다.
> ⓒ 외손봉사는 딸(사위)이, 윤회봉사는 서로 돌려가면서 지내는 것을 말한다.
> ⓔ 그러나 조선 명종 때부턴가 이런 관행은 금지되고 동종(同宗)의 적장자에게만 그 자격이 주어져 오늘에 이르렀다.

① ⊙－ⓒ－ⓒ－ⓔ   ② ⊙－ⓒ－ⓔ－ⓒ
③ ⊙－ⓒ－ⓒ－ⓔ   ④ ⓔ－⊙－ⓒ－ⓒ

13. 다음 제시된 식의 값을 구하면?

$$21 \times (-9) + 32 - 7$$

① -164 ② -189
③ 157 ④ 164

14. 다음 중 계산했을 때의 결과 값이 가장 큰 것을 고르면?

① 12,551.5 − 7,375.6
② 3,686.3 + 1,598.8
③ −2,037.6 + 7,364.3
④ 2,689.9 + 2,694.8

15. N 사원은 업무 도중 급히 보내야 할 택배가 있어 자전거를 타고 시속 12km로 달려 30분 만에 우체국에 도착했다. 우체국에서 무사히 택배를 보내고 회사로 돌아올 때는 걸어서 1시간이 걸렸다고 할 때, N 사원이 우체국에서 회사로 돌아올 때의 속력은 얼마인가?

① 4km/h
② 5km/h
③ 6km/h
④ 7km/h

16. A가 꽃을 구매하기 위해 꽃집에 왔다. 장미, 튤립, 수국, 라벤더, 안개꽃, 해바라기 여섯 종류 중 세 가지 종류를 선택하여 구매한다고 할 때, 선택할 수 있는 꽃의 조합은 총 몇 가지인가?

① 10가지
② 12가지
③ 15가지
④ 20가지

17. 다음 그림과 같은 도로가 있다. A 지점에서 출발해 B 지점까지 가는 최단 경로의 수는?

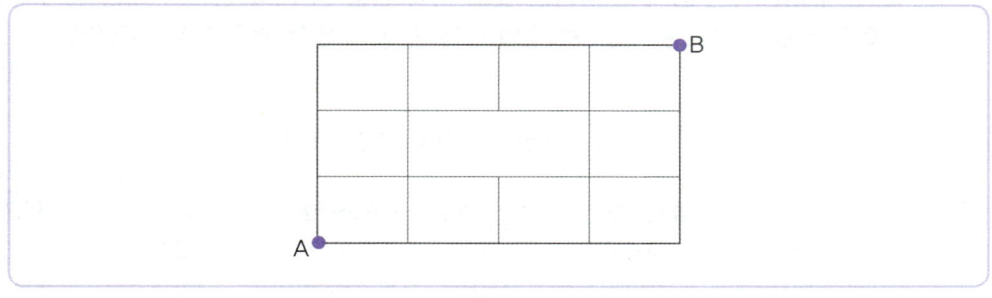

① 12가지 ② 18가지
③ 24가지 ④ 26가지

18. A, B, C 세 명의 사원이 같은 업무를 맡아 처리하게 되었다. A와 B 사원이 업무를 처리하면 6일이 걸리고, B와 C 사원이 처리하면 12일이 걸리며, A와 C 사원이 처리하면 8일이 걸린다고 한다. C 사원이 혼자 업무를 처리하게 된다면 최소 며칠이 걸리는가?

① 30일 ② 42일
③ 48일 ④ 50일

19. M 유업에서 근무 중인 S 팀장은 젖소의 생체 변화 및 건강 상태를 확인하기 위한 기초 조사 자료를 작성 중이다. 다음은 젖소 사육 현황 중 사육 장소에 대한 분석 자료이다. 주어진 자료를 보고 분석한 |보기|의 내용 중 옳지 않은 것을 모두 고르면?

젖소 두당 사육 현황(건물 및 토지 이용)
(단위 : m²)

구분	40두 미만	40~59두	60~79두	80두 이상	평균
건물	47.6	42.6	34.3	38.2	38.6
토지	279.5	159.8	276.4	176.6	200.8
기타	0.7	0.2	0.8	0.2	0.4

젖소 두당 사육 현황(건물 이용)
(단위 : m²)

건물	40두 미만	40~59두	60~79두	80두 이상	평균
축사	36.0	30.0	25.8	32.1	30.8
창고	4.7	2.4	2.0	1.5	1.9
퇴비사	3.8	2.1	2.6	2.5	2.6
기타	3.1	8.1	3.9	2.1	3.3

젖소 두당 사육 현황(토지 이용)
(단위 : m²)

토지	40두 미만	40~59두	60~79두	80두 이상	평균
초지	0.0	0.0	86.3	7.5	21.6
사료포	173.6	82.7	117.2	97.0	104.1
답리작	10.8	4.4	2.7	13.2	9.8
축사 부지	80.0	61.6	68.8	57.7	61.8
운동장	8.2	2.8	1.1	0.7	1.6
기타	6.9	8.3	0.3	0.5	1.9
(자가 토지)	108.5	89.6	185.4	103.7	118.3
(차용지)	171.0	70.2	91.0	72.9	82.5

| 보기 |

㉠ 젖소 사육에 토지를 이용하는 경우, 두당 면적 구분 중 40두 미만이 차지하는 면적의 비중이 가장 크다.
㉡ 젖소 사육에 사료포를 이용하는 평균 면적은 토지를 이용하는 평균 면적의 2분의 1 이상을 차지한다.
㉢ 40두 미만 젖소 사육에 건물을 이용하는 경우, 창고를 이용하는 면적이 가장 좁다.
㉣ 젖소 사육에 퇴비사를 이용하는 면적의 합은 운동장을 이용하는 면적의 합과 같다.

① ㉠, ㉡
② ㉠, ㉢
③ ㉡, ㉢
④ ㉢, ㉣

20. 다음은 가축분뇨 발생량 및 처리현황에 대한 자료이다. 주어진 자료를 해석한 것으로 적절하지 않은 것은?

가축분뇨 발생량 및 처리현황

(단위 : 호, 천 두, m³/일)

구분		2013년	2014년	2015년	2016년	2017년
가축사육 농가 수		212,794	213,607	194,824	192,982	201,745
가축 사육두수		235,144	240,176	236,846	252,196	258,492
가축분뇨 발생량		173,052	175,650	172,870	177,393	176,435
가축분뇨 처리현황	정화처리	6,726	9,837	8,181	9,868	8,692
	위탁처리	31,116	36,387	46,370	36,486	40,635
	자원화	135,210	129,426	118,319	131,039	127,108

① 가축사육 농가 수와 가축 사육두수는 증감 패턴이 동일하지 않다.
② 조사기간 동안 가축분뇨를 자원화한 양은 위탁처리한 양보다 항상 두 배 이상 많았다.
③ 가축 사육두수가 가장 많이 증가한 해는 2016년으로, 15,350천 두 증가하였다.
④ 2015년 대비 2016년 가축분뇨 발생량은 4% 이상 증가하였다.

21 다음은 농촌지역 생활 인프라 보급률에 대한 자료이다. |보기| 중 자료를 해석한 내용으로 적절하지 않은 것끼리 짝지어진 것은?

(단위 : %, 개소)

구분	2013년	2014년	2015년	2016년	2017년
상수도보급률(면지역)	66.4	69.1	71.0	72.7	–
의료기관 수	4,511	4,767	7,387	7,470	7,687
–비율	7.4	7.5	11.6	11.5	11.5
보육시설 수	8,269	8,265	8,216	8,048	7,964
–비율	18.9	16.2	16.3	19.6	19.8

• 비율은 전체 기관 시설 중 농촌지역에 소재하는 기관의 비율임

| 보기 |

㉠ 2013년 대비 2017년의 의료기관 수 증가율은 약 70.4%이다.
㉡ 2013년부터 2016년까지 면지역의 상수도보급률은 1.9%p 이상씩 꾸준히 증가하였다.
㉢ 2014년의 전체 의료기관 수는 65,000개소 이상이었다.
㉣ 조사기간 동안 농촌지역의 의료기관 비율과 보육시설 비율의 증감 패턴은 동일하지 않다.
㉤ 2016년의 전체 보육시설 수는 2014년의 전체 보육시설 수보다 적다.

① ㉠, ㉢   ② ㉡, ㉢
③ ㉠, ㉣, ㉤   ④ ㉡, ㉢, ㉣

22. 일정한 규칙으로 문자를 나열할 때, 괄호 안에 들어갈 알맞은 문자를 고르면?

$$J - L - I - (\quad) - H$$

① E
② F
③ G
④ K

23. 일정한 규칙으로 문자를 나열할 때, 괄호 안에 들어갈 알맞은 문자를 고르면?

$$리 - 므 - 슈 - 추 - (\quad)$$

① 쿄
② 토
③ 효
④ 더

24. 다음 제시된 그림을 보고 규칙을 찾아 적용했을 때 '?'에 들어갈 숫자로 가장 옳은 것은?

8	5	21
7	5	19
6	?	17
5	3	13

① 3
② 4
③ 5
④ 6

25. 다음 밑줄 친 부분에 들어갈 전제로 옳은 것은?

[전제 1] 시험에 합격한 어떤 사람은 기본 강의를 수강했다.
[전제 2] _____
[결론] 그러므로 시험에 합격한 어떤 사람은 기본 강의와 심화 강의를 수강했다.

① 시험에 합격한 모든 사람은 기본 강의를 수강했다.
② 심화 강의를 수강한 모든 사람은 시험에 합격했다.
③ 시험에 합격한 모든 사람은 강의를 수강하지 않았다.
④ 시험에 합격한 모든 사람은 심화 강의를 수강했다.

26. 다음 주어진 명제가 모두 참일 때, 옳지 않은 것은?

- 고래를 좋아하는 사람은 악어를 좋아한다.
- 수달을 좋아하는 사람은 거북이를 좋아한다.
- 문어를 좋아하는 사람은 악어를 좋아하지 않는다.
- 고래를 좋아하지 않는 사람은 수달을 좋아한다.

① 문어를 좋아하는 사람은 수달을 좋아한다.
② 고래를 좋아하는 사람은 문어를 좋아하지 않는다.
③ 수달을 좋아하지 않는 사람은 악어를 좋아한다.
④ 악어를 좋아하지 않는 사람은 거북이를 좋아하지 않는다.

27 지영, 민지, 두리, 예지, 민아 다섯 사람이 운전면허 시험에 응시하였는데, 한 명만이 합격했다. 민지, 두리, 예지, 민아 중 한 명만 진실을 말하고 나머지 세 명은 거짓을 말하고 있다고 할 때, 운전면허 시험에 합격한 사람은 누구인가?

- 민지 : 예지가 면허시험에 합격했다.
- 두리 : 면허시험에 합격한 사람은 예지 또는 지영이다.
- 예지 : 두리의 말은 거짓이다.
- 민아 : 민지, 두리, 지영 중 한 명이 면허시험에 합격했다.

① 지영 ② 민지
③ 두리 ④ 민아

28 A, B, C, D, E, F가 달리기 시합을 했다. 동시에 출발하여 결승점에 도착한 순서가 다음과 같을 때, 다음 중 항상 옳은 것은?

- D는 B보다 먼저 도착했다.
- B와 E 사이에 도착한 사람은 두 명이다.
- E보다 먼저 도착한 사람은 없다.
- E 다음으로 도착한 사람은 A이다.
- C가 제일 마지막에 도착했다.

① 세 번째로 도착한 사람은 B이다.
② 네 번째로 도착한 사람은 F이다.
③ A는 D보다 늦게 도착했다.
④ B 다음으로 도착한 사람은 F이다.

29. 나팔꽃, 해바라기, 코스모스 씨앗이 각각 두 개씩 있다. A~E 다섯 사람 중 한 명이 나팔꽃 씨앗 한 개와 코스모스 씨앗 한 개를 두 개 심고, 나머지 네 사람이 남은 씨앗을 각각 한 개씩 심었다. A~E가 모두 진실을 말하고 있다고 할 때, 씨앗을 두 개 심은 사람과 E가 심은 씨앗을 바르게 연결한 것은?

> A : 나는 해바라기 씨앗을 심지 않았어.
> B : 나는 씨앗을 한 종류만 심었어.
> C : 나는 나팔꽃 씨앗만 심었어.
> D : 나는 나팔꽃 씨앗을 심지 않았어.
> E : A~D의 진술을 모두 생각해봐도 코스모스 씨앗을 심은 사람을 두 명 다 알 수는 없어.

① A, 코스모스 씨앗 ② A, 해바라기 씨앗
③ D, 코스모스 씨앗 ④ D, 해바라기 씨앗

30. ○○은행은 신입사원 A~G를 복지부, 기획부, 홍보부에 배정하려고 한다. 신입사원을 배정받지 못한 부서는 없고 다음 조건에 따라 배정한다고 할 때, 기획부에 배정받는 사원을 모두 고르면?

> • A는 복지부에 배정된다.
> • B와 G는 같은 부서에 배정된다.
> • A는 C와는 다른 부서에, D와는 같은 부서에 배정된다.
> • C는 배정되는 신입사원이 홀수 명인 부서에 배정된다.
> • 기획부에 배정되는 신입사원은 세 명이다.
> • E가 배정된 부서의 신입사원 수는 짝수이다.

① A, B, D ② B, C, E
③ B, C, G ④ C, E, F

31. 다음 제시된 문자와 같은 것의 개수를 구하면?

| 앝 |

안 앝 앋 앞 악 앗 앙 악 앞 않 알 앓 앝 앗 앙 악 앞 않 알 앓 앗 앙 악 앞 앝 앋 앗 앙 악 앞
앗 앙 악 앞 않 알 앓 앗 앙 악 앞 않 알 앓 앗 악 알 앓 앗 안 앝 앋 앗 앙 악 앞
앗 알 앓 앗 안 앝 앋 앗 악 앞 않 알 앓 앋 앗 악 앗 앙 않 알 앓 앗 앙 악 앞 앗 앙
앙 악 앞 앝 앋 앗 앗 앙 악 앞 않 알 앓 앗 알 앓 앗 앙 악 앞 않 악 앞 않 알 앓 앗

① 3개　　　　　　　　② 4개
③ 5개　　　　　　　　④ 6개

32. 다음 제시된 좌우의 도형 중 다른 것의 개수를 구하면?

◻▽◹◁▷⊟⌐'⎮?≠ – △▽◹△◁⊟⌐'⎮:≠

① 1개　　　　　　　　② 2개
③ 3개　　　　　　　　④ 4개

33. 다음 도형을 오른쪽 방향으로 180° 회전했을 때의 모양으로 옳은 것은?

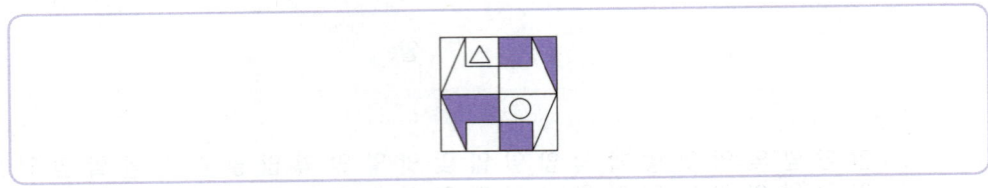

① 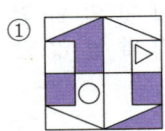   ②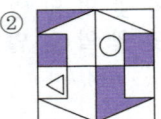

③ 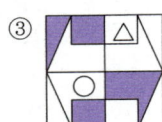   ④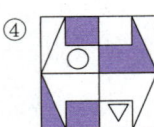

34. 다음 제시된 도형을 보고 규칙을 찾아 적용했을 때 '?'에 들어갈 도형으로 적절한 것은?

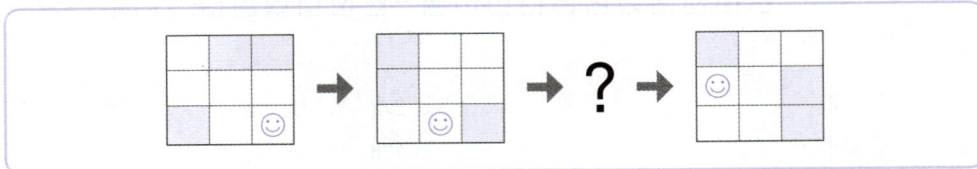

①    ②

③    ④

35 다음 제시된 그림에 나타난 사각형의 개수를 모두 구하면?

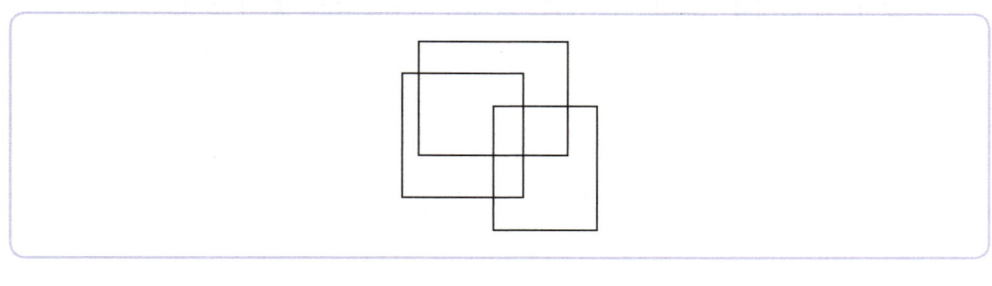

① 6개 ② 7개
③ 8개 ④ 9개

36 다음 정사각형으로 이루어진 모형의 전개도를 접었을 때 만들어지는 입체도형이 아닌 것은?

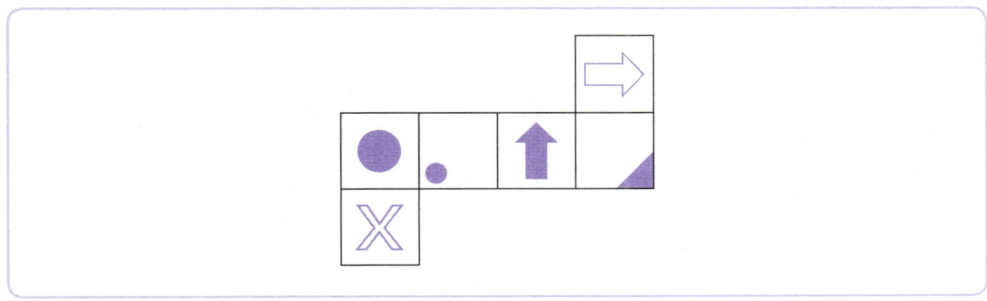

①
②
③
④

37 정육면체 블록을 빈틈없이 쌓은 후 위, 앞, 오른쪽 옆에서 보았더니 다음과 같은 모습이었다. 이 입체를 만드는 데 사용된 블록의 개수는 최소 몇 개인가?

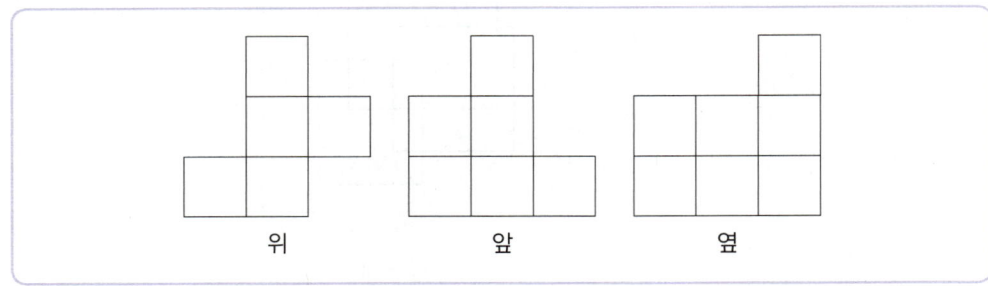

① 7개 ② 8개
③ 9개 ④ 10개

38 다음과 같이 화살표 방향으로 종이를 접은 다음 펀치로 구멍을 뚫었을 때, 구멍은 총 몇 개인가?

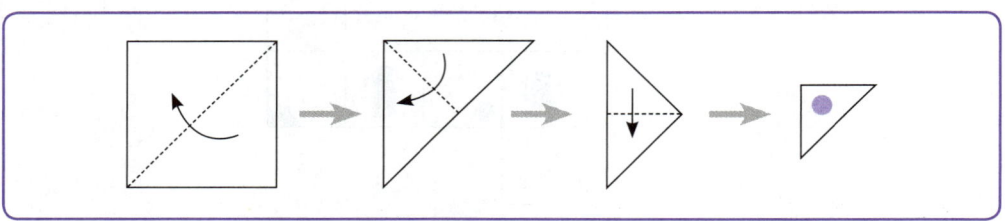

① 6개 ② 8개
③ 10개 ④ 12개

39 다음과 같이 바닥면에 블록을 쌓았을 때, 3개의 면이 밖으로 나오는 블록의 개수를 구하면?

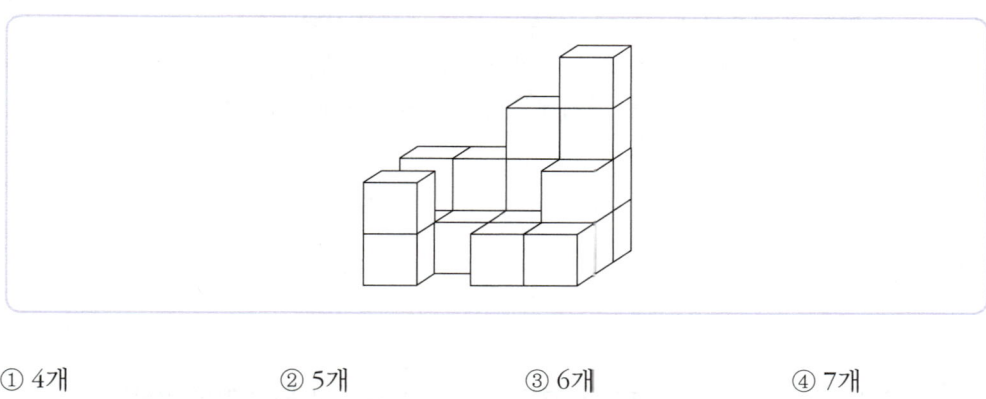

① 4개　　　② 5개　　　③ 6개　　　④ 7개

40 다음 변화하는 도형의 규칙을 찾아 ?에 들어갈 알맞은 도형을 고르면?

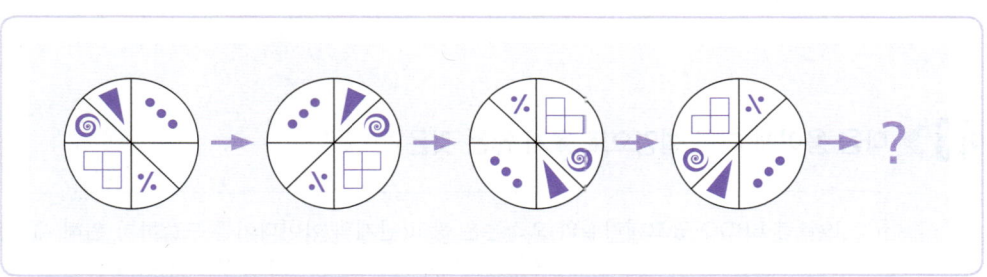

① 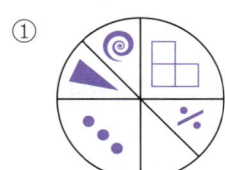　　　②

③ 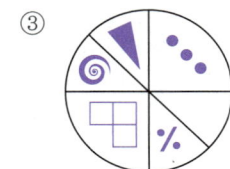　　　④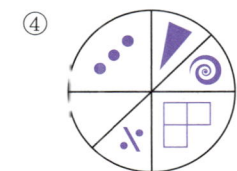

41. 다음의 상황 중 일반적으로 문서를 작성해야 하는 상황이 아닌 것은?

① 타 부서의 확인이나 요청이 필요한 상황
② 팀원 간 자유롭게 브레인스토밍을 통해 제시된 의견
③ 동료나 상사의 업무상 과오를 공식화해야 하는 경우
④ 관련 부서나 외부기관, 단체에 명령이나 지시를 내려야 하는 경우

42. 다음 중 대화법을 활용한 경청훈련에 대한 내용으로 옳지 않은 것은?

① 상대방에게 '왜'라는 질문을 함으로써 정보를 구하거나 원인과 이유를 탐색하도록 한다.
② 상대방이 이야기하는 경험에 대해 인정하고 많은 정보를 요청하도록 한다.
③ 질문의 범위가 포괄적이고 상대방에게 모든 반응의 길을 터놓을 수 있는 개방적인 질문을 한다.
④ 자신과 상대방을 서로 알게 하며 자신과 상대방의 메시지를 공유할 수 있도록 메모한다.

43. 다음 용어에 대한 설명으로 옳지 않은 것은?

> 1941년 BBDO 광고대리점의 오스본은 광고 관계의 아이디어를 도출하기 위해 새로운 회의 방식을 고안하였다. 이 방식이 후일에 'Brain Storming'이라고 부르게 되었으며, 어떤 하나의 문제를 놓고 여러 사람이 모여 새로운 아이디어를 창출하는 회의의 한 방법이다.

① 가능한 많은 수의 아이디어를 수집하고 자유분방한 아이디어 제시를 환영한다.
② 타인의 아이디어를 기반으로 하여 개선 또는 결합하는 것을 권장한다.
③ 제품 또는 서비스에 대한 개선방안을 찾으려 할 때 주로 사용하는 기법이다.
④ 제시된 의견에 대한 피드백을 즉각적으로 하여 옳고 그름을 판별하여야 한다.

44 다음 중 리더(Leader)로서 갖춰야 할 덕목으로 옳지 않은 것은?

① 전문 기술뿐 아니라 대인관계 기술도 갖춰야 한다.
② 혁신적인 변화와 창의적인 문제 해결을 지향한다.
③ 조직의 정확한 목표를 공유하고 방향을 제시한다.
④ 팀원에게 책임과 권한을 이양해서는 안 된다.

45 다음 중 직장 내 소개예절로 적절하지 않은 것은?

① 성과 이름을 함께 말한다.
② 비임원을 임원에게 소개한다.
③ 신참자를 고참자에게 소개한다.
④ 고객이나 손님을 동료임원에게 소개한다.

실전모의고사 정답 및 해설

본문 340p

01	02	03	04	05	06	07	08	09	10	11	12	13	14	15
③	①	②	④	③	②	④	④	④	④	④	③	①	④	③
16	17	18	19	20	21	22	23	24	25	26	27	28	29	30
④	④	③	④	④	②	②	③	③	④	③	④	④	②	③
31	32	33	34	35	36	37	38	39	40	41	42	43	44	45
③	④	④	①	④	④	③	②	②	③	②	①	④	④	④

01 [언어논리력] 기본 어휘력

해설   정답 ③

'으레'는 '두말할 것 없이 당연히, 틀림없이 언제나'라는 뜻으로 '언제나 변함없이 한 모양으로 줄곧'이라는 뜻을 가진 '노상'과 유의어 관계이다. 따라서 정답은 ③이다.

Plus 해설

① 개평 : 노름이나 내기 따위에서 남이 가지게 된 몫에서 조금 얻어 가지는 공것
② 의례(儀禮) : 행사를 치르는 일정한 법식 또는 정하여진 방식에 따라 치르는 행사
④ 겨를 : 어떤 일을 하다가 생각 따위를 다른 데로 돌릴 수 있는 시간적인 여유

02 [언어논리력] 기본 어휘력

해설   정답 ①

주어진 문장에서 '내다'는 '길, 통로, 창문 따위를 만들다.'라는 뜻으로 쓰였다. 따라서 같은 뜻으로 쓰인 ①이 정답이다.

Plus 해설

② '어떤 사물에 구멍, 자국 따위의 형체 변화를 만들거나 작용에 이상을 일으키다.'라는 뜻으로 쓰였다.
③ '신문, 잡지 따위에 어떤 내용을 싣다.'라는 뜻으로 쓰였다.
④ '가게 따위를 새로 차리다.'라는 뜻으로 쓰였다.

03 [언어논리력] 어휘 유추력

해설   정답 ②

필리핀과 마닐라는 나라와 수도의 관계이므로 괄호 안에는 캐나다의 수도인 오타와가 들어가야 한다. 따라서 정답은 ②이다.

Plus 해설

① 워싱턴은 미국의 수도, ③ 스톡홀름은 스웨덴의 수도, ④ 뉴델리는 인도의 수도이다.

04 [언어논리력] 맞춤법

해설   정답 ④

'어떤 분야를 대표할 만하다'의 뜻을 나타내는 단어는 '내로라하다'이다. 따라서 정답은 ④이다.

05 [언어논리력] 한자성어

해설   정답 ③

당랑규선(螳螂窺蟬)은 '버마재비가 매미를 엿본다'는 뜻으로, 눈앞의 이익에만 눈이 어두워 뒤에서 닥치는 재해를 생각하지 못함을 이르는 말이다. 따라서 정답은 ③이다.

Plus 해설

① 금선탈각(金蟬脫殼) : '매미가 허물을 벗다'라는 뜻으로, 껍질은 그대로 있고 몸만 빠져나가는 것처럼, 일촉즉발의 위기 상황에서 허세를 꾸며 벗어남을 이르는 말

② 낙탕방해(落湯螃蟹) : '끓는 물에 떨어진 방게가 허둥지둥한다'는 뜻으로, 몹시 당황함을 형용하는 말
④ 당랑거철(螳螂拒轍) : '사마귀가 수레바퀴를 막는다'는 뜻으로, 자기의 힘은 헤아리지 않고 강자에게 함부로 덤빔을 뜻함

06 [언어논리력] 맞춤법

해설   정답 ②

의존 명사 '간'은 한 대상에서 다른 대상까지의 사이를 뜻하거나 일부 명사 뒤에 쓰여 '관계'의 뜻을 나타내는 때에는 띄어 쓰고, 앞말과 함께 한 단어로 굳어진 경우에는 붙여 쓴다. 따라서 '세대 간'으로 띄어 써야 한다.

Plus 해설

① '지'가 시간의 흐름을 나타낼 때에는 띄어 쓴다.
③ 그 밖에도 같은 종류의 것이 더 있음을 나타내는 '등'은 의존 명사이므로, 앞말과 띄어 적는다.
④ '만큼'은 앞말이 용언인 경우에는 의존 명사로 쓰인 것이고, 앞말이 체언이나 조사일 경우에는 조사로 쓰인 것이다. 의존 명사일 때에는 앞말과 띄어 써야 하며 조사일 때에는 앞말에 붙여 써야 한다.

07 [이해력] 글의 이해

해설   정답 ②

모야모야병의 치료 방법에 대한 내용은 이 글을 통해 알 수 없다.

Plus 해설

① 마지막 문단을 통해 모야모야병의 발병 원인은 '아직 정확히 밝혀지지 않은 상황'이라는 것을 알 수 있다.
③ 두 번째 문단을 통해 모야모야병의 주요 발생 국가를 알 수 있다.
④ 첫 번째 문단을 통해 모야모야병의 병명 유래를 알 수 있다.

08 [이해력] 글의 이해

해설   정답 ④

이 글은 1문단에서 오존층 파괴의 현실과 원인을 밝히고 있고, 2문단과 3문단에서 오존층 파괴를 막기 위한 노력들을 설명하고 있다. 따라서 문제의 원인을 밝히고 해결방안을 제시하는 형태의 글이라고 할 수 있다.

09 [이해력] 글의 이해

해설   정답 ④

(라)는 국민의 의사를 빨아들이는 투입 기능인 의민 정치를 통해 정통성과 합법성을 인정받지 못하면, 정책을 수행하는 산출 기능을 가진 위민 정치를 통해 실효성과 능률성을 인정받는다 하더라도 이는 민주 정치가 아님을 강조하고 있다. 따라서 (라) 문단의 중심 내용은 본문의 주지인 '민주 정치는 의민 정치임'을 강조하고 있다.

10 [언어논리력] 속담

해설   정답 ③

'배보다 배꼽이 더 크다.'는 기본이 되는 것보다 덧붙이는 것이 더 큰 경우를 이르는 말이다. '휘발유에는 관세, 교통에너지환경세, 주행세, 교육세, 부가가치세가 포함돼 최종 소비자 가격의 3분의 2가 세금이다.'라고 한 것으로 보아 문맥상 휘발유의 가격보다 덧붙여진 세금의 가격의 비율이 더 크다는 의미이기 때문에 ㉠에 '배보다 배꼽이 더 커진 격이다.'라는 표현이 가장 적절하다. 따라서 정답은 ③이다.

Plus 해설

① '앉아서 주고 서서 받는다.' : 빌려주기는 쉬우나 돌려받기는 어려움을 비유적으로 이르는 말
② '개밥에 도토리' : 개는 도토리를 먹지 아니하기 때문에 밥 속에 있어도 먹지 아니하고 남긴다는 뜻에서, 따돌림을 받아서 여럿의 축에 끼지 못하는 사람을 비유적으로 이르는 말
④ '가는 말에도 채찍을 치랬다.' : 형편이나 힘이 한창 좋을 때라도 더욱 마음을 써서 힘써야 함을 비유적으로 이르는 말

11 [이해력] 글의 이해

해설   정답 ④

④ 필수 에너지원인 석유는 세금 걷기가 용이해 정부가 교육세 같은 '목적세'를 신설할 때 석유를 자주 활용해 왔다.

Plus 해설

① 4문단의 세 번째 문장을 통해 알 수 있다.
② 2문단 마지막 문장을 통해 알 수 있다.
③ 3문단의 두 번째 문장을 통해 알 수 있다.

12 [이해력] 글의 추론

 정답 ③

'제사는 불가피한 경우를 빼고는 장남이 지낸다.'라는 문장 뒤에 올 수 있는 문장은 ㉠~㉣ 중에서 ㉠이 가장 적절하다. ㉠ 뒤에는 외손봉사와 윤회봉사를 설명하는 ㉢이 와야 하며, 그 뒤로 윤회, 외손봉사의 긍정적 효과에 대한 내용이 있는 ㉡이 와야 한다. ㉡의 '이런 관행'은 '외손봉사와 윤회봉사'를 지칭하는 것이기 때문에 ㉢의 바로 뒤에 오는 것이 적절하다. 그리고 마지막으로 '외손봉사와 윤회봉사'가 없어지고 오늘(장남에게만 집중되는 제사의 임무)에 이르게 됐다는 내용인 ㉣이 오는 것이 적절하다. 따라서 ㉠ - ㉢ - ㉡ - ㉣이 가장 올바른 배열이다.

13 [수리력] 기초연산

 정답 ①

$21 \times (-9) + 32 - 7 = -189 + 32 - 7 = -164$

14 [수리력] 기초연산

 정답 ④

각각의 식을 계산해보면 다음과 같다.
① $12,551.5 - 7,375.6 = 5,175.9$
② $3,686.3 + 1,598.8 = 5,285.1$
③ $-2,037.6 + 7,364.3 = 5,326.7$
④ $2,689.9 + 2,694.8 = 5,384.7$
따라서 결과 값이 가장 큰 것은 ④이다.

15 [수리력] 응용계산

 정답 ③

거리 = 속력×시간이므로, 회사에서 우체국까지의 거리는 $12 \times \frac{30}{60} = 6$km이다. 속력 = $\frac{거리}{시간}$ 이므로, N 사원이 회사로 돌아올 때의 속력은 $\frac{6}{1}$이다. 따라서 답은 6km/h이다.

16 [수리력] 응용계산

 정답 ④

서로 다른 여섯 가지의 꽃 종류 중 세 가지를 선택하는 것이므로 조합을 이용하여 다음과 같은 식을 세울 수 있다.

$_6C_3 = \frac{6 \times 5 \times 4}{3 \times 2} = 20$

따라서 20가지의 조합이 가능하다.

17 [수리력] 응용계산

정답 ④

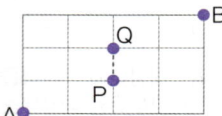

A 지점에서 B 지점까지 가는 경로에서 A → P → Q → B를 거치는 경로를 제외하면 된다.
1) A 지점에서 B 지점까지는 가로 4칸, 세로 3칸으로 최소 7칸을 이동해야 한다.
따라서
$\frac{7!}{4! \times 3!} = \frac{7 \times 6 \times 5 \times 4 \times 3 \times 2 \times 1}{(4 \times 3 \times 2 \times 1) \times (3 \times 2 \times 1)}$
$= 35$가지이다.
2) A → P로 가는 경우의 수 : $\frac{3!}{2!} = 3$가지
P → Q로 가는 경우의 수 : 1가지
Q → B로 가는 경우의 수 : $\frac{3!}{2!} = 3$가지

따라서 A 지점에서 P와 Q를 거쳐 B 지점으로 가는 경우의 수는 3×1×3=9가지이다.
∴ 35-9=26가지

18 [수리력] 응용계산

 정답 ③

전체 업무의 양을 1이라고 하고, A, B, C가 하루 동안 처리하는 업무의 양을 각각 a, b, c라고 하면 다음과 같이 식을 세워볼 수 있다.

$a + b = \frac{1}{6}$ …… ㉠

$b + c = \frac{1}{12}$ …… ㉡

$a + c = \frac{1}{8}$ …… ㉢

㉠, ㉡, ㉢을 모두 더하면 $2a + 2b + 2c = \frac{9}{24}$, 즉 $a + b + c = \frac{9}{48}$이다.

여기에 ㉠을 대입하면 C가 혼자 업무를 처리할 때 걸리는 시간을 알 수 있다.

계산하면 $\frac{1}{48}$이고, 따라서 C가 혼자 업무를 처리하면 48일이 걸림을 알 수 있다.

19 [수리력] 자료해석

정답 ④

㉠ (○) 젖소 사육에 토지를 이용하는 경우, 두 당 면적 구분 중 40두 미만이 차지하는 면적 ($279.5m^2$)의 비중이 가장 크다.
㉡ (○) 젖소 사육에 사료포를 이용하는 평균 면적($104.1m^2$)은 토지를 이용하는 평균 면적($200.8m^2$)의 2분의 1 이상을 차지한다.
㉢ (×) 40두 미만 젖소 사육에 건물을 이용하는 경우, 기타 면적($3.1m^2$)이 가장 좁고, 퇴비사($3.8m^2$), 창고($4.7m^2$), 축사($36m^2$) 순으로 좁다.
㉣ (×) 젖소 사육에 퇴비사를 이용하는 면적의 합($3.8+2.1+2.6+2.5=11$)은 운동장을 이용하는 면적의 합($8.2+2.8+1.1+0.7=12.8$)과 같지 않다.

20 [수리력] 자료해석

정답 ④

2015년 대비 2016년 가축분뇨 발생량은
$$\frac{177,393-172,870}{172,870} \times 100 ≒ 2.6\%$$로 4% 미만으로 증가하였다.

Plus 해설

① 가축사육 농가 수의 증감패턴은 증가 → 감소 → 감소 → 증가이고, 가축 사육두수의 증감패턴은 증가 → 감소 → 증가 → 증가이므로, 둘의 증감 패턴은 동일하지 않다.
② 위탁처리한 가축분뇨는 항상 자원화한 가축분뇨의 50% 미만이므로 옳은 설명이다.
③ 모두 계산해보지 않아도 2016년에 가축 사육두수가 제일 많이 증가했음을 알 수 있다. 252,196(천 두)−236,846(천 두)=15,350(천 두)이므로, 15,350,000두 증가했다는 것은 맞는 설명이다.

21 [수리력] 자료해석

정답 ②

㉠ (○) 2013년 대비 2017년의 의료기관 수 증가율은
$$\frac{7,687-4,511}{4,511} \times 100 ≒ 70.4\%$$이다.
㉡ (×) 2013년 → 2014년 2.7%p 증가, 2014년 → 2015년 1.9%p 증가, 2015년 → 2016년 1.7%p 증가하였으므로 2016년에는 1.9%p 미만으로 증가했다.
㉢ (×) 2014년의 전체 의료기관 수를 구하는 식은 $\frac{4,767}{x} \times 100 = 7.5$ 이다.
계산하면 $x=63,560$이므로 65,000개소 미만이었다.
㉣ (○) 의료기관 비율의 증감 패턴은 증가 → 증가 → 감소 → 동일이고, 보육시설 비율의 증감 패턴은 감소 → 증가 → 증가 → 증가이므로, 두 항목의 증감 패턴은 동일하지 않다.
㉤ (○) 2016의 전체 보육시설 수는
$$\frac{8,048}{x} \times 100 = 19.6$$
∴ $x ≒ 41,061$ 개소이고,
2014년의 전체 보육시설 수는
$$\frac{8,265}{x} \times 100 = 16.2$$
∴ $x ≒ 51,018$ 개소이다. 따라서 2014년의 전체 보육시설 수가 더 많다.

따라서 자료를 해석한 내용으로 적절하지 않은 것은 ㉡, ㉢이다.

22 [문제해결력] 수·문자 추리

정답 ④

$+2, -3\cdots$의 규칙이 순서대로 적용되고 있다. 따라서 I + 2 = K가 답이다.

Plus 해설

A	B	C	D	E	F	G	H	I	J	K	L	M
1	2	3	4	5	6	7	8	9	10	11	12	13
N	O	P	Q	R	S	T	U	V	W	X	Y	Z
14	15	16	17	18	19	20	21	22	23	24	25	26

23 [문제해결력] 수·문자 추리

정답 ③

자음은 $+1, +2, +3\cdots$의 순서로 변하고 있고, 모음은 -1의 규칙이 적용되고 있다. 따라서 자음은 ㅊ+4=ㅎ, 모음은 ㅜ−1=ㅛ이고, 답은 효가 된다.

Plus 해설

▶ 한글 자음 순서

ㄱ	ㄴ	ㄷ	ㄹ	ㅁ	ㅂ	ㅅ	ㅇ	ㅈ	ㅊ	ㅋ	ㅌ	ㅍ	ㅎ
1	2	3	4	5	6	7	8	9	10	11	12	13	14

▶ 한글 모음 순서

ㅏ	ㅑ	ㅓ	ㅕ	ㅗ	ㅛ	ㅜ	ㅠ	ㅡ	ㅣ
1	2	3	4	5	6	7	8	9	10

24 [문제해결력] 수·문자 추리

해설 정답 ③

제시된 그림 상자 속의 숫자를 ⓐ ⓑ ⓒ 라고 할 때 'c ÷ a = x…b' 규칙이 적용되고 있다.
따라서 '17 ÷ 6 = 2…5'이며 정답은 ③이다.

25 [문제해결력] 삼단논법

해설 정답 ④

P=시험에 합격한 사람, Q=기본 강의 수강함, R=심화 강의 수강함

따라서 [전제 2]에 들어갈 문장은 '시험에 합격한 모든 사람은 심화 강의를 수강했다.'이다.

26 [문제해결력] 명제추리

해설 정답 ④

각 명제와 대우를 간략하게 나타내면 다음과 같다.
- 고래 → 악어 / ~악어 → ~고래
- 수달 → 거북 / ~거북 → ~수달
- 문어 → ~악어 / 악어 → ~문어
- ~고래 → 수달 / ~수달 → 고래

정리한 명제에 삼단논법이 적용되는 경우를 정리하면 다음과 같다.
- ~거북 → ~수달 → 고래 → 악어 → ~문어
- 문어 → ~악어 → ~고래 → 수달 → 거북

따라서 옳지 않은 것은 ④이다.

27 [문제해결력] 조건추리

해설 정답 ④

예지의 말이 진실이면 두리의 말이 거짓이고, 예지의 말이 거짓이면 두리의 말이 진실이다. 따라서 두 가지 경우를 가정해 볼 수 있다.

가정 1) 예지의 말이 진실일 경우

	지영	민지	두리	예지	민아
진위여부	–	거짓	거짓	진실	거짓
합격여부	X	X	X	X	O

→ 모순되는 진술이 없으며, 면허시험에 합격한 사람은 민아이다.

가정 2) 두리의 말이 진실일 경우

	지영	민지	두리	예지	민아
진위여부	–	거짓	진실	거짓	진실
합격여부	O	X	X	X	

→ 민지의 말이 거짓이고 두리의 말이 진실이므로 면허시험에 합격한 사람은 지영이어야 한다. 하지만 지영이 면허시험에 합격했다면 민아의 말도 진실이 되어 진실을 말하는 사람이 두 명이 되므로 틀린 가정이다.

따라서 답은 민아이다.

28 [문제해결력] 조건추리

해설 정답 ④

우선 두 번째, 세 번째 조건과 마지막 조건을 통해 E-( )-( )-B-( )-C의 순서로 도착했음을 알 수 있다. 여기에 첫 번째, 네 번째 조건을 적용하면 E-A-D-B-F-C의 순서로 도착했음을 알 수 있다.

따라서 답은 ④이다.

29 [문제해결력] 조건추리

해설 정답 ②

A~E의 진술이 모두 참이므로 가능한 상황을 정리하면 다음과 같다.

A	B	C	D	E
코스모스 or 나팔꽃 +코스모스	해바라기 or 코스모스	나팔꽃	해바라기 or 코스모스	해바라기 or 코스모스 or 나팔꽃 +코스모스

가정 1) A가 씨앗을 두 개 심은 경우
– E가 코스모스 씨앗을 심었다면 E가 코스모스 씨앗을 심은 두 사람(A, E)을 다 알 수 있게 되므로 이 경우 E는 코스모스 씨앗을 심지 않았다.

A	B	C	D	E
나팔꽃 +코스모스	해바라기 or 코스모스	나팔꽃	해바라기 or 코스모스	해바라기

→ 모순되는 진술이 없다.

가정 2) E가 씨앗을 두 개 심은 경우

A	B	C	D	E
코스모스	해바라기	나팔꽃	해바라기	나팔꽃 +코스모스

→ E가 코스모스 씨앗을 심은 두 사람을 다 알 수 있게 되므로 모순된다.

따라서 씨앗을 두 개 심은 사람은 A이고, E가 심은 씨앗은 해바라기 씨앗이다.

30 [문제해결력] 조건추리

   정답 ③

조건을 보고 바로 알 수 있는 내용을 표로 정리하면 다음과 같다.

복지부	기획부(세 명)	홍보부
A, D		

A~G 일곱 명 중 세 명이 기획부에 배정되므로 복지부와 홍보부에 배정되는 신입사원 수는 네 명이다. E가 배정된 부서의 신입사원 수가 짝수 명이어야 하고 한 명도 배정받지 못한 부서는 없으므로, 남은 네 명은 복지부와 홍보부에 각각 두 명씩 배정됨을 알 수 있다. 그러므로 복지부에는 A, D만 배정되고 E는 홍보부에 배정된다. 이에 따라 B와 G가 홍보부에 배정될 수 없게 되고, 네 번째 조건에 따라 C와 함께 기획부에 배정된다.

복지부(두 명)	기획부(세 명)	홍보부(두 명)
A, D	B, C, G	E, F

따라서 기획부에 배정받는 세 명은 B, C, G이다.

31 [공간지각력] 지각속도

   정답 ③

안 알 앋 앞 악 앗 앟 악 앞 앉 알 앓 앗 앟 악 앞 앟
알 앓 앗 앟 악 앞 알 앋 앞 앗 앟 악 앞 앉 알 앓 앗
악 앞 앉 알 앓 앗 악 앗 알 앞 앗 안 알 앋 앞 악 앗
앗 알 앓 앗 안 알 앋 앞 앗 알 앞 앗 알 앋 악 앞 앗
앉 알 앓 앗 앟 악 앞 앗 앟 알 앋 앞 악 앗 앟
앞 앉 알 앓 앗 알 앓 앗 앟 악 앞 알 악 앞 앉 알 앓 앗

32 [공간지각력] 지각속도

   정답 ④

33 [공간지각력] 도형추리

   정답 ④

① 오른쪽 방향으로 90° 회전했을 때의 모양
② 오른쪽 방향으로 270° 회전했을 때의 모양
③ 좌우 대칭했을 때의 모양

34 [공간지각력] 도형추리

   정답 ①

색칠된 부분은 반시계 방향으로 두 칸씩 이동하고 있고, ☺은 시계 방향으로 한 칸씩 이동하고 있다. 따라서 '?'에 들어갈 도형은 ①이다.

35 [공간지각력] 도형추리

   정답 ④

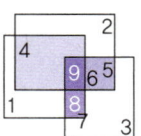

그림에 나타난 사각형의 개수는 가장 큰 사각형(1,2,3) 3개 – 두 개가 겹쳐진 사각형(4,5,6,7,8) 5개 + 세 개가 겹쳐진 사각형(9) 1개로 총 9개이다.

36 [공간지각력] 전개도

   정답 ④

37 [공간지각력] 도형추리

정답 ③

위에서 보이는 모양이 블록이 쌓여있는 자리이다. 여기에 앞에서 본 모습을 고려하면 아래와 같이 블록의 개수를 알 수 있다.

		1
2		

다음으로 오른쪽 옆에서 보이는 모습을 생각해보면 다음과 같이 알 수 있다.

	3	
	2	1
2	1 or 2	

문제에서는 최소 블록의 개수를 구하라고 했기 때문에 3+2+2+1+1= 9(개)이다.

38 [공간지각력] 도형추리

해설 정답 ②

종이를 접은 역순으로 다시 펼치면 다음과 같다.

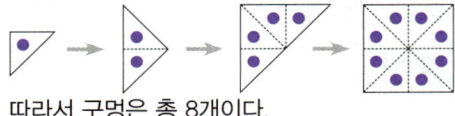

따라서 구멍은 총 8개이다.

39 [공간지각력] 블록

해설 정답 ②

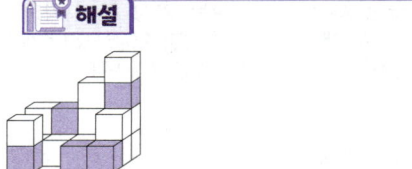

40 [공간지각력] 도형추리

해설 정답 ③

변화하는 도형의 규칙을 살펴보면 다음과 같다. 첫 번째 그림을 좌우대칭하면 두 번째 그림이 되고, 두 번째 그림을 상하대칭하면 세 번째 그림이 된다. 세 번째 그림을 다시 좌우대칭하면 네 번째 그림이 되므로 제시된 도형들은 '좌우대칭 → 상하대칭 → 좌우대칭 → 상하대칭'의 반복 규칙을 가지고 있음을 알 수 있다. 따라서 ?에 올 알맞은 그림은 네 번째 그림을 상하대칭한 ③이다.

41 [NCS 유형 의사소통능력] 문서작성의 원칙

해설 정답 ②

팀 내 자유토론에서 브레인스토밍으로 나온 의견은 공식적인 것이 아니므로 문서를 작성하지 않아도 된다.

💡 **Plus 해설**

문서를 작성해야 하는 상황
- 요청이나 확인을 부탁하는 경우
- 정보 제공을 위한 경우
- 명령이나 지시가 필요한 경우
- 제안이나 기획을 할 경우
- 약속이나 추천을 위한 경우

42 [NCS 유형 의사소통능력] 경청훈련 이해하기

해설 정답 ①

'왜'라는 질문은 정보를 구하거나 원인·이유를 탐색하는 데 사용되어 왔다. 그러나 때에 따라서 상대방에게 불쾌감을 느끼게 하거나 불찬성의 뜻까지 함축된 말로 그 의미가 변질되어 사용되고 있어 상대방은 부정적·추궁적·강압적인 표현으로 받아들일 수 있다. 그러므로 '왜'라는 질문은 가급적 피해야 한다.

43 [NCS 유형 문제해결능력] 브레인스토밍 이해

해설 정답 ④

브레인스토밍(Brain Storming)에 대한 설명으로 네 가지 규칙에 따라 회의를 진행하는데, 제시된 의견에 대하여 좋다 또는 나쁘다 등과 같은 비판을 절대로 하여서는 안 된다. 그러므로 ④의 설명은 옳지 않다.

44 [NCS 유형 대인관계능력] 리더의 덕목

해설 정답 ④

리더는 팀 혹은 조직 구성원에 대한 책임과 권한을 수반해야 하는 위치에 있지만, 최근 고객 요구에 대한 신속·정확한 대응뿐 아니라 직무 현장 개선·변혁을 위해 조직 구성원이 직접 의사결정에 참여하는 등 임파워먼트(Empowerment)의 활용도가 높아지고 있다.

💡 **Plus 해설**

임파워먼트란 조직 구성원에게 재량권을 위임하여 주체적이고 능동적인 업무 수행 및 성과를 이끌어 내기 위한 '권한부여' 또는 '권한이양'을 의미한다.

45 [NCS 유형 직업윤리] 직장 내 소개 예절

해설 정답 ④

직장 동료가 아닌 고객이 소개를 받는 것이 올바른 직장예절이므로 동료임원을 고객이나 손님에게 소개해야 한다.

Part 3
인성검사

Chapter 01 인성검사 안내
Chapter 02 인성검사 실전 연습

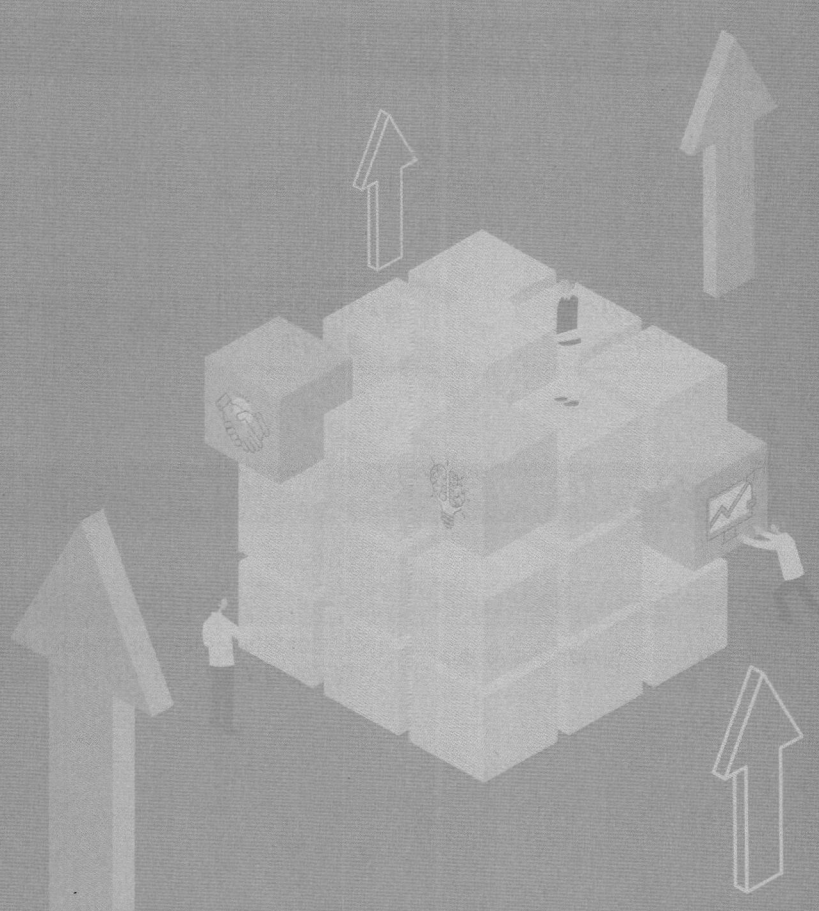

Chapter 01 인성검사 안내

01 인성검사 개요

인성(人性)은 사람의 바탕이 되는 성품, 즉 인간다운 면모와 자질을 의미한다. 사람의 성품은 각기 다르기 때문에, 개인의 인성을 객관적인 지표로 측정하기란 그 기준이 모호하고 평가의 신뢰성이 떨어질 수 있다. 그러나 교육청에서는 다양한 범주를 통해 각 **응시자의 대인관계능력을 비롯한 정서적 측면** 등을 측정할 필요가 있다. 모든 응시자를 대면하면서 그 사람의 자질을 깊이 있게 파악하기란 사실상 어렵기 때문이다.

따라서 각 교육청은 지원자가 질문에 답한 일관성을 토대로 개인의 성향을 파악하고, 지원자가 해당 교육청에서 추구하는 교육 이념과 얼마나 부합하는지를 판단하며, 해당 직군의 **조직 적합성과 직무 적응도를 살피는 준거**로서 인성검사를 활용하고 있다.

02 인성검사 응답의 유의점

인성검사는 자신을 실제보다 '더 좋게 보이려는 의도'와 '무성의한 응답'을 가려낼 수 있도록 개발되었기 때문에 응답하지 않은 문항이 많거나, 솔직하게 응답하였다고 보기 어려운 문항은 측정에서 제외될 수 있음을 염두에 두어야 한다.

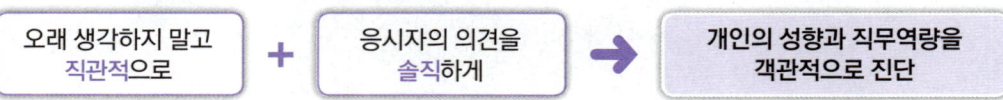

03 인성검사 평가 역량

평가 역량	세부 역량	역량의 의미
업무능력	일처리, 전문성 추구	• 문제의 원인을 이해하여 적극적인 해결 시도 • 업무에 필요한 지식과 기술, 자기개발을 위한 노력

관계적응	외향/친화력, 팀지향/협동	• 처음 보는 사람과 쉽게 친해지며, 활기찬 분위기 유도 • 솔선수범하며 팀 활동에 적극적으로 참여
정서적응	감정이해, 감정조절	• 타인의 감정과 기분을 잘 파악하여 갈등 해결 유도 • 감정변화가 안정적이고 감정을 잘 다스려 표현을 자제
조직적응	조직순응성, 조직시민정신	• 기존 체계와 관습 존중, 새로운 문화에도 잘 적응함 • 타인에게 해가 되는 행동 자제, 타인 배려, 윗사람 존중

04 인성검사 평가 척도와 내용

평가 척도	내용
개방성 (openness)	변화와 다양성에 대해 우호적인 성향을 측정한다. 개방성이 높은 사람은 독창적인 사고력을 지닌 사람일 가능성이 높고, 개방성이 낮은 사람은 관습을 중시하는 사람일 가능성이 높다.
결단력 (decision)	결정적인 판단을 빠르게 내릴 수 있는 능력을 측정한다. 결단력이 높은 사람은 조직에서 발생한 문제에 대해 신속한 상황 파악이 가능하다.
계획성 (planning)	계획을 짜서 업무를 처리하려고 하는 성향을 측정한다. 계획성이 높은 사람은 조직 내 업무의 원활한 진행을 돕고, 다음 계획을 구상할 가능성이 높다.
규범성 (normativity)	규범, 행동준칙 등을 따르는 성향을 측정한다. 조직 내 갖추어진 규범을 받아들여 적응하는 정도를 파악할 수 있다.
낙관성 (optimism)	사물 또는 현상에 대해 긍정적으로 보는 성향을 측정한다. 낙관성이 높은 사람은 조직 내 발생한 문제를 긍정적으로 진행하여 해결할 가능성이 높다.
사회성 (sociality)	자신이 속한 사회 구성원으로서의 소속감을 측정한다. 외향적인 성향의 사람이 사회성 항목에서 높은 점수를 받는 경향을 보인다.
성실성 (sincerity)	진중함과 끈기를 측정한다. 조직 규범 및 업무에 대한 마찰을 통제하며, 목표 지향적인 행동을 꾸준히 지속할 수 있는 정도를 파악할 수 있다.
신경성 (neuroticism)	조직에서 발생하는 힘든 경험에 대해 부정적인 정서를 얼마나 보이는지를 측정한다. 신경성이 높은 사람은 업무, 대인관계 등에 대해 과민함을 드러낼 수 있다.
우호성 (agreeableness)	타인과 친밀한 관계를 맺고 그 관계를 지속하려는 성향을 측정한다. 우호성이 높은 사람은 조직 구성원을 배려하고 반대 입장을 헤아리는 이타심을 보인다.
외향성 (extroversion)	타인과의 관계에서 상호작용을 주도하려는 정도를 측정한다. 외향성이 높은 사람은 능동적이고 개방적인 반면에 외향성이 낮은 사람은 낯을 잘 가리고 냉정한 면을 보인다.
자기조절력 (self-regulation)	충동적인 감정 표출과 돌출 행동에 대한 조절능력을 측정한다. 차분함과 변덕 성향, 융통성 등을 평가하는 요소로도 활용된다.
정서적 안정성 (emotional stability)	정서적으로 얼마나 안정되어 있는지를 측정하며, 자기 자신과 주변 환경에 대해 가지고 있는 불안함을 측정하는 요소로도 활용된다.
정직성 (probity)	거짓이나 꾸밈이 없이 바르고 곧은 성향을 측정한다. 정직성이 높은 사람은 타인을 과하게 칭찬하지 않으며 뒤에서 험담하지 않는 과묵함을 보인다. 자신의 실수를 솔직하게 인정하는 반면 타인의 잘못은 냉정하게 지적하는 면도 보인다.
지도성 (leadership)	팀을 조직하여 지도하는 것을 좋아하는 성향을 측정한다. 조직 구성원의 능력에 따른 업무를 할당하고 조화로운 조직을 구성할 수 있는 능력을 평가한다.
창의성 (creativity)	새롭고 독창적인 것을 만드는 것을 좋아하는 성향을 측정한다. 지적호기심과 상상력, 실행력 등을 함께 측정하는 요소로도 활용된다.

※ 각 교육청의 핵심가치, 인재상, 검사 방식에 따라 평가 척도는 다르게 적용될 수 있다.

Chapter 02 인성검사 실전 연습

출제 포인트!

부산교육청 소양평가 인성검사는 200문항 40분 구성으로 출제되고 있다.
문장을 읽고 '예/아니오'를 선택하는 형식의 문제가 출제되고 있으므로 'Yes/No 진위 선택형'을 중심으로 연습하는 것이 좋다. 그러나 다른 형태로 출제될 수도 있으므로, 교재에 수록된 다른 유형의 문제도 풀어보면서 유형을 익혀두도록 하자.
인성검사는 지원자의 가치관 및 성향을 알아보기 위한 검사이므로 정답이 없다. 따라서 직관에 따라 솔직하게 응답하되 일관성 유지에 유의해야 한다.

01 Yes / No 진위 선택형

[01~80] 다음 각 질문에 대해 본인이 맞다고 생각하면 Yes, 그렇지 않으면 No에 체크하시오.

번호	질문	Yes	No
01	평소 다양한 분야에 관심이 많다.	○	○
02	집에 있는 것을 좋아한다.	○	○
03	맡은 임무에 대해서는 끝까지 책임지고 해낸다.	○	○
04	구체적인 계획이 없으면 행동에 옮기기 어렵다.	○	○
05	직책이나 직권 등의 권위를 가지고 싶다.	○	○
06	남의 말이나 행동에 쉽게 상처 받는다.	○	○
07	나와 마음이 맞는 사람이 주변에 별로 없다.	○	○
08	남을 잘 배려한다는 소리를 듣는 편이다.	○	○
09	한 가지 일에 몰입하면 다른 것은 못 한다.	○	○
10	혼자 집중하여 하는 일을 즐긴다.	○	○
11	몸에 무리가 가는 일은 하지 않는다.	○	○
12	나를 나쁘게 말하는 사람이 주변에 많다.	○	○
13	일이 생겼을 때 정확한 판단이 설 때까지 행동하지 않는다.	○	○
14	일을 시작하기 전에 세부계획을 먼저 세운다.	○	○
15	정신력이 강하다.	○	○
16	규칙은 반드시 준수한다.	○	○
17	나의 의견이 받아들여지지 않으면 화가 난다.	○	○

번호	질문	Yes	No
18	남이 나를 비판하는 것을 받아들이기 어렵다.	○	○
19	돌다리도 두들겨 보고 걷는다.	○	○
20	조직 생활이 즐겁다.	○	○
21	나는 낙천적인 성격을 가지고 있다.	○	○
22	노력만으로는 안 되는 것들이 있다.	○	○
23	일을 할 때에는 나를 도와주는 사람이 필요하다.	○	○
24	틈틈이 나의 미래를 생각한다.	○	○
25	급한 일도 기한 내에 마무리할 수 있다.	○	○
26	개인의 능력보다는 팀워크가 중요하다.	○	○
27	처음 가보는 곳은 철저히 조사한다.	○	○
28	조직을 위하여 자존심을 굽힐 수 있다.	○	○
29	공과 사는 명확하게 구분한다.	○	○
30	한번 좋아하는 것은 끝까지 좋아한다.	○	○
31	남이 나를 신뢰할 때 더욱 열심히 일한다.	○	○
32	나는 조직 구성원에게 도움을 줄 수 있다.	○	○
33	조직 구성원과 협조적인 관계를 유지한다.	○	○
34	조직의 내부 및 외부 갈등을 원만하게 해결할 수 있다.	○	○
35	상대방을 진정으로 이해하며 노력하는 편이다.	○	○
36	친절함과 공손함은 매우 중요한 덕목이다.	○	○
37	약속을 지키는 것이 신뢰성을 높인다고 생각한다.	○	○
38	나는 실험정신이 투철하다.	○	○
39	끊임없이 변화하고 환경에 적응을 잘한다.	○	○
40	보람된 삶을 사는 것이 인생의 목표다.	○	○
41	나의 주장과 반대되는 의견이 있을 시 배척한다.	○	○
42	내가 목표로 한 바에 대해 정확한 피드백을 할 수 있다.	Yes	No
43	내가 가지고 있는 흥미가 무엇인지 이해하고 있다.	○	○
44	직무에 대한 구체적인 정보를 가지고 있다.	○	○
45	나를 가로막고 있는 것이 무엇인지 알고 있다.	○	○
46	공정하게 경쟁하는 것을 즐긴다.	○	○
47	직업 선택에 있어서 경제적인 보상을 우선순위에 둔다.	○	○
48	계획을 세운 것은 반드시 실천한다.	○	○
49	나는 미래에 대한 단기, 중기, 장기 목표를 세웠다.	○	○

Chapter 02 인성검사 실전 연습

번호	질문	Yes	No
50	타인과의 협상 및 설득에 능하다.	○	○
51	일을 저돌적으로 밀어붙이는 면이 있다.	○	○
52	어느 모임에서든 중요한 역할을 한다.	○	○
53	남에게 없는 나만의 매력이 있다.	○	○
54	다른 사람에게 나의 장점을 어필할 수 있다.	○	○
55	상대가 나를 존중하지 않으면 일을 제대로 하지 않는다.	○	○
56	생각이 기발하다는 말을 종종 듣는다.	○	○
57	좋고 싫음의 구분이 분명하다.	○	○
58	전망이 어둡다고 판단되면 생각을 접는다.	○	○
59	주변에서 나에게 거는 기대가 크다.	○	○
60	그래프를 분석하고 도표를 작성하는 업무는 즐겁다.	○	○
61	주변 사람의 단점이나 잘못된 행동을 보면 지적한다.	○	○
62	미래에 대한 명확한 기준을 가지고 있다.	○	○
63	복잡한 일일수록 천천히 한다.	○	○
64	모르는 사람과는 어울리기 힘들다.	○	○
65	그룹과 단체보다는 나를 중시한다.	○	○
66	기존 방식이나 관습을 따를 필요는 없다.	○	○
67	맡은 임무에 대해서는 끝까지 책임지고 해낸다.	○	○
68	감정 조절이 힘든 편이다.	○	○
69	다양한 분야에 관심이 많다.	○	○
70	몸에 무리가 가는 일을 하지 않는다.	○	○
71	여러 사람을 만나는 것이 부담된다.	○	○
72	거짓말을 하지 못해 낭패를 본 적이 있다.	○	○
73	일을 할 때 산만한 편이다.	○	○
74	때로 죽고 싶을 때가 있다.	○	○
75	가족을 선택할 수 있다면 다른 부모를 만나고 싶다.	○	○
76	살면서 거짓말을 해본 적이 거의 없다.	○	○
77	남의 물건을 슬쩍 가져온 경험이 있다.	○	○
78	이유 없이 불안한 생각이 들 때가 있다.	○	○
79	어떤 사안을 결정할 때에는 다수결 원칙을 따른다.	○	○
80	질서와 준칙을 지키는 것이 좋다.	○	○

02 동의 척도 표시형

[01~35] 다음 질문을 읽고 ①~⑤ 중 자신에게 가장 가까운 것 하나에 체크하시오.

01 ▶ 부정적인 생각을 자주 한다.
　　① 전혀 그렇지 않다.　② 그렇지 않다.　③ 보통이다.　④ 그렇다.　⑤ 매우 그렇다.

02 ▶ 일보다 사람의 관계가 우선이다.
　　① 전혀 그렇지 않다.　② 그렇지 않다.　③ 보통이다.　④ 그렇다.　⑤ 매우 그렇다.

03 ▶ 남이 나를 어떻게 생각하는지는 중요하지 않다.
　　① 전혀 그렇지 않다.　② 그렇지 않다.　③ 보통이다.　④ 그렇다.　⑤ 매우 그렇다.

04 ▶ 타인의 마음을 꿰뚫어 볼 수 있다.
　　① 전혀 그렇지 않다.　② 그렇지 않다.　③ 보통이다.　④ 그렇다.　⑤ 매우 그렇다.

05 ▶ 혼자 있는 것을 좋아하지 않는다.
　　① 전혀 그렇지 않다.　② 그렇지 않다.　③ 보통이다.　④ 그렇다.　⑤ 매우 그렇다.

06 ▶ 느림보라는 말을 종종 듣는다.
　　① 전혀 그렇지 않다.　② 그렇지 않다.　③ 보통이다.　④ 그렇다.　⑤ 매우 그렇다.

07 ▶ 생각에서 끝나는 경우가 많다.
　　① 전혀 그렇지 않다.　② 그렇지 않다.　③ 보통이다.　④ 그렇다.　⑤ 매우 그렇다.

08 ▶ 권력에 대한 욕구가 있다.
　　① 전혀 그렇지 않다.　② 그렇지 않다.　③ 보통이다.　④ 그렇다.　⑤ 매우 그렇다.

09 ▶ 도전하지 않으면 얻을 수 없는 것이 많다.

① 전혀 그렇지 않다.　② 그렇지 않다.　③ 보통이다.　④ 그렇다.　⑤ 매우 그렇다.

10 ▶ 외향적 성격이라고 생각한다.

① 전혀 그렇지 않다.　② 그렇지 않다.　③ 보통이다.　④ 그렇다.　⑤ 매우 그렇다.

11 ▶ 준비 없는 일에는 뛰어들지 않는다.

① 전혀 그렇지 않다.　② 그렇지 않다.　③ 보통이다.　④ 그렇다.　⑤ 매우 그렇다.

12 ▶ 성격이 온순하고 다감한 편이다.

① 전혀 그렇지 않다.　② 그렇지 않다.　③ 보통이다.　④ 그렇다.　⑤ 매우 그렇다.

13 ▶ 나에게 필요한 것은 결정력이다.

① 전혀 그렇지 않다.　② 그렇지 않다.　③ 보통이다.　④ 그렇다.　⑤ 매우 그렇다.

14 ▶ 항상 결과를 생각하며 행동한다.

① 전혀 그렇지 않다.　② 그렇지 않다.　③ 보통이다.　④ 그렇다.　⑤ 매우 그렇다.

15 ▶ 타인의 실수와 잘못에 관대하다.

① 전혀 그렇지 않다.　② 그렇지 않다.　③ 보통이다.　④ 그렇다.　⑤ 매우 그렇다.

16 ▶ 누구와도 잘 어울릴 자신이 있다.

① 전혀 그렇지 않다.　② 그렇지 않다.　③ 보통이다.　④ 그렇다.　⑤ 매우 그렇다.

17 ▶ 매사에 조용한 편이라고 생각한다.

① 전혀 그렇지 않다.　② 그렇지 않다.　③ 보통이다.　④ 그렇다.　⑤ 매우 그렇다.

18 시간약속을 잘 지킨다.

　　① 전혀 그렇지 않다.　② 그렇지 않다.　③ 보통이다.　④ 그렇다.　⑤ 매우 그렇다.

19 낯선 곳을 여행하는 일은 즐겁다.

　　① 전혀 그렇지 않다.　② 그렇지 않다.　③ 보통이다.　④ 그렇다.　⑤ 매우 그렇다.

20 매사에 조심하는 성격이다.

　　① 전혀 그렇지 않다.　② 그렇지 않다.　③ 보통이다.　④ 그렇다.　⑤ 매우 그렇다.

21 활달하고 외향적인 성격이다.

　　① 전혀 그렇지 않다.　② 그렇지 않다.　③ 보통이다.　④ 그렇다.　⑤ 매우 그렇다.

22 행동과 동작이 빠른 편이다.

　　① 전혀 그렇지 않다.　② 그렇지 않다.　③ 보통이다.　④ 그렇다.　⑤ 매우 그렇다.

23 노력은 절대 배신하지 않는다고 생각한다.

　　① 전혀 그렇지 않다.　② 그렇지 않다.　③ 보통이다.　④ 그렇다.　⑤ 매우 그렇다.

24 시간 계획을 세우는 것을 좋아한다.

　　① 전혀 그렇지 않다.　② 그렇지 않다.　③ 보통이다.　④ 그렇다.　⑤ 매우 그렇다.

25 다른 사람과 공유한 비밀은 절대 누설하지 않는다.

　　① 전혀 그렇지 않다.　② 그렇지 않다.　③ 보통이다.　④ 그렇다.　⑤ 매우 그렇다.

26 남에게 지는 것을 싫어한다.

　　① 전혀 그렇지 않다.　② 그렇지 않다.　③ 보통이다.　④ 그렇다.　⑤ 매우 그렇다.

27 내 의견을 피력하는 데 주저함이 없다.
① 전혀 그렇지 않다.　② 그렇지 않다.　③ 보통이다.　④ 그렇다.　⑤ 매우 그렇다.

28 결정하는 데 시간이 오래 걸린다.
① 전혀 그렇지 않다.　② 그렇지 않다.　③ 보통이다.　④ 그렇다.　⑤ 매우 그렇다.

29 하나 이상의 취미를 가지고 있다.
① 전혀 그렇지 않다.　② 그렇지 않다.　③ 보통이다.　④ 그렇다.　⑤ 매우 그렇다.

30 내가 책임질 수 없는 일은 하지 않는다.
① 전혀 그렇지 않다.　② 그렇지 않다.　③ 보통이다.　④ 그렇다.　⑤ 매우 그렇다.

31 말과 행동이 일치하지 않는다.
① 전혀 그렇지 않다.　② 그렇지 않다.　③ 보통이다.　④ 그렇다.　⑤ 매우 그렇다.

32 남들과는 차별성을 두고 싶다.
① 전혀 그렇지 않다.　② 그렇지 않다.　③ 보통이다.　④ 그렇다.　⑤ 매우 그렇다.

33 오늘 할 일은 오늘 한다.
① 전혀 그렇지 않다.　② 그렇지 않다.　③ 보통이다.　④ 그렇다.　⑤ 매우 그렇다.

34 처음 만나는 사람과도 잘 어울린다.
① 전혀 그렇지 않다.　② 그렇지 않다.　③ 보통이다.　④ 그렇다.　⑤ 매우 그렇다.

35 생각을 깊게 오래 한다.
① 전혀 그렇지 않다.　② 그렇지 않다.　③ 보통이다.　④ 그렇다.　⑤ 매우 그렇다.

Part 4
면접

Step 01　면접 준비의 A~Z!
Step 02　상황별·주제별 답변 Skill
Step 03　교육청·직종별 면접 기출

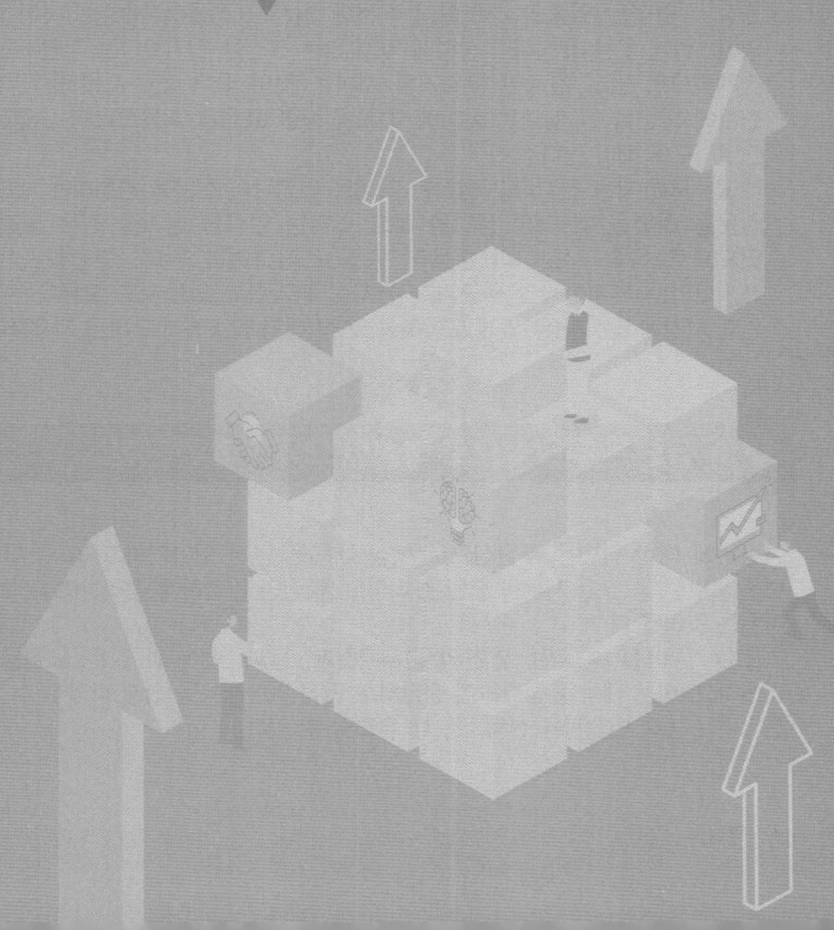

Step 01 면접 준비의 A~Z!

01 호감 가는 첫인상 만들기!

호감을 주는 첫인상을 만들기 위해서는 외모뿐만 아니라 시선·목소리·표정·태도 또한 중요하다.
- **시선** : 지원자의 자신감은 시선을 통해 드러난다. 질문을 한 면접관을 정면으로 응시하면서 답변해야 하고, 짧게 마주치는 면접관과의 눈빛 교환 속에서 본인이 가진 열정을 어필할 수 있어야 한다. 시선을 회피하지 말고, 눈을 맞추는 것이 어려울 경우 면접관의 인중 또는 미간을 보도록 한다.
- **목소리** : 면접 전형의 경우 지원자의 답변을 목소리를 통해 전달받기 때문에 목소리의 중요성은 여러 번 강조되어야 하는 부분이다. 자신감 있고 신뢰를 주는 목소리는 면접장 분위기를 밝게 만들고, 지원자에 대한 긍정적인 이미지를 심어줄 수 있는 중요한 요소이다. 평상시 차분하고 조용한 성격 때문에 작고 자신감 없는 목소리가 나올 경우 부끄럽다는 생각을 버리고 명확하고 자신감 있는 목소리를 내뱉도록 꾸준한 연습이 필요하다.
- **표정** : 면접은 일종의 대화이기 때문에 밝은 표정을 유지하는 것이 좋다. 처음부터 끝까지 억지스럽게 웃는 표정이나 상황에 맞지 않는 표정을 짓기보다는 자연스럽게 살짝 미소를 머금고 전체적으로 밝고 건강한 분위기를 지니는 것이 좋다. 단, 지원 동기나 입사 후 포부와 같은 질문에 답변을 할 때에는 상황에 맞춰 진중한 표정을 지음으로써 면접관에게 신뢰와 진정성을 전달하도록 해야 한다.
- **태도** : 지원자는 진지하고 침착한 자세로 면접관의 질문을 경청하는 태도가 필요하다. 면접관이 질문을 하였을 때 다른 생각을 하고 있다는 인상을 심어줄 경우 좋지 않은 평가를 받을 수 있으므로 특히 시선이나 손동작 등을 조심하여야 한다. 면접장 안에서만의 태도에 신경 쓰기보다는 부지불식간 누군가 지원자를 평가하고 있을지도 모른다는 생각을 가지고, 정해진 면접 시간에 맞춰 여유 있게 도착하고, 면접 대기 장소에서도 바른 자세를 유지하도록 한다.

02 답변은 두괄식으로 핵심만 요약하여 간단히!

질문에 대한 답변은 두괄식으로 핵심 내용을 먼저 이야기하고, 이후 부연 설명을 통해 이유를 덧붙여야 한다. 길고 지루한 답변은 피하고, 핵심만 간결하게 정리하여 대략 20~40초 내에 답변을 마치는 것이 좋다.

또한, 길어질 수 있는 답변의 경우 '첫째, 둘째, 셋째'와 같은 표현을 활용하여 체계적으로 답변하고, 이는 내용을 정확하게 전달하고 면접관이 내용을 쉽게 파악할 수 있도록 도움을 준다. 즉, 전달력을 높여 면접관을 설득하는 데 유리할 수 있다.

03. 솔직한 답변만큼 진정성 있는 답변 또한 중요!

기본적으로 솔직한 자세로 면접에 임하는 것은 중요하지만, 항상 모든 상황에서 솔직함이 통하는 것은 아니다. 지원자가 하고 싶은 말을 하는 것도 중요하지만 면접관이 듣고 싶은 말을 하는 것 또한 중요하다. 면접관이 듣고 싶은 내용과 지원자의 솔직한 답변이 일치하지 않을 경우 좋은 평가를 받기 어려울 수 있으므로 무조건적인 솔직함보다는 상황에 맞게 진정성 있는 답변을 하는 것이 중요하다.

04. 압박질문에는 인정(Yes)-반론(But) 화법 활용!

지원자가 면접에서 당황하는 대표적인 질문으로 압박질문이 있다. 압박질문을 받게 될 경우 대부분의 지원자는 질문 자체를 부정하거나 변명을 늘어놓게 된다. 압박질문의 경우 지원자를 떨어뜨릴 목적이 아니라 당황스러운 상황에서 어떤 방식으로 대처하는 지를 평가하기 위한 질문이다. 따라서 먼저 면접관이 질문한 내용에 대해 인정하고 이에 대한 반론을 덧붙여 이야기하는 '인정-반론 화법'을 활용해야 한다. 본인의 약점 또는 단점을 감추기보다는 먼저 인정하고, 이에 대한 보완 방법을 언급하며 반론을 하는 방식이다.

05. 직관적인 답변과 뜸을 들일 필요가 있는 답변은 구분!

면접관의 질문에 대한 답변을 바로 해야 하는 경우가 있고, 약간의 생각할 시간을 가진 후 해야 하는 경우가 있다. 충분한 생각이 필요한 질문임에도 불구하고 바로 답변을 하게 되면 면접관은 지원자가 미리 외워온 답변을 그대로 말한다고 생각하므로 진정성까지 의심할 수 있다. 그러므로 미리 준비한 답변이라 할지라도 어느 정도의 시간을 가진 후 답변을 하는 것이 좋다.

06. 입 밖으로 소리를 내어 연습!

면접 예상 질문에 대한 답변을 미리 작성해 놓고 외우는 경우가 있다. 질문에 대한 답변을 머릿속으로만 생각하기보다 직접 글로 작성해 보면서 구조화하는 것이다. 약 100여 개의 예상 질문에 대한 답변을 정리해두었다면, 답변을 있는 그대로 외우려 하지 말고, 키워드 위주로 직접 말로 해보는 연습을 통해 자연스러운 답변을 완성하여야 한다.

Step 02 상황별·주제별 답변 Skill

01 교육공무직원으로서의 태도를 묻는 질문

 Q1 교육공무직원으로서의 의무는 무엇인가?

 국가법령정보센터의「교육부와 그 소속기관 공무직 등 관리 규정」을 근거로 하여 교육공무직원의 의무에 대해 답하는 것이 적절하다.

 Q2 교육공무직원으로서 갖추어야 할 자세는 무엇인가?

 책임감, 협동심, 청렴함, 친절함 등과 같이 본인이 생각하는 교육공무직원에게 가장 필요한 자세 한 가지를 정하고, 왜 그런 자세가 필요한지에 대해 언급해야 한다. 또한 본인이 이러한 자세를 갖추고 있음을 객관적인 근거를 들어 제시함으로써 교육공무직원으로서 갖추어야 할 역량을 지니고 있음을 강조하는 것이 좋다.

책임감	맡은 일을 끝까지 완수할 수 있음
협동심	조직의 일원으로서 협력하여 일을 처리할 수 있음
청렴함	공공기관 근무자로서 떳떳하고 공정할 수 있음
친절함	민원인, 학부모 등을 친절하게 대할 수 있음

02 '나'에 대해 묻는 질문

 Q1 본인의 장점과 단점은 무엇인가?

 본인이 가지고 있는 장점이 무엇인지에 대해 먼저 언급하고 장점을 뒷받침해줄 수 있는 관련 사례를 제시하도록 한다. 그 다음 단점을 언급하고, 그러한 단점을 극복하기 위해 본인이 하고 있는 노력에 대해 이야기하도록 한다.

Q2 본인의 강점은 무엇인가?

 먼저 강점과 장점에 대한 이해가 필요하다. 강점은 직무에서 활용되는 능력과 관련된 것을 가리키고, 장점은 강점이 생기게 된 성격적인 배경을 뜻한다. 예를 들어 꼼꼼한 성격이 장점에 해당된다면, 강점은 분석력으로 볼 수 있는 것이다. 강점과 장점에 대한 차이를 이해하고 구별하여 답하는 것이 가장 중요하다.

 ## Q3 본인만의 스트레스 해소법이 있는가?

 건전하고 적당히 활동적이며 무언가를 배움으로써 성장할 수 있는 스트레스 해소법이라면 모두 가능하다. 하지만 많은 시간과 비용을 필요로 하거나 잠과 쇼핑, 음주와 같은 해소법은 적절하지 않다.

 ## Q4 본인의 가치관은 어떠한가?

 주로 '좌우명이 무엇인지, 존경하는 인물은 누구인지, 감명 깊었던 책 또는 영화가 무엇인지' 등에 대하여 질문하기 때문에 면접자는 정확한 근거를 들어 답변을 해야 신뢰도를 높일 수 있다.

03 대인관계를 묻는 질문

 ## Q1 동료 또는 상사와 갈등이 생긴다면 어떻게 대처할 것인가?

 자기 자신의 행동을 먼저 돌아본 다음 적극적인 대화를 통해 관계 유지를 위한 노력을 할 것임을 언급하는 것이 좋다.

 ## Q2 과거에 대인관계 갈등 경험이 있는가?

 구체적인 상황을 제시하고 갈등의 원인을 파악하여 극복 방법과 근거를 제시하도록 한다. 여기서 더 나아가 그 경험으로부터 느낀 점에 대해 이야기하며 마무리를 짓는 것이 좋다.

04 업무 중의 상황 질문

 Q1 상사가 부당한 일을 시킬 경우 어떻게 대처할 것인가?

 먼저 상사가 시킨 일이 진짜 부당한 것인지 아닌지부터 구분을 한 다음 법적으로 어긋난 행위라면 절대 해서는 안 되고, 업무적인 부분·부탁 등은 수용한다는 방향으로 답변을 하는 것이 좋다.

 Q2 채용 후 다른 업무를 시킨다면 어떻게 할 것인가?

 상황 수용 의지와 근거를 들어 답변을 해야 한다. 즉, 주어진 업무를 최선을 다해 처리하면서 여러 가지 상황에 대처할 수 있는 능력을 키울 수 있고, 나아가 자신이 하고 싶은 업무를 잘 처리하는 데에도 도움이 될 수 있으므로 상황을 긍정적으로 받아들이겠음을 강조하는 것이 좋다.

 Q3 올바른 전화 응대법은 무엇인가?

 벨은 3초 이내 또는 3번 울리기 전에 받아야 하고, 기관명과 수신자를 밝히는 것이 적절하다. 혹시 담당자가 아닐 경우에는 담당자에게 연결해준다는 안내를 하고, 전화가 끊길 상황을 대비하여 담당자 연락처를 따로 알려주는 것이 좋다. 담당자가 부재중일 경우에는 부재 사유와 통화 가능 시간을 간단히 알리고 메모를 원하는지 여부를 물어보도록 한다. 마지막에는 더 궁금한 것은 없는지 묻고 끝맺음 인사를 하도록 한다. 상대가 전화를 끊은 다음 수화기를 내려놓도록 한다.

 Q4 불만이 가득한 채로 찾아온 민원인을 어떻게 대할 것인가?

 가장 먼저 민원인이 느꼈을 불편에 대해 공감하는 말을 건네도록 하고, 민원인의 요구를 들어줄 수 없는 경우에는 관련 제도와 법령 등을 자세히 설명하며 요구를 들어줄 수 없어 안타까움을 표현하는 것이 좋다.

Q5 민원인이 폭언을 할 경우 어떻게 대응할 것인가?

 먼저 폭언을 중단해줄 것을 요청하고 함께 대화할 수 있도록 유도한다. 폭언 중지를 3회 이상 요청했음에도 불구하고 폭언이 지속될 경우 민원 응대가 불가함을 알리고 사무실에서 나가줄 것을 요청하거나 녹음을 사전 고지한 다음 녹음을 진행하도록 한다.

05 난감한 질문

 Q1 본인이 모르는 내용에 대해 상대방이 질문할 경우 어떻게 답할 것인가?

 준비가 부족했음을 빠르게 인정하고 몰랐던 점을 보완할 것이라는 의지를 드러내는 것이 좋다.

 Q2 약점이 될 만한 부분에 대해 질문을 할 경우 어떻게 답할 것인가?

 반박하려 하지 말고 약점을 솔직하게 인정하는 것이 좋으며, 약점이 오히려 강점이 될 수 있음을 말하는 것이 좋다.

Step 03 교육청·직종별 면접 기출

※ 부산교육청·경북교육청·경남교육청·아산교육청·충남교육청 실제 기출 포함

01 부산교육청 최근 면접 기출 질문

2023년 면접 기출

• 특수교육실무원
1. 특수 교사는 장애가 있는 학생과의 관계에서 어떤 자세로 임해야 하는가?
2. 장애가 있는 학생이 실수로 교실에서 소변을 보았다면 어떻게 대처할 것인가?
3. 현장학습 시 발생할 수 있는 돌발 상황에는 어떤 자세로 대처하겠는가?
4. 자신의 장점과 교육공무직원으로서 그 장점을 학교에서 어떻게 발휘하겠는가?

2022년 면접 기출

• 특수교육실무원
1. 8시 30분에 등교 지도를 해야 하는데, 개인적인 사정으로 20분 정도 늦게 출근하게 되었다면 어떻게 대처하겠는가?
2. 특수교육대상 아동의 무단이탈을 예방할 수 있는 방법은?
3. 뇌전증 질환을 가진 학생이 발작했을 때 대처 방법은?
4. 특수교육실무원의 역할과 자세는?

• 돌봄전담사
1. 돌봄전담사의 업무와 자세
2. 돌봄전담사가 된다면 아이들에게 어떤 전담사가 되고 싶은가?
3. 돌봄교실을 주로 이용하는 저학년(1, 2학년)의 특성 3가지와 지도방법
4. 아이들의 귀가 시간이 다 다른데 어떻게 지도하겠는가?
5. 돌봄교실 운영 방안
6. 돌봄교실 환경구성 방안
7. 돌봄교실 안전관리 방안

• 교육실무원
1. 교육실무원의 자세
2. 학교 기록물 종류와 관리법
3. 정보공개법률에 따라 정보 공개가 원칙인데, 공개하지 않는 정보는 무엇이 있는가?
4. 교직원과 갈등 발생 시 대처법

• 조리원
1. 지원 동기
2. 식중독 예방법
3. 자신 있는 음식
4. 상사, 동료와 불화가 있을 때 대처법

2021년 면접 기출

• 특수교육실무원
1-1. 교육공무직 직원의 의무는 무엇인가?
1-2. 본인이 가장 중요하다고 생각하는 의무는 무엇인가?
2-1. 특수교육실무원으로서 전문적인 역량을 갖추기 위해 한 것은?
2-2. 어떤 특수교육실무원이 되겠는가?
3. 법적인 특수교육실무원의 역할
4. 동료와 갈등 발생 시 대처법
5. 자폐 아동 특징 2가지와 지도방안 3가지
6. 아동학대를 목격했다면 어떻게 할 것인가?

• 돌봄전담사
1. 불만을 가진 부모에게 전화가 왔을 경우 대응
2. 아이들의 정서적 안정을 위해 프로그램을 한 가지 만든다면?
3. 코로나 대응을 위해 돌봄교실에서 할 일과 비상시 대책
4. 연간운영계획표

• 조리원
1. 지원 동기
2. 알레르기가 있는 학생이 있다면 어떻게 할 것인가?
3. 단체급식 경험
4. 조리원은 어떤 직업인가?

02 직종별 면접 기출질문

조리원

경북교육청
1. 교차 오염에 대한 설명
2. 조리과정 중 온도체크 시기와 과정, 이유에 대한 설명
3. 육류와 어류의 전처리 과정 설명
4. 적정 배식을 위해 어떻게 해야 하는지
5. 조리원들과 업무 분담은 어떻게 할 것인지
6. 배식 중 아이들이 맛있는 반찬만 더 달라고 하고 맛없는 반찬은 안 받는다고 할 때 대처 방법

부산교육청
1. 조리원을 지원한 동기
2. 알레르기가 있는 학생을 위한 대처 방법
3. 단체 급식 경험이 있는지
4. 조리원이라는 직업에 대해 어떻게 생각하는지
5. 식중독을 예방하기 위한 방법

충남교육청
1. 직원(동료)과의 불화 시 대처 방법
2. 배식 중 조리된 음식이 모자랄 경우 대처 방법

특수교육실무원 · 특수교육지도사 · 특수교육보조원

경남교육청
1. 경남교육청의 슬로건
2. 교육공무직으로서의 자질과 덕목
3. 특수아동의 개인욕구지원
4. 특수교육실무원 역할에 맞는 자신의 장점
5. 3개월 수습기간 후 임용이 안 될 시에 어떻게 할 것인지

부산교육청

1. 특수교육실무원의 자질에 대하여 설명
2-1. 자폐아동의 특징에 대하여 설명
2-2. 지체장애 아동의 식사 지도 시 주의할 점
3-1. 아동의 문제행동 유형을 설명
3-2. 마스크를 착용하지 않으려는 아동을 어떻게 지도할 것인지
4. 특수 아동의 학부모와 잘 협업하기 위한 특수교사의 자세

기타교육청

1. 특수지도사의 업무 범위 및 하는 일
2. 특수교육지도사에 대한 생각과 직업관
3. 특수교육보조원의 자질
4. 특수교육실무원의 역할
5. 통합 교육의 장점
6. 개별화 교육에 대한 설명
7. 아이들의 돌발 행동 시 대처 방법
8. 아동이 위험에 빠졌을 때 대처 방법
9. 학부모 민원 발생 시 대처 방법
10. 담임과의 갈등 발생 시 해결 방법
11. 간질환 학생이 발작을 일으켰을 때 대처 방법
12. 휠체어를 탄 학생이 화장실, 식당 등으로 이동할 때 유의해야 할 점

돌봄전담사

경남교육청

1. 돌봄전담사의 주요 역할
2. 교육공무직원의 덕목
3. 퇴근 준비하고 있는데 업무가 생긴다면 어떻게 할 것인지
4. 학교 폭력 대응책에 대하여
5. 돌봄교실 귀가 지도에 대하여

부산교육청

1. 초등 돌봄교실의 필요성과 초등 돌봄전담사로서의 복무 자세
2. 친구를 자꾸 괴롭히는 학생이 있을 때 어떻게 지도할 것인지
3. 돌봄전담사의 역할 3가지와 가장 중요하다고 생각하는 것
4. 급식과 간식 배식 시 주의할 점

학습문의 및 정오표 안내

저희 북스케치는 오류 없는 책을 만들기 위해 노력하고 있으나, 미처 발견하지 못한 잘못된 내용이 있을 수 있습니다. 학습하시다 문의 사항이 생기실 경우, 북스케치 이메일(booksk@booksk.co.kr)로 교재 이름, 페이지, 문의 내용 등을 보내주시면 확인 후 성실히 답변 드리도록 하겠습니다.
또한, 출간 후 발견되는 정오 사항은 북스케치 홈페이지(www.booksk.co.kr)의 도서정오표 게시판에 신속히 게재하도록 하겠습니다.
좋은 콘텐츠와 유용한 정보를 전하는 '간직하고 싶은 수험서'를 만들기 위해 늘 노력하겠습니다.

부산광역시교육청
교육공무직원
소양평가 전 직종 대비
기출문제 + 실전모의고사

초판발행	2020년 06월 25일
개정5판발행	2024년 07월 10일
개정6판 발행	2025년 08월 30일
편저자	취업채널
펴낸곳	북스케치
출판등록	제2022-000047호
주소	경기도 파주시 광인사길193, 2층(문발동)
전화	070-4821-5513
팩스	0303-0957-0405
학습문의	booksk@booksk.co.kr
홈페이지	www.booksk.co.kr
ISBN	979-11-94041-60-3

이 책은 저작권법의 보호를 받습니다. 수록된 내용은 무단으로 복제, 인용, 사용할 수 없습니다.
Copyright©booksk, 2026 Printed in Korea

직무능력검사 실전모의고사

수험생 유의사항

1. 답안은 반드시 하나의 답만을 골라 컴퓨터용 수성사인펜으로 예시와 같이 바르게 표기해야 합니다. (예) ① ② ● ④ ⑤
2. 성명란 위 칸에는 성명을 맨 왼쪽 칸부터 성과 이름을 붙여 한글로 쓰고, 아래 칸에는 성명을 정확하게 표기하여야 합니다.
3. 수험번호란 위 칸에는 아라비아 숫자로 쓰고, 아래 칸에는 숫자를 정확하게 표기하여야 합니다.
4. 답란 수정은 OMR 답안지를 교체하여 작성하거나, '수정 테이프'만을 사용하여 수정할 수 있습니다.

번호	답란	번호	답란	번호	답란
1	① ② ③ ④	16	① ② ③ ④	31	① ② ③ ④
2	① ② ③ ④	17	① ② ③ ④	32	① ② ③ ④
3	① ② ③ ④	18	① ② ③ ④	33	① ② ③ ④
4	① ② ③ ④	19	① ② ③ ④	34	① ② ③ ④
5	① ② ③ ④	20	① ② ③ ④	35	① ② ③ ④
6	① ② ③ ④	21	① ② ③ ④	36	① ② ③ ④
7	① ② ③ ④	22	① ② ③ ④	37	① ② ③ ④
8	① ② ③ ④	23	① ② ③ ④	38	① ② ③ ④
9	① ② ③ ④	24	① ② ③ ④	39	① ② ③ ④
10	① ② ③ ④	25	① ② ③ ④	40	① ② ③ ④
11	① ② ③ ④	26	① ② ③ ④	41	① ② ③ ④
12	① ② ③ ④	27	① ② ③ ④	42	① ② ③ ④
13	① ② ③ ④	28	① ② ③ ④	43	① ② ③ ④
14	① ② ③ ④	29	① ② ③ ④	44	① ② ③ ④
15	① ② ③ ④	30	① ② ③ ④	45	① ② ③ ④

북스케치
www.booksk.co.kr